富山大学考古学研究室論集

蜃気楼

―秋山進午先生古稀記念―

秋山進午先生古稀記念論集刊行会

六一書房

献 呈 の 辞

　私たちの敬愛する秋山進午先生がこの度めでたく古稀をお迎えになりました。
　先生，おめでとうございます。
　先生は1933(昭和8)年2月20日のお生まれですから，敗戦時は中学1年生。まさに戦中から戦後にかけての激動の時代を果敢に生き抜いてこられたわけです。私たちは，先生のその生涯の一時期に接し，多くの教えを受け，喜怒哀楽をともにするという好機にめぐまれました。この幸運をほんとうに嬉しく思うとともに，これまでお付き合いいただきましたご厚情に心からお礼申しあげます。
　私ごとを言わせていただければ，1978年の夏にお声をかけていただき，その年の晩秋の富山大学に事前の挨拶と見学をかねて，ご一緒したのが最初でした。先生の愛車の白いシヴィックに乗ってでした。富山は，雪をいただいた立山連山が神々しく輝く，魅力あふれる土地でした。あれからもう23年にもなります。私はそこで大学教員としての修業時代を過ごさせていただき，6年半後に立命館大学へと送りだしていただきました。
　あの頃，先生はいつも学生といっしょでした。実に楽しく充実した日々でした。
　先生は富山大学へ来られるまでは高校の教諭や美術館の学芸員をされていましたので，普通の大学の先生とはひと味違う，社会を良く知った先生でした。研究面のほかに，そういった面でも私は先生から多くのことを教わりました。いまでも大学での自分のスタンスを考える時には，いつも先生がいらっしゃいます。
　あの頃もそうでしたが，先生のパワーは今でも衰えを知らず，ますます意気軒昂と拝察します。2000(平成12)年の誕生日には『東北アジア民族文化研究』を上梓され，京都大学より博士号をお受けになりましたが，収録論文の四分の三が55歳以降の論文です。また，お移りになった大手前大学でも考古学を充実させるとともに，史学研究所を一新されるなど，大いにご活躍中です。
　この度，先生への感謝の気持ちを込めて，教え子を中心に記念の論文集を献呈する運びとなりました。どうぞ，お受け取りください。私をはじめ諸般の事情から今回は参加できなかったものも，次回はと念じております。
　どうかご健康で，いつまでも私たちをご指導いただけますよう，お願い申しあげます。

2003(平成15)年2月20日

発起人代表
立命館大学文学部教授　　和　田　晴　吾

富山大学考古学研究室論集

蜃　気　楼

── 秋山進午先生古稀記念 ──

目　　次

- ○献呈の辞
- ○春秋戦国時代燕山地域の北方系墓葬の特質と展開　　　　　　　小田木治太郎 …… 1
- ○漢代明器の井戸　　　　　　　　　　　　　　　　　　　　　　宇野　隆夫 …… 13
- ○東南部九州における細石刃石器群編年に関する覚書　　　　　　松本　　茂 …… 27
  ── 宮崎県岩土原遺跡第2文化層の再検討 ──
- ○刀剣形石製品の起源と系譜　　　　　　　　　　　　　　　　　後藤　信祐 …… 47
  ── 縄文時代前期〜後期前半の刀剣形石製品 ──
- ○日本海沿岸における翡翠製勾玉の生産と流通　　　　　　　　　浅野　良治 …… 71
- ○弥生時代後期初頭における土器様式の変革と地域間関係　　　　河合　　忍 …… 85
  ── 土器編年の併行関係の整理を基礎とした一考察 ──
- ○「周溝をもつ建物」の基礎的研究　　　　　　　　　　　　　　岡本淳一郎 …… 123
- ○漆町編年・その光と影と　　　　　　　　　　　　　　　　　　安　　英樹 …… 153
- ○越中における古墳出現前後の地域別土器編年　　　田中　幸生・中谷　正和 …… 193
  ── 甕形土器を中心に ──
- ○潟湖環境と首長墳　　　　　　　　　　　　　　　　　　　　　高橋　浩二 …… 225
  ── 古墳時代の日本海交流ルートは存在したのか ──
- ○古墳時代の集落内祭祀　　　　　　　　　　　　　　　　　　　島崎　久恵 …… 243
  ── 大阪府阪南市亀川遺跡の事例を中心に ──
- ○鈴鏡の画期　　　　　　　　　　　　　　　　　　　　　　　　岡田　一広 …… 257
- ○越後出土の円筒形土製品・板状土製品について　　　　　　　　春日　真実 …… 281
- ○丹波国造の埋葬伝承地とその古墳　　　　　　　　　　　　　　三好　博喜 …… 307
- ○扇状地における新興開発領主層の台頭とその後の展開　　　　　横山　貴広 …… 319
  ── 古代（6世紀末〜9世紀中頃）手取川扇状地を中心として ──
- ○中世居館の成立とその居住者像　　　　　　　　　　　　　　　向井　裕知 …… 339
  ── 金沢市堅田B遺跡の調査から ──
- ○中世の火葬施設について　　　　　　　　　　　　　　　　　　清水　孝之 …… 359
  ── 越前地域の検出事例を中心に ──

○能登七尾城下町の空間構造とその変遷　　　　　　　　　前川　　要 ……371
○史跡整備へのマスタープラン　　　　　　　　　戸簾　暢宏・橋本　正春 ……389
　——上市町黒川上山古墓群から『歴史未来博物館』構想へ——
○富山県の経塚　　　　　　　　　　　　　　　　戸簾　暢宏・橋本　正春 ……407
○秋山進午先生の略歴
○執筆者一覧

蜃気楼

春秋戦国時代燕山地域の北方系墓葬の特質と展開

小田木　治太郎

【要旨】
　中国北辺に広がる北方民族による青銅器文化は、春秋戦国時代に盛期を迎える。その中で燕山地域は、多くの墓地が分布する、重要な地域単位の一つであり、明確な特質を保持している。最も大きな特徴は南に接する燕との交流が盛んなことであるが、燕の勢力は次第に北に延び、燕山地域の北方系墓葬を衰退させる。ただしその進展は一様でなく、重層的なあり方を見せる。

1. はじめに

　かつて、春秋戦国時代期の内蒙古中南部と寧夏地域の北方系墓葬について、その構造を分析したことがある[1]。それでは対象地域の北方系墓葬の特質を示すとともに、さらに小さい単位での地域性を明らかにした。本稿はそれを受けて、燕山地域を対象に同様の分析を行うものである。
　燕山地域の北方系墓葬については、靳楓毅を中心に、文献史料に現れる山戎との関連を述べた一連の研究がある[2]。また宮本一夫はオルドス青銅器文化を論ずる中で燕山地域を取り上げて、階層化の進展や燕との関係を論じている[3]。しかし当該地域の墓葬について、その構造を包括的に論じたものはない。その原因には、調査された墓地のうち最大規模をもつ軍都山域の墓地群の正式報告がまだないことをはじめ、各墓地の詳しい内容が不足していることがあると思われるが、軍都山域の内容もある程度は知ることができ、また、ほかに取り上げるべき墓地が一定数存在するので、現段階でこれらを一通りまとめておくことは無意味でないだろう。予察の部分を含むことになるが、燕山地域の墓葬構造の特質を描き出すことが本稿の第一の目的である。また、さらに燕山地域内での地域性や、隣接する燕との関係についても考察を広げたい。
　分析の対象とするのは下にあげる9個所の墓地である。なおこれらの墓地の様相については、別稿に紹介する[4]。合わせて参照されたい。
（a）河北省張家口市宣化県小白陽墓地[5]
（b）河北省張家口市宣化県白廟墓地[6]

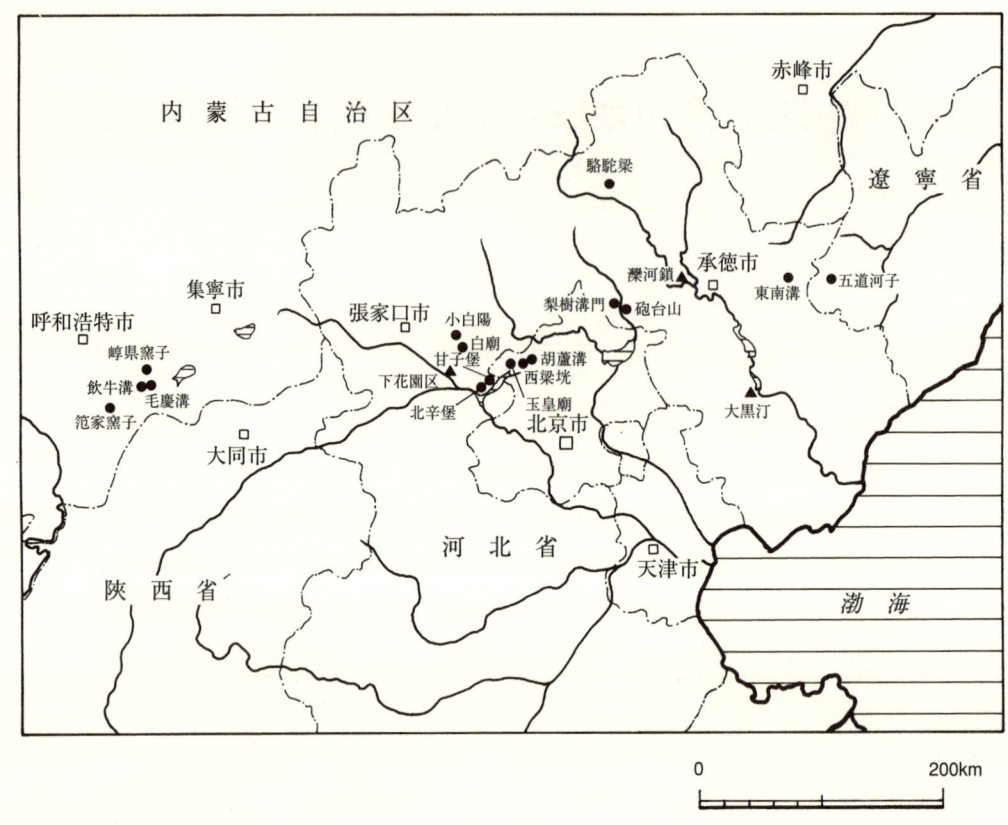

第1図　関連遺跡地図

(c) 河北省張家口市懐来県甘子堡墓地[7]
(d) 河北省張家口市懐来県北辛堡墓地[8]
(e) 北京市延慶県玉皇廟墓地[9]
(f) 北京市延慶県葫蘆溝墓地[10]
(g) 北京市延慶県西梁垙墓地[11]
(h) 河北省承徳市灤平県梨樹溝門墓地[12]
(i) 河北省承徳市灤平県砲台山墓地[13]

2．燕山地域北方系墓葬の特質

　本節では，墓地・墓葬がもつ要素ごとに検討を行い，燕山地域墓葬の様相を描き出したい。また，かつて論じた内蒙古中南部・寧夏地域での様相と比較することで，中国北方地域における燕山地域の特質を明らかにしたい。なお北辛堡は，際だって特異な内容をもち，燕山地域北方系墓葬といったときにほかのものと同列に扱えないので，本節での検討対象からは除外する。
　【墓地】第1表に各墓地の立地を示した。墓地が立地するのはいずれも平地より高い丘陵上と

第1表　各墓地の立地と墓壙方向

	立　地	墓　壙　方　向
小　白　陽	東向き斜面	東西向き48基
白　　　廟	台地	東西向き13基，南北向き12基（?）
甘　子　堡	黄土台地	東西向き(?)21基
北　辛　堡	高地	東西向き2基
玉　皇　廟	南向き斜面	東西向き399基，南北向き8基
葫　蘆　溝	南向き斜面	東西向き多数，南北向きわずか（全150余基）
西　梁　圪	南向き斜面	東西向き18基（，南北向き29基）
梨樹溝門	南向きを中心とする斜面	東西向きと南北向き
砲　台　山	西斜面	東西向き25基，南北向き10基

第2図　燕山地域の北方系墓葬　1 小白陽37号墓　2 玉皇廟120号墓　3 白廟2号墓
　　　　4 玉皇廟156号墓　5 梨樹溝門2次1号墓　6 砲台山6号墓

いう点で共通している。また多くが南向きの斜面であることも特徴としてあげえよう。ただし東向きや西向きの斜面に立地する場合もあり，必ずしも南向き斜面を選んでいるわけではない。内蒙古中南部や寧夏地域の墓地も多くが丘陵上に立地し，また南向きの斜面を選ぶ例が多かった。この点は北方系墓葬の共通点としてとらえることができよう。また，墓同士の切り合い関係がないことも注意される。墓地によっては造営がかなりの長期間に及ぶものもある。にもかかわらず墓同士の切り合いがないことは，既存の墓に重複させない明確な意志とその方法が存在したことを示す。これについても内蒙古中南部や寧夏地域と同様である。

【墓の形態】 すべて長方形竪穴土坑墓である。また墓壙内外の施設として，白廟に頭龕をもつもの，白廟と玉皇廟に木棺の周囲に石を並べる「象徴性石槨」，さらに梨樹溝門には墓壙を埋め戻した上に石を敷き詰める例があった。さて内蒙古中南部では，西園墓地[14]を除けばほかはみな長方形竪穴土坑墓であり，燕山地域との強い共通性としてとらえることができる。一方，寧夏地域では，寧夏中部が長方形竪穴土坑墓地域であったのに対し，寧夏南部は竪穴土洞墓が多く，様相を異にする。頭龕は，内蒙古中南部・寧夏地域では涼城地域の崞県窯子[15]と毛慶溝[16]で認められている。一方「象徴性石槨」や墓壙上の敷石は，燕山地域と隣接する夏家店上層文化の石槨墓・石棺墓と何らかの関係をもつのであろう。

第3図は，大きさが分かっている墓の長さと幅を表したものである。多くの墓が長さ1.7〜2.6m，幅0.5〜1.2mに集中するのが分かる。うち，長さ2.1mを越えるものはほとんどが木棺をもつ。一方，長さ1.5mに満たないものは小児墓であろう。また，より大きい長さ3m前後以上のものがある。これに対応するものは玉皇廟にも存在するとの報告があり，多くが木棺・木槨を具えているものと思われる。

【遺体の安置】 被葬者は1墓につき一人，仰臥伸展葬を基本とする。母子の合葬や，屈肢葬・

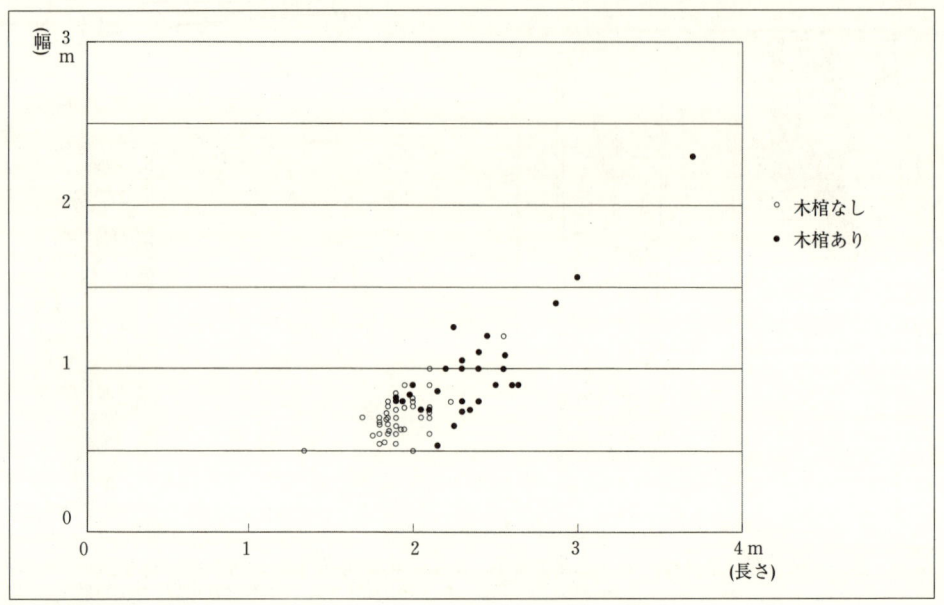

第3図　墓壙規模

俯身葬などもあるが，ごくわずかな例外である。この点は内蒙古中南部・寧夏地域と強い共通性を示す。また，木棺がすべての墓地で認められる。小白陽の全48基中7基というのが少ない例であり，一方，玉皇廟などは大部分の墓がもつと報告されている。小白陽では木棺をもつ墓は青銅短剣や青銅刀子などをもつものが多く，階層上位者との相関が明らかである。このように燕山地域では，すでに春秋後期ごろにおいて木棺は定着したものとして存在し，階層性を示す要素として社会に組み込まれている。内蒙古中南部・寧夏地域では木棺は在地の伝統的要素ではなく，後になって涼城地域にのみ現れるものであったのに比べると，明確な違いである。

【墓壙方向】 東西向きと南北向きがあることが注意される。実際の方位が分かる例がほとんどないので，どの程度正確にそれぞれの向きを示すかは不明であるが，多くの報告が両者を区別しているように，両者はその造営時において別個のものとして意識されていたと考えられる。第1表のように，数を比較すれば東西向きが圧倒的に多い。とくに小白陽や玉皇廟のように比較的早い時期の墓地でそれが顕著である。一方，内蒙古中南部・寧夏地域において，東西向き墓と南北向き墓の両者が存在するのは涼城地域の戦国後期以後のみである。すなわち内蒙古中南部・寧夏では東西向き墓が基本であり，南北向き墓は涼城地域でのみ新たに加わったものであった。おそらく燕山地域でも涼城地域と同様に，本来は東西向き墓が基本であるところに，南北向き墓がいずれかの時期に新たに加わったものと予想される。ただし燕山地域における南北向き墓の最も早い例は戦国前期と考える白廟2号墓であり，涼城地域よりかなり早い。白廟2号墓はあるいは戦国中期まで下る可能性も考慮すべきだが，いずれにせよ燕山地域が早いことに変わりはないらしい。涼城地域における南北向き墓の出現については趙の北進との関連を想定できるが[17]，燕山地域ではやはり燕の影響が想定されるであろう。後述するように，燕山地域では燕の影響が早くから見られるので，南北向き墓の出現が早いのもこれと一連のこととして理解できよう。

なお，これに関連して，玉皇廟はじめ南北向き墓を含む墓地の造営期間の下限はやや含みをもたせておくべきと考える。すなわち提示されている遺物をもとに墓地の造営時期を早い時期に限定しがちであるが，例えば内蒙古涼城地域の南北向き墓は時期を表す副葬品が貧弱であったことを考えれば，墓地の造営がそれより下る時期まで存続した可能性を考慮に入れるべきであろう。

【頭位】 多くの墓地において，東西向き墓の頭位は東を基本とすると報告がある。ただし小白陽では48基のうち東が28基，西が20基と両者に確たる差がないなど，東頭位に必ずしも斉一しているわけではない。一方，内蒙古中南部・寧夏地域ではほぼ完全に東頭位であった。燕山地域の東頭位優位は北方地域を通じての共通性と理解できるが，斉一性が内蒙古中南部や寧夏地域ほど強くなかった可能性がある。一方，南北向き墓ではみな北頭位である。

【副葬品の配置】 副葬品の出土状態を知れる例は多くないが，その配置には一定の傾向がみられる。すなわち，土器は被葬者の頭部の近くに置く。短剣や刀子などの佩用品，あるいは装身具類は身につけたまま納めたらしく，それぞれの位置から出土する。玉皇廟・葫蘆溝・西梁坨・梨樹溝門では覆面飾の痕跡が認められている。また鏃は足下からまとまって出土する場合が多く，矢を束ねて脚に沿わせて置いていたことが分かる。このほか馬具や青銅礼器は足下から出土する

傾向があるようだが，斉一性は認めがたい。これらのうち，土器・佩用品・装身具のあり方は，内蒙古中南部・寧夏地域と共通している。一方，覆面飾は内蒙古中南部・寧夏地域では確認されておらず，燕山地域特有のものと言えよう。

【動物犠牲】 動物犠牲については，岡村秀典が燕山地域にとどまらず広い範囲にわたって詳細な検討を行い，地域性やその背景を考察している[18]。ここでは燕山地域の動物犠牲の特質を描き出す視点から，改めて述べておきたい。

動物犠牲は北方系墓葬において特に重要な要素である。燕山地域でも，すべての墓地に存在する。かつ，その方法にも共通性が認められる。使用する動物はウマ・ウシ・ヒツジ・イヌが基本である。いずれも出土するのは頭骨と肢骨であり，それらを合わせて1頭分を象徴的に表す。出土する位置は被葬者の頭部上方の埋土中が多く，頭骨の口を被葬者の頭部の延長方向に向け，それに肢骨を添える場合が多い。これら納める位置および方向は，内蒙古中南部・寧夏地域の中でも涼城地域・河套地域との共通性が高い。また内蒙古中南部・寧夏地域では頭骨が主体であり，それに若干蹄骨を伴う場合があるが肢骨は少ない。肢骨を多用するのは燕山地域の特徴と言える。

第2表・第4図は，犠牲に用いられた各動物の数とその比率を墓地ごとに示そうとしたものである。各動物の数は頭骨数で表している。ただし，墓地全体の数が明らかになっているのは小白陽と白廟のみである。玉皇廟・梨樹溝門・砲台山は墓地全体の数が明らかでないので，明らかになっている例だけを単純に和にして量比を出した。よって小白陽と白廟以外は決して正確ではないことは認識しておく必要がある。また対比のために内蒙古中南部・寧夏地域の各墓地についても同様の方法で第3表・第5図に示す[19]。燕山地域では，内蒙古中南部・寧夏地域に比較して，ヒツジの比率が低いことがまず指摘できる。またそれに代わって，イヌが存在し，しかもその比

第2表 燕山地域の墓地別犠牲数（頭骨）

		ウマ	ウシ	ヒツジ	イヌ	ブタ	ほか	ほか内訳	計	対象墓数
張家口	小白陽	2	2						4	48
	白 廟			4	2				6	25
延慶	玉皇廟	4	2	9	10				25	(6)
灤平	梨樹溝門	7	4		13				24	(6)
	砲台山	1	1		23				25	(6)

第3表 内蒙古中南部・寧夏地域の墓地別犠牲数（頭骨）

		ウマ	ウシ	ヒツジ	イヌ	ブタ	ほか	ほか内訳	計	対象墓数
涼城	毛慶溝	4	15	57	1				77	79
	飲牛溝			1	1	1	4	キツネ4	7	25
	崞県窯子		5	48	11	15	4	アカシカ4	83	25
河套	西 園		24	68					92	7
鄂爾多斯	桃紅巴拉	12	8	44					64	6
寧夏中部	楊郎馬荘	46	39	217					302	49
	於家荘	42	54	166					262	28

春秋戦国時代燕山地域の北方系墓葬の特質と展開

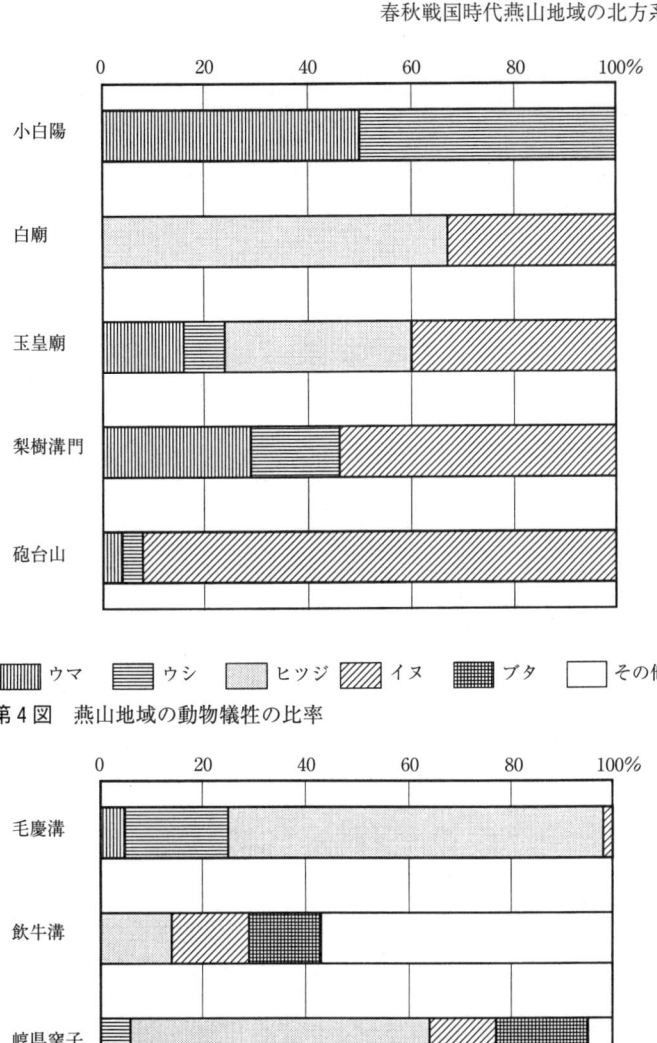

第4図　燕山地域の動物犠牲の比率

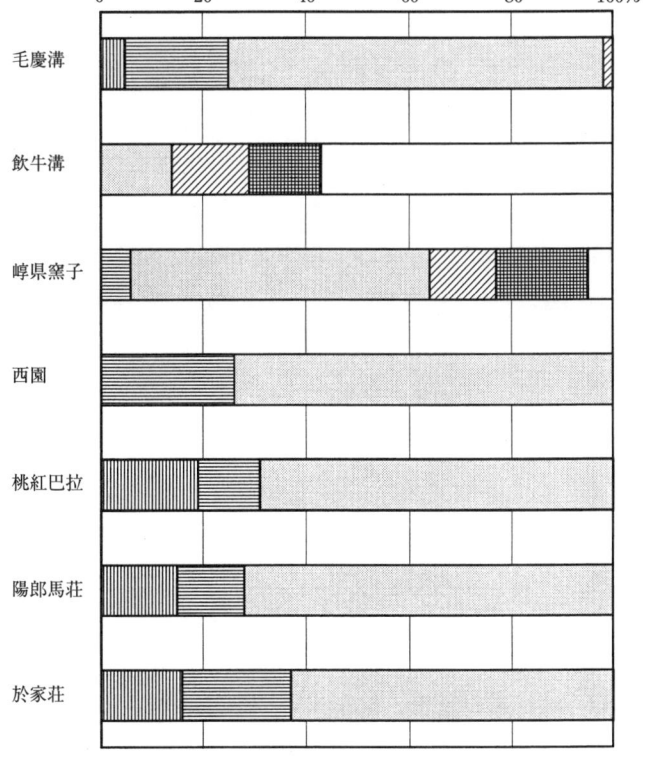

第5図　内蒙古中南部・寧夏地域の動物犠牲の比率

率が高い。内蒙古中南部・寧夏地域のうち涼城地域だけにイヌが存在するのは，燕山地域からの影響と理解できる。また，燕山地域内に目を向けると，灤平地域の梨樹溝門・砲台山ではヒツジが見られず，イヌの比率が特に高いことが認められる。さらに燕山地域の特徴として，1墓あたりの犠牲数が少ないことをあげうる。最も多い例としても，玉皇廟156号墓の15体分，梨樹溝門1次調査6号墓の14体分などがある程度である。一方，内蒙古中南部・寧夏地区には各墓地の最高として，西園3号墓46体分，桃紅巴拉2号墓49体分，楊郎馬荘Ⅲ区3号墓54体分，於家荘中区4号墓55体分があるのと比べると，大きな隔たりがある。ただし，内蒙古中南部でも涼城地域に限っては，毛慶溝6号墓14体分，飲牛溝1次9号墓6体分，崞県窯子19号墓17体分と，燕山地域と差がない。

さて，内蒙古中南部・寧夏地域で一般的なヒツジ・ウシ・ウマは，乳利用・乗用・運搬などの役目を担うもので，遊牧・牧畜生活には典型的な家畜と言える。一方，燕山地域に多いイヌは，遊牧・牧畜の補助，食用などの用法を考えられるものの，ヒツジ・ウシ・ウマとは家畜としての効能，そして人間との関わりが大きく異なると考えられる。燕山地域では1墓あたりの犠牲数が少なく，少数であっても量比への影響が現れやすい側面はあるものの，それでもイヌの多さは歴然としている。燕山地域の生業がイヌを多用するものであったことが考えられるとともに，それを好んで墓に納めるという，ほかの北方地域とは異なる家畜感の存在を指摘できるであろう。

以上，7項目にわたって検討を行った。これにより，燕山地域の墓葬が強い共通性をもつことを知りえた。この内容は，他地域の北方系墓葬と多くの部分を共有するが，中でも内蒙古中南部との近似性が高いことが理解できるであろう。また副葬品を概観すると，燕山地域の地域性はより鮮明となる。青銅礼器は燕山地域にのみ見られ，内蒙古中南部および寧夏地域には見られない。また燕山系青銅短剣[20]，双鈕の帯鉤[21]もそうである。さらに，いわゆる北方系青銅器の範疇に入るものにも燕山地域特有のものが多く，曲線と円形文を強調した動物形飾金具，人面形飾金具などがそれに当たる。燕山地域の北方系墓葬は，広く中国北方地域全体に広がる様式に属しつつ，一方で明瞭な独自性を備えている。

3．燕山地域北方系墓葬の展開

前節で示したように，燕山地域の墓葬はその構造において一定の共通性を有する。この共通性を示す墓葬の分布範囲は，取り上げた墓地の分布から，西は張家口宣化，南は延慶・懐来，東は灤平に及ぶものととらえうる。北については承徳市隆化県北部の三道営駱駝梁[22]が指標になるが，今のところ墓葬構造は不明である。さてこうした範囲は，靳楓毅らの山戎文化の範囲[23]，郭素新・田広金が燕山南麓とした範囲[24]，あるいは宮本一夫の燕山地域の青銅器墓葬の範囲[25]にほぼ相当しており，これまで考えられてきた地域単位を追認するものである。ただし靳楓毅は最近になって，王継紅とともに承徳市平泉県東南溝[26]や遼寧省凌源県五道河子[27]などを加えて，東側により広くとらえる考えも示している[28]。しかし墓葬構造から見た場合，東南溝は石棺墓・

石蓋土坑墓が多数を占め，また五道河子は長方形竪穴土坑墓が多いものの動物犠牲が認められず北頭位が主体をしめるなど，違いが明らかである。

またこうした範囲は，さらに細分できる可能性がある。すなわち地図上では，西の張家口(宣化)地域，南の懐来・延慶地域，東の灤平周辺地域に分布が分かれており，さらに隆化県北部も一単位になるであろう。実際，これに対応するように，灤平周辺では動物犠牲にイヌの比率が高く，張家口地域では木棺が少なく青銅礼器が今のところ存在しないなどの特徴を指摘でき，文化的にもそれぞれが単位をなしていたものと考えられる。

燕山地域における北方系墓葬は，春秋時代の中ごろ前後にいわば突如として現れる。これは内蒙古中南部や寧夏地域も同様であり，この時期，北方地域の集団構造に大きな変化があったことがうかがえる。ただし燕山地域がほかの地域と大きく異なるのは，漢系の文化，すなわちここでは燕の影響が当初から見られ，時期が下るとともにそれが拡大していく点である。これについては，宮本一夫がすでに「燕化」あるいは「燕の領域拡大」として明らかにしているところである[29]。それに寄りつつ，前節までに述べてきたことを加えて再整理を行っておきたい。

採りあげた墓地のうち最も遡る時期に属するであろう玉皇廟では，すでに燕との関係を示す青銅礼器が威信材として副葬品に加わっている。そして燕の影響が顕著に現れるのが春秋末の北辛堡である。北辛堡の2基の墓は，規模や副葬品の内容など，あらゆる面でほかの北方系墓葬と比較にならない。ただし動物犠牲を伴い，かつ頭骨と肢骨を組み合わせて向きを揃えて納めるなど，燕山地域の北方系墓葬での方法を忠実に踏襲している。動物犠牲は北方系墓葬の習俗の中でも最も特徴的なものと言え，このことから被葬者の出自はやはり北方系の集団に求めるべきであろう。すなわち北方系の集団の中に，燕との関係を強化することによってほかとは隔絶した優位性を示す階層が生じているのである。ただし，北辛堡に続く同様の墓葬は今のところ知られず，その後こうした階層構造がどのように進展したかは，不明である。

次に燕の影響が強まる例としては，春秋末から戦国前期と考えられる砲台山がある。砲台山で報告されている遺物には燕系ととらえるべきものが多く，逆に北方系の遺物は非常に少ない。これは，青銅礼器を伴い副葬品量が多い6号墓でより顕著である。ほかの墓では北方系の小型青銅製品が多いとの記述もあるが，砲台山では北辛堡のような隔絶した内容・規模の墓ではなく，一般規模の長方形竪穴土坑墓に燕化が強く表れている。また一方，砲台山の近隣に位置し，時期的に大きくずれない梨樹溝門はこれと様相を異にし，燕の影響が非常に希薄であることも注意に値しよう。つまり春秋末から戦国前期にかけて，燕山地域の北方系墓葬では燕化が確実に進展しているが，砲台山のように先んじて進展する墓地と，梨樹溝門のように進展が遅い墓地とが併存しており，おしなべて一様に進んでいないことがうかがえる。

採りあげた墓地のうち最も遅くまで存続するのは，戦国前期から後期に営まれた白廟である。同じ張家口地域では戦国中期に下花園区の燕国墓があり[30]，燕の領域化が進んでいるのであるが，その一方でこのように戦国後期まで北方系の墓地は営まれ続けている。そしてその白廟では，南北向き墓が増加し，副葬品の量が少なくなるなどの新たな変化が見られる。近隣で先行する小

白陽(春秋後期頃)と比較してこの変化は明瞭である。さらに最も新しい段階である第四類，すなわち戦国後期になると，利器が鉄器化し，副葬品の中で帯鉤が優位化するなどの変化も見られる。実はこうした変化は，内蒙古涼城地域の毛慶溝・飲牛溝での変化と非常によく類似し，なおかつ時期的にもほぼ並行している。すなわち張家口地域では，北方系墓葬の終焉は内蒙古涼城地域と類似した経過をたどっている。毛慶溝・飲牛溝における一連の変化については北方系の集団と漢系の集団の融合によるものと考えたが[31]，同様の動きが白廟においても行われた可能性を考ええよう。またほかの地域では，承徳市灤河鎮に戦国後半の燕国墓があり[32]，同様に燕の領域拡大を示している。同時期の北方系墓地は今のところ知られないが，白廟と同様のことが想定されるであろう。このように戦国期の燕山地域では，燕の領域拡大に見る政治的な変化と，北方系墓葬の終焉過程に見る一般層での変化とが，重層的にかつ連動しつつ進行したと考えたい。

4．結　　　語

　燕山地域の北方系墓葬は，墓葬構造の細かな点においても内蒙古中南部や寧夏地域と多くの共通点をもつ。墓葬構造の共通性は葬送儀礼の共通性と言い替えてよいであろう。つまりこれら広い範囲において，同様のあるいは類似する葬送儀礼を行う同系統の文化が広がっていたことを示している。もちろんその背景には，遊牧・牧畜という生業における共通性が存在することは言うまでもない。かつ，燕山地域，内蒙古中南部，寧夏地域はそれぞれ明確な独自性も示しており，それぞれが独立性のある集団によって支えられたものであることも明らかである。また燕山地域で言えば，張家口地域，懐来・延慶地域，灤平地域という単位での独自性もうかがうことができ，さらには灤平地域の梨樹溝門と砲台山に見たように墓地単位での様相差も存在した。このように地域構造すなわち集団構造はいく重もの層をなしている。これらの集団構造については，文献に現れる民族・集団との対比も重要な作業であろう。ただし，当該地域の集団構造がどのように推移したかを考古学的に把握することが先決であり，本稿はその問題のみにとどめておく。

　本稿は墓葬構造を対象としたために，ほかの要素についてはあまり触れなかった。第2節で少し触れたが，副葬品にも燕山地域の特色は多く指摘できるものと思われ，それらの検討を深めれば，より鮮明に燕山地域の様相を描けるであろう。また冒頭で触れたが，燕山地域の北方系墓葬には調査が行われたものの報告が十分でないものが多く存在する。本稿はそうした不十分な材料の上に予察を加えたものであって，特に第2節に関しては今後報告が増えれば変更を要する部分が当然出てくるものと思われる。むしろそのときが早く訪れて，より正確に様相を理解できることを望むものである。

【追記】
　筆者が中国北方青銅器文化に関心を持ったのは，秋山進午先生の「内蒙古高原の匈奴墓葬」(『富山大学人文学部紀要』第4号，1981年)に触れたのが契機である。秋山先生が古稀を迎えられるにあ

たり，それに関連する一文をなせたのは喜びに耐えない。しかし内容はなお不十分であり，学恩に報いる以前に改めて叱正を乞わねばならないものとなってしまった。なお本稿の作成に当たっては，中国考古学研究会(京都)において同内容の発表を行うことができ，その際，諸先生方からさまざまな教示をえることができた。とくに廣川守氏からは帯鉤の編年に関して細かな教示を頂戴した。記してお礼申し上げる。また，秋山先生のもとでともに学んだ田島富慈美氏から，文献の探索をはじめ有形無形のさまざまな協力を受けたことも付記したい。

註

(1) 小田木治太郎「中国北方"青銅文化"の墓－戦国時代前後の内蒙古中南部および寧夏周辺－」『宗教と考古学』，勉誠社，1997年。
(2) 靳楓毅「軍都山山戎文化墓地葬制与主要器物特徴」『遼海文物学刊』1991年第1期。
　　靳楓毅・王継紅「山戎文化所含燕与中原文化因素之分析」『考古学報』2001年第1期。
(3) 宮本一夫「オルドス青銅器文化の地域性と展開」『古代文化』第51巻第9・10号，1999年(「オルドス青銅器文化の終焉」『中国古代北疆史の考古学的研究』，2000年に再録)。
(4) 小田木治太郎「春秋戦国時代燕山地域の北方系墓葬諸例」『天理参考館報』第16号，2003年(予定)。
(5) 張家口市文物事業管理所・宣化県文化館「河北宣化県小白陽墓地発掘報告」『文物』1987年第5期。
　　陶宗冶「河北張家口市考古調査簡報」『考古与文物』1985年第6期。
(6) 張家口市文物事業管理所「張家口市白廟遺址清理簡報」『文物』1985年第10期。
　　前掲註5，陶文献。
(7) 賀勇・劉建中「河北懐来甘子堡発現的春秋墓群」『文物春秋』1993年第2期。
(8) 河北省文化局文物工作隊「河北懐来北辛堡戦国墓」『考古』1966年第5期。
(9) 北京市文物研究所山戎文化考古隊「北京延慶軍都山東周山戎部落墓地発掘紀略」『文物』1989年第8期。
　　北京市文物研究所「東周時期的山戎文化」『北京考古四十年』，北京燕山出版社，1990年。
　　前掲註2，靳文献。
(10) 前掲註9文献。
(11) 前掲註9文献。
(12) 承徳地区文物保護管理所・灤平県文物保護管理所「河北省灤平県梨樹溝門墓群清理発掘簡報」『文物春秋』1994年第2期。
　　灤平県博物館「河北省灤平県梨樹溝門山戎墓地清理簡報」『考古与文物』1995年第5期。
(13) 河北省文物研究所・承徳地区文化局・灤平県文物管理所「灤平虎什哈砲台山山戎墓地的発現」『文物資料叢刊』7，1983年。
(14) 内蒙古文物考古研究所・包頭市文物管理処「包頭西園春秋墓地」『内蒙古文物考古』1991年第1期。
(15) 内蒙古文物考古研究所「涼城崞県窯子墓地」『考古学報』1989年第1期。
(16) 内蒙古文物工作隊「毛慶溝墓地」『鄂爾多斯式青銅器』，文物出版社，1986年。
(17) 内蒙古文物考古研究所・日本京都中国考古学研究会岱海地区考察隊「飲牛溝墓地1997年発掘報告」『岱海考古』(二)，科学出版社，2001年。
　　宮本一夫「鄂爾多斯青銅文化的地域性及変遷」『岱海考古』(二)(前掲)。
(18) 岡村秀典「中国古代における墓の動物供犠」『東方学報』京都第74冊，2002年。
(19) 各墓地の文献は以下による。
　　毛慶溝：前掲註16文献。
　　飲牛溝：内蒙古自治区文物工作隊「涼城飲牛溝墓葬清理簡報」『内蒙古文物考古』第3期，1984年。前掲註17，岱海地区考察隊文献。
　　崞県窯子：前掲註15文献。

西園：前掲註14文献。
　　　桃紅巴拉：田広金「桃紅巴拉的匈奴墓」『考古学報』1976年第1期。
　　　楊郎馬荘：寧夏文物考古研究所「寧夏固原楊郎青銅文化墓地」『考古学報』1993年第1期。
　　　於家荘：寧夏文物考古研究所「寧夏彭堡於家荘墓地」『考古学報』1995年第1期。
(20) 前掲註3文献。
(21) 廣川守氏教示。
(22) 鄭紹宗「中国北方青銅短剣的分期及形制研究」『文物』1984年第2期。
(23) 前掲註2，靳文献。
(24) 郭素新・田広金「源遠流長的北方民族青銅文化」『中国青銅器全集』15北方民族，文物出版社，1995年（邦訳，小田木治太郎訳「北方民族青銅文化の起源と発展　－そのはるかなる流れ－」『古文化談叢』第37集，九州古文化研究会，1997年）。
(25) 前掲註3文献。
(26) 河北省博物館・文物管理処「河北平泉東南溝夏家店上層文化墓葬」『考古』1977年第1期。
(27) 遼寧省文物考古研究所「遼寧凌源県五道河子戦国墓発掘簡報」『文物』1989年第2期。
(28) 前掲註2，靳・王文献。
(29) 宮本一夫「戦国燕とその拡大」『中国古代北疆史の考古学的研究』，中国書店，2000年。
(30) 張家口市文管所・下花園区文教局「張家口市下花園区発現的戦国墓」『考古』1988年第12期。
(31) 前掲註17，岱海地区考察隊文献。
(32) 承徳離宮博物館「承徳市灤河鎮的一座戦国墓」『考古』1961年第5期。

漢代明器の井戸

宇 野 隆 夫

【要旨】
　中国史上，秦漢代は大きな変革期であるが，その変革の一つに埋葬において竪穴式にかえて横穴式の墓室を本格的に採用したことがある。これに伴い墓室は地下宮殿の様相を呈し，現実世界で用いた器物やそのミニチュアである明器の副葬が活発化した。本稿では，この明器の重要な構成要素である井戸をとりあげて，その類型（形式）を分類して集計した。その結果，中原を起原とする井字組合せ式の井戸が各地に影響を及ぼす一方，壺形を代表とする中国南部に特有な形式が根強く存続したことを明らかにし，かつ諸形式の井戸が明器様式の中に位置づけられて行くことに，秦漢帝国成立の意義の一端を見いだした。

は じ め に

　漢墓の著しい特色の一つとして，倉・竈・井・廁のような建物・建物付属施設を初期には実物あるいは実物大で設置し，次いでこれを明器(陶製・木製・銅鉄製の小型葬送用品)で表現して副葬するようになることがある。その背景には中国における造墓思想の一大変革があり[1]，明器の分布圏は漢の一次的な文化圏を知る一つの手掛かりになるであろう。
　本稿では中国出土の多彩な明器の中で井戸(井)を取り上げて，発掘資料では得にくい井戸の上部構造について検討するとともに，漢文化圏の中に存在した地域差について考えようとするものである。

1　明器の井戸の類型

　井戸の施設を，地上の井桁(井欄)・地下壁面の井戸側・地下底の水溜に三分すると，漢代明器の井戸は，井桁に相当することが多く，井戸側の部分まで含めて表現するものも存在する。またこれに付属するものとして，釣瓶・覆屋などがある。

釣瓶は壺形容器を使用するものであり，滑車式釣瓶と手持ち式(手でたぐりあげる)釣瓶とがある。滑車の架構には，側面からみて方格に近いものと，「人」字形のものとがあり，滑車式釣瓶が付属しないものは手持ち式釣瓶であることが多かったと推定する。ただし撥ね釣瓶の画像がごく少数であるが存在する[2]。釣瓶に用いる壺形容器は陶製であることが多いと思うが，鉄製の明器の事例もある。

　覆屋には支柱を井桁に取り付けるものと，井戸の周囲に柱を立てて屋根を葺くものとがあり，また井戸全体を覆うものと滑車式釣瓶の滑車部分のみ覆うものとがある。屋根形式は，切妻造と寄棟造とがある。

　このように明器の井戸の類型は基本的に井桁とその付属施設についてのものであるが，まずその代表的な型を提示することとしたい。なお明器の井戸の型式については，中国社会科学院考古研究所編『洛陽焼溝漢墓』1959年においてすでに，第一型(別作りの円筒形井戸側が付属)第一式(円形井欄)・同第二式(長方形井欄)・同第三式(楕円形井欄)，第二型(井戸側なし，長方形・方形井欄)，第三型(短い井戸側と井欄の一体作り)第一式(円形井欄，井口に凸帯)・第二式(円形井欄，凸帯なし)と分類されている。さらに墓型との対応から，第一型第一・二式と第二型が最も古く洛陽焼溝第二期(前漢後期)に出現し，以後，第一型第三式・第三型一式(洛陽焼溝第三―四期，新～後漢初期)，第三型第二式(洛陽焼溝第五期，後漢中期)の順に出現したことが示唆されている。

　本稿ではこの成果，また他の多くの成果によりつつ，中国各地出土品ならびに実物の井戸を意識して，以下のように分類したい。なお本稿の分類は従来の分類を細別したところと，楕円形井欄を長方形井欄の簡略表現と考えて一つの類型にまとめたように大別したところとがある。ここで言う類型は，型式学における形式に相当するものであり，一つの類型を年代的変化を重視して細別したら型式になるであろう。

　分類はまず井桁の部分に着目して，平面方形・長方形の井字形組合せ式のものをＡ類，円筒形のものをＢ類，壺形のものをＣ類に大別する。そして付属施設によって，滑車式釣瓶をもつものを１類・もたないものを２類，井戸全体の覆屋をもつものをａ類・これをもたないものをｂ類に細別した。なお滑車式釣瓶の滑車部分には小さな覆屋が付くが，井戸全体を覆う覆屋とは区別している。なお円形・方形の井口板を井桁上に乗せた表現のものがあり，これに相当すると考える石製の実物品が存在する[3]。

　以上の方針によって設定した明器の井戸の類型は，以下の通りである(図１，表１)。

　Ａ１ａ類(井字形組合わせ式，滑車式釣瓶あり，覆屋あり，図１の１・２)：枠材を平面井字形に組み竪枠材を加えて井桁を立方体に組むものの内，平面が長方形であるもの。井桁上面に四本ないし二本の支柱を取り付けて大型の覆屋を設置して滑車式釣瓶を取り付ける。側板に青龍や白虎ほかの画像を表現するものが多い。なお覆屋部分が失われたり平面が楕円形のものでも，平面形，柱穴の位置，画像の有無ほかからこの型に含めたものがある。本形式は漢代明器の井戸の中でも，最も手がこんだ造りのものである。

　Ａ１ｂ類(井字形組合せ井桁，滑車式釣瓶あり，覆屋なし，図１の３)：井桁の構造はＡ１ａ類と共通

漢代明器の井戸

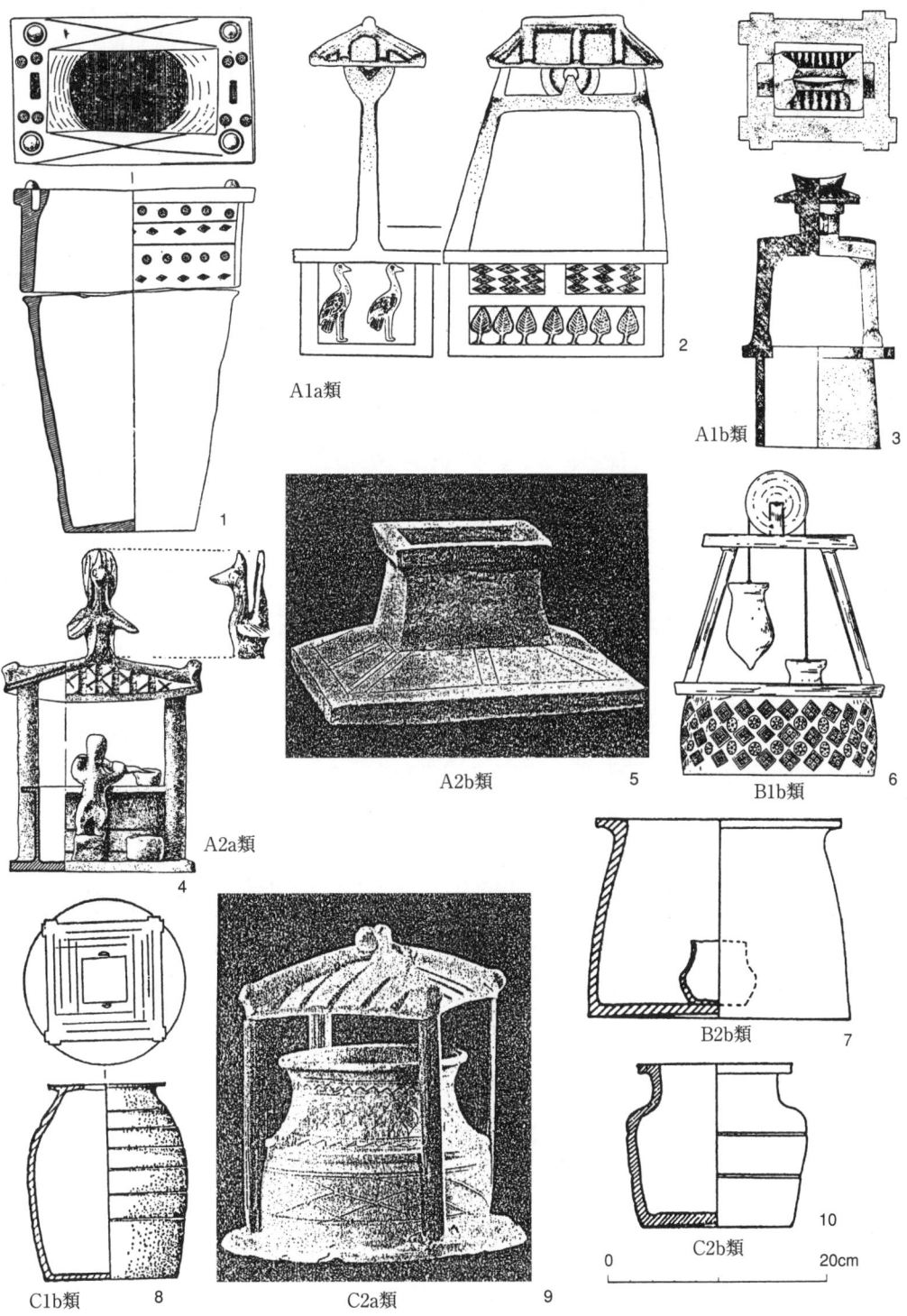

第1図　明器の井戸の類型（1～3・6　洛陽焼溝漢墓，4　広州市東郊交通学校，5　広州市東郊麻鷹崗，7・10　湖北蘄春茅草山，8　四川西昌礼州，9　広州市北郊蟹崗，写真は縮尺不同，出典は次節参照）

表1　明器の井戸の類型

類型	平面形	井桁	滑車式釣瓶	覆屋
A1a	長方形	井字形組合せ	あり	あり
A1b	方形	井字形組合せ	あり	なし
A2a	方形	井字形組合せ	なし	あり
A2b	方形	井字形組合せ	なし	なし
B1b	円形	円筒型	あり	なし
B2b	円形	円筒型	なし	なし
C1b	円形	壺形	あり	なし
C2a	円形	壺形	なし	あり
C2b	円形	壺形	なし	なし

するが，平面が正方形であり，井桁に支柱を二本取り付けて滑車式釣瓶を取り付けるもの。覆屋は釣瓶の滑車部分だけを雨水から守る小型のものであり，側板に画像があるものはほとんどない。井字形の組合せの表現がなくても，角筒状のものは本類型の簡略な表現とみなしてこの型に含めている。

　A2a類(井字形組合せ式，滑車式釣瓶なし，覆屋あり，図1の4)：井桁の構造はA1b類と共通し，井戸全体を覆う覆屋をもつが，滑車式釣瓶がないもの。

　A2b類(井字形組合せ式，滑車式釣瓶なし，覆屋なし，図1の5)：井桁の構造はA1b類と共通するが，滑車式釣瓶も覆屋ももたないもの。

　B1b類(円筒形，滑車式釣瓶あり，覆屋なし，図1の6)：井桁が円筒形であり，滑車式釣瓶を取り付けるが，井戸全体を覆う覆屋がないもの。井口が外折したり，凸帯を付加したり，円形・方形の井口板をのせるものがある。円筒部がやや内傾・外反して壺形の口頸部に近いものが存在するが，壺の肩部の表現がないものはこの型に含めた。井口が外折せず箍を付加しない素縁のものもこの型に含めている。

　B2b類(円筒形，滑車式釣瓶なし，覆屋なし，図1の7)：井桁の構造はB1b類と同様であるが，滑車式釣瓶も覆屋ももたないもの。

　C1b類(壺形，滑車式釣瓶あり，覆屋なし，図1の8)：井桁が平面円形であり，壺形の施設あるいは大型壺の底を打ち欠いて井桁に使用したと考えるもの。外面に土器と共通する堆紋(刻目凸帯紋)や凹弦紋(沈線紋)などを表現するものが多い。井桁に二本の支柱をもつ滑車式釣瓶をとりつけるが，井戸全体を覆う覆屋はない。

　C2a類(壺形，滑車式釣瓶なし，覆屋あり，図1の9)：井桁の構造はC1b類と同様であるが，滑車式釣瓶を取り付けず，井戸の周囲の地上に四本の支柱を立てて井戸全体を覆う覆屋を設置するもの。支柱は木製で遺存しないことが多いが基板に四つの柱穴を表現するものが多い。二本柱の覆屋も少数存在する。

　C2b類(壺形，滑車式釣瓶なし，覆屋なし，図1の10)：井桁の構造はC1b類と同様であるが，滑車式釣瓶も覆屋ももたないもの。

2　明器の井戸の出土事例

　漢墓の調査例は非常に多く，明器の井戸も多数のものが知られている。それを網羅することは大変に難しいが，管見に触れた出土事例の類型，出土地・遺構，およびそのおよその年代と出土

数は以下の通りである。なお出土数を記さないものは1点の出土である。

A1a類（井字形組合わせ井桁，滑車式釣瓶あり，覆屋あり）
　河南省洛陽焼溝漢墓（中国社会科学院考古研究所編『洛陽焼溝漢墓』1959年。前漢後期～後漢，14点）
　河南省洛陽西郊漢墓（中国社会科学院考古研究所洛陽発掘隊「洛陽西郊漢墓発掘報告」『考古学報』1963年2期。22点，前漢後期～後漢）
　河南省巩県石家庄東漢墓（河南省文化局文物工作隊「河南巩県石家庄古墓発掘簡報」『考古』1963年2期。後漢後期）

A1b類（井字形組合せ井桁，滑車式釣瓶あり，覆屋なし）
　河北省定県北庄漢墓（河北省文物工作隊「定県北庄漢墓出土文物簡報」『文物』1964年12期。河北省文物工作隊「河北定県北庄漢墓発掘報告」『考古学報』1964年2期。後漢中期，西暦1世紀後半）
　河南省洛陽焼溝漢墓（中国社会科学院考古研究所編『洛陽焼溝漢墓』1959年。前漢後期～後漢，2点）
　河南省洛陽西郊漢墓（中国社会科学院考古研究所洛陽発掘隊「洛陽西郊漢墓発掘報告」『考古学報』1963年2期。前漢後期～後漢）
　河南省洛陽市五女冢新莽墓（洛陽市第二文物工作隊「河南省洛陽市五女冢新莽墓発掘簡報」『文物』1995年11期。新，2点）
　河南省洛陽市澗濱漢墓4（中国社会科学院考古研究所洛陽発掘隊「河南省洛陽澗濱漢墓」『考古学報』1956年1期。後漢）
　河南省洛陽市東関東漢殉人墓（余扶危・賀官保「洛陽東関東漢殉人墓」『文物』1973年2期。後漢後期）
　河南省済源県承留漢墓（張新賦・衛平復「河南省済源県承留漢墓的発掘」『考古』1991年12期。後漢後期）
　河南省巩県石家庄東漢墓（河南省文化局文物工作隊「河南巩県石家庄古墓発掘簡報」『考古』1963年2期。後漢後期，4点）
　陝西省西安市北郊東漢墓（陝西省考古所漢墓工作組「西安北郊清理一座東漢墓」『文物』1960年5期，後漢）

A2a類（井字形組合せ井桁，滑車式釣瓶なし，覆屋あり）
　広東省広州市東郊交通学校（広州市文物管理委員会『広州出土漢代陶屋』1958年。漢）
　広東省広州市南郊大元崗（広州市文物管理委員会『広州出土漢代陶屋』1958年。漢）

A2b類（井字形組合せ井桁，滑車式釣瓶なし，覆屋なし）
　四川省牧馬山東漢岩墓（四川省博物館「四川牧馬山灌漑渠古墓清理簡報」『考古』1959年8期。後漢，2点）
　広東省広州市東郊麻鷹崗（広州市文物管理委員会『広州出土漢代陶屋』1958年。漢）
　広東省広州市淘金坑26号西漢墓（広州市文物管理処「広州淘金坑的西漢墓」『考古学報』1974年1期。前漢後期）

B1b類（円筒形，滑車式釣瓶あり，覆屋なし）
　河北省遷安県干家村1号漢墓（遷安県文物保管所「河北省遷安干家村1号漢墓清理」『文物』1996年10期。後漢中期）
　北京市平谷県西柏店1号漢墓（北京市文物工作隊「北京平谷県西柏和唐庄子漢墓発掘簡報」『考古』1962年

5期。後漢末)

　河南省洛陽焼溝漢墓(中国社会科学院考古研究所編『洛陽焼溝漢墓』1959年。前漢後期～後漢，69点)

　河南省洛陽西郊漢墓(中国社会科学院考古研究所洛陽発掘隊「洛陽西郊漢墓発掘報告」『考古学報』1963年2期。62点，前漢後期～後漢)

　河南省鄭州市碧沙崗公園東漢墓(鄭州市博物館「河南鄭州市碧沙崗公園東漢墓」『考古』1966年5期。後漢末)

　河南省巩義市倉西M41漢墓(河南省文物考古研究所「河南巩義市倉西戦国漢晋墓」『考古学報』1995年3期。後漢中期)

　河南省偃師県東漢墓(偃師商城博物館「河南偃師県東漢姚孝経墓」『考古』1992年3期。後漢中期，西暦73年，2点)

　河南省鄭州市南関外東漢墓(劉東亜「鄭州市南関外東漢墓的発掘」『考古簡訊』1958年2期。後漢後期)

　陝西省長安県三里村東漢墓(陝西省文物管理委員会「長安県三里村東漢墓発掘簡報」『文物参考資料』1958年7期。後漢後期)

　陝西省西安市白鹿原墓10(兪偉超「成案白鹿原墓葬発掘報告」『考古学報』1956年3期。後漢中期，2点)

　陝西省西安市白鹿原墓60(兪偉超「成案白鹿原墓葬発掘報告」『考古学報』1956年3期。後漢後期，2点)

　陝西省咸陽市底張湾漢墓(尹達「四年来中国考古工作中的新収穫」『文物参考資料』1954年10期。漢)

　山西省太原南郊漢墓6(山西省文物管理委員会「太原南郊清理的漢至元代墓葬」『考古』1963年5期。後漢後期)

　甘粛省臨夏大何荘漢墓(黄河水庫考古隊甘粛分隊「甘粛臨夏大何荘漢墓的発掘」『考古』1961年3期。前漢後期)

　山東省高唐県城東固河(山東省文物管理処・山東省博物館編『山東文物選集』普査部分，1959年。漢)

　江蘇省徐州十里鋪漢画像石墓(江蘇省文物管理委員会・南京博物院「江蘇徐州十里鋪漢画像石墓」『考古』1966年2期。後漢末)

　湖北省均県"双塚"墓2(湖北省文物管理委員会「湖北省均県"双塚"清理簡報」『考古』1965年12期。後漢末)

　江西省南昌市郊外東漢墓(江西省文物管理委員会「南昌市郊外東漢墓清理」『考古』1965年11期。後漢後期)

　四川省成都鳳凰山西漢木槨墓(四川省博物館「成都鳳凰山西漢木槨墓」『考古』1959年8期。前漢後期)

　四川省站東郷譚家石橋1号墓(徐鵬章「四川站東郷漢墓清理記」『考古通訊』1956年1期。後漢)

　四川省成都市東北郊西漢墓(四川省文物管理委員長「成都東北郊西漢墓発掘簡報」『考古通訊』1958年2期。前漢後期)

　四川省牧馬山東漢岩墓(四川省博物館「四川牧馬山潅漑渠古墓清理簡報」『考古』1959年8期。後漢，2点)

Ｂ２ｂ類(円筒形，滑車式釣瓶なし，覆屋なし)

　遼寧省旅大市営城子52号墓(許明綱「遼寧省旅大市営城子古墓清理」『考古』1959年6期。後漢末)

　遼寧省瀋陽市伯官屯漢魏墓(瀋陽市文物工作組「瀋陽伯官屯漢魏墓葬」『考古』1964年11期。後漢末)

　北京市平谷県唐庄子101号漢墓(北京市文物工作隊「北京平谷県西柏和唐庄子漢墓発掘簡報」『考古』1962年5期。後漢末)

河南省桐柏万崗M9東漢墓(河南省文化局文物工作隊「河南省桐柏万崗漢墓的発掘」『考古』1964年8期。後漢初期)

山西省太原南郊漢墓9(山西省文物管理委員長「太原南郊清理的漢至元代墓葬」『考古』1963年5期。前漢後期，6点)

山西省太原金昇村9号漢墓(李奉山「太原金昇村9号漢墓」『文物』1959年10期。後漢初期)

甘粛省蘭州東崗鎮東漢墓(寧篤学・蒲朝紐「蘭州東崗鎮東漢墓」『文物参考資料』1958年12期。後漢中期)

山東省微山県墓前村M2・3(微山県文物管理所「山東微山県墓前村西漢墓」『考古』1995年11期。前漢後期，2点)

浙江省杭州市西郊古蕩鎮唐漢墓(馮信敦「省杭州市西郊古蕩鎮唐漢墓清理」『考古通訊』1957年5期。後漢)

湖北省蘄春茅草山M6西漢墓(湖北京九鉄路考古隊・黄岡市博物館「湖北省蘄春茅草山西漢墓」『考古学報』1998年4期。前漢後期)

湖北省蘄春県陳家大地M15西漢墓(黄岡市博物館「湖北蘄春陳家大地西漢墓」『考古』1999年5期。前漢後期，銅製品)

湖北省蘄春楓樹林M7東漢墓(湖北京九鉄路考古隊・黄岡市博物館「湖北省蘄春楓樹林東漢墓」『考古学報』1999年2期。後漢後期)

湖北省襄樊市毛紡廠M2漢墓(襄樊市博物館「湖北襄樊市毛紡廠漢墓清理簡報」『考古』1997年12期。前漢後期)

湖北省随県塔児湾古城崗漢墓(湖北省文物管理委員会「湖北省随県塔児湾古城崗発現漢墓」『考古』1966年3期。後漢)

湖南省長沙市203号墓西漢後期墓(中国社会科学院考古研究所『長沙発掘報告』1957年。前漢後期)

江西省清江武陵東M2漢墓(黄頤寿「江西省清江武陵東漢墓」『考古』1976年5期。後漢)

広東省広州市淘金坑22号西漢墓(広州市文物管理処「広州淘金坑的西漢墓」『考古学報』1974年1期。前漢後期)

C1b類(壺形，滑車式釣瓶あり，覆屋なし)

山東省騰県柴胡店M41号墓(山東省博物館「山東省騰県柴胡店漢墓」『考古』1963年8期。後漢中～後期)

山東省章丘県普集鎮代1号漢墓(王思礼「山東省丘県普集鎮代漢墓清理簡報」『考古通訊』1955年6期。後漢)

安徽省寿陽馬屋2号東漢墓(安徽省文化局文物工作隊・寿県博物館「安徽寿県茶庵馬家古東漢墓」『考古』1966年3期。後漢初期)

湖南省常徳市M1号東漢墓(湖南省博物館「湖南常徳東漢墓」『考古集刊』1，1981年。後漢後期)

湖南省長沙市黒槽門墓1(高至喜「談談湖南出土的東漢建築模型」『考古』1959年11期。後漢)

湖南省長沙市南塘冲古墓(湖南省文物管理委員会「湖南省長沙南塘冲古墓」『考古通訊』1958年3期。後漢)

湖南省益陽28号墓(湖南省博物館・益陽文化館「湖南益陽戦国両漢墓」『考古学報』1981年4期。後漢中期)

四川省西昌礼州M1・M3漢墓(礼州遺址聯合考古発掘隊「四川西昌礼州発現的漢墓」『考古』1980年5期。前漢末，6点)

Ｃ２ａ類(壺形，滑車式釣瓶なし，覆屋あり)

湖南省長沙市(高至喜「談談湖南出土的東漢建築模型」『考古』1959年11期，後漢)

湖南省耒陽西郊第１号磚室墓(湖南省文物管理委員会「耒陽西郊古墓清理簡報」『文物参考資料』1956年１期。後漢)

四川省牧馬山東漢岩墓(四川省博物館「四川牧馬山灌漑渠古墓清理簡報」『考古』1959年８期。後漢，２点)

広東省広州市東山東漢墓(広州市文物管理委員会「広東省広州市東山東漢墓清理簡報」『考古通訊』1959年４期。後漢初期)

広東省広州市西村西漢木槨墓(広州市文物管理委員会「広州西村西漢木槨墓簡報」『考古』1960年１期。前漢後期)

広東省広州市東郊龍生崗(広州市文化局社会文化事業管理科「挙弁『広州市一年来生産建設中出土古文物展覧』的経験和会体会」『文物参考資料』1954年８期。後漢)

広東省広州市龍生崗43号東漢木槨墓(広州市文物管理委員会「広東省広州市龍生崗43号東漢木槨墓」『考古学報』1957年１期。後漢初期)

広東省広州市北郊蟹崗東漢磚墓(広州市文物管理委員会『広州出土漢代陶屋』1958年。後漢中期，西暦80年)

広東省広州市東郊執信中学(広州市文物管理委員会『広州出土漢代陶屋』1958年。漢)

広東省広州市南郊大元崗(広州市文物管理委員会『広州出土漢代陶屋』1958年。漢，覆屋支柱二本，２点)

広東省徳慶大遼山漢墓(広東省博物館「広東徳慶大遼山発現東漢文物」『考古』1981年４期。後漢後期)

広東省貴県高中(広西省壮族自治区文物管理委員会編『広西出土文物』1978年。漢)

広東省増城県金蘭寺漢墓(広東省文物管理委員会「広東省増城県金蘭寺漢墓発掘報告」『考古』1966年１期。後漢後期)

Ｃ２ｂ類(壺形，滑車式釣瓶なし，覆屋なし)

遼寧省蘆家屯双台子西方貝墓(京都大学文学部『京都大学文学部博物館考古学資料目録』第３部，1963年。漢)

江蘇省徐州銅山黄山磚石結構墓(江蘇省文物管理委員会・南京博物院「江蘇徐州，銅山五座漢墓清理簡報」『考古』1964年10期。後漢末)

安徽省寿陽馬屋３号東漢墓(安徽省文化局文物工作隊・寿県博物館「安徽寿県茶庵馬家古東漢墓」『考古』1966年３期。後漢後期)

湖北省蘄春茅草山Ｍ６西漢墓(湖北京九鉄路考古隊・黄岡市博物館「湖北省蘄春茅草山西漢墓」『考古学報』1998年４期。前漢後期)

湖北省蘄春県陳家大地Ｍ１西漢墓(黄岡市博物館「湖北蘄春陳家大地西漢墓」『考古』1999年５期。前漢後期)

湖北省蘄春県楓樹林Ｍ３・４・５・11東漢墓(湖北京九鉄路考古隊・黄岡市博物館「湖北蘄春県楓樹林東漢墓」『考古学報』1999年２期。後漢前期〜中期，５点)

湖北省襄樊市毛紡廠Ｍ２・Ｍ５漢墓(襄樊市博物館「湖北襄樊市毛紡廠漢墓清理簡報」『考古』1997年12

期。前漢後期，2点)
　湖北省随県唐鎮漢魏墓3(湖北省文物管理委員会「湖北随県唐鎮漢魏墓清理」『考古』1966年2期。後漢)
　湖北省房県M3東漢墓(湖北省博物館「湖北房県的東漢，六朝墓」『考古』1978年5期。後漢)
　湖南省湘郷県可心亭墓23漢墓(湘郷県博物館「湘郷県可心亭漢墓」『考古』1966年5期。漢)
　江西省清江武陵東M1漢墓(黄頤寿「江西省清江武陵東漢墓」『考古』1976年5期。後漢)
　江西省南昌市M1東漢墓(江西省博物館「江西省南昌東漢，東呉墓」『考古』1978年3期。後漢)
　広東省広州市東郊黄花崗(広州市文物管理委員会『広州出土漢代陶屋』1958年。漢)
　広東省韶関西河漢墓(楊豪「広東省韶関西河漢墓発掘」『考古学集刊』1，1981年。漢)
　貴州省赫章県M5漢墓(貴州省博物館「貴州省赫章県漢墓」『考古』1966年1期。後漢)
　広西省貴県新牛嶺漢墓(黄増慶「広西省貴県新牛嶺漢墓」『考古通訊』1957年2期。漢)

3　考　　察

　漢代明器の井戸については，さらなる資料収集が必要であるが，前節で示した資料を基にして現在考えうることを述べたい。明器の井戸の検討課題としては，各類型毎の年代を重視した型式分類，井戸の型と副葬墓の規模・構造との相関，漢墓における明器の配置の空間的分析，実物の井戸との対比など色々のものがあるであろう。ただしこれらには簡単に触れるにとどめて，ここでは主に明器の井戸の地域差について考えることとしたい。

　明器の井戸の型式学的な変化としては，前漢後期に井桁(井欄)と井戸側を別作りで写実的に表現するものが主流であったのに対して，後漢期には目に見える井桁部分を中心に表現するようになり，またデフォルメした表現に移行する傾向が存在した。滑車式釣瓶の架構も方格から「人」字形が主流になっていく。

　明器は大型墓にも存在するが，中小型墓に特に多いものである。また相対的に大型の墓ほど大型で多種類の明器を使用する傾向が存在したようである。また明器の井戸の分類基準の中では，井戸全体を覆う覆屋が存在する井戸が非常に偏った分布を示し，格が最も高かったと推察する。井戸内の水は滞留しているわけではなく地下水流があるので，雨水が降り込んでも使用に支障が生じることはほとんどない。井戸全体を覆う屋根を設置する目的は，現実より観念として清浄な水を得ることにあったであろう。これらの点は，稿を改めて数値を提示して再考したい。

　明器の井戸の漢墓における配置については一律ではないが，玄室の入口付近に倉・竈と共に置くことが多く，玄室後方の厠を含めて配置に一定の規則が存在した。この点について，黄暁芬はこれら施設の明器は単なる生活用品であったのではなく，天地・風水思想に基づいて吉凶を整えたと推定している[4]。

　遺構の井戸については，戦国時代の主要都市では陶管(陶井圏)組み井戸が普及しつつあり，漢代には磚組み井戸が増加した[5]。B類(円筒形)井桁は，陶管井戸側の最上段から出現した可能性が高いと思う。またA類(井字形組合わせ)の井桁については，甲骨文字に「井」字があり，出現が

表2　明器の井戸の類型と省別出土数

	A1a	A1b	A2a	A2b	B1b	B2b	C1b	C2a	C2b	合計
遼寧省						2			1	3
河北省		1			1					2
北京市					1	1				2
河南省	37	12			136	1				186
陝西省		1			6					7
山西省					1	7				8
甘粛省					1	1				2
山東省					1	2	2			5
江蘇省					1				1	2
安徽省							1		1	2
浙江省					1					1
湖北省					1	5			12	18
湖南省						1	4	2	1	8
江西省					1	1			2	4
四川省			2		5		6	2		15
広東省				2	2		1	11	2	18
貴州省									1	1
広西省									1	1
合　計	37	14	2	4	155	23	13	15	22	285

さらに遡る可能性があるであろう[6]。C類(壺形)井桁については，確かな比較事例が存在しない。

明器の分布は明確な地域性をもち，広東省の広州市から多数の明器が出土するのに対して，朝鮮半島西北部においては多くの漢式遺物が存在するにも関わらず陶製明器の出土が極めて零細であることは重視して良いであろう[7]。明器は，当時の漢人特有の世界観の普及度を示すものであったと推察する。

このようにみるなら，明器の井戸(井桁・井欄)の型式が必ずしも画一的に分布するのではなく，一定の地域差が存在したことには何らかの意義があるであろう。ここでは省を単位としてその出土数を示した(表2)。なお分布については，年代の細別と詳細な出土地の図示が必要であるが，それは資料をさらに網羅した段階で行なうこととしたい。

A類(井字組合わせ式)の井戸は分布が最も偏るものであり，中原，特に河南省洛陽周辺が突出し，四川省・広東省にも中心がある。河南省では洛陽焼溝・西郊漢墓において多数の調査事例があるという事情があるものの，最も手の込んだ作りの井戸であるA1a・A1b類の分布は，漢の政治的中心地に多いと推定して大過ないであろう。

四川省・広東省になぜA類井戸が分布するかは難しい問題であるが，この両省は明器井戸の出土数合計でもトップクラスをなして，中原とトライアングルをなしているように見える。ただし中原ではこの型の井戸は，滑車式の釣瓶が付属するA1a・A1b類であるが，四川省・広東省

ではこれが付属しないA2a・A2b類であることが多い。中原では井口と地下水面の距離が遠いことが多いため，滑車式釣瓶を使用することは自然であろう。しかしB・C類井戸では中原以外でも滑車式釣瓶をもつ事例が存在するため，何らかの約束あるいは格付けが存在したように思われる。

　B類(円筒形)の井戸は滑車式釣瓶をもつB1b類も，これをもたないB2b類も共に，中国に広く分布するものであり，出土数も多い。またB類井戸は井戸全体を覆う覆屋をもつものがなく，当時のごく普通の井戸であったと推察する。なお画像の井戸はA類が多いのに対して，明器の井戸ではB類の数が卓越することは，興味深いことである。

　当時の実物の井戸側の平面形は基本的に円形であり，B類井戸(井桁)の設置は簡単であったであろう。先に戦国時代の陶管製井側(陶井圏)の地上突出部分が，B類のはしりと考えたが，戦国時代の主要国の首都にはおおむねこの陶管組井戸が存在し，B類の分布の広さと関わっているように思う。

　B類井戸でも，中原においては滑車式釣瓶が付属するB1b類が卓越することは疑いない。中原以外の地域においては，滑車式釣瓶をもつもの13例，もたないもの22例と，もたないものの方が多いが，滑車式釣瓶をもつものも一定程度に存在した。ただし中原のB類井戸が典型的な円筒形であることが多いのに対して，中原以外では井口が開いて，C類(壺形)井戸との折衷的な形をとるものが多い。箱形のA類井戸と円筒形のB類井戸をはっきりと使い分ける在り方は，中原で確立したのものと理解しておきたい。

　C類(壺形)の井戸は，中国南部(長江流域～華南)に明確な分布の中心をもつものである。中国北部においては山東省・遼寧省という沿海地域に少数の出土事例があるが，中国北部の内陸部ではC類井戸は基本的に分布しない。

　中国南部の中においても，井戸全体を覆う覆屋をもつ格が高いと考えるC2a類井戸が広東省広州市付近を中心として分布し，この類型は湖南省と四川省にも分布している。

　中国南部では滑車式釣瓶をもたないC2a・C2b類井戸が多いが，四川省・湖南省・安徽省という長江流域にはこれをもつC1b類が存在する。これに対して長江流域以南の華南地域においては，管見では滑車式釣瓶をもつ井戸は各類型を通して存在しない。

　C類(壺形)の井戸は漢の明器文化の中で，中国南方系と明確に認定できる文化要素として提示できるものである。なぜ壺形の井桁を使用したかという問題については，同時代に発展した魂瓶とあわせて，道教的な宗教的背景があったと予想しているが，その検討は今後の課題である。

結　　　　び

　明器を扱う場合，それが当時の政治的中心地からの文化的影響の結果であるか，在地の生活文化を反映しているかは，まず注意しなければならないであろう。明器の井戸について見た場合，中原の影響と考えうる要素と，非中原的な要素の両者が存在した。おそらく中原を起原としたで

あろう明器を副葬する観念の広まりと，各地の文化的主体性とが複雑に関わりながら漢の明器文化が成立したものと推察する。

　明器の井戸にはＡ類（井字形組合わせ式）井戸のように中原に中心をもつものと，Ｂ類（円筒形）井戸のように中国に広く分布するものと，Ｃ類（壺形）井戸のように中国南部に中心が存在するものという，三者に大別できた。中原の主導性を示す要素があると同時に，明確な地域的特色が発揮されていたことも強調しておきたい。

　そして中国各地を通して，井戸全体を覆う覆屋をもつものは大変格式が高い井戸であり，滑車式釣瓶は中原に中心をもつ技術であるが，各地に広く存在したと考えた。また華南はＣ類（壺形）井戸が発達し，滑車式釣瓶を使わない独特の井戸文化を形成していた。

　明器の井戸の分布は上記のように地域圏として理解できると同時に，その類型と数量の集中から，中原・四川省成都付近・広東省広州市付近に突出した中心地が存在した可能性が存在する。とりわけ広東省では明器の井戸が独特の地域的特色を発揮しただけではなく，その出現時期は早く中原に遅れない。明器の井戸が単なる生活道具ではなく，漢人（漢文化圏の諸民族）の宗教・世界観と関わる道具立ての一つと理解する立場からは，このことは中原に中心をもちつつも決して一元的ではなかったであろう漢文化の構造を考える一つの手掛かりになると思う。

　倉・竈・井戸・厠という明器四点セットの内，倉と竈は出現が先秦時代に遡り秦の領域に多かったのに対して，井戸と厠は遅れて漢代に加わったものである[8]。この両グループには共に中原的要素と非中原的要素が存在するが，後出のグループにおいて非中原的要素がより目立っている。そしてこのような多様な内容を含みつつ明確な明器体系が成立したことに秦漢帝国成立の歴史的意義の一端が存在したと推察する。

註
1　黄暁芬『中国古代葬制の伝統と変革』勉誠出版，2000年。
2　嘉祥県武氏祠文管所「山東嘉祥宋山発現漢画像石」『文物』1979年9期。
3　安丘市博物館「山東安丘市発現東漢石井欄」『考古』1999年10期ほか。
4　註1黄前掲書。
5　北京市文物管理処写作小組「北京地区的古瓦井」『文物』1972年2期。
　　湖北省博物館「楚都紀南城的勘査与発掘（下）」『考古学報』1982年4期。
　　河南省文物研究所「河南遂平県小塞漢代村落遺址水井郡」『考古与文物』1986年5期。
6　貝塚茂樹編『甲骨文字』1968年。
7　朝鮮総督府『楽浪郡時代の遺跡』古蹟調査特別報告第四冊，1927年。
　　梅原末治・藤田亮作編『朝鮮古文化綜鑑』第三巻，1959年。
8　岡崎敬「中国漢代のかまどについて」『東洋史研究』14巻1・2合併号，1955年。
　　秋山進午「漢代の倉庫について」『東方学報』第46冊，1974年。
　　渡辺芳郎「漢代カマド明器考－形態分類と地域性－」『九州考古学』第61号，1987年。
　　高沢侑子「秦漢時代における模型明器－倉形・竈形明器を中心として－」『日本中国考古学会会報』第5号，1995年。
　　註1黄前掲書。

謝辞：私は学生の頃より中国考古学研究会ほかを通して秋山進午先生の薫陶を得ていたが，1985年に富山大学人文学部に赴任して以後，さらに多くの学恩とご援助を頂いている。本稿はそのお礼としてはあまりにささやかであるが，秋山先生の古稀をお祝いする心を込めて中国考古学に取り組み，献呈させていただく。

東南部九州における細石刃石器群編年に関する覚書
― 宮崎県岩土原遺跡第2文化層の再検討 ―

松 本　茂

> 【要旨】
> 　九州島東南部における近年の細石刃石器群関連資料の蓄積は着実に進み，新たな問題点もまた明らかになりつつある。
> 　本稿では，岩土原遺跡第2文化層出土遺物について，編年的細分の可能性を探った。その結果，従来は編年的に一括して評価されがちであった当該資料群が複数時期に分かれる可能性を指摘できた。この見解は当該地域の細石刃石器群の終息期を周辺地域と編年的に比較する際にも，有効な視座を今後提供するであろう。

Ⅰ．序

　九州島東南部[1]の細石刃石器群の研究は，1960年代後半から1970年代前半にかけて本格的な開始をみた(池水1967，鈴木重1973，橘1973など)。以後の調査・研究の歩みのなかでは，船野型細石刃核，野岳・休場型細石刃核を組成する，関東・東海以西にかけて広域に展開する一群の存在が確認される一方，九州南部を中心に分布する畦原型や加治屋園型などの細石刃核を主体とした，この地域特有の顔付きを持つ細石刃石器群の様相も明らかにされてきた。こうした東南部九州の細石刃石器群を理解するうえで有効な図式とされてきたのは，列島規模での「東北日本／西南日本」という地域対比(小林1970)とともに，九州島における「北部(西北部)／南部(東南部)」という対比(小畑1983)であった。

　上述の大局的理解には一定の有効性が認められ，今後も九州島における細石刃石器群研究のコンセンサスとして機能し続けるものと思われる。それと同時に，より細かな編年差の追究や地域間交流の実相把握といった領域へと歩を進める際には，さらに多角的な検討がそれぞれの地域において必要となることもまた論を俟たない。

　上記の問題意識に基づけば，近年，新たな資料が検討可能となった東南部九州の細石刃石器群を，改めて論じる絶好の研究段階にさしかかっているように思える。それというのも，隣接する

諸地域では細石刃石器群の新資料の増加にくわえ(川道1998, 松村2001など), 既存資料についても再評価の機運がみられるからである(多田2001, 上場遺跡報告書刊行会ほか2002)。なにより, こうした資料増加や新知見によって, 新たに見えてきた要検討課題もある。

本稿では, 当該地域の調査・研究史の初期に名を残す宮崎県岩土原(いわつちばら)遺跡第2文化層出土遺物の編年論的再検討を中心課題とし, 新出資料も併せて議論の俎上に載せながら, 東南部九州の細石刃石器群, とくにその終息期が内包する二, 三の問題を提起したい。

II. 東南部九州における当該期研究の歩みと問題点

II-1. 研 究 史 抄

当該地域の研究初期段階において, 無視できない重要な位置付けにあったのは, 長崎県福井洞穴の層位的成果である(鎌木・芹沢1965)。とくに細石刃核自体の型式変化に関する情報, 細石刃石器群と土器との共伴という事実は, 以後の研究の羅針盤ともなる成果であった。たとえば, 上場(うわば)遺跡第2層(池水1967), 岩土原遺跡第2文化層(鈴木重1973)などの評価に際しても, 西北部九州で確認された福井洞穴の層位的出土例が参照対象として大きな役割を果たした経緯がある。また, 時をほぼ同じくして明らかにされた中・四国の様相(たとえば江坂・西田1967)との比較作業もたすけ, 九州島における細石刃石器群が縄紋時代草創期にまで残存する事実もまたひろく認識されることとなった。こうした推移は東南部九州における当該期研究にも影響を及ぼしている(池水前掲, 鈴木重1969, 1973)。さらに, その後に続いた泉福寺(せんぷくじ)洞穴の調査成果(麻生編著1985)は, こうした認識をいっそう強める役割を果たしたといえよう。

他方, 東南部九州の調査・研究史のうえでは, 1970年代以降に発見された地域色の強い細石刃石器群関連の資料の蓄積も大幅な増加をみた(橘1975, 茂山・大野1977, 弥栄・長野1981)。これに伴い浮上してきたのは細石刃石器群の展開期の解明もさることながら, その出現期と終息期の様相把握という課題であった。出現期に関してはナイフ形石器群との共伴問題(橘1985, 冨田1991など)をはじめ, 様々な解釈・説明(木崎1993, 下川・萩原1997など)が試みられた。本稿の主題に関わる終息期に関しても, 宮田栄二による研究(宮田1988・1996)を筆頭に, 西北部九州からの影響や, 土器や石鏃と共伴する細石刃石器群についての検討がある。また, 当初は古相に編年されていた船野型細石刃核が, 新たな出土事例(栗田1988)や編年論的比較研究(綿貫1992, 栗島1993)の深化により, 相対的に新相の型式と再認識された点も特筆される。これらの先行研究において検討された終息期の細石刃石器群関連資料の増加と軌を一にして, 縄紋時代草創期の土器群も南部九州を中心に大幅な資料蓄積をみた。これに伴い, 縄紋時代草創期土器群の編年研究も進展し(大塚1989, 児玉1999, 村上2000), また当該期の石器組成や生業論にも検討の手が及んでいる(宮田1998・1999)。

後期旧石器時代終末期から縄紋時代草創期への変革過程を, 細石刃石器群の消長のプロセスや土器出現というイヴェント, さらには地域性をも絡めて評価するとすれば, いかなる手だてを講

Ⅱ-2. 問題の所在

じうるのか，その問いへの回答は，如上の研究史を経た後のすぐれて今日的な課題といえる。

前節までに，当該地域の調査・研究史をごく簡単に追ってきた。ここで試みに「西北部九州における細石刃石器群の局地的残存」と「東南部九州における隆帯紋(隆起線紋)土器群の盛行」という二つの事象に着目し，研究の経緯を振り返ってみるならば，問題の所在は明らかとなろう。

つまり，西北部九州の発掘成果から明らかとなった草創期に残存する細石刃石器群という現象が，同じ九州島内の東南部においては顕著ではない点，草創期土器群の時期的変遷もまた西北部とそれ以外の地域とでは異なる展開が想定される点などを評価すれば，総じて，列島規模でみた後期旧石器時代から縄紋時代草創期への変遷過程の中に，いまひとつ同時代の九州島を位置付けられないままの現況を認識せざるをえない。研究実践の次元では，問題の構造は次の言にまとめられる。すなわち，縄紋草創期の土器と，細石刃石器群を含めた後期旧石器～縄紋草創期移行期の石器群についての編年的研究をそれぞれ独立に評価した場合には，それぞれの変遷過程を，後続する縄紋時代早期に至るまで一応はスムーズに理解しうる。にも関わらず，ひとたび両者の編年をすり合わせると，後述するような幾多の問題点に気付く，そうした事態にほかならない。そして，この問題解決には地域性へのいっそうの配慮(宮田1998)が求められるにちがいない。

本稿で主題材として吟味する岩土原遺跡第2文化層に与えられてきた編年的位置付けをはじめとする一連の評価は，縄紋時代草創期の土器編年と細石刃石器群編年研究の乖離という問題をある意味では象徴しているともいえる。逆にいえば，当該資料群に正当な評価を与えることが出来れば，当該地域の細石刃石器群の終息期に関する適確な理解を得られるかもしれないし，ともすれば九州島レヴェルひいては列島レヴェル以上の規模で細石刃石器群が果たした歴史的意義を論じる縁ともなりうるのである。

Ⅲ．岩土原遺跡第2文化層出土資料の分析

Ⅲ-1．岩土原遺跡の概要と研究の経緯(第1図)

東南部九州における土器出現期前後の細石刃石器群を検討する場合，古くに調査がなされた岩土原遺跡出土資料に言及することには一定の意義がある。その地理的位置にくわえ，複数型式の細石刃核と草創期の土器の共伴が報じられた遺跡の資料だけに作業の意味は小さくない。

岩土原遺跡は宮崎県北方町(きたかた)に所在し，1968年に鈴木重治らによる発掘調査が実施された。その際，押型紋土器や石鏃，礫器を主体とする第1文化層，隆帯上爪形施紋土器[2]と細石刃核が出土した第2文化層，剥片と「不整形スクレイパー」が確認された第3文化層が設定されている(鈴木重1973)。第2文化層における細石刃石器群と隆帯上爪形施紋土器を報告者は共伴遺物と見做し，福井洞穴第2・3層，上場遺跡第2層とは土器に若干の様相差を認めつつも，愛媛県上黒岩岩陰(かみくろいわ)，

-29-

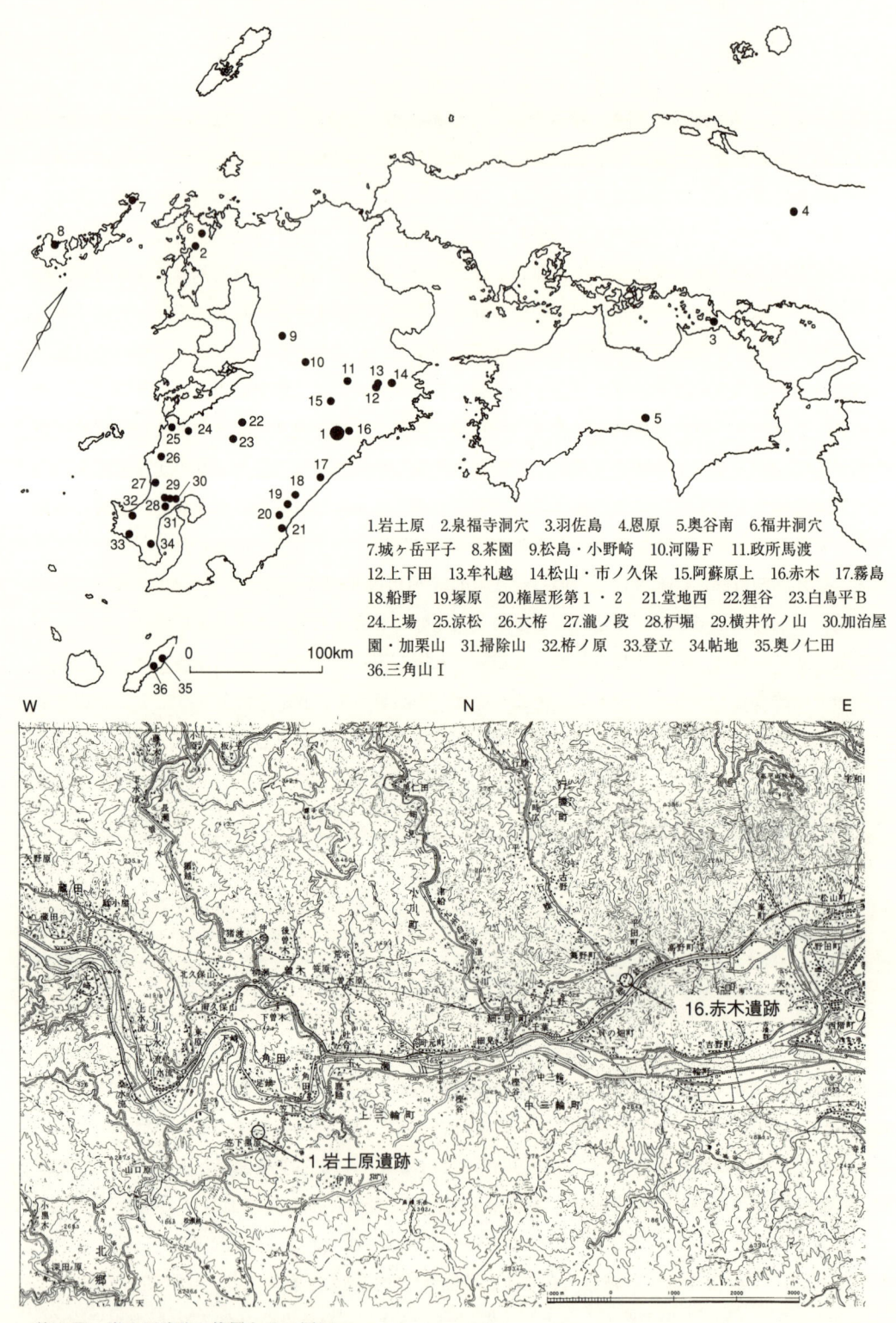

1.岩土原　2.泉福寺洞穴　3.羽佐島　4.恩原　5.奥谷南　6.福井洞穴
7.城ヶ岳平子　8.茶園　9.松島・小野崎　10.河陽F　11.政所馬渡
12.上下田　13.牟礼越　14.松山・市ノ久保　15.阿蘇原上　16.赤木　17.霧島
18.船野　19.塚原　20.権屋形第1・2　21.堂地西　22.狸谷　23.白鳥平B
24.上場　25.涼松　26.大梓　27.瀧ノ段　28.枦堀　29.横井竹ノ山　30.加治屋
園・加栗山　31.掃除山　32.椿ノ原　33.登立　34.帖地　35.奥ノ仁田
36.三角山Ⅰ

第1図　岩土原遺跡の位置とその周辺

広島県馬渡岩陰で確認されていた隆起線紋土器群と有舌尖頭器との共伴事例と比較した場合には，土器出現期における九州の独自性を指摘している（鈴木重前掲）。

Ⅲ－2．岩土原遺跡第2文化層の主要遺物の特徴（第2図）

本節においては，いま一度岩土原遺跡第2文化層から検出された主要な遺物について筆者の実見を基にした解説をくわえ概要を提示しておきたい。併せて，現在，筆者の構想する細石刃核の型式論の一端についても必要に応じ触れることにする。

岩土原第2文化層からは，一片の土器と5点の細石刃核，2点のブランクが報告されている（鈴木重1973）[3]。細石刃核は少なくとも，①西海技法に類する生成過程を経たものと思しき一群と，②船野型の二型式に大別でき，後述するように③野岳・休場型を含めるとすればあるいは三型式となる可能性もある。個別資料の解説に移るまえに，ここで①の細石刃核についての筆者の理解を示し，以降の説明の便宜をはかりたい。

A　岩土原遺跡第2文化層における細石刃核の型式論的理解　先述した①の細石刃核に類する形態は，西北部九州に分布する西海技法を技術的基盤とする福井型および泉福寺型[4]と呼ばれる一群や，備讃瀬戸地域に分布する羽佐島Ⅲ型（多田2001），花見山型・瀬戸内型（森1996）と呼ばれる一群中に散見される。西北部九州と瀬戸内地域に類似した細石刃核の分布する現象は，両地域間に由来を同じくする技術的伝統の存在を推測させるが，傾斜編年的問題設定は現時点では括弧に入れておく。代わりに，次のような仮定を設けて論を進める。すなわち，両地域を東西両端に配し，中程に東南部九州を擁する連続した地理的範囲[5]に分布するこうした細石刃核をさしあたり泉福寺・羽佐島Ⅲ型[6]と呼び，その型式的内容を以下のように規定する。

まず，その技術・形態上の特徴として，扁平な形状を呈するブランクの小口に細石刃剥離作業面を設ける。打面形成および打面調整は細石刃剥離の進行方向と概ね直交する側方からの複数回の剥離によってなされる点が特徴的であり，これに小口から打面調整を追加する例も多い。ブランクの様態は多様であり，両面ないし片面調整体を用いるものもあれば，剥片にほとんど手をくわえないものもあるが，しばしばスクレイパーエッジ状の下縁・背縁調整を施す例が一定量含まれるのが常態である。使用石材としては各地域に産出する黒曜石（西北部九州），安山岩，サヌカイト（備讃瀬戸地域），チャート，流紋岩（東部九州）などが挙げられる。

上述のような特徴を有する資料を一括して，暫定的性格ではあれ一つの型式名を与えるとなると，福井洞穴，泉福寺洞穴の層位的出土例にみる共伴土器や備讃瀬戸地域における知見（森1995・1996）に照らせば，当然分割されるべき複数の編年段階をそこに内在させることになる。だが，この点の追及は後論に譲り，ここでは大枠での理解を優先させたい。なぜなら，西北部九州と備讃瀬戸地域の中間にあたる東南部九州に存在する類似型式を評価する場合，その呼称も含めて，どちらか一方の地域のみに引き寄せてその出自を評価することは，当該地域性に根ざした諸部面における特質を閑却した議論を導くように思えてならないからである。

いま述べたような理解を当面の作業仮説とすれば，当該型式の性格と編年的位置付けは次のよ

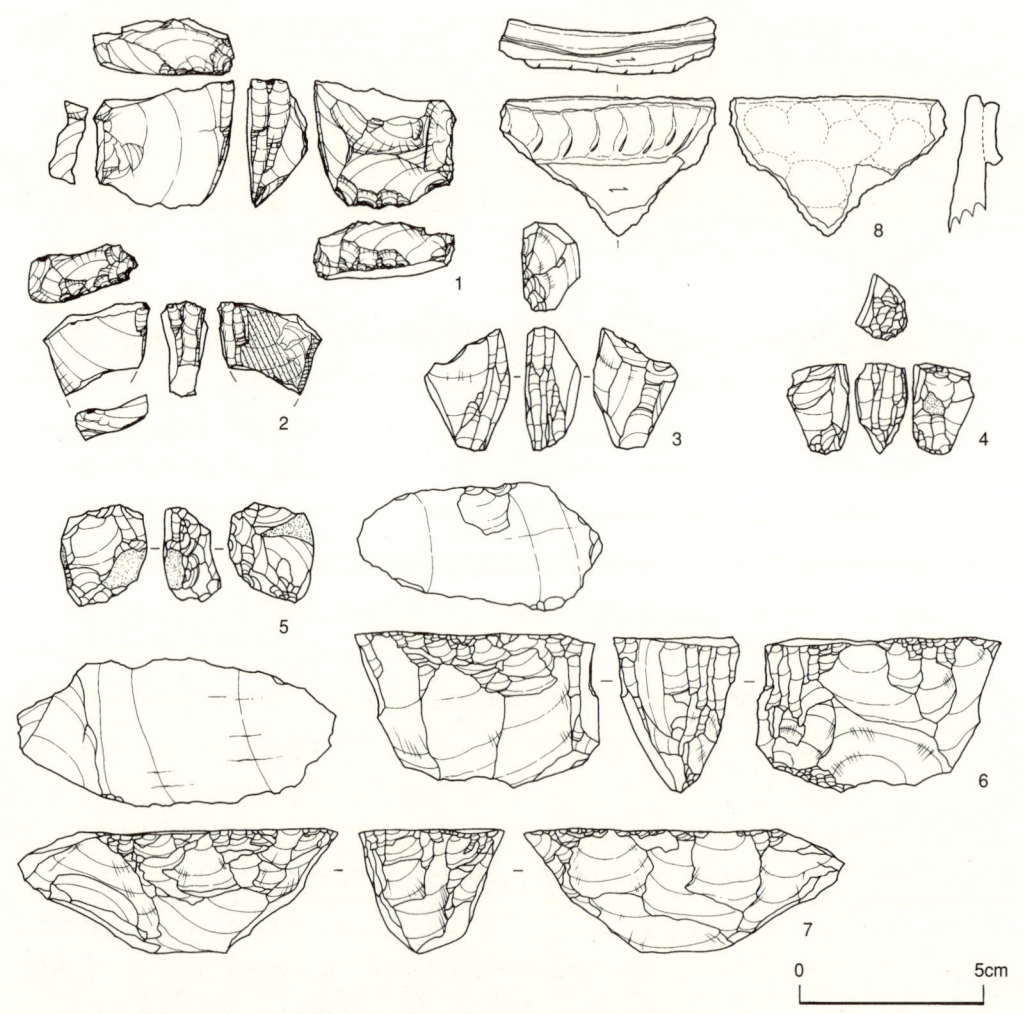

第 2 図　岩土原遺跡第 2 文化層の細石刃石器群関連遺物と土器（S＝1/2）
※1・2・8は筆者実測・トレース，他は鈴木重1973年文献を再トレース

うなものとなろう。すなわち，泉福寺・羽佐島Ⅲ型とは，地理的には九州島（西北部九州を中心とし，東南部九州には散発的な分布をみせる）と備讃瀬戸地域を含む広範囲に主要な分布域を有し，時間的には泉福寺洞穴11層や備讃瀬戸地域の様相を考慮して土器出現期を遡る可能性を充分に残しつつも，少なくとも西北部九州においては土器出現期以降に盛行する型式である。

B　細石刃核の特徴　前項の型式設定も踏まえ，以下に第 2 文化層出土の細石刃核について説明をくわえる。第 2 図 1 ～ 3 は泉福寺・羽佐島Ⅲ型であり，4 もその可能性がある。5 は当該型式のブランクである可能性が指摘できる。筆者の肉眼判定によれば，使用石材は 1 ～ 3 が流紋岩（ホルンフェルス），4 が淡緑色のチャートである。1 は求心状石核からの剥離が推定される剥片を素材とし，横打剥離による打面形成の後，これとほぼ直交する縦方向からの打面調整を剥片末端側に施し，細石刃剥取をおこなっている。素材剥片の主要剥離面側から施されたスクレイパーエッジ状の下縁調整が観察される。2 は打面形成，打面調整の手法を 1 と同じくするが，実測図

左側に位置する素材剥片の主要剥離面の打面側に作業面を配置している。下底面を折損しており，これが作業面を切る関係にあることから，何らかの石核整形に伴う折損である可能性がある。下縁調整が本来存在したかどうかは不明である。3は，やはり側方からの打面形成および打面調整が観察される点は1，2との共通性が看取されるが，上下両端からの細石刃剥取が特異である。細石刃剥離がかなり進行した状態を示す資料であろうか。4は技術・形態上は野岳・休場型といいうる資料であるが，3と同じく細石刃剥取の限界に達した泉福寺・羽佐島Ⅲ型の可能性を考えたい。下縁調整とみられる剥離面の存在は，後者の可能性を支持している。5は黒褐色のチャートを用いている。

6は船野型細石刃核であり，下縁調整が観察される。7は当該型式のブランクである。いずれも流紋岩を使用石材とする。

　C　**隆帯上爪形施紋土器の特徴**(第2図8)　　口縁部直下に2cm足らずの幅を持つ隆帯が貼付されている。この隆帯上にヒト生体の爪による爪形紋が連続して施される。この施紋は装飾上の効果をあげる一方，指腹による力強い押圧痕も観察され，隆帯貼付を強化する役割も兼ねたことが推察される。口唇部はナデ調整により平坦面をなし，内・外面間には比較的明瞭な稜を形成する。

隆帯下の器面は，口唇部と同様にナデ調整により平滑に仕上げられるが，内面は指腹押圧による凹凸が顕著であり，器厚の振幅(4～9mm)を生んでいる。隆帯と器面表面との境界は沈線状の調整により区画される。胎土は暗褐色～黒褐色を呈し，白色砂粒を含む。焼成は良好である。

報告者も述べるとおり，第1文化層から検出された押型紋土器群とは諸特徴において異なり，層位的にみても編年的先行性は疑いない。

Ⅲ-3．小結　－岩土原遺跡第2文化層にみる編年的細分の可能性－

前節に概要を示した第2文化層における細石刃石器群と土器は，報告者によって共伴するものと見做された後も，幾人かの論者によって同様の評価がなされており(吉留1989, 綿貫1992・1999, 栗島2000, 多田2001など)，そこに編年差をみようとする考え(重山1997, 森田・桑畑1997)はまれであった。だが，筆者は以下に述べる二つの理由から，岩土原遺跡第2文化層出土資料の編年的一括性には再検討の余地ありと考えている。

ひとつには，十数年来増加の一途をたどる九州島とりわけ南部における隆帯紋(隆起線紋)土器期の資料群であるが，それらのうちに細石刃石器群を確実に伴う事例が皆無に等しいという，いわば統計的な事実である。

第二には，第2文化層から検出された一連の細石刃核の型式論的ひいては潜在的な編年論上の不整合性が挙げられる。

次章以降，宮崎県内の新出資料を主な比較対象としつつ，上記の事柄の論証を試みる。

Ⅳ. 岩土原遺跡第2文化層出土資料と他遺跡出土資料の比較

Ⅳ－1. 土器に関する比較

　国富町塚原遺跡は赤彩を施した縄文時代草創期土器の発見もさることながら，細石刃石器群と縄紋時代草創期土器群の層位的出土事例としても注目される(面高・竹井編2001)。C地区では縄紋時代草創期に帰属する土器群や打製・局部磨製石斧および石斧製作関連資料と，細石刃石器群の出土がみられた(第3図)。そこで，遺跡における出土状況を再度確認すると，船野型，畦原型を中心とする細石刃石器群はⅦ層主体，草創期土器群と石斧関連資料はⅥa～Ⅵb層主体と，明確な層位的上下関係にあることがわかる(7)。草創期土器群はいずれも南部九州に通有な隆帯紋土器および爪形施紋土器の範疇に入るものであるが，なかでも宮崎県域によくみられる隆帯を指先でつまんで爪形を矢羽根状に連続して施紋・押圧する類のものが特徴的である。報告者によって第Ⅰ～Ⅷ類に細分されており，これが時期差を反映する可能性も充分にあるが，筆者の観察したところでは，使用される工具や指頭・指腹押圧の手法にみる共通性から一定程度の編年的一括性は保証されるものと判断できる。

　ここで注目したいのは，第Ⅳ類に分類されている第3図1の土器である。破片は口縁部付近を残し，推定される口縁部の直下とさらに4cmほどの間隔を空けてその下に薄い隆帯をめぐらせている。隆帯上にはいずれも爪形を含む指頭押圧痕を残すが，上段の隆帯は左→右，下段は右→左

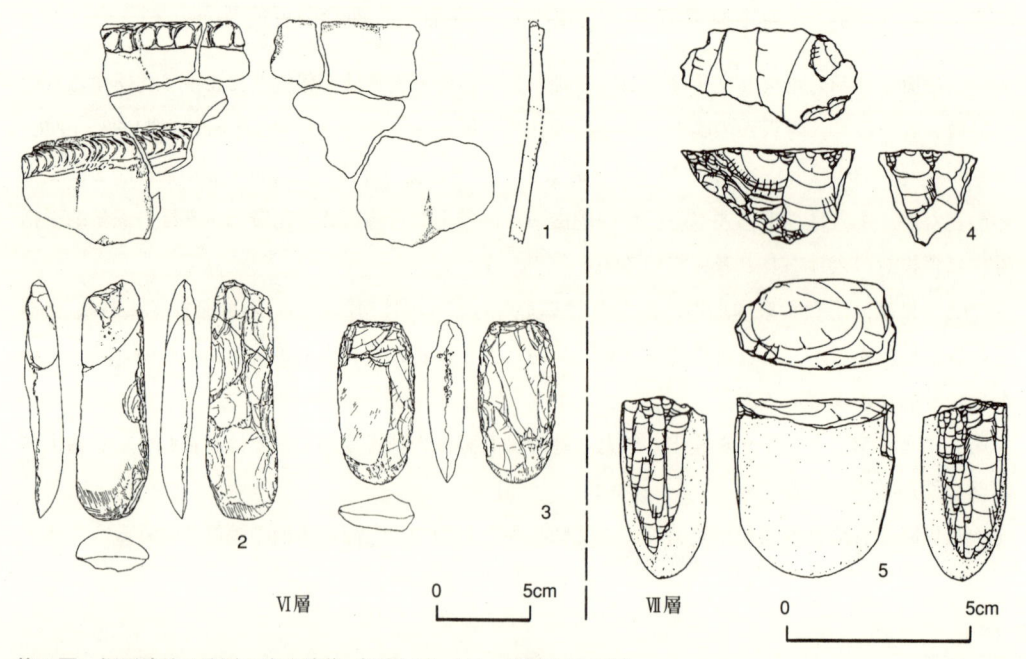

第3図　塚原遺跡C地区の出土遺物（Ⅵ層：S=1/4，Ⅶ層：S=1/2）

と施紋方向は正逆の関係にある。また，指頭押圧痕の単位間の距離にも差がみられる。内面を観察すると指腹による整形痕によりゆるやかな凹凸状を呈している。

　以上に指摘した諸特徴は，岩土原遺跡出土の隆帯上爪形施紋土器片と多くの点を共有している。あえて相違点を挙げるならば，塚原例にみられる隆帯が非常に薄く押し伸ばされた状態であるのに対し，岩土原例が相対的に厚めの隆帯を残し，しかも貼付範囲の上下端はいずれも沈線状に整形されオーヴァーハングするかたちでより明確に区画されている点，また，隆帯上の指頭押圧痕内に観察される爪形の位置が両遺跡で上下逆の関係にある点などが抽出できる。しかしながら，こうした違いにも関わらず，これをたとえば福井洞穴や泉福寺洞穴，あるいは上場遺跡において細石刃石器群との共伴が確認された爪形紋土器群との対比という観点からすれば，先述の相違点よりは，その製作手法上の共通点のほうこそ強調されるべきものと考える。したがって，当然のことながら，塚原遺跡・岩土原遺跡出土の隆帯上爪形施紋土器両例は，時間的にはきわめて近接した関係にあることが理解されるのである[8]。

　塚原遺跡の層位的出土事例が新古の関係を反映するものであり，いま記した両遺跡の土器に関する同定が妥当なものであるとすれば，岩土原遺跡の隆帯上爪形施紋土器についても船野型細石刃核や畦原型細石刃核とは帰属年代を異にする可能性が生まれてくる。すなわち岩土原遺跡第2文化層において確認された細石刃石器群のうち，船野型細石刃核およびそのブランクが隆帯上爪形施紋土器に相対編年的に先行する可能性である。

Ⅳ-2. 細石刃核に関する比較

　前項におこなった土器の比較作業からは，岩土原遺跡から出土した船野型細石刃核と隆帯上爪形施紋土器が編年的に分離される可能性が示唆されることとなった。

　とはいえ，理論的には，船野型細石刃核が隆帯紋および隆帯上爪形施紋土器出現の前後にわたり存続するものと考える余地はなお残されている。私見ではさきに触れた二つの事柄，すなわち東南部九州における隆帯紋土器群と細石刃石器群の共伴例の乏しさ[9]，岩土原第2文化層出土の細石刃核にみられる型式論上の多様性が，反証材料となりうる。ここでは，とくに後者の細石刃核の型式論的検討からこの問題を吟味してみたい。

　岩土原遺跡第2文化層出土の細石刃核について，さきに解説を試みた個別の型式論的評価に対する是非はともかく，本資料群が型式論的に二，三の様相差を有する事実には異論はないことと思う。畢竟，ここで問題とせねばならないのは，これらの技術・形態的特徴を異にする細石刃石器群が共伴関係にあるのか，それとも時間差を有するのか，その確定であろう。そこで，以下では，とりわけ多様な評価が予想される泉福寺・羽佐島Ⅲ型と認定した細石刃核について，先行研究に示された所見を参照しつつ他遺跡の事例との比較検討にとりかかることにしたい。

A　「岩土原型細石核」の意義と適用限界　　関連する研究史を振り返ったとき，検討に値するのは綿貫俊一の岩土原遺跡に関する所見(綿貫1992, 1999)である。綿貫は，九州島における長者久保・神子柴文化並行段階を論じ，船野型細石刃核を主体とする遺跡を検討するなかで，船野型細石刃核

に伴うものとして「岩土原型細石核」の設定をおこなった。その定義は次のようなものである。
「あまり厚くない剥片の主要剥離面を側面とし，長軸方向〜側方からの打面作出と，簡単な下縁・背縁調整を施す例(綿貫1992；10頁32〜34行)」

　ここではその設定内容について再確認しておく。氏は当該型式例として，岩土原第2文化層，福井洞穴4層，松島・小野崎，市ノ久保，松山，上下田，船野第1地点の各遺跡出土資料を挙げている(綿貫前掲)。この1992年の論考中において留意すべきなのは，福井洞穴4層における「側方打面調整でない岩土原型」(綿貫前掲；20頁12行)の認定と，「岩土原型細石核」の編年的位置付けである。前者の留意点にみる，いわば定義の拡張に伴い，当該型式に含まれる細石刃核の形態の外延も拡がることによって(第4図)，時間軸上におけるその消長は「船野Ⅰ型」，「船野Ⅱ型」とほぼ同等の評価を与えられた(綿貫前掲；25頁第1表)。また結果的に，橘昌信によって「船野型細石核のバリエイション」として設定されていた「上下田型」(橘1989)も一部は「岩土原型」のなかに重複して含まれることになった。

　くわえて重要なのは，綿貫が「岩土原型」を西村尋文の設定した「Ⅲ類」・「Ⅳ類」(西村1983)と同義のものと捉え，「船野Ⅱ型」とあわせて，これらの型式上の特徴である「下縁・背縁調整技術・打面作出技術」が，西北九州の隆起線紋土器群以降の細石刃石器群に時間的に先行して出現したとする見解である。そして「岩土原型」を伴う細石刃石器群の編年として，

【福井洞穴4層・市ノ久保・松山・上下田】→【岩土原・福井洞穴3層・船野】

とする案を提出した。また，福井洞穴4層ほかの「船野Ⅱ型」・「岩土原型」の直接のオリジンとしては北方削片系細石刃石器群の技術様相を想定している。

　その後1999年に至り，綿貫は再び九州島の細石刃石器群の展開に言及するが(綿貫1999)，1992年の論考と比較すると，いくつかの興味深い変化を読みとることができる。第一には岩土原遺跡と船野遺跡の編年的位置付けを，福井4層や大分県下の船野型細石刃核出土遺跡と同じ「縄文草創期最古段階長者久保・神子柴文化並行段階」へと修正した点が挙げられる。

　いまひとつは，西北部九州における隆起線紋土器群とこれに伴う細石刃石器群の出自を，「船野Ⅱ型」・「岩土原型」を介在させた列島内における東北日本からの伝播とした旧稿の考えから，視野を東北アジアに拡げ，直接的には韓半島を経由して西北部九州にいたる流入ルートの想定に力点を置いていることである。そして，九州島における細石刃石器群の編年案として，福井岩陰2・3層，泉福寺洞穴各層出土の細石刃石器群とこれに先行する位置付けが与えられた他の細石刃石器群との間に「細石刃断絶期」を設定した。

　いまみてきたように「細石刃断絶期」説の成立に至るまでには，「岩土原型細石核」，ひいては岩土原遺跡第2文化層資料群自体の評価が，多少なりとも欠かせない役割を担っている。そこで，本稿の問題意識にひきつけて，関連すると思しきいくつかの細石刃石器群を題材としながら，綿貫が設定した「岩土原型細石核」と泉福寺・羽佐島Ⅲ型細石刃核との相違点を明確にしておきたい。

　まず，氏の設定した「岩土原型細石核」は，さきに指摘した定義の拡張によって，含まれる細石

松山遺跡

上下田遺跡

福井洞穴4層

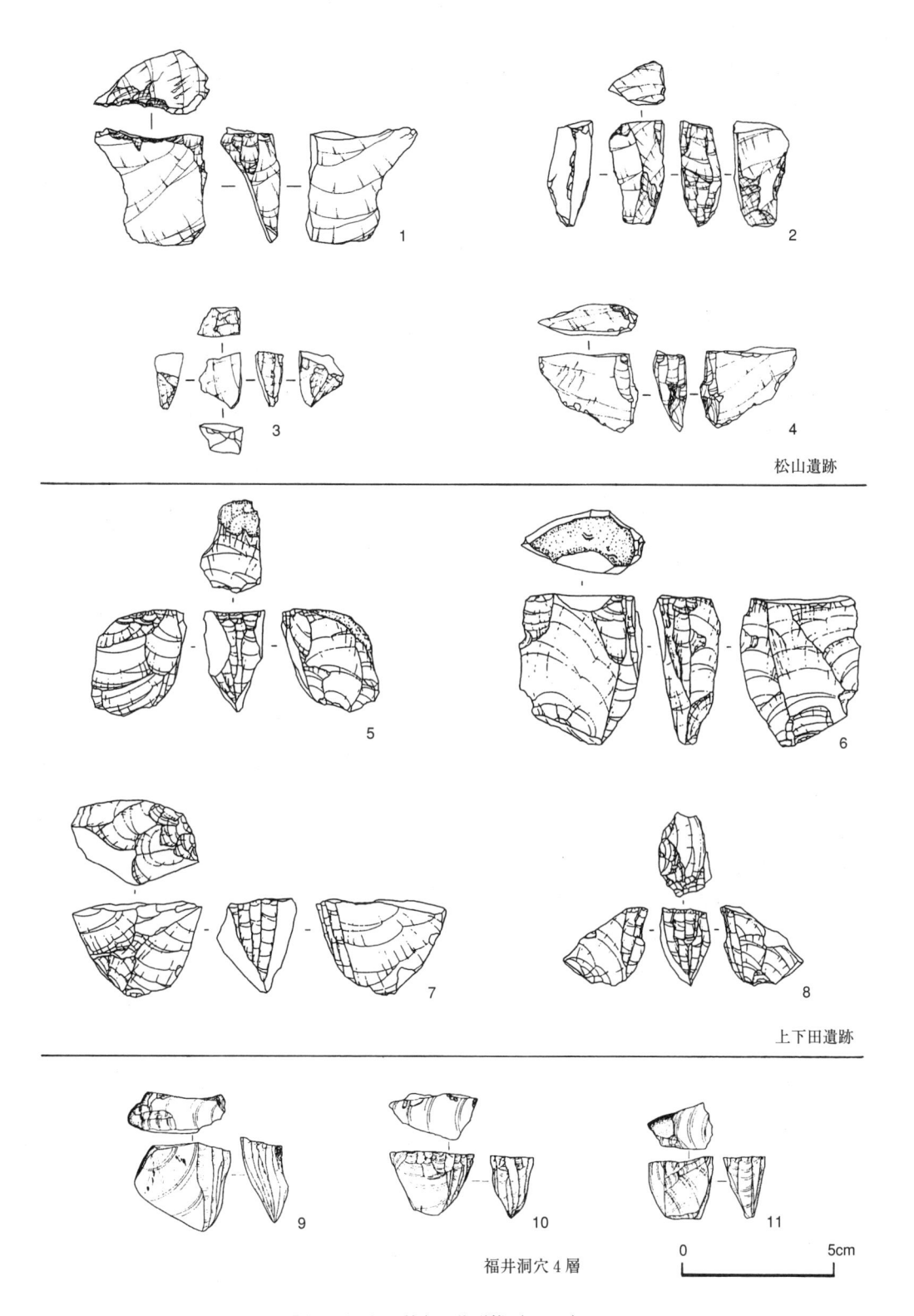

0　　　5cm

第4図　綿貫1992年文献による「岩土原型細石核」の諸形態（S=1/2）

刃核の形態的多様性を許容する概念となっている。これは，おそらく福井洞穴4層や，松山遺跡，上下田遺跡において船野型細石刃核に伴って確認された細石刃核の一群を含めたことに起因するものと考えられる（第4図）。こうした措置によって，岩土原遺跡第2文化層から出土した側方からの打面形成・下縁調整を施す剥片素材の細石刃核（以下，筆者の用語に従い泉福寺・羽佐島Ⅲ型と呼称）は，船野型との共伴認定により上下田・松山・福井4層との連絡を保ちつつ，同時に細石刃核自体の特徴はむしろ福井3層との類似を強く示すことから，上下田などに後続する編年的位置付けを与えられたものと筆者は忖度している。すなわち，この時点における「岩土原型細石核」設定の意義は，大分県下を中心とした船野型細石刃核の出土例とこれに共伴する剥片素材の細石刃核の一群を，福井4層や備讃瀬戸地域の類似した細石刃核の一群と同じカテゴリーにまとめる役割のみならず，層位的に後出することが確実視された福井3層への編年的連続性をも見いだせる点にあったのである。

　こうした観点からいえば，実は綿貫の1999年の論考における見解は，旧稿において「岩土原型」が果たした機能をもはや必要としないものとなっている。なぜなら，「船野型細石刃核・岩土原型細石刃核等がそのまま福井型細石刃核へと変化していくものでない以上，野岳型→船野型→福井型と九州の細石器文化を連続的に考える必要はないわけである。」（綿貫1999；11頁）との言明が，二つの論考間における細石刃核の型式論・編年論的評価に関わる最大の変更点にほかならないからである。先述した韓半島を介する東北アジアからの福井型細石刃核・隆起線紋土器の伝播論や，岩土原遺跡第2文化層の編年的位置のひき上げも，この変更点に連動して「細石刃断絶期」説という全体論の構築を担っているものと評することができる。付言すれば，この時点において，以前に設定された「岩土原型」概念の操作的有効性は減じざるをえない。

　以上の検討から，かつて綿貫によって設定された「岩土原型」の型式論的意義とその適用範囲が明らかになったかと思う。

　B　「岩土原型細石核」のオルタナティヴ　　研究現段階における綿貫の所説に対する賛否は，象徴的には福井洞穴4層と同3層以後の細石刃石器群の間に連続か断絶のいずれの様相を認めるのかという点にひとつの分水嶺が存在しよう。

　綿貫が提唱した「細石刃が欠落した九州の長者久保・神子柴文化並行期＝細石刃断絶期」に対しては，既に杉原敏之による批判がある。氏は福井洞穴4・3層間の細石刃核に連続する様相を指摘するほか（杉原2000a），槍先型尖頭器の消長からも縄紋時代草創期の様相を追究し，綿貫氏が「細石刃断絶期」と評価する多久三年山や出羽洞穴Ⅲ層の槍先形尖頭器石器群と，泉福寺洞穴10～7層の細石刃石器群が併行して存続する考えを示した（杉原2000b）。

　あらかじめ結論を述べれば，筆者も杉原に同じく「細石刃断絶期」を認める立場ではない。むしろ，綿貫の1992年の論考における「岩土原型」の型式論的機能，すなわち，西北部九州と東南部九州，備讃瀬戸地域における盛行期～終息期の細石刃石器群に分布論的・編年論的な連続性を見いだす役割にこそ，継承すべき点が多いと考えている。だが，無論のこと「岩土原型」の型式概念をそのまま流用するわけにはゆかない。筆者の想定する細石刃石器群の変遷過程が綿貫の1992年の

論考における帰結と同一ではないからである。そこで,「岩土原型」の批判的継承を目論んで提出するのが「泉福寺・羽佐島Ⅲ型」の型式概念である。以下に,岩土原遺跡第2文化層の細石刃石器群と,東南部九州を中心とするいくつかの細石刃石器群との型式論的・編年論的関係を整理するなかで,本操作概念の型式論的機能を提示したい。

「岩土原型」が側方からの打面形成・調整の有無という比較的下位の技術レヴェルにおいて形態的特徴を異にする細石刃核を内包する概念であったのに対し,概述のごとく「泉福寺・羽佐島Ⅲ型」はこの側方からの打面形成・調整およびスクレイパーエッジ状の下縁調整を型式認定の必要条件として重要視する。したがって本型式には,岩土原型が含んでいた上下田遺跡や松山遺跡において船野型と共伴する剥片素材の細石刃核は該当しない。そして,ここで想起すべきなのは,本型式名の由来でもある多田の論考である。

多田は備讃瀬戸地域において古くに設定された羽佐島技法の再評価を企画し,羽佐島型を製作工程における差異からⅠ～Ⅲの三型式にわけ,出土傾向や石材利用などの様相差の把握と,地域対比を主な手段としてⅠ・Ⅱ型を備讃瀬戸地域における細石刃石器群の比較的古い段階から土器出現期まで長く存続する型式とし,Ⅲ型は縄紋時代草創期初頭に位置付けた(多田2001)。いうまでもなく,備讃瀬戸地域の地域型式として設定された羽佐島Ⅲ型は,より広域を対象とした泉福寺・羽佐島Ⅲ型と技術・形態上の特徴をほぼ同じくするものである。多田が羽佐島Ⅲ型の編年的位置付けを定めるに際して,福井技法とりわけ泉福寺10層類型(織笠1990)ならびに泉福寺型(白石1998)との関連を強調する見解も,この点において首肯しうる。

以上の議論を踏まえると,「泉福寺・羽佐島Ⅲ型」の編年論的規定に次のような事項を追加することが求められよう。

当該型式は綿貫が二段階に分けて編年した岩土原型のなかでも先行する位置付けに置いていた上下田遺跡,松山遺跡の該当例(仮に「岩土原型古段階」とする)を含まないが,編年的関係としては,綿貫案同様,岩土原遺跡例(仮に「岩土原型新段階」とする)をこれに後行するものと評価する。ここで岩土原型新段階と泉福寺・羽佐島Ⅲ型は綿貫が福井4層と3層に連続性を認めていた点を継承するという意味において等価である。一方,多田の所論との絡みでは,羽佐島Ⅲ型と泉福寺・羽佐島Ⅲ型は型式内容に現象する技術・形態的特徴と大局的な編年的位置付けの点においてほぼ同義の概念といえる。両概念が全く同一でなく型式名を別にするのは以下の理由による。羽佐島Ⅲ型は羽佐島技法という理解の枠組みにおいて,備讃瀬戸地域における編年的連続性を強調する機能を果たしており,西北部九州との関係については,

【羽佐島Ⅰ・Ⅱ型】→【羽佐島Ⅲ型】+【泉福寺型(泉福寺10層類型)】

という変遷が示されているが,この現象の意味付けについて多田は,羽佐島技法の西方への拡散の可能性に触れつつも慎重に接している(多田前掲)。

これに対し,泉福寺・羽佐島Ⅲ型の型式論的射程として,ひとつには西北部九州において,

【福井4層】→【福井3層】

という変遷の型式論・編年論的連続性を,また備讃瀬戸地域においては多田の用語を借りれば,

　　　　　　　【羽佐島Ⅰ・Ⅱ型単純期】→【羽佐島Ⅲ型出現以後】
という変遷の型式論・編年論的連続性を看取することで，【福井4層】=【羽佐島Ⅰ・Ⅱ型単純期】，【福井3層】=【羽佐島Ⅲ型出現以後】と二つのホライズンを認定し，両ホライズン間に同形の変遷過程を想定するところに重点が置かれている。そして，綿貫の見解とほぼ同様に，福井4層の細石刃核に新相の船野型と岩土原型古段階の様相を看取することで，西北部九州と東南部九州間の同時期性を認めるのである。

　ふたつめに重点を置くのは，【福井3層】=【羽佐島Ⅲ型出現以後】ホライズンの形成に際して，一方向的な伝播・拡散を説くのではなく，東南部九州も含めた西南日本の広い地域において，先史学的時間においてはほぼ同時に船野型細石刃核の消滅を伴う細石刃石器群の変化が進行したとする評価である。換言すれば，これら二つのホライズンの存続時間中には，いずれも広域における双方向的交渉関係を築いた人間社会を想定しているのである。

　論じるべき事象はまだ多いが，本稿の主目的である岩土原遺跡第2文化層の編年論的再検討に必要な材料のいくつかは用意されたものと思う。ここで，節をあらためて，とりあえず当該資料群の編年論的整理に着手しておこう。

Ⅳ-3．小結　－岩土原遺跡第2文化層に関する編年的細分の吟味－

　これまでの議論から明らかになった内容は以下のようにまとめられる。

○　岩土原遺跡第2文化層の隆帯上爪形施紋土器は塚原遺跡出土の隆帯上爪形施紋土器と型式的対比が可能である。塚原遺跡における【細石刃石器群(船野型＋畦原型)】→【隆帯上爪形施紋土器】という層位的出土事例から，岩土原遺跡第2文化層においても同様の変遷案を想定しうる。

○　岩土原遺跡第2文化層における泉福寺・羽佐島Ⅲ型細石刃核は，さきに認定した【福井3層】=【羽佐島Ⅲ型出現以後】ホライズンに則って，下縁調整を施す新相の船野型細石刃核に後行する型式と判断されることから，本文化層内において【船野型】→【泉福寺・羽佐島Ⅲ型】とする変遷案を想定しうる。

　以上の二点に付けくわえ，塚原遺跡第Ⅶ層と岩土原遺跡第2文化層出土の船野型細石刃核がいずれも新相を示し，かつ塚原遺跡ではこれに古相の畦原型細石刃核を伴うことから，両遺跡から出土した隆帯上爪形施紋土器と新相の船野型の間に，宮崎平野部においては新相の畦原型細石刃核を組成する段階が予想されることを指摘しておく[10]。この補足事項と，すでに指摘した船野型と土器との共伴事例が皆無に等しい統計上の傾向を考え合わせれば，岩土原遺跡第2文化層における船野型細石刃核と隆帯上爪形施紋土器とが編年的に分離される蓋然性はいっそう高まるものと考える。

　これらの情報を総合すると，岩土原遺跡第2文化層の遺物は少なくとも二つの時期(細分案①)，あるいは三つ(細分案②)ないし四つの時期(細分案③)に分かたれる可能性を導くことが可能である。すなわち，

細分案①：【船野型】→【泉福寺・羽佐島Ⅲ型＋隆帯上爪形施紋土器】

細分案②：【船野型】→【泉福寺・羽佐島Ⅲ型】→【隆帯上爪形施紋土器】
細分案③：【野岳・休場型】→【船野型】→【泉福寺・羽佐島Ⅲ型】→【隆帯上爪形施紋土器】とする考えである。

　本章における暫定的な結論としては，野岳・休場型の可能性が指摘される資料（第2図4）を泉福寺・羽佐島Ⅲ型に伴う副産物的形態と捉え，四つに区分する変遷案③は棄却する。したがって，問題の焦点は細分案①と②の二者択一，泉福寺・羽佐島Ⅲ型細石刃核と隆帯上爪形施紋土器の編年的関係の動静に絞られることになる。

　これよりさきに議論を進めるには，現状では資料不足の感が否めない。だが，朧気ながらも言及可能な事項はいくつかある。最終章において，残された課題の輪郭を明確にするとともに，現時点において筆者が考え得た限りの予察を提示し，収束にむかうことにしたい。

V. むすび

V－1. 草創期土器群と細石刃石器群の共伴問題

　ここまでの議論では，主として細石刃石器群に関する編年研究を参照してきたが，前章の末尾において明確にされた論点を深めるには，近年の縄文時代草創期の土器に関する編年論的研究に眼をむける必要があろう。その際に鍵となるのは，現在，九州島の草創期土器研究において「爪形紋土器」の位置付けが地域性と関連づけたかたちでいかように把握されているのか，という観点だと筆者は考えている。

　たとえば，大塚達郎が福井洞穴2層や泉福寺洞穴6層から確認された爪形紋土器の祖形を南部九州の隆帯上爪形施紋土器に求める考え（大塚1989）を提出する一方で，雨宮端生や児玉健一郎，村上昇らは，両者が共存した可能性にも言及する（雨宮1997，児玉1999，村上2000）。荒掴みになるが，大塚の見解が九州の草創期土器群を系統的にひとまとまりのものと評価する傾向を有するのに対し，細部に主張の差こそあれ，西北部九州と南部九州の爪形紋土器の時間的併存を考慮する後者の議論は，当該期の九州島の地域性把握にも繋がる論点を内包している。

　筆者が現在予測するところでは，大枠において雨宮らの爪形紋土器の編年的位置付けが妥当と考えているが，この考えは本稿の主題でもあった細石刃石器群と草創期土器群との関係にも関わってくる。古くは上場遺跡をはじめ，最近では熊本県白鳥平B遺跡（宮坂1994）や河陽F遺跡（岡本2001）など，東南部九州の遺跡においても，隆帯紋土器を伴わず，細石刃石器群と爪形紋土器単純相の共存が示唆される事例が増えつつある。上場遺跡出土の細石刃核は本稿でいう泉福寺・羽佐島Ⅲ型の範疇で捉えうるものであり，河陽F遺跡においても，細石刃核こそ確認されていないが，当該型式の打面再生剥片と思われる資料の出土がある。筆者の暮らす宮崎県内においても，未報告ながら良好な資料の増加が見込まれる現在，考古資料にみる同時代的普遍性と地域的独自性の両特徴を把捉する志向から，縄文時代草創期における「土器と細石刃石器群の共伴」という現

象をこれまで以上に問題として対象化すべきことを強調したい。

Ⅴ－2．結論　－編年的仮説－

　以上の議論を踏まえて，以下の結論に至った。
　まず，岩土原遺跡第2文化層の出土遺物は，細石刃石器群においては船野型細石刃核（新相）を伴う段階と，これに後続する泉福寺・羽佐島Ⅲ型細石刃核を伴う段階の新古二段階の編年的細分が可能であることが判明した。問題は後者の細石刃核を伴う石器群と隆帯上爪形紋土器が共伴関係にあるか否かであるが，その問いに答えるにはなお事例の蓄積と，前項に記した問題意識に基づいた研究実践が要求されることは，既に述べた。
　そうした限界は承知のうえで，本稿では，今後の検証作業の内容を明確にする意味も込めて，あえて両者の共伴関係を認めず，前章の末尾に提示した細分案②，【船野型】→【泉福寺・羽佐島Ⅲ型】→【隆帯上爪形施紋土器】を本稿の結論として主張しておく。塚原遺跡を例にとって，その理由を簡単に述べれば，当遺跡において認められた層位的出土例から導かれる，

　　　　【船野型(新相)＋畦原型(古相)】→【隆帯紋・隆帯上爪形紋土器＋打製・局部磨製石斧】

という時間差の間にもう一つの編年段階の存在を想定していることによる。すでに触れるところがあったが，私見では宮崎平野部におけるこの段階の指標的遺物は新相の畦原型細石刃核を伴う石器群であり，これがすなわち当該地域における泉福寺・羽佐島Ⅲ型と時間的併行関係にある細石刃核型式にほかならない。したがって，宮崎県下においても，県北部に所在する岩土原遺跡と宮崎平野部の諸遺跡間における地域差をそこに見いだすとすれば，次のような三つの等式が編年的に成り立つことになる。すなわち，

　　【岩土原第2文：船野型(新相)】＝【塚原第Ⅶ層：船野型(新相)＋畦原型(古相)】
　　【岩土原第2文：泉福寺・羽佐島Ⅲ型】＝【畦原型(新相)】※塚原では欠如
　　【岩土原第2文：隆帯上爪形施紋土器】＝【塚原第Ⅵ層：隆帯紋土器類＋石斧】

の三つの遺物集合がそれであり，この順に新古の関係に置換できよう。ここにおいて，これらの細分編年諸段階をそれぞれ古い方から，岩土原遺跡第2文化層第Ⅰ期（後期旧石器時代終末～縄紋時代草創期初頭），Ⅱ期（縄紋時代草創期前半～後半），Ⅲ期（縄紋時代草創期後半～終末）と称することを提案したい。ちなみに第Ⅰ～Ⅲ期を福井洞穴・泉福寺洞穴に対比するとすれば，第Ⅰ期は福井洞穴4層，第Ⅱ期は福井洞穴2・3層・泉福寺洞穴6層，第Ⅲ期は泉福寺洞穴5層と同階梯とする案が妥当であろう。
　以上に述べた編年的仮説には，無論，今後検証が重ねられるべき部分が多い。具体的な検証手段としては以下のような項目が挙げられる。
　まず，今後も蓄積されるであろう出土事例にテストされる側面としては，宮崎平野部における層位的出土事例の発見は勿論として，新相の畦原型細石刃核に隆起線紋土器または比較的古相の隆帯紋土器，あるいは西北部九州的な爪形紋土器が伴う出土事例を期待する。
　また，研究実践の側面からは，いまだ不分明な点が多い畦原型細石刃核や鹿児島県域に分布す

る加治屋園型細石刃核の基礎的整理を企画する所存である。本稿において触れることができなかった部分に関しては，別稿にてその欠を補いたい。

これら今後に期する条件を掲げた限りにおいて，本稿を閉じる。

謝辞

本稿を草するにあたり，多くの方々と交わした議論と御助力の恩恵に与った。記して感謝申し上げる。

秋成雅博・今田秀樹・鵜戸周成・緒方俊輔・岡本真也・小野信彦・小畑弘己・面高哲郎
甲斐貴充・金丸武司・川道　寛・志賀智史・杉原敏之・多田　仁・橘　昌信・中原一成
日高広人・藤木　聡・宮田栄二・村崎孝宏・柳田裕三・山口　昇・綿貫俊一　　　（以上敬称略）

註

(1) ここでいう東南部とは現在の行政区域でいえば宮崎・鹿児島県域と熊本県域の南半部，大分県域東南部をカヴァーしている。九州島を西北部と東南部に二分する大まかな地域設定であるが，細石刃石器群存続期の分析には有効と考える。

(2) 当該期，九州島内の地域性を考える場合，「爪形紋土器」の位置付けをどう評価するかは重要な課題である。福井・泉福寺洞穴から確認されたような爪形紋土器が一方にあり，他方には九州南部の隆帯紋土器と型式・編年論的に関連が深いと推定される爪形紋土器がある。ここでは，後に対比材料を求める塚原遺跡C地区出土器群の様相を念頭におき，後者の一部について隆帯上爪形施紋土器または爪形施紋土器と呼び弁別したい。なお，両者の中間的様相を示すものも存在し，爪形紋系土器群の型式論的整理が急務であることは多くの論者が指摘するところでもある。後に再び触れるところがあろう。

(3) 原報告においては，この他に第2文化層の遺物として二点の剥片と「拇指状掻器」とされる資料の掲載がある（鈴木重1973）。「拇指状掻器」を実見した結果，筆者はこれを楔形石器と考えている。

(4) 白石浩之の提唱による細石刃核型式である（白石1998）。泉福寺洞穴10層に特徴的に認められる両端に細石刃剥離作業面を有する一群である。

(5) 織笠昭は西海技法に類する資料の分布を九州から南関東に至るまでの広域に見いだすが（織笠1992），本稿では範囲を本文に示すとおりに限定する。今後の検討課題としたい。

(6) 西北部九州においては既報告の該当遺跡として「泉福寺」を，備讃瀬戸地域では多田の所説を尊重し「羽佐島Ⅲ」の名をそれぞれ冠した。ただし，多田が指摘する「泉福寺型」（白石1998）ないし「泉福寺10層類型」（織笠1990）と全く同一の概念規定ではないことに注意されたい。

(7) 報告書には土器片個々の出土層位に関する記載がないが，実資料にあたり筆者が注記を確認した。

(8) こうした土器は，塚原遺跡では少数である。類例はむしろ鹿児島県奥ノ仁田遺跡などに多く，岩土原遺跡の事例は分布論的にも重要といえる。関連して，南部九州の隆帯紋土器群について栗島が提案した「隆帯押圧加飾」と「隆帯整形加飾」の二大別（栗島2000）は今後の検討に値する。

(9) 管見において候補に挙がるのは，岩土原遺跡例を除いては，鹿児島県瀧之段遺跡例，同県帖地遺跡例，熊本県狸谷遺跡例などがある。だが，筆者自身が実査を経ておらず，今後機会を得て検討したい。ここでは隆帯紋土器の出土事例に比した資料の零細さを強調するにとどめる。

(10) 現在，畦原型細石刃核の編年的整理を進めている。あらましのみ記せば，船野型を伴う段階（古相）と畦原型単純段階（新相）に分かつことができる見通しを持っていることを付記しておく。

引用・参考文献

麻生　　　優編著　『泉福寺洞穴の発掘記録』　築地書館　1985
雨宮　端生　「縄文時代草創期土器編年(九州)－南九州編年および西北九州編年－」『中・四国の縄文時代草創期の土器と石器組成』　中四国縄文研究会　1997
池水　寛治　「鹿児島県出水市上場遺跡」『考古学集刊』第3巻第4号　東京考古学会　1967
上場遺跡報告書刊行会・出水市教育委員会　『シンポジウム上場遺跡2002』　上場遺跡報告書刊行会・出水市教育委員会　2002
江坂　輝弥・西田　　学　「愛媛県上黒岩岩陰」『日本の洞穴遺跡』　平凡社　1967
大塚　達郎　「草創期の土器」『縄文土器大観1　草創期　早期　前期』　小学館　1989
岡本　真也　「熊本県阿蘇郡長陽村河陽F遺跡の調査」『九州の貝塚』　九州縄文研究会　2001
小畑　弘己　「九州の細石刃文化」『物質文化』第41号　物質文化研究会　1983
面高　哲郎・竹井眞知子編　「第四編　塚原遺跡　第Ⅲ章　C地区の調査」『松元遺跡・井手口遺跡・塚原遺跡　東九州自動車道建設(西都～清武間)に伴う埋蔵文化財調査報告書Ⅷ』宮崎県埋蔵文化財センター発掘調査報告書第44集　宮崎県埋蔵文化財センター　2001
織笠　　昭　「西海技法の研究」『東海大学紀要』第54号　東海大学文学部　1990
織笠　　昭　「南関東における西海技法の受容と変容」『人間・遺跡・遺物』2　発掘者談話会　1992
鎌木　義昌・芹沢　長介　「長崎県福井洞穴」『考古学集刊』第3巻第1号　東京考古学会　1965
川道　　寛編　『茶園遺跡』岐宿町文化財調査報告書第3集　長崎県岐宿町教育委員会　1998
木﨑　康弘　「九州で細石器文化がはじまったころ」『細石刃文化研究の新たなる展開』Ⅱ　佐久考古学会　1993
栗島　義明　「福井4層　－その草創期研究に与えた影響について」『利根川』No.14　利根川同人　1993
栗島　義明　「神子柴文化の拡散と展開　－九州地域に於ける草創期初頭の諸問題－」『九州の細石器文化Ⅲ　九州における更新世末期の環境と人類の適応　－縄文文化への鼓動－』　九州旧石器文化研究会　2000
栗田　勝弘編　『市ノ久保遺跡』大分県犬飼地区遺跡群発掘調査概報　犬飼町教育委員会　1988
児玉健一郎　「南九州を中心とする隆帯文土器の編年」『鹿児島考古』第33号　鹿児島県考古学会　1999
小林　達雄　「日本列島に於ける細石刃インダストリー」『物質文化』第16号　物質文化研究会　1970
重山　郁子　「宮崎県における細石器文化の編年への試案」『九州の細石器文化　－細石器文化の開始と編年研究－』　九州旧石器文化研究会　1997
茂山　　護・大野　寅夫　「児湯郡下の旧石器」『宮崎考古』第3号　宮崎考古学会　1977
下川　達彌・萩原　博文　「細石刃石器群の出現・展開と泉福寺洞穴」『人間・遺跡・遺物』3　麻生優先生退官記念論文集　発掘者談話会　1997
白石　浩之　「細石器文化の諸問題　－原料・技術・分布－」『九州の細石器文化　－九州島における細石器文化の石器と技術－』　九州旧石器文化研究会　1998
杉原　敏之　「九州における「神子柴文化」」『九州の細石器文化Ⅲ　九州における更新世末期の環境と人類の適応　－縄文文化への鼓動－』　九州旧石器文化研究会　2000a
杉原　敏之　「縄文時代草創期の槍先形尖頭器　－九州における様相と展開－」『九州旧石器』第4号　橘昌信先生還暦記念特集号　九州旧石器文化研究会　2000b
鈴木　重治　「日本における発生期土器の地域相　－九州地方－」『歴史教育』第17巻第8号　日本書院　1969
鈴木　重治　「宮崎県岩土原遺跡の調査　－土器伴出文化の一例－」『石器時代』第10号　石器時代文化研究会　1973
鈴木　忠司　「上野Ⅱ文化層の位置付けをめぐって」『大和のあけぼのⅡ』大和市文化財調査報告書第32集　大和市教育委員会　1987
多田　　仁　「羽佐島技法の再評価」『旧石器考古学』第62号　旧石器文化談話会　2001

橘　昌信	「九州における細石器文化　－細石核の分類と編年試論－」『考古学論叢』第1号　別府大学考古学研究会　1973
橘　昌信	「宮崎県船野遺跡における細石器文化」『考古学論叢』第3号　別府大学考古学研究会　1975
橘　昌信	「九州における細石器文化共伴遺物」『肥後考古』第5号　肥後考古学会　1985
橘　昌信	「船野型細石核のバリエイション」『おおいた考古』第2号　大分県考古学会　1989
冨田　逸郎	「南九州における「ナイフ形石器と細石刃核の共伴例」について」『九州旧石器』第2号　九州旧石器文化研究会　1991
西村　尋文	「中部瀬戸内地域における細石刃生産技術の検討」『旧石器考古学』第26号　旧石器文化談話会　1983
松村　信博	「高知県奥谷南遺跡の発掘調査と出土資料」『中・四国地方における細石刃文化の様相　－奥谷南遺跡出土石器群の様相を中心として－』（第17回　中・四国旧石器文化談話会発表要旨）中・四国旧石器文化談話会　2000
弥栄　久志・長野　真一	『加治屋園遺跡・木の迫遺跡』　鹿児島県教育委員会　1981
宮田　栄二	「南九州の細石器文化　－福井型細石刃核の波及について－」『鹿児島考古』第22号　鹿児島県考古学会　1988
宮田　栄二	「南九州における細石刃文化終末期の様相」『考古学の諸相』坂詰秀一先生還暦記念論文集　1996
宮田　栄二	「縄文時代草創期の石器群　－隆起線文土器段階の地域性とその評価－」『南九州縄文通信』No.12　南九州縄文研究会　1998
宮田　栄二	「南九州縄文草創期の生業構造　－石器組成及び遺構からの視点－」『鹿児島考古』第33号　鹿児島県考古学会　1999
宮坂　孝宏編	『白鳥平B遺跡』九州縦貫自動車道(人吉～えびの)建設に伴う埋蔵文化財調査　熊本県文化財調査報告第142集　熊本県教育委員会　1994
村上　昇	「九州地域に於ける縄文時代草創期土器編年試論」『南九州縄文通信』No.14　南九州縄文研究会　2000
森　各也	「備讃瀬戸地域における楔形細石刃核の再検討」『研究紀要』III　財団法人香川県埋蔵文化財調査センター　1995
森　各也	「備讃瀬戸地域における細石刃文化終末期の様相　－花見山型細石刃核の検討－」『研究紀要』IV　財団法人香川県埋蔵文化財調査センター　1996
森田　浩史・桑畑　光博	「宮崎県縄文時代草創期の土器について」『宮崎県内における縄文時代草創期の遺物集成』宮崎縄文研究会資料集1　宮崎縄文研究会　1997
吉留　秀敏	「大分県野津町採集の細石器について　－多良原B遺跡・奥畑遺跡－」『九州旧石器』創刊号　九州旧石器文化研究会　1989
綿貫　俊一	「長者久保・神子柴文化並行段階の九州」『古文化談叢』第18集　九州古文化研究会　1992
綿貫　俊一	「細石刃が欠落した長者久保・神子柴段階の提唱」『おおいた考古』第12集　大分県考古学会　1999

刀剣形石製品の起源と系譜

―― 縄文時代前期～後期前半の刀剣形石製品 ――

後 藤 信 祐

【要旨】
　縄文時代後期後半から晩期に小型石棒・石剣・石刀といった「刀剣形石製品」が発達することは周知のことである。これらの系譜については，縄文時代中期の大型石棒からの機能分化，金属器模倣，前期から存在する磨製石剣や骨刀，さらに中期後半～後期初頭の青龍刀形石器との関連などが説かれている。本論では，これまであまり注目されることのなかった縄文時代前期～後期前半の刀剣形石製品の存在を例示し，これらの特徴と後期後半から晩期に発達する刀剣形石製品の関連について検討する。

は じ め に

　筆者はかつて「縄文時代後晩期の刀剣形石製品の研究」と題し，縄文時代後晩期に帰属する小型石棒・石剣・石刀について全国的に集成を試みた。そしてそれらの型式設定を行い，それぞれの分布や所属時期を明かにし，性格などを含め総合的に論じたことがある（後藤　1986・1987）。当時，小型石棒・石剣・石刀は北海道～東北地方北部の前期に所属する一部の磨製石剣を除くと，ほとんどが縄文時代後晩期のもので，後期後半から晩期中頃に盛行すると考えられていた。そんな中で，1981年に報告された栃木県塩谷郡高根沢町上の原遺跡の縄文時代中期の袋状土坑から出土した断面楕円形で小型の「石棒状のもの」と報告された石器については，遺跡から後晩期の土器が全く出土していないことから気には止めていたが，類例に乏しいことから特に取り上げることはしなかった。

　その後，1999年に『縄文時代』第10号（『縄文時代文化研究の100年　－21世紀における縄文時代文化研究の進化に向けて－』）で「石棒・石剣・石刀」についてこれまでの研究成果を振り返り，今後の展望を述べさせて頂いた（後藤　1999）。しかし，ここでも前期の石剣については発生や系譜の関係から取り上げたものの，中期の刀剣形石製品については特に触れることはなかった。

　しかし，発掘調査報告書作成の関係から周辺の縄文時代中期の遺跡を調べてみると，筆者の住

む栃木県および近県において数例ではあるが，縄文中期から後期前半のものと思われる小型石棒・石剣・石刀が報告されており，少ないながらこの時期にも刀剣形石製品[1]が存在することが予想されるようになってきた。ここでは，本論の契機となった栃木県の縄文時代中期から後期前葉の刀剣形石製品，周辺地域の類例，さらにそれ以前の前期の刀剣形石製品について概観し，後期後半から晩期に東日本を中心に盛行する刀剣形石製品とは異なる後期前半以前の刀剣形石製品の存在とその関連について考えてみたい。

1．栃木県の縄文中期～後期前半の刀剣形石製品

東日本を中心とした縄文時代中期に大形石棒が発達することは周知の事実である。栃木県でも中部地方や西関東地方より若干その出現は遅れるものの，加曽利EⅠ式の新段階には南那須町曲畑遺跡(SK-403)や西那須野町槻沢遺跡(SK-154)の土坑から破砕され全形は明確ではないものの大形石棒が出土している。しかし，大形石棒が本県で普及・盛行するのは若干遅れ，中期後葉から後期前半のようである。

一方，刀剣形石製品については先にも触れたように，上の原遺跡から出土したものが当初から気になっていたが，筆者が発掘調査を担当した西那須野町槻沢遺跡，益子町御霊前遺跡，茂木町塙平遺跡で中期から後期前半の可能性のある刀剣形石製品が出土している。後晩期との複合遺跡の場合は何らかの原因で中期として報告されることも考えられるが，ここに紹介するものは，遺構に伴うもの，遺構に伴わなくても遺跡からは後期後半から晩期の遺物が殆ど出土せず，後期前半以前の可能性が高いと考えられるものである。以下，これらについて説明する。

①上の原遺跡出土例(第1図)

塩谷郡高根沢町上高根沢に所在する。昭和52年に発掘調査が実施され，阿玉台Ⅱ式～加曽利EⅡ式の竪穴住居跡19軒，土坑167基などが発見された。

石剣は開口部径90cm，底径320cm，深さ180cm，底面に小ピットを有する袋状土坑JD-62から出土している。1の略完形の土器や2・3の大形破片から加曽利EⅠ式新段階の時期と考えられ

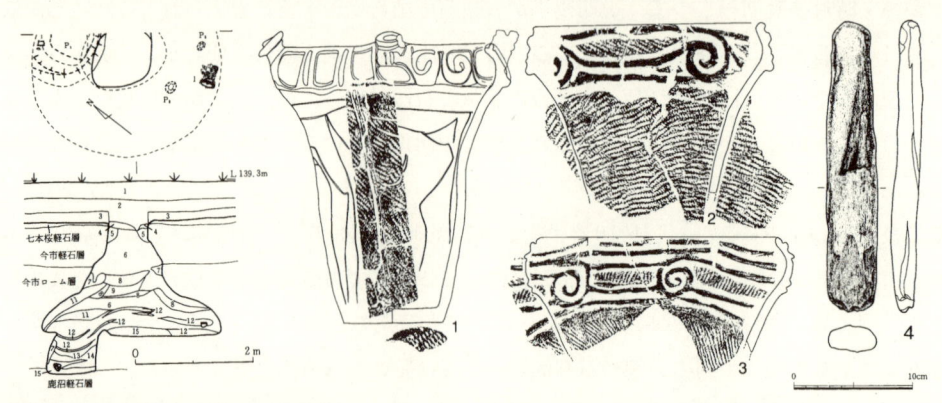

第1図　上の原遺跡JD-62と出土遺物

る。無頭のもので，断面は楕円形である。柄部に比べ中央から先端が若干幅広となる。長さ22.7cm，幅4.0cm，厚さ2.1cmで，緑泥片岩製(青木 1981)。

②台耕上遺跡出土例(第2図1)

宇都宮市下荒針町に所在する。平成8年度に発掘調査が実施され，阿玉台Ⅱ式～加曽利EⅡ式の竪穴住居跡6軒，土坑78基などが発見された。

石剣は北側拡張区の包含層から出土したものである。包含層からは中期の土器片の出土が多く，他に早～前期，後期前半期の破片が約80片出土している。報告者は周辺から出土した土器片から中期後葉のものと推定している。粘板岩の縦長剥片を素材とし，剥離と敲打により整形している。把部は括れ，把頭部は扁平な略球形を呈する。刃部は柄部より若干幅広となり，鋒は鈍く尖る。断面は刃部を意識しレンズ状となるが，整形が粗く崩れている。長さ20.9cm，幅3.3cm，厚さ1.5cm(上野 1998)。

③槻沢遺跡出土例(第2図2・3)

那須郡西那須野町槻沢に所在する。平成3～5年度の発掘調査で縄文時代中期中葉～後期前半の竪穴住居跡152軒，土坑352基，埋甕35基などが検出されている。

2の石刀状の石器は縄文時代中期末葉大木10式期古段階の竪穴住居跡SI-11の覆土中から出土したものである。覆土上方からは後期前葉の綱取式の破片も若干出土しており，後期に所属する可能性もある。バナナ状の扁平な礫を研磨整形し，一端に両側から切り込みを入れて身と頭部を区分している。長さは16.4cmと短く，身は幅6.0cm，厚さ2.0cmで刃部の作り出しはないものの，内反の刀子状石製品が最も形態的に似ていることから取り上げた。砂岩製。

3の石刀はM-7グリッド出土から出土したものである。M-7グリッドは竪穴住居跡や土坑が重複する地域で，中期後半も若干あるが，後期前半の遺構が多く存在する。遺構確認段階の出土であることを考えると後者の時期の可能性が高い。側縁から抉り込みを入れ，柄頭と刃部を区分しているが，柄頭と刃部先端を若干欠損する。刃部は軽い研磨が施されてはいるものの素材をそのまま利用している。長さ22.5cm，断面は幅3.2cm，厚さ2.0cmの三角形である。粗面岩製(後藤 1996)。

④曲畑遺跡出土例

那須郡南那須町曲畑に所在する。平成2・3年度に南那須町教育委員会により発掘調査が実施され，縄文時代中期阿玉台Ⅱ式～加曽利EⅢ式の竪穴住居跡約40軒，土坑約700基が確認されている。

石剣・石刀と報告されているものは，SK-174・183・209・343・459から出土している。いずれも破損品で全体を窺えるものはない。断面は方形や楕円形の棒状のもので，SK-174・183のものは切り込みないしは抉りを施し頭部を作り出している(木下 1999)。

⑤大志白遺跡出土例(第2図4)

河内郡河内町大字下田原に所在する。平成8～9年度に河内町教育委員会により発掘調査が実施され，縄文時代早～中期の竪穴住居跡17軒，土坑175基などが検出されている。

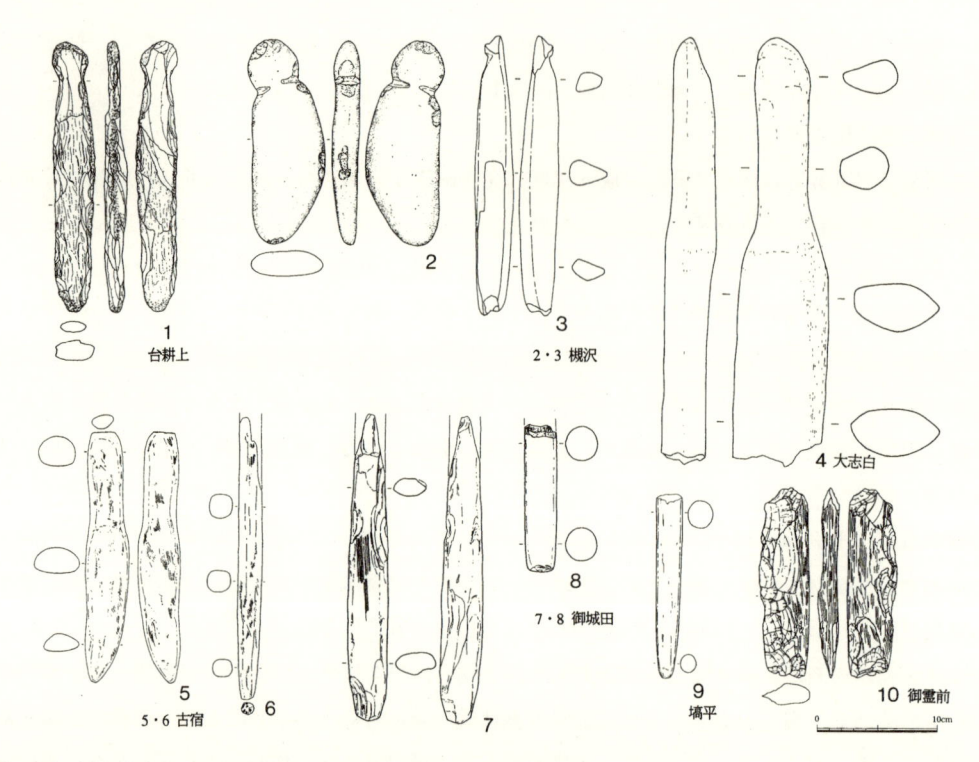

第2図　栃木県内出土の縄文時代中期〜後期前半の刀剣形石製品

　石刀状石器と報告されているものは第6地区南東部斜面の表土層から出土している。同地区からは縄文時代中期阿玉台式前半から加曽利EⅠ式期の土坑が89基検出されており，加曽利EⅠ式期のものが多い。柄部が長さ12.5cmの棒状のもので，断面は略円形を呈する。刃部は中央から先端部を欠くが，断面はレンズ状ないしは楔形で柄部に比べかなり幅広となる。表面は部分的に淡赤褐色で，被熱している可能性が高い。残存長33.8cm，重さ1,300gでやや大振りのものである。安山岩製(上野川　2000)。

⑥古宿遺跡出土例(第2図5・6)
　河内郡上河内町今里に所在する。平成1・2年度に発掘調査が実施され，縄文時代の竪穴住居跡15軒(前期の大型住居跡1軒の他は中期後半〜後期前葉)，敷石住居跡4軒，配石遺構12基，埋甕13基，土坑78基などが検出されている。石刀・小型石棒は7点図示されているが，ここでは形状の分かる2点を紹介する。
　5の石刀はK-98グリッド，後期前葉の綱取Ⅱ式期と思われる大形配石遺構の直下より出土している。全長20.0cm，研磨により鈍い刃関が作り出されている。柄部は長さ7.0cm，断面は楕円形で，端部は素材面となり，断ち切られた状態を示す。刃部は長さ13.0cmで，研磨により一側縁に鈍い刃を作り，背部は丸味を帯びる。鋒は鈍く尖り，刀子状となる。粘板岩製。
　6の小型石棒はL-113グリッドから出土している。同グリッドは後期前葉の第62号配石遺構が検出されている。グリッド出土の土器は中期の破片も若干出土しているものの，その多くは後

期前葉の堀之内1・2式である。長さ22.4cmの半欠品である。縦及び斜め方向の丁寧な研磨により，断面は直径1.8cmのほぼ円形に仕上げられている。粘板岩製。(芹澤　1994)

⑦御城田遺跡出土例(第2図7・8)

宇都宮市駒生町中丸に所在する。昭和56～58年度に発掘調査が実施され，縄文時代中期前半から後期前半の竪穴住居跡72軒，土坑843基が検出されている。

7の石剣はC-28グリッドから出土しているが，同グリッド内には縄文時代の遺構は分布しない。隣接するグリッドからは，加曽利EⅠ式後半，同Ⅳ式期の竪穴住居跡，加曽利EⅠ式期を前後する時期の土坑が分布する。刃部から鋒の部分のみで，柄部は遺存しない。剥離と敲打により整形した後，研磨により側縁に刃を意識して作り出しており，断面はレンズ状となる。刃部は先端の方が若干幅広となり，鋒は丸くおさめる。残存長24.5cm，幅3.2cm，厚さ1.7cm，珪質頁岩製。

8の小型石棒は中期の袋状土坑が多く分布するD-30グリッドからの出土である。長さ11.6cmの欠損品である。研磨により断面は直径2.6cmのほぼ円形に仕上げられている。輝緑凝灰岩製(芹澤　1985～1987)。

⑧塙平遺跡出土例(第2図9)

芳賀郡茂木町山内に所在する。平成2年の発掘調査により，縄文時代中期後半から後期前半の竪穴住居跡5軒，土坑150基，埋甕2基などが検出されている。

小型石棒は縄文時代後期前葉堀之内1式の竪穴住居跡SI-04から出土している。長さ14.8cmの欠損品で，中央に比べ先端はやや細くなる。全面丁寧な研磨が施されており，断面は中央で直径2.0cmの円形である。粘板岩製。(後藤　1994)

⑨御霊前遺跡出土例(第2図10)

芳賀郡益子町大沢に所在する。平成10・11年度の発掘調査により，縄文時代後晩期の竪穴住居跡8軒，中期～後期の土坑130基，埋甕3基などが検出されている。

石刀と思われるものは刃部のみの破片で，中期中葉の袋状土坑SK-32内から出土している。晩期の竪穴住居跡からは30m以上離れた中期の袋状土坑が群在する地域で，周辺からは後期後半から晩期の遺物は殆ど出土していない。背部は縦方向の丁寧な研磨により楕円状に仕上げられているが，一側縁はやや粗い剥離により刃部が作り出されている。煤状の付着物が認められ，被熱している。長さ15cm，幅4.1cm，厚さ1.6cm。粘板岩製(後藤　2001)。

以上，栃木県内出土の縄文時代中期～後期前半の9遺跡11例の刀剣形石製品を図示し紹介してきた[2]。中期中葉の土坑から出土している御霊前遺跡の石刀は，研磨と一側縁にやや粗い剥離により刃部を作り出すもので，後期後半から晩期の石剣とは趣が異なるが，刃部破片のみで全体の形状は明確でなく不明な点が多い。古宿遺跡・御城田遺跡・塙平遺跡などの丁寧な研磨によって断面円形に仕上げられた小型石棒については，いずれも欠損品であるが，縄文時代後期前半に関東地方南部を中心に分布する東正院型石棒であろう。槻沢遺跡の2例と古宿遺跡の石刀は縄文時代後期前半に東北地方北部を中心に分布する保土沢型・荊内型石刀との関連が考えられるが，形態的に若干異なること，時期的にやや古くなる可能性もあり，上の原遺跡・台耕上遺跡・大志

-51-

白遺跡などの石剣・石刀とともに，周辺地域の類例をみてから後述する。

2．周辺地域の縄文時代中期の刀剣形石製品の類例

　前節で栃木県の縄文時代中期～後期前半と考えられる刀剣形石製品を紹介したが，次に周辺地域(関東地方及び東北地方南部)の縄文時代中期の刀剣形石製品の類例をみていきたい。さらに，東北地方中～北部にも竪穴住居跡などの遺構に伴って出土例が知られており，これらについても概観してみたい。

①上ノ台A遺跡出土例(福島県相馬郡飯舘村，第3図1～5)

　縄文時代中期前半から後期前半にかけて連続的に続いた集落跡で，中期末葉をピークに70軒の竪穴住居跡が確認されている。刀剣形石製品(石剣としているが，身の断面や全体の形状から石刀とした方がよいものもある)は13点出土しているが，いずれも遺物包含層からで，製作の比較的初期の段階で中止した未製品やその破片及び破損品である。粘板岩のもの1点以外は千枚岩製である。

　出土層位はLⅢ(大木9・10式を主とし，後期初頭の土器が同層上半部から出土)，LⅡ(縄文後期前半)からのものが多く，中期後葉～後期前葉までの時間幅が考えられる。まとめの項で報告者は，「石剣の製作が縄文時代中期にもある程度行われていたことが確認されたことは興味深い」としている(山内他　1990)。

　また，上ノ台D遺跡の遺物包含層からも2点の石剣破片(粘板岩と輝緑凝灰岩のもの各1点)が出土している。薄手の素材の側縁部を中心に研磨し形を整えている。上ノ台A遺跡同様，中期末葉から後期前葉の時期と考えられる。

　なお，粘板岩・千枚岩を多量に産出する所が大倉地区のすぐ下流に存在しており，大倉地区内の後晩期の遺跡からも沢山の石剣の未製品・欠損品が出土していることから，石剣生産が活発で，他集落へ供給していたものと考えられている(鈴鹿他　1990)。

②上の内遺跡出土例(茨城県日立市，第3図6・7)

　竪穴住居跡12軒，炉跡6基，土坑198基，土器捨て場1ヶ所が検出されている。いずれも縄文時代中期後半～後期前半の遺構である。刀剣形石製品は加曽利EⅢ式のSI－02，07の2軒の住居跡から出土している。

　SI－02出土の6は長さ42cmの片岩系のやや大振りのものである。刃部より細い柄部が意識され鋒などの形状は石刀に似るが，身の断面は幅9cm，厚さ8cmで崩れた方形を呈する。

　SI－07出土の7は両端を欠くが長さ26.8cm，幅4.2cm，厚さ1.4cmで粘板版岩製である。刃部は扁平なレンズ状で，明瞭ではないが片刃であり，刃部に比べ柄部が若干細く意識された石刀である。丁寧な研磨が施されており，僅かに反りを有する(湯原　1998)。

③坪井上遺跡出土例(茨城県那珂郡大宮町，第3図8～10)

　縄文時代の竪穴住居跡19軒，袋状土坑75基を含む土坑401基が調査されている。刀剣形石製品は中期後半加曽利EⅡ式期の第10号住居址の覆土中から3点出土している。

8は最大幅をもつ中央より徐々に細くなることで柄部が意識されるが，境界は不明瞭である。敲打と研磨により整形しており，断面は楕円状で，刃部は不明瞭である。先端は丸くおさめる。長さ27.0cm，幅4.1cm，厚さ3.0cm。9は把部が若干括れ，把頭部は扁平な略円形で，鋒は丸くおさめる。断面は刃部を意識し楔形となるが，崩れている。整形は刃部をはじめ側縁を敲打により作り出した後，粗い研磨が施される。長さ21.2cm，幅3.2cm，厚さ1.8cm。10は一端に粗い切り込みを入れ，身と頭部を区分している。頭部は研磨により面を作り出し，先端は鈍く尖る。断面略方形で，長さ21.4cm，幅2.2cm，厚さ1.9cm(千種 1999)。

④北山不動遺跡出土例(茨城県西茨城郡友部町，第3図11・12)

A・B両地区から，中期前葉～後期前葉(中期後半が主体)の住居跡2軒・炉跡6基・土坑31基などが確認されている。B地区から検出された加曽利EⅠ～Ⅱ式期の住居址から石刀と小型石棒が出土している。

11の石刀は泥岩製で長さ21cm，幅2.2～3.4cm，厚さ1.5cm，粗い敲打と研磨により整形されており，柄部は刃部に比べ細くなる。柄部は断面方形に近く，刃部は歪んだ楔形で柄部に比べやや幅広となる。12の小型石棒は泥岩製で長さ13cmの破損品である。断面は直径2.2cmの円形で，先端は平坦に仕上げている(千種 1992)。

⑤宮後遺跡出土例(茨城県東茨城郡茨城町，第3図13)

縄文時代中期の集落跡で，阿玉台Ⅳ～加曽利EⅣ式の竪穴住居跡42軒，土坑948基などが確認されている。13は先端を欠損するが長さ19.1cmで，溝状の切り込みを入れ頭部を作る。体部断面は長方形で，頭部から体部に向かうに従い幅広になる。遺構外出土。粘板岩製(川又他 2002)。

⑥宮前遺跡出土例(茨城県土浦市，第3図14)

縄文時代中期の集落跡で，阿玉台Ⅳ～加曽利EⅣ式の竪穴住居跡38軒，土坑117基などが確認されている。14は調査区東側の隣接する畑から採集されたものである。先端を欠損するが長さ21.3cmで，括れにより小さな頭部がつくり出される。頭部に比べ体部中央が若干太くなり，体部断面は楕円形である。泥質片岩製(大関 1997)。

⑦指扇下戸遺跡出土例(埼玉県さいたま市，第3図15)

縄文時代中期末葉加曽利EⅣ式の柄鏡形の第4号住居跡から出土している。長さ26.6cmの完存品で，体部に比べ柄部が若干括れ細くなる。幅5.2cm，厚さ2.5cmで断面は隅丸長方形である。緑泥片岩製(山形 1992)。

⑧側ヶ谷戸貝塚出土例(埼玉県さいたま市，第3図16)

縄文時代中期後半加曽利Ⅲ式古段階の第6号住居跡から出土している。長さ26.8cmのつくりの粗い石刀である。刃部は幅4.6cm，厚さ1.8cm，断面は片面が平坦で扁平な三角形である。柄部は幅2.4cmと細くなる。片岩製(山形他 1997)。

⑨諏訪入遺跡出土例(埼玉県さいたま市，第3図17)

包含層からの出土であるが，調査区内出土の土器は殆どが縄文時代中期後半の加曽利EⅡ～EⅢ式土器である。長さ22.5cmの完存品で，側面を括れさせ頭部を表出している。先端から頭部に

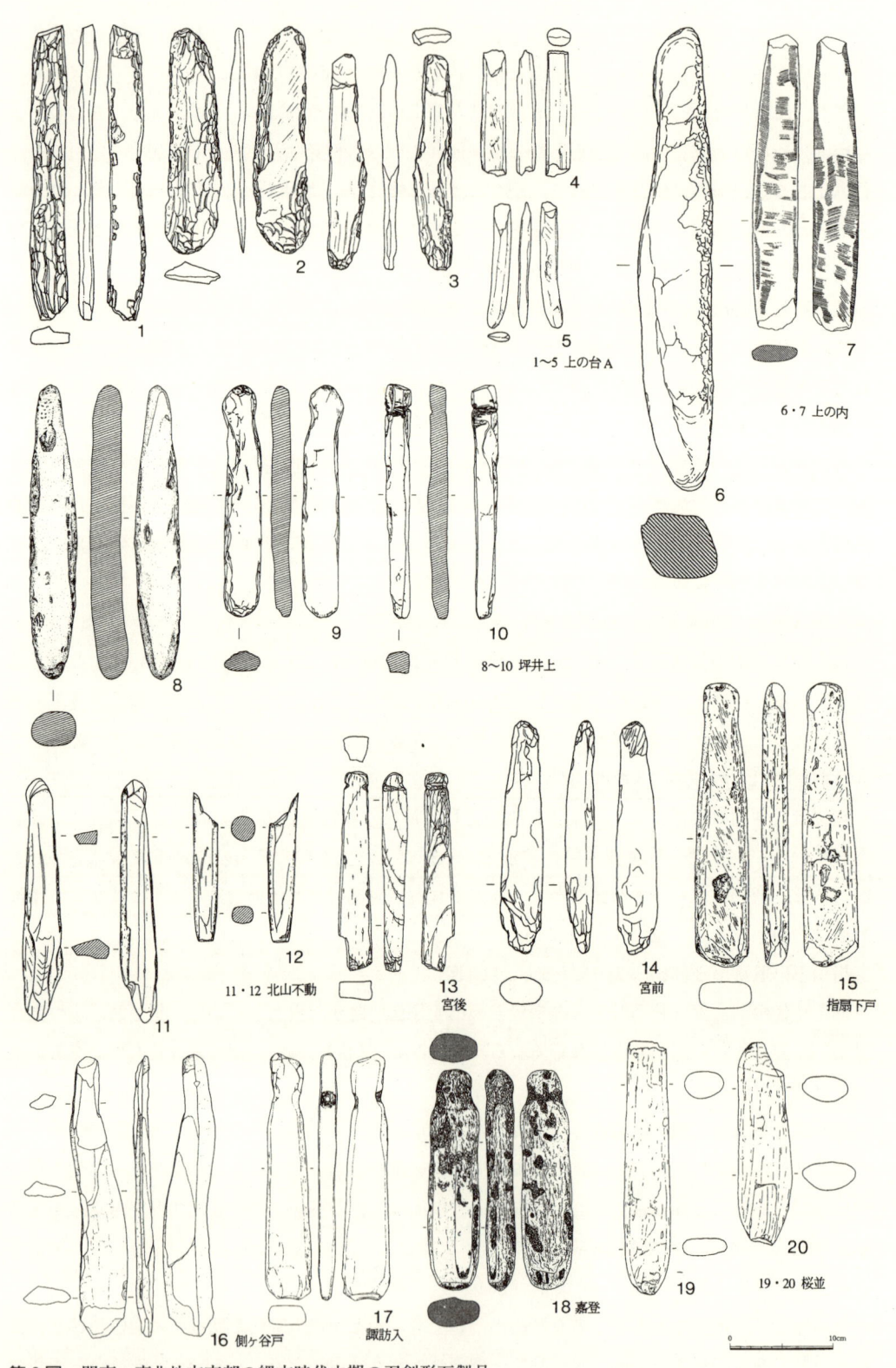

第3図　関東〜東北地方南部の縄文時代中期の刀剣形石製品

向かうに従い徐々に幅が細くなる。幅4.4cm,厚さ1.8cmで断面隅丸長方形である。安山岩製で全面研磨により仕上げており,一部自然面を残す(岩井 1987)。

⑩**嘉登遺跡出土例**(千葉県袖ヶ浦市,第3図18)

　縄文時代中期末葉加曽利EⅣ式の柄鏡形住居跡SI036から出土している。長さ19.9cmの完存品で,敲打によって括れをつくり小さな頭部をつくり出す。身は敲打と研磨により整形され,表面には稜がみられる。幅4.8cm,厚さ2.8cmで断面は楕円形である。緑泥片岩製(西原 1994)。

⑪**桜並遺跡出土例**(神奈川県横浜市,第3図19・20)

　縄文時代中期末葉加曽利EⅣ式の柄鏡形のJ10号住居址から2点出土している。いずれも破損資料で体部の断面は扁平な楕円形である。19は先端から遠ざかるに従って幅が細くなる一方厚さが増し,柄部が意識されている(坂上他 1995)。

　次に東北地方中〜北部の縄文時代中期の刀剣形石製品について,竪穴住居跡などの遺構に伴うものを中心に概観してみたい(第4図)。

　竪穴住居跡出土例では,青森県八戸市石手洗遺跡3号住居跡(円筒上層d〜e式期,1,宇部 1989)や同市松ヶ崎遺跡第28号住居跡(榎林式期,2,藤田他 1996)で石剣破片が出土している。岩手県では大木8b式期のものとして,陸前高田市貝畑貝塚G03-1住居から長さ33.6cmのほぼ完存の石刀(3,佐藤他 1998),九戸郡九戸村田代遺跡B10号住居跡で刃部から鋒(4,酒井他 1998),北上市林崎館遺跡ⅣD-1号住居跡で石剣の小片(6,小田野 1993)が出土している。貝畑貝塚出土のものは全形の分かる貴重な資料で,基部に両面から穿孔が施されており,先端に向かうに従い幅広となる。全体的に擦痕がみられ丁寧な研磨が施されている。また,九戸郡軽米町馬場野Ⅰ遺跡CⅦ-06住居址(中期末〜後期初頭)から,基部が細く刃部がやや幅広で敲打と擦痕がみられる石剣(7,畠山他 1983),北上市柳上遺跡G20住居跡(中期末葉)からは長さ28.7cmの完存の石刀が出土している(8,小原 1994)。刃部は薄く一側縁に刃が作り出されており,柄部は刃部に比べ若干幅狭で断面が潰れた長方形である。さらに,山形県米沢市塔ノ原遺跡DY10(中期末葉大木10式期)からも泥岩製の刃部が幅広の磨製石刀が出土している(10,菊池 1994)。

　土坑出土のものとしては,二戸郡安代町湯の沢Ⅲ遺跡BI30ピット(大木9〜10式,円筒上層c式)から,刃部と背部に加工の痕跡のある粘板岩の石刀がある(9,佐々木 1984)。

　このほか,剥離と敲打整形を残す石剣・石刀が前期末葉〜中期中葉が主体の岩手県西田遺跡(12〜15,相原 1980)から,石刀の刃部破片が中期中葉大木8a〜8b式期が主体の宮城県七ヶ浜町大木囲貝塚(18,八巻 1974),仙台市高柳遺跡(19,佐藤他 1995),山形県鶴岡市岡山遺跡(17,柏倉他 1972)などで出土している。また,中期〜後期の山形県最上町水上遺跡(16,佐藤他 1980)からは米沢市塔ノ原遺跡と同形態の石刀が出土している。なお,岩手県田代遺跡(5)や秋田県上野台遺跡(11,高橋 1989)などの完存の石刀も遺跡から出土している遺物などから考えて中期の所産である可能性が高い。

　このように,縄文時代中期に所属するであろう刀剣形石製品は関東地方南部から東北地方北部まで,数は決して多くはないものの中期の竪穴住居跡など遺構から出土しており,確実に存在す

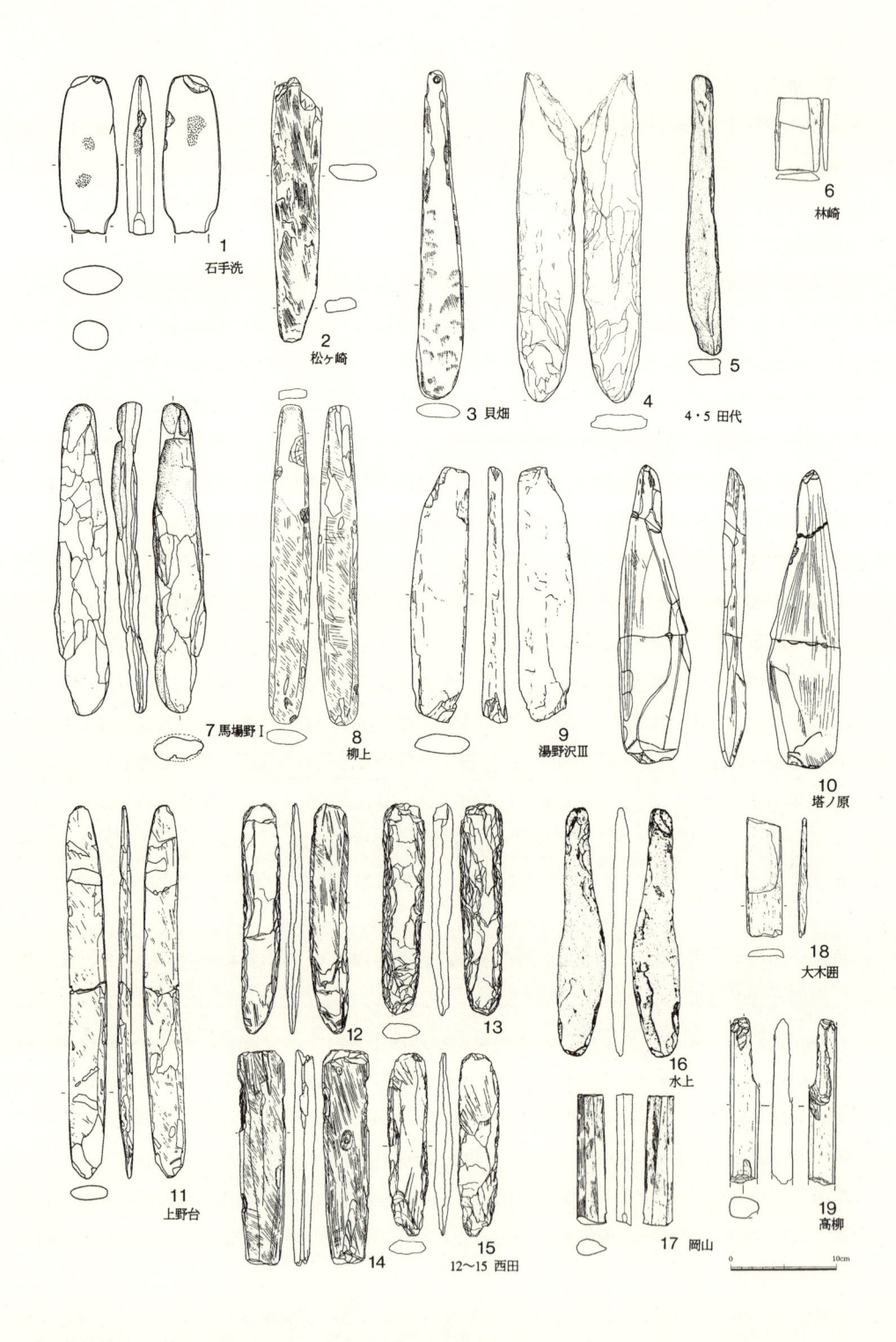

第4図　東北地方中〜北部の縄文時代中期の刀剣形石製品

る。そしてこれらは以下の形式分類が可能である。

　Ⅰ類　　一端の側面に粗い切り込みを入れ，身と頭部を区分している。身の断面略方形を呈する。坪井上遺跡で加曽利EⅡ式の住居跡から出土しており（第3図10），他に宮後遺跡（第3図13）や曲畑遺跡からも出土している。身の断面形や全体の形状から考えると刀剣形石製品とは区別すべきかもしれない。

　Ⅱ類　　最大幅をもつ中央より徐々に細くなることで柄部が意識されるが，境界は不明瞭である。敲打と研磨により整形しており，身の断面は楕円状で，刃部は不明瞭である。上の原遺跡（第1図4），坪井上遺跡（第3図8），北山不動遺跡（第3図11），宮前遺跡出土例（第3図14）などがあり，加曽利EⅠ新段階〜EⅡ式のものが多い。

　Ⅲ類　　側面を括れさせ頭部を表出している。先端から頭部に向かうに従い徐々に幅が細くなる。身の断面は隅丸長方形ないしは分厚い楕円形で，全体的に研磨が施されている。指扇下戸遺跡（第3図15），諏訪入遺跡出土例（第3図17）を典型とする。他に嘉登遺跡出土例（第3図18）もこの範疇で捉えられよう。加曽利EⅡ〜EⅣ式の時期と考えられる。

　Ⅳ類　　把部が若干括れ，把頭部は扁平な略円形を呈する。刃部は柄部より若干幅広となり，鋒は丸くおさめる。剥離と敲打による整形が残っている。断面は崩れたレンズ状であるが，刃の作り出しは鈍い。柄部の括れが左右非対称で，全体の形状は石刀に似る。台耕上遺跡（第2図1）や坪井上遺跡出土例（第3図9）を典型とする。やや形態は異なるが，槻沢遺跡11号住居出土例（第2図2）もこの範疇で捉えられよう。

　Ⅴ類　　柄部から先端に向かうに従い徐々に幅広となり，刃部との境界が不明瞭なもの。身の断面は薄い楕円状であるが，鋒は刀状のものである。貝畑貝塚出土例（第4図3）を典型とする。他に全形の分かるものとして，田代遺跡（第4図5），馬場野Ⅰ遺跡（第4図7），柳上遺跡（第4図8）などがあるが貝畑貝塚出土例に比べ柄部と刃部の幅の比の小さい。貝畑貝塚出土例が大木8b式期，馬場野Ⅰ遺跡，柳上遺跡出土例が中期末葉の住居跡から出土しており，前者をa類，後者をb類として細分し，a類からb類への変遷が考えられる[3]。

　Ⅵ類　　柄部に比べ刃部が幅広となるもので，柄部と刃部の境界が一側縁に明瞭に作られ，刀状のもの。柄部と刃部に幅の比の小さい上の台A遺跡（第3図3）や上の内遺跡出土例（第3図6）などのa類と柄部と刃部に幅の比の大きい塔ノ原遺跡（第4図10），水上遺跡出土例（第4図10）のb類に細分される。いずれも中期末から後期初頭の時期と考えられ，東北南部から関東北部に分布する。古宿遺跡出土例（第2図5）もⅣa類の範疇で捉えられよう。

　Ⅶ類　　柄部に比べ刃部が幅広となるもので，柄部と刃部の境界が両側縁に明瞭に作られ刃部は一側縁に刃を作り出す刀状のものである。大志白遺跡出土（第2図4）の一例のみである。

　このほか，上の台A遺跡（第3図1〜3）や西田遺跡（第4図12〜15）で剥離と敲打痕を残す未製品と考えられるものが出土しているが，これらについてはこの過程で製品である可能性も考えられるが，一類型を設けるかは今後の検討としたい。

　以上，中期の刀剣形石製品を7類に分類したが，全体の特徴としては柄部と刃部の境界は刃関

などで明瞭に区画されるものは無く，刃部が柄部に比べ幅広となることで区別されるものが多い。刃部の断面はレンズ状や楔形となるが，刃の作り出しは次に取り上げる後期前半の石刀や前期の石剣に比べると鈍いものが少なくない。また，柄頭を作り出すものは少なく，柄頭が括れや抉りにより作り出されるものも，柄部と同じ厚さで周縁を略円形に整形した程度のものである。

一方，時期に関しては，大木8b式，加曽利EⅠ式新段階以降の中期後半のものがほとんどである。柄頭を作り出すものは関東地方にみられ，東北地方にはほとんどみられない。また，身の断面が楕円形など両側縁に刃部を意識した剣状のものは関東地方に，一側縁に刃部を意識した刀状のものは東北地方に多くみられる。

3．縄文後期前半の刀剣形石製品

縄文時代後期前半の刀剣形石製品としては，かつて東正院型石棒と萪内型・保土沢型石刀を提唱した。東正院型石棒については後期前半に南関東地方を中心に分布することを述べたが，近年この地域の資料はさらに増加している。栃木県でも先にも述べたように，古宿遺跡や御城田遺跡・塙平遺跡などで出土しており，北関東にも少ないながら分布することは明らかである。

一方，萪内型・保土沢型石刀については，かつて後期前葉十腰内Ⅰ・Ⅱ式期の東北地方北半を中心に分布することを述べた。関東地方でも数は少ないが石刀がこの時期確認されている。本県の古宿遺跡（第2図5）をはじめ，埼玉県さいたま市（旧大宮市）B－22号遺跡E地点2号住居跡（後期堀之内1・2式）から出土した内反の石刀刃部（第5図9，山形他 1996），川越市上組Ⅱ遺跡の後期前葉（称名寺～堀之内2式）の包含層から出土した柄端部が幅広となる石刀（第5図10，黒坂 1989）がそれである。関東地方ではこの時期，身の断面が円形の東正院型石棒が多く，一側縁に刃部を有する石刀はほとんど存在しないことから，柄や刃部の形態等が酷似する萪内型・保土沢型石刀との関係が注目される。また，西限は長野県明科町北村遺跡で出土した萪内型石刀の頭部（第5図11）で，この時期の東北系土器の分布を考えると興味深い資料である（平林 1993）。

東北地方北半ではその後の発掘調査により，青森県八戸市丹後谷地遺跡（工藤他 1986），岩手県西磐井郡平泉町新山権現社遺跡（第5図1・2，金子 1993）など十腰内Ⅰ・Ⅱ式の時期の遺跡からは萪内型・保土沢型石刀が複数出土しており，資料は充実してきている。さらに，北海道函館市石倉貝塚からも同型の石刀が多数出土しており（第5図3～5，佐藤 1999），前期の磨製石剣同様，津軽海峡を挟んで北海道渡島半島にまで分布することが明らかとなった。また，十腰内Ⅰ式系の土器が纏まって出土している山形県村山市川口遺跡では萪内型石刀が数多く出土しており（第5図6～8，阿部他 1990），これらの土器の分布域と萪内型石刀の関係が明らかになりつつある。

ところで，明確な時期比定のできる資料はないが，萪内型・保土沢型石刀より前の中期後半～後期前葉に宮城県から北海道南西部の太平洋側に骨刀が分布することは古くから知られている。『宮城縣史』34（伊東 1981）では中期末～後期前葉の西ノ浜貝塚から1点，南境貝塚から5点の骨

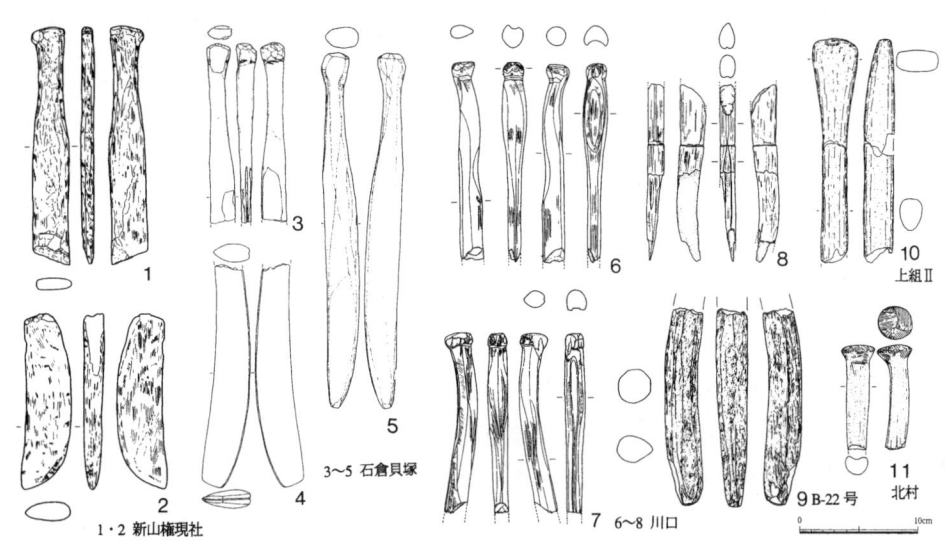

第5図　縄文時代後期前半の石刀

刀が紹介されている。柄頭が瘤状となるもの，柄頭がなく柄部と刃部に刃関を有するものなどがあり，前者には柄部と刃部の境に突帯状の節を残すものもある。これらは茅内型・保土沢型石刀と形態的に近似するものもあり，茅内型石刀には背溝が施されるもの(第5図4・6～8)もあるなど，骨刀と茅内型・保土沢型石刀，さらには同時期に存在する青竜刀形石器との関係が，これまで多くの研究者に注目されてきたことは周知の事実である(野村　1983，西脇　1991)。

なお，中期後葉～後期初頭の骨刀は，八雲町コタン温泉遺跡(第8図4・5　土肥　2001)や南茅部町大船C遺跡など北海道でも出土している。大船C遺跡では中期後半から末葉の祭祀施設周辺から火を受けた痕跡のある鯨骨製骨刀が青龍刀形石器，小型石棒などと出土しており，縄文時代後晩期の刀剣形石製品同様，祭祀や儀礼の場で使用されたものと考えられている。

4．縄文時代前期の刀剣形石製品

次に本県では未だ出土例はないが，縄文時代前期の刀剣形石製品についてもふれておきたい。縄文時代前期の刀剣形石製品についてはこれまであまり取り上げられることはなかったが，この時期すでにこのような遺物が存在することは，北海道函館空港第4地点遺跡の発掘調査において円筒下層a・b式の竪穴住居跡から完形の磨製石剣が出土したことから，すでに四半世紀前に千代肇により指摘されている(千代　1977)。千代は住居跡から出土した完形品3点のほか21点の磨製石剣の破片を以下の4類に分類した。

Ⅰ．柄頭が沈線で区画され，刃部が砥ぎ出されて稜線が明確でやや厚みのあるもの(第6図2)。
Ⅱ．柄頭に目貫穴があり，刃部の砥ぎ出しがあってやや薄くつくられているもの(第6図1)。
Ⅲ．柄頭が厚みをもって，沈線の区画や目貫穴がないもの。
Ⅳ．刃先と柄頭の区別が明確でないもの。

この分類は石剣の諸特徴から分類したものであるが，ⅢとⅣ類の分類基準が異なり，分類の重点を柄頭におくと大きくはⅠ・Ⅱ・Ⅲ＋Ⅳの3類と理解される。また，類品が青森県上北郡野辺地町寺ノ沢遺跡にあること，これらの磨製石剣については青銅器の模倣とは考えられず，青銅製剣の出現する以前の祖形的意味合いがあったのではないかとし，実用品ではなく，権力者の象徴といった後晩期の刀剣形石製品と同様の性格を考えている。また，両側に刃のつく剣形以外に，片側に刃部のある刀類も含まれることを示唆している。

　昭和58年には，野村崇が縄文時代晩期に東北地方から北海道にかけて特異な発達をみた石剣・石刀を論じる中で，石剣・石刀の起源について縄文時代後期の刀状石器（筆者の言う保土沢・莇内型石刀をさしているものと思われる），中期末～後期初頭の骨刀，青竜刀形石器の系譜にも注意する必要があるとしている。さらに，北海道函館空港第4地点遺跡や南茅部町ハマナス野遺跡などの縄文時代前期の竪穴住居跡から出土した石剣，伊達市南黄金貝塚の鯨骨製刀子などにも着目し，金属製刀子の直接あるいは間接的存在なしにその成立は考えられないのではなかろうか（野村1983），としている。

　前期の石剣はこの頃までは，北海道函館市函館空港第4地点遺跡や南茅部町ハマナス野遺跡（小笠原　1982）から出土しているくらいで，北海道特有のもののように思えたが，数年後，岩手県岩手郡松尾村長者屋敷遺跡（第6図3～6，三浦他　1984），秋田県仙北郡協和町上ノ山Ⅱ遺跡（第6図7～11，大野他　1988）などで竪穴住居跡や土坑に伴い完存の石剣が出土するなど，東北地方北部にも分布することが明らかとなった。大型住居跡と燕尾形や鰹節形の特異な形をした石製品が多数出土した上ノ山Ⅱ遺跡では，竪穴住居跡出土の石剣がほぼ完形品であるのに対し，100点を超える遺構外出土（大型住居群の南側からやや纏まって出土）の石剣が全て破損品であり，対称的であることが指摘されている。

　その後も資料は増え，青森県三戸郡南郷村畑内遺跡（第6図12～14，木村他　2000），岩手県盛岡市上八木田Ⅰ遺跡（第6図15，千葉　1995），北上市南部工業団地内遺跡（第6図16，杉本他　1993），同市樺山遺跡（鈴木　1996），和賀郡湯田町峠山牧場Ⅰ遺跡（阿部　2000）などで竪穴住居跡から，岩手県北上市煤孫遺跡（第6図17，東海林　1993）で土坑からの出土が報告されている。また包含層や捨て場，遺構に伴わないものの遺跡の出土土器などから縄文時代前期と予想されるものとして，岩手県陸前高田市牧田貝塚（村上他　1996），和賀郡湯田町清水ヶ野遺跡（第6図18，阿部　2000），紫波郡紫波町大明神遺跡（第6図19・20，相原　1980），釜石市沢田2遺跡（鳥居他　2002）などがあり，太平洋側を中心とした東北地方北部の縄文時代前期後半の遺跡からはかなり普遍的に出土している。

　さらに宮城県登米郡豊里町沼崎山遺跡では大木5・6式期と思われる石刀3点（第7図1・2，遊佐　1980），福島県相馬郡飯舘村羽白D遺跡では大木4式期の竪穴住居跡から全面研磨された石剣と思われる破片（第7図3，鈴鹿　1988），双葉郡富岡町上本町G遺跡の前期後葉（浮島Ⅱ式）の竪穴住居跡から敲打製の石刀（第7図4，新海　2002），会津高田町青宮西遺跡でも大木5式期の竪穴住居跡出土2点を含む4点の磨製石剣（第7図5～8，芳賀　1997）が出土しており，東北地方北部

刀剣形石製品の起源と系譜

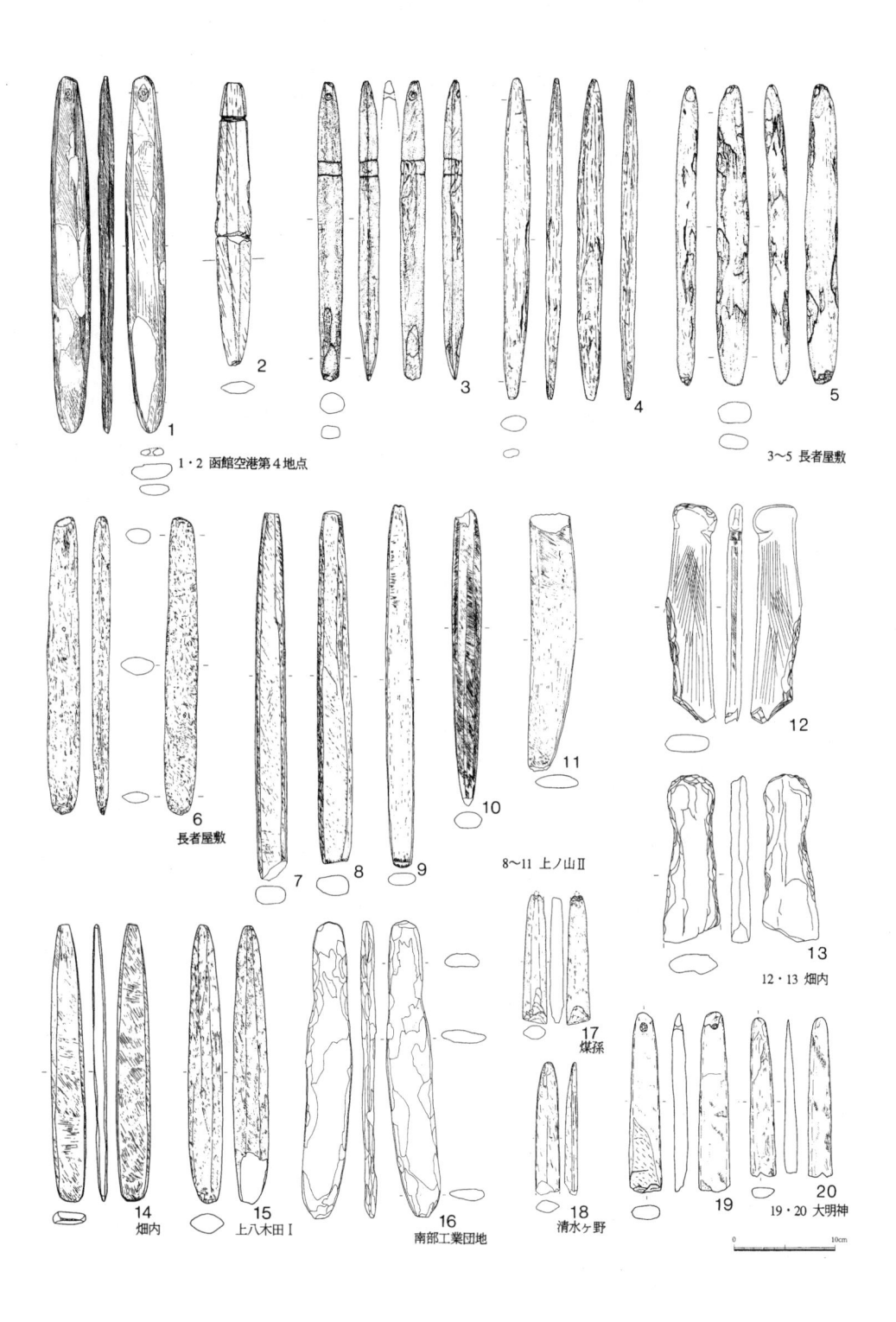

1・2 函館空港第4地点
3〜5 長者屋敷
6 長者屋敷
8〜11 上ノ山Ⅱ
12・13 畑内
14 畑内
15 上八木田Ⅰ
16 南部工業団地
17 煤孫
18 清水ヶ野
19・20 大明神

第6図　縄文時代前期の刀剣形石製品（1）

-61-

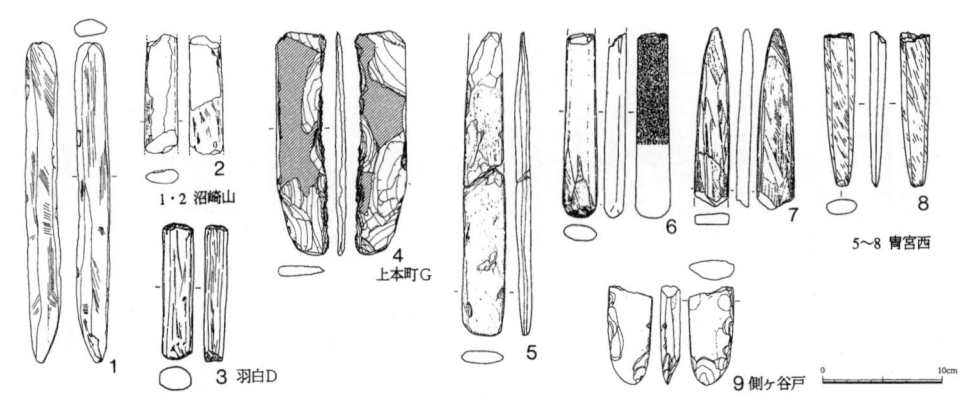

第7図　縄文時代前期の刀剣形石製品（2）

とほぼ同じ前期後半段階に東北地方南部でもこのような遺物が散見できる。

なお，埼玉県さいたま市側ヶ谷戸貝塚で羽状縄文系土器群の時期の竪穴住居跡から片岩製の石刀鋒片が出土している（第7図9，山形他　1997）。しかし，東北地方北部のものより若干時期が古くなり，小破片でもあることから，過大評価は避け，類例等を待って検討をしたい。

縄文時代前期の刀剣形石製品については，丁寧に研磨され，身の断面が楕円状のものや両側縁に刃部が比較的鋭くつくり出されている剣状のものが多い。石剣の形状については，新たに確認された他の遺跡を含めても千代肇が函館空港第4地点遺跡で分類した4類にほぼ集約される。破損品が多く全体の形状を窺うことのできる資料は少ないが，沈線や目貫穴の施されるⅠ・Ⅱ類は函館空港第4地点遺跡・ハマナス野遺跡以外では岩手県長者屋敷遺跡（沈線と目貫穴），大明神遺跡，煤孫遺跡，秋田県上ノ山Ⅱ遺跡で各1例存在する程度で，刃部と柄部の境界および柄頭のつくり出しが不明瞭なⅢ・Ⅳ類がほとんどである。一方，千代が示唆した一側縁にのみ刃部のつく刀状のものは，函館空港第4地点遺跡のほか秋田県上ノ山Ⅱ遺跡，宮城県沼崎山遺跡，福島県上本町C遺跡などで数点出土している程度で石剣に比べると非常に少ない。全体の形態の分かるものは沼前山遺跡例のみであるが，刃部と柄部の境界は不明瞭で柄頭はない。なお，身の形状は明確でないが，側面からの抉りにより柄頭の表出されているものは，円筒下層式を中心とした時期の捨て場から出土している青森県八戸市畑内遺跡（12・13）のものにみられる程度である。

時期や分布については東北地方北半から渡島半島にかけては円筒下層a・b式，東北地方南半のものは大木4〜6式のものが多く，芳賀英一も指摘しているようにその中心は北海道渡島半島から青森・秋田・岩手県といった円筒下層式土器の分布圏とほぼ重なり，やや新しい段階に宮城県や福島県にも若干分布することが再確認することができた。

ところで，この時期は石剣以外にも，骨刀（鯨骨製刀子）がすでに存在したことが明らかになっている（第8図）。北海道伊達市北黄金貝塚から出土した円筒下層b式期とされる柄部と刃部の境界が明瞭な鯨骨製刀子や，形態は異なるが青森県青森市三内丸山遺跡（1，岡田他　1998），岩手県釜石市唐丹町字向（2）から出土した柄頭に円孔が穿たれた骨刀などがそれである[4]。三内丸山遺跡からは刀状の木製品（第8図3）も出土しており，過大評価は控えるべきであろうが，遺存し

-62-

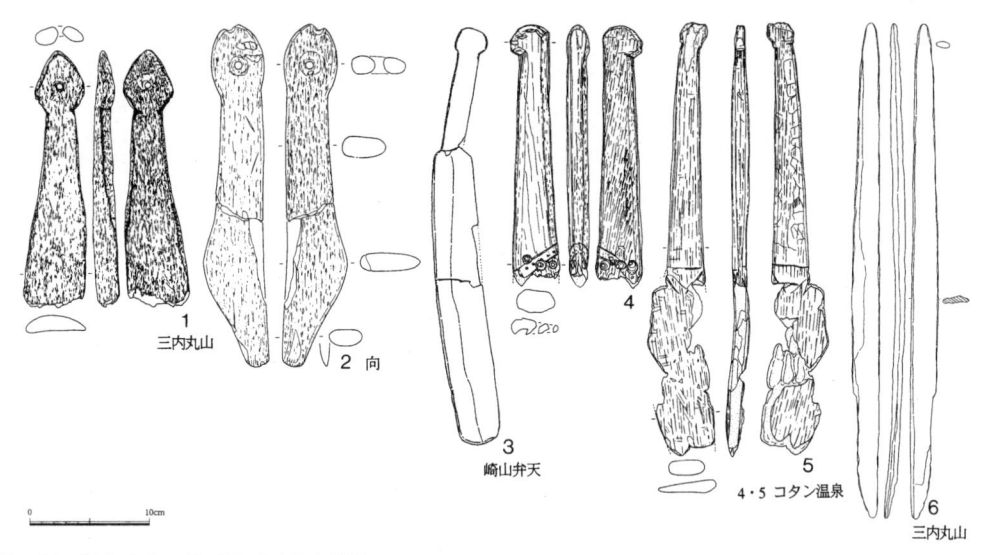

第8図　縄文時代の骨刀及び刀状木製品

にくい鯨骨や木といった素材でできたものの存在も考慮する必要があろう。また，石製のものが両側縁に刃をつくり出す石剣が多いのに対し，骨や木製のものが一側縁に刃をつくり出す刀子状のもののみであること，骨刀は刃部・柄部・柄頭の境界が石剣に比べ明瞭に表出されていることなどが注目される。石剣と骨刀の系統の違いなども考慮する必要があるかも知れない。

ところで近年，南九州ではアカホヤ火山灰やサツマ火山灰にパックされた状態で，早期や草創期の遺跡がたくさん発見され，多くの驚くべき新事実が明らかになってきている。その中で，鹿児島県日置郡松元町前原遺跡で砥石とともに出土した磨製石剣は早期前半と考えられるもので，現段階では国内最古の事例である(西園・池畑　1998)。しかし，点的存在であり，前期の石剣とは地理的にも時間的にも大きな隔たりがあり，出現や系譜については今後の課題としたい。

次に縄文時代前期の石剣が発達した時期にみられる男性器を模したと思われる石棒について若干ふれておく(第9図)。このような石棒は群馬県を中心とした北関東西部(5)と東北北部〜北海道の二地域に分布がみられる。群馬県では，能登健が荒砥上ノ坊遺跡の報告書で9例の沈線を巡らす石棒を集成しており(能登　1995)，大工原豊は群馬県安中市中野谷松原遺跡から出土した諸磯b式期の8点の石棒を，Ⅰ：キノコ状を呈するもの(3)，Ⅱ：棒状で横位に沈線を巡らすもの(4)，Ⅲ：円筒状で先端が平坦なもの(5)，の3形態に分類し，前期前半から存在している棒状礫から，沈線を巡らすⅡ形態，その後研磨により全体を整形したⅢ形態が出現し，Ⅰ形態が最も新しい形態としている。また，荒砥上ノ坊遺跡(1)・陣馬遺跡(2)などの多条化した形態はⅡ・Ⅲ形態の発展したものと捉えている(大工原　1998)。

なお，ここで注目しておきたいのは，秋田県上ノ山Ⅱ遺跡(6，大野他1988)，岩手県南部工業団地遺跡(7，杉本他　1993)・峠山牧場Ⅰ遺跡(8，阿部　2000)・煤孫遺跡(9，東海林　1993)，牧田遺跡(10・11，村上他　1996)，北海道常呂町常呂川河口遺跡(武田　2001)など縄文時代前期の円筒下層式土器の分布圏でも男根状の石棒(大工原分類Ⅰ類に類似するものが多い)の出土例が増加して

-63-

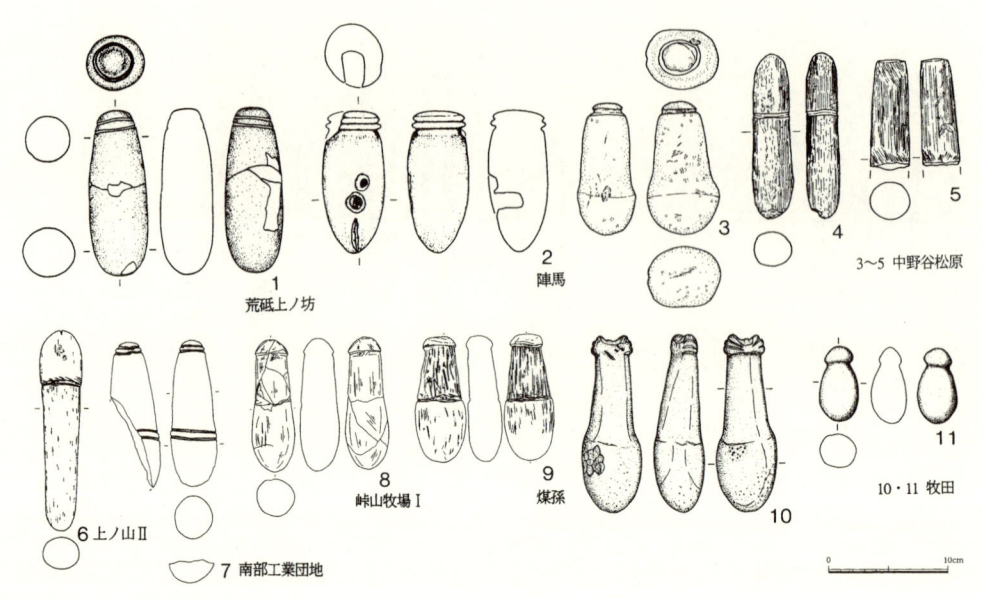

第9図　縄文時代前期石棒

きており，これらと石剣・石刀がほぼ同時期に存在しいるということである。南部工業団地遺跡では竪穴住居跡で石剣類3点と男根状石製品1点が共伴しており，前期石棒と石剣・石刀の出自が異なり，それぞれ別の性格の遺物であることを裏付けるものである。

5．刀剣形石製品の系譜

これまでに，北海道南部から関東地方にかけて出土した縄文時代前期～後期前半の刀剣形石製品について多くの紙数を裂いて述べてきたが，縄文時代後期後半以前にも，少ないながらこのような遺物が存在することが理解されたと思われる。

最後に刀剣形石製品の系譜について若干の考察を行いまとめにかえたい。刀剣形石製品の系譜の研究史については，かつて簡単にまとめたことがある(後藤　1999)。後晩期の刀剣形石製品の系譜については，古くは喜田貞吉が宇鉄遺跡の石刀(札苅型)について「中国の春秋戦国時代の刀銭を真似たもの」とする金属器模倣説(喜田　1926)や八幡一郎の石棒と石剣の中間形態の存在から石剣の石棒系譜説(八幡　1934)などがある。前者は，昭和29年の山形県三崎山遺跡出土の青銅製刀子の発見を契機に，現在まで活発な議論が交わされてきている。近年では鉛同位体比法分析により，この刀子が殷虚墟ないしはその周辺で製作されたものであることが明らかとなり，それ以前の縄文時代中期末～後期初頭の骨刀などの骨角器も形態や製作法から「金属器写し」の可能性が説かれている(土肥　2001)。

後者については，山本暉久が中部～関東地方を中心とした出土事例の検討から「後期前半を境に小形化の傾向をたどり，後期後半から晩期に至って，形態上の変化を生み，石剣・石刀へ分化する」とした石棒からの機能分化が説かれ(山本　1983)，この地方の研究者を中心に支持されてい

刀剣形石製品の起源と系譜

る。後期前半に東正院型石棒といった小型石棒が，後半には興野型石棒や高井東型石剣なども配石遺構などで大形石棒と共伴することもあり，大形石棒から次第に小型石棒に分化していくようにも理解される。しかし，近年の膨大な発掘調査により，東北〜北関東地方では中期後半の石剣・石刀の存在が明らかとなり，さらに東北地方まで目を転じれば，石剣・石刀は縄文時代前期後葉までさかのぼれ，これらも視野に入れて系譜を考える必要もあろう。

　これについては，青竜刀形石器の研究を行った江坂輝弥により，すでに後期前半の薪内型・保土沢型石刀，中期後葉〜後期初頭の青竜刀形石器や骨刀が注目されていた(江坂 1965)。さらに野村崇と芳賀英一は，前期の石剣・骨刀にまでその系譜を求めようとした。野村については前項で述べたが，芳賀は「前期後半段階に中期から普遍的に存在する遺物がすでに顕在化することから，青竜刀石器や骨刀の出現や系統問題を有機的に関連させていけば，後晩期に至る実態がより明らかになるのではないか」としている(芳賀 1997)。前稿で筆者は「中期の石剣の出土が殆どないことと，柄頭や刃部の形態が大きく異なることなどから，現段階では系譜を明確に辿ることは難しい。」とした(後藤 1999)が，今回，中期の刀剣形石製品の存在を確認し，前期から後期前半まではある程度以下のように系譜が追えるものと考える。

　縄文時代前期後半に北海道南西部〜東北地方北部の太平洋側を中心に石剣が分布する。この石剣は柄部と身の区分が不明瞭で，身は明瞭な刃をつくるものが少なくない。また，研磨が行き届いたものが多いなどの特徴がある。一方，中期後半の石刀も前期の石剣同様，東北地方北部を中心に分布し，柄頭の作り出しがないものが多い。柄部に比べ刃部が幅広となり，北関東に2例見られる柄頭のあるⅣ類でも側面の両側から抉りを施し，簡単に円形に整える程度の未発達なものである。また，研磨が不十分で剥離や敲打痕を残すもの，刃の作り出しが不明瞭であるが刀状のものが多い，などの特徴があげられる。前期後葉と中期後半の刀剣形石製品を比較すると，柄頭を有さない点で共通するが，柄部と刃部の区分が芽生え，刃部が剣状のものから刀状のものに主体が変わる。中期前半の資料が殆どなく，この時期が明らかとなれば，スムーズな変遷が辿れるものと思われる。

　後期の薪内型・保土沢型石刀については，青竜刀形石器との関連がすでに富樫泰時(富樫 1983)や西脇対名夫(西脇 1991)により指摘されているが，中期後葉〜後期初頭にすでにみられるⅥ類の石刀を注目したい。Ⅵ類の石刀はⅤ類の石刀の柄部と刃部の境界がさらに明瞭となったもので，これにこの時期存在する骨刀の柄頭が融合することにより誕生したものが薪内型・保土沢型石刀と考えられる。背に溝を有することも骨刀との関連を裏付けよう。なお，関東地方を中心に分布するⅠ〜Ⅲ類の石剣については，上記の石刀とほぼ同時期に存在することから親縁関係にあると思われるが，刃の作り出しが明瞭でなく，分布の相違などから，石刀と同一系統の遺物であるかは，石棒との関連も含め今後の課題としたい[6]。

　薪内型・保土沢型石刀と後期後半以降の刀剣形石製品(特に晩期中葉の札苅型・九年橋型石刀)の関連については，後期後半に石刀が明瞭でなく，直接の関係は薄いと考える。西脇対名夫は後晩期の瘤状の柄頭をもつ刀剣形石製品の祖形を興野型石棒と考え，柄を施し鞘に収めた状態の商代晩

-65-

期に並行する時期のシベリア南部に起源を持つ鈴首の青銅剣に求めるという興味深い意見を提出している（西脇 1998）。円筒形の頭部の下に鍔状の突帯が巡る興野型石棒の出現以降，明確な頭部を有する石剣類が急増していることを考えると，興野型石棒の出現は大きな画期であったことは間違えなく，興味深い意見である。

最後に，前期の石剣・石刀の祖形について一言付け加えておきたい。後期後半以降の石刀・石剣であれば，大陸の青銅刀子や青銅短剣などに祖形を求める意見も認められよう。しかし現在，大陸でも青銅製品の登場は縄文時代前期までは到底遡れず，祖形を青銅製品に求めることは危険であり，刃を作り出す刀剣状のものを全て金属器がモデルであるとイメージするのは危険である。現段階では木や石や骨といった素材の違いはあるが，大規模な集落が営まれ，土偶や耳飾り，燕尾型や鰹節型石製品などの祭祀的遺物も発達し，文化的にすでに確立された円筒土器文化の中で独自に生まれたものと考えておきたい。

お わ り に

「縄文時代後・晩期の石剣類の研究」と題し，卒業論文を提出してから20年が経過した。秋山進午先生，和田晴吾先生にはご専門の分野でもないのにも係わらず，何も知らない私に考古学的ものの見方，形式分類の意義など多くのことを熱心に指導して頂いた。

当時，刀剣形石製品の資料の紹介などはその奇異な形態から古くからあるものの，遺構に伴うものが乏しく時期の判断等が難しいことから，総合的に論じたものは少なく，野村崇・稲野裕介両氏が東北地方～北海道の縄文時代晩期の石刀の分類を行い，その分布と時期について論じたものがある程度であった。卒業論文では関東・中部・近畿地方を中心に扱ったが，このような遺物が全国に分布することから，学生のうちに全国的に集成をしてみたらどうかと指導して頂いたのも秋山先生であった。

今回，先生の学恩に感謝し，卒業論文で指導して頂いた関連遺物で論じた拙稿を，古稀を記念し献呈したい。出土資料が少ないうえ，資料の遺漏も多々あると思われるが，これらについては今後補訂していきたい。先学諸兄の御批判・御教示を頂ければ幸いである。

注
（1）本稿においても，前稿に従い小型石棒・石剣・石刀は身の断面形態により区分し，これらを総称して刀剣形石製品と呼び論を進める。しかし，縄文時代中期以前のものの中には系譜などから考えると，この範疇から除外した方が適当なものもある。これについては後述する。
（2）平成14年度，発掘調査が実施された縄文時代中期後葉の宇都宮市板戸不動山遺跡からも，古宿遺跡出土例（第2図5）をやや薄くした形態の石刀が出土している。発掘調査を担当している宇都宮市教育委員会文化課今平利幸氏により実見させて頂いた。
（3）Ⅴ類，特にⅤb類は筆者がかつて設定した晩期の「新田型石刀」と形態等酷似している。遺構に伴わず時期の特定ができないものに関しては，判断が難しい。
（4）この骨刀は釜石市在住の新沼 信氏により採集されたもので，ほかに縄文時代前期後葉の土器，多数

の石鏃，石匙，搔削器，玉類などがある。安藤美保氏のご好意により，実測図を掲載させて頂いた。
（5）本県でも，群馬県に隣接する足利市神畑遺跡の前期中葉の竪穴住居跡からⅡ形態の石棒が出土している（山名　2002）。
（6）Ⅶ類の大志白遺跡の石刀に関しては，類似する石刀は見あたらない。刃と柄部の境界に注目し，しいてあげるならば縄文時代中期とされる岩手県崎山弁天貝塚出土の骨刀（第8図3）がある。

参考文献

相原　康二他　1980　「大明神遺跡」『東北新幹線関係埋蔵文化財調査報告書』Ⅲ　岩手県教育委員会
青木　健二　1981　『芳賀高根沢工業団地内上の原遺跡発掘調査報告書』　栃木県企業局
阿部明彦・月山隆弘　1990　『川口遺跡発掘調査報告書』　山形県教育委員会
阿部　勝則　2000　『峠山牧場Ⅰ遺跡B地区発掘調査報告書』　（財）岩手県文化振興事業団埋蔵文化財センター
伊東　信雄　1981　『宮城縣史』34(資料編11)宮城縣史刊行会
岩井　重雄・大塚　和男・枡田　博之　1987　『諏訪入遺跡発掘調査報告書』　浦和市遺跡調査会
上野　修一　1998　「台耕上遺跡」『山崎北・金沢・台耕上・関口遺跡』　栃木県教育委員会
宇部　則保　1989　「石手洗遺跡」『八戸市内遺跡発掘調査報告書』1　八戸市教育委員会
江坂　輝弥　1965　「青竜刀石器考」『史学』第38巻第8号　三田史学会
大関　武　1997　『都市計画道荒川沖木田余線街路改良工事地内埋蔵文化財調査報告書　－宮前遺跡－』(財)茨城県教育財団
大竹　憲治　2000　「骨角器に見る外来要素」『月刊　考古学ジャーナル』No.454　ニュー・サイエンス社
大沼　忠春・千葉　英一　1987　『木古内町新道4遺跡』　(財)北海道埋蔵文化財センター
大野　憲司・高橋　忠彦　1988　「上ノ山Ⅱ遺跡」『東北横断自動車道秋田線発掘調査報告書』Ⅱ　秋田県教育委員会
小笠原忠久　1982　『ハマナス野遺跡』Ⅷ　南茅部町教育委員会
岡田　康博他　1998　『三内丸山遺跡』Ⅸ　青森県教育委員会
小田野哲憲　1993　『林崎館遺跡発掘調査報告書』　(財)岩手県文化振興事業団埋蔵文化財センター
小原　真一　1994　『柳上遺跡発掘調査報告書』　(財)岩手県文化振興事業団埋蔵文化財センター
柏倉　亮吉他　1972　『岡山』　山形県教育委員会
金子　昭彦　1993　『新山権現社遺跡発掘調査報告書』　(財)岩手県文化振興事業団埋蔵文化財センター
上野　川勝他　2000　『大志白遺跡群発掘調査報告書』　河内町教育委員会
茅野　嘉雄・小山　浩平　2001　『畑内遺跡』Ⅶ　青森県埋蔵文化財センター
川崎　保　1996　「「の」字状石製品と倉輪・松原型装身具セットについて」『長野県の考古学』(『(財)長野県埋蔵文化財センター研究論集』Ⅰ)　(財)長野県埋蔵文化財センター
川又　清明・野田　良直・吹野富美夫・浅野　和久　2002　『宮後遺跡』1　(財)茨城県教育財団
菊池　政信　1994　『塔ノ原　発掘調査報告書』　米沢市教育委員会
喜田　貞吉　1926　「奥羽地方のアイヌ族の大陸交通か既に先秦時代にあるか」『民族』　第1巻第2号
木下　実　1999　『曲畑遺跡(写真図版編)』　南那須町教育委員会
木村鐵次郎・工藤　直樹　1994　『畑内遺跡』　青森県埋蔵文化財センター
木村鐵次郎・茅野　嘉雄　1999　『畑内遺跡』Ⅴ　青森県埋蔵文化財センター
木村鐵次郎・茅野　嘉雄　2000　『畑内遺跡』Ⅵ　青森県埋蔵文化財センター
工藤　竹久他　1986　『八戸新都市区域内埋蔵文化財発掘調査報告書Ⅱ　－丹後谷地遺跡－』　八戸市教育委員会
黒坂　禎二　1989　『上組Ⅱ』(財)埼玉県埋蔵文化財調査事業団
後藤　信祐　1986・87　「縄文後晩期の刀剣形石製品の研究(上)・(下)」『考古学研究』第33巻第3・4号　考古学研究会

後藤　信祐	1994	『塙平遺跡』Ⅰ　栃木県教育委員会	
後藤　信祐	1996	『槻沢遺跡』Ⅲ　栃木県教育委員会	
後藤　信祐	1999	「石棒・石剣・石刀」『縄文時代』第10号(『縄文時代文化研究の100年』)第4冊　縄文時代文化研究会	
後藤　信祐	2001	『御霊前遺跡』Ⅱ　栃木県教育委員会	
酒井　宗孝他	1998	『田代遺跡発掘調査報告書』　(財)岩手県文化振興事業団埋蔵文化財センター	
坂上　克弘	1995	『桜並遺跡』(『港北ニュータウン地域内埋蔵文化財調査報告』ⅩⅧ)　(財)横浜市ふるさと歴史財団　埋蔵文化財センター	
佐々木清文・佐々木嘉直	1984	『湯の沢Ⅲ・繋沢Ⅱ・石神Ⅱ遺跡発掘調査報告書』(財)岩手県文化振興事業団埋蔵文化財センター	
佐々木　勝・鈴木　優子	1980	『東北新幹線関係埋蔵文化財調査報告書』Ⅶ　岩手県教育委員会	
佐藤　好一他	1995	『高柳遺跡調査報告書』　仙台市教育委員会	
佐藤　智雄他	1999	『石倉貝塚』　函館市教育委員会	
佐藤　正俊・佐藤　義信・大類　誠	1980	『水上遺跡発掘調査報告書』　山形県教育委員会	
佐藤　正彦・熊谷　賢・高橋　和弥	1998	『貝畑貝塚発掘調査報告書』　陸前高田市教育委員会	
東海林隆幹	1993	『煤孫遺跡発掘調査報告書』(財)岩手県埋蔵文化財センター	
新海　和広	2002	「上本町G遺跡」『常磐自動車道遺跡調査報告』33　福島県教育委員会	
杉本　良・上敷　領久・稲野　彰子	1993	『南部工業団地内遺跡』Ⅰ　北上市教育委員会	
鈴鹿　良一他	1988	「羽白D遺跡(第2次)」『真野ダム関連遺跡発掘調査報告』ⅩⅠ　福島県教育委員会	
鈴鹿　良一他	1990	「日向南遺跡(第4次)」『真野ダム関連遺跡発掘調査報告』ⅩⅤ　福島県教育委員会	
鈴木　明美	1996	『樺山遺跡』　北上市立埋蔵文化財センター	
芹澤　清八	1985～1987	『御城田』　栃木県教育委員会	
芹澤　清八	1995	『古宿遺跡』　栃木県教育委員会	
大工原豊他	1998	『中野谷松原遺跡』　安中市教育委員会	
髙橋　忠彦他	1989	「上野台遺跡」『東北横断自動車道秋田線発掘調査報告書』Ⅲ　秋田県教育委員会	
武田　修	2001	「平底押型文土器」『新　北海道の古代1　-旧石器・縄文文化-』　北海道新聞社	
千種　重樹	1992	『茨城県友部町　北山不動遺跡』　友部町教育委員会	
千種　重樹	1999	『常陸大宮　坪井上遺跡』　大宮町教育委員会	
千葉　孝雄	1995	『上八木田Ⅰ遺跡発掘調査報告書』　(財)岩手県文化振興事業団埋蔵文化財センター	
千葉　正彦	2001	『清水ヶ野遺跡発掘調査報告書』　(財)岩手県文化振興事業団埋蔵文化財センター	
千代　肇	1977	『函館空港第4地点・中野遺跡』　函館市教育委員会	
冨樫　泰時	1983	「青竜刀形石器」『縄文文化の研究』第9巻　雄山閣	
土肥　孝	2001	「北海道コタン温泉遺跡出土の骨角器」『先史考古学研究』第8号　阿佐ヶ谷先史学研究会	
鳥居　達人・亀大　二郎	2002	『沢田2遺跡発掘調査報告書』　(財)岩手県文化振興事業団埋蔵文化財センター	
中山　清隆	1992	「縄文文化と大陸系文物」『季刊　考古学』第38号　雄山閣	
西原　崇浩	1994	『嘉登遺跡・大竹長作古墳群』　(財)君津郡市埋蔵文化財センター	
西園　勝彦・池畑　耕一	1998	「前原遺跡」『鹿児島の縄文文化』　国分上野原シンポジウム実行委員会	
西脇対名夫	1991	「青竜刀形石器ノート」『北海道考古学』第27輯　北海道考古学会	
西脇対名夫	1998	「石剣ノート」『北方の考古学』(『野村崇先生還暦記念論集』)　野村崇先生還暦記念論集刊行会	
野村　崇	1983	「石剣・石刀」『縄文文化の研究』第9巻　雄山閣	
芳賀　英一	1997	「縄文時代前期後半の石剣について」『福島考古』第38号　福島県考古学会	
畠山　靖彦・工藤　利幸	1983	『馬場野Ⅰ遺跡』(財)岩手県文化振興事業団埋蔵文化財センター	

藤田　亮一他	1995	「松ヶ崎遺跡」『八戸市内発掘調査報告書』8　八戸市教育委員会	
三浦　謙一他	1984	『長者屋敷遺跡発掘調査報告書(Ⅲ)』　(財)岩手県文化振興事業団埋蔵文化財センター	
村上　拓・佐々木　努	1996	『牧田貝塚発掘調査報告書』　(財)岩手県文化振興事業団埋蔵文化財センター	
八幡　一郎	1934	『北佐久郡の考古学的調査』　信濃教育会北佐久教育部	
山内　幹夫他	1990	『真野ダム関連遺跡発掘調査報告書ⅩⅣ　上の台A遺跡(第2次)』　福島県教育委員会	
山形　洋一他	1992	『指扇下戸遺跡』　大宮市遺跡調査会	
山形　洋一他	1996	『B-22号遺跡(土呂陣屋跡)発掘調査報告』　大宮市遺跡調査会	
山形　洋一他	1997	『側ヶ谷戸貝塚』　大宮市遺跡調査会	
八巻　正文	1974	『史跡「大木囲貝塚」環境整備調査報告書』Ⅱ　七ヶ浜町教育委員会	
山崎　文幸	1989	「上ノ山Ⅱ遺跡(補遺)」『東北横断自動車道秋田線発掘調査報告書』Ⅱ　秋田県教育委員会	
山名　教之	2002	「神畑遺跡」『栃木の遺跡　－最近の発掘調査の成果から－』　栃木県教育委員会	
山本　暉久	1979	「石棒祭祀の変遷」『古代文化』第31巻11・12号　古代文化研究会	
山本　暉久	1983	「石棒」『縄文文化の研究』第9巻　(株)雄山閣	
山本　暉久	1996	「柄鏡形(敷石)住居と石棒祭祀」『縄文時代』第7号　縄文時代文化研究会	
遊佐　五郎	1980	『沼崎山遺跡』　豊里町教育委員会	
湯原　勝美・松田　政基	1998	『上の内遺跡発掘調査報告書』日立市教育委員会	

日本海沿岸における翡翠製勾玉の生産と流通

浅 野 良 治

【要旨】
　近年北陸地方では，弥生時代の翡翠製玉類生産遺跡が次々と確認されている。この時期の翡翠は，全て姫川流域が原産地とされており，生産と流通を考えるには格好の題材と言える。本論では，特に勾玉の形態に重点を置き，北陸を舞台とする翡翠製勾玉の生産状況を分析するとともに，その流通を考えてみたい。

1. はじめに

　弥生時代の北陸地方には，勾玉を主体とする翡翠製玉類生産遺跡が多く分布する。この翡翠製玉類は生産遺跡以外では全くと言って良いほど見つかっておらず，他地域への流通品として生産されたと思われる。また，翡翠製勾玉は列島に広く見られるが，その分布状況は生産遺跡の分布と合致しない。北陸を中心とする同心円を成さず，特に北部九州で非常に多くの勾玉が見つかっている。

　本稿では北陸の翡翠製玉類生産遺跡の様相から，生産遺跡の分布と，製品の分布状況との食い違いの理由を検討し，北陸産翡翠製勾玉の流通を考察する。なお，対象とした時期は弥生時代前期～中期である。

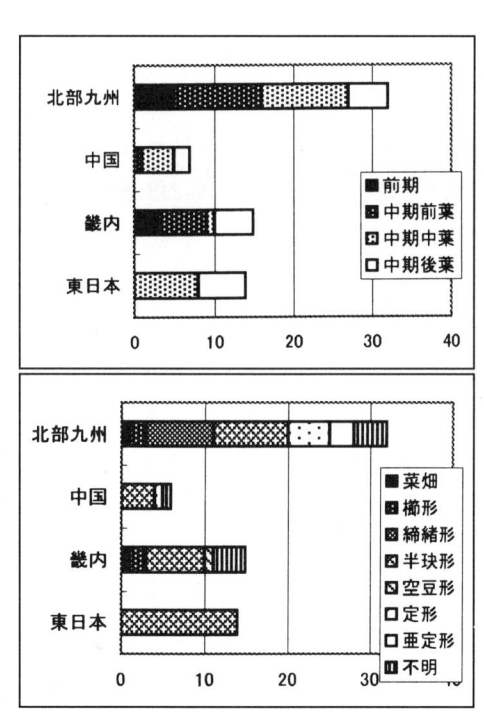

第1図　各地域の翡翠勾玉出土数

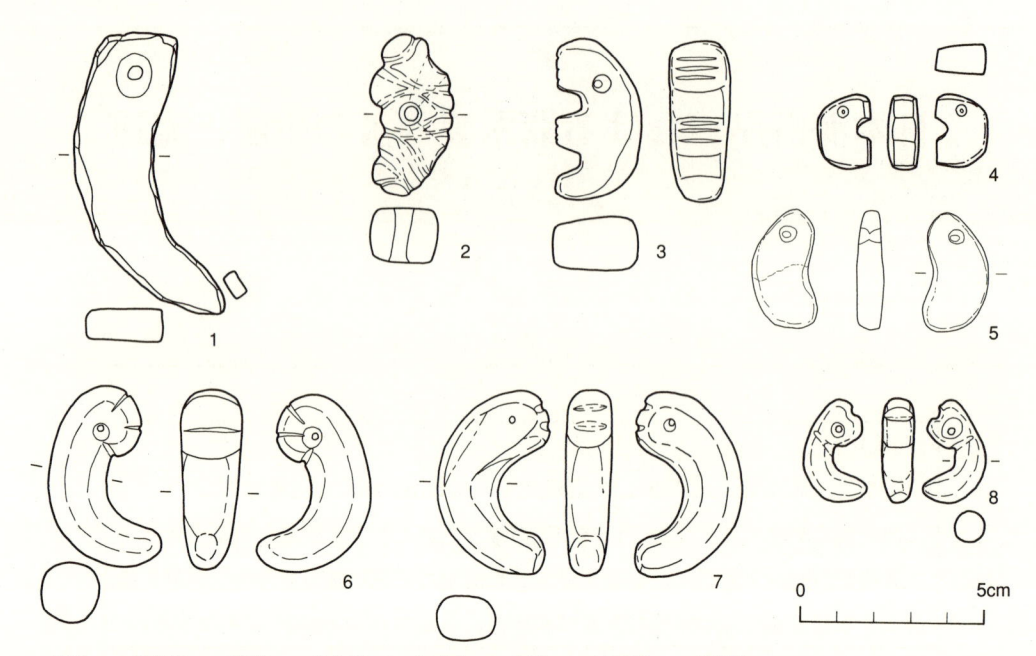

1：牙形，2：締緒形，3：櫛形，4：半玦形，5：空豆形，6：定形，7：亜定形，8：菜畑型，

第2図　勾玉の形態（S=1/2・1～3・6・8は木下1987を再トレース，4・5は筆者実測）

2．勾玉の分布

　弥生時代に属する翡翠製勾玉は列島各地で出土しており，多数の研究者が列島出土の勾玉を集成しておられる（森，木下，小山）。ここでは小山氏の集成[1]を基に，弥生時代前期～中期末に属するものを，地域別に各形態の出土個数を示した（図1）。北部九州との比較対象として，畿内・東日本[2]を挙げた。なお，形態分類は森貞次郎・木下尚子両氏が行った分類を基本とし，筆者が一部改変したものを用いている（図2）。

　まず北部九州では，弥生時代早期より菜畑型勾玉[3]などの勾玉が出現している。以降非常に多くの翡翠製勾玉が存在しており，形態も多彩である。半玦形が最も多く，次いで締緒形・定形・亜定形となる。また，長さ3cmを超える大型勾玉が多数存在することも特徴である。大型勾玉は定形・亜定形・締緒・櫛形に多い。

　畿内では，確実に弥生時代前期に属するものは山賀遺跡出土の菜畑型勾玉1点のみである。他に前期に属する可能性があるものとして，京都府函石浜遺跡より半玦形勾玉2点が出土しているが，後述する福井県下屋敷遺跡例に類似しており，中期段階に降る可能性が高い。弥生中期に属する勾玉は，櫛形2点・半玦形5点・空豆形1点がある。その他，分類が困難なものが4点ある。中期前葉に属するものが多い。中期中葉の例は殆ど無く，中期後葉になって再び類例が増加する。また，3cm以上の大型勾玉も見受けられる。

東日本では，弥生時代前期から中期前半にかけては類例が無く，その初現は中期後半である。出土遺跡数は少ないが，一度に大量に発見される例が多い。ただ，翡翠以外の石材によるものが相当含まれているようで，正確な実数は明らかに出来ない。形態は全て半珠形で，頭・尾端部に面を持ち，背面の湾曲部に稜を残すものばかりである。また，大部分が長さ1.5cm前後の小型品である。

3．生産遺跡の様相

(1) 製作工程の復元(図4-1～5)

弥生時代における翡翠製勾玉製作の特徴は，原石打割の際，石製の擦切具(石鋸)を用いて打面に溝を付け，直接・間接の打撃を加えて原石を分割することである。得られた玉素材には施溝痕が残る。これを施溝分割と呼ぶ。こうして出来た玉素材を研磨・穿孔して勾玉とする。

施溝分割は本来碧玉製管玉製作の技術であった。これを翡翠製勾玉の製作に採用したことに，弥生時代の翡翠製勾玉製作技法の特徴が現れている。施溝分割は①直方体の作出や，②石核から必要な部分を切り取るのに適した分割方法であり，管玉のように直線的な形態の製品を作り出すのに有効と言える。勾玉は曲線が多い形態をしており，施溝分割は勾玉の造形に有効な方法とは言い切れない。施溝分割は，造形を容易にするためではなく，②の利点から勾玉製作に採用された。すなわち，母岩から緑色部分を確実に，無駄無く剥ぎ取るためであろう。八日市地方遺跡より出土した玉素材の中に，一面に未分割の溝を一条施したものがある。ちょうど白色部分と緑色部分の境に施溝しており，緑色部分のみを剥ぎ取ろうとする意図が確認できる。

勾玉の製作工程を復元すると，以下のようになる。

①原石を直接・間接の打撃で分割し，玉素材を得る。この際，施溝分割を多用する。

②研磨によって成形し，平面半月形の中間製品(半月状未成品，図4-2)を得る。

③半月状未成品の腹面に抉りを入れる(抉り入り未成品，図4-3)。

④穿孔を行なう(図4-4)。

この内，①の工程で得た剥片・石核は，勾玉に加工するとは限らない。他形態の玉に加工することもあるし，そこで放棄する場合も考えられる。ゆえに「勾玉未

1．加戸下屋敷遺跡
2．八日市地方遺跡
3．吉崎次場遺跡
4．箕輪遺跡
5．下谷地遺跡

第3図　北陸の主な翡翠製玉類生産遺跡

成品」の用語は②〜④の3種類に限定して用い，それ以前のものは単に「翡翠片」と呼ぶ。翡翠片の中で，明らかに打割後に研磨などの加工を行ったものや，形が整っていて玉の目的剥片と想定できるものを，別に「玉素材」と呼ぶ。なお，円礫は分割工程を経ず，直接研磨・穿孔工程に進む可能性があるので，加工痕跡が無くとも玉素材に含めたい。

おおよそ番号順の手順を踏んで製作すると思われるが，②・③の順序は逆になる例も数多く，厳密に定義された製作工程は存在しない可能性が高い。

（2）各生産遺跡の様相

翡翠製玉類の生産遺跡は，北陸各地に点在している。遺跡毎に様相が異なるので，個別に記載しておきたい。記載事項は，翡翠製玉類製作に関連する遺物が中心である。

①加戸下屋敷遺跡(福井県坂井郡三国町，図4-1〜12)

弥生時代中期前半の集落遺跡である。加越丘陵と竹田川に挟まれた自然堤防上に位置する。碧玉製管玉の生産が主体であり，翡翠の総重量は約800gである。

・勾玉

未成品4点，完成品5点が出土している。全て緑色半透明の翡翠製である。未成品は，正側面を研磨した段階から穿孔段階まで，各工程のものが揃っており，製作工程が復元できる。5〜9は完成品で，形態は全て半玦形を呈し，最大長1.5cm前後の小型品である。両面穿孔で，孔断面は漏斗状である。9は欠損品で，全体の半分ほどしか残存していない。復元した平面形は三角形と思われ，未成品の可能性もある。

・小玉

未成品1点，完成品5点が出土している。全て緑色良質の翡翠製である。径5mm程度にまとまる。ややゆがんだいびつな形をしている。打ち割った翡翠片の内，形の整ったものを磨いて穿孔すると思われ，決まった製作工程を持たない。全て両面穿孔で，孔断面は漏斗状である。

・翡翠片

玉素材となり得る大きさのものが44点，剥片・チップが多数出土している。このうち施溝痕を残すものが11点，研磨痕を有するものが1点ある。緑色良質の石材が多い。

②八日市地方遺跡(石川県小松市，図4-15〜36)

弥生時代前期末〜中期の集落遺跡である。碧玉製管玉，蛤刃石斧，木製品等，様々な道具を生産した遺跡であり，北陸における拠点集落の一つとして注目されている。主体時期は中期後半で，玉作もこの時期が生産のピークと思われる。

・勾玉

未成品2点，完成品17点が出土している。石材にばらつきがあり，14点が緑色良質の翡翠製，1点が白色部分の混じる翡翠製，5点が暗緑色蛇紋岩[4]製(28〜31, 35)である。未成品は少なく，製作工程は断片的にしか復元できない。19〜36は完成品である。形態は半玦形14点(19〜32)，空豆形2点(33, 34)，櫛形1点(36)で，半玦形が多数を占める。法量は長さ1.5cm前後のものが多く，

2cmを測るものも1点存在する。また，それ以外の形態の勾玉も出土している。16は蛇紋岩製不定形勾玉で，最大長3.15cmを測る。17は櫛形勾玉で，最大長2.90cmを測る。半玦形を呈す一群と比べて飛び抜けて大きい。

・垂玉(穿孔しただけで，決まった形を持たない玉)

　2点が出土している。いずれもほとんど加工を行っていない。緑色を呈する円礫に穿孔を施したものと，白色部分が多く，打ち割った素材に穿孔したものがある。後者は未成品の可能性もある。

・翡翠片

　多数出土している。正確な数量は把握できなかったが，総重量3kgを超える量が出土している。弥生時代に属する玉作遺跡としては全国最大の出土量を誇る。15は全面に研磨を施した板状を呈し，16は平面三角形の板状を呈する。いずれも玉素材として差し支え無かろう。

　本遺跡出土の翡翠片は，白色を呈すものが多く，玉素材に分類出来るものがほとんど見当たらなかった。前述した下屋敷遺跡と対照的なあり方である。また，白色を呈する剥片の中に，被熱したものもある。寺村氏は，翡翠を効果的に分割するために火にかけ，表面の硬度を落としたとされている。本遺跡における翡翠片資料は，寺村説を裏付けるものと言えよう。

③吉崎次場遺跡(石川県羽咋市，図4－13, 14)

　弥生時代中期初頭から後期の集落遺跡である。八日市地方遺跡と同じく，北陸における拠点集落の一つと考えられており，様々な道具を生産した痕跡を遺している。碧玉・翡翠を用いた玉作関係遺物の内，多くの資料が包含層より出土しているため，生産ピークの正確な時期を認定できない。なお，原石・剥片の重量比から見ると，碧玉1kg未満に対し翡翠1.5kgとなり，翡翠製勾玉の生産が主体であった可能性が高い。

・勾玉

　完成品1点，未成品1点が出土している。14は完成品である。半玦形をなすが，頭・尾端部に面を持たず，空豆形にも見える。長さ1.37cmを測る。2は抉り入り未成品である。長さ0.97cmを測る。翡翠片の重量に比して定型化した未成品および完成品が少ない。

・翡翠片

　施溝痕を持つものが12点出土している。玉素材と思われるものは少ない。色調は緑・白ともにあり，若干白色が強いものが多い。なお，施溝痕を残す緑色良質の翡翠片が出土している。長さ4.8cm，幅3.7cm，厚さ2.7cm，重量86gを量り，北陸の翡翠製玉類生産遺跡の中で最大のものである。かなり大型のものも製作可能な玉素材である。

④箕輪遺跡(新潟県柏崎市，図5－37～42)

　柏崎平野の南端に位置する弥生時代中期後半の集落遺跡である。碧玉製管玉の生産も行っている。

・勾玉

　未成品3点，完成品3点が出土している。完成品のうち42は碧玉製，他は翡翠製である。形態

富山大学考古学研究室論集（浅野論文）

下屋敷遺跡

吉崎次場遺跡

八日市地方遺跡

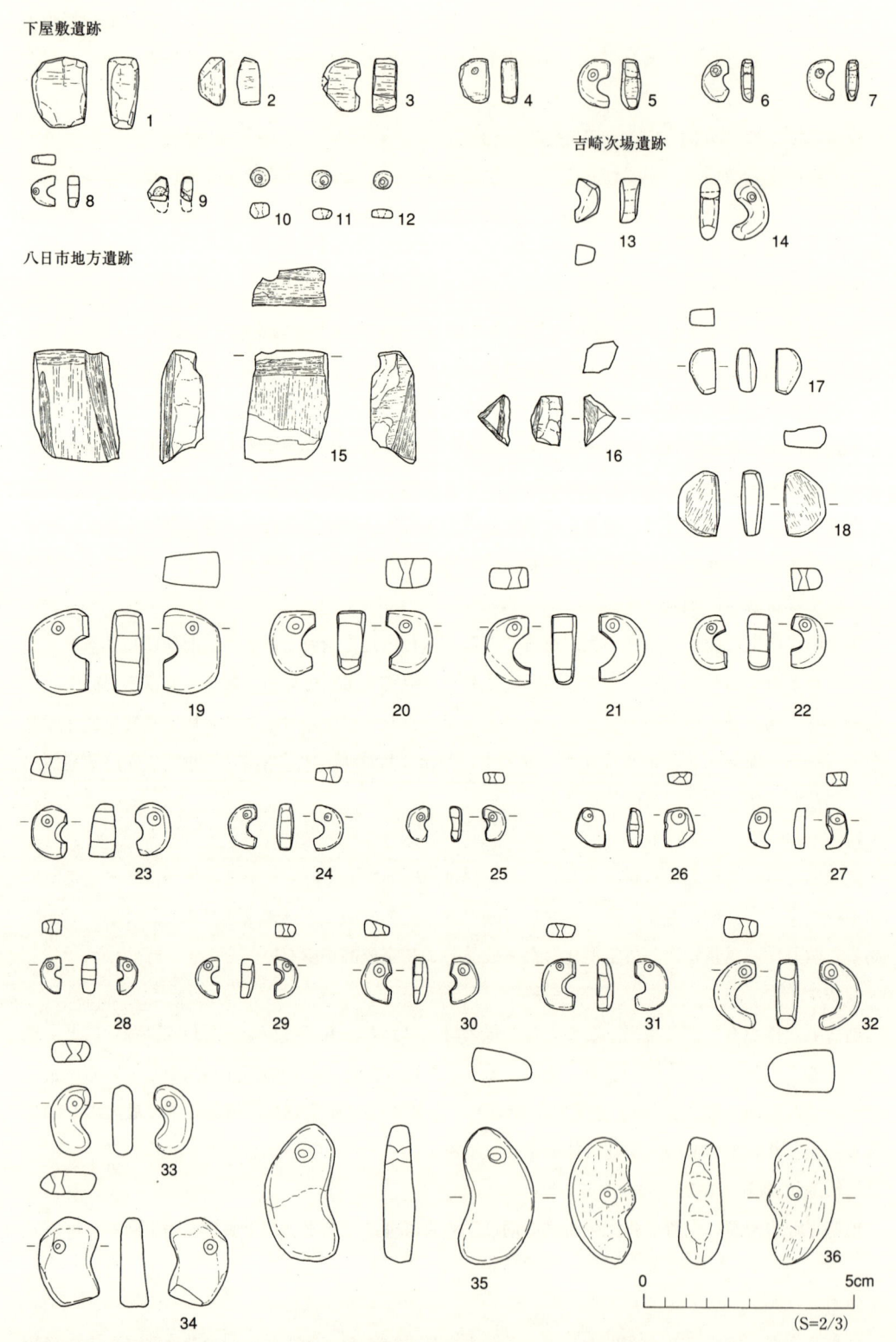

第4図　生産遺跡の勾玉（1）（1〜12加戸下屋敷、13・140、15〜36八日市地方）

は全て半玦形で，法量は長さ1.5cm前後にまとまる。両面穿孔，片面穿孔の両者がある。また，穿孔をやり直すもの・多数の見込み孔を持つものなど，他遺跡と比較して穿孔技術が稚拙な印象を受ける。

・翡翠片

施溝痕を残すものは確認されていないようである。実見していないため，重量は不明である。出土個数では，遺跡出土石器の内半数近くを翡翠が占めている。本遺跡では碧玉製管玉の生産も行っているが，碧玉材の出土数は翡翠片の半数以下である。

⑤下谷地遺跡(新潟県柏崎市，図5－43～49)

弥生時代中期後半の集落遺跡である。管玉，石鏃の生産を行っている。管玉素材には碧玉と鉄石英とがある。

・勾玉

完成品3点が出土しており，内1点は欠損している。完成品の内45は緑色良質な石質だが，44点は白色に緑色が混じる石質である。43は半月状未成品である。

他に碧玉製勾玉が3点出土している(47～49)。碧玉製・翡翠製とも，全て半玦形を呈し，背面にはやや稜を残す。

・翡翠片

個数・重量とも，少ない。実見できた点数は3点に過ぎず，内2点は玉素材と言い難い，悪質の剥片である。残る1点は白色部分が多い原石で，重量200ｇを量る。

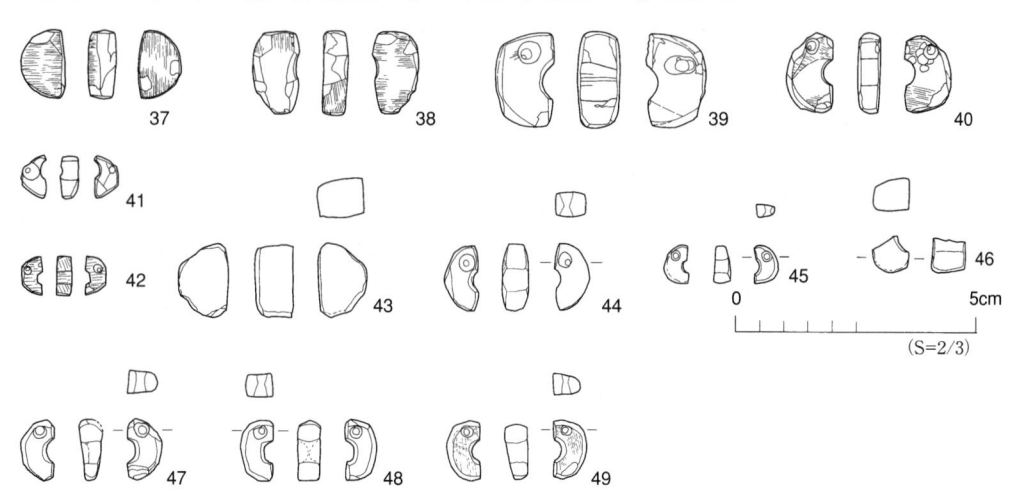

第5図　生産遺跡の勾玉（2）(37～42箕輪、435～49下谷地)

4．北陸における翡翠製勾玉生産の特徴

（1）遺跡の時期と分布

　これまで確認されている弥生時代中期の翡翠製勾玉生産遺跡の中で最も早くに出現するのは，福井県下屋敷遺跡であり，中期前半には勾玉生産を開始している。他の遺跡はこれよりやや遅れ，中期後半に生産主体を持つ。また，弥生時代中期段階の勾玉生産遺跡は越前を西限としている。敦賀以西の日本海沿岸では，福井県吉河遺跡や京都府志高遺跡，日吉ヶ丘遺跡といった碧玉製管玉生産遺跡が見つかっているが，翡翠を伴う遺跡は皆無である。翡翠単独の玉作遺跡は北陸でも類例が無く，比較的大規模に碧玉製管玉を生産した遺跡が翡翠製勾玉も生産している状況が窺える。先に挙げた3遺跡はいずれも当該地域における拠点集落というべき大規模・長期継続遺跡であり，ここで確認できないものが今後他遺跡で発見される可能性は極めて薄いと考える。日本海沿岸に限っては，弥生時代中期段階で翡翠製勾玉を生産した遺跡は，敦賀を含まない越前〜越後に限って存在した。また，これを裏付けるものとして，吉河遺跡出土の翡翠製半玦形勾玉2点がある。いずれも頭・尾端部に面を持つもので，北陸で作られた勾玉が流通する地域であったと推定できる。

（2）製品

①形態

　勾玉の形態は半玦形勾玉が多い。5遺跡中3遺跡までが，半玦形勾玉のみの出土である。それ以外の形態の勾玉が出土した八日市地方遺跡でも，半玦形勾玉の量が圧倒的に多い。なお，吉崎次場遺跡では勾玉完成品・未成品共に少なく，生産した勾玉形態は不明としておきたい。しかし，製作工程は下屋敷遺跡と類似しており，北陸において特異な様相とは考えられない。おそらく生産品は他の玉作遺跡と同様に，半玦形勾玉が主流であっただろう。

　また，半玦形以外の形態の勾玉や，小玉に関しても，上下の区別が無い形態をしているという点では，半玦形勾玉と同じである。この，上下対称形が，北陸で生産した勾玉の特徴と言ってよいだろう。

　また，各遺跡の半玦形勾玉を観察すると，北陸の東西で勾玉背面の加工に若干の相違がある。下屋敷遺跡，八日市地方遺跡といった西側に位置する遺跡では，背部の湾曲部分は丁寧に研磨した製品が多い。なお，長さ1cm前後の超小型品には研磨が甘く稜を残すものがある。物理的な問題として，磨ききれなかったのだろう。対して下谷地遺跡，箕輪遺跡といった北陸東側に位置する遺跡では，十分な大きさを持っていても，背部の研磨が甘く，稜を残す製品ばかりである。

②法量（図6）

　勾玉の法量は，各遺跡とも半玦形勾玉は最大長0.7〜1.5cm程度にまとまり，小型品が多いとい

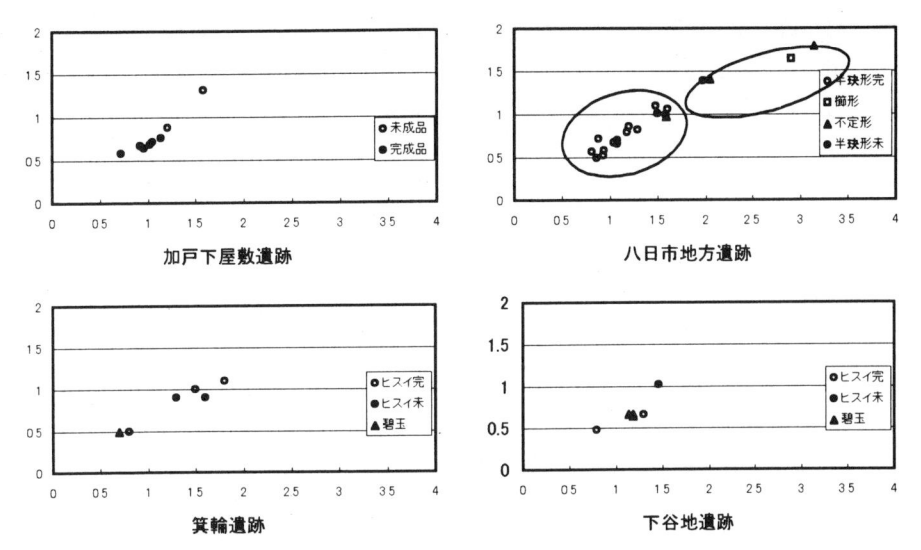

第6図　勾玉法量散布図（単位cm）

える。八日市地方遺跡では，半玦形以外の形態では3cm前後の大型品もある。また，半玦形勾玉にも2cm以上の大きめの品が存在する。

③色調

翡翠製玉類は，緑色半透明のものが目立ち，白色が強い製品は少ない。翡翠原石は，なるべく緑色半透明の部分を分割・選別して用いたようである。なお，この傾向は地理的に西に位置する遺跡ほど顕著で，姫川以東に位置する下谷地遺跡ではほぼ半数が白色の強い勾玉となる。

北陸の勾玉は，①半玦形，②法量1.5cm前後またはそれ以下，③緑色を呈す，という製品が多い。上に挙げた三属性は，相互に関連して北陸の勾玉を特徴付けている。中でも③色調が，他の属性に影響していると思われる。翡翠原石の色調は様々で，緑一色のものもあれば，白色と緑色が混じった状態のものもある。緑色部分を選んで使おうとすれば，おのずと複雑な意匠を施すことが困難な，小さな素材も出来る。半玦形は，他形態と比べて細工が少なくて済むため，小さな素材の加工形態として採用されたのであろう。逆に1cm未満の超小型の素材でも，腹部に抉りを入れて半玦形に仕上げている。この工程を省いたものが存在しないことからも，緑色部分のみを勾玉素材に選択した結果，法量の小さい素材が多くなり，それが半玦形勾玉の量に繋がっていると言える。

なお，翡翠の緑色部分を余さず使おうという要求は，施溝分割無しには満たし得ない。施溝分割の採用が勾玉の形態に大きく関係したとも言える。

（3）翡翠片・玉素材

最も多くの翡翠を持つ遺跡は八日市地方遺跡であり，以下吉崎次場，下屋敷と続く。箕輪遺跡は重量を測っていないため確実には分からないが，下屋敷遺跡と同量かそれ以下と思われる。原

産地である姫川流域からの距離では，姫川以東に位置する下谷地・箕輪遺跡の方が近く，海流の関係からも，姫川以東のほうが原石の搬入は容易と思われる。しかし，翡翠片・玉素材の出土量が多い遺跡は，能登半島より西側に偏る傾向が指摘できる。

（4）碧玉製管玉生産との比較

　北陸は碧玉製管玉の製作が盛んな地域で，弥生時代中期に属する遺跡の大部分が碧玉による玉作を行ったと思われる。碧玉製管玉・翡翠製勾玉の両方を生産した遺跡は，管玉の生産量のほうが多いのが普通であるが，吉崎次場遺跡では，翡翠の出土重量が碧玉の出土重量を大きく上回っている。また，箕輪遺跡も他遺跡と比べ，翡翠の比率が高いと考える。

5．北陸産勾玉の流通と北部九州の勾玉

　これまで見てきた北陸の玉作遺跡の様相と，翡翠製勾玉の分布を併せて，北陸で生産した翡翠製勾玉の流通を考察する。
　北陸で勾玉生産遺跡が分布範囲を広げ，生産量が増加した時期は，中期後半である。この時期に属する勾玉が多い地域として，信州・東北といった東日本一帯を挙げることができよう。この地域の勾玉は，頭・尾端部に面を持ち，背部に稜を残す半玦形勾玉で占められている。時期・形態共に北陸の様相と一致すると言って良く，北陸産勾玉が流通していると考える。
　対して北部九州では，北陸に翡翠製勾玉生産遺跡が出現する以前より翡翠製勾玉が存在する。勾玉の形態は，中期前半に出現する定形勾玉をはじめとし，櫛形・締緒形といった他地域の類例が少ない形態のものが多く，半玦形勾玉も頭・尾端部を磨いて丸みを持たせたものが多い。また，長さ3cmを超える大型品が多く存在することも，北陸の翡翠製勾玉生産遺跡とは異なっている。時期的にも形態的にも，中期前半までの資料は，北陸以外で生産された可能性が高い。では，北部九州の勾玉は何処で作られたのだろうか。前述の通り，敦賀以西で翡翠の加工を行なった遺跡は確認できない。しかし，原石が北陸の翡翠玉作遺跡で多く見られるような白色と緑色の混ざった角礫ではなく，緑色部分のみの円礫であったなら施溝分割の必要も無く，加工痕跡はほとんど残らない。北部九州では，加工が少なくて済む翡翠原石を入手し，当地で勾玉に加工していたと考える。特に定形勾玉は北部九州を中心に分布しており，当地で生産が行われた可能性は高い。中期後半になると，翡翠製勾玉は減少してゆく[5]。しかし，この時期にも定形勾玉が一定量存在し，依然原石または未成品の状態での流通は存在したであろう。
　また，中期後半に成立する北陸の生産遺跡でも，半玦形勾玉以外に，西日本向けと思われる製品を製作していた痕跡を認める。八日市地方遺跡出土の櫛形勾玉と，吉崎次場遺跡より出土した北陸最大の緑色翡翠片とがそれである。櫛形勾玉は，弥生中期段階では東日本からの出土例は無い。また，吉崎次場遺跡の緑色翡翠片は，北陸に多い長さ1.5cm前後の製品を作出するとは考えにくく，もっと大型のものを製作した可能性が高い。北陸で確認できる大型勾玉生産の痕跡は，

今のところこの2例のみであるが，類例の少なさをもって大型勾玉の生産が少なかったとは言えない。大型の勾玉を作出するにはそれだけ大きい原石が必要である。なるべく緑色部分のみを用いるという規定に従うと，長さ3cm以上の勾玉を製作できる原石はそう簡単に入手できるものではなかったであろう。翡翠原石は大きいものほど希少性の高いものであったと考えたい。つまり，北陸の翡翠製勾玉生産遺跡に入った法量の大きな翡翠原石は，無加工から定型化した勾玉に至るまで様々な形状で他地域に流通しており，生産遺跡に残りにくい，言うなれば売れ残りがない商品であったのではないだろうか。この理屈だと，北陸で定型勾玉を生産した可能性も出てくるが，おそらく非常に可能性は薄い。繰り返すが，定型勾玉の分布は北部九州を中心としている。流通の基本型はやはり生産地を中心に同心円状をなすと思われ，北部九州において生産されたものとした方が良いだろう。

こう考えると，北陸の翡翠製玉類生産遺跡に遺されているものは，比較的需要がないものとも言える。北陸の翡翠製勾玉の生産遺跡に見る法量の小さな半玦形勾玉の圧倒的に多いのは，生産量が多い品，すなわち主力生産品とは言いきれない。あくまでも施溝分割という分割技法の採用によって玉素材として利用可能な原石の枠が広がり，法量の小さな勾玉も生産可能になったことを示すだけであろう。

6．まとめ

以上，弥生時代前・中期に属する北部九州の翡翠製勾玉は，大部分が北陸で作られたものではないと推定した。北陸の翡翠製玉類生産遺跡では定型勾玉をはじめとする大型勾玉の生産はあまり見られず，原石流通の比重が大きかったのだと思われる。この，北陸を起点とする原石と製品の二重流通が，製品の分布中心と生産遺跡の分布中心の食い違いを生み出していると言えよう。大きく見て翡翠製勾玉は，西に法量が大きくて多彩な形態の勾玉，東に法量が小さい半玦形勾玉が分布しており，原石は西日本，製品は東日本を中心に流通していたと考える。

7．おわりに

本稿では翡翠の「流通」を論じてきたが，翡翠が一方的に動いたとは考えにくい。その代わりに受け取るもの＝交換材が存在したと考えるのが妥当であろう。しかし，この交換材については，本稿で述べることは出来なかった。弥生文化の成熟度の点において，原石の流通ルートであると同時に勾玉の生産地であった北陸から見ると西は先進地域であり，東は後進地域である。西方より運ばれるモノとの交換を優先した結果が現れていると考える。翡翠と交換したモノは，鉄であったかもしれない。食料品であったかもしれない。また，形の無い「情報」というモノであったかもしれない。いずれにせよ，翡翠は弥生時代の北陸にとって，非常に重要な「商品」であったことだろう。

「生産遺跡に残された遺物は，当時の様相をそのまま表しているとは言い難い。玉類の生産には膨大な時間を要したと予想できる。多大な手間をかけて作ったものを残して他の場所へ移動したとは考えにくい。集落全体が何らかの災害によって壊滅したか，もしくは残っている遺物が当時の人々にとって『いらないもの』でない限りは，残らないのではないか。」本稿を執筆するにあたって資料調査を重ねる内に，私が感じたことである。当然のことであるが，生産遺跡の様相は，消費地の様相と一体であり，両者を合わせて考えねばならないと痛感している。

本稿では北部九州と北陸を繋ぐ地域における勾玉の分布を検討していない。原石及び製品の流通ルートは不明のままである。また，生産遺跡の検討もまだまだ不十分に思う。北陸には新潟県吹上遺跡，諏訪田遺跡など，調査できなかった遺跡がある。また，愛知県朝日遺跡のような，北陸から遠く離れた翡翠製勾玉生産遺跡も存在し，その位置付けも行なわなければならないと思う。これら，今回は言及できなかった点を今後の課題としたい。

最後に，本稿を執筆するにあたって御協力・御助言頂いた皆様，誠にありがとうございました。御芳名を記し，感謝致します。
荒田　恵，赤澤徳明，新宅由紀，高橋泰生，冨山正明，中川佳三，宮田明，石川県埋蔵文化財センター，柏崎市立博物館，小松市教育委員会，福井県立埋蔵文化財調査センター

註
（1）文献(12)，(13)
（2）中部高地，関東，東北を指す。関東には弥生後期まで類例が無く，中部高地と東北の様相がほとんど同一に思えたので，本稿ではまとめて考えた。問題ありとは思うが，ご容赦されたい。
（3）唐津市菜畑遺跡で出土した勾玉を代表とする（図2－8）が，これは長崎ヒスイ産とされている。
（4）透明感無く，暗緑色を呈する石材。翡翠と同母岩の石材で，考古学的には「翡翠」の中に含めても問題はないかもしれない。
（5）翡翠勾玉の減少と同時にガラス製勾玉が出現し，その数を増す。形態は定形勾玉ばかりである。翡翠原石の入手が困難になり，その代用品として生産が開始されたのであろう。

参考文献
（1）石川県埋蔵文化財センター　『吉崎次場遺跡』　石川県立埋蔵文化財センター　1987
（2）岩永　省三　『日本の美術』№370　弥生時代の装身具　至文堂　1997
（3）宇野　隆夫　「原始・古代の流通」『古代史の論点』3　都市と工業と流通　小学館　1998
（4）大田区立郷土博物館　『ものづくりの考古学』　東京美術　2001
（5）河村　好光　「玉生産の展開と流通」『岩波講座日本考古学』3　生産と流通　岩波書店　1986
（6）河村　好光　「ヒスイ勾玉の誕生」『考古学研究』47－3　考古学研究会　2000
（7）北野　博司　「弥生・古墳時代の山陰・北陸・北方の交流」『考古学ジャーナル』411　ニューサイエンス社　1996
（8）木下　尚子　「弥生定形勾玉考」『東アジアの考古と歴史』中　岡崎敬先生退官記念論文集　岡崎敬先生退官記念事業会　1987
（9）木下　尚子　「弥生定形勾玉考」『東アジアの考古と歴史』中　1987
（10）桐原　健　「信濃における弥生時代玉のありかたについて」『信濃』25－4　信濃史学会　1973
（11）小山　雅人　「弥生勾玉の分布とその変遷」『究班』埋蔵文化財研究会15周年記念論集　15周年記念論

　　　　　　　　　　文集編集委員　1992
(12)小山　雅人　「近畿地方の弥生勾玉」『京都府埋蔵文化財情報』46　(財)京都府埋蔵文化財調査研究センター　1992
(13)小山　雅人　「超大型の弥生勾玉」『京都府埋蔵文化財論集』3　(財)京都府埋蔵文化財調査研究センター　1996
(14)寺村　光晴　『古代玉作の研究』　吉川弘文館　1968
(15)寺村　光晴　『古代玉作形成史の研究』　吉川弘文館　1980
(16)寺村　光晴　「玉」『三世紀の考古学』中　学生社　1981
(17)寺村　光晴　「タマの道－タマからみた弥生時代の日本海－」『海と列島文化第1巻　日本海と北国文化』　小学館　1990
(18)新潟県教育委員会　『北陸自動車道埋蔵文化財発掘調査報告書　下谷地遺跡』　新潟県教育委員会　1979
(19)(財)新潟県埋蔵文化財調査事業団　『箕輪遺跡』　(財)新潟県埋蔵文化財調査事業団　2002
(20)野島　永・河野　一隆　「玉と鉄－弥生時代玉作技術と交易－」『古代文化』53－4　古代学協会　2001
(21)広瀬　時習　「弥生時代の管玉流通に関する基礎データ集成」『(財)大阪府文化財調査研究センター研究調査報告』第2集　(財)大阪府文化財調査研究センター1999
(22)藤田富士男　『考古学ライブラリー』52　玉　ニューサイエンス社　1989
(23)古川　登他　『甑谷』　清水町教育委員会　2002
(24)町田　勝則　「稀少なる品々－信州弥生文化にみる特殊遺物の変遷－」『人間・遺跡・遺物3－麻生優先生退官記念論文集－』　発掘者談話会　1997
(25)松本　直子　「玉類の分析からみた縄文時代後晩期における文化形態の一側面－情報伝達に関わる認知的・社会的要因－」『人類史研究』第10号　人類史研究会　1998
(26)宮下　幸夫・橋　雅子・坂下　義視　「八日市地方遺跡発掘調査概報」『考古学ジャーナル』404　ニューサイエンス社　1996
(27)本村　豪章　「長野市篠ノ井光林寺裏山出土遺物の研究」『MUSEUM』254　東京国立　博物館　1972
(28)森貞　次郎　「弥生勾玉考」『鏡山猛先生古希記念　古文化論攷』　1980
(29)福井県埋蔵文化財調査センター　『福井県埋蔵文化財調査報告第14集　下屋敷遺跡・堀江十楽遺跡』　福井県埋蔵文化財調査センター　1988

弥生時代後期初頭における土器様式の変革と地域間関係
—— 土器編年の併行関係の整理を基礎とした一考察 ——

河 合 忍

【要旨】
　本稿では，中部瀬戸内・畿内・北陸における土器編年の併行関係を整理し，弥生時代後期初頭がほぼ併行することを確認した。この作業を基礎として，土器交流システム・土器様式構造の検討を行った結果，中期後半と比べ，土器交流システムには大きな変化がないが，土器様式構造には大きな変化があることを指摘した。これは後期以前のものとは質が違うものであり，古墳時代土器様式につながる性質をもつものであることを確認し，後期初頭における土器様式の変革に土器の役割の変化を読みとった。さらに共通の形式を共有する二者について明らかにし，地域によって様々な選択性・指向性が土器に表現されていることを指摘した。最後に，暦年代の検討を行い，後期初頭が紀元1世紀第1または2四半期にあたる見通しをたて，大陸における新王朝成立前後の政治的・社会的混乱がこの変革に関わりをもつ可能性を考えた。

I　はじめに

　近年，様々な考古資料の分析から弥生時代中期末・後期初頭に大きな画期があったとされ，盛んに議論されている。しかし，その中期末や後期初頭については，研究者によって示す内容が異なる可能性があるため，議論を深めてゆく上では，土器編年の併行関係をしっかり把握し，共通の認識をもっておく必要があるだろう。近年の資料の増加により，この課題を考える上での資料の蓄積はなされつつあり，より詳細に考えることが可能となってきた。
　そこで本稿では，まず土器編年の併行関係を把握することを目標としたい。これについては，資料が充実しており，土器の変遷が捉えやすい中部瀬戸内(備中南部)の土器編年(平井泰2002)を基準として，さかんに土器編年が議論されてきた畿内と当該期の資料が充実し始め，かつ他地域に系譜をもつ土器が多種多量に出土する北陸(加賀：本稿では便宜的に北陸と表記する)の土器編年との比較検討を行っていく中で明らかにしたい。

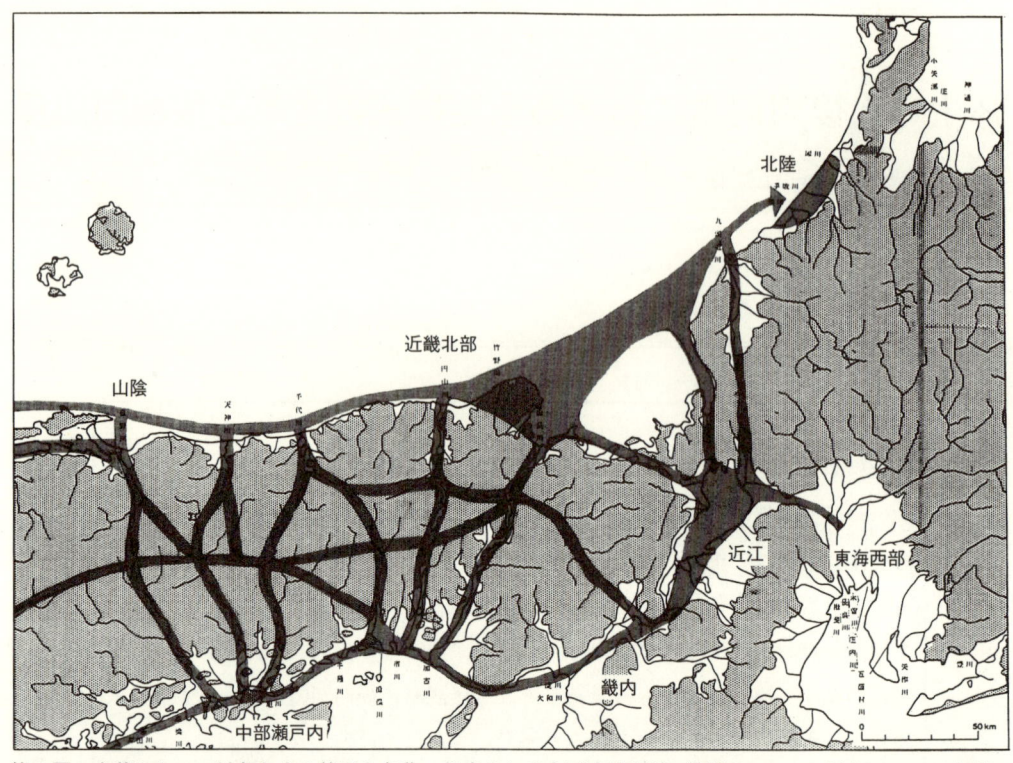

第1図 本稿において対象とする範囲と名称，想定される主要交流経路（経路については河合2000bに加筆，森岡2002・中山2000なども参考に加えた）中国山地も河川・盆地を介しての交流が認められ，交流経路は網の目状である。

　様々な考古資料から当該期における社会的変革が議論されつつあることについて，土器は普遍的でかつ多量に存在するものであるため，この議論に詳細な情報を与えることができ，議論を深める手がかりとなるというのが筆者の立場である。そこでこの見地に立ち，次に本稿における作業を基礎として，土器交流システム・土器様式構造について考察を行い，変革の内容についてより詳細に明らかにする努力を行いたい。

　最後に近年盛んに議論されてきた暦年代について，土器を含めた様々な考古資料からの情報を加え検討を行い，変革の背景についても若干の見通しを立ててみたいと思う。

II　弥生時代後期初頭の土器編年の併行関係

1．中部瀬戸内（備中南部）（第2～5図）

　中部瀬戸内は，近年の資料の増加がめざましく，質量ともに充実しており，土器の変遷を詳細に捉えることが可能である。土器編年の基準としては，近年増加した資料に即して，詳細に検討が行われた平井泰男氏の編年案(平井泰2002)[1]を参考とする。

　平井氏の土器編年は型式の明確な変遷が追える高杯・甕に着目し，出土状況を加味しつつ，型

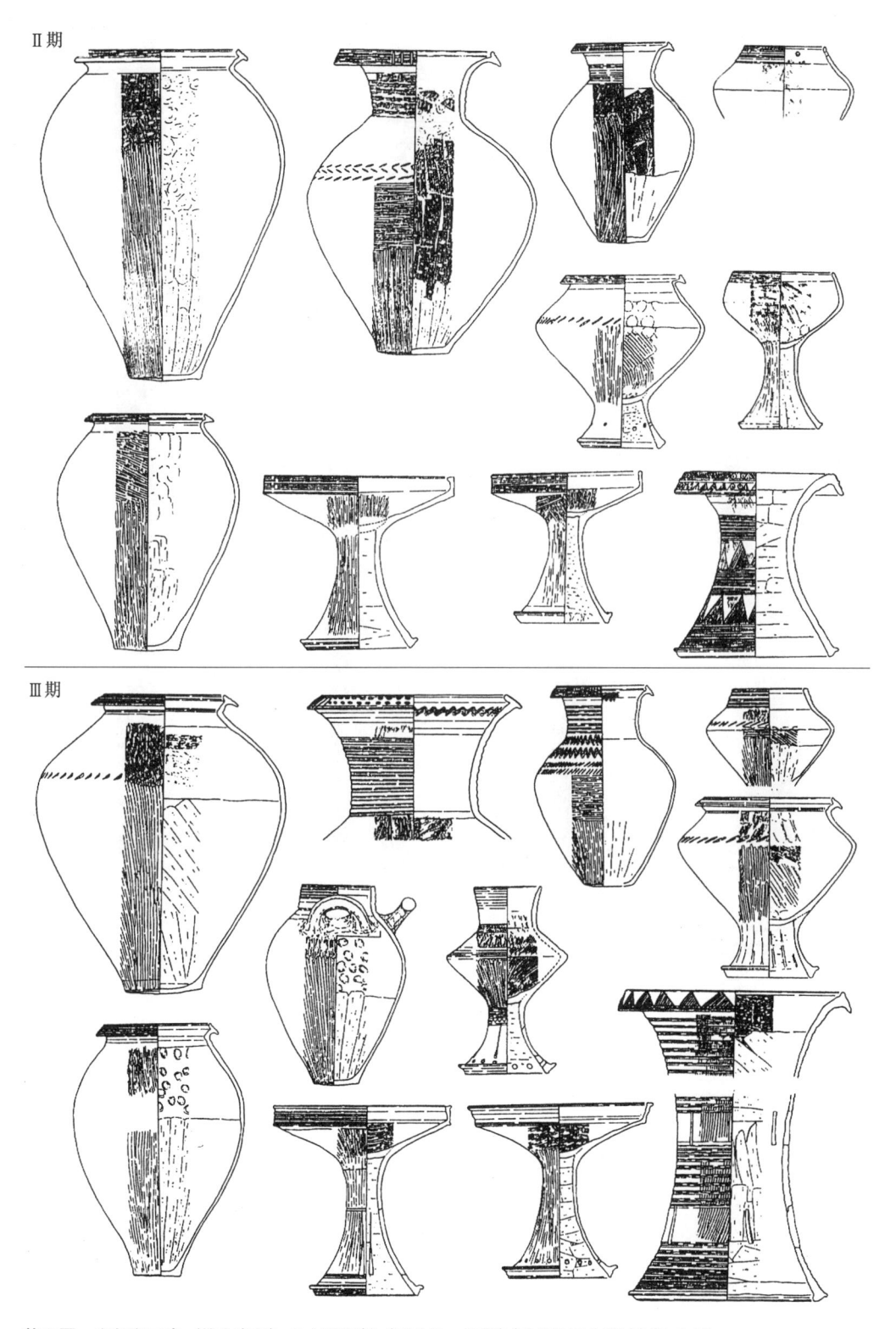

弥生時代後期初頭における土器様式の変革と地域間関係

Ⅱ期

Ⅲ期

第2図　中部瀬戸内（備中南部）の土器編年（平井Ⅱ・Ⅲ期）（平井2002を改変）(S=1/8)

Ⅳ期

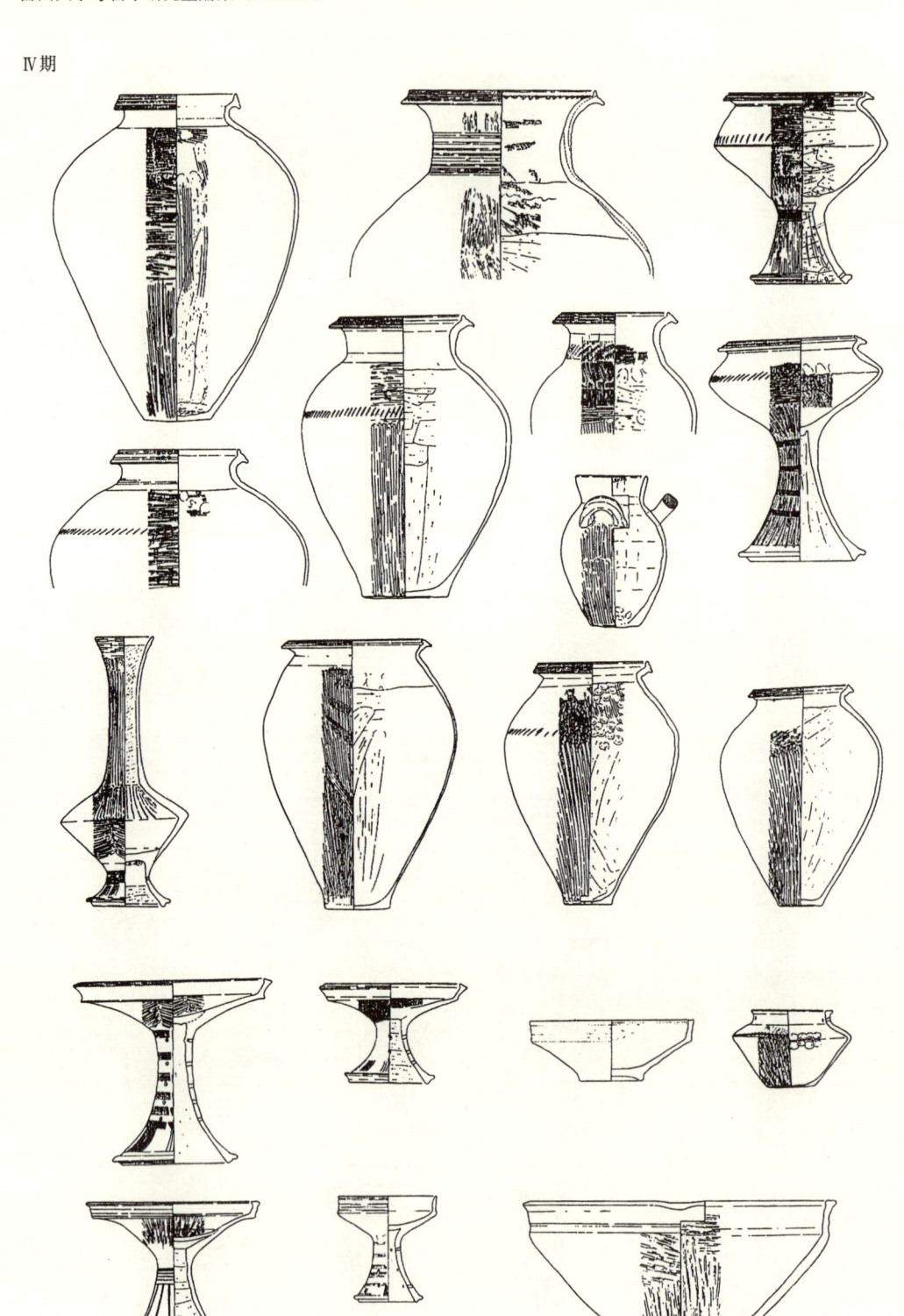

第3図　中部瀬戸内（備中南部）の土器編年（平井Ⅳ期）（平井2002を改変）（S=1/8）

弥生時代後期初頭における土器様式の変革と地域間関係

V期

高杯口縁部の変遷
Ⅲ　Ⅳ　Ⅴ　Ⅳ

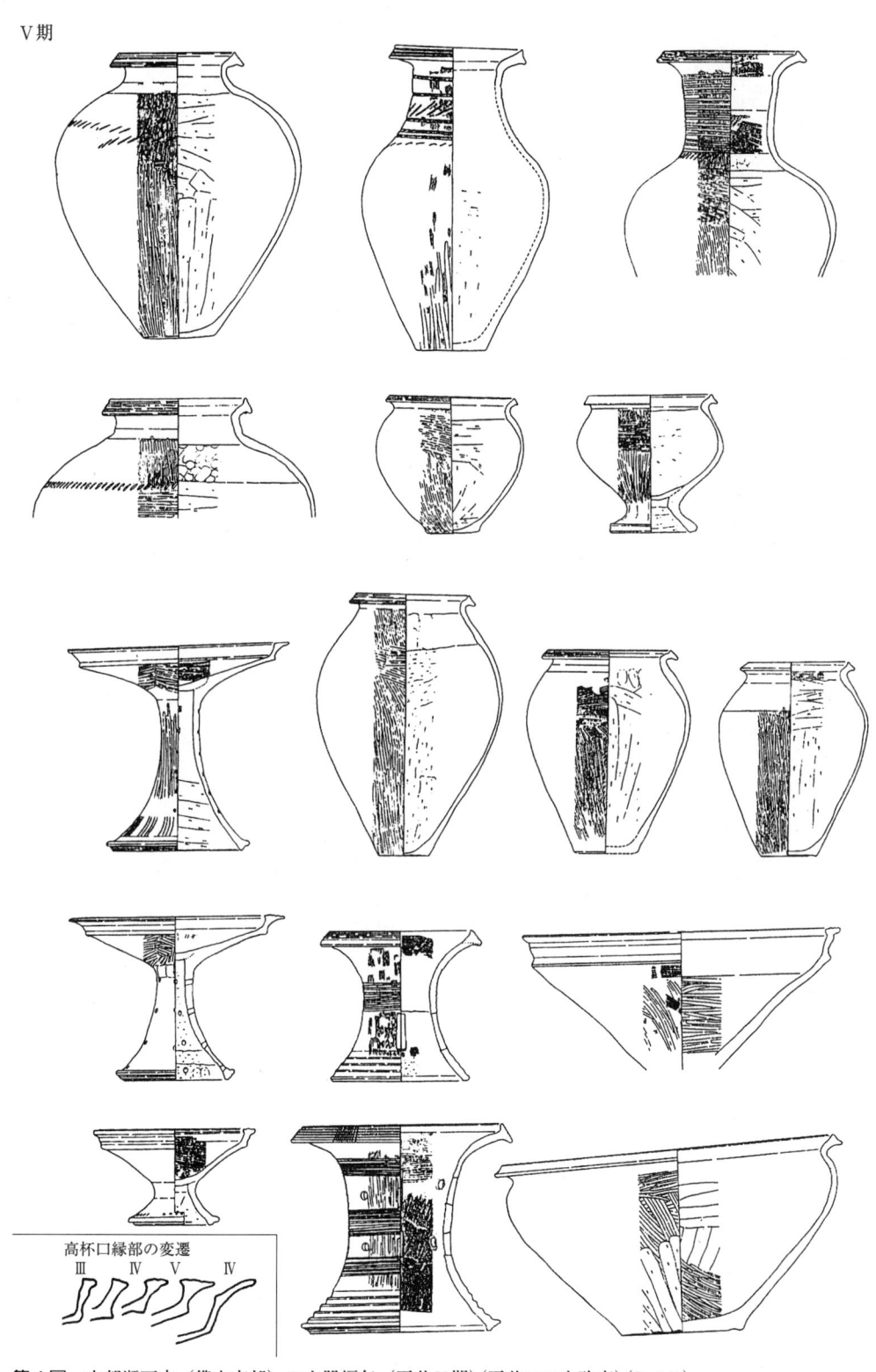

第4図　中部瀬戸内（備中南部）の土器編年（平井Ⅴ期）（平井2002を改変）（S=1/8）

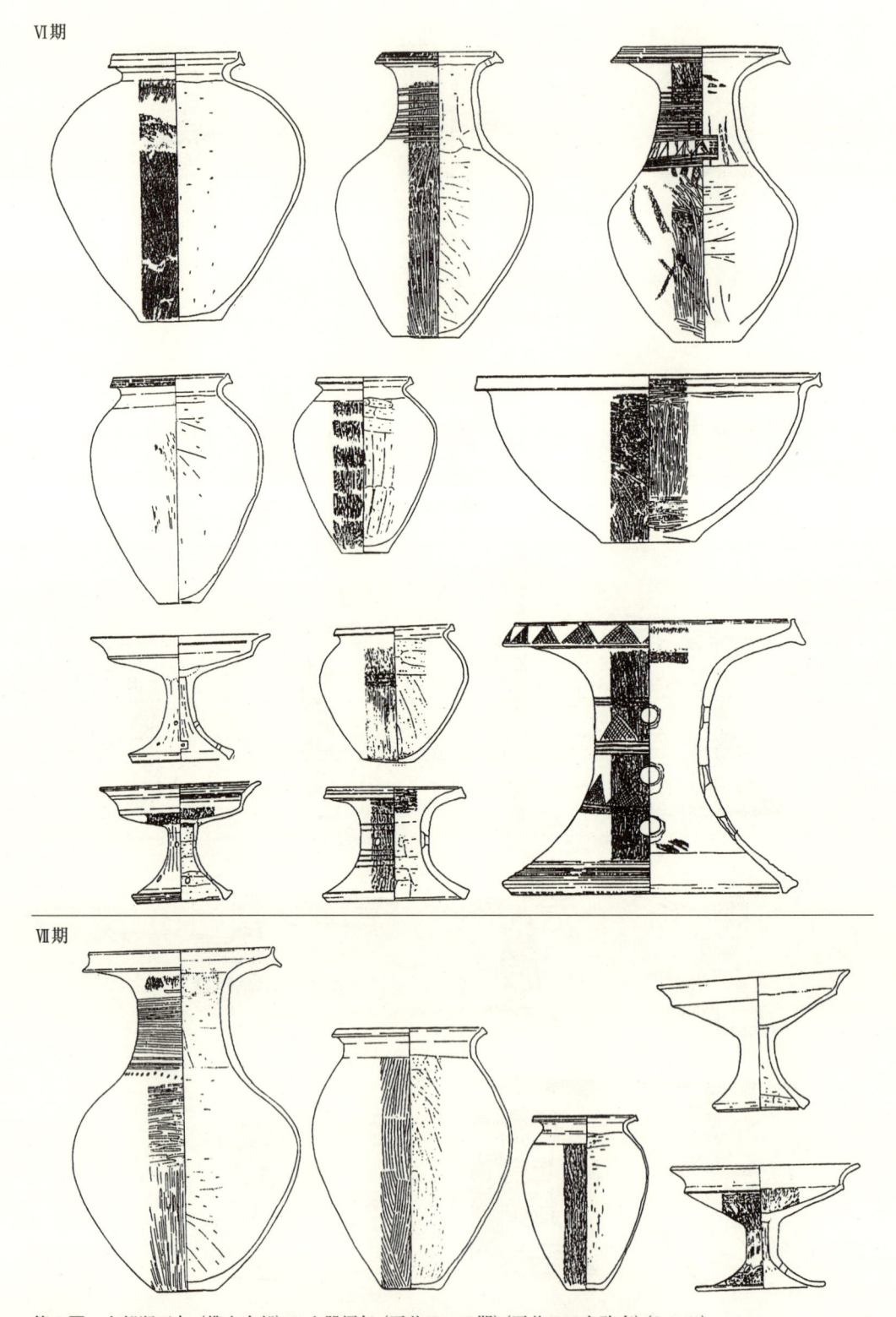

富山大学考古学研究室論集（河合論文）

Ⅵ期

Ⅶ期

第5図　中部瀬戸内（備中南部）の土器編年（平井Ⅵ・Ⅶ期）（平井2002を改変）（S=1/8）

式変化の流れを追ったものである。さらに，この型式分類案を実際の発掘調査から得られる層位関係や切り合い関係などの情報から検証を加えている。この編年案は明快であり，妥当なものであると判断している。

平井氏は弥生時代中期後葉～後期前葉を7期に分け，壺の頸部凹線文の消失や甕の折り返し状口縁の消失，各器種における橙色・褐色系の色調(灰白色を意識しなくなる)などの点で画期が認められるⅣ期からを後期としており，後期については高杯の円盤充塡技法が続いている段階を前葉として理解している(2)。編年案の詳細は平井氏の論文を参照していただくとして，ここでは高杯の口縁部形態の型式変遷と甕の内面調整に着目して，説明したい。

高杯の口縁部の型式変化においては，Ⅰ・Ⅱ期の口縁部外面に凹線文を施すもの(第2図上段)から，Ⅲ期の口縁部が屈曲して直立もしくはやや外反し，外面に凹線文が施されなくなるものが主体となる段階(第2図下段)を経て，Ⅳ期以降は器壁が厚くなり，口縁端部が外側に拡張し始め(Ⅳ・Ⅴ期)(第3・4図)，その口縁端部内側が下がるようになり(Ⅵ期)(第5図上段)，最後には口縁端部内側の屈曲が完全になくなり，外反する口縁部になる(Ⅶ期)(第5図下段)過程を経る。

甕の内面調整では，胴下部を削るものが主体の段階(Ⅰ・Ⅱ期)から胴部最大径近くを削る段階(Ⅲ期)を経て，Ⅳ期には肩部・頸部近くまで横または斜め方向にケズリを施すものが現れ始める。次のⅤ期にはほぼ全ての甕が肩部・頸部近くまで横または斜め方向にケズリを施すものとなり，以後この調整のあり方は継続する。

Ⅳ期以降は平井氏の指摘にもあるように，壺の頸部凹線文が消失(沈線文化)し，壺・甕・鉢の口縁部の凹線文も波状から沈線風になるものが多くなる。色調も大きく変化し，口縁端部は全体的に鋭さにかけるようになる。そのほか甕などでは器壁についても，厚いものが増加するなどの変化が見られ，大きな変化をこの段階に認めることができる。このⅣ期以降の土器群は時間的に後続する土器群と共通の要素を多く持っていることから，この段階以降を後期と考えるのは妥当であると判断する。

2．畿　　　　　内(第6・7図)

畿内では，古代律令期における国の領域を基本の単位とした数多くの土器編年案が提示されており(寺沢・森岡編1989・1990ほか)，各地域の土器編年案の併行関係についても研究の蓄積がある。こうした状況下，近年の資料の増加を受けて，本稿で関わりをもつ中期末から後期初頭の土器編年もさらに精緻なものとなりつつある。しかし，研究者間では意見の一致をみていない面(たとえば西ノ辻N地点出土土器の評価)もあり，近年の資料を加えた土器編年の整理の必要性があった。こうした中で，最近，濱田延充氏が畿内全体というマクロな視点から土器編年の整理をおこない，土器様式の変化を構造的に解明しており(濱田2001)，変化の過程を明快に論じている。畿内の土器編年については，濱田氏の土器編年案をおもに参考としたい。

後期初頭の土器群は，櫛描文・凹線文が施されなくなり，無文化する。甕などでは全体に成形・調整が粗雑な印象を与える土器が増加する。壺・甕類の体部内面にヘラケズリが認められる個体

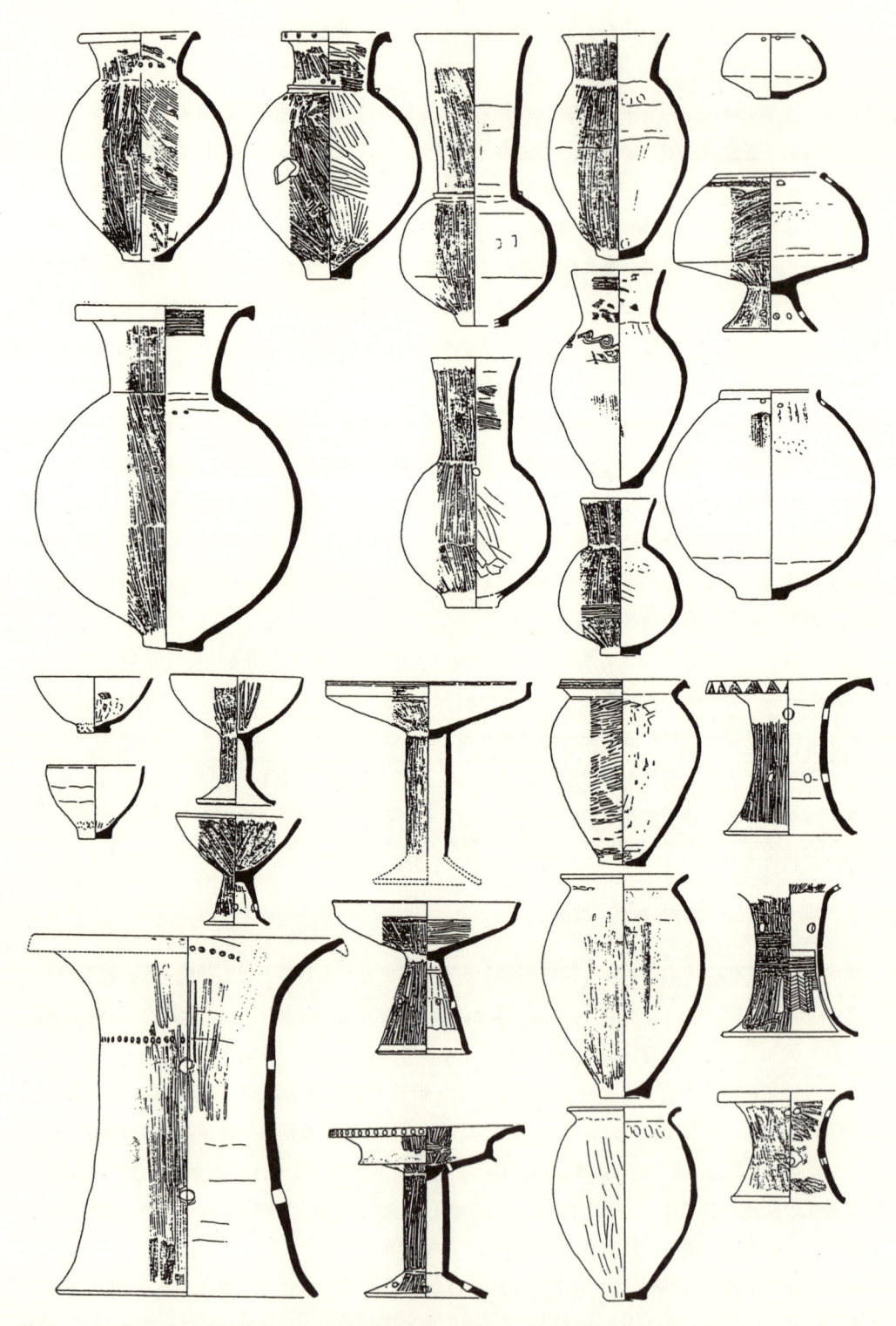

第6図　畿内第Ⅴ様式前葉土器群1（大阪府亀井遺跡）(濱田2001を改変)(S=1/8)

第7図　畿内第Ⅴ様式前葉土器群2（大阪府古曽部・芝谷遺跡）(濱田2001を改変)(S=1/8)

が増加する(3)。畿内第Ⅳ様式に通有の受口状あるいは直口の口縁をもつ大型壺や水差が消滅する一方で、長頸壺や中・小型の短頸壺が出現する。中期土器様式に通有であった水平口縁をもつ高杯が消滅し、浅い皿状の杯部を持ち屈曲して立ち上がる口縁を持つものと小型の椀形のものが出現するなどの器種構成の大幅の変化が認められる。地域を超えて共通する土器形式によって構成される。などの特徴をもつと指摘されている(第6・7図)。

この土器群との併行関係を推し量る上で参考となる中部瀬戸内からの搬入・模倣土器は、大阪府八尾市亀井遺跡(宮崎編1984)(4)・同東大阪市巨摩・瓜生堂遺跡(井藤編1982)から出土しており(第17図)、いずれもⅣ～Ⅴ期に属するものと判断でき、時期幅を考慮する必要があるが(5)、後期初頭が中部瀬戸内と畿内においてほぼ併行すると考えられる。これはすでに先学によって指摘されていることでもある(豊岡1985、寺沢・森井1989、西谷2002ほか)。

3. 北　　　　陸 (加賀) (第8～12図)

最近、北陸においても加賀地域を中心として、後期初頭の資料が充実してきている。これについては研究の蓄積がなされつつある(楠1996、北陸弥生文化研究会2000、河合2000a、安2001ほか)。ここでは、当該期の良好な資料と考える石川県加賀市猫橋遺跡94年度1号溝(本田1997)・同金沢市戸水B遺跡SD704・SK702・SK603(中屋編1994)・同金沢市藤江B遺跡NR01Ⅲ・Ⅳ層(滝川編2001)出土土器について、詳細に検討を加えたい。

ⅰ. 加賀市猫橋遺跡94年度1号溝(本田1997)(第8～10図)

溝資料であり、後期後葉までの時期幅のある資料である。壺・甕・高杯・器台の口縁部の形態などから少なくとも3時期に大別は可能である(第8～10図)(6)。このうち後期初頭の資料は、器台の良好な資料にかけるものの(他遺構に存在　本田1997・1998)、形式を網羅している好資料であると判断する。

壺では大型のものがほとんど見られずわずかに広口長頸壺(第8図7)を確認するにとどまる。頸部に凹線文を施す広口壺が見受けられず(同1～6)、また短頸壺(同9・10)が目立っている。短頸壺の中には口縁部付近に凹線文または弱い横ナデにより凹線文状を呈するものも存在する(同9)。そのほか口縁部に凹線文を施す広口壺(同1～4)も存在する。甕では内面を削るものがほとんどであり、頸部近くにまで達しているものが多く(7)、頸部近くではケズリの方向が横または斜めになっている。口縁部には凹線文を施すものが多く、形態は断面三角形を呈するもの(同13・14・16)、上下に拡張するもの(同12)、下方に拡張するもの(同11)、あまり拡張をしないもの(同15・17)等があるが、後述するように、これは時期差として捉えるのではなく、系譜差(供給源の違い)として理解するべきものであると考えている。そのほか口縁部に凹線文を施さず、頸部がくの字状に強く屈強するものも定量存在する(同18・19)。高杯では完形で出土するものは少なく、杯部と脚部を分けて考えざるを得ないが、杯部では屈曲が強く杯底部と口縁部の間に強い稜をもち、口縁端部が外側に大きく拡張するもの(同20～22)と前者に比べて強くはないが明瞭な稜をもち、短く立ち上がるもの(同24～26)の二者が存在し、共に内外面に磨きを施している。脚部では長い

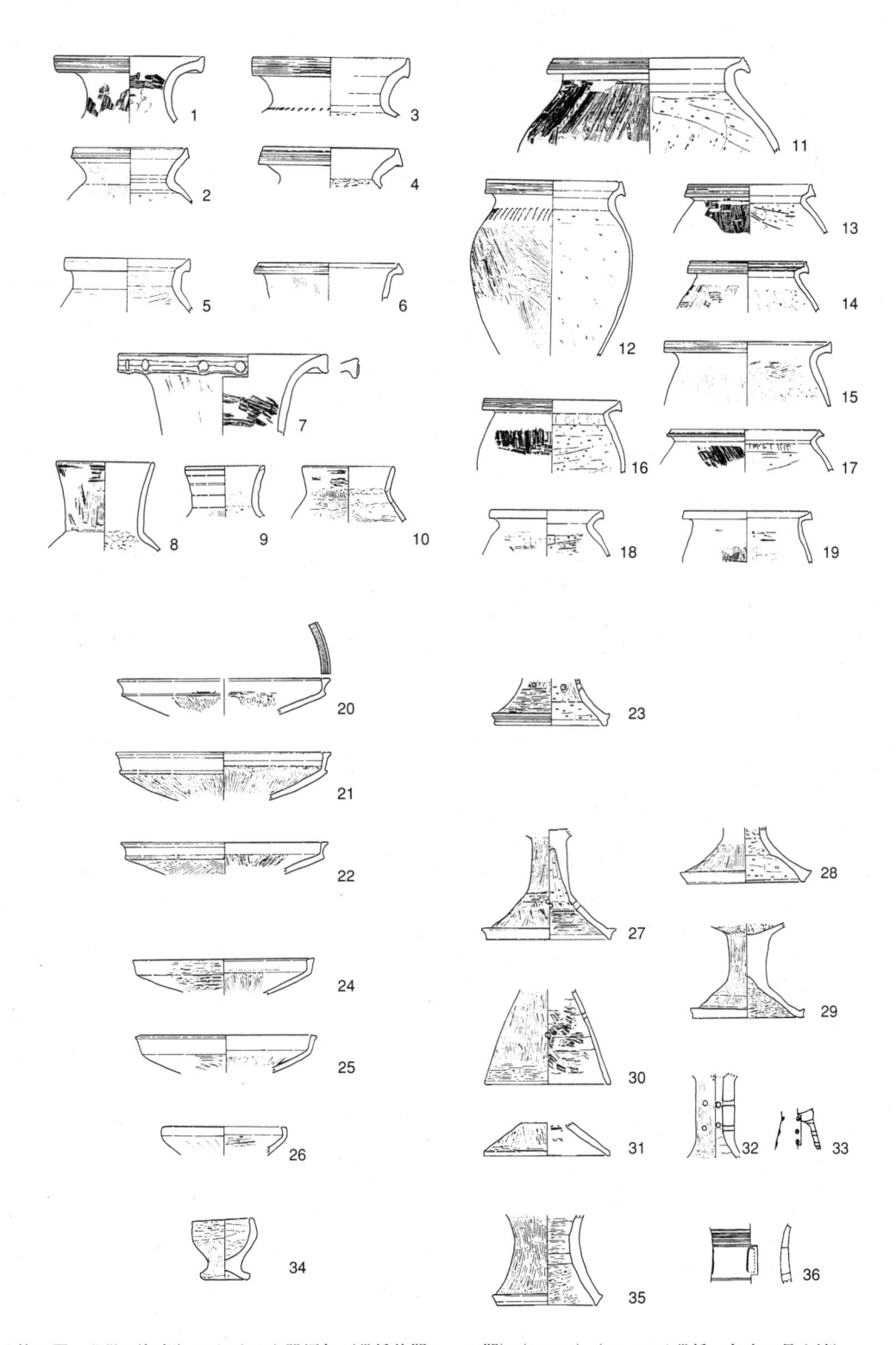

第8図 北陸（加賀）における土器編年（猫橋後期1－1期）（S=1/8）（33・36は猫橋95年度1号土壙）

第9図 北陸（加賀）における土器編年（猫橋後期1‐2期）（S=1/8）
（29・30は西念・南新保K区1号住（楠1992））

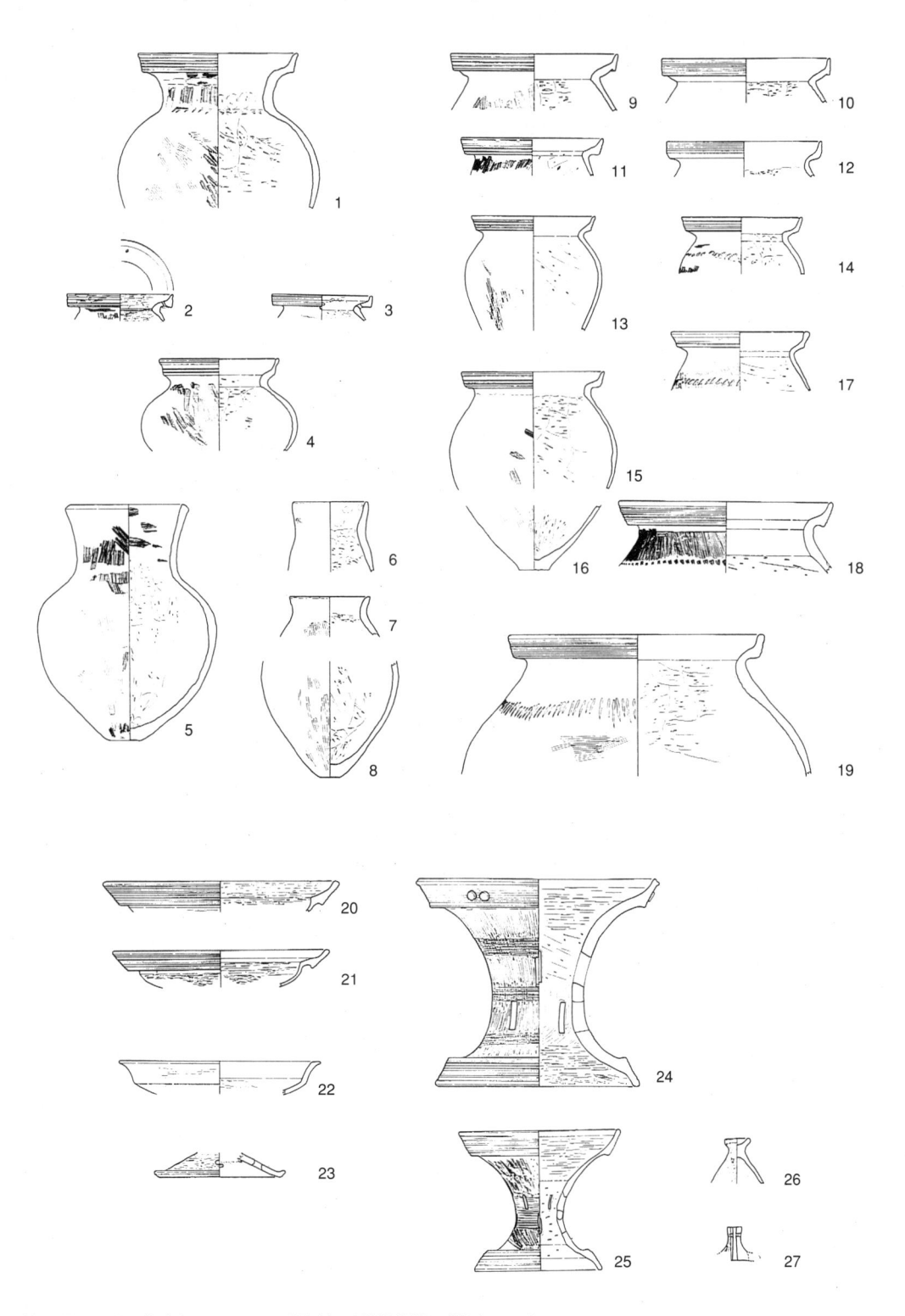

弥生時代後期初頭における土器様式の変革と地域間関係

第10図 北陸（加賀）における土器編年（猫橋後期2期）(S=1/8)

-97-

柱状の脚をもつもの(同32)，円錐台形の脚部を有するもの(同30・33)，裾が緩やかに開くもの(同23・27～29)などがあり，長方形のすかしを持つもの，3～4方向の円形すかしをもつもの(同23・30・32・33)が見受けられる。

ⅱ．金沢市戸水B遺跡SD704・SK702・SK603(中屋編1994)(第11図)

当遺跡出土土器は中期末の時期が中心ではあるが，最近の研究成果によりそれに後続する資料が明らかになりつつある(楠・栃木1999，河合2000a，安2001)。それがSD704・SK702・SK603である。SD704は溝資料であるが，若干時期の特定できない資料があるものの，時期幅はそれほどないものと考えている。口縁部内面の肩部近くに横方向のケズリを施す甕(4)，柱状の脚をもつ高杯(11)，裾が緩やかに開き4方向の円形すかしをもつ高杯(10)などに新しい要素を見いだすことができるが，これは先の猫橋遺跡出土資料と共通した要素でもある。そのほか在地に系譜が追える甕(6～9)も古い時期の混在資料ではなく，この段階にまで残るものと考えている。特に6は後述するように特徴的な土器であり，この時期に特有のものである可能性がある。ここで示す資料のほかに環濠と考えられるSD701からも若干後期初頭に下る資料が抽出できる。このことから環濠が完全に埋まる時期を後期初頭に求めることができると考えているが，そのSD701と切り合い関係にあるのがSK702である。出土土器は球形の胴部をもち，胴部内外面に横方向のハケ調整を施し，内面には接合痕をよく残し，口縁部外面にハケ状工具で刻みを施す特徴をもつ(12)。この資料は先に述べたSD704の6と共通する要素をもつことから，同時期のものと考えている。この資料は後述する藤江B遺跡NR01Ⅲ・Ⅳ層の資料にも含まれており，併行関係を傍証する資料であると考えている。SK603は中期末のSD601・603(平地式住居周溝)と切り合いの関係にあり，出土土器はやはり後出的な要素をもち，口縁部に凹線文をもつ広口壺は猫橋遺跡の第8図2と共通であり，併行関係を示唆している(13)。

ⅲ．金沢市藤江B遺跡NR01Ⅲ・Ⅳ層(滝川編2001)(第12図)

自然河道出土資料であるが，層位的に取り上げが行われており，上層の出土遺物とは時期差(弥生時代終末期)が認められ，かつ同じ層位から出土している遺物においても大きい時期差(前期～中期前葉)が認められる資料であるので，数点の例外を除けば，まとまりのある資料であると考えている(8)。

壺では短頸壺が目立つ存在となっており，口縁部付近に凹線文をとどめ，外面をハケ調整するものが多い(11～16)。16はミガキ調整を行っている。長頸壺は短頸壺についで多く，外面をハケ調整するものが多い(5～10)。これらの壺類は円形浮文・竹管文・ヘラ描き記号文などを施すものが多く特徴的である。その他口縁部に凹線文を施す広口壺(1・2)などがある。甕では様々な口縁部形態をもつものが混在しており(17～32)，猫橋遺跡と同様である。また，さきほど戸水B遺跡出土土器において注目した在地の系譜をひく甕(32)も出土している。その他の在地の系譜をひく甕(24～31)もこの時期に属す可能性があり，長胴化したものが目立ち，この時期の特徴として捉えられるかもしれない。これは先に検討した戸水B遺跡出土土器(第11図7～9)にも同様の形態をもつものがあることからも可能性が高いと考えている。高杯では杯底部は直線的に緩やか

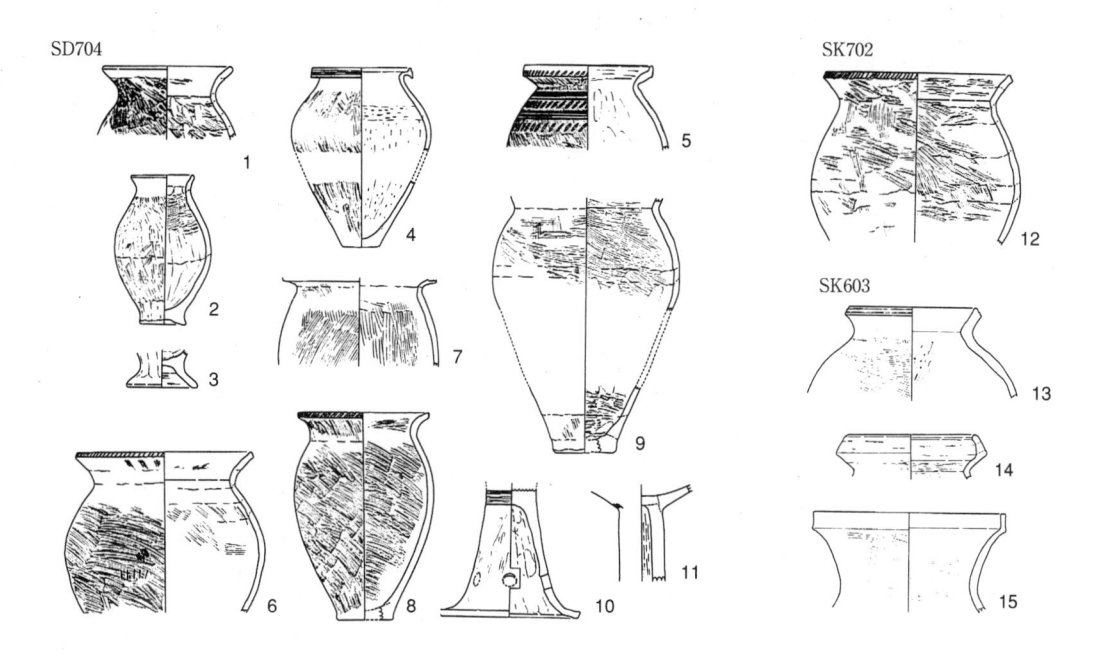

弥生時代後期初頭における土器様式の変革と地域間関係

第11図　北陸（加賀）における後期初頭土器群1　（石川県戸水B遺跡）(S=1/8)

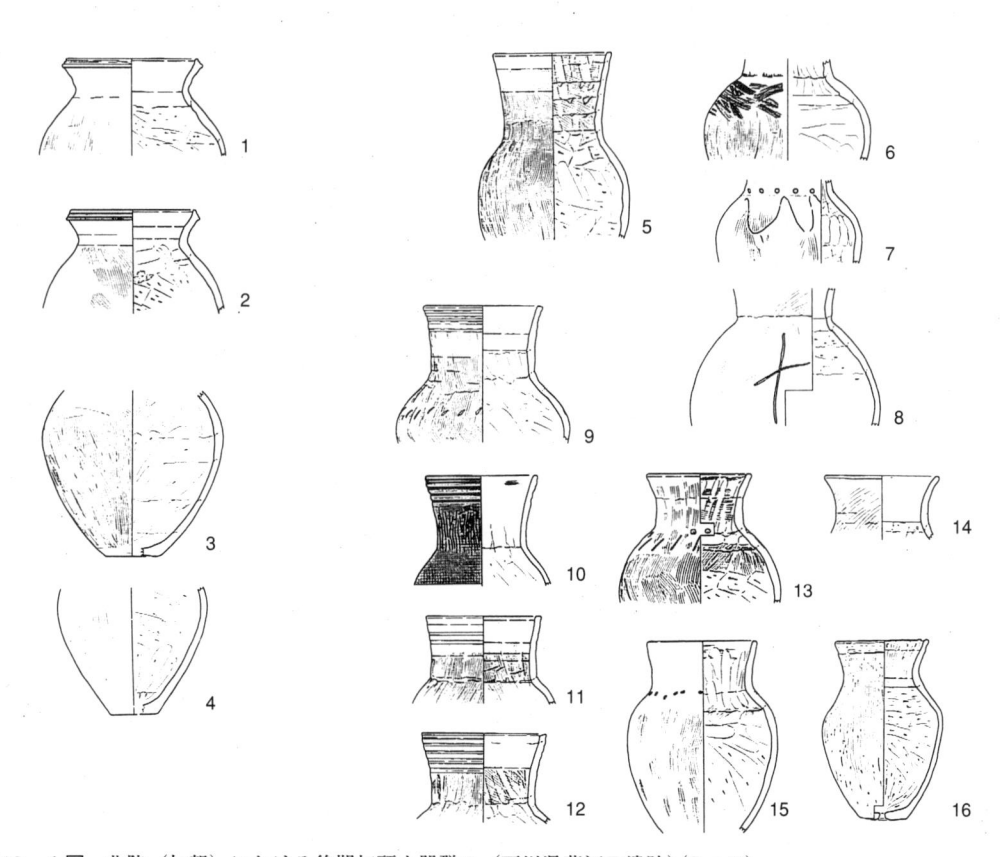

第12−1図　北陸（加賀）における後期初頭土器群2　（石川県藤江B遺跡）(S=1/8)

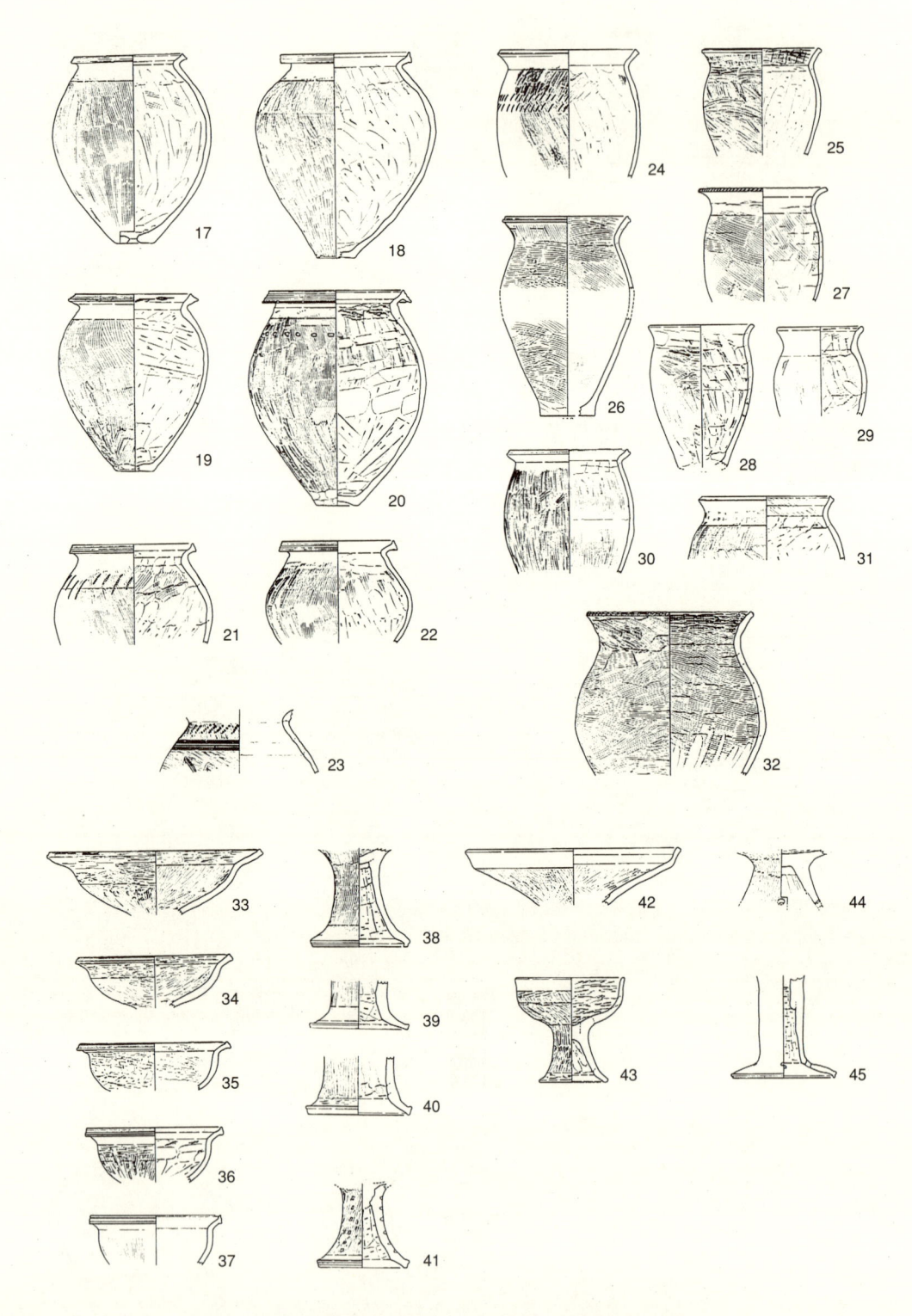

第12－2図　北陸（加賀）における後期初頭土器群2　（石川県藤江B遺跡）(S=1/8)

に立ち上がり，明瞭な稜をもち短くたちあがるもの(42)，丸い杯底部から明瞭な稜をもち斜め上方に短くたちあがるもの(33〜37)⁽⁹⁾がある。

　上記の3つの土器群は口縁部に凹線文をもつ広口壺および器種構成(短頸壺の卓越等)・形態・調整法(甕の内面調整等)などの比較から時間的に併行するものであると判断する。そして，この土器群が中期末⁽¹⁰⁾の土器群に後続することは型式的な比較はもとより，戸水B遺跡での検討結果(北陸弥生文化研究会2000，河合2000 a，安2001，本稿)からも是認できると考えている。

　これらの土器群を中期末のものと比較すると，壺・甕の口縁端部をのぞく凹線文の消失・無文化，柱状脚部をもつ高杯の出現，甕の内面肩部・頸部近くまでの横または斜め方向ケズリの出現と粗雑化，円形浮文・竹管文・ヘラ描き記号文などの盛行，中期以来の大型壺の消滅・短頸壺の盛行・長頸壺の出現などに見られる器種構成の大きな転換を認めることができる。そしてこの土器群は，時間的に後続する土器群と共通の要素を多く持っていることから，この段階以降を後期と考えることができる。

　土器編年の併行関係を考える上において，参考となる資料は北陸には非常に多いが，個々の比較を行うまでもなく，上記に挙げた諸特徴から前節においてとりあげた畿内の後期初頭と併行することは確かである。これは凹線文を口縁部近くに残す短頸壺⁽¹¹⁾や強くはないが明瞭な稜をもち，短く立ち上がる高杯など個々の土器の比較からも追認できる。一方，中部瀬戸内と比較する上で注目できる資料としては，猫橋遺跡から出土した高杯第8図20〜22が挙げられる。形態的特徴から中部瀬戸内の高杯に酷似しており，杯底部外面に矢羽根状にミガキを入れる調整法は中部瀬戸内そのものといえるものであり，搬入品の可能性が高い。その他の2点も同様であると考えている⁽¹²⁾が，これを平井編年にあてはめれば，Ⅳ期に相当する。甕の中部瀬戸内での共伴事例から，この高杯が猫橋遺跡の後期初頭の土器群と共伴することについては，確実なものであると考える。このことから，中部瀬戸内と北陸においても後期の始まりはほぼ同時であると推測する。

第1表　土器編年対照表

中部瀬戸内			山陰		近畿北部	北陸			
備前	備中南部		山陰	山陰東部		加賀			
高橋1986	柳瀬1977	平井2002	中川1996	松井1997	野島・野々口1999	河合2003	楠1996		
	川入・上東遺跡					猫橋遺跡	西念・南新保遺跡		
Ⅶa	鬼川市Ⅰ	Ⅳ	Ⅰ	Ⅴ	後期Ⅰ	後期1-1	猫橋	2	1
									2
Ⅶb		Ⅴ							3
Ⅶc		Ⅵ	Ⅱ	Ⅵ	後期Ⅱ	後期1-2			
Ⅶd		Ⅶ							4
Ⅷa	鬼川市Ⅱ		Ⅲ	Ⅶ	後期Ⅲ	後期2	法仏	3	1
Ⅷb									2
Ⅷc	鬼川市Ⅲ								

また，これについても甕や壺などの個々の土器の比較からも導き出せる。

4．ま と め(第1表)

以上での検討から，中部瀬戸内・畿内・北陸の後期の始まりはほぼ同時であると確認した。さらに，北陸からは日本海側の諸地域(山陰・近畿北部[13])に系譜をもつ土器が多数出土しており，これらの諸地域における土器編年の比較(中川1996，松井1997，野島・野々口1999・2000などを参考)も容易である。この土器編年の併行関係をまとめたものが第1表である[14]。これらから西日本の広範囲において，後期の始まりがほぼ併行すると考える。

Ⅲ 考 察

前章では土器の検討から，中部瀬戸内から北陸にいたる広い範囲において後期の始まりが併行することことを確認した。本章では，様々な考古資料から議論されつつある当該期における社会的変革の内容についてより詳細に検討するためにまず，土器交流システム・土器様式構造を検討したい。

1．土器交流システム・土器様式構造の検討

この課題を考えていく上では，多種多量に外来系土器が出土する北陸の土器を分析することが，多くの情報を提供すると考えるため，まずは北陸の後期初頭の土器(第8・11・12図)に焦点をあててみたい。

畿内の土器群との類似性が指摘できるのは，広口壺第8図5～7，短頸壺[15]第8図9・10・第11図2・第12図11～16，長頸壺第8図8・第12図5～10，高杯第8図24～33・第11図10・11・第12図42～45，小型台付鉢第8図34である。山陰の土器群との類似性が指摘できるのは[16]，広口壺第8図1～4・第11図13・第12図1～4，甕第8図11～17・第11図4・第12図17～22，高杯第8図23・第12図33～40であり，山陰系の甕の一部は近畿北部においても出土している。そのほか甕第8図18・19は近畿北部に類例が多く，高杯第8図20～22，脚部に縦方向の貫通しない孔を施す高杯第12図41は中部瀬戸内に類例を求めることができる。

このように後期初頭の北陸には大きく分けて2系統の土器があることがわかる。このうち，畿内と類似性のある土器群(A群)は，畿内からの直接の搬入または模倣品でないものが多いと考える。これについては，畿内系の土器が直接影響を与えるならば，近畿北部または近江を介したルートが考えなければならないが，近畿北部・近江の出土事例(兼康1990など)から，畿内と共通した土器群が一定量の土器組成の中に組み込まれていると考えられるからである(近畿北部：第13図)。つまり，これは近畿北部系土器または近江系として把握すべきものである。量的には近畿北部に系譜をもつ土器が多数を占めると考えている[17]。もう一方(B群)は山陰系土器(特に東部)が主体を占めると考えているが，この中に多少みられる中部瀬戸内系の土器についても，山陰での搬入

三坂神社 3 号墓第11主体部

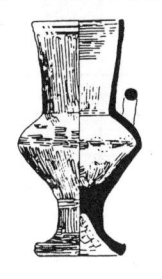

大谷古墳下層第 5 主体部

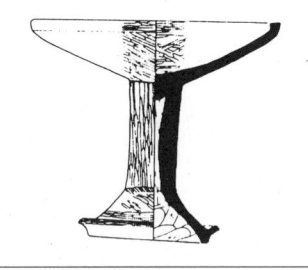

三坂神社 5 号墓第 2 主体部

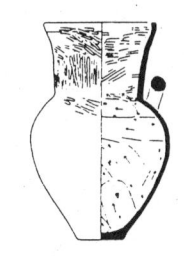

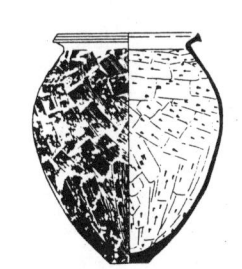

三坂神社 7 号墓第 1 主体部

左坂17号墓第 6 主体部

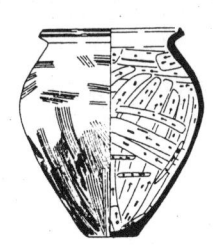

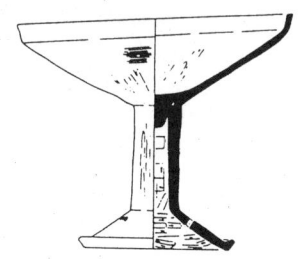

第13図 近畿北部後期初頭における墳墓出土土器の共伴関係（野島・野々口1999より改変）(S=1/8)

事例（岩橋1994, 松井1997）から，山陰を経由している可能性が高いと考えている。

　この 2 系統の土器が出土する在り方は筆者が過去に分析をおこなった中期後半の在り方と共通する（河合2000 a・b の近郊地凹線文土器が本稿のA群，遠隔地凹線文土器が本稿のB群にほぼ対応する）ことから，土器交流システムにはそれほど大きな変化がないことがわかる。そしてこのことは，中期後半（とくに中期末）に確立した広域直接土器交流システムの確立が，時間差のない後期初頭における土器様式の変革の基盤になっているといえ，後期初頭における土器様式の変革の端緒は中

-103-

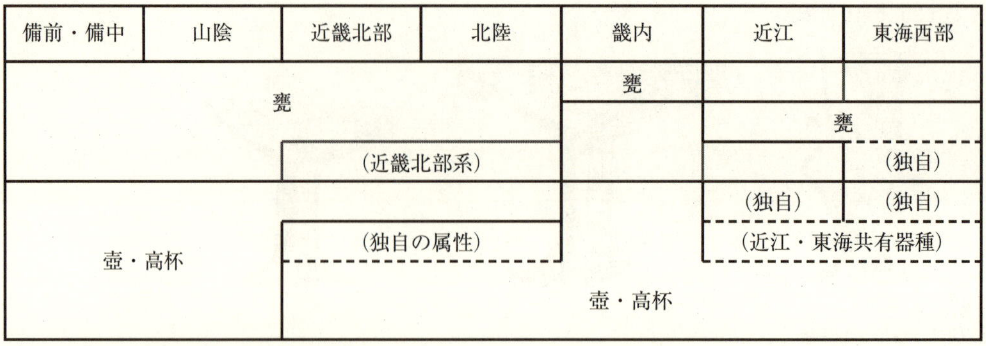

備前・備中	山陰	近畿北部	北陸	畿内	近江	東海西部
甕				甕		
					甕	
		（近畿北部系）				（独自）
					（独自）	（独自）
壺・高杯		（独自の属性）			（近江・東海共有器種）	
			壺・高杯			

第14図　土器様式構造概念図（後期初頭）

期後半に求めることができるものと考える。

　さて，この2系統の土器はいずれも日本海沿岸地域に系譜を求めることができることから，北陸における後期初頭に見られる土器様式の変革において，中期後半に活発化した日本海を介しての土器交流システムが大きな役割を担っていたと考えることができよう[18]。この土器交流の在り方は後期後半に至って山陰系土器が近畿北部系土器を量的に凌駕する変化をみるようになるものの，土器交流システムの大きな変化はないものと考えられ，こうした見方に立つ限りにおいては，少なくとも後期までは畿内などの瀬戸内海沿岸地域から北陸への直接的な影響をそう大きく見積もることはできず，こうした考えに再考を促したいと思う[19]。

　土器交流システムには中期末〜後期初頭において大きな変化を見出せなかったものの，土器様式構造には大きな変化がある。それは，これまで多くの指摘がなされてきたように，器種の大きな再編に現れている現象（桑原1989ほか）であるが，地域によってはそれに留まらない中期とは大きく異なる性格を有した変化も内包していることがわかり，後期弥生土器様式の性格や土器の役割の変化を考える上で示唆を与えてくれている。

　それは北陸の事例から明らかなように，器種によって系譜の違う土器を受容・採用し，新器種として形式に組み込んでいる在り方である（第14図）。北陸の場合は長頸壺・短頸壺・広口壺や高杯などの多くがA群（近畿北部系または近江系）であり，広口壺・高杯の一部の形式と甕（一部は近畿北部系）がB群（おもに山陰（東部）系）である。これは搬入や模倣といったレベルではなく，意図的に形式として取り込み，在地の土器として製作していることが読みとれる[20]。この在り方には，もちろん人の頻繁でかつ緊密な交流が背景にあることを想像することができるが，人の大がかりな移住を考えるには困難であり，むしろ北陸の集団が外来の土器を積極的に採り入れ，同じものを作り，使うことに意味をみいだしたことを示すものと考えたい[21]。それは，複数の系譜の土器を様々な新器種として採り入れることにより，複数の地域との連携を深めようとする意図的な行動の現れであり，土器が食事に関わる生活に密接に関係した道具という役割に加え，集団表徴の役割も強く付加され，共有するあるいはしないということにより，地域間の関係を強めたり，弱めたりする役割を強く与えられるようになったと解釈したい。

　この特定器種を広い範囲において共有し，地域間の連携を深める在り方を指向し始めるのは，

後期初頭の土器様式の変革以降であり，古墳時代土器様式である布留式を複数の地域の要素（特定器種・文様・技法等）を統合・共有するかたちで成立する土器様式と定義する（次山2000などを参考）ならば，古墳時代土器様式に直接つながる変革は後期初頭に求めることができよう[22]。

　この北陸の後期初頭土器様式と同様の在り方は，まだ資料が十分ではなく明確な様相がわからないものの近畿北部，そして近江，東海西部（兼康1989，赤塚1992・2001などを参考）に見いだすことができる。近畿北部は北陸と同様な在り方をすると考えられ[23]，近江・東海西部に関しては壺・高杯の一部の器種を畿内周辺地域との共有が認められ[24]，そのほかの壺・高杯（・鉢・器台）については両地域に共有するものがあり，甕と一部の壺については，独自の在り方を示すといったように，必ずしも一様ではないが，同様の構造をもっていると理解している。これらの地域に共通しているのは複数の地方からの情報の結節点ということであり，これらの地域において古墳時代につながる変革がいち早くなされていることは興味深い現象であることを指摘しておきたい。

2．土器の分布圏の二者と近畿北部・北陸の役割

　後期初頭の北陸において抽出された2系統の土器を，マクロな視点から分析を加えると，第15図にまとめたように，畿内周辺地域において共有する土器群（A群）をもつ地域の広がりと，中部瀬戸内（吉備）・山陰東部から北陸に至る日本海沿岸地域において共有する土器群（B群）をもつ地域の広がりとして捉えることができる[25]。

　後期初頭の段階では，この2地域間において，技法等の交流が若干認められるものの，基本的に土器の積極的な交流が認められず，搬入・模倣土器も少ない。しかし，土器の粗製化や器種の再編等の基本的な流れは同じであることから，双方に交流があり，情報が行き来していたのにもかかわらず，意図的に器種の共有を行わなかったと考える[26]。こうした器種等の共有を行わな

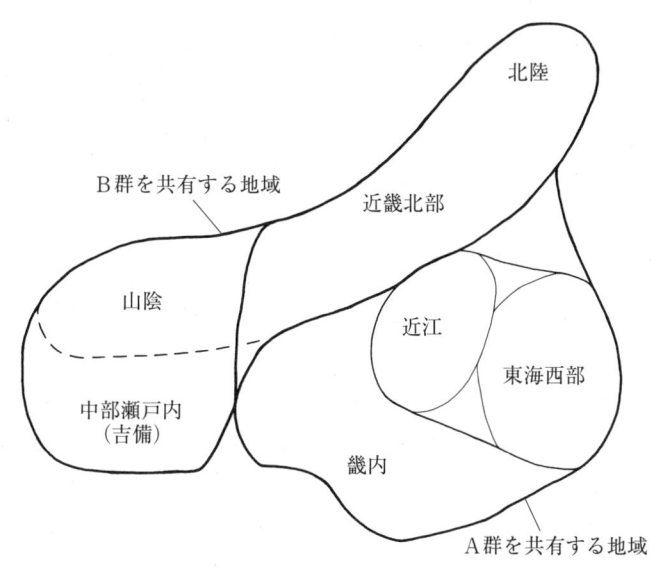

第15図　後期初頭（中期末）における地域間交流概念図

い地域がある一方，2地域の土器を新器種として組み込む近畿北部・北陸の動向は注目できる。ここではその背景についてさらに詳しく考えてみたい。

近畿北部においては，後期初頭にはそれまでの近畿と共有していた甕の在り方から，日本海側と共通性の強い甕(口縁部を拡張し，沈線または凹線文を施す甕)を指向する変化がおこるが，これは日本海側諸地域との交流を重視した結果であろうと考える。しかし，壺・高杯などの器種では畿内周辺地域と共通するものの比率が高い(一部，高杯・壺の把手や高杯の脚裾部などに独自性が加えられているが)と予想できるので，これまで築いてきた枠組みの中に，新たにそれを取り込んだと考える方が実情に即しているのかもしれない[27]。これは墳墓の供献土器の在り方にも象徴的に表れていると考えており，この両地域に系譜をもつ土器が選択され，供献されている可能性があるとみる(第13図)[28]。

北陸においては，中期末以降在地の土器を認識することが難しくなるほど外来系土器が増加するが，さきほど指摘したように中期末以降外来系土器を主体的に採り入れ，共有することに意味を持たせたものと考える。しかし，外来系土器を新器種として組み込むとはいっても，西日本の日本海側を中心とした地域(ただし北部九州は除く)に限られており，東日本には意識が向いていない。このことは西からの情報や鉄などの資源・舶載品などの威信材等を需要するための重要な手段の一つとして意図的に土器様式を変革させ，共有をすることに意味をもたせたものと考えたい。また，これは北陸側だけの必要性ではなく，山陰や近畿北部においても必要性があったのであり，双方向の必要性の上に成り立つ仕組みであると考えている[29]。上述した2地域の土器を形式として採用した背景としては，中期後半以降に日本海沿岸地域との関係が強まる際，2地域の土器を土器様式に取り込んだ近畿北部から間接的に情報を得た可能性も考えられるが，やはり北陸が主体的にその情報を取り込んだものと考えたい[30]。

つまり，近畿北部・北陸においてはこの2地域の土器を土器様式に取り込むことにより，両地域とのつながりを緊密なものとする目的をもって，土器様式を変革させたと考えておきたい。

これらから，近畿北部・北陸両地域の役割を読みとることが可能となるが，とくに当時の近畿北部における地域間交流の在り方・方針を読み解く鍵になると推測している。つまり，畿内からみれば朝鮮半島とをつなぐもう一つの重要な玄関口であり，日本海沿岸地域でみれば東西(おもに北陸と山陰)の結節点であるという地理的・歴史的条件から，両方と交流を保つことに重きを置き，またそのことが当地域の発展を産む要因になったのであろう。北陸においては，東日本との結節点にあたる地理的・歴史的要因を加味して考える必要があるものの，概ね同様の役割・目的があったものと推察している。

3．弥生時代後期初頭の暦年代観と土器様式変革の背景

弥生時代後期の暦年代については，近年盛んに議論がなされており，研究の蓄積がある。しかし，見解には研究者間によって大いに異なっており，弥生時代後期初頭の年代を1世紀第1～2四半期に位置づける見解(秋山1996・2000，平井勝1996，杉本1996，森岡1998，都出1998，岡村1999ほか)

と1世紀第3四半期以降に位置づける見解(豊岡1985, 寺沢1985・1998・1999ほか)とがある。この問題については, 筆者も中期後半の土器の整理を通して前者の立場にたつ見解を述べたこともある(河合2000c)が, それ以降の資料の増加や今回の整理を通して考えたことをまとめてみたい。

この問題を考える上では土器編年の併行関係をまとめる方法(クロスデイティング), 精度の高い年代測定法である年輪年代法の活用[31], 暦年代の推定が可能な大陸からの舶載遺物(鏡や貨泉など)との共伴関係の検討の大きく3通りの方法が有効であると考えるため, まず個々の事例を通観した上で, 最後にこれらをまとめ, 筆者なりの見通しと暦年代から考えられる土器様式変革の背景について簡単に述べたい。

土器編年の併行関係に関しては, 長らく近畿・中部瀬戸内地域と北部九州とでは後期の始まりが一致しないとされてきた。これについては, 近畿と北部九州の両地域における暦年代比定法に差異が存在することに起因している[32]。

それに対し, 近年では, 各地域における土器編年の併行関係を着実に検討することが重視されつつあり(中園1996, 杉本1996, 小山田1996, 平井典1997, 河合2000c, 西谷2002ほか)(第16・17図), その結果として, 北部九州と中部瀬戸内・近畿の後期の始まりが, ほぼ併行すると考えられるようになってきた[33]。これを傍証する資料が, 本州においても近年増加しつつある。その一例が第18図であり, 島根県出雲市古志本郷遺跡・下古志遺跡(松山1998・米田編2001)における北部九州須玖Ⅱ式土器と山陰西部中期末土器との共伴事例である。溝資料ではあるが, 注目をしておきたい。

さて, 先に挙げた土器編年の併行関係をめぐる諸研究の中で, 九州から近畿までの広い範囲を対象として, 最近詳細な整理がなされた西谷彰氏の論考(西谷2002)と筆者が本稿において検討してきた内容は, 対象地域が一部重なり合い, 相互の成果に矛盾がないため, 少なくとも九州~北陸にかけての西日本の広い範囲において, 後期の始まりがほぼ併行すると考える一応の材料が出揃ったものと考えておきたい。

年輪年代法は光谷拓実氏により, これまで多数の事例が分析されている(光谷2000ほか)。その中でも特に注目されることとなったのは, 大阪府和泉市・泉大津市池上曽根遺跡における事例である。大型建物1の柱穴12から出土した柱根が樹皮まで残っていたことから, その伐採年代が紀元前52年と断定され, 共伴土器から建物の時期が河内Ⅳ−3様式(中期後半)であることが明らかにされたことから, 近畿における従来の暦年代観を50~100年さかのぼらせる結果になったためである。調査者の秋山浩三氏は辺材部が残っていた柱穴20の柱根からも近似した結果が得られた(紀元前56年+α(遺存辺材部の厚さからα=3~4年の可能性がある))ことや木材自体の検討, 民俗事例などから転用材である可能性は低いとの結果を提出しており(秋山1996・2000ほか), 共伴した土器の詳細な検討と共に信頼性の高いデータであると考える。そして, この結果は光谷氏がこれまで分析を行ってきた兵庫県尼崎市武庫之庄遺跡, 滋賀県守山市下之郷遺跡, 同二ノ畦・横枕遺跡, 石川県金沢市大友西遺跡等の結果(光谷2000ほか)とも相矛盾するものではないこともこの分析結果の信頼性を補強する材料であると考える。

舶載遺物については, 貨泉に注目したい。貨泉は一般には紀元14~40年に鋳造されたとされ,

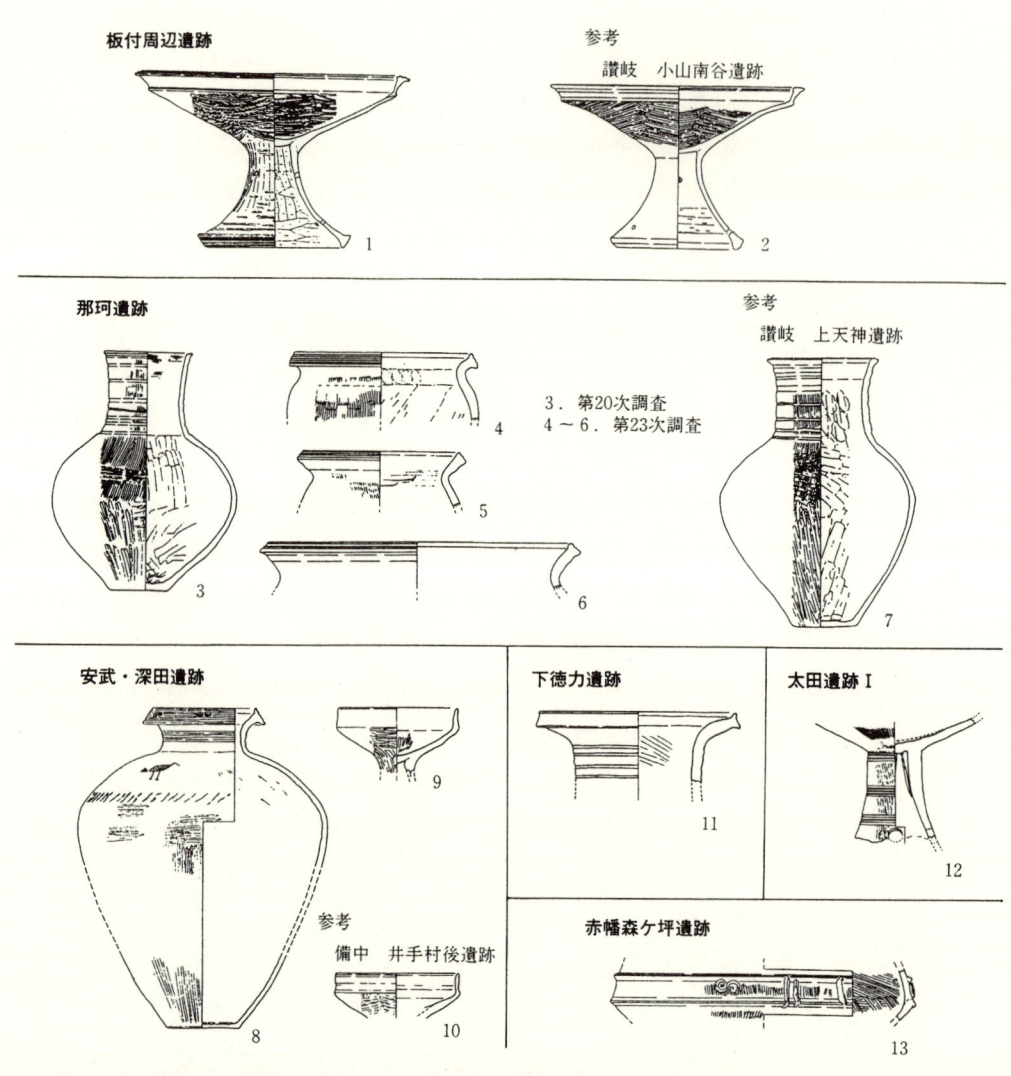

富山大学考古学研究室論集（河合論文）

第16図　北部九州出土の中部瀬戸内系土器（S=1/8）(平井典1997より引用)

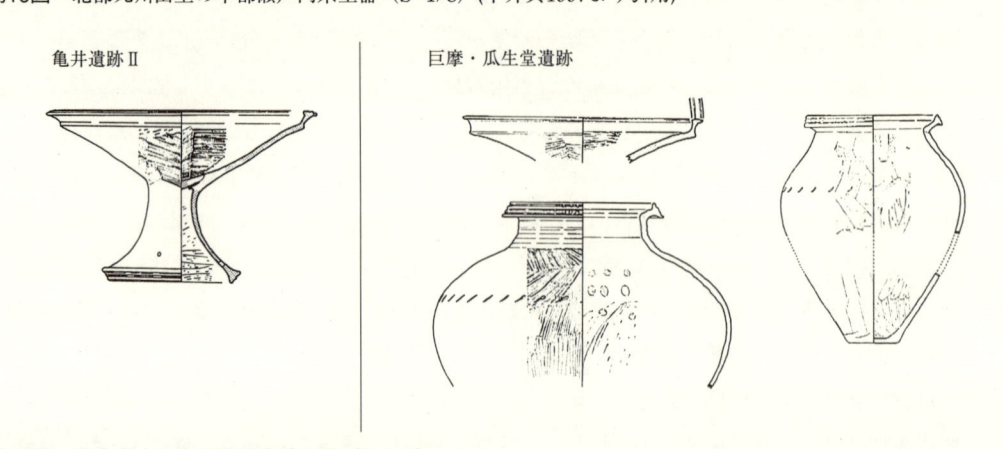

第17図　畿内出土の中部瀬戸内系土器（S=1/8）

－108－

弥生時代後期初頭における土器様式の変革と地域間関係

古志本郷遺跡

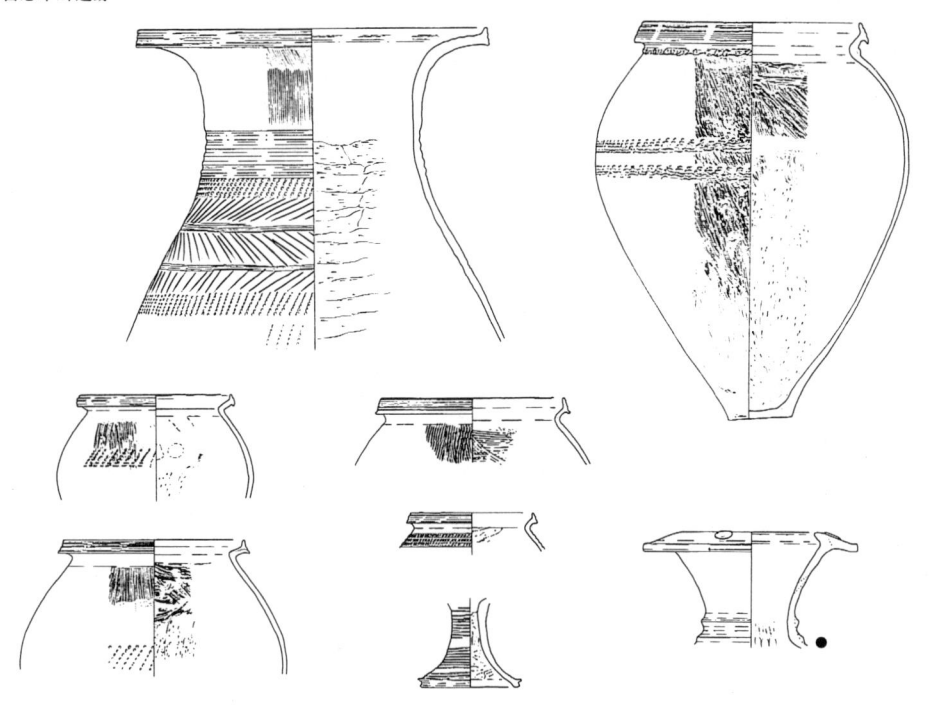

下古志遺跡

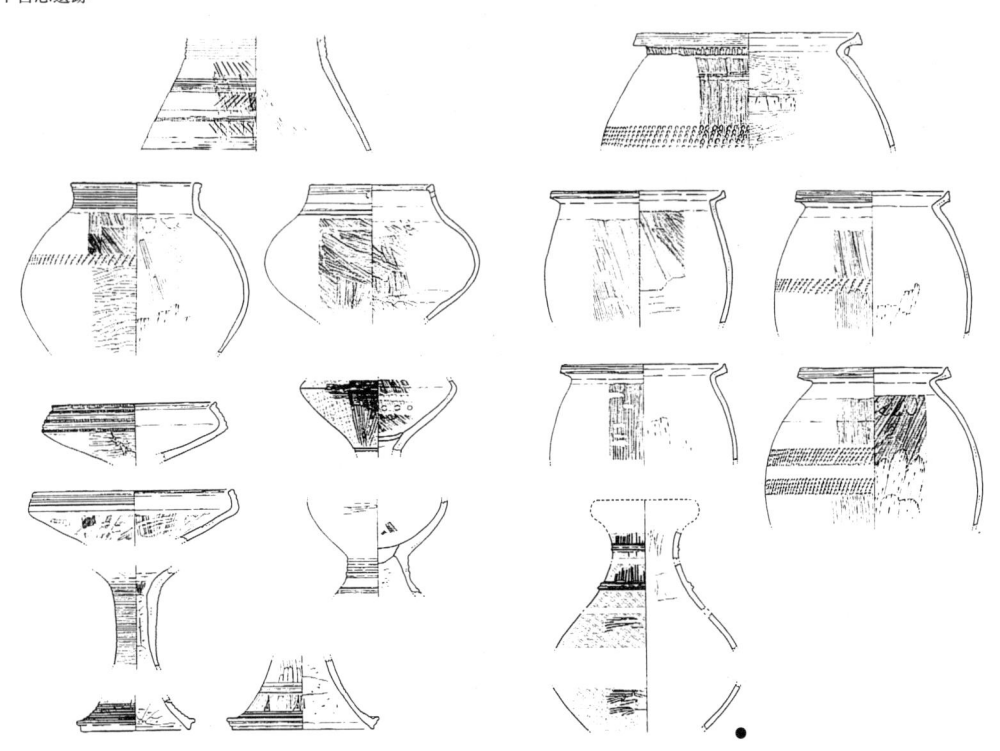

第18図　北部九州系土器の共伴事例（中期末）（島根県古志本郷遺跡・下古志遺跡）(S=1/8)

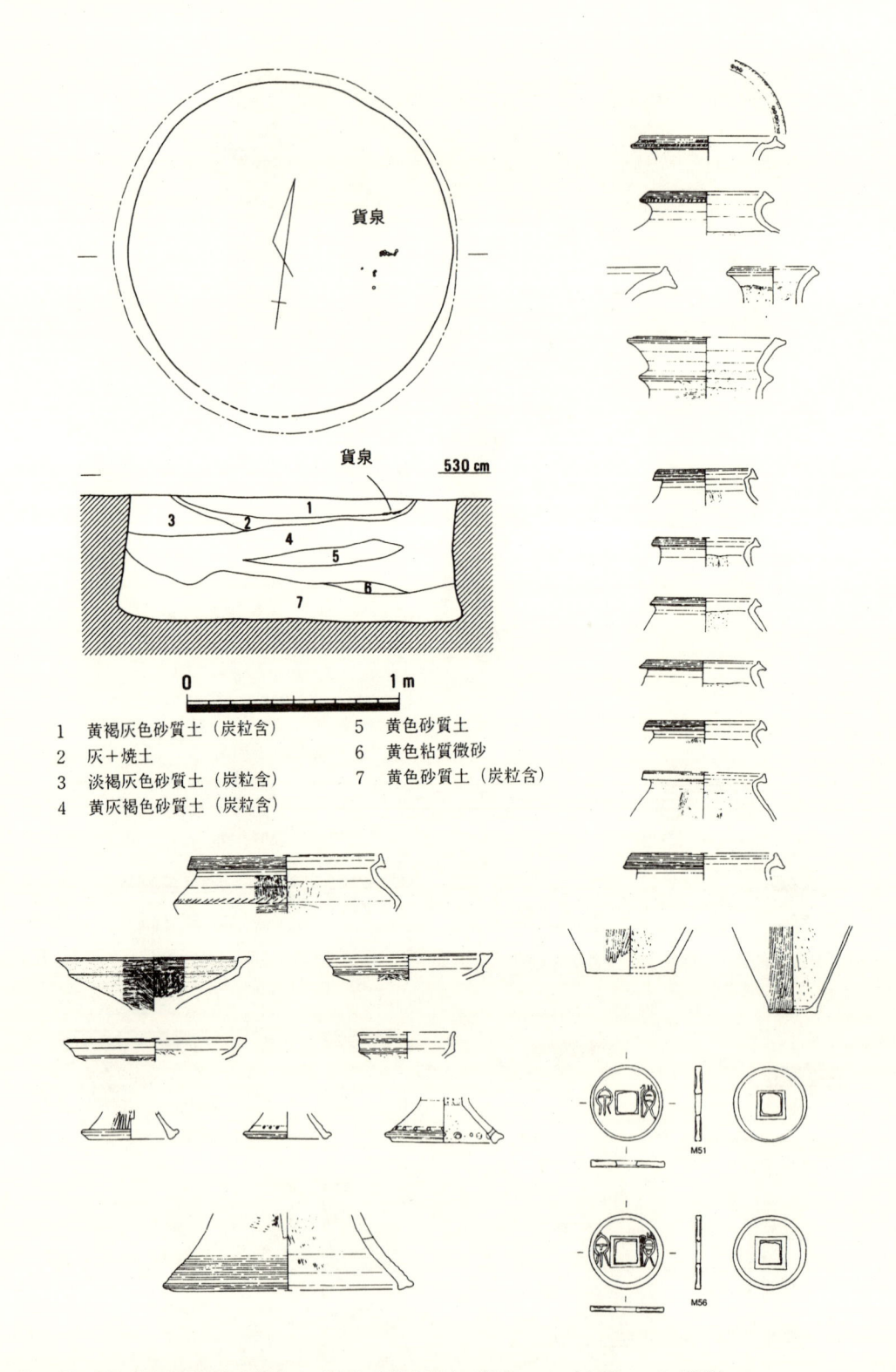

富山大学考古学研究室論集（河合論文）

貨泉

貨泉　530 cm

1 黄褐灰色砂質土（炭粒含）　5 黄色砂質土
2 灰＋焼土　　　　　　　　6 黄色粘質微砂
3 淡褐灰色砂質土（炭粒含）　7 黄色砂質土（炭粒含）
4 黄灰褐色砂質土（炭粒含）

M51

M56

第19図　岡山県高塚遺跡出土貨泉（一部）と共伴土器（一部）(S=1/8（土器）、1/2（貨泉）)
　　　　（江見編2000より改変）

第2表 弥生時代暦年代対比表（近畿・北部九州）

暦年代		近畿編年			北九州編年		
		森岡1998	都出1998	寺澤1998	寺澤1998	柳田1983	橋口1979
紀元前	100	Ⅳ-1様式	第2様式	第Ⅱ様式	城ノ越式 1	3	KⅡC式
		Ⅳ-2様式			2		
		Ⅳ-3様式	第3様式 古/新	第Ⅲ様式 1/2	須玖式 3	須玖式 4	KⅢa式
					4		KⅢb式
	0	Ⅳ-4様式	第4様式	第Ⅳ様式 1/2/3	5	5	KⅢc式
紀元後		V-1様式		4	高三猪式 1	1	KⅣa式
		V-2様式	第5様式 古/中	第V様式 0/1/2	2	高三猪式 2	KⅣb式
	100	V-3様式					KⅣc式
						3	KVa式

暦年代を推定するには良好な資料とされるからである。しかし，実際は平井泰男氏の指摘にあるように(平井泰2000)，その後も流通していたり，私鋳銭が作られていたようであるので，注意が必要とされる。

しかし，中部瀬戸内の岡山県岡山市高塚遺跡から後期初頭(平井V期)の土器に伴って25枚の貨泉が出土した例(第19図)，同岡山市上東遺跡例をはじめとして，近畿では大阪府八尾市亀井遺跡，同東大阪市巨摩廃寺遺跡，(同大阪市瓜破遺跡)でも後期初頭(河内V-0様式)の層から出土する。このように特定の文物が比較的限定された小様式に集中して出土することが認められることは，秋山氏が指摘するように(秋山1996)，鋳造時期との時間的間隔をあまり持たずに(集中して)伝来したと想定するのが自然であると考える。そしてその鋳造時期は，高塚遺跡における平井泰男氏の検討結果(平井泰2000)および寺沢薫氏の検討結果(寺沢1985)から出土貨泉が新しい傾向を持つことが指摘されていることから，後漢初頭に下りる蓋然性が高い。高塚遺跡出土例は後期初頭から1小様式後の土器と共伴することから，後期初頭の時期は紀元1世紀第1四半期，遅くとも第2四半期の初頭に収まるものと考える。

以上の成果をまとめると，後期の始まりについて，土器編年の併行関係においては北部九州と中部瀬戸内・山陰・近畿・北陸がほぼ併行する見通しがつき，後期初頭の土器と共伴関係を持つことが確認された貨泉からは後期初頭の年代が紀元1世紀第1四半期，遅くとも第2四半期の初

頭に収まる可能性が高いことを確認した。これは北部九州において後期初頭に編年される甕棺から出土する中国鏡から推定される暦年代(岡村1990・1999ほか)とも整合性をもつものであり(34)，年輪年代法の成果とも齟齬をきたさないことから，首肯できるものと考える。筆者の中期後半から後期前半にかけての暦年代観としては森岡秀人氏の見解(森岡ほか1998)に近いものを考えている(第2表)。

　最後に，本稿でみてきた後期初頭におこる土器様式変革の背景について考えてみたい。この変革は少なくとも西日本の広い範囲でほぼ同時におこった可能性の高いものであるが，すでに多くの先学が指摘してきたように(高倉1995，広瀬1997，岡村1999，西谷2002ほか)，この変革は列島にとどまるものではなく，朝鮮半島や中国大陸の動向と密接に関わりを持つものと考えるべきである。それは後期初頭の土器に伴って一定量の貨泉や中国鏡などの舶載品が出土することから，この時期に集中的な流入があったと指摘されている(寺沢1985，岡村1999ほか)事実が示唆することでもある(35)。

　この背景としては，筆者と近い暦年代観をもつ野島永氏により前漢王朝の滅亡と王莽による新王朝の建国に見られる外交政策の変化に関連するとの見通しが提出されている(野島2001)ように，前漢末～後漢初頭の中国大陸で起こった政治的・社会的な混乱が大きく関連しているものと考えておきたい。

Ⅳ　結　　　語

　以上，西日本の広い地域における弥生後期初頭を中心とした時期の土器編年の併行関係についての整理作業を基礎として，土器交流システム・土器様式構造の分析を行い，土器様式の変革の内容を明らかにする努力を行ってきた。

　結果としては以下の通りであり，土器以外の様々な考古資料の分析においてなされつつある研究成果と概ね整合性を持つ結果となり，さらに多くの情報が得られたものと考える。

　土器編年の併行関係については，後期の始まりにおいてほぼ併行する見通しがついた。これについては中期後半に確立した広域土器交流システムが基盤になっていると考えた。そして，後期の土器様式の変革が各地域でほぼ同時期に行われた背景には日本のみならず朝鮮半島や中国大陸での動向が関与していると考え，その暦年代を検討した結果，紀元1世紀第1四半期，遅くとも第2四半期の初頭に収まる可能性が高いことを確認し，このころ中国大陸で起こった前漢末～後漢初頭の政治的・社会的な混乱が大きく関連しているのではないかと推測した。

　土器交流システムの検討からは，基本的に中期後半に確立した広域直接土器交流システムを継承しているものと考えられ，後期初頭の土器様式の変革はその脈絡の上に位置づけられる。

　土器様式構造の分析では，後期初頭に大きな変化が看取され，器種の大きな再編と器種によって系譜の違う土器を受容・採用し，新器種として組み込む新しいあり方の2つを確認できた。

　多くの地域に系譜をもつ土器が出土する北陸の土器を分析した結果，大きく2系統に大別でき，

分布的には畿内を中心とした地域にて共有する土器群(本稿：A群)と中部瀬戸内・山陰を中心とした地域にて共有する土器群(本稿：B群)があることが明らかとなった。これらは互いに分布域を違え，畿内と中部瀬戸内・山陰とでは共有関係が認められない。これにははっきりとした指向性が看取でき，これらの地域において情報は互いに往来していたにもかかわらず，意図的に土器様式に採用していないと理解した。その一方で，近畿北部と北陸ではこの双方を採用しており，両地域の土器を採用することに意味があると考えた。これらはそれぞれの地域の列島内における位置づけや役割，そして当時の地域間関係のあり方を考えていく上で有益な情報を提供するものと考える。

他の考古資料における成果とのすりあわせでは，後期後半にいち早く銅鐸祭祀を脱却し，独特の墳墓祭祀へと移行する地域と銅鐸祭祀を継続・発展させてゆく地域に分化することが明らかにされつつある(寺沢2000など)が，これは本稿におけるB群土器を共有する地域とA群土器を共有する地域に相当するものであり，注目できる。このことは土器から得られる情報も，社会的変革を議論してゆく際に有効な情報を与えるといったことを示していると考える。

Ｖ　お わ り に

本稿では，弥生時代後期初頭における土器様式の併行関係の整理を通して，様々な問題について考えてみた。とくに近年議論されている中期末・後期初頭の間の画期について，土器からの研究の蓄積も多くあるが，本稿で行ってきたようなマクロな視点から見直すことによって，さらに多くの情報を引き出せるものと考えている。

結果としては，後期初頭に大きな変革が見られることは事実であるが，その多くが中期後半・末の変革が土台となっていることを確認でき，また視点を変えれば(例えば土器交流システム等)，中期後半と大きく変化しない側面があることも確認できた。後期初頭の変革を正当に評価するには時間的・地域的脈絡の上にまずは位置づける必要があるだろう。

また本稿で明らかにしたように，人の往来・交流が必ずしも土器(その他の考古資料でも同様)に反映されているとは限らない。このように意味は単純には読みとれないことは明らかである。今後は様々な角度から検討を行い，当時の人々が考古資料に付与したであろう意味や役割を読みとり復元してゆくことがますます必要とされるであろう。

本稿においては，後期初頭の土器様式構造の分析から複雑な地域間関係のあり方を読みとり，とくにこの時期においては，情報や交流の有無ではなく，それぞれの地域における主体的な選択性が考古資料に表現されていた可能性が高いことを指摘できた。

さらに，ここから土器の役割の変化を読みとり，これが古墳時代土器様式につながる要素をもつものであることを指摘したが，このようにさらなる情報を引き出せる余地がある。本稿での試みがこの種の議論を活発化させる一つの契機になればと考えている。

謝辞

本稿執筆の直接の契機は，2000年2月の第1回北陸弥生文化研究会の際，石川県加賀市猫橋遺跡の土器をみていた時に，石黒立人氏から，当遺跡出土の吉備系土器を鍵とした広域編年を勧められたことにあります。氏にはこの研究会を通して多くのご教示をいただきました。

また，本稿は，富山大学大学院在学中に宇野隆夫先生から受けたご指導と，この研究会での検討結果に負うところが大きい。一緒に検討を行ってきた景山和也・楠　正勝・小西昌志・小林正史・林　大智・福海貴子・安　英樹・安中哲徳の各氏から助言をいただいています。

また，赤澤徳明・石田爲成・伊庭　功・江見正己・亀山行雄・國分政子・小竹森直子・近藤　広・佐々木　勝・重根弘和・篠宮　正・高畑知功・平井典子・平井泰男・深澤芳樹・米田克彦・渡邉恵里子の各氏からもご教示をいただいています。とくに平井泰男氏には投稿中の論文にもかかわらず，引用を許可していただき，さらに吉備の土器編年についての詳細なご教示をいただきました。

本稿の基礎となった資料調査では，富山大学(現中央大学)の前川要先生にご配慮をいただき，上記の方々のほかに，大阪府高槻市古曽部・芝谷遺跡の見学では宮崎康雄・森田克行の両氏に，大阪府八尾市亀井遺跡については大阪府の発掘調査に参加していた際に亀井　聡・三好孝一の両氏に，岡山県矢掛町清水谷遺跡については杉山一雄・藤江　望の両氏にそれぞれ便宜を図っていただき，かつご教示をいただきました。

年輪年代法については，奈良文化財研究所の光谷拓実氏に直接ご教示をいただきました。

このほかにもたくさんの方々にお世話になりました。文末ながら，以上の方々に深い感謝の意を表したいと思います。

最後になりましたが，秋山進午先生が古稀を迎えられますことをお祝い申し上げます。先生には直接ご指導を受けることができませんでしたが，先生が礎を築かれてきた富山大学考古学研究室で学んだものとして，そして学生時代から今に至るまで先生から薫陶を受けられた多くの諸先輩方にお世話になったものとして，先生の学恩に報いたいと思い，これまで私が関わりを持ってきた地域を題材にしたこの小論を献呈したいと思います。先生のこれからのますますのご活躍・ご健勝を祈念いたします。

註
（1）投稿時にはまだ未公表であるにもかかわらず，引用を快諾していただき，また併行関係等のご教示を受けました。記して感謝したいと思います。
（2）高橋護氏の研究成果(高橋1980・1986など)を概ね支持しているとのご教示を得た。
（3）一時的に中部瀬戸内の影響が強まると理解されている(森田1990ほか)
（4）近年では，胎土から讃岐産と推定されている。
（5）濱田氏の抽出した後期初頭や寺沢・森井氏のV－O様式は中部瀬戸内の後期初頭に比して，長い時期幅をもつ印象がある。特に後者は平井Ⅶ期(鬼川市Ⅱ式初頭)のものを含んでいる可能性がある(平井典

2002・森岡2002・平井泰男氏のご教示)。

(6) 従来の編年との対比では猫橋式〜法仏式前半，楠正勝氏の西念・南新保遺跡での編年では猫橋後期1－1期が2－1・2期，1－2期が2－3・4期，2期が3－1・2期に概ね併行すると考えている（第1表)。ただし，本稿で示した第9図29・30のK区1号住の評価など細部によっては違う点もあり，これは方法上の違いが反映されていると考えており，今後の課題としたい。また，2期とした短頸壺第10図5〜8，高杯第10図22・23などは評価が微妙なものであり，検討途上にある材料もあることを明記しておきたい。

(7) 頸部にケズリが届いてないものを，時期が古いものとみなす見方もあるが，中部瀬戸内の事例から判断して，後期初頭まで残るものと考えておきたい。こうした状況は，北陸においても同様であると考えている。

(8) 後期初頭より新しい資料が若干認められるものの良好な資料であると判断している。

(9) 鳥取県淀江町から大山町にまたがる妻木晩田遺跡の発掘報告書において，杯A2類とされる（岩田・松本・門脇・妹尾2000）器種の祖形になるものと考えている。

(10) 本稿では中期後半を北陸第Ⅳ様式（とその併行期）（河合1996）の意味で，中期末を北陸Ⅳ－3様式（とその併行期）の意味でそれぞれ用いている。

(11) 口縁部近くに凹線文（または痕跡的にナデを施すもの）を残すものは，北陸（近畿北部も同様か？）においては後期後半にまで定量残るものであるため，これのみをもって，当該期の特徴とはできないものの，注目しておきたい属性である。

(12) 中部瀬戸内にはそのほかに放射状ミガキも定量存在する。赤彩を施す高杯は備中地域に多くみられるとされ（高畑知功・平井典子・平井泰男氏からのご教示），岡山市高塚遺跡（本稿第19図）・岡山県矢掛町清水谷遺跡（直原編2001）などに事例がみられる。当事例および，西伯耆における吉備系土器のあり方から（岩橋1994)，主要交流ルートの一つとして，高梁川－日野川を介したルートが想定できる。

(13) 本稿では丹後・北丹波を近畿北部として扱うこととする。

(14) 備前と備中の併行関係については，平井泰男氏のご教示を得ている。備中南部Ⅳ期・加賀後期1－1期併行期の時期幅は短い印象がある。畿内と中部瀬戸内・山陰・近畿北部・北陸との土器編年の併行関係については後期初頭以降，併行関係を具体的に示す資料が乏しいため，本稿では保留している。今後の検討課題としたい。

(15) 短頸壺などの壺類にハケ調整を施すものが多い。これは近畿北部や播磨・摂津に多くみられる特徴であり，系譜を示唆するものと考えている。

(16) その系譜は池橋幹・松井潔両氏の整理（池橋1985・松井1997）を参考にすれば，因幡・東伯耆・西伯耆など山陰東部を中心とした様々な地域に系譜を求めることができ，複雑な土器交流の在り方が実体であったと考える（第1図）。これは中期後半の土器に関しても同様のことがいえそうである（石田爲成氏のご教示)。しかし次の段階（後期1－2期）には，器種が減り，再編が進んでいることを確認できる。

(17) ただし，近江系の土器は遺跡によっては高頻度で出土する遺跡もあることは注意しておきたい（松任市八田小鮒遺跡：本稿後期1－2期併行期が中心と考えられる（木田編1988）など）。近江においても，壺類や高杯には畿内と共通した器種を持つことが多く，近江系が卓越する遺跡においては，そのような土器群を近江系と理解すべきであると考えている。

(18) 中期後半以前も伝統的に日本海を介して，近畿北部から情報を受けていたことは明らかである（増山1987ほか）。中期後半に北陸への凹線文系土器の受容に大きな役割を果たしたのも同地域である。時期が経るにつれ，山陰との直接交流が強まることが確認されており（河合2000ｂ)，後期初頭もこの脈絡上にとらえることができるであろう。

(19) しかし，間接的ではあるものの，畿内周辺と共通した器種を様式に組み込んでいることは確かであり，畿内周辺の情報を受け取っていたことを想定しておく必要性があり，同じ日本海沿岸地域といっても搬入品でしか把握できない（積極的に受容しない）山陰とは大きく違うことを確かめておきたい。これについては伝統的・歴史的要素や地理的要素が大きいと考えているが，この差異がこれ以降，古墳時代

(20) 後期初頭の段階においては，中期中葉小松式の伝統を引く在地系土器が散見される程度になる。中期後半以降，近畿北部や山陰と継続的に交流を保ちながら，自律的に他地域の情報を受容していたものと考えている。

(21) 土器は食事に密接した道具の側面もあることから，食事のとり方，ひいては儀礼・祭祀のあり方がそこに反映されていると考えられ，これを組み合わせたものとして理解すべきである。このための意義は大きいであろう。

(22) つまり，後期初頭におこった土器様式の変革は，次の古墳時代土器様式へ向かう方向性を決定づけた性格を持っていたと推測することが可能であろう。これはその直前の弥生時代中期後半に確立した広域交流システム(田崎1995，河合2000b)がその前提にあってはじめてなしえた変革であろうと考える。

(23) 現状では資料が少ないものの，調査が進めば，近畿北部において，同様の土器群が抽出される可能性が高いと考えている。

(24) 東海西部については，近年公表された愛知県一宮市八王子遺跡の土器を基礎とした赤塚次郎氏の分析(赤塚2001)により明瞭になりつつある。東海西部では後期初頭の段階に，近江南部(湖南)の土器を組成に組み込む段階を経るようである(ただし，遺跡差である可能性も考えておきたい)。筆者は近江南部もA群土器を一部共有する地域ととらえているため，東海西部もその地域の一つとしてとらえられるものと考えている。赤塚氏が吉備系・丹後系と理解する高杯Cや高杯Aはこれらの地域に特有の器種ではなく，前者はA・B群の両方に，後者はA群にそれぞれ対応する器種ととらえられることが可能であり，その系譜や地域間交流については別の見方をできるものと考えている。後期後半(中葉)以降の地域間関係については別稿を設け詳述したい。

(25) B群を共有する地域は，伝統的に中国山地を介して密接な関係を保った中部瀬戸内・山陰と山陰を含む日本海側に大別できるかもしれない。これは山陰が両地域をつなぐ役割を果たしたとも評価できるかもしれない。

(26) こうしたあり方は近年鉄器や玉などの研究成果(河野1997，野島・河野2001，村上2001bほか)によって，山陰・近畿北部との直接交流が明らかにされつつある北部九州・朝鮮半島との土器形式の交流がない点とも共通したあり方である。また同様のあり方はケニヤのバリンゴの民族考古学的調査を行ったイアン・ホダー氏によって注目されている視点と関連をもつものであり，相互交渉が密接な人間集団間においても，物質文化のシャープな境界線は発現し，その逆もあり得ることが氏によって明らかにされている(溝口1998)。「物質」文化が実体的行為・社会組織の単純な「反映」ではないとの指摘は重要であり注目しておきたい。

(27) 無論，中期後半の段階ですでに山陰など日本海側の諸地域からの情報は入っていたことは搬入・模倣土器からも予想されるが，甕における在地の土器の変化は見られなかったので，重視すべきであろう。これには，土器様式の変革に見られる後期初頭の動きが大きく関連したことは想像に難くない。

(28) 弥生時代後期の葬送儀礼の地域性を研究した大庭重信氏の成果(大庭1992・1996)によれば，後期には吉備(中部瀬戸内)・山陰・近畿北部・北陸の一部が畿内とは異なるあり方を示すことを指摘している。前者は本稿のB群土器を共有する地域に相当し，後者がA群土器を共有する地域に相当する。近畿北部の墳墓出土土器は甕が定量存在することに特徴があり，そのあり方は大庭氏が畿内の特徴と挙げるものに相当するものであるから，近畿北部では双方の地域のあり方を葬送儀礼に取り込んでいた可能性があり，ここでの推論と関わりを持つため，注目しておきたい。北陸も現状では資料が少ないものの，同様の様相を示す可能性が高いものと考えている。

(29) その有力な候補の一つとしては，玉生産に関する素材・製品が挙げられる(河村1986，米田2000)。玉生産に関しては，河野一隆氏が京都府弥栄町奈具岡遺跡の分析を行う中での，中期後半の段階の北陸・山陰地域との技術交流の指摘や中期中葉～後半の時期において登場する初期威信材生産組織の拡散が

地域社会の再編と物流ネットワークの再構築をもたらしたとの指摘(河野1997)に注目しておきたい。中期後半の土器の分析から明らかにされた土器交流システムの変革もこの指摘に関わる可能性が高いと考えられ，最近の北陸における玉生産のみならず鉄器や青銅器の資料の蓄積(林1999・2000，林・佐々木2001)も注意する必要がある。後期初頭の土器様式の変革が，北陸においてほぼ時間差をおかずなされたのも，この下地があったためと理解している。

(30) 近畿北部と北陸には密接な関係が読みとれるため，近畿北部が北陸に影響を与えたと解釈するのが妥当かもしれない。しかし，その土器様式の採用については，北陸の諸集団の主体的な選択の結果であると考えており，必要性のもとの行動であったことを確認しておきたい。北陸と近畿北部とでは山陰系土器の比率や形式の種類に差がある可能性があり，北陸がより多く，山陰からの情報を組み込んでいる可能性があるとみている。

(31) この方法を疑問視する声もあるようであるが，暦年代が文献によってはっきりしている事例(例えば滋賀県宮町遺跡や岩手県柳之御所遺跡など)の分析結果から，非常に精度が高い方法として注目したい。また，この方法についての方法・原理や過去の事例について，そして池上曽根遺跡出土の柱根についての所見についても，光谷氏から直接ご教示をいただいた。記して感謝したい。

(32) この問題に関する研究史的背景については，黒沢浩・西谷彰両氏の論考に詳しいため(黒沢1990・1997・1998a・b，西谷2002)，詳細はそちらを参考にされたい。また暦年代観の変遷は森岡秀人氏が詳細にまとめている(森岡2001・2002)。

(33) 併行関係については，研究者間で意見の相違が少ないが，時期の区分で大きく意見が分かれていると考えている。中期的な様相を残しつつも，後期的な要素が見られる段階を北部九州では後期初頭，中部瀬戸内や近畿では中期末と評価する研究者が多いように見受けられる。中園・川上洋一(川上1994)・杉本・西谷氏は後者の立場をとっているものと考えられ，筆者もこの考えを支持している。大きな問題は評価にあるといっても過言ではないであろう。この問題については学史的な背景を含め，稿を改めて詳述したい。

(34) 岡村氏は，氏の漢鏡の編年と橋口達也氏の甕棺編年(橋口1979)とは整合的に対応するとはいい難いと指摘しており，違う年代観を提出している(岡村1990ほか)。北部九州の集落の土器を検討した杉本厚典氏は，橋口氏が後期初頭とされたKⅣa式については，川上洋一氏の研究(川上1994)を引き，それに併行する丹塗り磨研土器や日常土器は須玖Ⅱ式新段階＝中期末と位置づけ，後期の開始期を橋口氏のKⅣb・c式とし，このKⅣb・c式が畿内や東部(本稿の中部)瀬戸内の後期初頭と併行するとした。その年代観については，これまで北部九州において試みられてきた方法論を検証した結果として，特別な理由がない限り紀元57年以降におく必要がないとして，岡村氏の年代観を支持し，紀元1世紀第1四半期から第2四半期に位置づけることが可能としている。

(35) 舶載品の流入ルートとしては瀬戸内海が注目されてきたが，近年の発掘調査による成果によって，鳥取県青谷町青谷上寺地遺跡における貨泉の出土(湯村2002)や京都府大宮町三坂神社3号墓・左坂26号墓にみられる舶載鉄刀の出土(野島・野々口2000)等の資料の増加がみられることは，日本海ルートの重要性を物語っていると考えている。また，このことについては鉄器の普及から村上恭通氏が注目し，地理的・歴史的脈絡を明らかにしつつ，体系的に論じている(村上2001a)。このことは本稿において土器から読みとった地域間関係・交流システムと矛盾するものではなく，これらの情報を総合的に捉えていくことでより深い情報が得られると考えており，今後の検討課題にしたい。

参考文献

赤塚　次郎　　「山中式土器について」『山中遺跡』(財)愛知県埋蔵文化財センター　1992

赤塚　次郎　　「濃尾平野における弥生時代後期の土器編年」『八王子遺跡』(財)愛知県教育サービスセンター・愛知県埋蔵文化財センター　2001

秋山　浩三　　「B.C.52年の弥生土器－池上曽根遺跡の大型建物・井戸出土資料と年輪年代－」『大阪文化財研究』11　(財)大阪府文化財調査研究センター　1996

秋山　浩三　「"B.C.52年の弥生土器"をどのようにしてⅣ－3小様式に比定したか」(第28回弥生土器を語る会資料)　2000
池橋　　幹　「弥生後期土器の地域色とその背景－中国地方東部を中心に－」『考古学研究』32－3　考古学研究会　1985
伊藤　暁子編　『巨摩・瓜生堂』(財)大阪文化財センター　1982
岩田　文章・松本　哲・門脇　豊文・妹尾　活明　「土器の分類と編年」『妻木晩田遺跡』　淀江町教育委員会　2000
岩橋　孝典　「山陰地域内出土の外来系土器について」『石田遺跡』島根県教育委員会　1994
江見　正己編　『高塚遺跡・三手遺跡2』岡山県教育委員会　2000
大庭　重信　「弥生時代の葬送儀礼と土器」『待兼山論叢史学編』大阪大学文学部　1992
大庭　重信　「墳墓出土土器と二重口縁壺の動態」『弥生後期の瀬戸内海－土器・青銅器・鉄器からみたその領域と交通－』古代学協会四国支部　1996
岡村　秀典　「中国鏡による弥生時代実年代論」『考古学ジャーナル』325　ニュー・サイエンス社　1990
岡村　秀典　「中国鏡からみた弥生・古墳時代の年代」『第40回埋蔵文化財研究集会　考古学と実年代』Ⅰ　埋蔵文化財研究会　1996
岡村　秀典　『三角縁神獣鏡の時代』吉川弘文館　1999
兼康　保明　「近江地域」『弥生土器の様式と編年』近畿編Ⅱ　木耳社　1990
河合　　忍　「北陸弥生土器様式の変革過程－器種・用途別の計量分析を中心として－」『石川考古学研究会々誌』39　石川考古学研究会　1996
河合　　忍　「弥生時代中期後半における外来系土器の分析からわかること－土器の併行関係と土器交流システムの変革について－」『「戸水B式」を考える』　北陸弥生文化研究会　2000a
河合　　忍　「弥生時代中期後半における土器交流システムの変革とその背景－北陸における凹線文土器の分析を中心として－」『石川考古学研究会々誌』43　石川考古学研究会　2000b
河合　　忍　「弥生時代中期後半土器の併行関係と暦年代観」『石川県埋蔵文化財情報』3　(財)石川県埋蔵文化財センター　2000c
川上　洋一　「弥生時代の北部九州における甕棺と日常土器の併行関係に関して」『橿原考古学研究論集』11　橿原考古学研究所　1994
河野　一隆　「玉作と鉄器文化－京都府奈具岡遺跡の遺構・遺物の検討から－」『第4回鉄器文化研究会　東日本における鉄器文化の受容と展開』鉄器文化研究会　1997
河村　好光　「玉生産の展開と流通」『岩波講座　日本考古学』3　生産と流通　岩波書店　1986
木田　清編　『松任市八田小鮒遺跡』松任市教育委員会　1988
楠　　正勝　『金沢市西念・南新保遺跡Ⅱ』　金沢市教育委員会　1989
楠　　正勝　『金沢市西念・南新保遺跡Ⅳ』　金沢市教育委員会　1996
楠　正勝・栃木　英道　「弥生時代」『金沢市史』資料編19　考古　金沢市　1999
黒沢　　浩　「弥生時代実年代論の現状と課題」『考古学ジャーナル』325　ニュー・サイエンス社　1990
黒沢　　浩　「弥生時代暦年代ノート(1)～(3)」『みずほ』23～25　大和弥生文化の会　1997・1998a・b
桑原　久男　「畿内弥生土器の推移と画期」『史林』72－1　史学研究会　1989
小山田宏一　「近畿地方暦年代の再整理」『第40回埋蔵文化財研究集会　考古学と実年代』Ⅰ　埋蔵文化財研究会　1996
酒井　龍一　「拠点集落と弥生社会」『弥生の世界』歴史発掘6　講談社　1997
杉本　厚典　「東部瀬戸内と北部九州の弥生時代後期初頭の土器編年の平行関係」『香川考古』5　香川考古学研究会　1996
高倉　洋彰　『金印国家群の時代－東アジア世界と弥生社会』青木書店　1995
高橋　　護　「弥生土器－山陽1～4－」『考古学ジャーナル』181　ニューサイエンス社　1980

高橋　　護　「上東式土器の細分編年基準」『岡山県立博物館研究報告』7　岡山県立博物館　1986
滝川　重徳編『金沢市藤江B遺跡Ⅱ』(財)石川県埋蔵文化財センター　2001
田崎　博之　「瀬戸内における弥生社会と交流－土器と鏡を中心として－」『瀬戸内における交流の展開』古代王権と交流6　名著出版　1995
次山　　淳　「土器からみた諸変革」『国家形成過程の諸変革』考古学研究会　2000
都出比呂志　「総論－弥生から古墳へ－」『古代国家はこうして生まれた』角川書店　1998
寺沢　　薫　「弥生時代舶載製品の東方流入」『考古学と移住・移動』同志社大学　1985
寺沢　　薫　「集落から都市へ」『古代国家はこうして生まれた』角川書店　1998
寺沢　　薫　「紀元前五二年の土器はなにか－古年輪年代の解釈をめぐる功罪－」『考古学に学ぶ遺構と遺物』同志社大学　1999
寺沢　　薫　『王権誕生』日本の歴史02　講談社　2000
寺沢　　薫・森井　貞雄　「河内地域」『弥生土器の様式と編年』近畿編Ⅰ　木耳社　1989
寺沢　　薫・森岡　秀人編『弥生土器の様式と編年』近畿編Ⅰ　木耳社　1989
寺沢　　薫・森岡　秀人編『弥生土器の様式と編年』近畿編Ⅱ　木耳社　1990
豊岡　卓之　「「畿内」第Ⅴ様式暦年代の試み」『古代学研究』108・109　古代学研究会　1985
直原　伸二編『清水谷遺跡〈一本木地区〉』岡山県矢掛町教育委員会　2001
中川　　寧　「山陰の後期弥生土器における編年と地域間関係」『島根考古学会誌』13　島根考古学会　1996
中園　　聡　「弥生時代中期土器様式の併行関係－須玖Ⅱ式期の九州・瀬戸内－」『史淵』133　九州大学文学部　1996
中屋　克彦編『金沢市戸水B遺跡』　石川県立埋蔵文化財センター　1994
中山　俊紀　「津山の弥生土器4」『年報　津山弥生の里』7　津山市教育委員会　2000
西谷　　彰　「弥生時代後半期における土器編年の併行関係－西日本を中心に－」『古文化談叢』48　九州古文化研究会　2002
野島　　永　「鉄器からみた諸変革－初期国家形成期における鉄器流通の様相－」『国家形成過程の諸変革』考古学研究会　2000
野島　　永・河野　一隆　「玉と鉄－弥生時代玉作り技術と交易－」『古代文化』53－4　(財)古代学協会　2001
野島　　永・野々口陽子「近畿地方北部における古墳成立期の墳墓(1・2)」『京都府埋蔵文化財情報』74・75　(財)京都府埋蔵文化財調査研究センター　1999・2000
野田　久男・清水　真一　『日本の古代遺跡』9　鳥取　保育社　1983
橋口　達也　「甕棺の編年的研究」『九州縦貫自動車道関係埋蔵文化財調査報告』ⅩⅩⅩⅠ(中巻)　福岡県教育委員会　1979
浜田　延充　「畿内第Ⅳ様式の実像－西ノ辻N地点出土土器の再検討－」『ヒストリア』174　大阪歴史学会　2001
林　　大智　「石川県における農具の鉄器化と手工業生産の導入について」『農工具　石川県考古資料調査・集成事業報告書』　石川考古学研究会　1999
林　　大智　「羽咋市吉崎・次場遺跡出土の土製鋳型外枠について」『石川県埋蔵文化財情報』3　(財)石川県埋蔵文化財センター　2000
林　　大智・佐々木　勝　「北陸南西部地域における弥生時代の鉄製品」『補遺編　石川県考古資料調査・集成事業報告書』　石川考古学研究会　2001
平井　典子　「弥生時代後期における中部瀬戸内と北部九州の交流」『古代吉備』19　古代吉備研究会　1997
平井　典子　「中四国から見た併行関係と実年代資料」『日本考古学協会2002年度橿原大会　研究発表資料集』　2002

富山大学考古学研究室論集（河合論文）

平井　　勝	「理化学的年代測定からみた暦年代－中・四国地方－」『第40回埋蔵文化財研究集会　考古学と実年代』Ⅰ　埋蔵文化財研究会　1996	
平井　泰男	「高塚遺跡出土の貨泉について」『高塚遺跡・三手遺跡2』岡山県教育委員会　2000	
平井　泰男	「備中南部における弥生時代中期後葉から後期前葉の土器編年」『環瀬戸内海の考古学　平井勝氏追悼論文集(古代吉備24)』　古代吉備研究会　2002	
深澤　芳樹	「弥生時代の近畿」『岩波講座　日本考古学』5　岩波書店　1986	
深澤　芳樹	「尾張における凹線紋出現の経緯－朝日遺跡出土土器の検討から－」『朝日遺跡』Ⅴ　愛知県埋蔵文化財センター　1994	
深澤　芳樹	「墓に土器を供えるという行為について(上)(下)」『京都府埋蔵文化財情報』61・62　(財)京都府埋蔵文化財調査研究センター　1996	
深澤　芳樹	「東海洋上の初期タタキ技法」『一色青海遺跡』(財)愛知県埋蔵文化財センター　1998	
福永　伸哉	「弥生時代の転換期と七日市遺跡」『七日市遺跡と「氷上回廊」』春日町歴史民俗資料館　2002	
北陸弥生文化研究会	『「戸水B式」を考える』　北陸弥生文化研究会　2000	
本田　秀生	『猫橋遺跡』石川県立埋蔵文化財センター　1997・1998	
松井　　潔	「東の土器，西の土器」『古代吉備』19　古代吉備研究会　1997	
正岡　睦夫・松本　岩雄編	『弥生土器の様式と編年』　山陽・山陰編　木耳社　1992	
増山　　仁	「矢木ジワリ遺跡出土土器の編年的位置付け」『金沢市矢木ジワリ遺跡・金沢市矢木ヒガシウラ遺跡』金沢市教育委員会　1987	
松山　智弘	『古志本郷遺跡第6次発掘調査報告書』出雲市教育委員会　1998	
溝口　孝司	「「意味」と「共感」の民族考古学－イアン・ホダー－」『民族考古学序説』同成社　1998	
光谷　拓実	「年輪年代法の最新情報－弥生時代～飛鳥時代－」『埋蔵文化財ニュース』奈良国立文化財研究所埋蔵文化財センター　2000	
宮崎　泰史編	『亀井遺跡Ⅱ』(財)大阪文化財センター　1984	
村上　恭通	「古墳出現前夜の「地域性」－生産・流通とその地理的・歴史的環境－」『考古学研究』48－3　考古学研究会　2001a	
村上　恭通	「日本海沿岸地域における鉄の消費形態－弥生時代後期を中心として－」『古代文化』53－4　(財)古代学協会　2001b	
森岡　秀人ほか	「弥生時代の暦年代をどう考えるか」『弥生時代の考古学』学生社　1998	
森岡　秀人	「弥生時代遺跡の年代」『季刊考古学』77　雄山閣　2001	
森岡　秀人	「弥生集落研究の新動向(Ⅶ)－小特集「兵庫県北部における集落の様相」に寄せて－」『みずほ』37　大和弥生文化の会　2002	
森岡　秀人	「近畿から見た併行関係と実年代資料」『日本考古学協会2002年度橿原大会　研究発表資料集』　2002	
森田　克行	「摂津地域」『弥生土器の様式と編年』近畿編Ⅱ　木耳社　1990	
安　　英樹	「"戸水B式"を考えた！～第1回北陸弥生文化研究会(2000年2月26・27日)の報告～」『みずほ』36　大和弥生文化の会　2001	
柳田　康雄	「伊都国の考古学－対外交渉のはじまり－」『九州歴史資料館開館10周年記念　太宰府古文化論叢』吉川弘文館　1983	
柳瀬　昭彦ほか	『川入・上東』岡山県教育委員会　1977	
湯村　　功	「青谷上寺地遺跡における原料・製品の搬出入について」『日本考古学協会2002年度橿原大会　研究発表資料集』　2002	
米田　克彦	「碧玉製管玉の分類と碧玉原産地」『古代吉備』22　古代吉備研究会　2000	
米田美江子編	『下古志遺跡』出雲市教育委員会　2001	

追記　本稿の内容の一部を2002年9月14日の考古学研究会岡山9月例会の席上で発表した際，柴田昌児・

寺前直人・長友朋子の各氏から貴重なご意見をいただいた。本稿では活かせなかったが，今後の検討課題にしたい。ご意見を下さった方々，また発表の機会を与えて下さった佐藤寛介氏をはじめとする考古学研究会岡山例会委員の方々に感謝を申し上げる。

「周溝をもつ建物」の基礎的研究

岡 本 淳一郎

【要旨】
　「周溝をもつ建物」は弥生時代から古墳時代の北陸において多くみられる建物である。近年では東北から九州まで広範囲に確認され，低地における住居形式であるとされている。しかし，弥生時代・古墳時代の一般的な住居である竪穴住居(建物)との比較検討は遅れていると思われる。本稿では富山県・石川県を中心に竪穴建物との比較検討を行い，「周溝をもつ建物」とは何かを再び考えてみた。

1　は じ め に

　弥生時代はいまさら言うまでもなく本格的な稲作が始まった時代である。平野部においては水田が開かれ，集落も多くつくられた。「周溝をもつ建物」は，この弥生時代から出現する建物で，円形もしくは方形にめぐる溝の内部に柱穴やピット等が検出される遺構である。一般的に，平野部に多く存在し，竪穴住居との互換性があり住居と考えられている。北陸においては弥生時代中期から古墳時代前半を中心にみられ，集落を構成する重要な要素となっている。
　本稿ではこの周溝をもつ建物は本当に竪穴住居と互換性を有するかを検討し，集落研究の基礎となることを目的としている。

2　研　究　史

　「周溝をもつ建物」が最初に発掘されたのは，1968年に行われた富山県高岡市石塚遺跡の調査と考えられる。報告等[1]ではこの遺構は「環状遺構」とされ，直径14mに溝が回り中心部分に6カ所のピットを有し，遺構の性格は不明であり，土師器第Ⅳ様式(古墳中期)のものとしている。1974年に石川県寺中遺跡において発掘された「半環状」に連なる土坑は墓として解釈された[2]。「建物」として認識されたのは1979年に発行された高橋保氏らによる新潟県下谷内遺跡の報告[3]

においてである。環状土坑群を「周溝をもつ住居跡」と呼称し，周溝は除湿用であるとされた。

これ以降，北陸地方では調査例も増加し，その性格をめぐって様々な解釈がされ，論考も多く存在する。論考は大まかに，構造に関するもの，分類・集成に関するものに二分できよう。

建物の構造については樫田誠氏・楠正勝氏・栃木英道氏・浜崎悟司氏らの論考がある。1987年，樫田氏は柱穴と周溝を切り離して考え，周溝は「住居外施設」と考えられた。また，溝で囲まれる建物の性格の特殊性を指摘された[4]。1989年に楠氏は，西日本の竪穴住居に影響を受け成立し弥生中期では多主柱で弥生後期には4本主柱に定形化すること，低湿地のみに立地し登呂遺跡の平地式住居に類似すること，掘立柱建物と共存し集落の中心的な建物となっていること以上3点の重要な指摘をされた[5]。一方，1990年栃木氏はすべてが平地住居ではなく外郭溝を有する竪穴建物の可能性もあるとし，詳細な比較検討が必要であると指摘された[6]。また，1993年に浜崎悟司氏は「周溝掘削土を内側に積み上げ(て周堤を築い)た」構造であるとされ，初めて周堤の存在を推定された[7]。1996年に筆者らは，富山県福岡町下老子笹川遺跡の発掘調査で，竪穴建物であるが周堤の残存する「周溝をもつ建物」群を確認した。この周堤は竪穴部掘削土のほか周溝掘削土も利用していた。このため，筆者はこの竪穴建物を「周溝をもつ建物」の類型に加えた[8]。

分類については田嶋明人氏・南久和氏・栃木英道氏らによる論考がある。1991年，田嶋氏は環状にめぐる土坑列と幅広溝が巡るタイプの2種類に分け，前者が先行するとされた。また，細い溝のめぐるタイプも類似の遺構として注目されている[9]。次いで同年，南氏は，他の溝への連続の有無と断面形態で分類され，新保本町東遺跡例のような「細深タイプ」を「周溝をもつ建物」の一類型とされた[10]。栃木氏は建物をまず竪穴系建物と掘立柱系建物に分類し，竪穴系建物をさらに「周壁盛土式竪穴系建物」(周溝をもつ建物)と「竪穴式建物(周壁地山式)」に分類された[11]。

またこれら以外にも，久田正弘氏[12]・出越茂和氏[13]・久保有希子氏[14]等の考察がある。

「周溝を持つ(有する)建物」は北陸地方以外でも各地で確認され，研究が行われている。

関西地方では，1990年に森田克行氏は土坑や周溝を玉作りに利用したものと考えられ，工房として玉作り技法の伝播とともにある建物とされている[15]。1999年，近藤広氏は滋賀県における「平地式建物」(周溝をもつ建物を含む)及び集落を検討し，玉作り工房という観点から地域関係を考えられた[16]。

関東地方でも「周溝をもつ建物」のような遺構が多く確認され方形周溝墓または殯施設とされていた。これに対し，1998年から2000年にかけて及川良彦氏[17]・飯島義雄氏[18]・長瀬出氏[19]の各氏は関東の方形周溝墓のなかには北陸にみられる「周溝をもつ建物」があると問題提起され，方形周溝墓の再検討の必要性を説かれた。2002年には駒見佳容子氏[20]による同様な論考がある。

一方東海地方では，1999年から始まった岡村渉氏らによる静岡県特別史跡登呂遺跡の再調査では，以前の発掘で確認されていた周堤の外側に周溝が確認された[21]。また2002年，松井一明氏は静岡県内の周溝をもつ建物を分類・集成され，集落構造の分析を行われた[22]。

以上のように，北陸の「周溝をもつ建物」に類似する建物は広い分布を示している。また，住居と認識され集落の重要な施設として注目されていると言える。

3 検討の方法と対象資料

前項でみた様に周溝をもつ建物は竪穴住居(以下竪穴建物とする)の影響を受け成立したとされ,

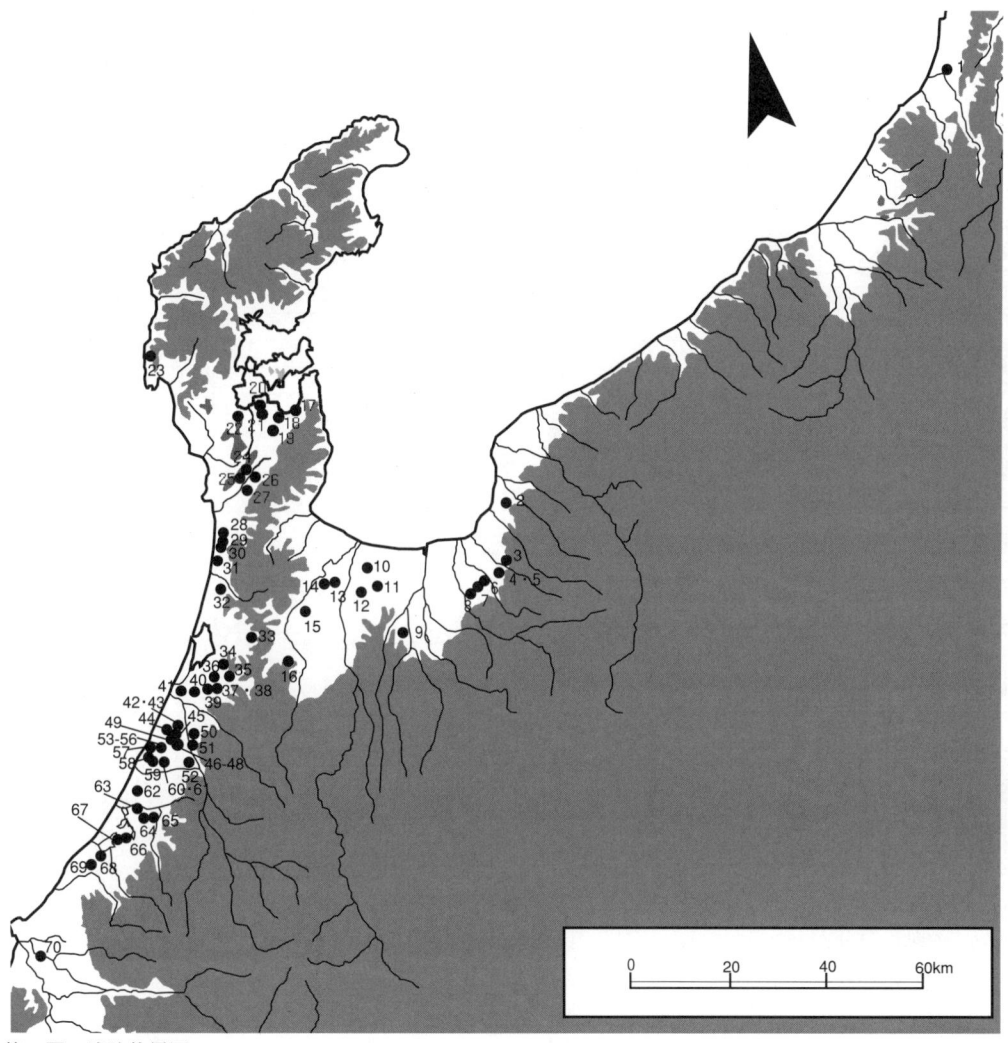

第1図 遺跡位置図

1 下谷地遺跡, 2 佐伯遺跡, 3 本江遺跡, 4 江上A遺跡, 5 江上B遺跡, 6 浦田遺跡, 7 仏生寺城跡, 8 利田横枕遺跡, 9 南部Ⅰ遺跡, 10 ＨＳ－０４遺跡, 11 中山南遺跡, 12 串田新遺跡, 13 下佐野遺跡, 14 石塚遺跡, 15 下老子笹川遺跡, 16 平桜川東遺跡, 17 万行赤岩山遺跡, 18 藤橋遺跡, 19 細口源田山遺跡, 20 奥原遺跡, 21 奥原峠遺跡, 22 三引Ｅ遺跡, 23 鹿頭上の出遺跡, 24 杉谷チャノバタケ遺跡, 25 谷内ブンガヤチ遺跡, 26 藤井サンジョガリ遺跡, 27 二口かみあれた遺跡, 28 宿向山遺跡, 29 宿東山遺跡, 30 竹生野遺跡, 31 冬野遺跡, 32 大海西山遺跡, 33 刈安野々宮遺跡, 34 梅田Ｂ遺跡, 35 塚崎遺跡, 36 千田遺跡, 37 磯部遺跡, 38 沖町遺跡, 39 西念・南新保遺跡, 40 戸水Ｂ遺跡, 41 寺中遺跡, 42 新保本町西遺跡, 43 新保本町東遺跡, 44 上荒屋遺跡, 45 御経塚ツカダ遺跡, 46 御経塚オッソ遺跡, 47 長池ニシタンボ遺跡, 48 二日市イシバチ遺跡, 49 横江古屋敷遺跡, 50 高橋セボネ遺跡, 51 額新町遺跡, 52 上新庄ニシウラ遺跡, 53 八田小鮒遺跡, 54 一塚遺跡, 55 旭小学校遺跡, 56 宮永遺跡, 57 倉部出戸遺跡, 58 浜竹松Ｂ遺跡, 59 竹松遺跡, 60 宮永市松原遺跡, 61 宮永市カイリョウ遺跡, 62 高堂遺跡, 63 平面梯川遺跡, 64 漆町遺跡, 65 八幡遺跡, 66 念仏林南遺跡, 67 額見町西遺跡, 68 加賀片山津玉造遺跡, 69 小菅波遺跡, 70 下屋敷遺跡

第1表　建物一覧表(1)

No.	遺構名	建物タイプ	柱穴数	周溝タイプ	周溝形状	時期	地図番号	文献番号
1	下谷地．1号	平地	10	土坑	円形	弥生中	1	註24
2	下谷地．2号（内側）	平地	10	土坑	円形	弥生中	1	註24
3	下谷地．2号（外側）	平地	10	土坑	円形	弥生中	1	註24
4	下谷地．3号（内側）	平地	8	土坑	円形	弥生中	1	註24
5	下谷地．4号（内側）	平地	9	土坑	円形	弥生中	1	註24
6	下谷地．4号（外側）	平地	9	土坑	円形	弥生中	1	註24
7	下谷地．3号（外側）	平地	8	土坑	円形	弥生中	1	註24
8	佐伯．SB042	竪穴	6	狭溝	円形	弥生後	2	註25
9	江上A．SB14	平地	4	広溝	隅丸方形	弥生後	4	註26
10	江上B．SB111	平地	4	狭溝	円形	弥生後	5	註27
11	本江．1号	竪穴	5	－	－	古墳前	3	註28
12	本江．2号	竪穴	2	無	－	古墳前	3	註28
13	本江．3号	竪穴	4	無	－	古墳前	3	註28
14	中山南．4号	竪穴	4	無	－	弥生終	11	註29
15	中山南．6号	竪穴	2	無	－	弥生後	11	註29
16	串田新．Ⅱ-3	竪穴	2	－	－	弥生終	12	註30
17	平桜川東．1号	竪穴	2	無	－	弥生終	16	註31
18	平桜川東．2号	竪穴	2	無	－	弥生終	16	註32
19	下老子笹川．A7地区SI01	竪穴	4	広溝	円形	弥生終	15	註33
20	下老子笹川．A7地区SI02	竪穴	4	広溝	円形	弥生終	15	註33
21	下老子笹川．A7地区SI03	平地	4	広溝	円形	弥生終	15	註33
22	下老子笹川．A8地区SI201	竪穴	2	広溝	円形	弥生終	15	註33
23	石塚．環状遺構	平地	6	土坑	円形	古墳中？	14	註34
24	利田横枕．住01	竪穴	4	無	－	古墳前	8	註35
25	利田横枕．住02	竪穴	2	無	－	古墳前	8	註35
26	利田横枕．住03	竪穴	4	無	－	古墳前	8	註35
27	HS-04．SB01	平地	4	広溝	隅丸方形	古墳前	10	註36
28	仏生寺城．SI01	竪穴	2	無	－	古墳前	7	註37
29	浦田．SB04	平地	4	狭溝	隅丸方形	古墳前	6	註38
30	下佐野．SI01	竪穴	4	無	－	弥生終	13	註39
31	下佐野．SI02	竪穴	4	無	－	古墳前	13	註39
32	下佐野．SI03	竪穴	4	無	－	古墳前	13	註39
33	南部Ⅰ．H9-SI01	竪穴	4	無	－	弥生終	9	註40
34	奥原．2号	竪穴	2	無	－	弥生後	20	註41
35	万行赤岩山．2号	竪穴	5	狭溝	円形	弥生終	17	註42
36	万行赤岩山．5号	竪穴	2	無	－	弥生終	17	註42
37	細口源田山．1号	竪穴	4	無	－	弥生後	19	註43
38	宿向山．1号	竪穴	2	無	－	弥生後	28	註44
39	宿向山．3号	竪穴	2	無	－	古墳前	28	註44
40	宿向山．6号	竪穴	4	無	－	古墳前	28	註44
41	宿向山．7号	竪穴	4	無	－	弥生後	28	註44
42	宿向山．8号	竪穴	2	無	－	古墳前	28	註44
43	宿向山．14号	竪穴	4	無	－	古墳前	28	註44
44	塚崎．1号	竪穴	4	無	－	弥生終	35	註45
45	塚崎．2号	竪穴	4	無	－	弥生終	35	註45
46	塚崎．3号	竪穴	4	無	－	弥生後	35	註45
47	塚崎．6号	竪穴	6	無	－	弥生終	35	註45
48	塚崎．7号	竪穴	4	無	－	弥生後	35	註45
49	塚崎．8号	竪穴	4	無	－	弥生後	35	註45
50	塚崎．11号	竪穴	4	無	－	弥生終	35	註45
51	塚崎．12号	竪穴	4	無	－	弥生終	35	註45
52	塚崎．17号	竪穴	2	無	－	弥生終	35	註45
53	塚崎．20号	竪穴	4	無	－	弥生終	35	註45
54	西念・南新保．G区-101号	竪穴	4	無	－	弥生後	39	註46
55	西念・南新保．G区-104号	竪穴	4	無	－	弥生中	39	註46

「周溝をもつ建物」の基礎的研究

第2表　建物一覧表(2)

No.	遺構名	建物タイプ	柱穴数	周溝タイプ	周溝形状	時期	地図番号	文献番号
56	西念・南新保．G区-106号	竪穴	4	無	−	弥生終	39	註46
57	西念・南新保．J区-1号	竪穴	4	無	−	弥生後	39	註47
58	西念・南新保．J区-SB01	平地	6	広溝	円形	弥生中	39	註47
59	西念・南新保．K区-2号	竪穴	4	無	−	弥生後	39	註47
60	西念・南新保．K区-4号	竪穴	4	無	−	弥生後	39	註47
61	西念・南新保．P区-01	平地		広溝	隅丸方形？	弥生終	39	註48
62	西念・南新保．Q区-2号	竪穴	4	無	−	弥生後	39	註48
63	西念・南新保．M区-1号	竪穴	4	無	−	弥生後	39	註49
64	西念・南新保．M区-2号	竪穴	2	無	−	弥生後	39	註49
65	新保本町西．1号	平地	4	広溝	隅丸方形	古墳前	42	註50
66	新保本町西．SB02	平地	4	広溝	隅丸方形	古墳前	42	註51
67	御経塚ツカダ．80-1号	竪穴	2	無	−	弥生終	45	註52
68	御経塚ツカダ．80-2号	竪穴	4	無	−	弥生終	45	註52
69	御経塚ツカダ．80-3号	竪穴	4	無	−	弥生終	45	註52
70	御経塚ツカダ．80-4号	竪穴	2	無	−	弥生終	45	註52
71	御経塚ツカダ．80-7号	竪穴	4	無	−	弥生終	45	註52
72	御経塚ツカダ．81-1号	竪穴	4	無	−	古墳前	45	註52
73	御経塚ツカダ．82-2号	竪穴	4	無	−	弥生終	45	註52
74	御経塚ツカダ．82-3号	竪穴	4	無	−	弥生終	45	註52
75	御経塚ツカダ．82-4号	竪穴	4	無	−	弥生終	45	註52
76	御経塚ツカダ．82-1号	竪穴	4	無	−	弥生終	45	註52
77	宮永．SI61古	竪穴	4	広溝	方形	弥生後	56	註53
78	宮永．SI61新	竪穴	5	広溝	円形	弥生後	56	註53
79	宮永．SI84	竪穴	4	広溝	円形	弥生後	56	註53
80	宮永．SI57	竪穴	2	無	−	弥生後	56	註53
81	宮永．SI59	竪穴	4	無	−	弥生後	56	註53
82	宮永．SI60	竪穴	4	無	−	弥生後	56	註53
83	宮永．SI63	竪穴	4	無	−	弥生後	56	註53
84	宮永．SI64	竪穴	6	無	−	弥生後	56	註53
85	宮永．SI65	竪穴	4	無	−	弥生後	56	註53
86	宮永．SI67	竪穴	4	無	−	弥生後	56	註53
87	宮永．SI73	竪穴	4	無	−	弥生後	56	註53
88	漆町．チュウデン1号	竪穴	4	狭溝	円形	弥生終	64	註54
89	漆町．8号	平地	4	広溝	隅丸方形	弥生終	64	註55
90	漆町．9号	平地	4	広溝	隅丸方形	弥生終	64	註55
91	加賀片山津玉造．1号	竪穴	4	無	−	古墳前	68	註56
92	加賀片山津玉造．2号	竪穴	4	無	−	古墳前	68	註56
93	加賀片山津玉造．3号	竪穴	4	無	−	古墳前	68	註56
94	加賀片山津玉造．4号	竪穴	4	無	−	古墳前	68	註56
95	加賀片山津玉造．6号	竪穴	4	無	−	古墳前	68	註56
96	加賀片山津玉造．9号	竪穴	4	無	−	弥生終	68	註56
97	小菅波．1号（第3期）	竪穴	4	無	−	弥生終	69	註57
98	横江古屋敷．SI01	竪穴	4	狭溝	楕円形	弥生終	49	註58
99	横江古屋敷．SI02	竪穴	2	狭溝	円形	弥生終	49	註58
100	横江古屋敷．SB03	平地	6	広溝	円形	弥生後	49	註58
101	横江古屋敷．SB04	平地	4	広溝	円形	弥生中	49	註58
102	横江古屋敷．SI502（周溝第2段階）	竪穴？	6	広溝	円形	弥生終	49	註59
103	横江古屋敷．SI502（外周溝第3段階）	平地	6	広溝	円形	弥生終	49	註59
104	横江古屋敷．SI502（外周溝第4段階）	平地	7	広溝	円形	弥生終	49	註59
105	横江古屋敷．SI502（外周溝第5段階）	平地	10	広溝	円形	弥生終	49	註59
106	旭小学校．SI39	平地	4	狭溝	隅丸方形	古墳前	55	註60
107	旭小学校．SI27（小型）	竪穴	4	無	−	弥生後	55	註60
108	旭小学校．SI36	竪穴	4	無	−	弥生後	55	註60
109	旭小学校．SI37	竪穴	4	無	−	弥生後	55	註60
110	旭小学校．SI38	竪穴	4	無	−	弥生後	55	註60
111	旭小学校．SI42	竪穴	4	無	−	古墳前	55	註60

第3表　建物一覧表(3)

No.	遺構名	建物タイプ	柱穴数	周溝タイプ	周溝形状	時期	地図番号	文献番号
112	旭小学校．SI44（古）	竪穴	6	無	-	弥生後	55	註60
113	旭小学校．SI48	竪穴	4	無	-	弥生後	55	註60
114	旭小学校．SI49	竪穴	6	無	-	弥生後	55	註60
115	旭小学校．2号	竪穴	4	無	-	古墳前	55	註61
116	旭小学校．5号	竪穴	4	無	-	古墳前	55	註61
117	旭小学校．6号	竪穴	4	無	-	古墳前	55	註61
118	旭小学校．7号	竪穴	2	無	-	弥生後	55	註61
119	旭小学校．SI27（大型）	竪穴	4	無	-	弥生後	55	註62
120	旭小学校．SI44（新）	竪穴	6	無	-	弥生後	55	註62
121	八田小鮒．Ⅲ区3号	竪穴		狭溝	円形	弥生後	53	註63
122	八田小鮒．Ⅱ区1号	竪穴	6	土坑	不明	弥生後	53	註63
123	梅田B．竪穴	竪穴	6	広溝	円形	弥生後	34	註64
124	浜竹松B．SI16	竪穴	4	広溝	隅丸方形	古墳前	58	註65
125	浜竹松B．SI09	竪穴	6	無	-	古墳前	58	註65
126	浜竹松B．SI13（古）	竪穴	4	無	-	古墳前	58	註65
127	浜竹松B．SI14	竪穴	4	無	-	古墳前	58	註65
128	浜竹松B．SI13（新）	竪穴	4	無	-	古墳前	58	註65
129	寺中．土壙	平地		土坑	円形	弥生中	41	註66
130	磯部運動公園．2号	平地	6	広溝	円形	弥生中	37	註67
131	磯部運動公園．3号	平地		広溝	円形	弥生中	37	註67
132	上荒屋．SB05	平地	4	広溝	隅丸方形	古墳前	44	註68
133	上荒屋．SB06	平地	4	広溝	隅丸方形	古墳前	44	註68
134	上荒屋．SB13	周溝	4	広溝	隅丸方形	古墳前	44	註68
135	上荒屋．SB53	周溝	4	狭溝	円形	古墳前	44	註68
136	上荒屋．SB90	周溝	5	狭溝	楕円形	弥生中	44	註69
137	上荒屋．SB52	竪穴	4	無	-	古墳前	44	註70
138	上荒屋．SB56	竪穴	4	無	-	古墳前	44	註70
139	新保本町東．4号溝	平地	6	狭溝	円形	古墳前	43	註71
140	沖町．SD01（SB01）	平地	4	広溝	隅丸方形	古墳前	38	註72
141	藤橋．SH1	平地	5?	狭溝	円形	古墳前	18	註73
142	高橋セボネ．2号	竪穴	4	無	-	弥生後	50	註74
143	高橋セボネ．5号	竪穴	4	無	-	弥生後	50	註74
144	高橋セボネ．6号	竪穴	5	無	-	弥生終	50	註74
145	高橋セボネ．8号	竪穴	4	無	-	弥生後	50	註74
146	高橋セボネ．10号	竪穴	4	無	-	弥生後	50	註74
147	高橋セボネ．12号	竪穴	4	無	-	弥生終	50	註74
148	高橋セボネ．13号	竪穴	4	無	-	弥生後	50	註74
149	高橋セボネ．15号	竪穴	4	無	-	弥生終	50	註74
150	一塚．SI03	竪穴	4	無	-	弥生後	54	註75
151	一塚．SI04	竪穴	2	無	-	弥生後	54	註75
152	一塚．SI06（古）	竪穴	4	無	-	弥生後	54	註75
153	一塚．SI12	竪穴	4	無	-	弥生後	54	註75
154	一塚．SI24	竪穴	4	無	-	弥生後	54	註75
155	一塚．SI25	平地	6	広溝	方形	弥生後	54	註75
156	一塚．SI06（新）	竪穴	6	無	-	弥生後	54	註75
157	念仏林南．20号	竪穴	4	無	-	弥生後	66	註76
158	念仏林南．22号	竪穴	4	無	-	弥生後	66	註76
159	念仏林南．24号	竪穴	4	無	-	弥生後	66	註76
160	上新庄ニシウラ．1号	竪穴	4	無	-	古墳前	52	註77
161	上新庄ニシウラ．3号	竪穴	4	無	-	古墳前	52	註77
162	高堂．2-1号	平地	4	広溝	隅丸方形	弥生終	62	註78
163	鹿頭上の出．2号	竪穴	4	無	-	弥生終	23	註79
164	大海西山．5号	竪穴	2	無	-	弥生後	32	註80
165	大海西山．9号	竪穴	2	無	-	弥生後	32	註80
166	八幡．SH-01	竪穴	4	狭溝	円形	古墳前	65	註81
167	八幡．SH-03	竪穴	4	狭溝	円形?	弥生後	65	註81

「周溝をもつ建物」の基礎的研究

第4表　建物一覧表(4)

No.	遺構名	建物タイプ	柱穴数	周溝タイプ	周溝形状	時期	地図番号	文献番号
168	八幡．SH-05	竪穴	4	無	－	古墳前	65	註81
169	八幡．SH-07	竪穴	2	無	－	弥生終	65	註81
170	八幡．SH-08	竪穴	4	無	－	弥生終	65	註81
171	八幡．SH-17	竪穴	4	無	－	弥生終	65	註81
172	八幡．SH-20（A案）	竪穴	6	無	－	弥生終	65	註81
173	八幡．SH-22	竪穴	5	無	－	弥生後	65	註81
174	八幡．SH-20（B案）	竪穴	6	無	－	弥生終	65	註81
175	竹松．2号	竪穴	5	無	－	弥生後	59	註82
176	宮永市カイリョウ．4号	竪穴	4	無	－	古墳前	61	註83
177	刈安野々宮．30号	竪穴	4	無	－	弥生終	33	註84
178	刈安野々宮．32号	竪穴	4	無	－	弥生後	33	註84
179	刈安野々宮．2号	竪穴	4	無	－	古墳前	33	註84
180	刈安野々宮．3号	竪穴	4	無	－	古墳前	33	註84
181	刈安野々宮．4号	竪穴	4	無	－	弥生終	33	註84
182	刈安野々宮．6号	竪穴	4	無	－	古墳前	33	註84
183	刈安野々宮．21号	竪穴	4	無	－	弥生終	33	註84
184	刈安野々宮．23号	竪穴	5	無	－	弥生終	33	註84
185	刈安野々宮．24号	竪穴	4	無	－	弥生終	33	註84
186	刈安野々宮．25号	竪穴	4	無	－	弥生終	33	註84
187	刈安野々宮．27号	竪穴	4	無	－	古墳前	33	註84
188	刈安野々宮．28号	竪穴	4	無	－	古墳前	33	註84
189	刈安野々宮．3－B号	竪穴	2	無	－	古墳前	33	註84
190	宿東山．1号	竪穴	2	狭溝	円形	弥生後	29	註85
191	宿東山．6－Ⅰ住	竪穴	6	無	－	弥生後	29	註85
192	宿東山．10号	竪穴	2	広溝	方形	弥生後	29	註85
193	宿東山．15号	竪穴	4	無	－	古墳前	29	註85
194	宿東山．16号	竪穴	4	無	－	古墳前	29	註85
195	宿東山．17号	竪穴	4	無	－	古墳前	29	註85
196	宿東山．6－Ⅱ住	竪穴	8	無	－	弥生後	29	註85
197	平面梯川．101号	平地	5	広溝	長方形？	弥生後	63	註86
198	平面梯川．103号	竪穴	6	無	－	弥生後	63	註86
199	額新町．ST01	竪穴	4	無	－	古墳前	51	註87
200	額新町．ST03	竪穴	4	無	－	古墳前	51	註87
201	額新町．ST06	竪穴	4	無	－	古墳前	51	註87
202	額新町．ST07	竪穴	4	無	－	古墳前	51	註87
203	額新町．SH10	平地	6	広溝	長方形	古墳前	51	註87
204	竹生野．3号	竪穴	4	無	－	弥生終	30	註88
205	竹生野．7号	竪穴	4	無	－	弥生終	30	註88
206	額見町西．1号	竪穴	4	無	－	弥生終	67	註89
207	額見町西．2－②号	竪穴	4	無	－	弥生終	67	註89
208	額見町西．5－②号	竪穴	4	無	－	弥生終	67	註89
209	額見町西．9－④号	竪穴	4	無	－	弥生終	67	註89
210	千田．SB02	平地	5	広溝	円形	弥生中	36	註90
211	戸水B．平地建物	平地	6	広溝	円形	弥生中	40	註91
212	谷内ブンガヤチ．2号	竪穴	2	無	－	弥生終	25	註92
213	谷内ブンガヤチ．3号	竪穴	4	無	－	弥生後	25	註92
214	谷内ブンガヤチ．7号	竪穴	2	無	－	古墳前	25	註92
215	谷内ブンガヤチ．9号	竪穴	2	無	－	弥生後	25	註92
216	谷内ブンガヤチ．10号	竪穴	4	無	－	弥生終	25	註92
217	谷内ブンガヤチ．12号	竪穴	4	無	－	古墳前	25	註92
218	谷内ブンガヤチ．10号	竪穴	4	無	－	弥生終	25	註92
219	杉谷チャノバタケ．14号	竪穴	2	無	－	弥生中	24	註92
220	杉谷チャノバタケ．31号	竪穴	2	無	－	弥生後	24	註92
221	奥原峠．SB01	竪穴	5	無	－	弥生終	21	註93
222	奥原峠．SB02	竪穴	2	無	－	古墳前	21	註93
223	奥原峠．SB03	竪穴	4	無	－	弥生終	21	註93

第5表　建物一覧表(5)

No.	遺構名	建物タイプ	柱穴数	周溝タイプ	周溝形状	時期	地図番号	文献番号
224	奥原峠．SB04	竪穴	2	無	－	弥生終	21	註93
225	奥原峠．SB07	竪穴	2	無	－	弥生終	21	註93
226	奥原峠．SB08	竪穴	2	無	－	古墳前	21	註93
227	奥原峠．SB09	竪穴	2	無	－	弥生終	21	註93
228	長池ニシタンボ．SI01a	平地	4	広溝	円形	弥生終	47	註94
229	長池ニシタンボ．SI02	竪穴	2	無	－	弥生終	47	註94
230	長池ニシタンボ．SI04	竪穴	4	無	－	弥生後	47	註94
231	二日市イシバチ．SI01古	竪穴	5	無	－	弥生後	48	註94
232	二日市イシバチ．SI02	竪穴	4	無	－	弥生後	48	註94
233	二日市イシバチ．SI03	竪穴	6	無	－	弥生後	48	註94
234	二日市イシバチ．SI04	竪穴	4	無	－	弥生後	48	註94
235	二日市イシバチ．SI01新	竪穴	6	無	－	弥生後	48	註94
236	御経塚オッソ．SI01	竪穴	4	無	－	弥生後	46	註94
237	御経塚オッソ．SI02	竪穴	2	無	－	弥生後	46	註94
238	倉部出戸．SI02	竪穴	2	無	－	弥生後	57	註95
239	倉部出戸．SI103	竪穴	4	無	－	弥生後	57	註96
240	倉部出戸．SI108	竪穴	2	無	－	弥生後	57	註96
241	藤井サンジョガリ．1号	平地	5	広溝	円形	弥生後	26	註97
242	二口かみあれた．1号	平地	4	広溝	方形	古墳前	27	註98
243	二口かみあれた．9号	平地	4	広溝	方形	古墳前	27	註98
244	二口かみあれた．2次1号	平地	4	広溝	方形	古墳前	27	註99
245	二口かみあれた．2次2号	平地	4	広溝	隅丸方形	不明	27	註99
246	二口かみあれた．2次3号	平地	4	広溝	不整形	古墳前	27	註99
247	宮永市松原．2号	竪穴	4	無	－	古墳前	60	註100
248	宮永市松原．3号	竪穴	4	無	－	古墳前	60	註100
249	三引E．SI01	平地	6	広溝	円形	弥生後	22	註101
250	三引E．SI02	平地	6	広溝	円形	弥生後	22	註101
251	冬野．1号	竪穴	4	無	－	古墳前	31	註102
252	冬野．2号（その1）	竪穴	4	無	－	弥生後	31	註102
253	冬野．2号（その2）	竪穴	4	無	－	弥生後	31	註102
254	下屋敷．住居址（A案）	平地	5以上	土坑	円形	弥生中	70	註103
255	下屋敷．住居址（B案）	平地	5以上	土坑	円形	弥生中	70	註103

　また共通する構造であると言われている。しかし，集落構造の研究では竪穴建物の床面積による分析が行われている一方，周溝をもつ建物は周溝規模を基準とされている[23]。そのため，竪穴建物と周溝をもつ建物とを同列においての集落研究は現状では不可能となっている。そのためこれを可能にするため以下で次のように分析を進めていく。まず，竪穴建物と周溝をもつ建物の主柱配置を検討し，共通性を探る。次に主柱と周溝との位置関係から周壁の位置を推定する。

　管見によれば現在までに，周溝をもつ建物は100棟以上，竪穴建物は650棟以上が発掘されている。本稿ではこの内，撹乱などが少なく柱穴や周壁・周溝の遺存状況が良好で規模等が判明している石川県・富山県の建物を対象とし第1－5表に集成した。建物にはNoをつけ文中や図中に示した。また，新潟県下谷地遺跡（1～7）と福井県下屋敷遺跡（254・255）は重要と思われるので参考例として分析対象に加えた。その結果，70遺跡（第1図）の周溝をもつ建物73棟，竪穴建物182棟（第1～5表）を対象としてデータ化した。柱穴が検出されず周溝単独の事例は除外した。

　時期区分は，大雑把であるが大時期区分とし，弥生時代中期，弥生時代後期，弥生時代終末期，古墳時代前期の4時期に区分した。

4 竪穴建物と周溝をもつ建物の柱穴配置

　先にも触れたとおり周溝をもつ建物が竪穴建物と共通する構造と考えた場合，両者に共通する内部施設は柱穴・炉等が考えられる。炉はする共通する施設であっても他の施設との位置関係や構造までは不明である。ここでは，周溝をもつ建物と竪穴建物の柱穴配置が共通する構造であるのかを検討する。検討は第2図で示した柱穴の長軸と短軸の距離を各報告書の遺構平面図から計測し，時期・主柱数毎のグラフを作成し比較を行った。4本主柱(以下4本とする)及び5本以上主柱(以下5本以上とする)を対象とし，2本主柱は除外した。

　弥生中期　　4本は竪穴建物1棟(214)しかない。参考までに，短軸と長軸との比率は，ほぼ1：1で正方形に近い配置を示している。規模は，一辺約3mである。(第3図1)

　5本以上は13棟全てが周溝をもつ建物である。資料数が少ないが分布は，短軸2.5－3m・長軸比1－1.2，短軸3.5－4.5m・長軸比1－1.4，短軸7.5－8m・長軸比1－1.2に分けられる。(第3図2)

　弥生後期　　4本は周溝をもつ建物が5棟，竪穴建物が42棟ある。分布は，短軸1－4.5m・長軸比1－1.8に全て分布する。長方形配置が目立つ。周溝をもつ建物と竪穴建物での差は認められない。(第4図3)

　5本以上は周溝をもつ建物が9棟，竪穴建物が14棟ある。分布は，①短軸2－3.5m・長軸比1－1.2，②短軸3.5－6.5m・長軸比1－1.4，③短軸7－7.5m・長軸比1－1.2，④短軸5－5.5m・長軸比1.4－1.6の4箇所に分布する。中期とは，似た分布傾向をしている。基本的には，周溝をもつ建物と竪穴建物の差は認められないが，周溝をもつ建物の155(一塚．SI25)は④にあり，長方形柱穴配置の異なる形態である。(第4図4)

　弥生終末期　　4本は，周溝をもつ建物が8棟，竪穴建物が37棟ある。分布は，①短軸1.5－4m・長軸比1－1.6，②短軸4－5.5m・長軸比1－1.2，③短軸6.5－7m・長軸比1の3段階に

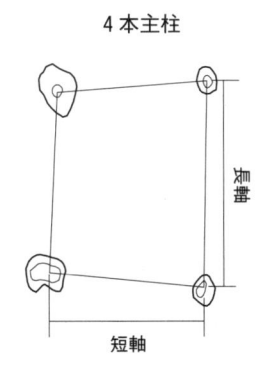

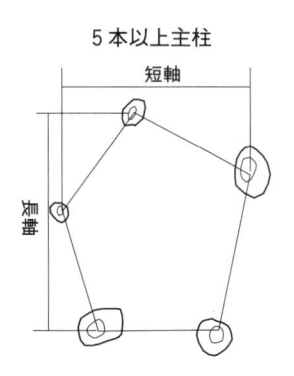

第2図　柱穴計測位置模式図

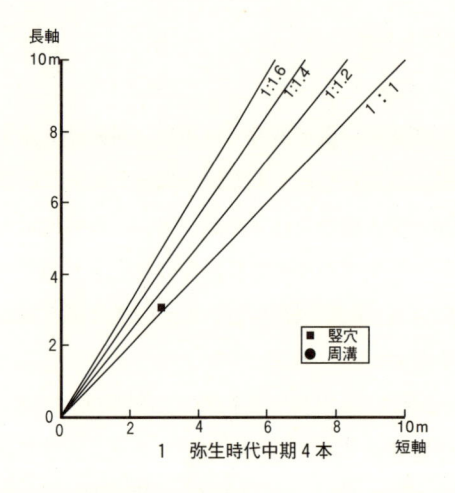

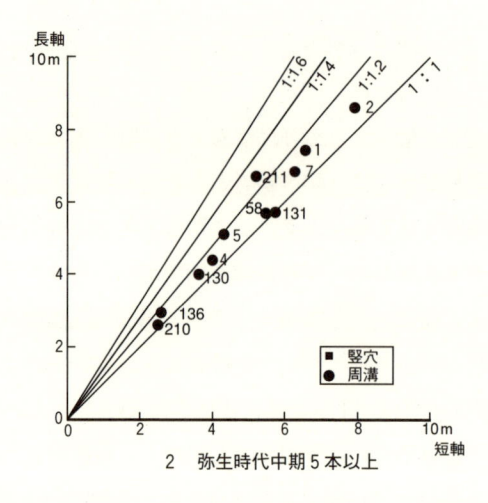

第 3 図　柱穴配置の比較（1）

分けられ，後期と比較すると分布域が分かれる傾向が見られる。周溝をもつ建物と竪穴建物の差異は認められない。（第 4 図 5）

　5本以上は周溝をもつ建物が4棟，竪穴建物が8棟ある。分布は，①短軸2.5－3m・長軸比1.4－1.6，②短軸4－6m・長軸比1－1.4，③短軸7－8m・長軸比1－1.2，④短軸8.5－9m・長軸比1－1.2の4範囲に分布する。後期5本以上と比較すると④が新たに加わっている。61（西念・南新保.P区－01）が離れるが後期に見られる分布範囲配置で，周溝をもつ建物と竪穴建物の差は基本的に認められない。（第 4 図 6）

　古墳前期　　4本は周溝をもつ建物が15棟，竪穴建物が43棟ある。分布は，短軸1.5－5m・長軸比1－1.6に全て分布する。弥生時代終末期と比較すると大型の③が認められなくなり，弥生時代後期の様に，再び一範囲になっている。周溝をもつ建物と竪穴建物の差異は特に認められない。（第 4 図 7）

　5本以上は周溝をもつ建物が2棟，竪穴建物が2棟ある。資料数がかなり減少している。分布は，①短軸3.5－5.5m・長軸比1－1.8，②短軸8.5－9m・長軸比1－1.2の2範囲に分けられる。周溝をもつ建物と竪穴建物の差は認められないと思われる。（第 4 図 8）

　以上，竪穴建物と周溝をもつ建物との柱穴配置の比較をした。弥生後期から古墳時代前期の周溝をもつ建物は数棟を除いてほぼ竪穴建物と同様な配置を示す事が解った。また，弥生時代中期は周溝をもつ建物のみであったが，弥生時代後期と同様な分布で時期は異なるが共通する柱穴配置と思われる。

　竪穴部を有する周溝をもつ建物　　前の第3図・第4図で柱穴配置の位置が重なるものがみられた。第5図はこのうち6組の竪穴建物と竪穴部を有する周溝をもつ建物を重ねたものである。これにより周壁の共通性を見る。

　1は弥生時代後期4本主柱の周溝をもつ建物77（宮永遺跡SI61古）と竪穴建物146（高橋セボネ遺跡

「周溝をもつ建物」の基礎的研究

3 弥生時代後期4本

4 弥生時代後期5本以上

5 弥生時代終末期4本

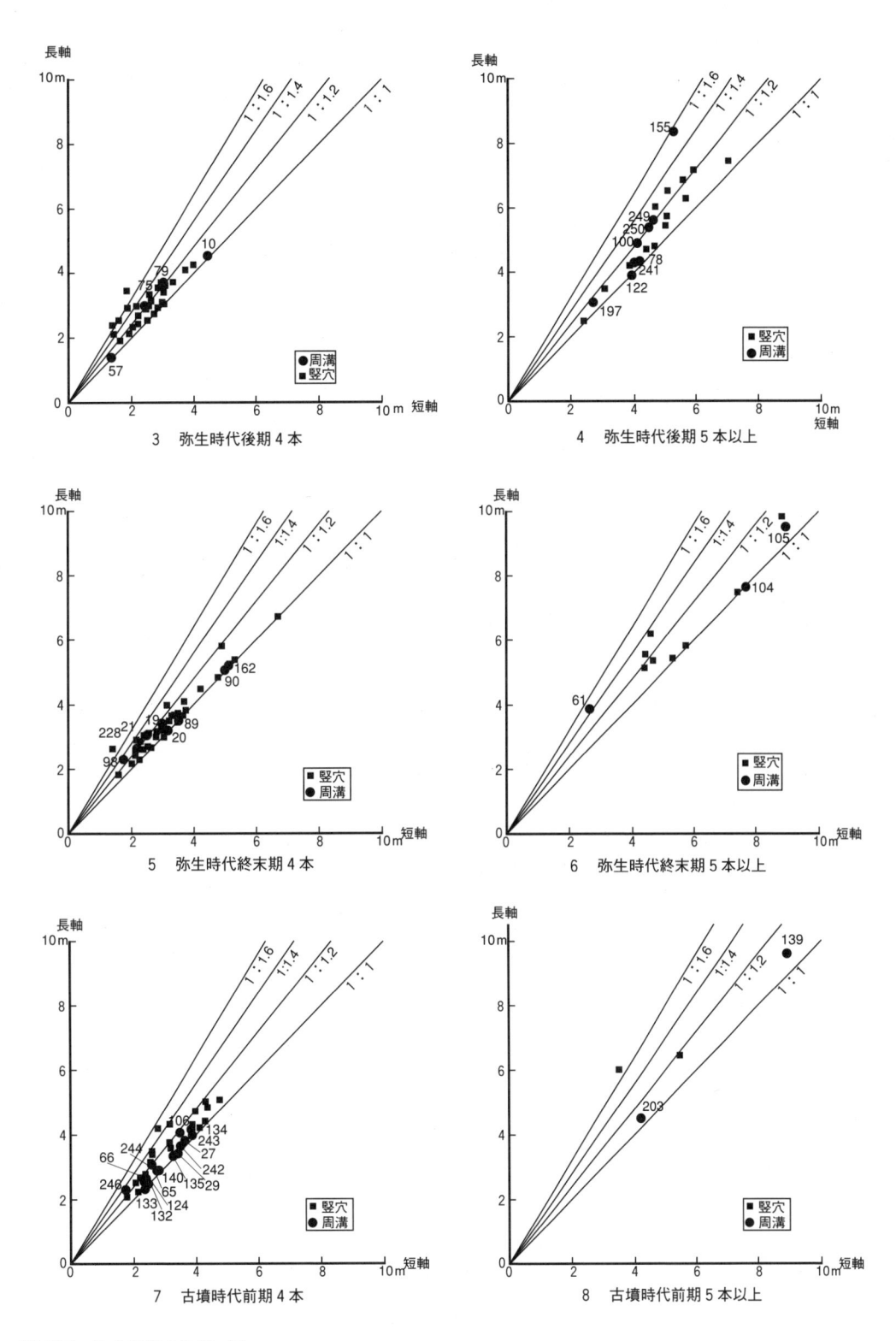

6 弥生時代終末期5本以上

7 古墳時代前期4本

8 古墳時代前期5本以上

第4図 柱穴配置の比較（2）

-133-

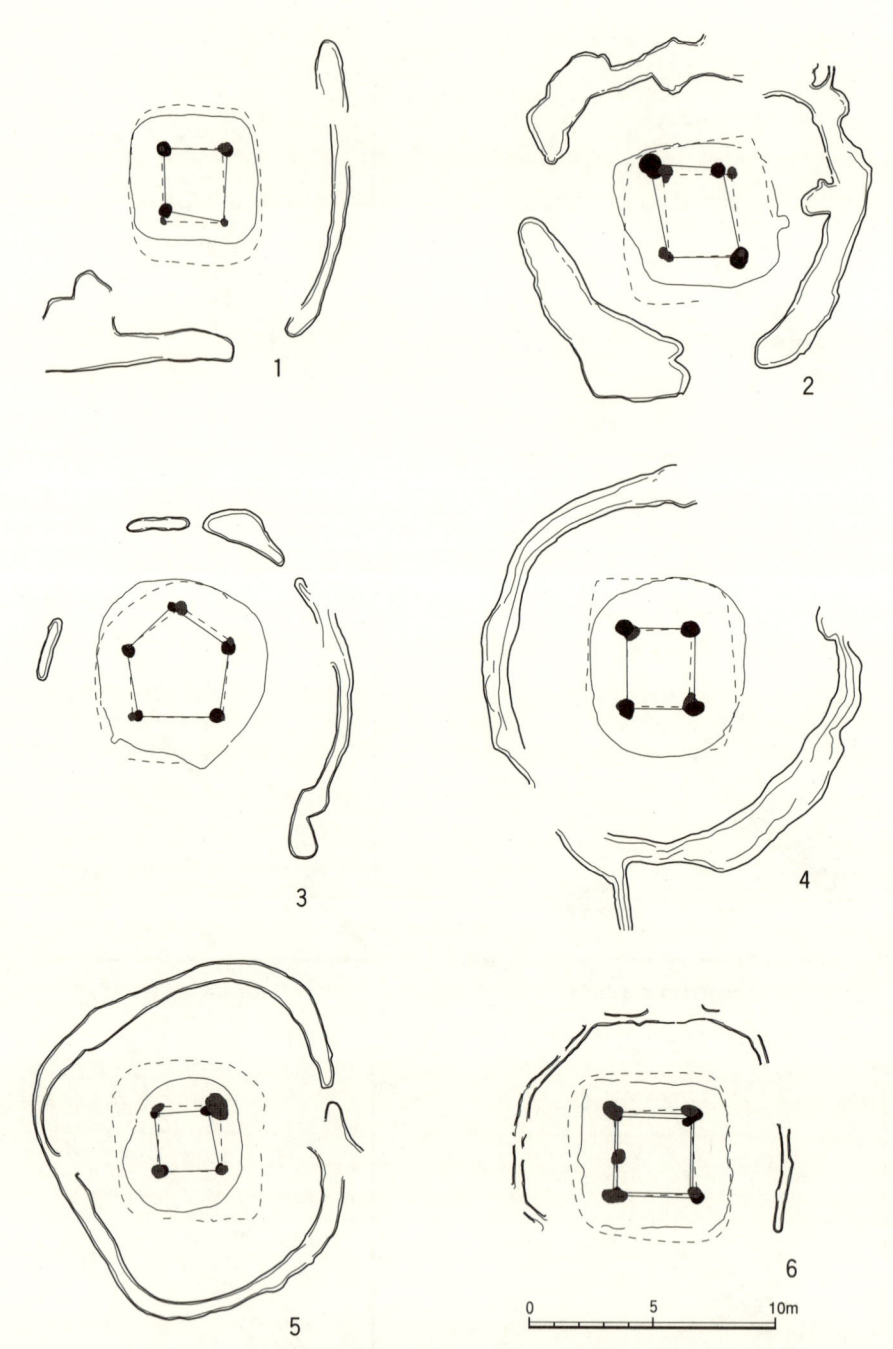

(図の実線及び黒色は周溝をもつ建物，破線及び灰色は竪穴建物，S＝1：300)

第5図　竪穴部を有する周溝をもつ建物と竪穴建物の平面比較
　　　　1　77(宮永.SⅠ61古)と146(高橋セボネ.10号)，2　79(宮永.SⅠ84)と178(刈安野々宮.32号)，
　　　　3　78(宮永.SⅠ61新)と173(八幡．SH−22)，4　21(下老子笹川.A7.SⅠ03)と204(竹生野.
　　　　3号)，5　124(浜竹松B.SⅠ16)と160(上新庄ニシウラ.1号)，6　135(上荒屋.SB53)と93
　　　　(片山津玉造.3号)　ゴシックは周溝をもつ建物

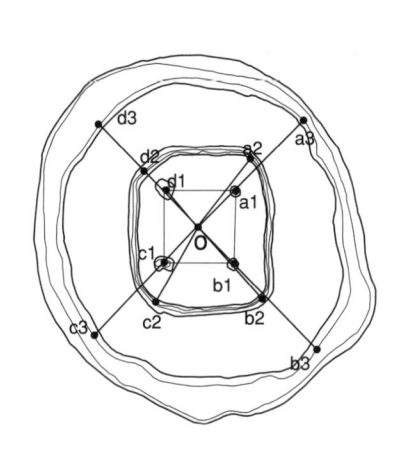

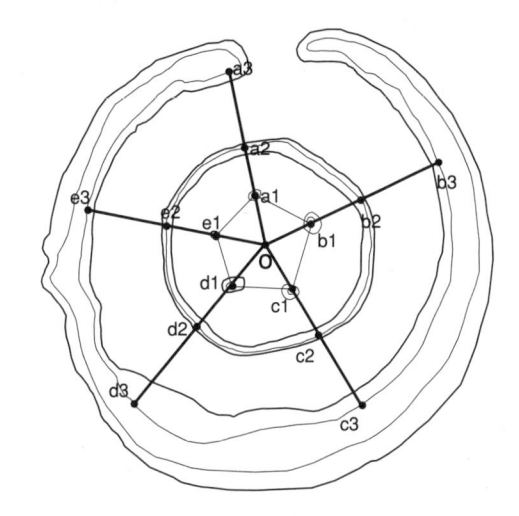

第6図　計測位置模式図

10号)で，周壁は146がやや長方形になっているが短軸はほとんど同じである。2は弥生時代後期4本の周溝をもつ建物79(宮永遺跡SI84)と竪穴建物178(刈安野々宮遺跡32号)で，周壁は178がやや歪んでいるものの短軸・長軸ともほぼ同じである。3は弥生時代後期5本主柱の周溝をもつ建物78(宮永遺跡SI61新)と竪穴建物173(八幡遺跡SH−22)で，竪穴建物173の全形が分からないものの，ほぼ同形である。4は弥生時代終末期4本主柱の周溝をもつ建物21(下老子笹川遺跡A7地区SI03)と竪穴建物(竹生野遺跡3号)で，21の周壁形態が丸みを帯びているものの短軸・長軸ともほぼ同じである。5は古墳時代前期4本主柱の周溝をもつ建物124(浜竹松B遺跡SI16)と竪穴建物160(上新庄ニシウラ遺跡1号)で，160の周壁が一回り大きい。6は古墳時代前期4本主柱の周溝をもつ建物135(上荒屋遺跡SB53)と竪穴建物93(片山津遺跡3号)で，93の周壁がやや大きい。

以上，竪穴部を有する周溝をもつ建物の周壁と柱穴配置が同規模の竪穴建物とを比較してみた。その結果，5の場合がやや大きさが異なるものの，周溝と交差することもなく同じ構造の周壁(床面)と思われる。したがって竪穴部を有しない平地式の周溝をもつ建物の周壁についても竪穴建物との床面構造は同じと推測できる。

5　周壁と周溝の位置関係

前項でみたとおり周溝をもつ建物の周壁は竪穴建物と同じ構造と考えられる。ここでは竪穴建物の柱穴と周壁の位置関係から平地式の周溝をもつ建物の柱穴と周壁との関係を検討してみる。

検討は次のようにおこなった。建物の中心を0点とし，柱穴中心をx1地点，角の(円形の場合は1地点の延長線との交差点)周壁下端をx2地点，周溝の内側下端をx3地点とし，柱穴の数の分だけx地点を増やす(柱穴が5本の場合は柱穴中心がそれぞれa1地点，b1地点，c1地点，d1地点，e1地点となる。第6図参照。)そして，0地点−x1地点間，0地点−x2地点，0地点−x3地

点の距離を柱穴の本数分それぞれ計測し，その平均を求める。次にその平均を０地点－ｘ１地点間（グラフでは柱穴としている）を横軸にとり，０地点－ｘ２地点（グラフでは壁としている）と０地点－ｘ３地点（グラフでは周溝としている）を縦軸にとり２系列の散布図のグラフをする。グラフは時期・主柱数毎（主柱数により２本，４本，５本以上に分けた）に分けた。その結果が第７図及び第８図である。

弥生中期　２本・４本の資料数は周壁がそれぞれ各１棟ずつと少ないが，参考までに紹介しておく。２本は，柱穴0.5－１ｍ・周壁柱穴比[104] １－２，４本は柱穴２－2.5ｍ・周壁柱穴比１－２に分布する。（第７図１・２）

５本以上は周壁が１棟，周溝16棟ある。周壁は，柱穴１－1.5ｍ・周壁柱穴比１－２に分布する。周溝は，①柱穴１－3.5ｍ・周溝柱穴比[105] ２－４に10棟，②柱穴2.5－4.5・周溝柱穴比１－２に３棟，③柱穴３－４ｍ・周溝柱穴比２－３に３棟分布する。（第７図３）

弥生後期　２本は周壁だけで12棟ある。柱穴0.5－1.5ｍ・周壁柱穴比１－４に幅広く分布する。（第７図４）

４本は周壁が45棟，周溝が５棟ある。周壁は，柱穴１－３ｍ・周壁柱穴比１－３に全て分布する。周溝は①柱穴0.5－１・周溝柱穴比２－３に１棟，②柱穴1.5－2.5ｍ・周溝柱穴比２－４に３棟，③柱穴３－3.5ｍ・周溝柱穴比２－３に１棟の３箇所に分布し，周溝①は周壁の分布範囲に近くなっている。（第７図５）

５本以上は，周壁が14棟，周溝が10棟ある。周壁は，①柱穴１－1.5ｍ・周壁柱穴比１－２に１棟，②柱穴２－４ｍ・周壁柱穴比１－２に13棟分布する。周溝は，①柱穴1.5－２ｍ・周溝柱穴比２－３に１棟，②柱穴２－3.5ｍ・周溝柱穴比２－３に８棟，③柱穴3.5－４ｍ・周溝柱穴比１－２に１棟分布する。周溝③は，周壁②の範囲に含まれる。（第７図６）

弥生終末期　２本は周壁が14棟，周溝が２棟ある。周壁は，柱穴0.5－２ｍ・周壁柱穴比１－５に全て分布する。

周溝は，柱穴1.5－２ｍ・周溝柱穴比３－４に全て分布する。周壁と周溝の領域は重複しない。（第８図７）

４本は壁が41棟，周溝が９棟ある。周壁は，①柱穴１－3.5ｍ・周壁柱穴比１－３に36棟，②柱穴３－５・周壁柱穴比１－２に５棟分布する。周溝は，①柱穴１－３ｍ・周溝柱穴比２－４以上に７棟，②柱穴3.5－４ｍ・周溝柱穴比２－３に２棟分布する。周壁と周溝の領域は重複しない。（第８図８）

５本以上は周壁が８棟，周溝が３棟ある。周壁は，①柱穴2.5－3.5ｍ・周壁柱穴比１－2.5柱穴に６棟，②４－5.5ｍ・周壁柱穴比１－２に２棟分布する。周溝は，①柱穴２－2.5ｍ・周溝柱穴比2.5－３に１棟，②柱穴3.5－５ｍ・周溝柱穴比１－２に２棟分布する。（第８図９）

古墳前期　２本は９棟あり全て周壁である。柱穴0.5－1.5ｍ・周壁柱穴比２－３に全て分布する。（第８図10）

４本は，周壁が46棟，周溝が15棟ある。壁は，①柱穴１－3.5ｍ・周壁柱穴比１－２に45棟，

「周溝をもつ建物」の基礎的研究

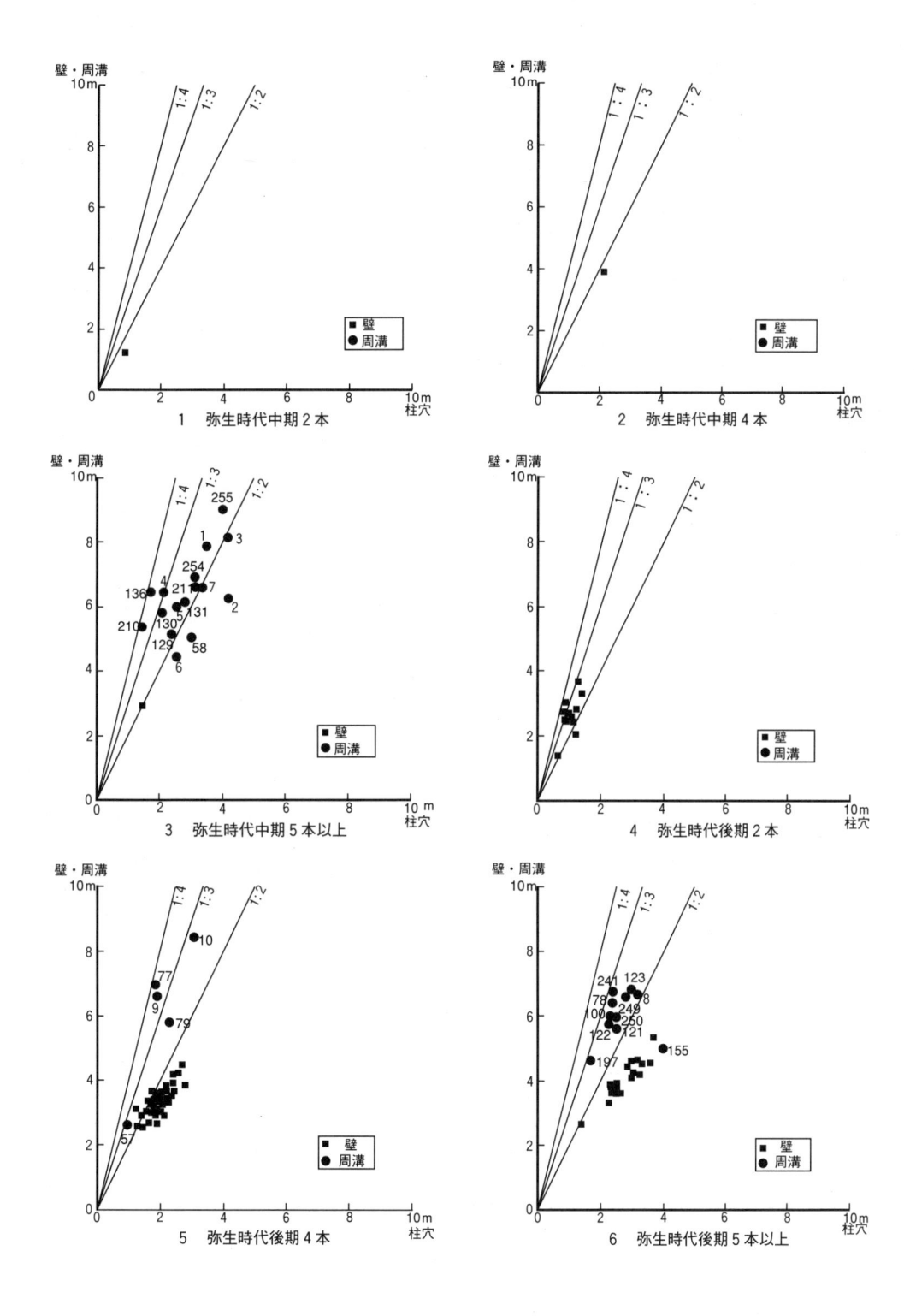

第7図　壁と周溝の位置関係（1）

-137-

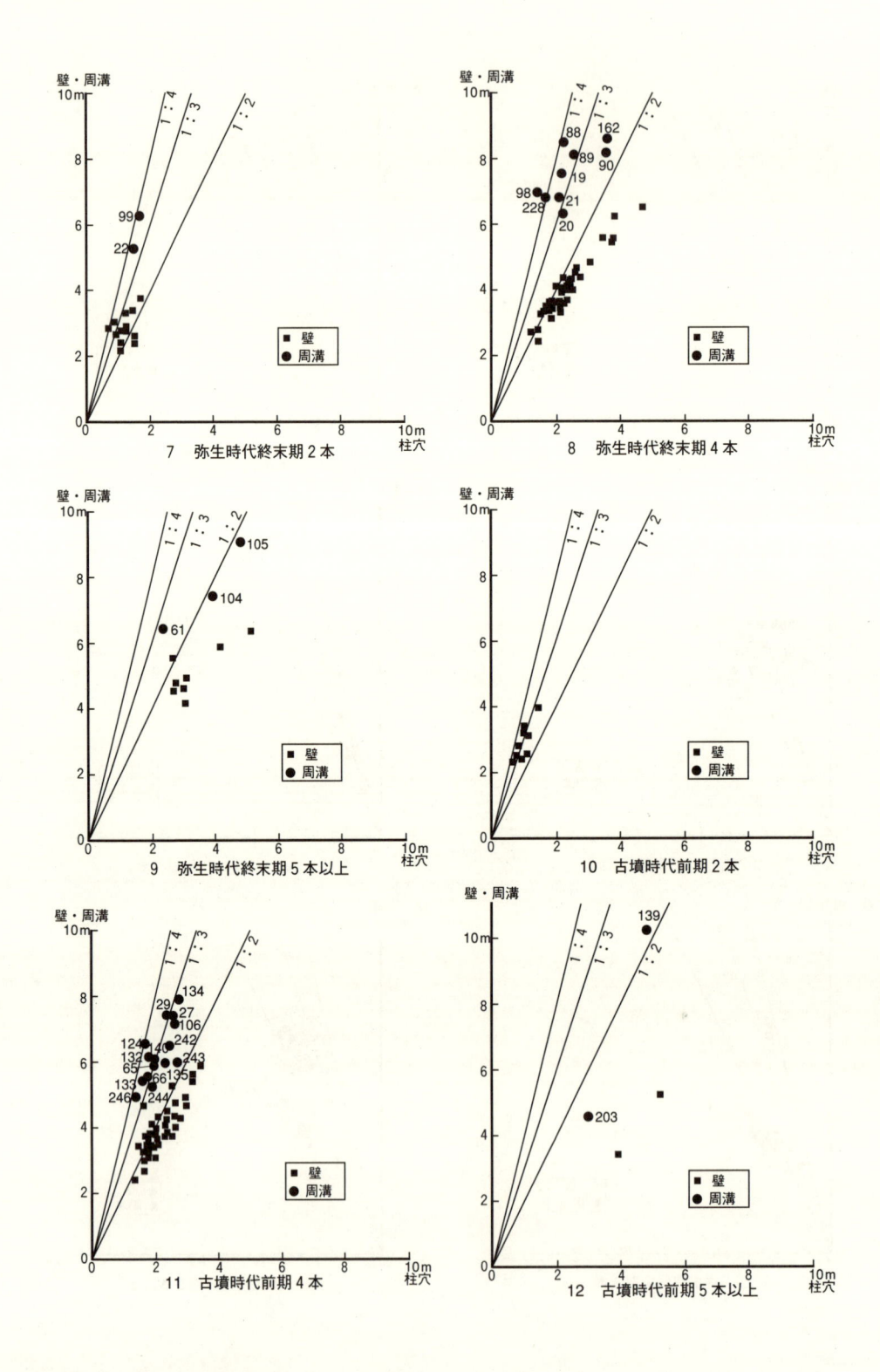

第8図　壁と周溝の位置関係（2）

②柱穴1－1.5m・周壁柱穴比2.5－3に1棟が分布する。周溝は，①柱穴1－3m・周溝柱穴比2－4に11棟，②柱穴2－3m・周溝柱穴比2－3.5に4棟が分布する。周壁②領域が周溝①領域に重複するが，周壁は①領域にほとんどが分布しているため基本的には重複しないと言える。(第8図11)

5本は，壁が2棟，周溝が2棟ある。壁は，①柱穴3.5－4m・周壁柱穴比1－2に1棟，②柱穴5－5.5m・周壁柱穴比1.5－2に1棟分布する。周溝は，①柱穴3－3.5m・周溝柱穴比1.5－2に1棟，②柱穴4.5－5m・周溝柱穴比2－2.5に全て分布する。資料が少なく傾向を出すまでには至らない。(第8図12)

以上のグラフをみると，周壁の領域は周壁柱穴比1－2が主体であるのに対し，周溝の領域は周溝柱穴比2.5－4を主体としている。数棟は重複するものがある。これについては異なる構造の建物に付属する周溝である可能性がある。

平地式周溝をもつ建物の周壁の推定　次にほぼ同規模の柱穴配置の平地式周溝をもつ建物に竪穴建物を重ねあわせて周壁と周溝の位置関係をさらに検討してみる。

第9図1は弥生時代後期。周溝をもつ建物9(江上A遺跡SB14)と竪穴建物146(高橋セボネ遺跡10号)を重ねたものである。9の周溝柱穴比3.4に対し，146の周壁柱穴比は1.8であり，柱周溝と周壁は重複しない。

第9図2－4は弥生時代終末期。2は周溝をもつ建物228(長池ニシタンボ遺跡SI01ａ)と竪穴建物68(御経塚ツカダ遺跡80－2号)を重ねたものである。228の周溝柱穴比4.0に対し，68の周壁柱穴比は2.1であり，周溝と周壁はやや偏るが重複しない。3は周溝をもつ建物89(漆町遺跡8号)と竪穴建物30(下佐野遺跡SI01)を重ねたものである。89の周溝柱穴比3.2に対し，30の周壁柱穴比は1.8であり，柱穴の位置がやや偏るものの周溝と周壁は重複しない。4は周溝をもつ建物162(高堂遺跡2－1号)と竪穴建物44(塚崎遺跡1号)を重ねたものである。162の周溝柱穴比2.4に対し，44の周壁の穴比は1.5であり，周溝と周壁は重複しない。

第9図5－第10図11は古墳前期。5は周溝をもつ建物132(上荒屋遺跡SB05)と竪穴建物160(上新庄ニシウラ遺跡1号)を重ねたものである。132の周溝柱穴比3.4に対し，160の周壁柱穴比は2.1であり，周溝と周壁は重複しない。6は周溝をもつ建物66(新保本町西遺跡SB02)と竪穴建物160(上新庄ニシウラ遺跡1号)を重ねたものである。66の周溝柱穴比3.1に対し，160の周壁柱穴比は2.1であり，5での対比よりも周壁－周溝間が狭いが重複はしない。7は周溝をもつ建物65(新保本町西遺跡1号)と竪穴建物168(八幡遺跡SH－05)を重ねたものである。65の周溝柱穴比2.9に対し，168の周壁柱穴比は1.7で，周溝と周壁は重複しない。8は周溝をもつ建物65(新保本町西遺跡1号)と竪穴建物117(朝日小学校遺跡6号)を重ねたものである。65の周溝柱穴比2.9に対し，117の周壁柱穴比は1.6であり，周溝と周壁は重複しない。9は周溝をもつ建物140(沖町遺跡SD01)と竪穴建物168(八幡遺跡SH－05)を重ねたものである。140の周溝柱穴比3.1に対し，168の周壁の柱穴比は1.7であるが，柱穴配置が中心に位置していない。10は周溝をもつ建物140(沖町遺跡SD01)と竪穴建物247(宮永市松原遺跡2号)を重ねたものである。140の周溝柱穴比3.1に対し，247の周壁柱穴比は

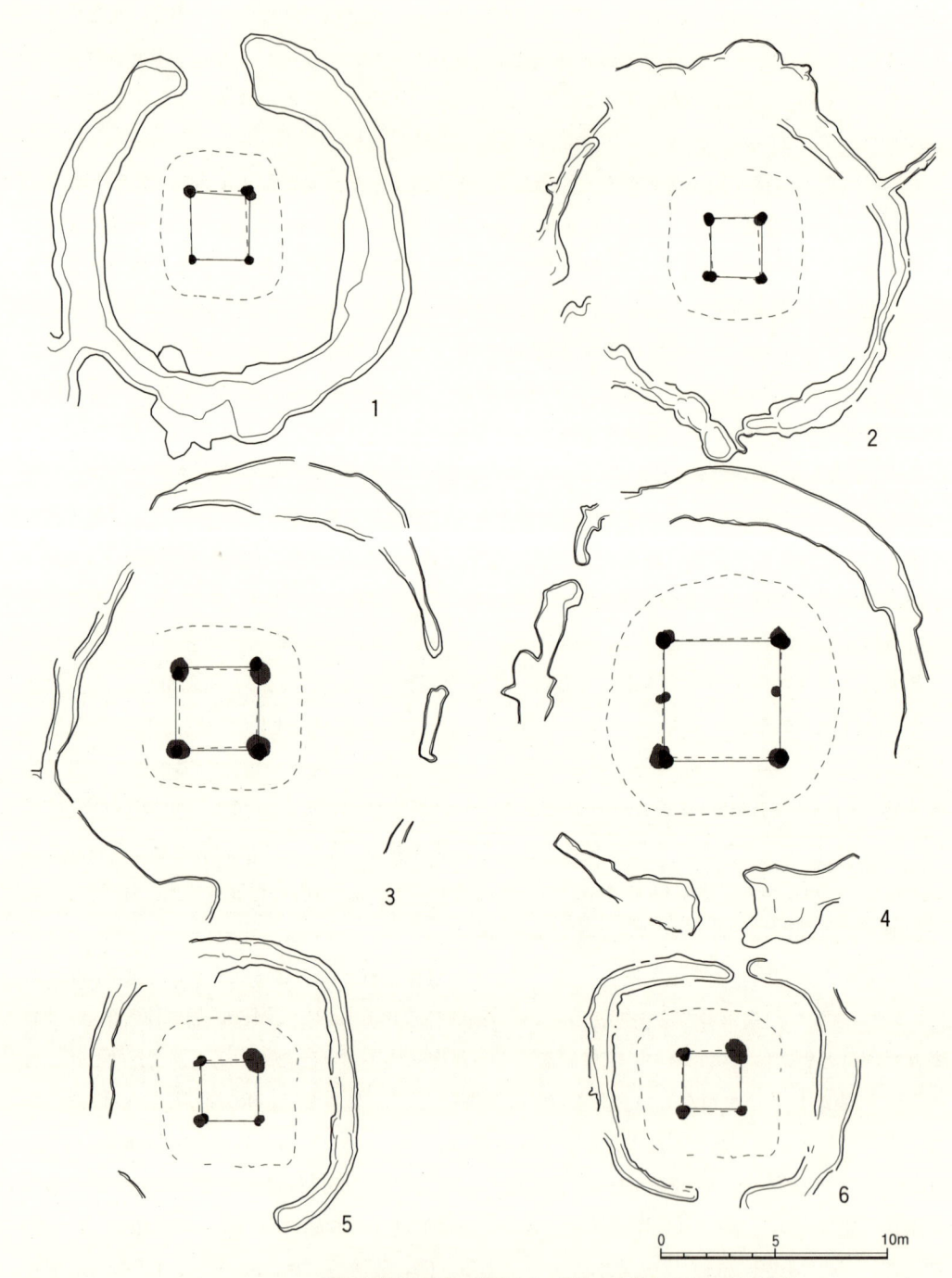

(図の実線及び黒色は周溝をもつ建物，破線及び灰色は竪穴建物，S = 1 : 300)

第9図 竪穴建物による周溝をもつ建物の床面推定（1）

1 9(江上A.S B14)と146(高橋セボネ.10号)，2 228(長池ニシタンボ.S I 01 a)と68(御経塚ツカダ.80－2号，3 89(漆町.8号)と30(下佐野.S I 01)，4 162(高堂.2－1号)と44(塚崎.1号)，5 132(上荒屋.S B 05)と160(上新庄ニシウラ.1号)，6 66(新保本町西.S B 02)と160(上新庄ニシウラ.1号)　ゴシックは周溝をもつ建物

「周溝をもつ建物」の基礎的研究

(図の実線及び黒色は周溝をもつ建物，破線及び灰色は竪穴建物，S＝1：300)

第10図　竪穴建物による周溝をもつ建物の床面推定（2）
　7　65(新保本町西.1号)と168(八幡.SH-05)，8　65(新保本町西.1号)と117(旭小学校.6号)，
　9　140(沖町．SD01)と168(八幡.SH-05)，10　140(沖町.SD01)と247(宮永市松原.2号)，11
　244(二口かみあれた.2次1号)と111(旭小学校.SⅠ42)，12　104(横江古屋敷.SⅠ502外周溝第3
　段階)と184(刈安野々宮.23号)，13　105(横江古屋敷Ⅰ502外周溝第4段階)と47(塚崎.6号)
　　ゴシックは周溝をもつ建物

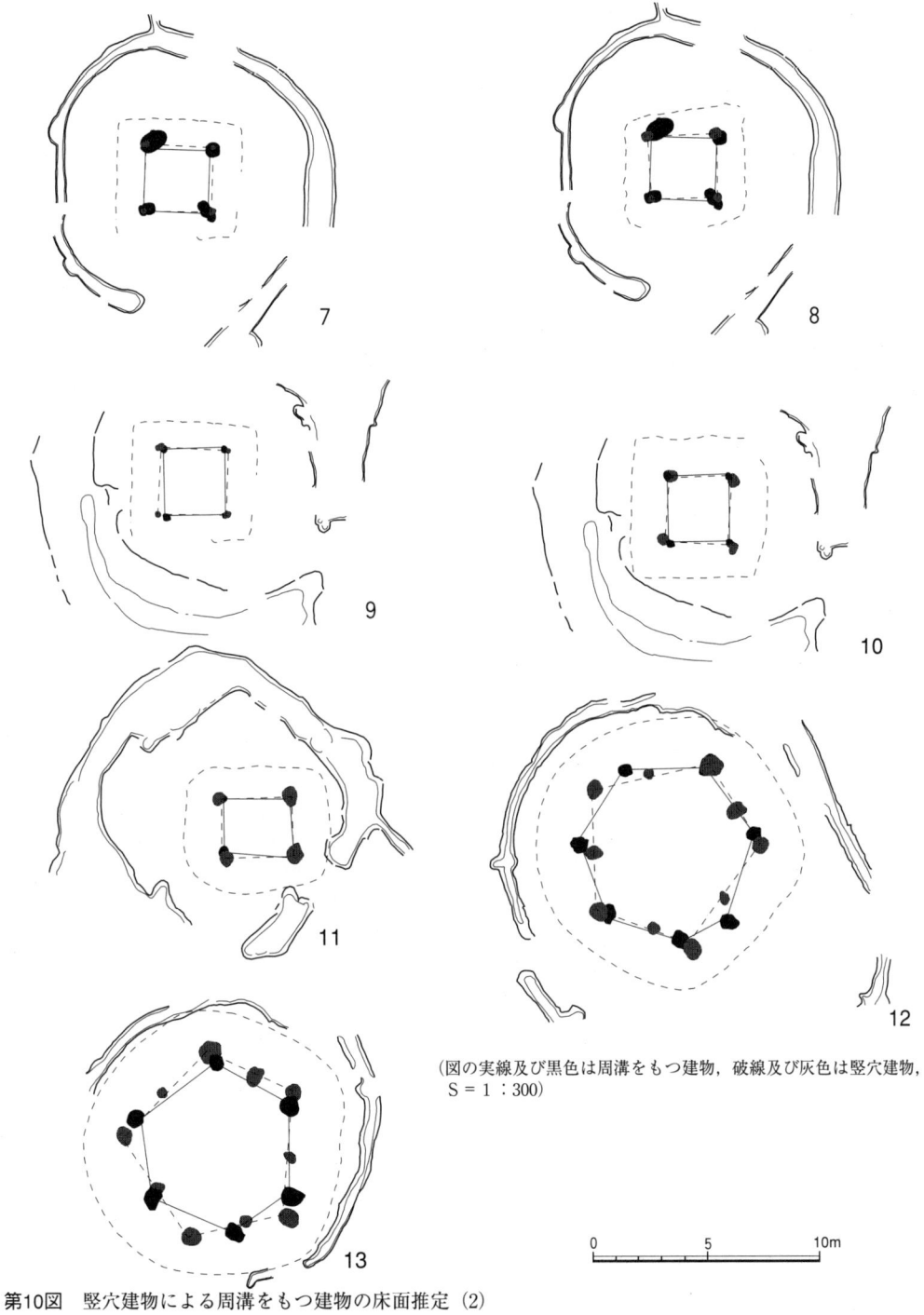

-141-

2.0だが，9と同様に柱穴配置が偏っており周溝と接する。11は周溝をもつ建物244(二口かみあれた遺跡2次1号)と竪穴建物111(旭小学校遺跡SI42)を重ねたものである。244の周溝柱穴比2.8に対し，111の周壁柱穴比は1.7で数値上は問題ないが，柱穴配置が偏り周壁と周溝が一部重なる。

第10図12・13は弥生時代終末期。12は周溝をもつ建物104(横江古屋敷遺跡SI502外周溝第3段階)と竪穴建物184(刈安野々宮遺跡23号)を重ねたものである。104の周溝柱穴比1.9に対し，184の周壁柱穴比は1.4であり，周溝と周壁は一部接し，周溝－周壁間も狭い。13は周溝をもつ建物105(横江古屋敷遺跡SI502外周溝第4段階)と竪穴建物47(塚崎遺跡6号)を重ねたものである。105の周溝柱穴比1.9に対し，47の周壁柱穴比は1.2であるが周溝と周壁はほとんど重なっている。

以上，柱穴配置が同規模の竪穴建物と周溝をもつ建物の周壁と周溝との関係を見てきた。周溝柱穴比は3を中心としている。これに対し周壁柱穴比は2以下となり，周溝と周壁は基本的に接しないのである。周溝柱穴比が2以下の第10図12・13は周溝と周壁が接する。12・13の周溝は位置を考慮すると，周壁溝である可能性が高いと思われる。したがって，周溝をもつ建物には属さず，別の建物形式に属すると思われる。また，柱穴配置が中心ではなく偏った位置にある第10図9－11の様なケースも見られた。特に，11は柱穴の主軸と周溝の主軸がずれており，周溝と柱穴は無関係である可能性がある。

6 周溝をもつ建物の分類と変遷

分類 ここでは，前項までの検討結果に基づいて周溝をもつ建物を分類する。

分類は①周溝の形態，②竪穴部の有無，③柱穴配置，④周溝と周壁の位置関係の3点を基準にして行った。①周溝の形態は，筆者が以前行ったもの[106]で土坑式，広溝式，狭溝式に分けた。広溝式と狭溝式の区分は主観が入るが，広溝式は平均幅100cm前後のもの，狭溝式は平均幅30cm前後のものとした。②竪穴部の有無は調査時点での竪穴部の掘削の有無により竪穴建物と平地建物に分けた。③柱穴配置は前々項「4 竪穴建物と周溝をもつ建物の柱穴配置」でみたように竪穴建物系統の同心円の柱穴配置かどうかにより分けた。④周溝と周壁の位置関係は前項「5 周壁と周溝の位置関係」でみたとおり，周溝柱穴比が2以上を周溝，2以下を周壁溝と考え，周溝をもつ建物かそれ以外かに分けた。以上により北陸の周溝をもつ建物を次の7形式に分類した。

土坑式平地建物－土坑が連結する周溝形態で，竪穴部の掘削は無く，竪穴建物系統の同心円柱穴配置をし，周溝柱穴比が2以上であるもの。周堤構築を推定しており，竪穴建物と同様な構造と考えられる。下谷地遺跡1号(1)，磯部遺跡2号(130)，平面梯川遺跡101号(197)等，10棟がこれにあたる。広溝式平地建物－周溝形態が広溝で，竪穴部の掘削は無く，竪穴建物系統の同心円柱穴配置をし，周溝柱穴比が2以上であるもの。周堤構築を推定しており，竪穴建物と同様な構造と考えられる。千田遺跡SB02(210)，横江古屋敷遺跡SB04(101)，江上A遺跡SB14(9)，三引E遺跡SI02(250)，藤井サンジョガリ遺跡(241)，高堂遺跡2－1号(162)，上荒屋遺跡SB05・06(132・133)等，23棟ある。

広溝式竪穴建物−周溝形態が広溝で，竪穴部の掘削があり，竪穴建物系統の同心円柱穴配置をし，周溝柱穴比が2以上であるもの。竪穴部掘削土のほかに周溝掘削土を利用した周堤構築を推定しており，竪穴建物と同様な構造と考えられる。宿東山遺跡10号(192)，宮永遺跡SI84(79)，梅田B遺跡竪穴(123)，下老子笹川遺跡A8地区SI201(22)，下老子笹川遺跡A7地区SI01(19)等，11棟がこれにあたる。

狭溝式竪穴建物−周溝形態が狭溝で，竪穴部の掘削があり，竪穴建物系統の同心円柱穴配置をし，周溝柱穴比が2以上であるもの。竪穴建物の周堤外側に狭い溝が巡る構造と考えられ，通常の竪穴建物と同様な性格であったと思われる。八幡遺跡SH−03(167)，八田小鮒Ⅲ区3号(121)，佐伯遺跡(8)，横江古屋敷遺跡SI02(99)，漆町遺跡チュウデン地区1号(88)，万行赤岩山遺跡2号(35)，刈安野々宮遺跡3号(180)，旭小学校遺跡SI39(106)等，12棟がこれにあたる。

狭溝式平地建物−周溝形態が狭溝で，竪穴部の掘削は無く，竪穴建物系統の同心円柱穴配置で，周溝柱穴比が2以上であるもの。周堤の構築は考えておらず，やや離れた位置に狭い周溝があると推測しており，建物の性格を考慮する必要がある。上荒屋遺跡SB90(136)，江上B遺跡SB111(10)，新保本町東遺跡4号溝(139)の3棟がある。

掘立柱建物−周溝があり，竪穴部の掘削は無く，竪穴建物系統とは異なる長方形の柱穴配置をし，周溝柱穴比が2以下であるもの。一塚遺跡SI25(155)，額新町遺跡SH10(203)の2棟がこれにあたる。建物と周溝は近接しており，周溝は雨落ち溝的なものと考えられる。

平地建物−周溝形態があり，竪穴部の掘削は無く，竪穴建物系統の同心円柱穴配置をし，周溝柱穴比が2以下であるもの。西念・南新保遺跡J区SB01(58)，横江古屋敷遺跡SI502外周溝4段階・5段階(104・105)の2棟がある。壁溝を有する平地建物としたが，削平を受けた竪穴建物の可能性もある。

変遷　ここでは前の分類にしたがって弥生時代中期，弥生時代後期，弥生時代終末期，古墳時代前期の4時期に分けて変遷を見ていくことにする。

弥生時代中期−土坑式平地建物，広溝式平地建物，広溝式竪穴建物，狭溝式平地建物，平地建物の3形式がみられる。土坑式平地建物は下谷地遺跡1号(1)，磯部遺跡2号(130)の他，9棟ある。北陸では下屋敷遺跡住居址がⅡ様式末−Ⅲ様式初頭とされている。広溝式平地建物・広溝式竪穴建物，狭溝式平地建物・平地建物はそれぞれ，1棟のみである。また，先に見たように，この時期は竪穴建物が数棟と少なく，住居の主流は土坑式平地建物であったと考えられる。

弥生時代後期−土坑式平地建物は1棟，広溝式平地建物は6棟，広溝式竪穴建物4棟，狭溝式竪穴建物3棟，狭溝式平地建物1棟，掘立柱建物1棟とほとんど全ての形式が出揃う。中期と比較すると土坑式平地建物は減少し，替って広溝式平地建物が増加する。この2形式の建物は構造が同じであったと考えられることから土坑から広溝へとシフトしたものと考えられる。また，広溝式竪穴建物に2本主柱・5本以上主柱のものが見られバリエーションが加わり，数も増加していると考えられる。一方，竪穴建物は68棟あり急増している。住居の主役は周溝をもつ建物から竪穴建物になったと考えられる。

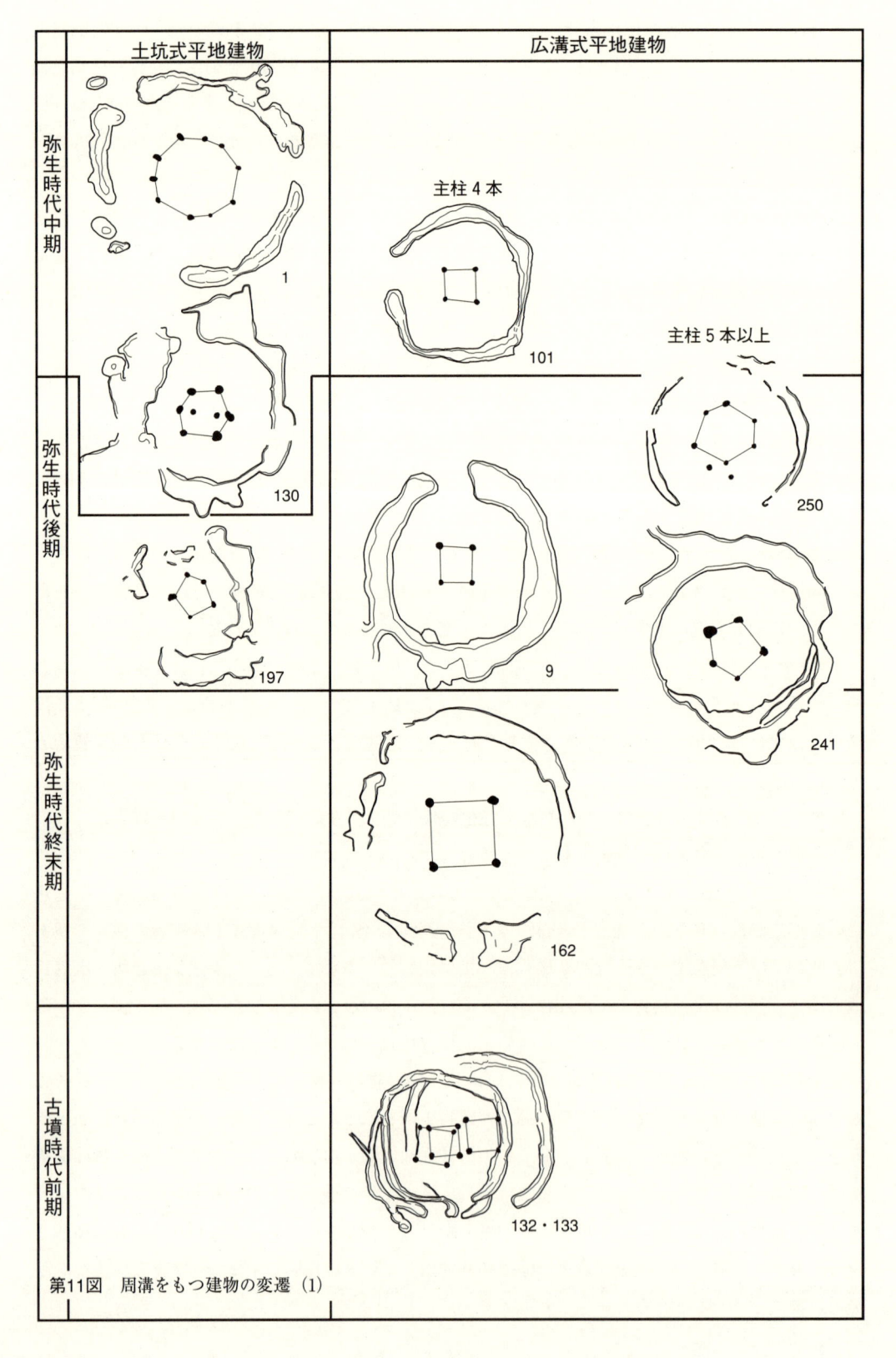

	土坑式平地建物	広溝式平地建物	
弥生時代中期	1	主柱4本 101	
弥生時代後期	130 197	9	主柱5本以上 250 241
弥生時代終末期		162	
古墳時代前期		132・133	

第11図　周溝をもつ建物の変遷（1）

「周溝をもつ建物」の基礎的研究

広溝式竪穴建物

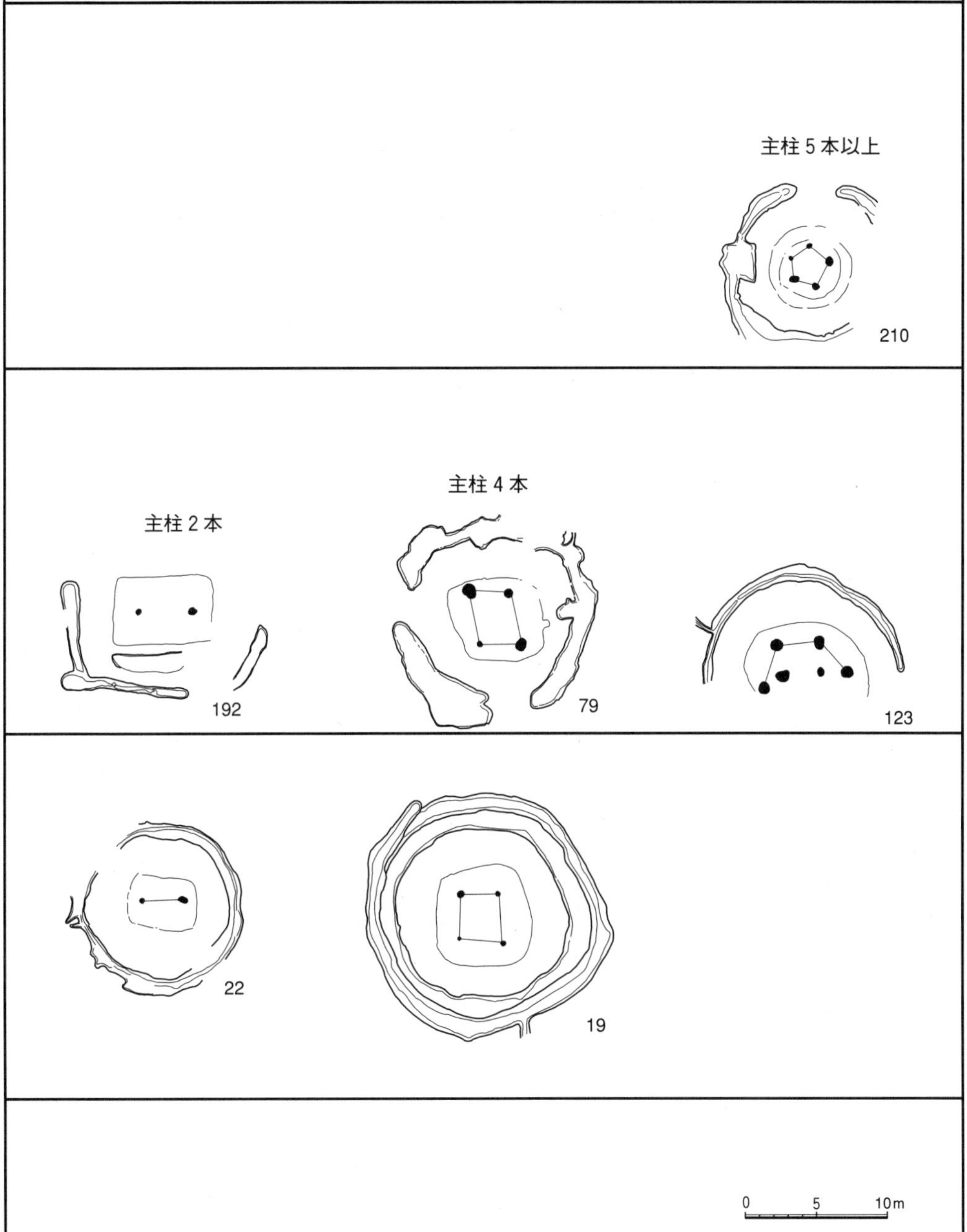

主柱5本以上

210

主柱2本　　　　主柱4本

192　　　　　79　　　　　123

22　　　　　　19

0　　5　　10m

土坑式平地建物：1(下谷地.1号), 130(磯部.2号), 197(平面梯川.101号)
広溝式平地建物：101(横江古屋敷.SB04), 9(江上A.SB14), 250(三引E.SI02), 241(藤井サンジョガリ.
　　　　　　　1号), 162(高堂.2-1号), 132・133(上荒屋.SB05・06)
広溝式竪穴建物：192(宿東山.10号), 79(宮永.SI84), 123(梅田B.竪穴), 22(下老子笹川.A8地区SI201),
　　　　　　　19(下老子笹川.A7地区SI01)

-145-

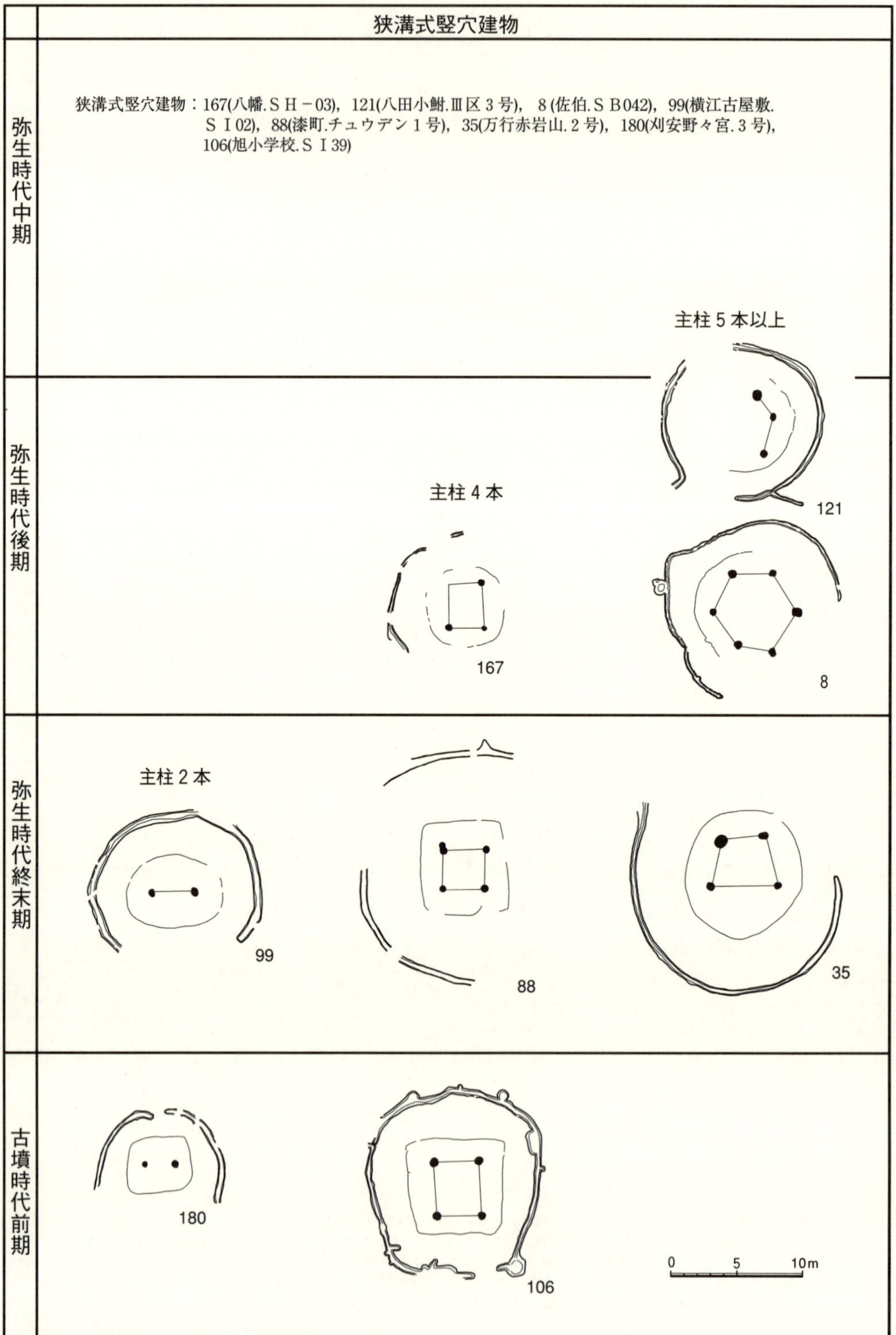
狭溝式竪穴建物
弥生時代中期
狭溝式竪穴建物：167(八幡.ＳＨ－03)，121(八田小鮒.Ⅲ区３号)，８(佐伯.ＳＢ042)，99(横江古屋敷.ＳⅠ02)，88(漆町.チュウデン１号)，35(万行赤岩山.２号)，180(刈安野々宮.３号)，106(旭小学校.ＳⅠ39)
弥生時代後期
主柱５本以上
121
主柱４本
167
8
弥生時代終末期
主柱２本
99
88
35
古墳時代前期
180
106
0
5
10m

第12図　周溝をもつ建物の変遷（2）

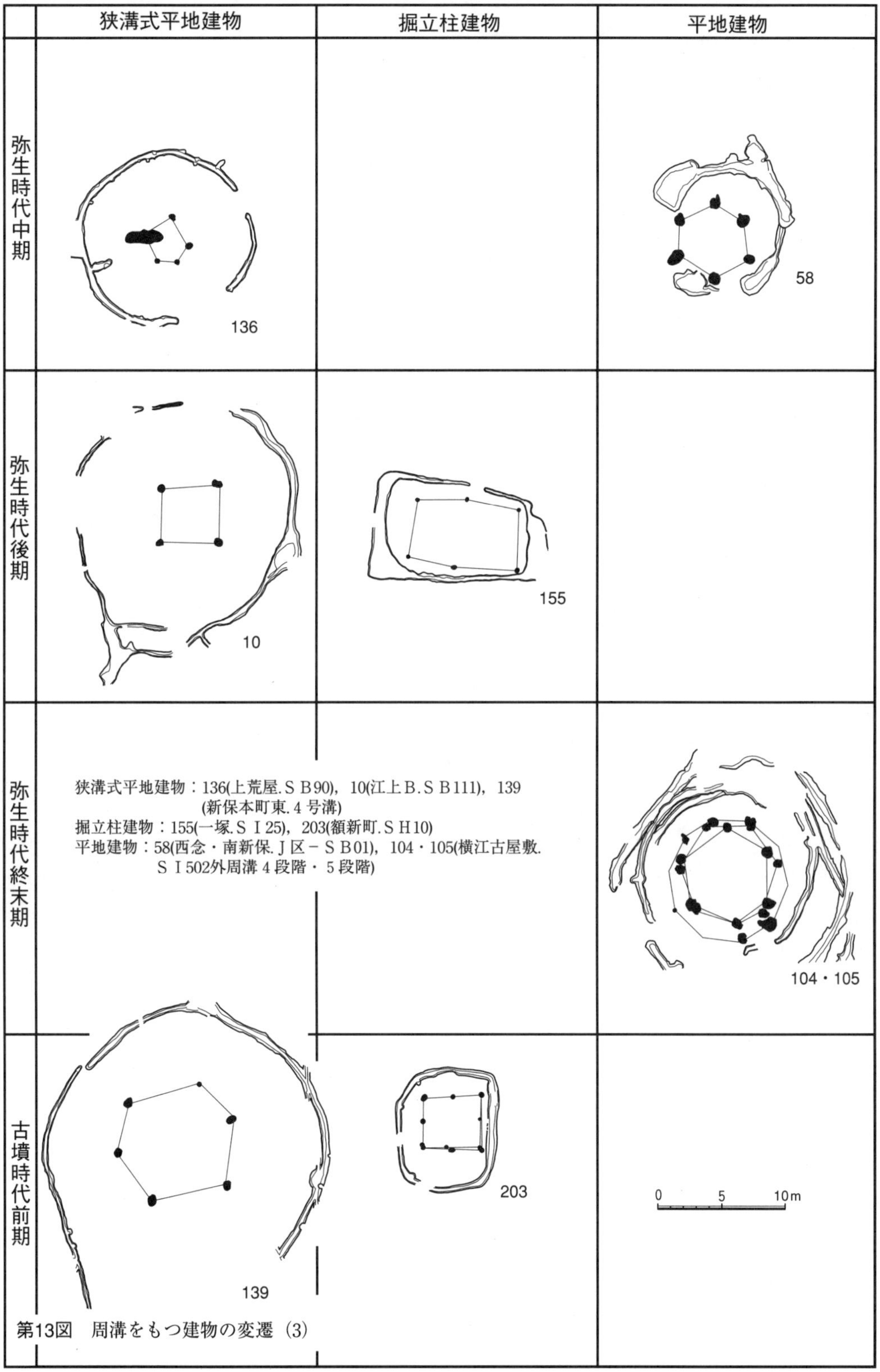

「周溝をもつ建物」の基礎的研究

	狭溝式平地建物	掘立柱建物	平地建物
弥生時代中期	136		58
弥生時代後期	10	155	
弥生時代終末期	狭溝式平地建物：136(上荒屋.ＳＢ90), 10(江上Ｂ.ＳＢ111), 139 (新保本町東.4号溝) 掘立柱建物：155(一塚.ＳⅠ25), 203(額新町.ＳＨ10) 平地建物：58(西念・南新保.Ｊ区－ＳＢ01), 104・105(横江古屋敷. ＳⅠ502外周溝4段階・5段階)		104・105
古墳時代前期	139	203	0 5 10m

第13図　周溝をもつ建物の変遷（3）

弥生時代終末期－広溝式平地建物は5棟，広溝式竪穴建物3棟，狭溝式竪穴建物4棟，平地建物2棟がある。広溝式平地建物・広溝式竪穴建物では5本以上主柱が見られなくなり減少していると思われる。これは竪穴建物の傾向も同様な傾向を示し，連動した動きと思われる。しかし，竪穴建物は59棟で引き続き住居の主流である。

古墳時代前期－広溝式平地建物は13棟，狭溝式竪穴建物5棟，狭溝式平地建物1棟，掘立柱建物1棟がある。広溝式平地建物は引き続き4本主柱化が進むが，増加している。一方，広溝式竪穴建物は見られず減少していると思われる。竪穴建物は54棟あり住居の主流である。

7 結　語

以上，周溝をもつ建物について竪穴建物と比較し，検討してきた。検討の結果，僅かではあるが以下の3点の成果があった。

①周溝をもつ建物の柱穴配置は竪穴建物と共通する。
②周溝をもつ建物の周壁は柱穴との比率が1：2前後の位置に推定復元が可能である。
③周壁の復元の結果，周溝と推定した周壁が接する建物がみられた。これらは数は少ないが周溝をもつ建物ではなく他形式の建物と考えられる。

当初は周溝をもつ建物の床面積の推定と系譜を明らかにする予定であったが，筆者の力量不足で出来なかった。これには竪穴建物と北陸以外の周溝をもつ建物の検討が必要である。今後の自分への課題としたい。

　この小文は竪穴建物を題材にし卒業論文として富山大学人文学部に提出したものを基に，近年の周溝をもつ建物の調査成果を加えたものである。

　無知であった筆者を懇切丁寧に指導し，就職後もずっと激励してくださった秋山進午先生に心から御礼を申し上げたい。また，石川日出志氏・岡田一広氏・岡村　渉氏・及川良彦氏・斎藤　隆氏・篠原　和大氏・高橋浩二氏・長瀬　出氏・橋本正春氏・浜崎悟司氏・安　英樹氏には様々な形でご協力を得た。ここに記して感謝の意を表す。また，本論文集の編集をされた三好博喜先輩には大変ご迷惑をおかけしました。

註
1　石塚遺跡の報告は次の2点がある。
　　上坂　成次・上野　　章　「高岡市石塚遺跡発掘調査概報」『オジャラ』3　富山県立高岡工芸高等学校地理歴史クラブO・B会　1968年。
　　上野　章　「30　石塚遺跡」『富山県史』考古編　富山県　1972年。
2　宮本　哲郎　『金沢市寺中遺跡－第Ⅱ・Ⅲ・Ⅳ次調査報告書』(『金沢市文化財紀要』11)金沢市教育委員会　1977年。
3　高橋　保他　『北陸自動車道埋蔵文化財発掘調査報告書下谷内遺跡』(『新潟県埋蔵文化財調査報告書』第

19) 新潟県教育委員会　1979年。

4　樫田　　誠　　『第一小学校々地内漆町遺跡発掘調査報告書』小松市教育委員会　1987年。
5　楠　　正勝　　「2．周溝を有する建物」『金沢市西念・南新保遺跡』Ⅱ（『金沢市文化財紀要』77）金沢市・金沢市教育委員会　1989年。
6　栃木　英道　　「「周溝を有する建物」について」『拓影』31　石川県立埋蔵文化財センター　1990年。
7　浜崎　悟司　　「加賀における集落構成要素・加賀の集落構造の推移」『日本考古学協会1993年度新潟大会　シンポジウム2　東日本における古墳出現過程の再検討』日本考古学協会新潟大会実行委員会　1993年。
8　岡本淳一郎　　「"周溝をもつ建物"について」『埋蔵文化財調査概要－平成8年度－』 財団法人富山県文化振興財団埋蔵文化財調査事務所　1997年。
9　田嶋　明人　　「北陸の掘立柱建物」『弥生時代の掘立柱建物』埋蔵文化財研究会　1991年。
10　南　　久和　　「第1節溝について」『金沢市新保本町東遺跡』（『金沢市文化財紀要』85）金沢市教育委員会　1991年。
11　栃木　英道　　『周壁盛土式・竪穴系・建物について』（第3回村落遺跡研究会資料）　1994年。
12　久田　正弘　　「北陸地方西部における弥生時代の地域性について」『社団法人石川県埋蔵文化財保存協会年報3　平成3年度』社団法人石川県埋蔵文化財保存協会　1992年。
13　出越　茂和　　「①平地式・竪穴式建物」『石川県金沢市　上荒屋遺跡Ⅰ　第2分冊　古墳時代編』『金沢市文化財紀要』120－1）金沢市教育委員会　1995年。
14　久保有希子　　「第1節　周溝を有する建物について」『石川県金沢市　上荒屋遺跡Ⅰ　第1分冊　弥生時代編』（『金沢市文化財紀要』120－1）金沢市教育委員会　1995年。
15　森田　克行　　「すまいと生産活動」『季刊考古学』第32号　雄山閣出版　1990年。
16　近藤　　広　　「平地式建物をもつ弥生集落－近江の例を中心に」『滋賀考古』第21号　滋賀考古学研究会　1999年。
17　及川良彦氏の周溝をもつ建物に関する論文は次のものがある。
　　及川　良彦　　「関東地方の低地遺跡の再検討－弥生時代から古墳時代前半の「周溝を有する建物跡」を中心に－」『青山考古』第15号　青山考古学会　1998年。
　　及川　良彦　　「関東地方の低地遺跡の再検討(2)－「周溝を有する建物跡」と方形周溝墓および今後の集落研究への展望－」『青山考古』第16号　青山考古学会1999年。
18　飯島　義雄　　「古墳時代前期における「周溝をもつ建物」の意義」『群馬県立歴史博物館紀要』第19号　群馬県立歴史博物館　1998年。
19　長瀬　　出　　「東京都豊島馬場遺跡における「方形周溝墓」の再検討」『法政考古学』第26集　法政考古学会　2000年。
20　駒見佳容子　　「北陸と関東－弥生時代後期から古墳時代前期の周溝を有する住居の比較－」『富山市日本海文化研究所報』第28号　富山市日本海文化研究所　2002年。
21　岡村　　渉　　『特別史跡　登呂遺跡　発掘調査報告書』Ⅱ　（『静岡市埋蔵文化財調査報告』57）静岡市教育委員会　2001年。
　　岡村　　渉　　『特別史跡　登呂遺跡　発掘調査報告書』Ⅲ　（『静岡市埋蔵文化財調査報告』60）静岡市教育委員会　2002年。
22　松井　一明　　「竪穴住居と掘立柱建物－静岡県下における低地集落の建物構造と集落イメージ－」『静岡県における弥生時代集落の変遷　2001年度静岡県考古学会シンポジウム資料集』静岡県考古学会　2002年。
23　前掲註11等がある。
24　前掲註3に同じ。
25　山本　正敏他　『富山県魚津市　佐伯遺跡発掘調査概要』富山県教育委員会　1979年。
26　久々　忠義　　「江上A遺跡」『北陸自動車道遺跡調査報告－上市町遺構編－』上市町教育委員会　1981

27　宮田　進一　　「江上B遺跡」『北陸自動車道遺跡調査報告－上市町遺構編－』上市町教育委員会　1981年。
28　小島　俊彰　　「本江遺跡」『滑川市史』考古資料編　滑川市　1979年。
29　小島　俊彰・橋本　正・藤田富士夫　『小杉町中山南遺跡　調査報告書』富山県教育委員会　1971年。
30　中山　修宏・麻柄　一志　『富山県大門町　串田新遺跡Ⅱ　－北東地区の範囲確認調査－』大門町教育委員会　1981年。
31　伊藤隆三他　『富山県小矢部市　平桜川東遺跡　発掘調査概要』小矢部市教育委員会　1979年。
32　伊藤　隆三　『富山県小矢部市　平桜川東遺跡』Ⅱ（『小矢部市埋蔵文化財調査報告書』第3冊）小矢部市教育委員会　1980年。
33　岡本淳一郎・島田美佐子　「下層（A地区）」『埋蔵文化財調査概要－平成8年度－』財団法人富山県文化振興財団埋蔵文化財調査事務所　1997年。
34　前掲註1に同じ。
35　三鍋　秀典・田中　幸生　『利田横枕遺跡　－主要地方道富山立山魚津線地方特定道路事業に伴う調査報告書－』（『立山町文化財調査報告書』第31冊）　立山町教育委員会　2001年。
36　稲垣　尚美　『HS－04遺跡発掘調査報告　二級河川下条川広域基幹改修事業（タートルランド建設）に伴う埋蔵文化財発掘調査報告』小杉町教育委員会　1999年。
37　髙梨　清志　『富山県舟橋村　仏生寺城跡発掘調査報告』舟橋村教育委員会　2001年。
38　髙梨　清志・越前　慶祐　『富山県舟橋村　浦田遺跡発掘調査報告』（3）　舟橋村教育委員会　2000年。
39　山口　辰一　「下佐野遺跡，井波地区」『市内遺跡調査概報Ⅰ　－平成3年度，石塚遺跡，下佐野遺跡の調査－』（『高岡市埋蔵文化財調査概報』第18冊）　高岡市教育委員会　1992年。
40　堀内　大介　『南部Ⅰ遺跡発掘調査報告　個人住宅建築に係る埋蔵文化財調査報告』婦中町教育委員会　1998年。
41　平田　天秋・西野　秀和他　『七尾市奥原縄文遺跡・奥原遺跡　県道能登島和倉線改良工事に係る埋蔵文化財発掘調査報告』石川県立埋蔵文化財センター　1982年。
42　土肥富士夫他　『万行赤岩山遺跡－宅地開発に係る緊急発掘調査報告書－』七尾市教育委員会　1983年。
43　土肥富士夫他　『細口源田山遺跡　石川県七尾市細口源田山遺跡発掘調査報告書』七尾市教育委員会　1982年。
44　藤田　邦雄他　『宿向山遺跡　一般国道159号線押水バイパスに係る埋蔵文化財緊急発掘調査報告書』石川県立埋蔵文化財センター　1987年。
45　吉岡　康暢・小嶋　芳孝他　「塚崎遺跡」『北陸自動車道関係埋蔵文化財調査報告書』Ⅱ　石川県教育委員会　1976年。
46　宮本　哲郎・楠　正勝他『金沢市西念・南新保遺跡』（『金沢市文化財紀要』40）金沢市・金沢市教育委員会　1983年。
47　楠　正勝他『金沢市西念・南新保遺跡　Ⅱ』（『金沢市文化財紀要』77）金沢市・金沢市教育委員会　1989年。
48　楠　正勝他『金沢市西念・南新保遺跡　Ⅳ』（『金沢市文化財紀要』119）金沢市・金沢市教育委員会　1996年。
49　楠　正勝他『金沢市西念・南新保遺跡　Ⅲ』（『金沢市文化財紀要』99）金沢市・金沢市教育委員会　1992年。
50　楠　正勝　『金沢市新保本町東遺跡・西遺跡，近岡カンタンボ遺跡』（『金沢市文化財紀要』54）金沢市教育委員会　1985年。

51　楠　　正勝　『金沢市新保本町西遺跡Ⅲ－賃貸住宅建設に伴う発掘調査報告－』(『金沢市文化財紀要』97)金沢市教育委員会　1992年。
52　吉田　　淳　『御経塚ツカダ遺跡(御経塚B遺跡)　発掘調査報告書』野々市町教育委員会　1984年。
53　前田　清彦　『旭遺跡群Ⅲ　松任市旭工業団地中央地区造成に係る宮永遺跡発掘調査報告書』松任市教育委員会　1995年。
54　田嶋　明人　『漆町遺跡』Ⅰ　石川県立埋蔵文化財センター　1986年。
55　樫田　　誠　『第一小学校々地内漆町遺跡発掘調査報告書』小松市教育委員会　1987年。
56　大場　磐雄　『加賀片山津玉造遺跡の研究』加賀市教育委員会　1963年。
57　市堀　元一　「特殊ピットを伴う集落遺跡について」『北陸の考古学』(『石川考古学研究会々誌』第26号)石川考古学研究会　1983年。
58　高橋　由知　『松任市横江古屋敷遺跡Ⅰ』松任市教育委員会　1993年。
59　金山　弘明　『松任市横江古屋敷遺跡Ⅱ－新横江産業団地造成事業(濃飛西濃運輸地区)に伴う埋蔵文化財緊急発掘調査報告書－』松任市教育委員会　1995年。
60　前田　清彦　『旭遺跡群Ⅱ　松任市旭工業団地中央地区造成に係る旭小学校遺跡発掘調査報告書』松任市教育委員会　1995年。
61　木田　　清　『松任市旭小学校遺跡』松任市教育委員会　1990年。
62　前掲註60に同じ。
63　木田　　清・前田　清彦・沢辺　利明　『松任市八田小鮒遺跡』松任市教育委員会　1988年。
64　藤田　邦雄他　「梅田B遺跡(第4次)」『社団法人　石川県埋蔵文化財保存協会年報』8　社団法人石川県埋蔵文化財保存協会　1997年。
65　前田　清彦　『松任市浜竹松B(竹松北)遺跡』松任市教育委員会　1993年。
66　宮本　哲郎　『金沢市寺中遺跡－第Ⅱ・Ⅲ・Ⅳ次調査報告書』(『金沢市文化財紀要』11)金沢市教育委員会　1977年。
67　増山　　仁　『金沢市磯部運動公園遺跡』(『金沢市文化財紀要』70)金沢市教育委員会　1988年。
68　出越　茂和他　『石川県金沢市上荒屋遺跡Ⅰ　第2分冊古墳時代編』(『金沢市文化財紀要』120－2)金沢市教育委員会　1995年。
69　小西　昌志他　『石川県金沢市上荒屋遺跡Ⅰ　第1分冊弥生時代編』(『金沢市文化財紀要』120－1)金沢市教育委員会　1995年。
70　前掲68に同じ。
71　南　　久和　『金沢市新保本町東遺跡』(『金沢市文化財紀要』85)金沢市教育委員会・中島製紙株式会社・本田肇・アラガキ不動産　1991年。
72　南　　久和　『金沢市沖町遺跡』(『金沢市文化財紀要』98)金沢市教育委員会・高山物産株式会社　1992年。
73　木立　雅朗・平田　天秋他　『藤橋遺跡』石川県立埋蔵文化財センター　1992年。
74　田村　昌宏・吉田　　淳　『高橋セボネ遺跡』野々市町教育委員会　1996年。
75　前田　清彦　『旭遺跡群Ⅰ　松任市旭工業団地中央地区造成に係る一塚遺跡発掘調査報告書』松任市教育委員会　1995年。
76　望月　精司他　『念仏林南遺跡Ⅱ　老人ホーム第二松寿園建設に伴う埋蔵文化財発掘調査報告書』小松市教育委員会　1995年。
77　横山　貴広　『上新庄ニシウラ遺跡』野々市町教育委員会　1998年。
78　栃木　英道他　『小松市高堂遺跡　一般国道8号改築事業(金沢西バイパス)関係埋蔵文化財緊急発掘調査報告書』石川県立埋蔵文化財センター　1990年。
79　久田　正弘他　『石川県羽咋郡富来町　鹿頭上の出遺跡』富来町教育委員会　1989年。
80　高松町教育委員会　『高松町大海西山遺跡』高松町教育委員会　1992年。
81　浜崎　悟司他　『石川県小松市　八幡遺跡Ⅰ－一般国道8号小松バイパス改築工事関係埋蔵文化財

調査報告書－』1998年。
82　木田　　清他　『松任市竹松遺跡』松任市教育委員会　1997年。
83　木田　　清・前田　清彦　『松任市宮永市カイリョウ遺跡，宮永市カキノバタケ遺跡』松任市教育委員会　1996年。
84　西野　秀和・本田　秀生　『津幡町刈安野々宮遺跡　国道8号線改築事業に係る石川県河北郡津幡町刈安野々宮遺跡緊急発掘調査報告』石川県立埋蔵文化財センター　1988年。
85　北野　博司他　『宿東山遺跡　一般国道159押水バイパス改築工事に係る埋蔵文化財発掘調査報告書』石川県立埋蔵文化財センター　1987年。
86　垣内光次郎・川畑　　誠・布尾　幸恵他　『小松市平面梯川遺跡　第2・3次発掘調査報告書』(財)石川県埋蔵文化財センター　2000年。
87　南　　久和　『金沢市額新町遺跡』(『金沢市文化財紀要』116)金沢市教育委員会　1995年。
88　越坂　一也・三浦　純夫他　『竹生野遺跡』石川県立埋蔵文化財センター　1988年。
89　岩瀬　由美他　『小松市額見町西遺跡－県土幹線軸道路整備工事(南加賀道路)に係る埋蔵文化財発掘調査報告書』(財)石川県埋蔵文化財センター　2000年。
90　小西　昌志　『千田遺跡』(『金沢市文化財紀要』181)金沢市(金沢市埋蔵文化財センター)2002年。
91　中屋　克彦他　『金沢市戸水B遺跡　金沢西部地区土地区画整理事業にかかる埋蔵文化財発掘調査報告書』石川県立埋蔵文化財センター　1994年。
92　栃木　英道他　『谷内・杉谷遺跡群』石川県立埋蔵文化財センター　1995年。
93　善端　　直他　『奥原峠遺跡発掘調査報告書－主要地方道七尾能登島公園線改良工事に伴う発掘調査報告－』(『七尾市埋蔵文化財調査報告』第23集)　七尾市教育委員会　1998年。
94　吉田　　淳　『長池・二日市・御経塚遺跡群』野々市町教育委員会　1998年。
95　北野　博司・川畑　　誠　『倉部』石川県立埋蔵文化財センター1990年。
96　金山　弘明　『松任市倉部出戸遺跡－県道倉部成線道路改良工事に伴う埋蔵文化財緊急発掘調査－』松任市教育委員会　1992年。
97　藤田　邦雄他　『藤井サンジョガリ遺跡・高畠テラダ遺跡・高畠カンジタ遺跡』　社団法人石川県埋蔵文化財保存協会　1994年。
98　上野　　敬・北野　博司他　『二口かみあれた遺跡』志雄町教育委員会　1995年。
99　上野　　敬・土上ひろみ・前多　美雪　『二口かみあれた遺跡第2次』志雄町教育委員会　1999年。
100　木田　　清・小中　和也　『松任市宮永市松原遺跡』松任市教育委員会　1994年。
101　久田　正広他　『田鶴浜町三引E遺跡・三引F遺跡　』(『一般国道470号線(能越自動車道)改良工事及び主要地方道氷見田鶴浜線建設工事に係る埋蔵文化財緊急発掘調査報告書』(V))　(財)石川県埋蔵文化財センター　2001年。
102　松山　和彦・北野　博司他　『押水町冬野遺跡群』石川県立埋蔵文化財センター　1991年。
103　冨山　正明・山口　　充・天井　和峰　『下屋敷遺跡，堀江十楽遺跡』福井県教育庁埋蔵文化財センター　1988年。
104　周壁柱穴比は周壁÷柱穴とする。
105　周溝柱穴比は周溝÷柱穴とする。
106　前掲8に同じ。

漆町編年・その光と影と

安　英樹

【要旨】
　北陸内外に広く受容されている漆町編年について，漆4・5群土器を主な対象として基準資料の一括性・組成・型式をあらためて検討し，その成果と問題点を整理した。その結果，その序列と段階設定は未だ確定できるものではないことを確認した。あわせて，将来，自身が提示する編年観の指針とするべく，土器の変化と編年という根本的な問題について試論し，方法論の整備や土器編年の新たな可能性について示唆する。

I　緒　　言

　今をさる17年前の1986(昭和61)年9月13・14日，石川県金沢市において，シンポジウム「月影式」土器について，が開催された。その内容については資料集が残されている[石考研1986 a]が，討論内容まで報告されていないことと，私自身が直接参加した世代ではないことから，ここで詳しく述べることはできない。ただ，北陸内外で月影式土器をめぐる資料と研究成果を集約し，弥生・古墳時代の土器編年や地域性について，一定の指針を与えた動向[石考研1986 b]であることは間違いのないところであろう。
　ところで，このシンポジウムでは，田嶋明人(以下，人名は敬称略)による石川県の漆町遺跡出土土器を中心とする土器編年(以下，漆町編年[田嶋1986 a])が，おそらく初めて全国的な研究会に登場したことになる。漆町編年の内容については後述するが，既存の研究とやや異なった手法による編年観は，「白江式」に代表されるように複雑な社会状況の下で土器が推移していく過程を明快に提示し，以降の研究に大きな影響を及ぼすに至った。北陸では多くの研究者に受容され，他地域からは並行関係を対比する広域土器編年の基準として認識されている。これらは表題の「光」の部分である。
　一方，漆町編年と白江式には当初から重要な問題点が複数存在すると指摘され，田嶋自身も認めていたにもかかわらず，根本的な解決を見ないまま現在に至っている。問題点の詳細について

は後述するが，特に近年はその成果のみが前面に出され，批判や検証は影を潜めた観さえある。そして，この17年の間に増加した資料との矛盾が大きくなってきているのが現状である。これらが表題の「影」の部分である。

本論では，以上のような漆町編年の成果と問題点を徹底して整理し，明示することを第一の目的とする。それによって，北陸の土器編年研究の現状を直視し，警鐘としたい。次いで，その問題点について土器の実態からどう理解すべきかを模索したい。それによって，今後，私自身が土器編年を新たに構築して提示する際に，その序論に代えようとするものである。

Ⅱ 分類と用語

1 用語の定義

ここでは，本論を進めていく上で使う基本的な用語について定義する。それは今後に修正を要することもあろうが，現時点では土器に対する私自身の理解でもある。

対象とする土器については弥生土器，土師器，古式土師器といった名称は使用せず，単に「土器」と呼称する。土器の大まかな機能，例えば貯蔵，煮沸，盛付などの用途に結び付けられた形態によって分類されたものを「器種」とし，それらを形態・調整・文様などの属性で分類したものを「型式」とし[1]，型式はさらに細別されるものとする。複数の器種・型式からなる土器群の組み合わせを「組成」，同じ型式の時間的変化を「組列」とし，その分布を一定時間・空間内に限定したものを「様式」とする（第21図参照）[2]。また，異なった時間・空間との関連を表す概念として「系」を使用する。

2 土器の分類

ここでは，土器の分類について述べる。本論では対象とする土器の時間幅が狭いので，基本的にあまり細かい分類は行わない。

器種は甕，壺，鉢，高杯，器台，蓋，その他に分類する。ただし，壺と鉢には精製と粗製の別があって後者は煮沸に使用されることが多いこと，器台と蓋は他の器種と組み合う器種であり単体では使用されないので甕・壺・鉢と同レベルの分類ではないこと，器台は概ね精製の壺か鉢と組み合って使用されるがその対応関係が必ずしも明らかでないこと，蓋にも精製と粗製の別があって甕か壺と組み合って使用されるがその対応関係が明らかでないこと，などのような問題点があって，機能と形態が微妙に食い違う様相が見られる。将来的には機能差と形態差を整理した分類が必要となろうが，本論では特に問題が生じないのでこのまま運用したい。

型式は器形差が比較しやすい甕，高杯，器台を大別分類する。壺，鉢については器形差が顕著すぎるものがあって比較しにくいため，特に分類は行わない。甕は擬凹線文を持つ有段口縁をＡ，無文の有段口縁をＢ，くの字口縁をＣ，その他をＤとする。高杯は杯部が有段で丸底のものをＡ，

同じく平底のものをB，概して小型で脚部径が杯部径を超えるもの[3]をC，その他をDとする。器台については受部が有段のものをA，垂下・拡張する受部に透孔をもつもの[4]をB，概して小型で脚部径が杯部径を超えるもの[5]をC，その他をDとする。

系は主に在来系と外来系に二分して前述した型式に付与する。在来系は先行する時期から存在が認められる北陸固有ないし在地化の進んだ型式，外来系は他地域に類例が主体的に認められる型式である。より出自を限定できるものに対しては，月影系，北陸西部系，東海系，のように地域名や遺跡名を冠して使用する。この他，先行する時期の形態を維持するものに対して，V様式系，のように時間軸を冠して用いる場合もある。

型式・系の時間的な流れについては，弥生時代後期の土器から派生して主体となる在来系型式の組成が，布留系・山陰系を主とする外来系型式の組成に移行する，という加賀地域における大局的な変化を前提とするまでにとどめる。より詳細な過程については，これ以降で行う検討に先入観を加えないためにも，あえてふれないことにしたい。

III 漆町編年の概観

1 その骨子

漆町編年は，田嶋明人によって石川県小松市（加賀南部）の漆町遺跡［田嶋1986a］から出土した土器を中心にして構築された弥生時代後期から古墳時代後期に及ぶ土器編年であり，ほぼ単一地域・遺跡におけるきわめて長い時間軸として，北陸では類を見ないものである。時間軸を示す最小単位としては「群」が使用されており，複数の連続した「群」を包括して「型式」とし，単独ないし複数の「型式」を包括して「段階」と表現して，より上位の区分としている。漆町編年では漆1群～15群までが設定されているが，実際に資料を対応させているのは漆3群以降であり，まとまった土器群が確認できる漆3群以降の群を10型式5段階に区分している（第1表）。なお，「群」なる用語は「型式的概念を付与できていない同時期の土器群の呼称」とされている［田嶋1986a 102頁］。

漆町編年の最大の特徴は，基準資料の抽出から時間的序列，「型式」，「段階」の設定に至るまでの全ての作業が，新たな器種・型式の出現とそれに伴う土器組成の変化を特に重視して行われていることである。それが最もよくあらわれている部分が漆5・6群とその前後の群であろう。すなわち，先行時期に祖型がある在来系土器のみで組成される漆4群，多様な外来系土器が出現し在来系土器が衰退・減少する漆5・6群，布留系甕に代表される外来系土器が出現・定着し在来系土器がほぼ消滅する漆7・8群という区分である。これは従来，月影II式と古府クルビ式に区分されていた谷内尾晋司による編年観［谷内尾1983］から，外来系土器が組成に加わる時期を漆5・6群として抽出・分離し設定したものであった。そして田嶋は漆4群と漆5～8群の間に大きな画期が存在するとし，1段階と2段階に位置付けたのである。

谷内尾の編年観は既存の研究として代表的な存在であったと思われるが，その概念によれば月

第1表 漆町編年の時間的単位とその推移

田嶋 1986a (漆町編年)				田嶋 1987 田嶋 1988		田嶋 1991			田嶋 1993		田嶋 1995	
群	型式		段階	時期	様式	時代	小期	様式	小期	様式	大別	様式
3	Ⅰ1	Ⅰ	1	Ⅱ1		弥生	Ⅱ1	弥生終末	後	3	弥生型様式	
4	Ⅰ2			Ⅱ2			Ⅱ2					
5	古	Ⅱ	2	Ⅰ	1	古墳	Ⅰ1	1A	Ⅰ1	1a		
6	新						Ⅰ2		Ⅰ2			
7	Ⅲ			Ⅱ			Ⅱ1	1B	Ⅰ	1b		
8	Ⅳ			Ⅲ			Ⅱ2		Ⅱ			

第2表 漆町編年と広域編年〔赤塚1992に加筆〕

吉備		河内	大和		濃尾平野		加賀	前方後方墳		東日本の墳墓	西暦
高橋		米田	寺沢	石野・関川	赤塚		田嶋	西日本	東日本		
Ⅸ期	a	庄内式Ⅰ	庄内0	纒向1	廻間Ⅰ	1古 1新 2 3 4	漆町3			廻間SZ01	—200年
	b									女牛谷SX4	
	c	庄内式Ⅱ	庄内1	纒向2 前 後			漆町4			神門5号	
Ⅹ期	a		庄内2		廻間Ⅱ	1 2 3 4	漆町5			小田部 南志渡川4号 丸ヶ谷戸	狗奴国との抗争期
	b	庄内式Ⅲ	庄内3	纒向3前			漆町6	芝ヶ原 権現山51号	弘法山 茂原大日塚		
	c	庄内式Ⅳ	布留0	纒向3後	廻間Ⅲ	1古 1新 2 3	漆町7	備前車塚	市杵嶋神社 駒形大塚 奥津社 元島名将軍塚		—300年
	d										
	e	庄内式Ⅴ 布留Ⅰ	布留1	纒向4			漆町8	元稲荷	東之宮 山王寺大桝塚		
Ⅺ期		布留Ⅱ	布留2	纒向5		4古 4新	漆町9 高畠	新山 下侍塚		親ヶ谷	
						10	松河戸				—400年

影Ⅱ式と古府クルビ式は，前者が在来系土器が盛行する一方で外来系土器も存在するという様相，後者が在来系土器が急速に衰退しつつ外来系土器は多様で複雑な様相，という矛盾を含んだやや混沌とした編年という印象を受ける。これに対して漆町編年は，漆4～8群土器の序列によって，複雑に見えていた土器の変化を実に明快な概念で描き出したものとなっており，その印象は鮮烈でさえある。しかし，漆町編年にも問題点が所在することは，提唱された当初から田嶋自身も認めるところであった。まず，組成の変化に重点を置いたがゆえに型式的検討が不足していること[田嶋1986b 20頁]があげられよう。また，漆4～8群の資料については，大溝，土器溜まりといった一括性にやや不安を残す出土状況であり，そうした資料を補うために漆4・5群を中心に加賀北部の資料を引用している，という資料の脆弱さもあった。これらの問題点は時期差・地域差・遺構差が作用して土器群の序列に大きく関わり，その区分を揺るがす可能性を秘めるものであった。

なお，田嶋が漆5・6群土器に対して，出土遺構の所在地名をとって仮称した暫定的な型式名が「白江式」であり[田嶋1986a 180頁]，のち広く知られるようになった。

2 その評価

前述したシンポジウム，そして報告書の刊行によって漆町編年は全国に知られるようになった。以降，現在までに漆町編年，特に白江式に対して与えられた評価について，ここでまとめておく。

北陸，特に石川県内の研究者ではその引用状況を見る限り「白江式」を容認するものと容認しないものに二分され，前者が主体となった。前者は出越茂和，楠 正勝，北野博司らに代表され，遺跡数・調査例の多かった加賀北部を主な対象地域としていた。出越は金沢市近岡ナカシマ遺跡2号溝上層，同市松寺遺跡A1号溝，同B2号土坑の出土土器群を月影Ⅱ式から分離し，月影Ⅱ式に後続する段階を設定した[出越1986]。これらの土器群はそのまま漆町編年の漆5群に対比されており，良好な資料を欠いていた漆町遺跡を補うものとして重要な存在となった。楠は金沢市西念・南新保遺跡や同市寺中B遺跡などの資料を積極的に月影式から分離し，白江式と対比させている[楠1989・1992a・1992b・1996]。北野も松任市倉部出戸遺跡の資料で同様の作業を行っている[北野1990]。また，吉岡康暢も個々の土器群の位置付けに齟齬があるものの，自身の編年観の古墳時代Ⅰ1期は白江式に対比された資料で構成している[吉岡1991]。この他でも白江式を使用，引用，比定した文献は数多い。

後者は少数派となったが，その中で南 久和は容認しないことを顕示している[南1987・1991]。南は高杯の開口率をタイムスケールとした編年観を提示し，月影式を3段階に区分した上で，田嶋が漆4群とした加賀北部の土器群に対して「このような器種組成は成立し得ない」とし，漆5群については月影式の最終段階とし，漆6群については古府クルビ式に並行するもの，として明確な反論を行っている[南1987 83頁 注11]。この他，もともと漆町編年と対立した編年観を持ちその後は沈黙を守る谷内尾や，この用語をほとんど使用していない宮本哲郎[宮本2001]らは消極的ではあるが容認していないものと判断したい。また，漆町編年の概念や資料の理解に異議を唱

えた伊藤雅文[伊藤1991]もこの中に加えられよう。

　白江式を容認する側としない側の差は在地系土器と外来系土器の動向をどう理解しているかに起因しているようであり，栃木英道が的確にまとめている。栃木自身は「月影式と在地性，古府クルビ式と布留系甕の出現という名称と概念は，それぞれ分離できないものであるから，両者の間に白江式を設定する必要性を認め」として白江式を容認することを明言しているが，同時に「在地系土器の残存を根拠に月影Ⅰ式から白江式までを全て月影式とする考え方も成立する」として容認しない側の視点も示している[栃木1987　68頁]。栃木は後に，能登地域の土器編年でも白江式の並行期を設定し，前者の視点を実践した[栃木1995]。

　北陸でも石川県以外の地域ではさらに容認する傾向が強い。青木元邦，堀　大介，小田木治太郎，久々忠義，岡本淳一郎，高橋浩二，川村浩二らの編年観[赤澤・青木1994，堀2002，小田木1989，高橋1995，久々1999，岡本他1999，坂井・川村1993]は区分を白江式と漆町編年に対照させたものである。このように北陸の大多数の研究者に容認された漆町編年は，列島の東西で時間軸を設定する広域編年が行われる際には，その代表的存在として対照されるようになった。広域編年に漆町編年を参照した事例は数多い(第2表参照)。

　その後，田嶋は漆町編年を基盤として自身の編年観，土器様式を整備していく[田嶋1987・1988・1991]。その流れの中で，前述した「型式」は「期(小期)」に，「段階」は「様式」に改められ，枠組みも少し変更された(第1表)。また，基準資料がやや曖昧になった部分もある[6]。さらに田嶋は1993(平成5)年10月16・17日に開催された日本考古学協会新潟シンポジウムで重要な提言を行う。それは新潟シンポジウム編年の5期に漆4群の一部と漆5群を1小期として並行させたことである[田嶋1993]。新潟シンポジウム編年は漆町編年と東海の廻間編年を基準に区分・設定されていたものであるから，実質としては漆町5群の枠組みを変更したに等しい内容と言える[7]。これを裏付けるように別稿では「月影Ⅱ式とした資料の内のかなりの部分が次の白江式まで下降する可能性をもつ」と記している[田嶋1996]。出越もまた加賀北部において「外来系土器が普遍的に搬入されない状況下でそれを編年の指標とするのは妥当性を欠く」とし，月影Ⅱ式と白江式古相が重複する可能性を示した[出越1999]。ともに，かつての理解に変更が加わった見解であり，背景には外来系土器が小地域・遺構で偏る様相が顕著であることが指摘され，編年観にまで影響を及ぼすほどになった[安1994・1999]ことがあろう。

　以上から，漆町編年の評価については，北陸内外に広く受け入れられ，大きな影響を与えつつも，近年その枠組みを検証する必要性が生じている状況と言えよう。では，提唱当時の基準資料とは一体どのような内容であったのだろうか。次節で提示することにしたい。

Ⅳ 漆町編年の基準資料

1 視点と方法

　ここからは，漆町編年の中で，漆4・5群を対象にして検討を加える。まず，編年の基準資料となった土器群について，一括性を考慮した上で器種・型式の組成を提示し，それらの比較によって漆4群から漆5群への変化について検討してみたい。また，同じ遺跡でまとまって出土している土器群についてもあわせて紹介していきたい。

　なお，土器群の一括性については，出土した遺構の性格に加えて，調査・整理・報告の状況にも左右され，厳密かつ適正な判断は難しい。一応の目安として，短期間に堆積したことがわかるもの，水流を示す堆積がないもの，土器が密集して出土しつつ遺存の良い個体を含むもの，別遺構からの混入が想定しがたいもの，出土地点が精密に記録されたもの，明確に分層されてとりあげられたもの，などを一括性が高くなる条件とし，この逆のものが一括性が低くなる条件とする。

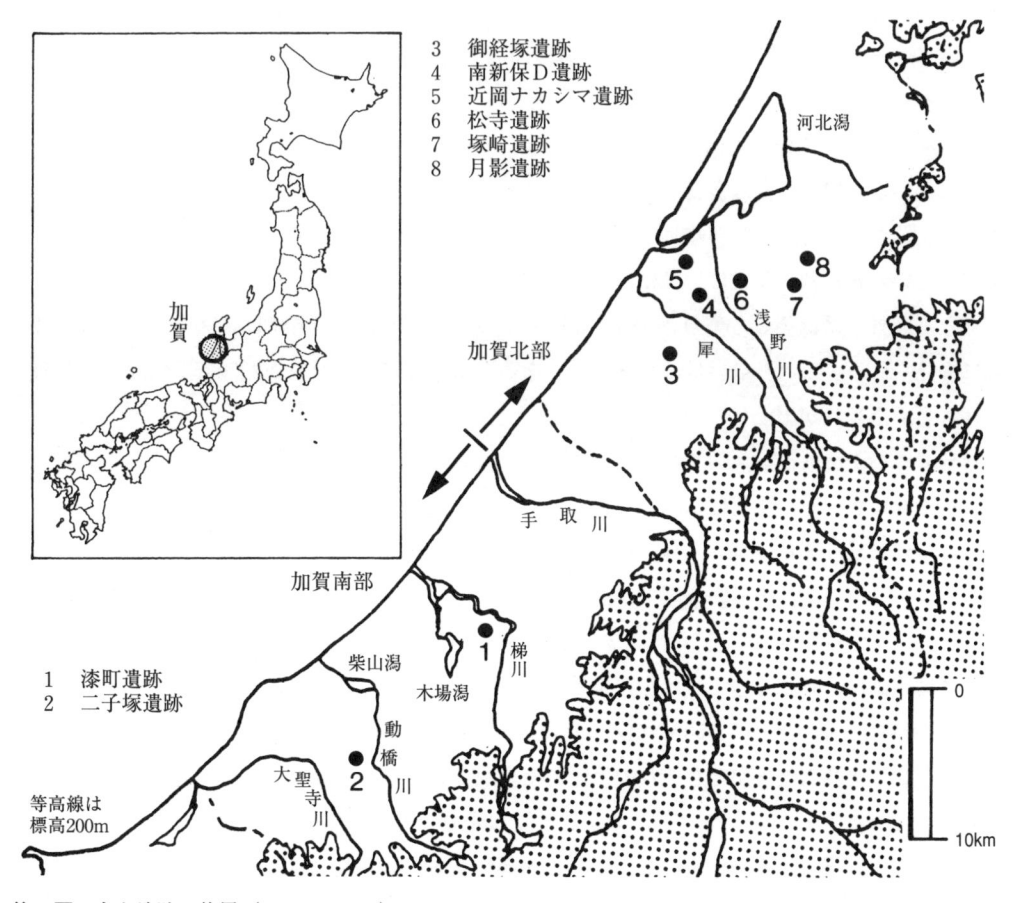

第1図　主な遺跡の位置（S=1/500,000）

以上のような条件をもとにして判断することにしたい。

　また，各器種の型式と，外来系・在来系の対応についても明示しておく。甕A・B，高杯A・B，器台A・Bはいずれも在来系である。これに対して甕D，高杯D，器台Cはいずれも外来系である。甕C，高杯Cは在来系と外来系の両方が含まれる。器台Dは基準資料の中では御経塚遺跡の1点しか数えられなかったが，先行する時期に祖型が求められることから，在来系とする。在来系の中では，甕Aは月影系甕，器台Bは装飾器台等の名称が与えられており，加賀を含む北陸地方の南西部に分布の中心を持つ。甕Bと甕C，高杯Bは能登を含む北陸北東部に分布の中心を持つ。外来系の中では，甕C・Dと高杯Dは多様な型式・系統を含むものである。器台Cは一般に小型器台という名称が与えられているものである。

2　基準資料の提示

漆町遺跡　石川県小松市(加賀南部)の平野部に位置する。単一の遺跡であるかのような名称であるが，実際は近接して存在する複数の集落がそれぞれの地区名で表現されている状況である。資料は，漆4群の指標となった金屋サンバンワリ地区34号溝，白江ネンブツドウ地区27号土坑，漆5群の指標となった金屋サンバンワリ地区33号溝をとりあげる(第2～4図)。なお，他に指標となっている金屋サンバンワリ地区100号溝は同33号溝のB地区，同108号溝は同33号溝C地区のことである(以下，地区は省略)[8]。

　33号溝は調査区を概ね東西方向に貫走する幅2.5～3mの大溝であり，34号溝とは切り合って後出している。出土土器は多量で器種も豊富であるが，その上限は弥生時代後期の土器，下限は布留系土器に求められ，時間幅は広い。ここでは最もよくまとまっているというA地区に資料を限定したい。各器種の型式は，甕はAを主としてB～D，高杯はA・C・D，器台はB・Cが確認できる。外来系は甕Cと甕D(布留系，山陰系)，高杯C(東海系)と高杯D(東海系)，器台Cの他，壺にも見られる。これら以外はほぼ在来系である。この他に特異なものとして手焙形土器や線刻高杯，鳥形土製品が出土している。

　34号溝は幅1m前後の大溝であり，前述した33号溝と切り合って先行する。出土土器は33号溝ほど多くないが，その時間幅は33号溝と同様に広い。甕はAを主としてB～D，高杯はAが確認できる。外来系は甕D(布留系)を除けば明確なものは確認できず，ほぼ在来系で占められている。27号土坑は遺構の錯綜する調査区で周溝状を呈する溝と重なって検出された土坑である。遺物の出土状況に関する記載はない。出土土器の器種は甕がほとんどであり，甕はAでほぼ占められる。外来系は明確には確認できず，ほぼ在来系で占められている。

御経塚遺跡　石川県石川郡野々市町(加賀北部)の平野部に位置する。漆町遺跡と同様に，近接して存在する複数の集落がそれぞれの地区名で表現されている。資料は，そのうちのツカダ地区のものをとりあげる[9]。ツカダ地区は多数の竪穴建物で構成される集落域であり(第5図)，竪穴建物は重複，近接するものがあることから，遺構の変遷については複数段階を想定できる(以下，地区は省略)。現在までに確認されているのは，調査区北部の82-2号住居から82-3号住居へ

漆町編年・その光と影と

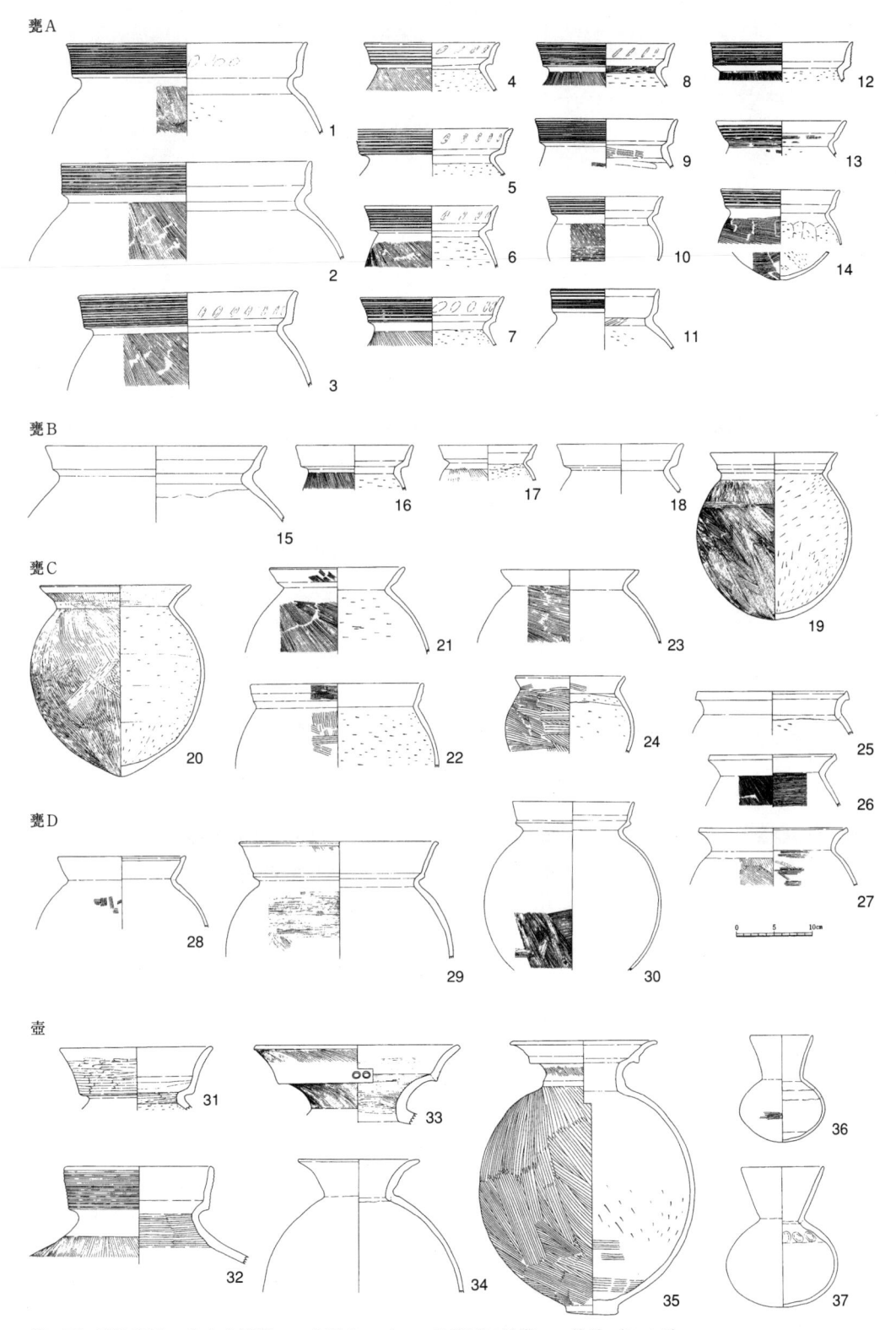

甕A

甕B

甕C

甕D

壺

第2図　漆町遺跡の出土土器群1　金屋サンバンワリ地区33号溝1　抜粋（S=1/8）

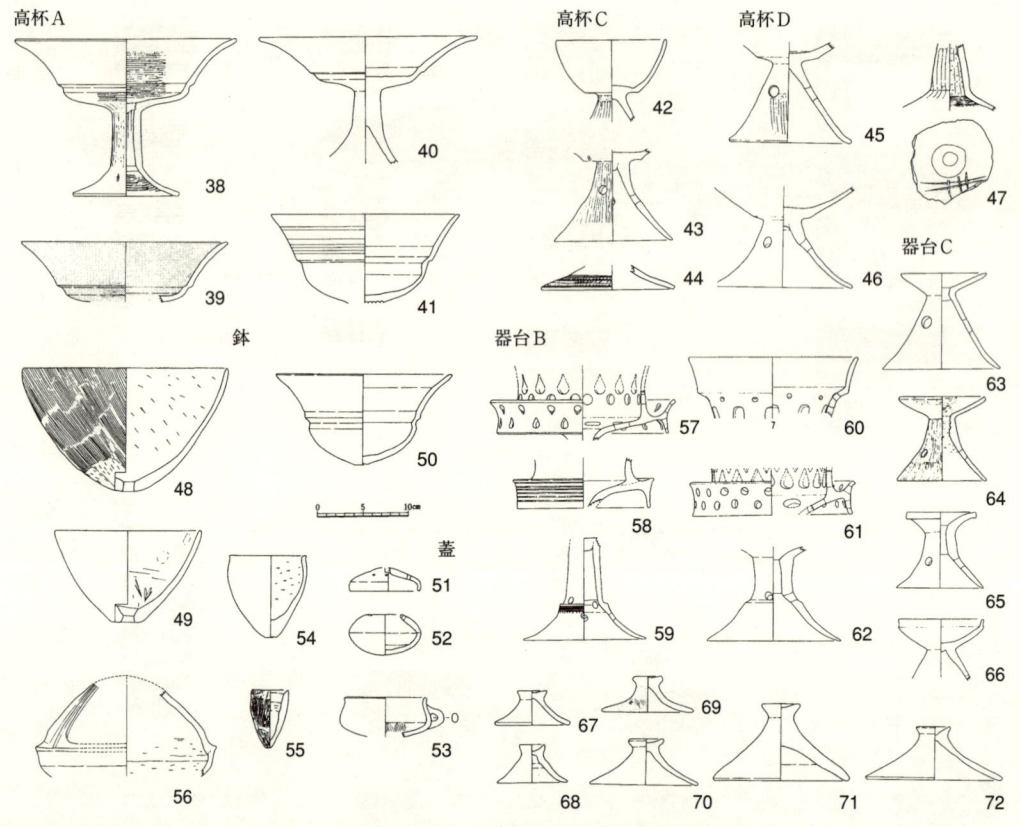

第3図　漆町遺跡の出土土器群2　金屋サンバンワリ地区33号溝2　抜粋（S=1/8）

[宮本1986　37頁]，南部の80－2号住居から80－3号住居へ，西部では81－2号住居から81－1号住居への変遷である。なお，80－2号住居と80－3号住居はそれぞれ同じ地点での建て替えを行っている。さらに，私見を交えて述べるならば，溝ではともに竪穴建物の外周溝となる81－2T溝を81－1T溝が切っていることから，それぞれが付属する80－7号住居から83－1号住居への変遷が想定できる。また，重複はしないが同時並存も考えにくい位置関係として，調査区東部で82－1号住居と82－4号住居，南部で80－1号住居と80－2号住居，80－3号住居と80－6号住居，西部で81－1号住居と83－1号住居などの組み合わせをあげることができる。上述した竪穴建物群は多くの土器を出土しているが，その一括性については竪穴の廃棄・埋没の過程を考えるならば，一括性が高くなる要素を備えるのは焼失家屋や床面，壁溝出土資料などに限られ，決して過信できないであろう。以上のような視点を加えて，主な竪穴建物出土土器を提示したい（第6図～第8図）。

　80－1号住居は覆土から全ての土器が出土している。各器種の型式は，甕はAが主で他にB・Cがあり，高杯はA，器台はBがある。80－3号住居は漆4群に比定された土器を出土している。土器の多くは覆土から出土しており，甕はAを主として他にB，高杯はA・Cが確認できる。この中には，床面ないし拡張した方の壁溝から出土した土器も数点存在しており，甕A，高杯Aが

漆町編年・その光と影と

金屋サンバンワリ地区34号溝（抜粋）
甕A

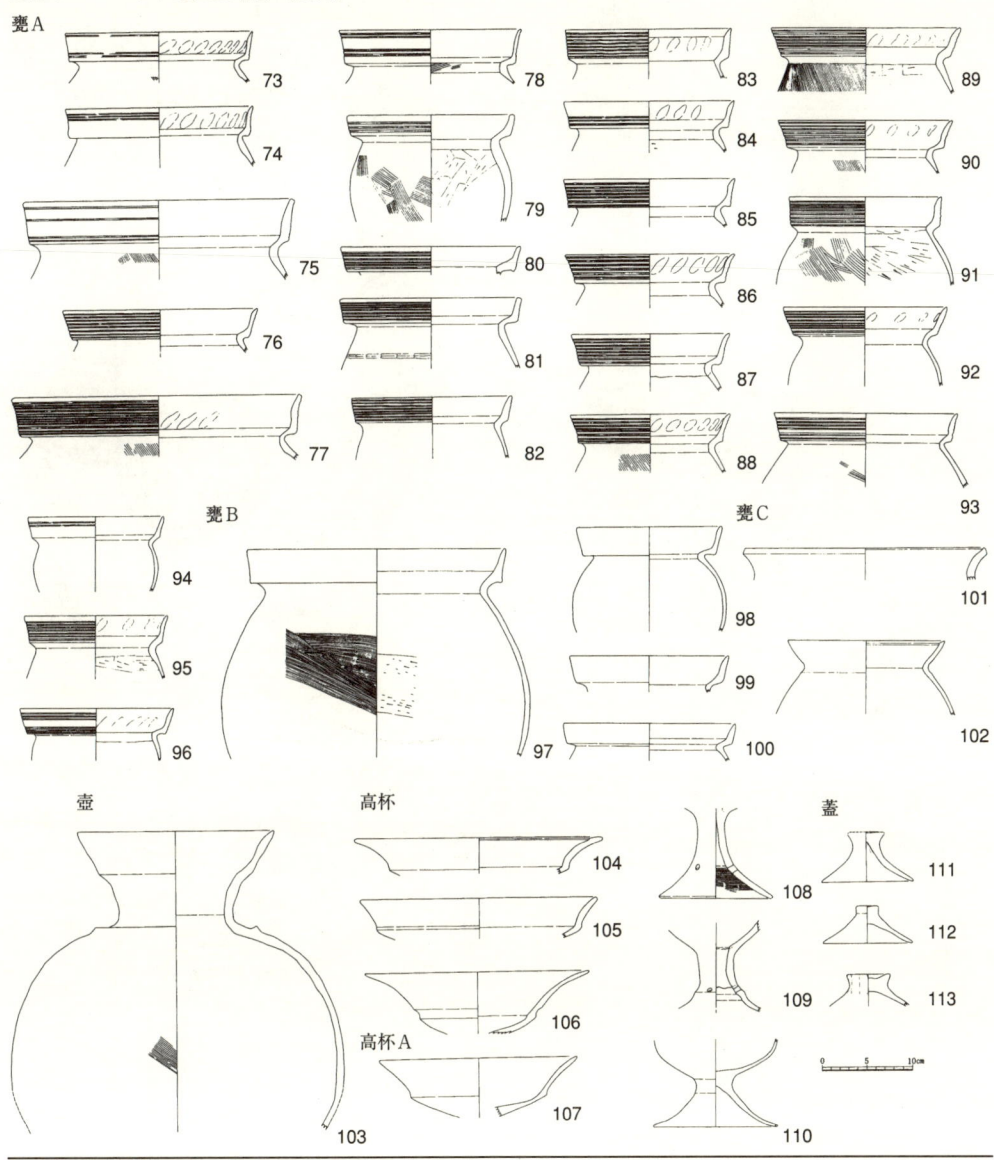

甕B　　　　　　　　　　　　甕C

壺　　　高杯　　　　　　　　　　蓋

高杯A

白江ネンブツドウ地区27号土坑（抜粋）
甕A

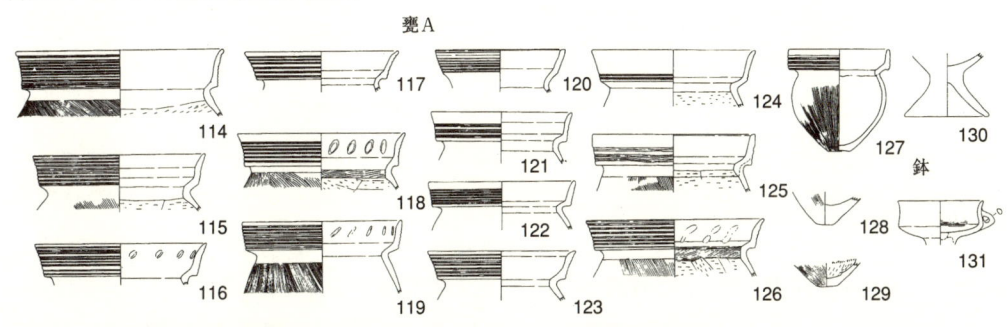

鉢

第4図　漆町遺跡の出土土器群3（S=1/8）

-163-

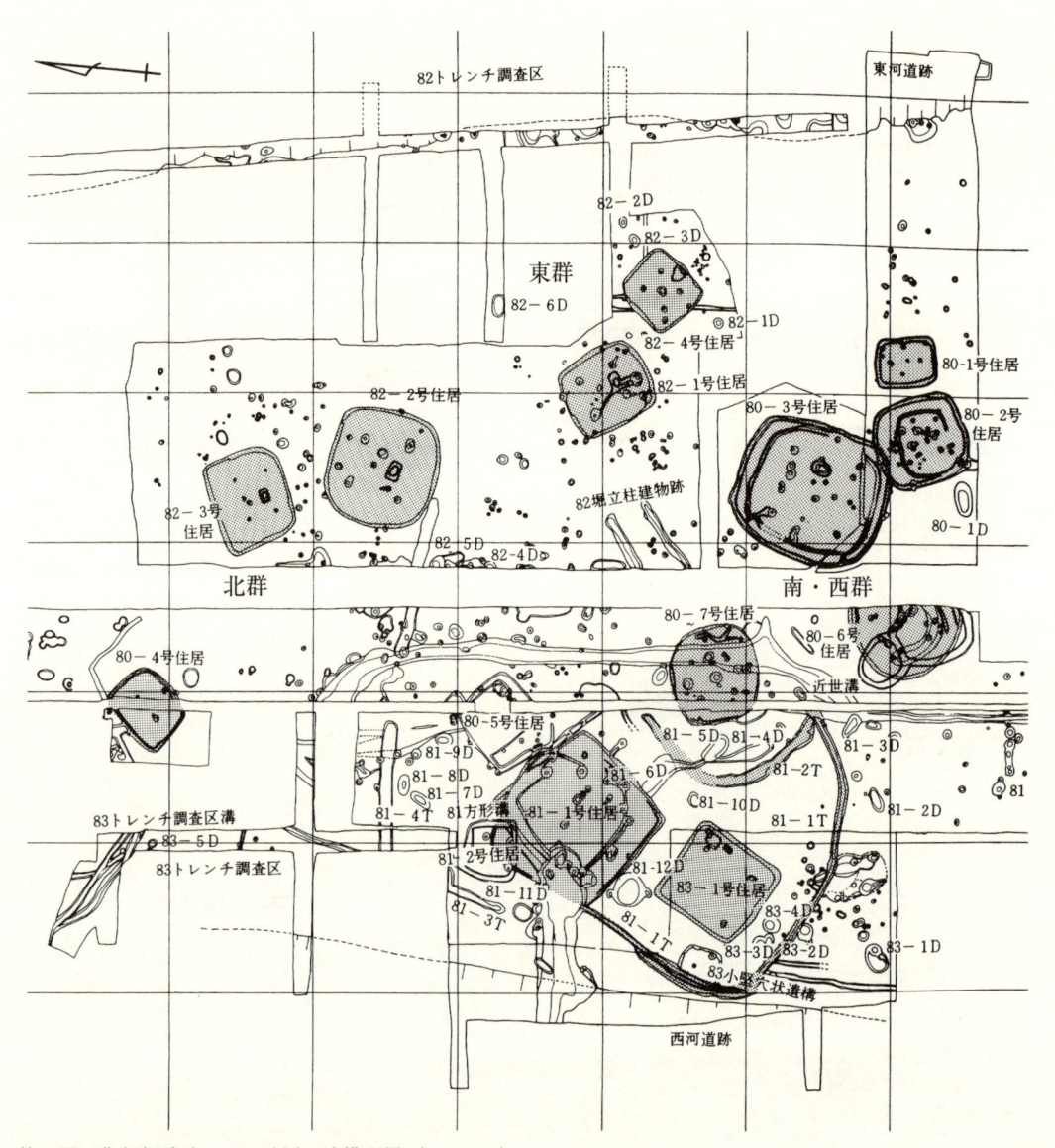

第5図　御経塚遺跡ツカダ地区の遺構配置（S=1/500）

ある。80－6号住居は床面から出土した土器が多い。甕はAを主としてB・C，高杯はAがある。80－7号住居は覆土から出土した土器が大半である。甕はAとBが主で，他にCがあり，高杯はB[10]がある。81－2T溝はやや遺存が悪いが80－7号住居に付属する外周溝と推定できる。甕はA～C，高杯はA，器台はDがある。以上の土器群には明確な外来系は含まれず，在来系で組成されている。

　81－1号住居は覆土から出土した土器が大半である。甕はA～D，高杯はA・D，器台はB・Cがある。81－1T溝は81－1号住居か83－1号住居に付属する外周溝と推定できる。甕はA～D，器台はB・Cがある。この竪穴建物と外周溝の土器群は在来系と外来系で組成され，外来系

-164-

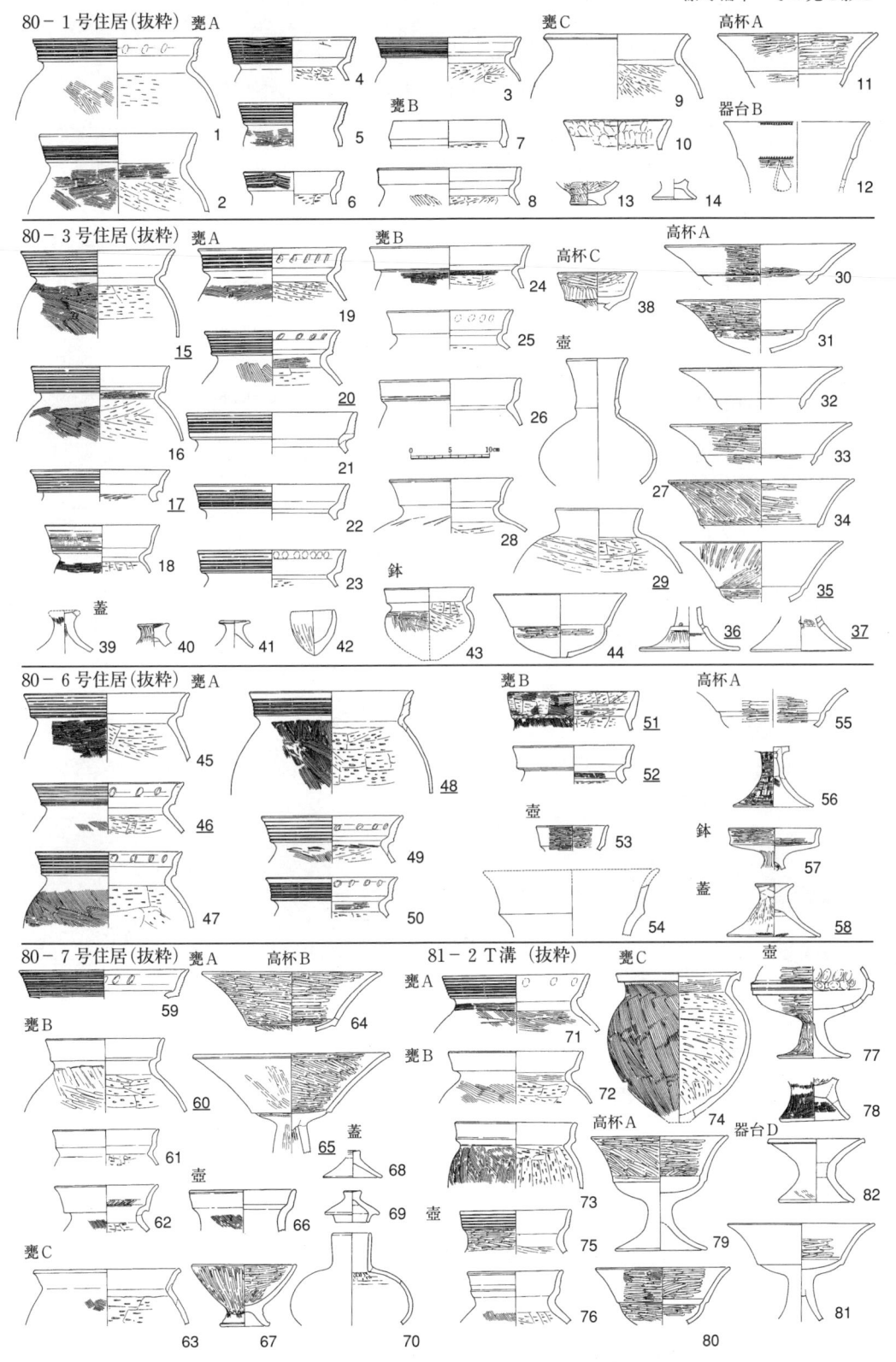

第6図 御経塚遺跡ツカダ地区の出土土器群1 （S=1/8）　下線は床面・貼床・壁溝等から出土

は甕CとD(布留系，山陰系)，高杯D(東海系)，器台Cがある。土器群の分布は外来系は溝の北部，在来系は溝の南部と分離している。82－1号住居は床面から出土した土器が多い。甕はAが主で他にBが見られるが，他の器種は遺存が悪く判断が難しい。82－2号住居は床面から出土した土器が多い。甕はA，高杯はA，器台はBがある。82－3号住居は覆土から出土した土器が多いが，床面から出土した土器も少量含む。甕はAが主で他にB・Cがあり，高杯はA，器台はBがある。甕Cは小型の台付甕であり，あまり類例を見ない。また，蓋が数個体出土している。82－2号住居と82－3号住居は漆4群に比定された土器を出土している［田嶋1986a　178頁　第10表］。82－4号住居は床面から出土した土器が多い。甕はA・Bがあり，高杯はAがある。以上の土器群には明確な外来系は含まれず，在来系で組成されている。

　80－2号住居，80－4号住居，81－2号住居，83－1号住居については，出土した土器が少な

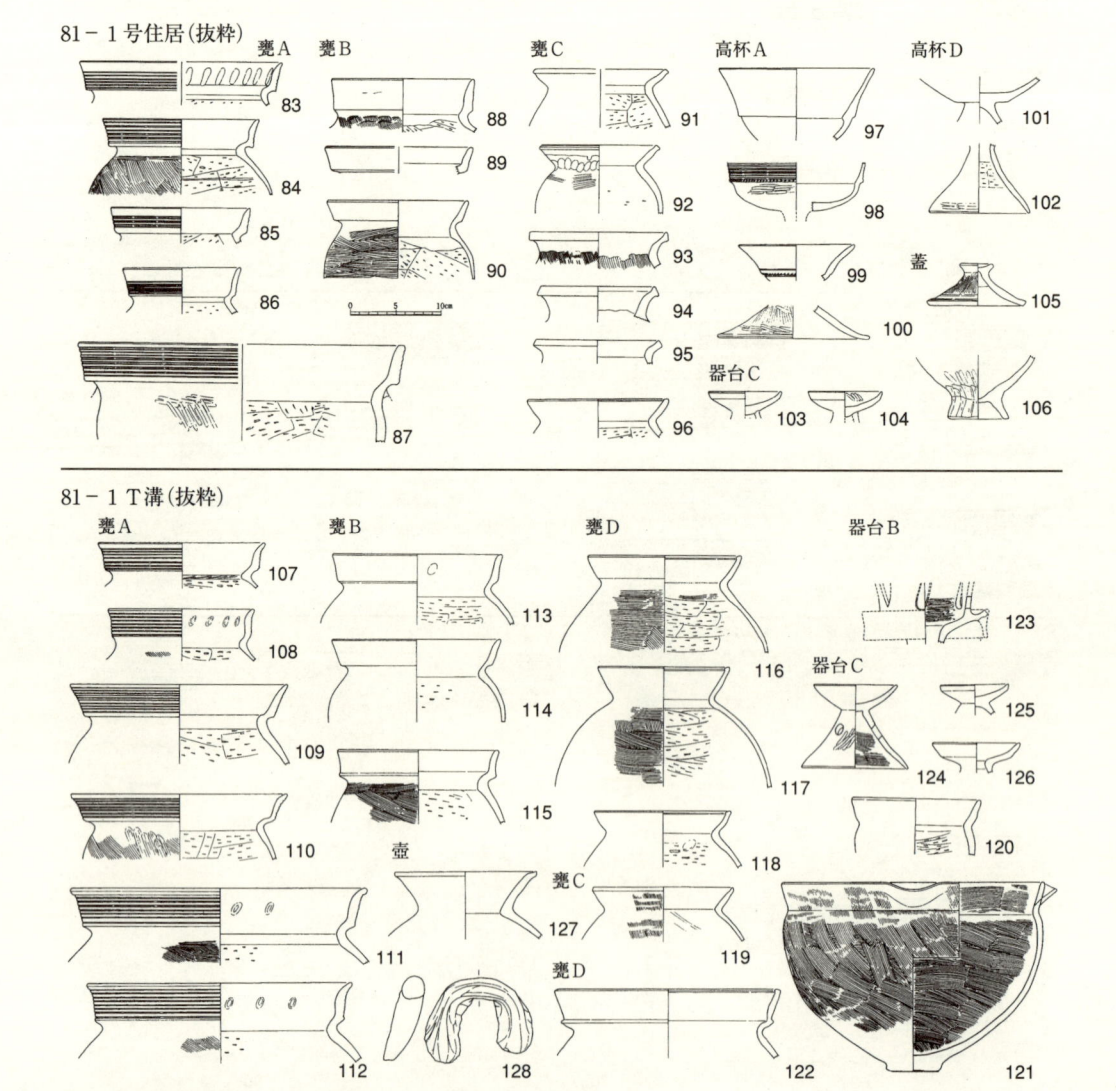

第7図　御経塚遺跡ツカダ地区の出土土器群2　(S=1/8)

第8図 御経塚遺跡ツカダ地区の出土土器群3 (S=1/8)　下線は床面・貼床・壁溝等から出土

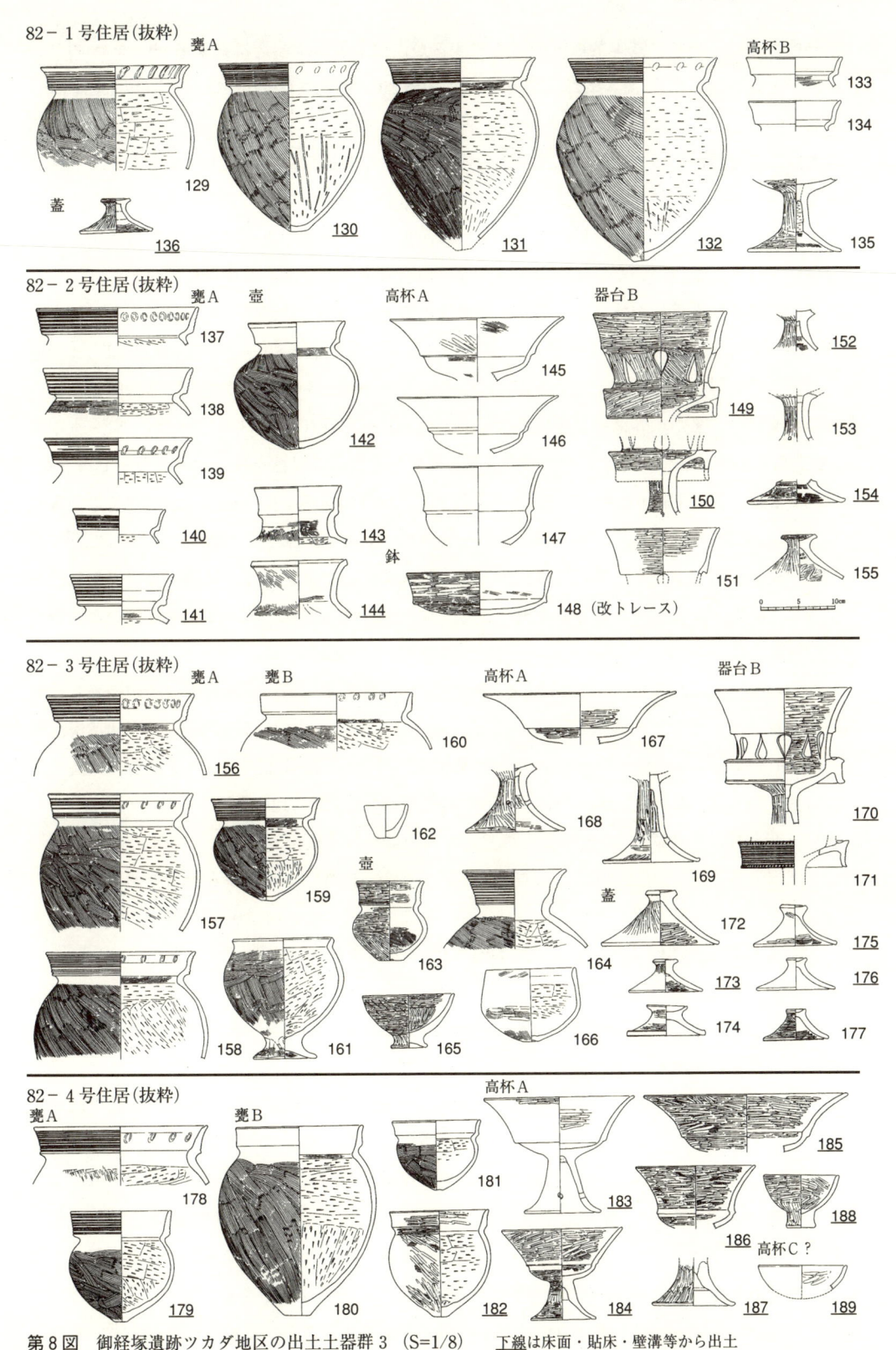

く，器種も乏しいので，基本的な記載は省略するが，前3者の土器群は在来系(甕Aなど)のみ，後1者の土器群は在来系(甕Aなど)と外来系(甕C，器台Cの可能性があるものの他，精製丸底鉢など)で組成される。

　以上，ここで提示してきた御経塚遺跡の竪穴建物および外周溝から出土した土器群は，在来系のみで組成される群と，在来系と外来系で組成される群に大別でき，外来系は布留系と山陰系を主とすることが言える。前者の群は大半の土器群が相当し，後者の土器群は81-1号住居・83-1号住居・81-1T溝の土器群に限定されよう。前者の遺構は後者の遺構に切られており，さらに前者の遺構間にも重複があることから，遺構群の変遷については最低でも4段階かそれ以上に区分できる[11]。しかし，在来系のみで組成される80-2号住居と80-3号住居や，82-2号住居と82-3号住居はそれぞれ重複するが，覆土資料が多いこともあって土器群に新古関係を見いだすのが難しい。また，外来系と在来系で組成される81-1号住居・83-1号住居・81-1T溝は，他遺構との先後関係や竪穴形態の変化から，外来系土器の後出性を確認できる資料であるが，ほぼ全てが覆土資料であり，周辺に位置するより古い段階の遺構に伴う在来系土器が多数混入している可能性が高い。よって，各遺構出土の土器群については，前述したように，決して全てが一括性の高い資料ではなく，単純に序列できない状況にあると言えよう。以降は，後出的な外来系土器を含み確実な混入が予想される81-1号住居・83-1号住居・81-1T溝を除いた資料を検討の対象とする。

　南新保D遺跡　石川県金沢市(加賀北部)の平野部に位置する。石川県教育委員会が調査したBG-20土坑，金沢市教育委員会が調査したC区P-11，同区P-54，D区T-101溝状遺構，同区T-104溝状遺構の出土土器をとりあげる(第9図～第11図)[12]。D区T-101溝状遺構は漆4群に，BG-20土坑，C区P-54，D区T-104溝状遺構は漆5群に比定されている。

　BG-20土坑は長径約1.5mを測る土坑であり，土器がすき間無く密集して出土している。この出土状況を見る限り[伊藤2002　232頁，PL60・61]，一括性に不安は少なそうである。土器の器種は甕を主として豊富であるが，全体に遺存があまり良くない。また，図化されている点数も多いが，基本的な整理作業が十分できておらず[13]，実際の個体数に直結するものではないので注意が必要である。甕の型式はAが主，次いでBで，C・Dが少量見られる。高杯はA，器台はAが見られる。外来系は甕D(東海系S字状口縁台付甕，以下S字甕)が見られる他，甕Cと壺にその可能性を持つものがある。

　P-11は長径1m超を測る2基の近接した土坑(P-11-1，P-11-2)であり，それぞれから土器がまとまって出土している。P-11-1では甕にA・C・D，器台にCが見られる。P-11-2では甕にA～C，高杯にAが見られる。ともに在来系と外来系による組成であり，外来系は器台C，甕D(近江系)の他，甕Cにその可能性がある。P-54は長径3m超を測る土坑であり，土器がまとまって出土している。甕はA～C，器台はBが見られる。在来系が主となる組成であるが，外来系も壺(東海系パレス)の他，甕Cや壺の一部にその可能性がある。

　T-101溝状遺構とT-104溝状遺構はともに調査区を南北に貫走する幅1m強の大溝であり，

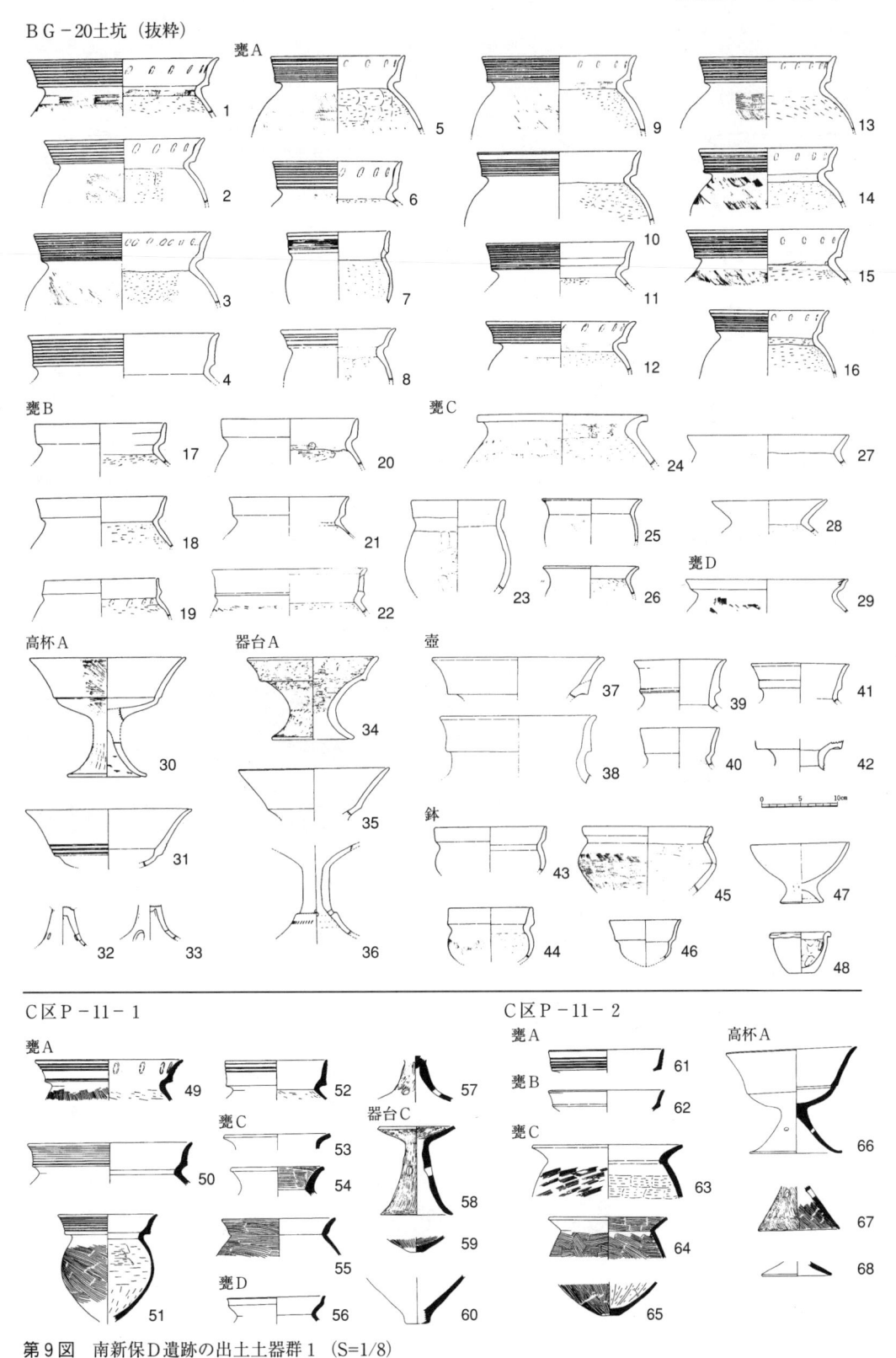

BG-20土坑（抜粋）
甕A

甕B

甕C

甕D

高杯A

器台A

壺

鉢

C区P-11-1
甕A

甕C

器台C

甕D

C区P-11-2
甕A
甕B
甕C

高杯A

第9図　南新保D遺跡の出土土器群1　(S=1/8)

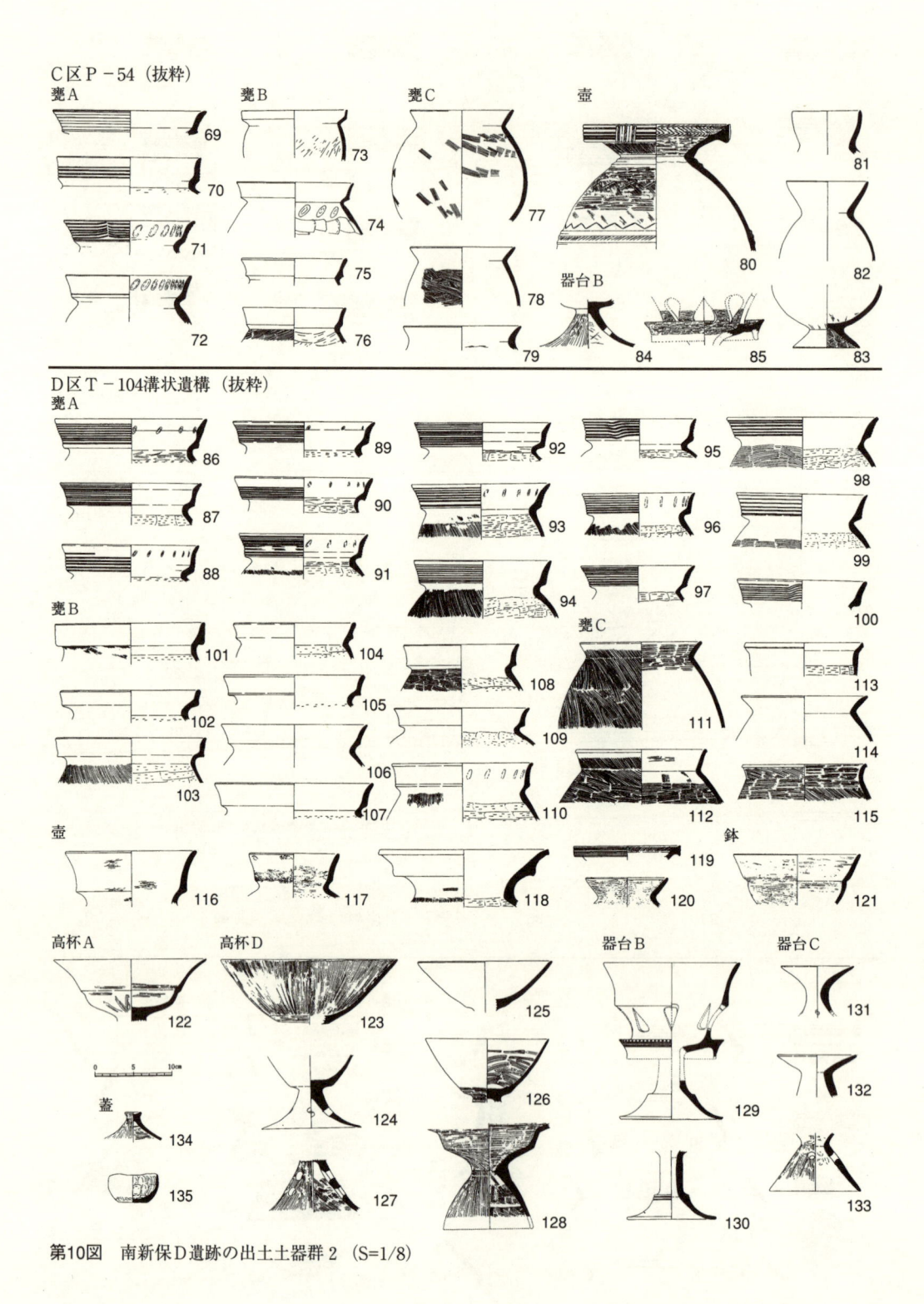

第10図　南新保D遺跡の出土土器群2（S=1/8）

漆町編年・その光と影と

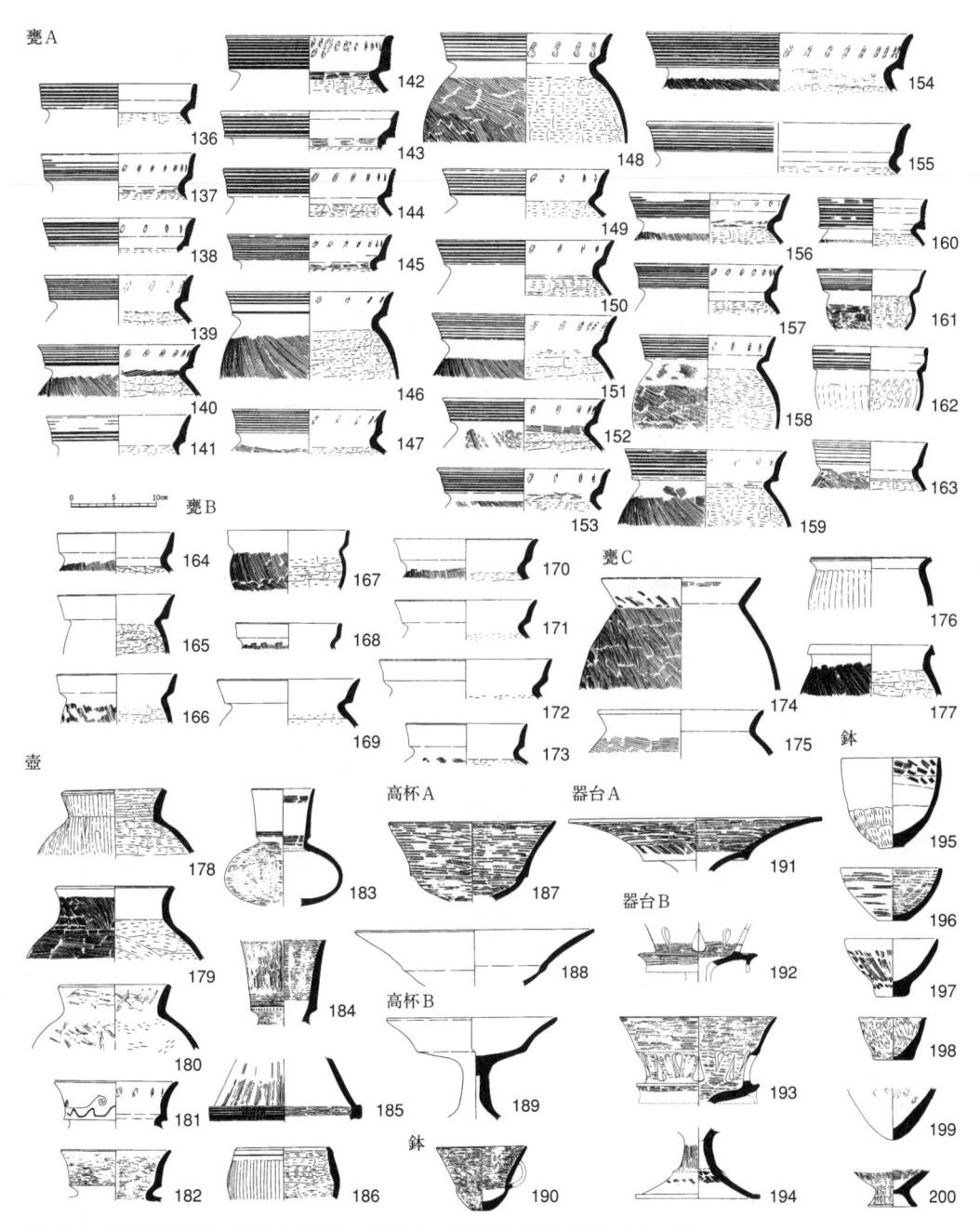

第11図 南新保D遺跡の出土土器群3 D区T－101溝状遺構 抜粋（S=1/8）

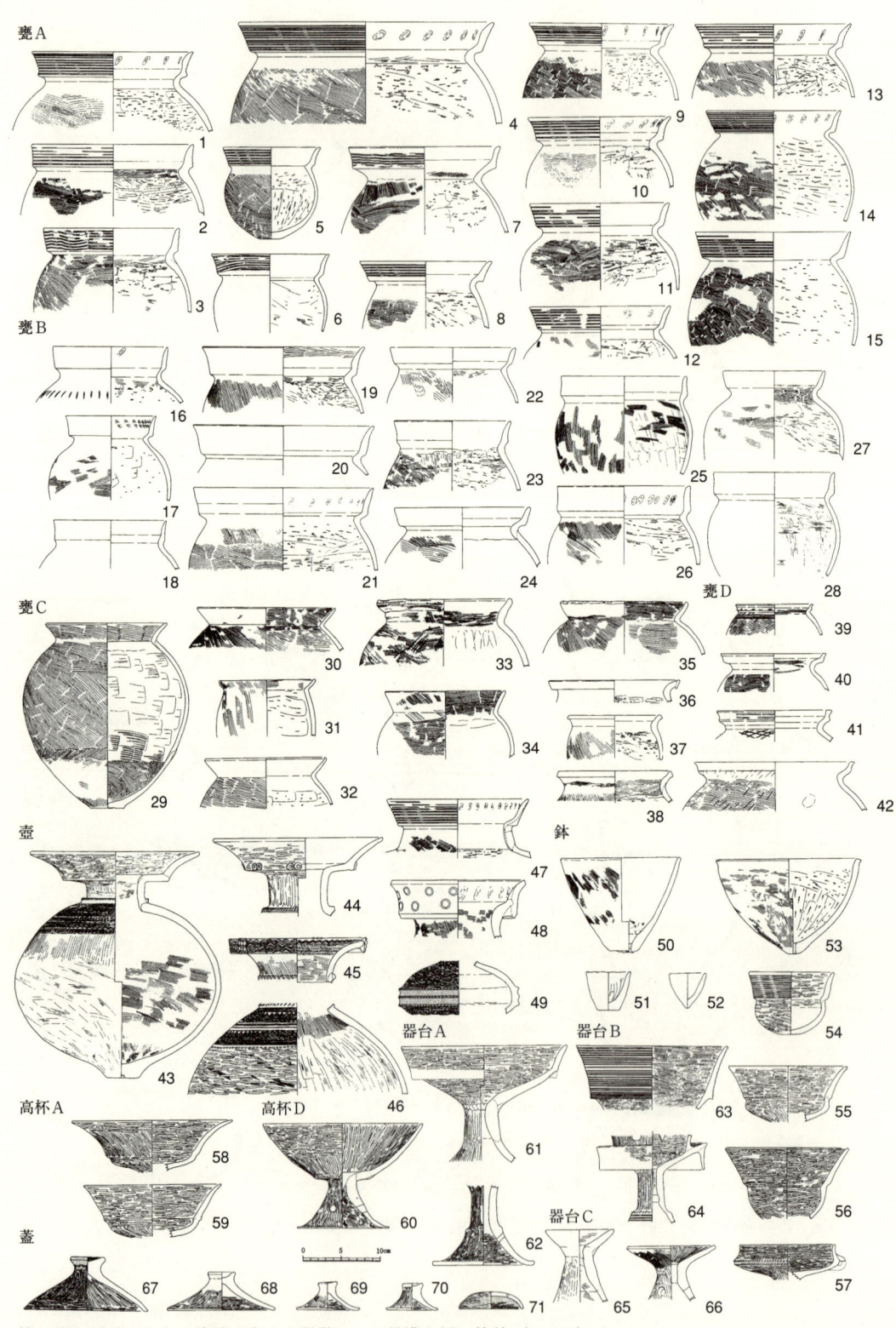

富山大学考古学研究室論集（安論文）

第12図　近岡ナカシマ遺跡の出土土器群1　2号溝上層　抜粋（S=1/8）

第13図　近岡ナカシマ遺跡の出土土器群2　2号溝下層　抜粋（S=1/8）

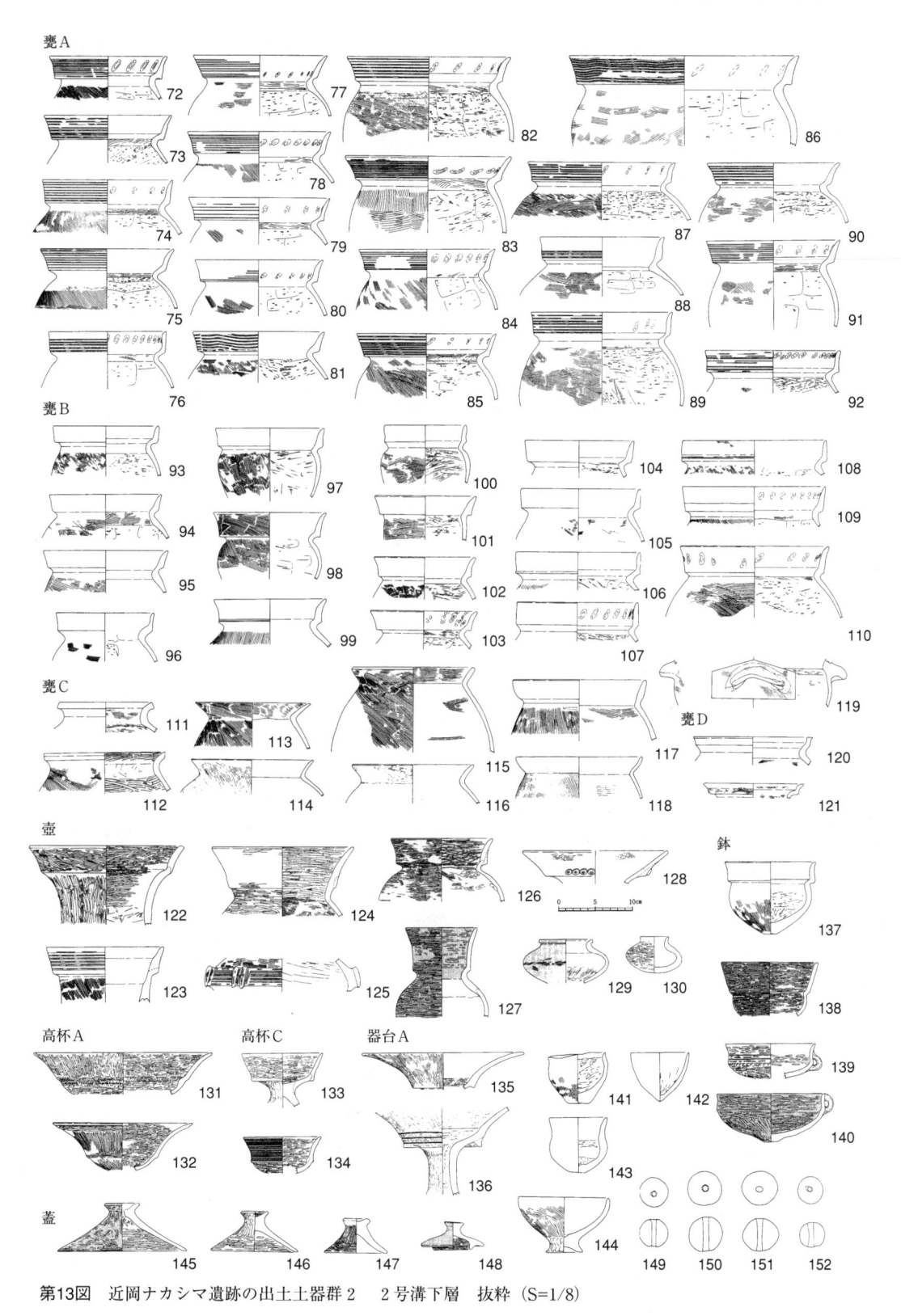

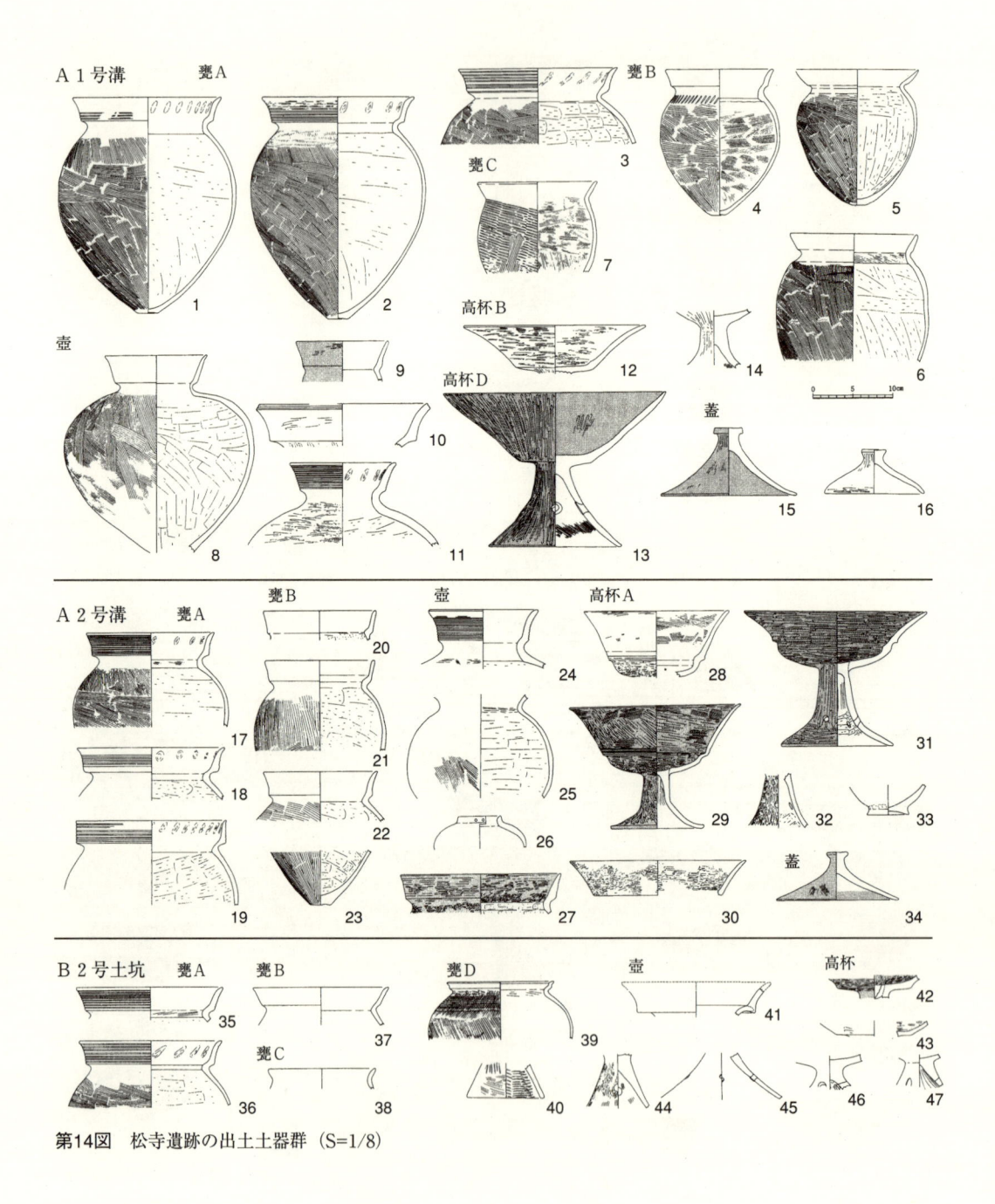

第14図　松寺遺跡の出土土器群（S=1/8）

前者が後者に先行することが確認されている。出土土器は多量で器種も豊富であるが，その上限は弥生時代中後期の土器に求められ，時間幅は広い。また，出土状況には不安が残る[14]。T－101溝状遺構では，甕はAが主，次いでB，ごく少量のCがある。高杯はAが主で他にB，器台はA・Bが見られる。外来系は明確なものを確認できず，ほぼ在来系で占められている。T－104溝状遺構では，甕はA・Bと少数のC，高杯はA・D，器台はB・Cが見られる。外来系は高杯D[15]，器台Cの他，壺にも見られ，甕Cの一部にもその可能性がある。

　　近岡ナカシマ遺跡　　石川県金沢市(加賀北部)の平野部に位置する。資料は2号溝をとりあげる(第12図・第13図)。2号溝は調査区を南東から北西に貫走する幅3m前後の大溝である。土器は粘質土を基調とする上層と，砂を基調とする下層に分層されて取り上げられており，上層では溝の北半部分の東岸側で特に多くまとまっていたという。上層・下層の土器はともに多量で器種も豊富であるが，上限として弥生時代後期の土器を含み，下限として図示されていないが布留系土器を含む[出越1985　57頁　注29]という。また，上下層については間層を持たない堆積であることから，純粋に分離されたものではない。上層出土の土器群は漆5群に比定されている。

　上層では甕はA～Cの他，Dが少量見られる。高杯はAとD，器台はA～Cがある。上層の土器群は在来系に加えて甕C(庄内系，近江系)・甕D(東海系S字甕，近江系)・高杯D(東海系)・器台Cの他に壺(パレス壺，二重口縁壺)といった外来系を含む組成である。下層では甕はA・Bが主でC・Dも見られる。高杯はA・Cがあり，器台はA・Bがある。下層の土器群は在来系でほぼ占められる組成であるが，外来系も甕D(近江系)と壺(二重口縁壺)があり，他にも甕Cの一部にもその可能性がある。

　　松寺遺跡　　石川県金沢市(加賀北部)の平野部に位置する。資料はA1号溝，A2号溝，B2号土坑をとりあげる(第14図)。A1号溝とB2号土坑については漆5群に比定されている。

　A1号溝は幅の狭い調査区を北東・南西方向に走る細長い溝であり，土器は覆土から集中して出土している。器種は甕・壺・高杯・蓋が見られ，甕はA～C，高杯はB・Dがある。在来系と外来系で組成されており，外来系は甕C，高杯D(東海系)がある。A2号溝はほぼ南北方向に走る幅2m前後の大溝であり，土器は覆土から帯状に集中して出土している。器種は甕・壺・高杯・蓋が見られ，甕はA・B，高杯はA・Bがある。ほぼ在来系のみで組成されている。B2号土坑は長径が2m近い土坑であり，一方の端は調査区外へ出ている。土器は遺構の中心部分に分布しているが，北端に離れたものも少数ある。器種は甕・壺・高杯が見られ，甕はA・B・Dがあり，高杯は細片ながらDと推定される。在来系と外来系で組成されており，外来系は甕D(東海系S字甕)，高杯D(東海系)の他，壺にその可能性がある。

　　その他　　上述した他に，漆町編年で漆4群に比定されている資料として，加賀北部で金沢市塚崎遺跡6号竪穴，同市月影遺跡土坑，加賀南部で加賀市二子塚遺跡第7号土坑があるが，本論では検討の対象とはしない。理由として，塚崎遺跡と月影遺跡については丘陵部に立地する遺跡であり，平野部の遺跡とは様相差が指摘されており[安1992　134～135頁]，一様に比較できないことがある。二子塚遺跡第7号土坑については，漆4群に比定された根拠，漆3群に比定された

第3表　基準資料の土器組成

遺跡・遺構	器種・型式	甕A	甕B	甕C	甕D	高坏A	高坏B	高坏C	高坏D	器台A	器台B	器台C	器台D	時期	地域区分
漆町遺跡	27号土坑	◎												漆4群	加賀南部
	33号溝	◎	○	○		○		○	○	○	○			漆5群	
	34号溝	◎	○	○		○								漆4群	
御経塚遺跡	80-1号住居跡	◎	○	○		○				○					加賀北部
	80-3号住居跡	◎	○	○		○		○						漆4群	
	80-6号住居跡	◎	○	○		○									
	80-7号住居跡	◎	◎	○			○								
	81-2T溝	○	○			○						○			
	82-1号住居跡	◎													
	82-2号住居跡	◎				○					○			漆4群	
	82-3号住居跡	◎	○			○					○			漆4群	
	82-4号住居跡	○	◎			○									
南新保D遺跡	T-101溝状遺構	◎	○	○		◎	○			○	○			漆4群	
	T-104溝状遺構	○	◎	○			○	○	○		○	○	○	漆5群	
	BG-20土坑	◎	○	○	○	○				○				漆5群	
	P-11-1	○		○	○							○			
	P-11-2	○	○			○									
	P-54	○									○			漆5群	
近岡ナカシマ遺跡	2号溝上層	◎	◎	◎		○			○	○	○	○		漆5群	
	2号溝下層	◎	◎	○		○		○		○	○				
松寺遺跡	A1号溝	○	○	○			○		○					漆5群	
	A2号溝	○	○			○									
	B2号土坑	○	○		○			○						漆5群	

同遺跡第4号住居跡との差異とも示されておらず，実際，両土器群の序列にも疑問が残ることがあるからである。

3　組　成　の　比　較

　では，前項で提示された基準資料の組成について比較していく（第3表）。漆4群の指標とされた土器群は漆町遺跡34号溝，同27号土坑，同じく加賀北部で比定された土器群は御経塚遺跡80－3号住居他，南新保D遺跡T－101溝状遺構である。器種の型式は甕A～C，高杯A～C，器台A・Bである。甕B・Cの量比や高杯Cの有無で差はあるが，すべて在来系で組成されている。しかし，漆5群に比定されている近岡ナカシマ遺跡2号溝上層に先行する2号溝下層の土器群には少量ながら外来系が見られる。この資料は出越が2号溝上層の前段階に位置付けており，事実上は漆4群の土器群に等しい存在である。この少量の外来系土器については上層の混入と捉えることもできようが，この段階に外来系土器が伴う可能性を示すこともできよう。

一方, 漆町5群の指標とされた漆町遺跡33号溝, 同じく比定された南新保D遺跡BG－20土坑や同P54, 同T－104溝状遺構, 近岡ナカシマ遺跡2号溝上層, 松寺遺跡A1号溝, 同B2号土坑では, 甕A～D, 高杯A～D, 器台A～Cとなり, 南新保D遺跡と近岡ナカシマ遺跡の資料にやや甕Cが多い程度の差はあるが, 基本的には量が多い在来系に少量の外来系が加わって組成されている。外来系の型式を比較すると, 甕には東海系, 近江系, 庄内系を含む畿内系, 系統不明なものを含むが甕C, 高杯は東海系, 器台は器台Cがあるが, 遺跡・遺構によって一律な頻度では出土しない。例えば南新保D遺跡ではBG－20土坑など外来系土器がごく少量であるのに対して, 近岡ナカシマ遺跡では比較的豊富であり, 特に近江系が目立っている。また, 漆町遺跡のみで山陰系が確認されており, 一方で東海系高杯があまり見られない。

　以上から, 漆町編年における4群と5群の組成は外来系土器の有無に大きな差があるが, それ以外ではほとんど変わらず, 5群の外来系土器は均等な出土状況ではなく, 在来系土器には特に器種・型式の欠落は見られないことになる。以上のような土器群の差異を時間差と捉え位置付けていることが漆町編年の大きな特徴である。その時間的な流れについては, 漆町遺跡や南新保D遺跡に近岡ナカシマ遺跡も含めた同じ遺跡内の遺構間に見られる先後関係によって補強されてはいるが, これらの土器群はいずれも時間幅があって一括性に不安が残る大溝の資料であり, 4群と5群という限定された時間軸の土器組成とすることは難しいものであろう。

4　型式の比較

　次に, 基準資料中で提示された各型式を在来系と外来系で比較してみたい。在来系の型式は, 漆町編年の4群と5群で共有されているので, 両群の比較が可能である。対象とする器種・型式は, 量が豊富で比較しやすい甕A（第15図）と高杯A（第16図～第19図）とする。外来系の型式は漆5群の資料でしか見られないので, 同群に位置付けられている遺跡間の比較を行いたい（第20図）。

　甕A（在来系）　　本論で扱った土器群の甕Aには口縁部の伸張・外反・尖縁, 胴部の球形・軽薄, 底部の縮小といった傾向が顕著であり, ここからは甕Aをこの特徴を持つ個体に限定し, 大きく形態・調整が異なる弥生時代後期の個体とは一応, 区別したい[16]。

　基準資料の甕Aは大半が口縁部から胴部上半にかけての破片であり, 全形がわかる個体はごく少数である。口縁部と頸部の形態は擬凹線文も含めて属性が多様かつ複雑に組み合わさっており, 遺存のよい個体が多く含まれない限りは, 型式を細別したり, 典型を提示することは難しい。ただし, 極端な属性の組み合わせ例や, きわめて遺存のよい例では, 他の甕Aと区別できる特定の型式を抽出することができる。前者の例は南新保D遺跡T－104溝状遺構に見られる, 口縁部内面に段をもたない形態で, 頸部内面が鋭く屈曲する形態を兼備する個体であり, 甕Aの細別型式としてA1とする（第15図4～8）。後者の例は松寺遺跡A1号溝で2個体出土しており, 全体に薄手のつくりで, 口縁の伸張・外反・尖縁が著しく, 胴部は最大径を中位にもって明確に張り出す。この形態は, 御経塚遺跡82－1号住居の床面から出土している外来系土器を含まない土器群中のほぼ完形の甕Aと色調[17]まで酷似するものであり, A2とする（第15図9～12）。甕A1, A

〈祖型的個体〉

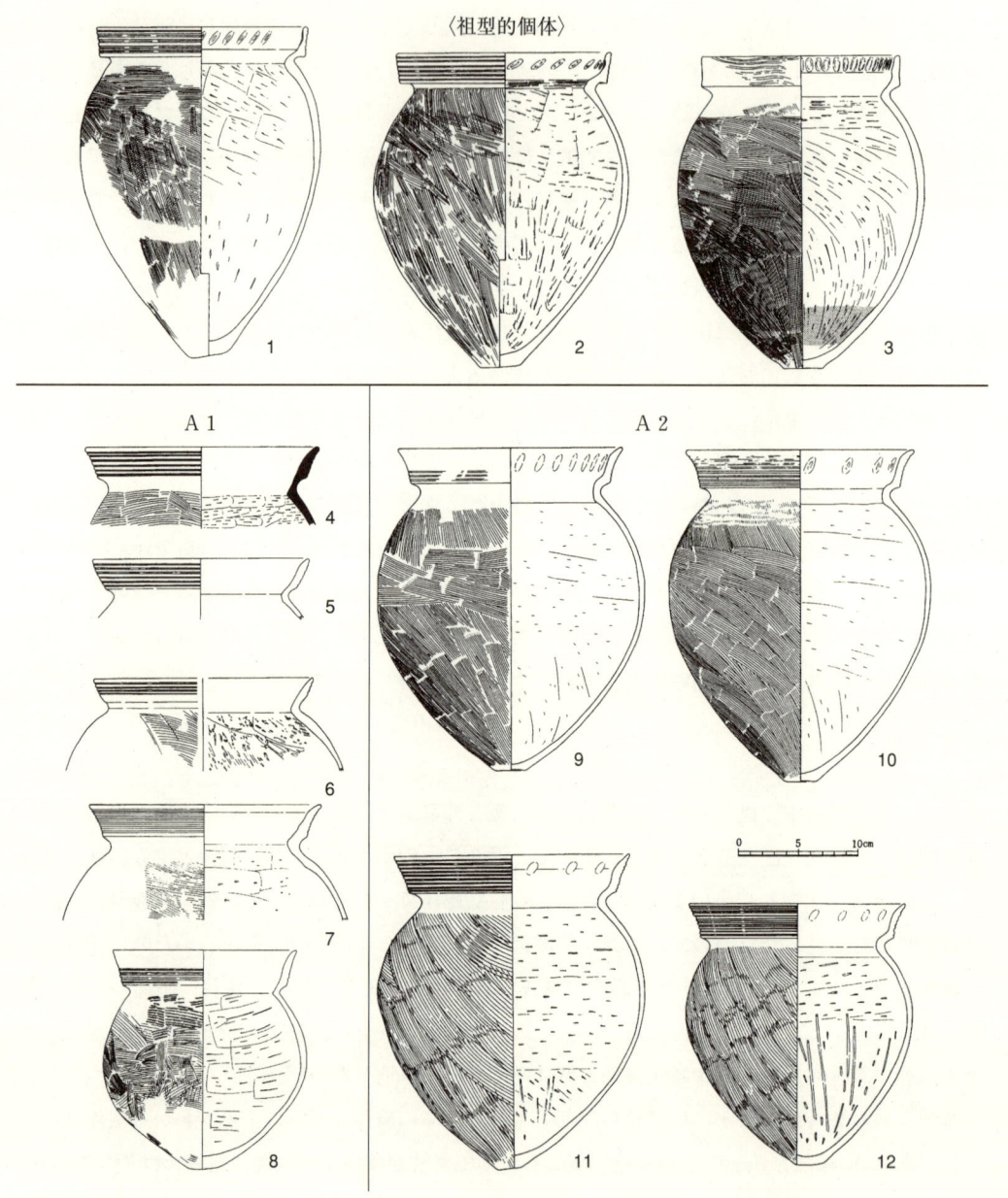

1 西念・南新保K区SK27　2 大友西SE16　3 中村ゴウデン8号住居址　4 南新保D　T-104溝状遺構　5 漆町33号溝
6 上荒屋SK60　7 倉部出戸SK17　8 西念・南新保J区SK33　9・10 松寺A1号溝　11・12 御経塚82-1号住居跡

第15図　甕Aの型式（S=1/6）

漆町編年・その光と影と

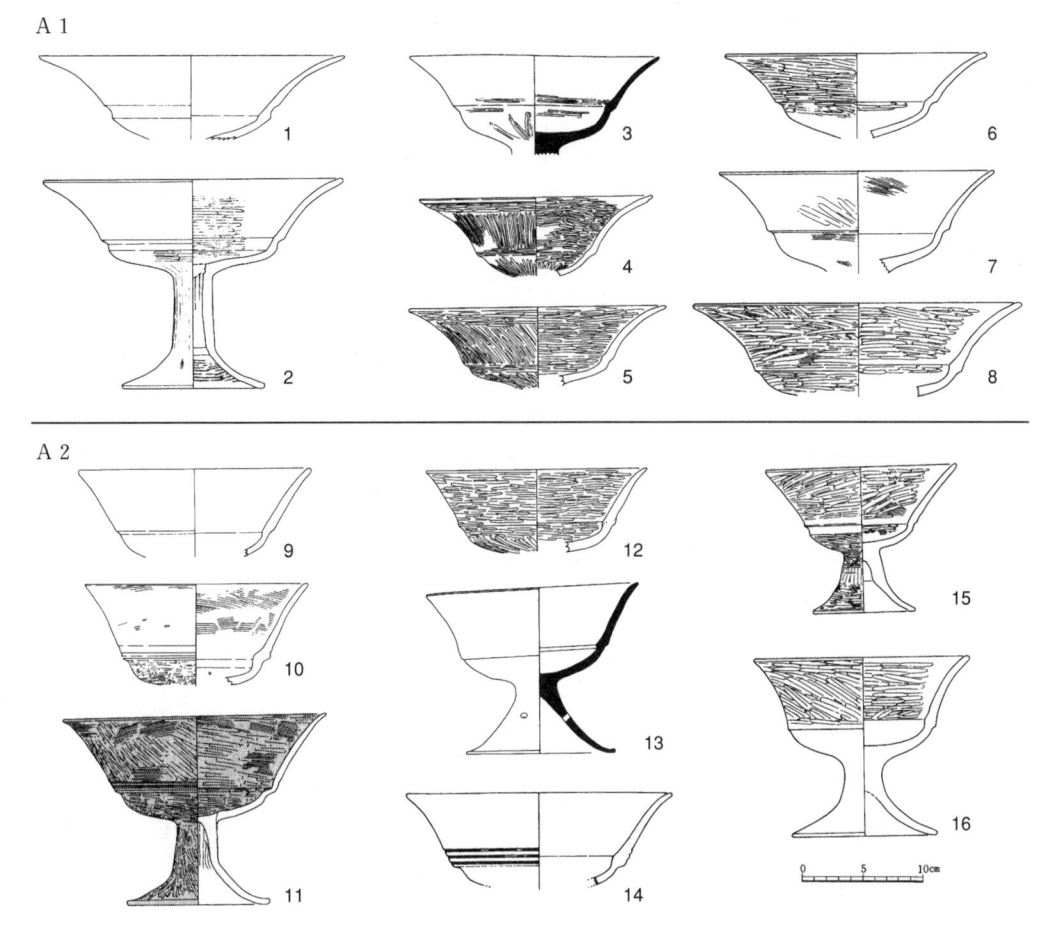

A1

1 2 3 4 5 6 7 8

A2

9 10 11 12 13 14 15 16

1 漆町34号溝　2・9 同33号溝　3 南新保D　T－104溝状遺構　4 近岡ナカシマ2号溝下層　5・12同2号溝上層
6 御経塚80－3号住居跡　7 同82－2号住居跡　8・15同82－4号住居跡　10・11松寺A2号溝　13南新保D　P－11－2
14同BG－20土坑　16御経塚81－2T溝

第16図　高杯Aの型式（S=1/6）

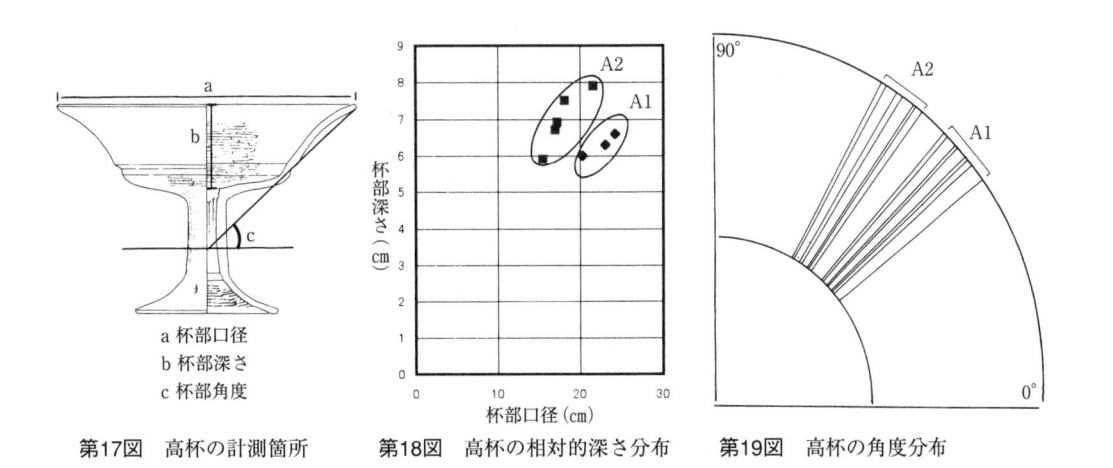

a 杯部口径
b 杯部深さ
c 杯部角度

第17図　高杯の計測箇所　　第18図　高杯の相対的深さ分布　　第19図　高杯の角度分布

−179−

2ともに漆5群に比定されることになる。さらに多くの細別型式の抽出は今後の課題としたい。

　細別型式の分布を見ていくと、甕A1は漆4群の資料中に類似したものが見られるが、さらに降るとされる時期まで見られ、甕Aでは最も新しい段階まで残る可能性がある。甕A2は後出的な型式であるが、漆4群とされた資料中には比較できる遺存のよい資料が少なく、問題を残す。両型式の出自については、基準資料中で確認された多様な属性の共存する様相や、甕Aの祖型とされる個体（第15図1～3）にも多様な形態が存在することから、A1からA2へといった単純な型式変化によって生じたものではない。おそらく甕Aには出現当初から複数の型式が同時に存在し、それぞれが異なった変化を遂げていくものであり、A1やA2という細別型式はそうした過程の中から出現してくるものと予想する。これら細別型式の出現には時間差があるかもしれないが、甕Aの組列上ではほぼ確実に新しい段階に成立しており、外来系の型式とも共伴する。御経塚遺跡の例は、共伴しない場合にも存在しているが、竪穴床面資料であることから混入は考えにくく、この型式を含んでいても外来系土器が存在しない組成が生じていることを端的に示している。ただし、それが漆4群か5群かについては判断できない。また、細別しなかった大多数の甕Aについては、漆4群と5群の資料中ではほとんど変わるところは見られない。

　高杯A（在来系）　高杯は概して甕よりも個体数が少なく、比較しやすい[18]。それでも、全体的な器形の他、杯口縁部端の形状や、有段部分の位置、脚の形状、杯・脚の組み合わせ、沈線・刺突などの装飾といった比較項目は多い。こうした属性が時間差に結びつくかどうか、組列に有効な指標となるかどうかの検討が必要となる。

　基準資料では大半が杯口縁部の破片であり、杯部・脚部の全形までがわかる個体はごく少数である。ただし、杯部に関しては相対的な深さ（第18図）や、口縁の角度（第19図）によって型式を細別できる。口縁の角度に比べると、杯部の深さについては計測できる有効な資料数が少ないが、概ね杯部が浅くて口縁が広がる群と、杯部が深くて口縁が立つ群が抽出できよう。大きさを見ると両者は重複するものの、前者はより大型品を持ち、後者は小型品を持つ。調整はミガキであるが、前者の方が丁寧であり、後者は前調整のハケを残すものが多い。両型式ともに提示した漆4群と5群の資料中には普遍的に見られるが、具体例として遺存のよい個体を抽出すると、前者は漆町遺跡33号溝や南新保D遺跡T－104溝状遺構の個体、後者は南新保D遺跡P－11－2や松寺遺跡A2号溝などの個体となり、それぞれを細別型式のA1、A2とする（第16図）[19]。分類を迷う個体も多いが、甕Aと同じくさらなる細別は今後の課題としたい。

　細別型式の分布を見ていくと、高杯A1は漆4群とされる段階以前から存在するようであり、高杯A2はむしろ漆4群以降に出現しているようである。また、脚部との組み合わせについては、不明確なところも多いが、A1に比べてA2は御経塚遺跡82－4号住居出土の例など短脚の組み合わせが多い。すなわち、高杯A1とA2は、A1が先行して出現するが、後出するA2と共存している。A2は出現した時点でA1との大きな形態差を持っており、中間的形態も存在することから類縁関係にはあるものの、A1がA2になるという単純な型式変化ではない。なお、この段階の高杯について小型化、矮小化などと指摘される[20]内容については、高杯A2が粗製、小

漆町編年・その光と影と

S字状口縁台付甕

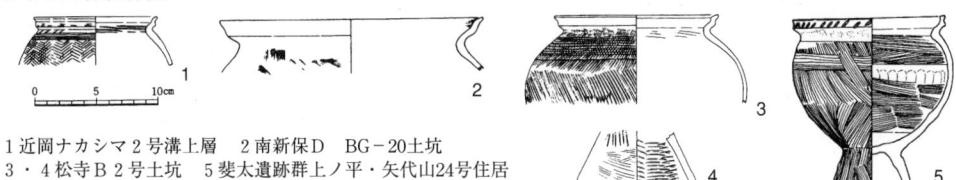

1 近岡ナカシマ2号溝上層　2 南新保D　BG-20土坑
3・4 松寺B2号土坑　5 斐太遺跡群上ノ平・矢代山24号住居

東海系高杯

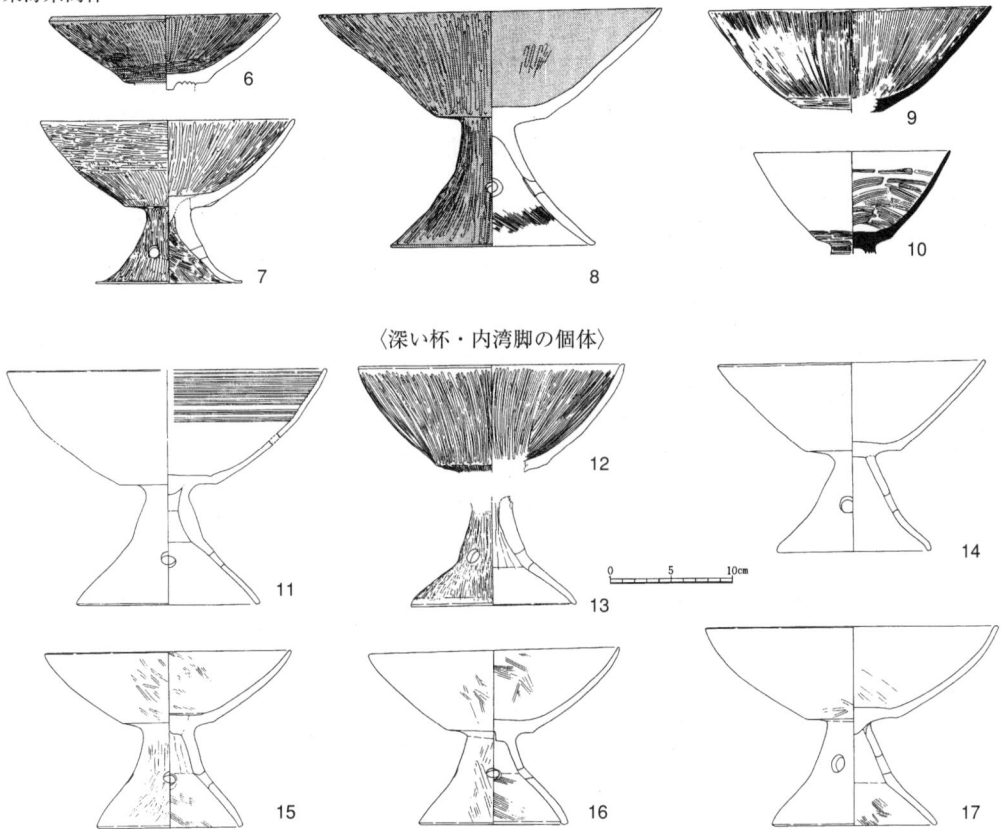

〈深い杯・内湾脚の個体〉

6・7 近岡ナカシマ2号溝上層　8 松寺A1号溝　9・10 南新保D　T-104溝状遺構　11 宿向山3号住居址
12 谷内ブンガヤチ10号土坑　13 同第12号竪穴式建物　14 寺中B　C区竪穴状遺構　15～17 藤江C河跡

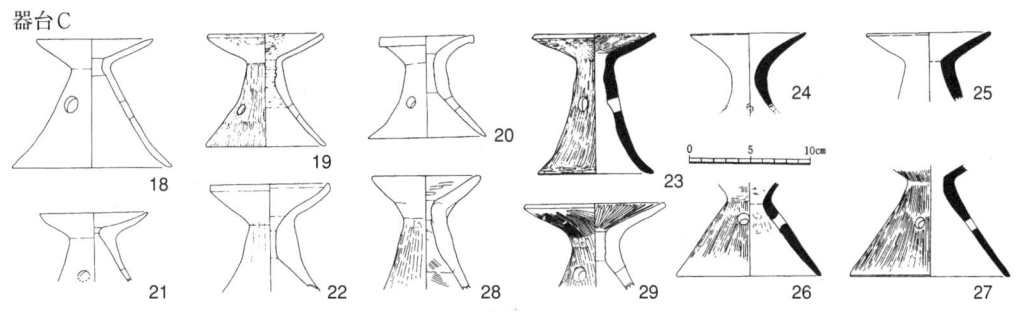

器台C

18～22 漆町33号溝　23 南新保D　P-11-1　24～27 同T-104溝状遺構　28・29 近岡ナカシマ2号溝上層

第20図　外来系土器の型式（S=1/6）

-181-

型，短脚という属性を具備して出現したことに負うところが大きく，別に高杯の全てにこの傾向があるわけではない。むしろ，Ａ１の変化は小さいことに注意しておきたい。そして，高杯Ａには後続する型式がなく，Ａ１，Ａ２は在来系高杯の最終的な型式となるが，漆４群と５群の資料中ではほとんど変わるところがないのである。

　外来系型式　　出土例が多いのは甕Ｄで東海系Ｓ字甕，高杯Ｄで東海系高杯，器台Ｃである。

　Ｓ字甕（第20図１～５）は必ず出土するような頻度の高いものではないが，近岡ナカシマ遺跡２号溝上層，松寺遺跡Ｂ２号土坑，南新保Ｄ遺跡ＢＧ－20土坑で１例ずつ出土している。近岡ナカシマ遺跡例は共伴資料の一括性に不安を残すが，赤塚次郎の分類[赤塚1990　111～113頁]でＡ類に相当し，胴部上半の綾杉文から近江系甕の影響が考えられる。松寺遺跡例と南新保Ｄ遺跡例は同じくＢ類である。なお，近岡ナカシマ遺跡例と松寺遺跡例は胎土から搬入品と推定される。Ｓ字甕の新古関係はＡ類からＢ類であるが，並存しつつ消長しており，Ａ類は新潟県新井市斐太遺跡群で漆４群並行とされる遺構から出土していること[21]，Ｂ類は漆６群の指標とされる資料でも存在することから，一定の時間幅が想定され，漆４群と５群の指標にはならない。

　東海系高杯（第20図６～17）は出土例は多いが，杯部と脚部ともに遺存の良いものは２例で，近岡ナカシマ遺跡２号溝上層と松寺遺跡Ａ１号溝に存在する。近岡ナカシマ遺跡例は浅い杯部と外反する脚部のものであり，元屋敷型式[贄1991ａ]に比定できる。脚部が短脚である点などは近江系と関連する可能性がある。松寺遺跡例は全体に器高が大きく，脚部は長脚で外反し，杯部がほとんど内湾しないものであり，尾張地方などには直接対比できない型式と言える。近岡ナカシマ遺跡例については，金沢市上荒屋遺跡の類似した型式に先行する東海系高杯の出現段階のものと捉え，杯部が深いものから浅いものへ，脚部が内湾から外反へ変化するという尾張地方などとは異なる展開を辿るとする指摘[原田1995　285頁]もある。しかし，他の遺跡では深い杯部と内湾する脚部という型式的には古い個体の出土例（11～17）も見られ，位置付けには疑問が残る。また，資料の一括性にも不安が残る。よって両資料とも細かい位置付けは難しい。

　器台Ｃ（第20図18～29）も出土例は多いが，受部，脚部ともに遺存の良いものは南新保Ｄ遺跡と漆町遺跡にしかない。南新保Ｄ遺跡Ｐ－11－１の例は器高が大きく，脚径が小さいものであり，類例には乏しいが，東海系でも古相という指摘がある[楠1995　97・98頁]。漆町遺跡33号溝からは10個体以上が出土しているが，遺存の良いものは３個体である。いずれも器高が低めで，脚径が大きいものであり，南新保Ｄ遺跡のような形態ではない。資料中では先後関係は不明である。また，受部の穿孔が長い筒状になされるものと，短く貫いて終わるものが見分けられ，柱部のシボリ痕跡と相関するようである。前者は弥生時代の伝統的な技法を踏襲したものであり，後者はより新しい段階に続く技法であるが，漆５群の資料にはその両方が見られるということであり，多様な形態差を増幅しているものと思われる。

　以上，漆町編年における４群と５群の型式を在来系と外来系で比較したが，５群に外来系の型式が伴うこと以外に，明確な変化はほとんど確認できない。また，外来系土器についても形態が多様で，漆５群の資料のみでは比較が難しい状況と，大溝資料等では一括性に不安があって確実

－182－

に伴うか判断できない状況が明らかになっている。なお，本論ではその内容に即して，扱った型式・時間・空間をかなり限定したが，本来はより広く深く分布を追う必要がある性質のものであり，検討が完遂されたものではないことをことわっておきたい。また，高杯Cや器台Bなどについても有効な指標と考えている。

5　漆4群と漆5群

ここでは，前項までの検討結果を踏まえて，漆4群と漆5群の基準資料についてまとめておきたい。基準資料の出自については，加賀南部には漆町遺跡も含めて4群・5群ともに良好な資料が少なく，加賀北部から数遺跡の資料で補強したものである。出土した遺構には大溝，溝，土坑，竪穴建物があり，大溝の資料については遺構の重複や堆積層の上下による先後関係があるが，一括性に不安を残す。土器群の内容については，4群が在来系土器，5群が在来系土器と外来系土器で組成される。在来系土器については4群と5群の間に組成，型式ともにほとんど変化は見られない。外来系土器については5群の土器群の中でも多種多様であり，普遍的な組成・型式を把握することはできない。以上が基準資料の内容である。

よって，基準資料間における4群と5群の差異は外来系土器を含む組成であるかどうかであり，それ以外はほぼ同じ様相となる。大溝に見られた先後関係を強い論拠としつつ，この差異を時間差と認識し序列したことが，前述したように漆町編年の特徴であり，成果であろう。しかし，外来系土器の出現がきわめて不均等な状況を考慮するならば，それを含まない土器群も同時に存在しうる[22]。その時，遺構自体に先後関係がない限り，4群と5群は区別できないことになろう。また，資料の一括性に不安がある限り，常に混入の可能性は払拭できず，型式個々の帰属する段階も厳密には特定できないことになる。こうした自己矛盾的な問題点が生じた要因は，外来系土器と組成という，きわめて不安定な属性を序列の指標として重視して，明快な概念を付与した手法に根差す部分が大きい。この手法は漆町編年全体に共通するものであり，同様な出自の資料を多用する漆6群から8群の各段階にもやはり同様の問題点がある[23]。

結論から言えば，漆4群と漆5群は，当初に提示された基準資料で見る限り，時間的に重複する可能性が高く，一括性の高い資料に時間差が存在したとしてもごくわずかである。4群から5群への変化は概ね時間的方向としては正しいとしても，よほどの好条件が揃わない限り区別することは難しいであろう[24]。前述した田嶋，出越の提言はこうした問題点を意識したものであり，4群と5群の内容は既に修正を要することが明らかである。それはかつて分離されたはずの月影式と白江式の概念にも大きな影響を与えよう。そして，越前，越中，越後など北陸各地域の主な土器編年は漆町編年を基準として資料を並行させていることから，やはり同様の問題が北陸全体に波及し，さらには東西日本の広域編年にも影を落とすことになるのである。

以上が，漆町編年の成果と問題点を整理したものである。ただし，ことわっておくが，本論では土器編年の是非や研究者個々の責を問うことを目的としていない。ここで整理された問題点は，漆町編年に限らず，同様の資料と手法を選択すればどのような時代でも，土器以外の素材でも起

こりうる，考古学的方法に付随する事象と考えており，それが具体化したのが漆町編年であったということに過ぎない。私自身，漆4群と漆5群のような土器様相をどう理解するかという問題よりも，それ以前にどのように土器の変化を捉え，編年を行うかという，より根本的な問題のほうが重要と感じている。次節では，将来的に後者の問題を明らかにするべく，土器型式とその変化，段階設定から編年に至るまでの試論を提示しておきたい。

V 土器の変化と編年

1 型式変化の仮説

　土器の変化については，一つの型式で見ると，出現，変化，消滅に整理でき，これが土器様式の中で最小の単位となる。ただし，一つの型式がどのように変化するのか，どこまでの変化を一つの型式と捉えるのか，といった型式論については定見がない。もちろん，土器が使われた時代や，その土器様式が分布する地域の社会構造によっても異なるものと思われるが，その時代と地域を考える上でも重要な問題であろう。本論では，ここまで扱ってきた土器型式の検討成果を踏まえ，加賀地方の土器について，型式変化の仮説を構築し，諸様相の理解を試みることにしたい（第21図）。

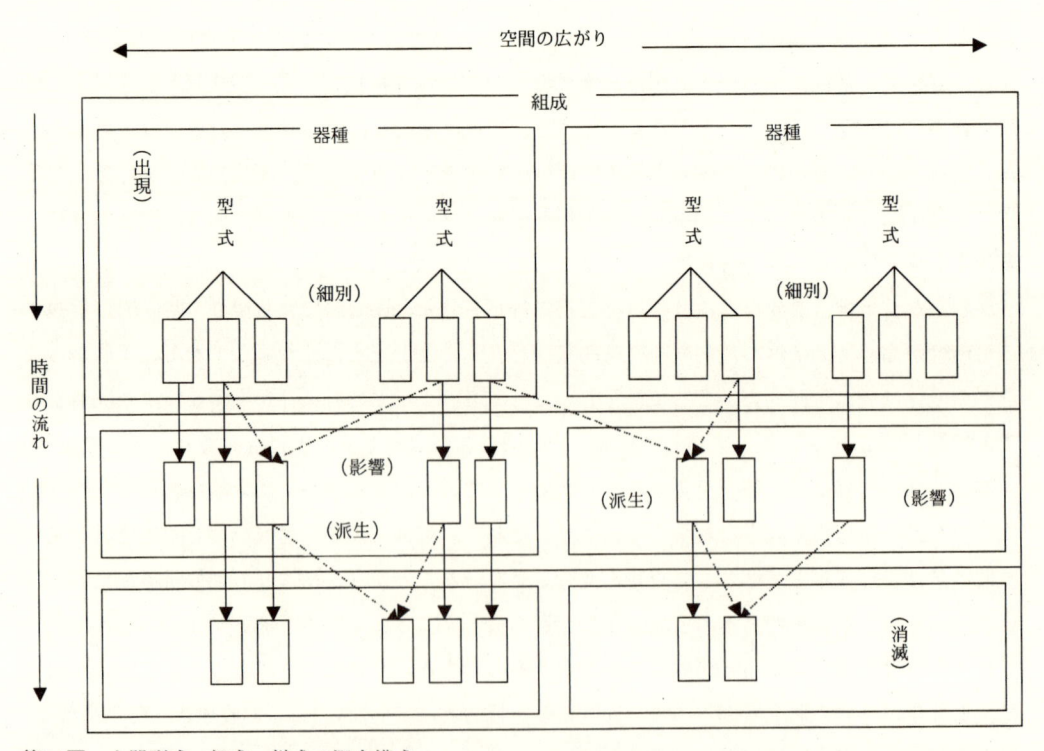

第21図　土器型式・組成・様式の概念模式

まず，その「出現」は前段階の土器群に存在しない形態，調整，装飾などを指標とする。出現した時点で複数の細別型式が同時に生じている場合もあり得る。次に，その「変化」は，複数の細別型式が生成・形態変化・消滅することによって進行するものとする。細別型式の生成は，他型式の影響から元の型式の規範をわずかに超えたものが別に生じるもので，これを「派生」と呼び，元の型式と同時存在する。個々の細別型式は技術的かつ伝統的な規範の制約によって，あまり大きく形態が変化せずに消滅するものとする。よって，私たちが目にして認識している形態変化は，複数の細別型式の出現から消滅までを重ねて見ているのに過ぎない。最後に，その「消滅」は全ての細別型式の消滅をもって認定する。もちろん，変化の過程のない1段階のみで消滅する場合もある。ただし，以上のような仮説の前提には，個々の細別型式がどのように形態変化するのか，そのうちの何が組列の指標となるのか，といった変化の方向性を把握することが必要となる。

　型式が消長する背景には社会上のあらゆる出来事が想定されよう。特に，出現は新しい技術や生活様式の成立に起因し，社会・生活の変化に直結するものであろう。型式が新たに出現する場合には，外来系土器の加入に代表されるように他地域との関係に起因する場合と，地域内で独自に革新的要素を生成する場合を想定する。見る限り前者の場合が主で，後者は考えにくい。型式変化，すなわち細別型式の派生と形態変化は，出現と同じ段階かその次の段階以降に進行する。外来系土器の変質や在地化，在来系土器のバリエーション増化，両者の折衷などは細別型式の派生で捉えられるパターンであろう。型式の消滅は，前段階まで存続していた地域や集団における伝統・因習の消滅，ひいては記憶の忘却をも意味するものと考えている。

　ここで構築した仮説は，時代・地域に普遍性があるとは言い難いが，加賀の地域性と切り離せないモデルとして理解している。概ね加賀の弥生・古墳時代の土器は外来系土器が波及，在地化して在来系土器となり，また別の外来系土器が波及，在地化して在来系土器となる過程を繰り返して推移し，器種・型式が多様で独創性には乏しい特徴がある［安1992　142頁］[25]。なお，土器には実態として生産・流通・使用・廃棄の過程があり，本来はこの過程に即して変化を考えるべきである[26]が，特に生産状況について不明確な部分が多いことから，実態と乖離したものにならないよう配慮しつつも，敢えてこの仮説には対応させなかった。そうした実態が解明されたとき，この仮説は意義を終えたことになろう。

2　段階設定と編年

　土器群の一括性と，土器型式が把握されたとき，限定された時間幅の中に共存する器種・型式の組みあわせが判明する。すなわち「組成」である。時間幅をどのぐらいに設定するかについては，資料の一括性を検証することにより可変すべきであろう。そして，型式の変化に基づきいくつかの異なった組成を時間軸の上に序列し，段階を設定する。すなわち「編年」である。組成および編年には，その目的に応じて空間分布をある程度限定する必要があり，これを行ったものがすなわち「様式」となろう。ここでは段階を設定する際の留意点について述べ，今後に予定している私自身の土器編年と様式区分についての指針としたい。

土器群の序列にあたっては指標が必要である。指標として，組成と型式のどちらに重点を置くかの問題がある[27]が，「二者択一的なものではなく相互補完的なもの」とする加納俊介の見解[加納1999　17頁孫引]は的確である。前項までで述べたように，組成の変化と型式の消長は本論ではほぼ一連の動向であり，個々の型式変化が正しく把握されていれば，それが組成に反映され，矛盾は生じないはずである。指標については，土器群における欠如を誤認しないためにも，複数器種・型式での設定が必須と考える。それを統合した全体的な指標が組成と言うことになろう。型式の変化が確認できない以上，序列は不可能としたい。こうして序列が確定した土器群で設定された複数の段階に，区切りをつけていく作業が様式区分である。その際，基準となるのが土器の大きな変化であり，これを「画期」とする。本論では前項で述べたとおり，新たな型式の出現に求め，社会・生活の変化に直結するかどうかを考えていきたい。

　なお，既存の編年研究との対比については，それが可能な部分と不可能な部分があるので慎重に行いたい。可能な部分とは，基準資料そのものや，それに含まれる細別型式が共通する場合であり，その段階に限定して対比できる。ただし，その前後の段階とも整合するかどうかは，別に検討が必要であろう。不可能な部分とは，前述した共有資料を欠く場合と，編年自身が概念的である，基準資料に問題がある，方法や指標が不明確であるなどの場合である。対比できない部分については，無理に並行関係を求めることは不可能であり，避けるべきであろう。後述するが，考古学的手法による土器編年で現在までに問題を生じていないものはほぼ皆無であり，絶対的な規範は存在しないに等しい[関川1988　22頁]。既存の枠組みに執着せず，先入観は極力排して作業を行いたい。

　最後に，実年代との対比について述べる。土器編年と実年代を対比する代表的な方法として，韓半島系土器や中国鏡など海外系遺物との共伴関係によるもの[森岡2001　53頁孫引]，年輪年代[光谷(編)2000]や放射性炭素[山本・小田2000]による理化学的な年代測定によるものがあげられる。まず，金属器や木器については，素材が異なる土器と同じように扱われたものであったかを検証しなければならない。素材が異なる遺物が共伴したとしても，それぞれの生産から廃棄ないし埋没までの過程や，遺跡への移入経路，耐久性などあまりに不明なことが多い現状で，金属器や年輪年代測定の結果を直接与えることは危険であるし，整合しない方が自然であると思う。また，土器の変化に着目すれば，土器型式や並行関係の問題とも関係するが，どの程度の時間経過で変化するのか，変化の速度が地域・歴史上でほぼ一様であったのかどうかについては，定見がない。区分した個々の段階が同じ時間とは言えないし，区分された様式でも同じである。変化の速度が速ければ同じ時間幅でも段階は多くなろうし，逆に遅ければ少なくなろう。当然，社会状況に応じて可変するものと考える[森岡2001　53頁]。よって，土器編年上で点的に実年代が比定できたとしても，その間の段階を均等な時間に区分して割り当てることは不可能である。あくまで土器編年は主観的な区分であり，相対的な時間軸に過ぎないことを再認識しておきたい。土器編年と実年代の対比は，単純な歴史的事実の究明にとどまらず，土器研究にも新たな展開を切り開く機会であるが，それには双方の分野で，基礎的な資料の検討を行う必要があろう[28]。その

際には，前項で述べたことに共通するが，既存の枠組みに執着せず，先入観を排して取り組むべきである。今後の進展に期待したい。

Ⅵ　結　　　語

　私が就職して後，はじめて弥生・古墳時代の土器を論じたとき，漆町編年は北陸において既に欠かせない存在となっていた。土器組成の変化に明快な概念が加わった編年観は半ば絶対的な説得力を持ち，浸透していたことを記憶している。しかし，それから年月を重ねていくうちに新たに出土してくる資料の多くが，「漆○群」と細かく設定された段階に比定しにくく，うまく整合しないことから，私の中で漆町編年に対する疑問が生まれて広がっていった。本論はこうした疑問を動機としてその大部分を著しており，漆4・5群を主な対象とした編年の概観と，基準資料の一括性・組成・型式の検討で占められている。結論として，時間的な流れに大きな誤りはないが，編年の指標とした土器組成があまりにも不安定なこと，型式の具体的な変化がほとんど確認できないこと，編年観を確定できる内容の基準資料ではないことを確認し，提唱時の問題点が現在も解消されていないことが明らかになっている。

　その一方で，漆町編年に対する疑問は，土器がどのように変化するのか，編年の目的は何か，といった土器研究の中で実に根本的な問題を考える機会を与えてくれた。それが本論の末葉を占める，土器の変化と編年である。土器の変化についてはその政治・社会的背景を追求することが優先しがちであり，その実態は曖昧にされている。まず，提示された資料に対して批判的検証を行った上で型式を把握し，先後関係と共存関係から変化の方向性を把握，基本的な組成の把握といった基礎的な作業が完遂されれば，型式と組成が矛盾することなく資料の序列と段階設定が可能になり，様式と編年が成立する。北陸ではこうした方法論や規範についての議論は少なく，その理論的な整備は遅れていると言えよう。編年の目的については，あくまで時間軸として細分が進んでいく傾向が強いが，それが遺構や遺跡の分析に寄与していることは残念ながら多くなかろう。私はそこまでの細分は求めず，むしろ土器が変化する実態をより深く追求していきたい。地域・集団の関係から使用方法も含めて課題は多いが，土器編年の新たな可能性を信じて模索する作業ともなろう。そのためには土器に終始することなく金属器や木器など異素材の遺物や，理科学的な年代測定との対比も積極的に行っていきたい。

　長文となったが，最後に，表題の「光と影」には，一方だけ見ていては重要なことを見落としてしまうという自戒を込めていることを付記しておく。今後も自省しつつ土器研究に取り組み，冒頭でも述べたとおり，本論を序論として，近年中に自身の編年観を構築する予定である。

　本論で秋山進午先生の古希をお祝いしたい。先生と初めてお会いしたのは，まさにシンポジウム「月影式」土器について，が開催されたころであった。あまり熱心な学生ではなかった私が何とか現在まで考古学に関わっていられるのも，先生の真摯なご教導のおかげである。特に印象に残

っているのは「資料を見る機会を大切にし，時間と費用と労力を惜しむな」という旨のお言葉であり，現在も心がけていることの一つである。先生の末永いご健康を祈念したい。

なお，本論の作成にあたっては，資料見学や情報提供から議論に至るまで，下記の方々に協力していただいた。末尾ながら記して感謝したい。

伊藤雅文，小田木治太郎，楠　正勝，庄田知充，高野陽子，田嶋明人，栃木英道，布尾和史，南　久和，宮本哲郎，谷内尾晋司，横山貴弘，吉田　淳(五十音順，敬称略)

　　註
1　個人的には，加納俊介が提唱している「器類」「器種」と言う生物学的な分類概念[加納1999]に基づく用語に魅力を感じている。しかし，本論では既存研究の引用が多いことから，混乱を防ぐことを主目的として，汎用されている「器種」「型式」の用語を使用した。
2　様式の中には遺跡名を冠する「○○式土器」という概念も含まれるが，型式に付されることもある。また，遺跡名を冠した時点で強固な概念が付随するが，調査・研究の進展によって大きく概念が変化することや，使用者によって概念を明文化できないような細かいレベルでも違えることが多く，同音異義を生じやすい曖昧な用語でもある。[安2001　74頁　注10]でも述べているが，この用語を使用する際は予めその概念を明らかにしておく必要がある。
3　いわゆる小型高杯[宮本1985]である。大型で相似形の高杯は存在しないことから，単なる高杯の小型品ではなく，特定機能を持つ器種としての独立性が高いものと考えている。
4　結合器台，装飾器台，有透器台などと呼ばれるものである。北陸南西部に多く分布しており，同地域を特徴付ける型式の一つである[宮本1986]。
5　いわゆる小型器台である。大型で相似形の器台は存在しないことから，単なる器台の小型品ではなく，特定機能を持つ器種としての独立性が高いものと考えている。
6　いずれの文献でも，基準資料が整理・限定されており，漆4群では漆町遺跡34号溝が除かれ，漆5群では漆町遺跡33号溝が除かれている。
7　この中で田嶋は漆4群を限定する方向を示しているかのようであるが，具体的な資料は示されていない。
8　資料の出典は[石川県立埋蔵文化財センター1986・1988・1989]による。
9　資料の出典は[石川県野々市町教育委員会1984]，遺跡名の引用は[同1998]による。
10　この他，81－2T溝の第6図81，82－4号住居跡の第8図183は高杯Aとしたが，杯底部が小さくて高杯Bとの区別が難しい。高杯Bは他の基準資料中にはほとんど見られない型式であり，類似型式は北陸北東部(能登～越中西部)に多く分布する[北野1991　竹生野型式]。御経塚遺跡の周辺では，高杯Bの他にも，甕Bが定量的に存在するなど，北陸北東部と類似した型式，組成が見られる傾向がある。
11　御経塚遺跡ツカダ地区の遺構変遷については私見があり，参考までに記しておきたい。
　　竪穴建物の全体的な分布としては，北群(80－4・82－2・82－3号住居)，東群(82－1・82－4号住居)，南・西群(80－1～80－3・80－6・80－7・81－1・83－1号住居)の3グループに整理でき，南・西群についてはさらに分離できる可能性がある。各群は82掘立柱建物を囲むような配置となるが，集落の出現から廃絶まで維持された景観ではなく，最終的な姿と考えている。ただし，出現当初より掘立柱建物を築く位置が意識されていた可能性は否定できない。掘立柱建物から出土した土器はわずかであり，それのみで位置付けは難しいが，竪穴建物で想定している4段階の変遷の中で，掘立柱建物が伴って無理のない配置となるのは第1段階か第4段階であろう。以下に，第1～第4段階の変遷案を示す。ただし，個々の竪穴の拡張については特に考慮していないので注意が必要である。
　　第1段階　南・西群(80－2・80－6・81－2号住居)，北群(82－2号住居)で構成される。調査区の南北

に竪穴建物群が出現する。南側が高い密度であるが，さらに新古に分離できる可能性もある。

第2段階 南・西群(80-1・80-3・80-7号住居)，北群(80-4・82-3号住居)，東群(82-4号住居)で構成される。新たに東群が出現し，居住域は東へ広がる。既存の竪穴建物はその北側へ建て替え，主なブロックに小型の竪穴建物が伴う。

第3段階 東群(82-1号住居)のみで構成される。建物が急減，配置も急変しており，第4段階とは建物形態・配置や土器様相に変化が大き過ぎることから，集落はここで一時中断する可能性がある。なお，82-1号住居と82-4号住居では出土した土器に決定的な差がなく，原則的に北側へ建て替えるものとして位置付けているのに過ぎない。屋内土坑の位置に注目すれば，壁際に位置する82-4号住居の方が中央寄りに位置する82-1号住居よりも新しい様相であり，位置付けが逆転する可能性もある。

第4段階 南・西群(81-1・83-1号住居)で構成される。群中では最も北・西側に位置しており，平面形態は明確な隅角となる。2棟は並存せず細分される可能性があるが，竪穴とその周辺を広範囲に外周溝で囲まれて存在したものと考えられよう。

12 資料の出典は[石川県金沢市教育委員会1981，財団法人石川県埋蔵文化財センター2002]による。

13 BG-20土坑の出土土器群を実見したところ，実測番号の付いた個体どうしがよく接合した。現在，実測図の原図が所在不明とのことであり，実物と実測図との照合が難しい状況であるが，少なくとも甕については実測図ほどの個体数を計上できないことは確実である。また，出典では山陰系とされる第9図22の甕Bは在来系の誤認であり，第9図34の器台は同一個体が図化されている[財団法人石川県埋蔵文化財センター2002　237頁Fig179　161]。

14 T-101溝状遺構とT-104溝状遺構の出土土器群の一部を実見したところ，どちらも同じ遺構名で注記されていた。調査・整理時には厳密に区別されていなかった可能性がある。

15 第10図128の個体を実見した際に，杯部内面底に粘土板の剥がれた痕跡が見られ，高杯であることを確認した。系統は不明であるが，外来系の高杯としたい。

16 概ね月影甕，月影系甕などと呼ばれるものに相当する。ただし，典型とされるもの[吉岡1976　222～223頁，谷内尾1983　320頁]の他，並存する異質なグループ[安1995　91～92頁]も含むものとする。

17 明るい黄褐色で，黄色・橙色が強い色彩であり，甕AでもA2型式ないしその類似型式との相関が強い。この傾向は加賀南部でも少数の個体で確認でき[安1995　96頁　注(22)]，加賀北部からの搬入も考えられる。

18 比較しやすいためか，高杯や器台を指標とした編年研究が多くなっている[南1987，西村1996，野島・野々口1999，高橋2000]。この中では各部位の計測値を係数化して比較することによって，器型の変化を把握する手法が浸透している。これは確かに明快な指標であり，本論でも重視しているが，細別型式の差が反映されてしまう部分も多く，型式の消長や共存関係との対照を図らない限り，あくまでも目安の域を出るものではないと理解している。

19 高杯A1とA2は[北野1991]の「高座型式」と「御経塚ツカダ型式」にほぼ対応しそうであるが，整合するかどうかの厳密な検討は行っていない。

20 このように表現された例は数多いが，[吉岡1976　232・236頁，田嶋1986　134頁，南1987　67頁]などが具体的である。

21 [坂井・川村1993]での位置付けであるが，田嶋はこの資料を漆5群に比定している[田嶋1991]。また，滝沢規朗は資料を再検討し新潟シンポジウム編年の5期以降に位置付けている[滝沢1994　98頁]。

22 こうした様相については田嶋も認めるところであり，「明瞭な外来系型式を伴わない遺跡」として御経塚遺跡ツカダ地区をあげている[田嶋1993　83頁]が，具体的な土器群や型式については記述されていない。

23 例えば，基準資料を見ていくと漆6群は白江ネンブツドウ地区7号溝下層，漆7群は同地区7号溝上層，漆8群は同地区B2土器ダマリ出土土器群が量的な主体を占めている。これらの遺構は重複ないし堆積層が上下する連続的な関係にあり，先後関係は存在するが，厳密な分離が難しい状況であり，一括性は高くない。よって，土器の推移を見ることはできても個々の型式を各群に帰属させることは難しく，

比定しにくい性格の資料と言える。また，そうした性格の資料を複数の土坑資料で補う形になっているが，概ね土坑資料は少量で遺存が悪い傾向があり，必ずしも十分な内容とは言えない。以上が，本文中で提示した内容ともあわせて，漆4～8群に位置付けられている漆町遺跡出土土器群の実態である。

24　おそらく，加賀各地の遺跡から出土する土器群を漆町編年に対比しても，遺構の先後関係などよほどの好条件が揃わない限り，漆4群と5群，5群と6群は区別できず，時間幅を持たせるか，漆4群か6群のどちらかに位置付けてしまう性質のものであろう。実際，漆町編年の提唱から17年が過ぎ，当時よりも資料が大幅に増加しているにもかかわらず，加賀では漆5群に位置付けられる資料はほとんど確認されていない。

25　弥生時代以降に普遍的な存在であるハケ調整の土器についても，元を辿れば遠賀川系，櫛描文系，凹線文系，擬凹線文系といった度重なる外来系土器の波及によってもたらされ，それが在地化したものと捉えるならば，狭義のオリジナリティーは存在しない地域ということになろう。

26　たとえ土器の型式分類と変化が機械的な方法で行われ，子細に整然と示されたとしても，それが人為であるがゆえに生産，使用，廃棄の実態と乖離しては意味がないものと考えている。型式差・型式変化と製作者・集団との関係など，検討すべき課題は多い。

27　畿内において［木下1978，米田1986，寺沢1987］などで議論され，基準資料となる土器群の抽出手法から様式的理解に至る疑義も絡んで決着を見ない問題である。

28　具体的には，本文中で前述しているように異素材遺物の生産から使用・廃棄・埋納・副葬など埋没に至るまでの過程と時間の経過を明らかにし対照させる作業が必要であろう。また，年代測定に際しては，根本的な技術から資料のサンプリング方法に至るまで問題がないのかどうかを明らかにしつつ，積極的に測定資料の数を増やしていくことも必要であろう。

引用・参考文献

赤澤　德明・青木　元邦　「第5章　調査の成果」『長泉寺遺跡』福井県教育庁埋蔵文化財調査センター　1994年

赤塚　次郎　「Ⅴ　考察」『廻間遺跡』財団法人愛知県埋蔵文化財センター　1990年

赤塚　次郎　「東海系のトレース」『古代文化』第44巻第6号　財団法人古代学協会　1992年

伊藤　雅文　「第4章第1節b）　弥生後期から古式土師器」［石川県立埋蔵文化財センター1991a］1991年

伊藤　雅文　「第4章第1節　調査区域の歴史的環境」［財団法人石川埋蔵文化財センター2002］2002年

石川考古学研究会　『シンポジウム「月影式」土器について』報告編・資料編　1986年a

石川考古学研究会　『石川考古』第171号　1986年b

石川県金沢市教育委員会の発掘調査報告書　（『金沢市南新保D遺跡』1981年　『金沢市松寺遺跡』1985年　『金沢市近岡ナカシマ遺跡』1986年　『金沢市押野西遺跡』1987年　『金沢市西念・南新保遺跡Ⅱ』1989年　『金沢市新保本町東遺跡』1991年　『金沢市西念・南新保遺跡Ⅲ』1992年a　『金沢市寺中B遺跡Ⅲ』1992年b　『上荒屋遺跡Ⅰ』古墳時代編　1995年a　『金沢市南新保D遺跡Ⅱ』1995年b　『西念・南新保遺跡Ⅳ』1996年）

石川県金沢市埋蔵文化財センター　『戸水遺跡群Ⅰ　戸水ホコダ遺跡』　1999年

石川県金沢市（金沢市埋蔵文化財センター）　『石川県金沢市大友西遺跡Ⅱ（本文編）』　2002年

石川県教育委員会　『北陸自動車道関係埋蔵文化財調査報告書Ⅱ』　1976年

石川県野々市町教育委員会　『御経塚ツカダ遺跡発掘調査報告書Ⅰ』　1984年

石川県野々市町教育委員会　『長池・二日市・御経塚遺跡群』　1998年

石川県松任市教育委員会　『松任市中村ゴウデン遺跡』　1989年

石川県立埋蔵文化財センターの発掘調査報告書　（『漆町遺跡Ⅰ』1986年　『宿向山遺跡』1987年a　『永町ガマノマガリ遺跡』1987年b　『吉竹遺跡』1987年c　『漆町遺跡Ⅱ』1988年　『漆町遺跡Ⅲ』1989年　『倉部』1990年　『畝田遺跡』1991年a　『押水町冬野遺跡群』1991年b　『金沢市寺中B遺跡』1991年c　『松任市竹松

遺跡群』1992年 『荒木田遺跡』1995年a 『寺井町千代デジロA遺跡・大長野A遺跡』1995年b 『谷内・杉谷遺跡群』1995年c 『金沢市藤江C遺跡Ⅱ』1997年)

小田木治太郎 「北陸東部における古墳時代開始期の土器様相」『北陸の考古学Ⅱ』(『石川考古学研究会々誌』第32号)石川考古学研究会 1989年

岡本淳一郎・三島 道子・町田 賢一・上田 尚美 「佐野台地における古墳出現期の土器について」『富山考古学研究』第2号 財団法人富山県文化振興財団埋蔵文化財調査事務所 1999年

加納 俊介 「古式土師器の構造論的研究序説」『三河考古』第12号 三河考古刊行会 1999年

木下 正史 「橿原考古学研究所編『纒向』」『考古学雑誌』第64巻第1号 日本考古学会 1978年

北野 博司 「第5章 遺物」[石川県立埋蔵文化財センター1990] 1990年

北野 博司 「第3章第5節(6) 大型土坑出土土器の時間的位置」[石川県立埋蔵文化財センター1991b] 1991年

久々 忠義 「第Ⅰ部(4)古墳出現期の土器について」『富山考古学会創立50周年記念シンポジウム 富山平野の出現期古墳《発表要旨・資料集》』富山考古学会 1999年

楠 正勝 「第4章第2節1 土器」[石川県金沢市教育委員会1989] 1989年

楠 正勝 「第5章第2節1 土器」[石川県金沢市教育委員会1992a] 1992年a

楠 正勝 「第4章 まとめ」[石川県金沢市教育委員会1992b] 1992年b

楠 正勝 「第4章第2節2.弥生時代後期末から古墳時代前期の土器」[石川県金沢市教育委員会1995b] 1995年

楠 正勝 「第5章第1節 弥生時代中期後葉から古墳時代前期前半の土器」[石川県金沢市教育委員会1996] 1996年

財団法人石川県埋蔵文化財センター 『金沢市南新保C遺跡』 2002年

坂井 秀弥・川村 浩二 「古墳出現前後における越後の土器様相－越後・会津・能登－」『磐越地方における古墳文化形成過程の研究』研究者グループ 1993年

関川 尚功 「弥生土器から土師器へ」『季刊 考古学』第24号 雄山閣 1988年

田嶋 明人 「Ⅳ2 土師器よりみた古墳時代土器群の変遷」[石川県立埋蔵文化財センター1986] 1986年a

田嶋 明人 「古墳出現期の土器群と月影式土器」[石川考古学研究会1986a] 1986年b

田嶋 明人 「Ⅴ2 遺構・遺物の検討 1)編年軸の設定」[石川県立埋蔵文化財センター1987b] 1987年

田嶋 明人 「Ⅱ1遺構・遺物の観察と記述の方法について 1)編年軸」[石川県立埋蔵文化財センター1988] 1988年

田嶋 明人 「2 土師器の編年 5 北陸」『古墳時代の研究』第6巻 土師器と須恵器 雄山閣 1991年

田嶋 明人 「北陸南西部Ⅰ 北陸南西部の古墳確立器前後の様相」『日本考古学協会1993年度新潟大会シンポジウム2 東日本における古墳出現過程の再検討』日本考古学協会新潟大会実行委員会 1993年

田嶋 明人 「土器と『古墳時代』」『北陸古代土器研究』第5号 北陸古代土器研究会 1995年

田嶋 明人 「月影式土器」・「北陸地方の古墳時代の土器」『日本土器辞典』雄山閣 1996年

高橋 浩二 「北陸における古墳出現期の社会構造－土器の計量分析と古墳から－」『考古学雑誌』第80巻第3号 日本考古学会 1995年

高橋 浩二 「古墳出現期における越中の土器様相－弥生時代後期から古墳時代前期前半土器の編年的位置付け－」『庄内式土器研究』ⅩⅩⅡ 庄内式土器研究会 2000年

滝沢 規朗 「新井市斐太遺跡群の土器について」『新潟考古』第5号 新潟県考古学会 1994年

寺沢 薫 「庄内式から布留式へ－米田氏の批判文に寄せて－」『古代学研究』第113号 古代学研究会 1987年

富山大学考古学研究室論集（安論文）

出越　茂和	「Ⅴ　まとめ」『金沢市松寺遺跡』[石川県金沢市教育委員会1985]　1985年	
出越　茂和	「第5章　考察　北加賀における月影式土器の終焉～近岡ナカシマ遺跡2号溝出土土器をもとに～」[石川県金沢市教育委員会1986]　1986年	
出越　茂和	「第4章3．金沢平野における南北地域差」[石川県金沢市埋蔵文化財センター1999]　1999年	
栃木　英道	「第5章　考察」[石川県立埋蔵文化財センター1987ｃ]　1987年	
栃木　英道	「第8章　考察」[石川県立埋蔵文化財センター　1995ｃ]　1995年	
贄　元洋	「欠山・元屋敷様式の高杯の分類(二)」『三河考古』第4号　1991年ａ	
贄　元洋	「様式と型式」『考古学研究』第38巻第2号　考古学研究会　1991年ｂ	
西村　歩	「第6章　和泉北部の古式土師器と地域社会」『下田遺跡』財団法人大阪府文化財調査研究センター　1996年	
野島　永・野々口陽子	「近畿地方北部における古墳成立期の墳墓(1)」『京都府埋蔵文化財情報』第74号　財団法人京都府埋蔵文化財調査研究センター　1999年	
原田　幹	「第2章　考察　上荒屋遺跡出土の東海系土器について」[石川県金沢市教育委員会1995ａ]	
堀　大介	「研究編　越前における弥生時代後期～古墳時代前期の土器編年」『甑谷　清水町甑谷地系における遺跡の調査』福井県清水町教育委員会　2002年	
南　久和	「Ⅴ　考察　月影式土器小考」[石川県金沢市教育委員会1987]	
南　久和	「第5章第2節　土器について」[石川県金沢市教育委員会1991]	
宮本　哲郎	「能登の器台－金沢平野出土品との比較検討－」『石川考古学研究会々誌』第44号　石川考古学研究会　2001年	
光谷　拓実(編)	「年輪年代法の最新情報－弥生時代～飛鳥時代－」『埋蔵文化財ニュース』第99号　奈良国立文化財研究所埋蔵文化財センター　2000年	
宮本　哲郎	「小型高杯の一考察－北加賀における小型高杯形土器の出現と変移についての基礎的考察－」『石川考古学研究会々誌』第28号　石川考古学研究会　1985年	
宮本　哲郎	「装飾器台等の展開－これまでの検討から－」[石川考古学研究会1986ａ]	
森岡　秀人	「庄内式土器の実年代について」『3・4世紀　日韓土器の諸問題』釜山考古学会他　2001年	
谷内尾晋司	「北加賀における古墳出現期の土器について」『北陸の考古学』(『石川考古学研究会々誌』第26号)石川考古学研究会　1983年	
安　英樹	「第9章第1節　北陸の弥生後期後半の土器について」[石川県立埋蔵文化財センター1992]	
安　英樹	「北加賀地域の庄内式土器並行期の土器群の変遷」『庄内式土器研究Ⅶ』庄内式土器研究会　1994年	
安　英樹	「Ⅴ　南加賀の月影式土器に関する小論－梯川中流域右岸地域の土器胎土と甕形態について－」[石川県立埋蔵文化財センター1995ｂ]	
安　英樹	「北陸に於ける土器交流拠点」『庄内式土器研究』ⅩⅩ　庄内式土器研究会　1999年	
安　英樹	「"戸水Ｂ式"を考えた！」『みずほ』第36号　大和弥生文化の会　2001年	
山本　直人・小田　寛貴	「弥生土器のＡＭＳ^{14}Ｃ年代(1)」『名古屋大学加速器質量分析計業績報告書(Ⅺ)』名古屋大学年代測定資料研究センター　2000年	
吉岡　康暢	「Ⅳ1　土器編年と遺構の年代」[石川県教育委員会1976]	
吉岡　康暢	「第一章4　北陸弥生土器の編年と画期」『日本海域の土器・陶磁[古代編]』　1991年　六興出版	
米田　敏幸	「橿原考古学研究所編『矢部遺跡』」『古代学研究』第112号　古代学研究会　1986年	

越中における古墳出現前後の地域別土器編年
── 甕形土器を中心に ──

田 中 幸 生・中 谷 正 和

【要約】
　本稿は，近年資料の増加が著しい弥生時代後期から古墳時代前期の土器（特に甕形土器）を編年して，東西の境界領域である越中の土器様相が，地域ごとにどのような変化を辿るのかを考察した。その結果，弥生時代後期は人の移動を含めた外部との交流が活発な段階であり，地域的な差をほとんど確認できなかったが，庄内式並行期は地理的特性に応じた交流が活発化し，甕の製作技法や土器組成に東西の地域差が生じたことがわかった。そして庄内式後半並行期から布留式並行期にかけて，再び外部からの影響が甕の製作手法や土器組成に構造的変化を引き起こし，再び地域差が解消していく過程があると考えた。

I. は じ め に

　越中は，その地勢的条件から，気候・風土や民俗的な生活様式において，東西北陸および東西日本の結節点に位置する。考古学的な事象でも，東西の特徴が結びつく地域として注目されることが多い。
　北陸地方の弥生時代後期から古墳時代前期の土器については，頸部から口縁部までの形状が「く」字状を呈する体部刷毛板調整の甕形土器（以下，～形土器を省略する）や，口縁部断面が「」」字状を呈して擬凹線紋をもたないハケ調整主体の甕が，北陸地方西部に比べ東部に多く分布することなど，北陸地方では東西の地域差があることを明らかになっている（小田木1989，北野1986，川村1994，田嶋1986a他）。
　また，越中における弥生時代後期から古墳時代前期を対象とした編年研究は，『富山県史』の中で上野章氏が総括的に研究をおこなってから（上野1972），久々忠義氏や岡本淳一郎氏，高橋浩二氏らによって近年まで鋭意進められており，資料の増加にともなって，益々精緻なものとなっている（岡本1999，久々1984・1999，高橋2000）。こうした研究の結果，基本的な土器の変遷観は，ほぼ定まってきているといえよう。

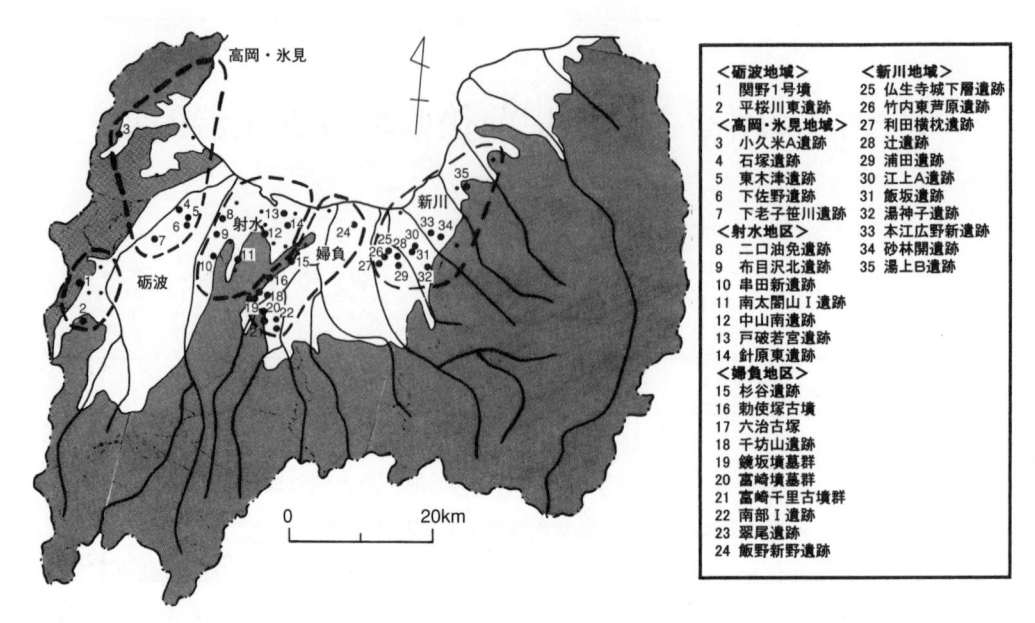

第1図 富山県における古墳出現期の主要遺跡

　しかも橋本正春氏は「越中の土師器研究史概観」の中で，当該期の土器様相は，常願寺川を挟んだ東西で土器様相に相違があることを指摘している(橋本1982)。すでに越中の遺跡や墳墓を地域別に分析をした研究が成果をおさめており，今後はこうした地域的な違いに着目した詳細な分析が，土器編年でも必要になると思われる(高橋1995a，武田1999)。

　本稿はそのような状況をふまえ，越中内を地域ごとに土器編年を作成し，各地域の実情に即した変化を明らかにしていくことを目指した。編年の基準は，高杯や器台については高橋浩二氏の詳細な論考があるが(高橋2000)，越中の頭部では高杯や器台の出土が少ないので，ここでは普遍的に出土する甕を主に扱った。

　地域の設定は高橋氏の地域区分に従い(高橋1997)，4つの地域に区分した(図1)。本来ならば，その地域ごとの編年を作成することが理想的であるが，資料的な制約があるため，それらを大きく越中西部・越中中部・越中東部の3地域にまとめて，それぞれの編年をおこなう。ここでは，砺波地域と高岡・氷見地域をまとめて越中西部とし，射水地域と婦負地域を越中中部，新川地域を越中東部として，それぞれの編年案を作成した。

Ⅱ．甕形土器の形態と分類

1．甕形土器の諸要素(図2)

(a)口縁部分類

A類：く字状口縁部をもつもの。A1aは口縁端部を面取りし，端部に痕跡的な擬凹線紋をも

つ。A1bは口縁の上端部を強くつまんでナデた後，口縁端部に面取りを施す。端部に痕跡的な擬凹線紋をもつ。A2は口縁端部を丸くおさめるもの。A3aは伸長化して大きく外反する口縁部をもち，端部に面取りをほどこす。A3bは伸長化して大きく外反する口縁部をもち，端部を丸くおさめるもの。

B類：受口状口縁をもつものを一括する。

C類：口縁部に，施紋帯である2次口縁部[1]を付加した，擬凹線紋系の有段口縁をもつもの。先行研究から，2次口縁部の発達と外反が大きいほど新しい様相を示し，その後再び2次口縁部の厚みを増して縮小する変化が想定されている。また，2次口縁部との関係をみると，C1～C3は，1次口縁部の伸びが大きく，C4～C6は1次口縁部の伸びが小さい。

C1は大きな2次口縁部をもたず，わずかに上下が突出する。C2はやや大きな2次口縁部をもち，上部に突出するもの。有段部はわずかに外反するものが多く，口縁端部はつまみあげたような形状を呈する。C3は2次口縁部が，上部にむかって直線的に拡張するもの。C4は厚みをもちつつ大きく上部に拡張する2次口縁部をもつもの。1次口縁部と2次口縁部の接合部内面を強くナデるために，顕著な凹部が残る。C5は外反しながら大きく上部に拡張する2次口縁部をもつもの。2次口縁部内面にユビオサエの痕跡を残すものが多い。C6は，厚みがあり，わずかに外反する2次口縁部をもつ。

D類：布留甕と類似する口縁部をもつもの。口縁端部が肥厚しないものから，肥厚させたうえで強くナデるものへ型式変化する（田中2001）。

D1は口縁端部を丸くおさめるもの。D2は口縁端部がやや内側に肥厚して，丸くおさめるもの。D3は口縁端部が内側に肥厚して内傾する面をもつもの。D4は口縁端部が内側に肥厚し，内傾する面に強くナデることで凹部をつくるもの。D5は，いわゆる山陰系口縁部をもつもの。

（b）頸部分類

ア類：明瞭に屈曲するもの。イ類：屈曲部が不明瞭なもの。ウ類：屈曲した頸部外面に粘土帯を付加し，内面にヨコハケを施すもの。この技法を頸部粘土帯付加技法と呼称する。

（c）底部分類

当該期は平底→尖底→丸底へと変化する（宮本・中島1983）。型式的には，底部ⅰ類からⅴ類の順に，新しい様相を示すと考えられる。

ⅰ類：明確に突出した平底。粘土の円盤をそのまま底部として用いる。土器が接地したままハケ調整を施すため，ハケメは底部下端まで及ばず，わずかに下端部が外に突出する。底部が厚いものをa類，底部の厚みが薄いものをb類とする。

ⅱ類：ⅰ類に比べて底部径は小さいが，自立可能な平底。底部輪台技法を用いる。ハケ調整は底部下端まで及び，下端部の突出がなくなる。底部が厚いものをa類，底部の厚みが薄いものをb類とする。

ⅲ類：底部径が小さく自立が難しい平底。土器を持ち上げた状態で胴部から底部に向かってハケ調整を施すため，底部外周がやや盛り上がり，底部断面が逆凹状の形態をもつものが多い。底

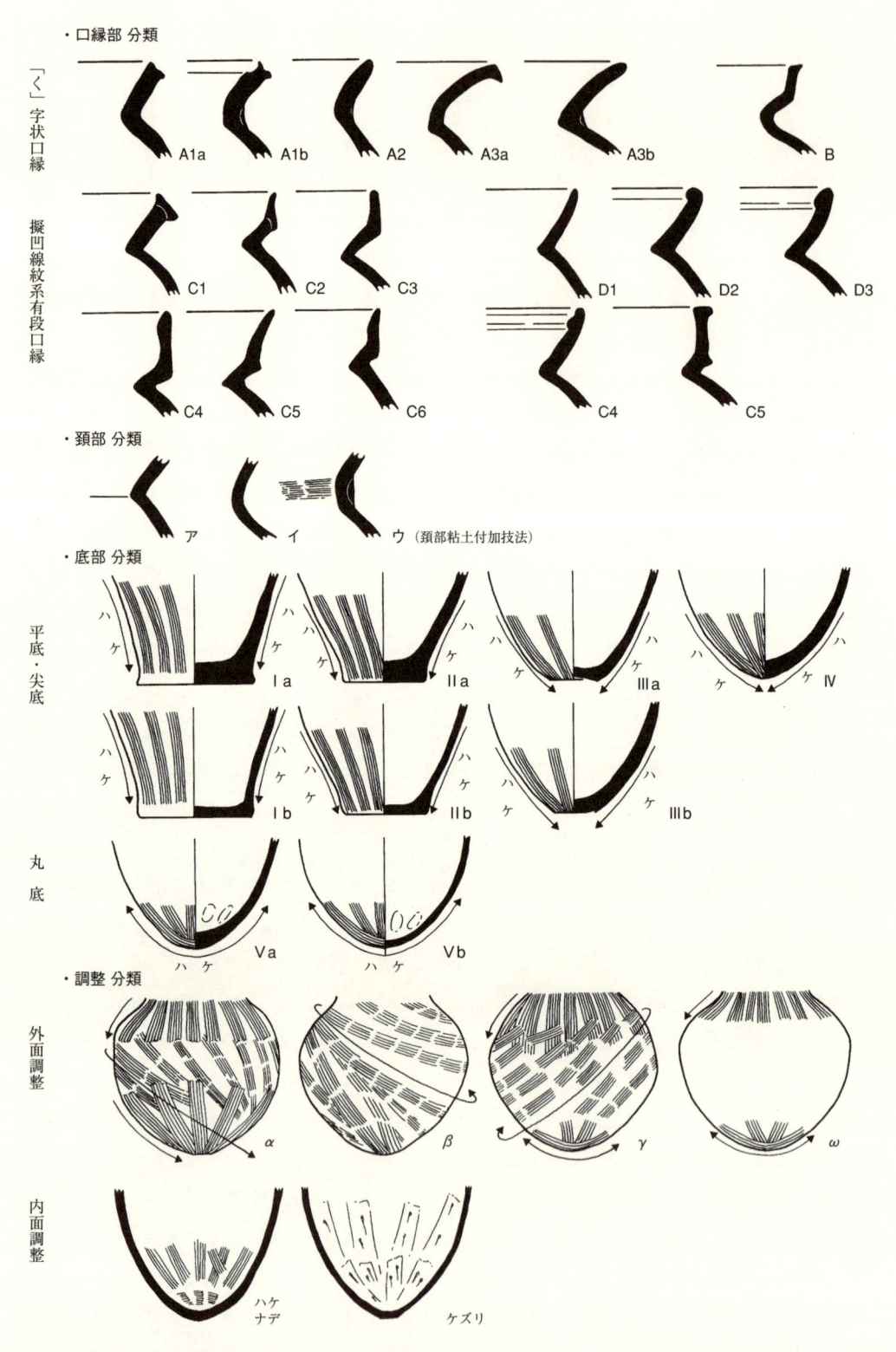

第2図 甕形土器の諸要素

部の厚みが薄く，平底に近いものをa類，底部が厚く，尖底に近いものをb類とする。

iv類：厚みのある尖底。土器を持ち上げた状態で胴部から底部に向かってハケ調整を施し，底部に平らな面をつくらない。

v類：丸底。内面にユビ圧痕をもつものが多い。底部が厚いものをa類，底部の厚みが薄いものをb類とする。

(d) 外部調整の分類

α類：一次調整として右下がりのハケ調整を施した後に，体部下半から底部にかけてのタテハケと，頚部から肩部にかけてのタテハケを施すもの。頚部タテハケを省略するものや，肩部に断続的なヨコハケを施すものもある。また頚部タテハケと底部タテハケが痕跡的なものは，新しい様相を示す。

β類：左肩から右下がりに連続してらせん状のハケ調整をおこなうもの。

γ類：頚部から肩部にかけて連続的にタテハケを施した後，底部を丸底に成形するためのハケを施す。その後に胴中央部をハケメで充填する。

ω類：γ類から胴中央部のハケ調整を省略したもの[2]。

(e) 内面調整の分類

ハケもしくはナデ調整を施すものと，ケズリ調整を施すものがある。

2．甕形土器の製作手順

製作手順を示す頚部の形態と内外面調整の関係は，比較的限定して組み合う傾向がある(表1・2)。甕形土器の型式変化や系統[3]関係を把握するためにも，これら製作手順は重要な要素であるので，ここでまとめておきたい。

手順1 w類(図3-6)：頚部ア類，外面調整α類，内面ケズリ調整のもの。これらの特徴から推測する製作手順は，①底部から胴部の成形。胴部外面に右下がりのハケ調整を施す。また内面にもハケ調整を施す。②頚部の成形。頚部となる粘土帯を付加し，頚部から肩部までタテハケを施して屈曲させる。③口縁部の成形。④底部の調整と全体の仕上げ。胴部下半から底部にむかってタテハケを施し，形態を整える。また，肩部に形を整えるための断続的なヨコハケを施すことがある。⑤乾燥した後に内面ケズリ調整を施す。

手順1 e類(図9-183)：頚部ア～ウ類，外面調整α類，内面ハケ調整のもの。これらの特徴から推測する製作手順は，①底部から胴部の成形。胴部外面に右下がりのハケ調整を施す。また内面にもハケ調整を施す。②頚部の成形。頚部となる粘土帯を付加し，頚部から肩部までタテハケを施す。このときに頚部粘土帯付加技法をおこなう。③口縁部の成形。④底部の調整と全体の仕上げ。胴部下半から底部にむかってタテハケを施し，形態を整える。また，肩部に形を整えるための断続的なヨコハケを施すことがある。

手順2類(図9-187)：頚部ア・ウ類，外面調整β類，内面ケズリ調整のもの。①底部から胴部の成形。②頚部の成形。調整は右下がりのハケ調整を施して頚部となる粘土帯を密着させる。③

口縁部の成形。2次口縁部を付加して有段部を成形する。④胴部・底部の調整。右下がりにらせん状のハケ調整を施す。このハケ調整の前にタタキ調整を施す場合がある。⑤乾燥させ，内面ケズリ調整を施す。

　手順3類（図7-99）：頚部ア類，外面調整γ類，内面ケズリ調整のもの。①底部から胴部の成形。②頚部の成形。大和における布留甕の頚部製作手順と同様に，胴部上半を屈曲させて，頚部と口縁部となるべき部分を成形する（豊岡1999）。③口縁部の成形。ハケ調整で口縁部のおおまかな形を整えた後，口縁端部を簡単にメントリする。端部の成形をおこなった後，口縁内外面に強いヨコナデを施す。④頚屈曲部から胴部半ばにわたってタテハケを施し，その後で胴部上半に強いヨコナデかヨコハケを施すことで頚部の屈曲を明瞭化させる。⑤内部に手を入れたまま甕を上下逆に返して胴部・底部を調整する。底部のハケ調整は，胴下部→底部直下→始点とは反対側の胴下部，というストロークでおこなう。この時に内部底面にユビ圧痕が残存する。底部のハケ調整が終わってから胴部中央に左下がりのハケを充填する。⑤乾燥した後，内面ケズリ調整を施す。なお，この手順では，胴部中央のハケ調整が形態を整える役目を果たしていないほど形式的なものとなっている例がある（図7-99）。このような，胴部成形時にハケ調整を残さない手法を可能にしたのは，ある程度の硬さをもつ素地粘土の利用であった可能性が高い（小島ほか1989）。

　手順4類（図7-96）：頚部ア・ウ類，外面調整ω類，内面ハケ調整もしくは内面ケズリ調整をもつもの。①底部から胴部の成形。ナデ調整か，ケズリに近いナデ調整を施す。②頚部の成形。頚部となる粘土帯を付加し，頚部から肩部までのタテハケを施す。頚部粘土帯付加技法をおこなうものもあるが，付加する粘土量は少ない。③口縁部の成形。④内部に手を入れたまま甕を上下逆に返して底部をハケ調整する。この時に内部底面にユビ圧痕が残存する。この手順でも胴部のハケ調整が目立たない。これも手順3類と同様の，素地粘土の改良があったと思われる。

3．甕形土器の分類

　以上の形態・製作手順における特徴をまとめたのが表1・2である。この結果をもとに分類をおこなった。なお，典型例と考える実測図を示したが，特に図の番号を示さない限り，括弧内の数字は図6～11の土器番号と一致する。

　（a）甕A：「く」字状口縁をもつもの。AⅠ・AⅡは製作手順1類が主体。一部2類も認められる。AⅢは製作手順4類を主体とする。

　甕AⅠ1：口縁部A1a類，底部ⅰ類，手順1w類。器形は長胴気味の胴部をもつ。越中では胴部上半の資料が中心であり，完形の資料を確認できないが，北加賀から出土した例（図3）などからその存在を予想できる。また，手順1e類をもつ個体の存在も，越中における弥生時代中期末～後期初頭の資料から類推できるが，明確に確認できた個体は無い（図4）。甕AⅠ2：口縁部A1b類，底部ⅱ類，手順1e類。頚部粘土帯付加技法をもつ。器形は長胴気味の胴部をもち，最大径が胴部の半ばにある。明確な最大径をもたず底部ⅱa類をもつものをAⅠ2a（29），肩部に明確な最大径をもち底部ⅱb類をもつものをAⅠ2b（46）と細分する。型式的に後者が新しい。

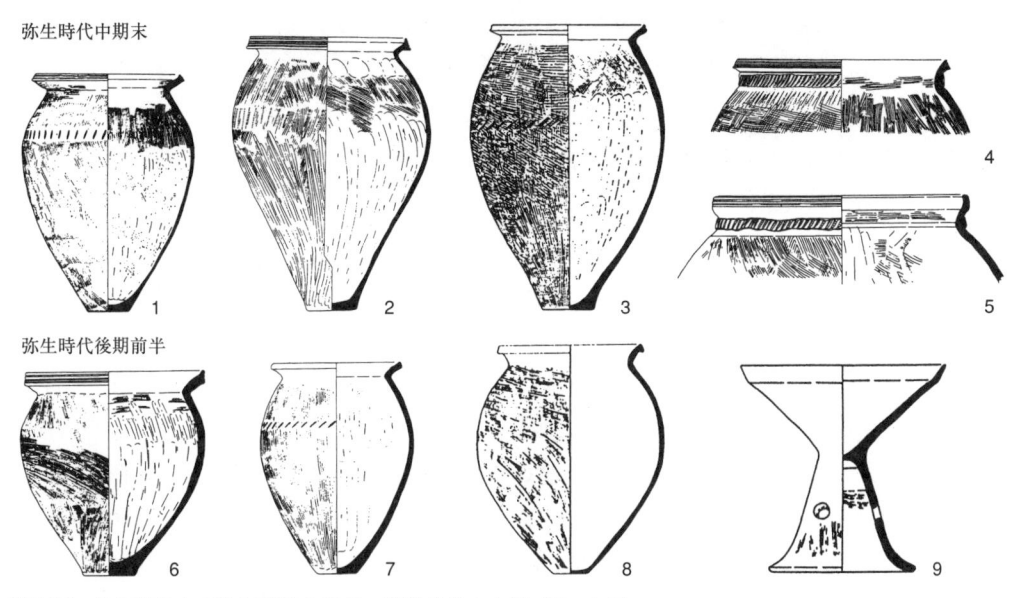

弥生時代中期末

弥生時代後期前半

第3図　北加賀出土の弥生時代中期末〜後期前半の土器（S＝1/8）
1・3・5　戸水，2・4・6〜9　西念　南新保（金沢市1999，北陸弥生研究会2000より転載）

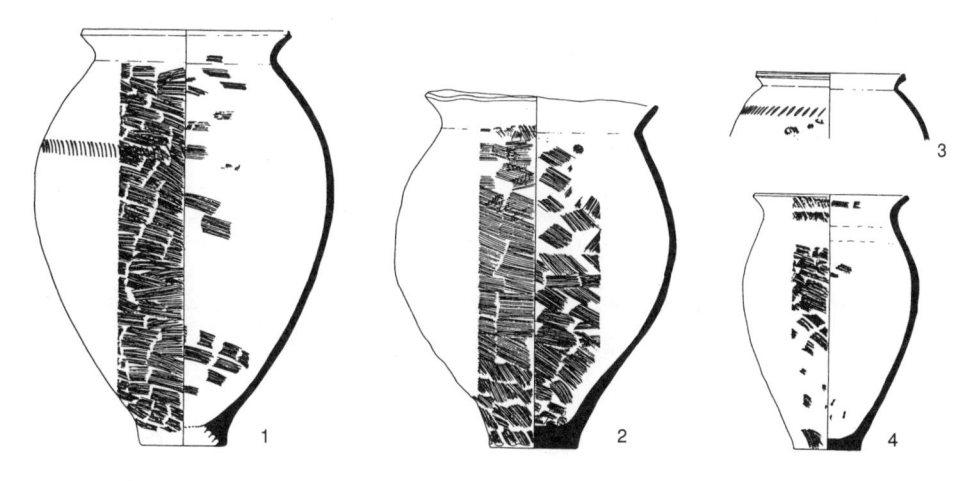

第4図　越中出土の弥生時代中期末の土器（S＝1/8）
1・4　正印新　第7・8層　2〜3　正印新　SK34　（上市町教育委員会1982より転載）

甕AⅠ3：口縁部A1・A2類，底部ⅲ類，手順1e類を主体とするが，手順2類のものもわずかに存在する。頸部粘土帯付加技法をもつ。口縁部の立ち上がりが大きく，頸部から口縁部までの断面が「コ」字状を呈するものもある(59・60)。

　甕AⅡ：口縁部A3類，底部ⅳ類，手順1e類。器形は球形気味の胴部をもち，最大径が胴部半ばにある(74)。

　甕AⅢ1：口縁部A3類，底部ⅴa類，手順4類。器形は球形気味の胴部をもつ(75)。甕AⅢ2：口縁部A2・A3類，底部ⅳ・ⅴb類，手順4類。器形はやや球形気味の胴部をもつ。頸部粘土帯付加技法をもつものは，付加する粘土が痕跡的となる。口縁部A2類，底部ⅳ類のものを

－199－

AⅢ2a(210)，口縁部A3類，底部v類のものをAⅢ2b(96)とする。

甕AⅣ：口縁部A2類，底部ⅳ類，外面・内面調整にナデ調整を多用する。長胴(78)。

(b)甕B：口縁部B類，頸部ア・イ類，底部はi類が主体。器形は長胴気味の胴部をもち，最大径が胴部半ばにある。口縁部と胴部上方に櫛描紋をもつ(3)。

(c)甕C：擬凹線紋系統の有段口縁をもつもの。口縁部外面に擬凹線紋をもつものと，もたないものがあり，越中ではもたないものが主体を占める。

甕CⅠ：口縁部C1類，手順1w類。一括資料中に完形資料がないので飯塚遺跡から出土したものを表に示した(125，図3－6)。

甕CⅡ1：口縁部C2類，底部ⅰ類，手順1w類。器形は長胴気味の胴部半ばに最大径をもつ(124)。甕CⅡ2：口縁部C2類，底部ⅱa類，手順1w類。器形はやや丸みを帯びた長胴気味の胴部をもち，半ばに最大径をもつ(135)。甕CⅡ3：口縁部C2類，底部ⅱb類，手順1e類。器形はやや丸みを帯びた胴部をもち，肩部に最大径をもつ(150)。

甕CⅢ：口縁部C3類，底部ⅱ類。手順1w類。器形は長胴気味の胴部がやや丸みを帯びて，胴部半ばに最大径をもつ(136)。

甕CⅣ1：口縁部C4類，底部ⅱ類。手順1w・2類。器形は胴部がやや丸みを帯びて，肩部に最大径をもつ(165)。甕CⅣ2：口縁部C4類，底部ⅲ類。手順1w・2類が多い。器形は胴部がやや丸みを帯びて，肩部に最大径をもつ(283)。

甕CⅤ1：口縁部C5類，底部ⅱ類，手順2類。器形は肩部に最大径をもつ。口縁部外面に擬凹線紋をもち，内部に連続ユビ圧痕をもつものが多い。甕CⅤ2：口縁部C5類，底部ⅲ・ⅳ類。手順は2類が多く，1e類も確認できる。器形は球形気味の胴部をもち，肩部に最大径をもつ。口縁部外面に擬凹線紋をもち，内部に連続ユビ圧痕をもつ(187)。

甕CⅥ1：口縁部C6類。手順1w・1e類。底部はⅲ類のものを確認でき，ⅳ類も予想できる(285)。甕CⅥ2：口縁部C6類。手順4類。完形の資料は無い(114)。

(d)甕D：布留系統の甕。

甕DⅠ1：口縁部D1類，底部v類，手順3類。器形は球形を呈し，最大径を胴部半ばにもつ(198)。甕DⅠ2：口縁部D2類，底部v類，手順3類。頸部から胴部半ばまで強いヨコナデを施す。器形は球形を呈し，最大径を胴部半ばにもつ(98)。甕DⅠ3：口縁部D3類，手順3類。完形資料はないが，北陸地方西部の事例から，頸部から胴部半ばまで強いヨコナデを施し，器形は球形を呈し，最大径をやや胴部の上方にもつものと想定する。底部v類をもつ可能性が高い(212)。甕DⅠ4：口縁部D4類，底部v類，手順3類。頸部から胴部半ばまで強いヨコナデを施す。器形は長胴気味の胴部をもち，やや上方に最大径をもつ(323)。

甕DⅡ：口縁部C6類，手順3類。完形資料がないものの，布留甕と共通する調整技法から，底部v類をもつと想定する(97)。

甕DⅢ：口縁部D5類，底部v類，手順3類。器形はやや長胴気味の胴部をもち，やや上方に最大径をもつ(99)。

表1 甕形土器の分類と諸要素の組み合わせ(1)

地域	遺構名	No.	型式	口縁部 A1a	A1b	A2	A3a	A3b	B	頸部 ア	イ	ウ	底部 ia	ib	iia	iib	iiia	iiib	iv	va	vb	外面調整 α	β	γ	ω	内面調整 ハケ	ケズリ
加賀	西念南新保 G1101住		AⅠ1	●						●													●					
加賀	西念南新保 J区4塞		AⅠ1							●				●													●	
新川	砂林開 SK592	5	AⅠ2a		●							●											●				●	
射水	戸破若宮 SE87	476	AⅠ2a		●					●					●								●				●	
新川	砂林開 SK914	3	AⅠ2a		●					●					●								●				●	
新川	湯上B 3号穴	13	AⅠ2b		●							●			●								●				●	●
射水	飯野新野 SE03	1	AⅠ3a	●						●						●											●	
新川	辻1次土器ダマリ	7	AⅠ3a								●					●											●	
婦負	翠尾東土器ダマリ	69	AⅠ3a	●						●							●							●			●	●
射水	申田新1号住	2	AⅠ3a	●								●					●										●	
新川	仏生寺域 SI01	4	AⅠ3a								●							●									●	●
氷見	小久米ID区1号住	4	AⅠ3a								●	●						●									●	●
射水	申田新3号住	80	AⅠ3a		●						●						●										●	
新川	辻1次土器ダマリ	6	AⅠ3a		●						●						●										●	
射水	申田新1号住	1	AⅠ3b			●											●						●				●	
新川	辻1次土器ダマリ	7	AⅠ3b			●						●					● ?										●	
高岡	東木津 SX01	2402	AⅡ				●					●							●								●	
高岡	石塚2号墳	24	AⅡ				●					●							●							●	●	●
新川	木江広野新3号住	8	AⅡ				●					●							●	●						●	●	
新川	木江広野新3号住	3	AⅡ			●						●							●				●				●	●
射水	二口油免1号塞	22	AⅡ					●		●									●								●	
射水	二口油免1号墓	23	AⅡ					●		●									●								●	●
新川	浦田 SD414	66	AⅡ			●						●							●								●	
射水	針原東 SK206	955	AⅢ1						●			●								●					●		●	
高岡	東木津 SX01	2401	AⅢ1						●			●								●					●		●	
婦負	南部ⅠSI01	284	AⅢ1			●						●								●	●						●	●
射水	利田横枕土坑03	161	AⅢ2a						●			●									●						●	
婦負	南部ⅠSI01	3	AⅢ2a			●						●									●					●	●	
射水	二口油免 SK164	193	AⅢ2b				●				●											●					●	
新川	利田横枕住居03	56	AⅢ2b				●				●											●					●	
新川	利田横枕土坑04	158	AⅢ2b				●				●											●					●	
射水	木江広野新3号住	2	AⅣ						●			●									●						●	
新川	二口油免 SK118	139	AⅣ						●			●									●						●	
新川	辻3次土器ダマリ	26	B						●		●		●														●	
新川	辻1次土器穴67	15	B						●		●																●	
新川	辻3次土器ダマリ	21	B						●	●			●														●	
新川	辻3次土器ダマリ	23	B						●	●			●														●	
高岡	下老子 B6SI04	46	B						●							●											●	
新川	辻3次土器ダマリ	22	B						●																		●	?

<註>
*1 No.は、参考文献に記載された図版番号を示す
*2 ここにあげた個体は、一括資料中のものを基本とし、包含層出土の個体は極力除外した
*3 同一遺構から同一型式の甕が、複数個出土した場合は、任意に除外した個体がある
*4 甕AⅠ1は越中では完形の個体が出土していないため、北加賀地域の個体を参考にした

表 2 甕形土器の分類と諸要素の組み合わせ (2)

地域	遺構名	No.	型式	口縁部 C1	C2	C3	C4	C5	C6	頸部 D1	D2	D3	D4	D5	頸部 ア	イ	ウ	底部 ia	ib	iia	iib	iiia	iiib	iv	v	外面調整 α	β	γ	ω	内面調整 ハケ	ケズリ
新川	飯坂包含層	99	CI	●											●																	●
高岡	下老子B6SI04	47	CI	●												●			●|							●					●
射水	布目沢北SD72	263	CI	●												●											●					●
射水	布目沢北SK53	315	CII1		●														●													●
高岡	下老子B5SI06	31	CII2		●										●						●											●
射水	南太閤山I 7号墓	17	CII2		●																●●											●
射水	布目沢北SD72	268	CII2		●										●							●									●	
射水	砂林開SK1201	9	CII3		●																●										●	
婦負	南部I SK06	26	CII3			●									●																	●
射水	南太閤山I 土器棺	22	CIII			●										●						●										●
新川	砂林開SK64	1	CIII			●											●				●											●
高岡	下老子B6SI04	45	CIII			●									●						●											●
射水	南太閤山II 土器棺	23	CIII			●										●											●					●
射水	二口油免SH403	85	CIV1				●									●			●													●
射水	針原東SE01	277	CIV1				●									●					●											●
射水	針原東SE01	280	CIV1				●								●						●											●
新川	仏生寺城SI01	3	CIV2				●									●							●									●
砺波	平桜川東2号住	10	CIV2				●								●								●|			●					●
砺波	平桜川東2号住	12	CIV2				●									●							●				●					●
砺波	平桜川東1号住	5	CV1					●								●						●										●
婦負	翠尾北土器ダマリ	156	CV2					●							●								●				●					●
婦負	翠尾北土器ダマリ	163	CV2					●								●							●					●				●
砺波	平桜川東2号住	9	CV2					●							●												●					●
婦負	翠尾北土器ダマリ	43	CV2					●								●							●					●				●
婦負	翠尾東土器ダマリ	122	CV2					●							●		●											●				●
婦負	翠尾北土器ダマリ	191	CVI1						●						●									●								●
新川	本江広野新3号住	1	CVI1						●						●									●								●
高岡	下佐野S102	89	CVI1						●						●							●										●
新川	利田槙枕住居07	95	CVI2							●					●							●										●
射水	二口油免SK118	129	DI1								●					●			●										●			●
新川	利田槙枕土坑03	162	DI2									●			●														●			●
新川	利田槙枕住居07	111	DI3										●		●														●			●
高岡	石塚SD25	127	DI4											●	●														●			●
新川	利田槙枕住居07	109	DI4											●	●														●			●
新川	利田槙枕住居06	83	DII						●							●								●					●			●
新川	利田槙枕住居03	59	DIII												●														●			●

<註>
* 1 No.は、参考文献に記載された図版番号を示す
* 2 ここにあげた個体は、一括資料中のものを基本とし、包含層出土の個体は極力除外した
* 3 同一遺構から同一型式の甕が、複数個出土した場合は、任意に除外した個体がある
* 4 甕AII1は越中では完形の個体が出土していないため、北加賀地域の個体を参考にした

Ⅲ．他形式の分類(図5)

1．高杯の分類

　越中における高杯の型式変化は高橋氏の詳細な分析がある(高橋2000)。その分析の中で高橋氏は，時期を追うごとに脚部が縮小し，杯部上半が拡張，器高が縮小するという変化が現れることを数値的に示した。本稿もその成果に基本的には従うものであるが，大別は杯部形態，細別は脚部形態によっておこなった。以下にその分類を示すが，典型例を，図から示す場合は括弧内の数字は図6～11の土器番号から示す。また，本文中，高杯AⅠと表記したものは，脚部Ⅰ類をもつ高杯Aを意味している。

　脚部Ⅰ類は長い中空状の脚部をもつもの(7)。Ⅱ類はⅠ類を小さく縮小したものであり，脚柱状部から底部に至る部分には，Ⅰ類脚部にみられる段が痕跡的に作り出されている。脚高はⅠ類の半分程度となる(167)。Ⅲ類は「ハ」字状の脚部であり，脚高は杯部高と同じかそれよりも小さい(204)。相対的にⅠ類が古く，Ⅲ類が新しい。

　高杯A：杯部上半が直立もしくは外反し，杯部下半が内湾して立ち上がるもの(18)。
　高杯B：杯部上半が大きく外反し，杯部下半が直線的に開くもの。内底面は水平(151)。
　高杯C：口縁部が大きく開く，鉢状の杯部をもつもの(155)。
　高杯D：ブランデーグラス状の形態をもつもの(139)。
　高杯E：椀状の杯部をもつもの(140)。
　高杯F：東海系有稜高杯。断面箱状の小さな杯部をもつ(272)。
　高杯G：有稜高杯。高杯Fよりやや大きい杯部をもつ(203)。
　高杯H：東海系有段高杯。緩やかに開く脚部をもち，側面を穿孔する(200・201)。
　高杯Ⅰ：屈折脚高杯を一括する(215)。

2．器台の分類

　高杯と同様に裾部および胴部の縮小，受部の段の拡張，器高の縮小という傾向がある(高橋2000)。そのためここでも大別を杯部の形態，細別は脚部形態に注目した。なお，表記の仕方は高杯に準じる。

　脚部Ⅰ類は長い中空状の脚部をもつもの(20)。Ⅱ類はⅠ類を小さく縮小したもので，脚高は半分となる(174)。Ⅲ類は「ハ」字状の脚部であり，脚高は杯部高と同じかそれよりも小さい(173)。
　器台A：受部下半の幅よりも狭い受部の段をもつもの(21)。
　器台B：受部下半の幅よりも広い受部の段をもつもの(20)。
　器台C：受部の段をもたないもの。東海地方の器台と類似する(22)。
　器台D：装飾器台。結合部の凸帯があるものと，結合部の凸帯がないものがある(294)。

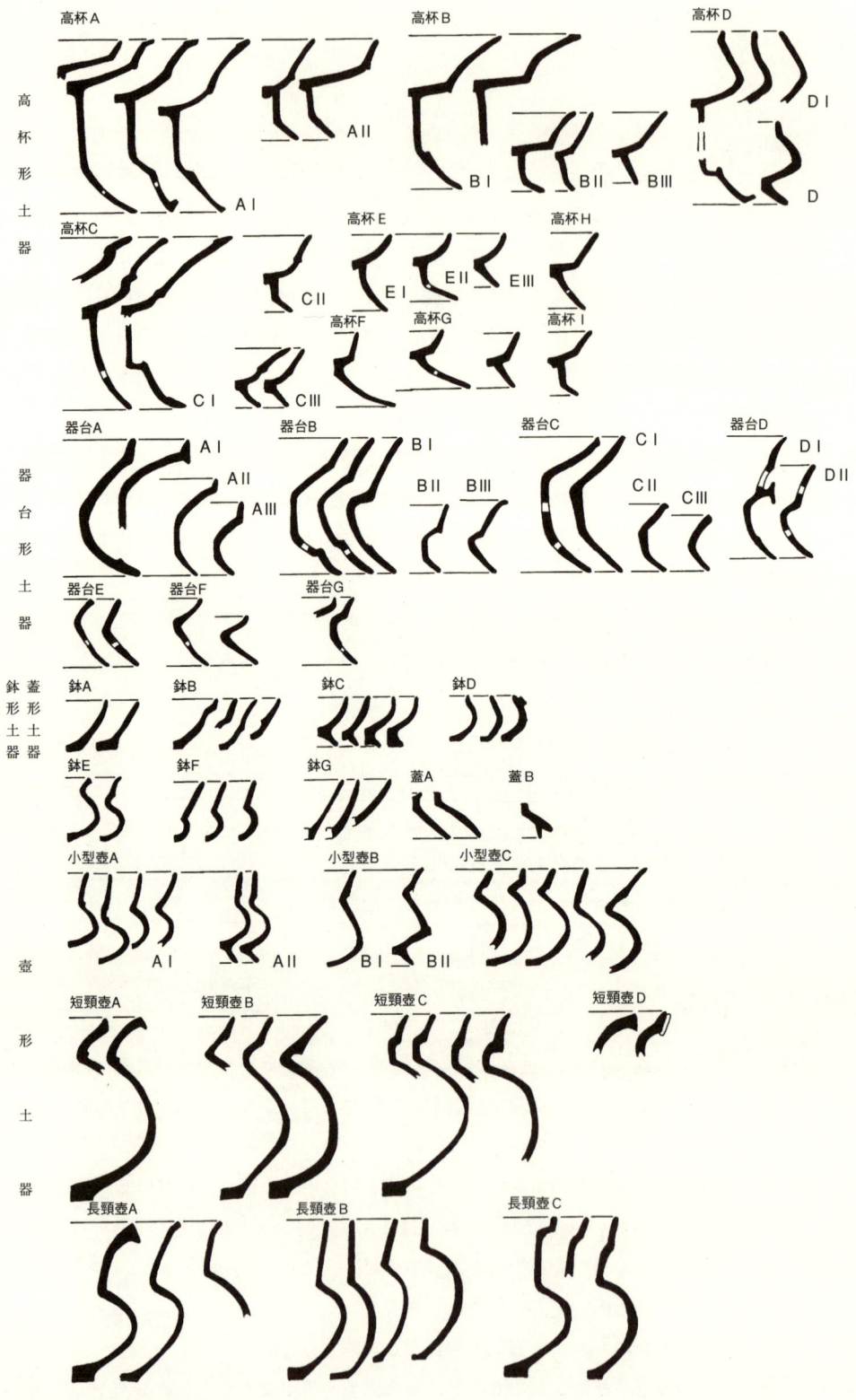

第5図　土器分類図

器台E：直線的に伸びる受部をもつ小型器台(293)。
器台F：椀形の受部をもつ小型器台(67)。
器台G：摘み上げたような口縁端部をもつ小型器台(85)。

3．鉢の分類

鉢A：杯形・椀形の鉢。平底と丸底があり，丸底は新しい様相を示す(90)。
鉢B：有段口縁をもち，胴部径よりも頸部径が大きい鉢。丸底新しい様相を示す(107)。
鉢C：椀形の身に高台状の底部をもつもの(176)。
鉢D：高杯Dの杯部と同じ形態の鉢(141)。
鉢E：有段口縁をもち，胴部が扁平もしくは球形を呈する鉢(55)。
鉢F：小型丸底壺。粗製のものは新しい様相を示す(108)。
鉢G：有孔鉢(69)。

4．蓋の分類

蓋A：受部が無いもの。蓋B：受部があるもの(179)。

5．壺の分類

壺A：細い頸部と扁平な胴部をもつ。脚台の有無でⅠ類(144)，Ⅱ類(180)とする。
壺B：下膨れ状の胴部をもつ。脚台の有無でⅠ類，Ⅱ類(159)とする。
壺C：中～小型の有段口縁壺。頸部が屈曲し，胴部は球形もしくは扁平である(44)。
壺D：広口の口縁部をもち，短い頸部をもつ壺。法量は比較的大きい(28)。
壺E：有段口縁部をもち，屈曲する頸部をもつ壺(209)。
壺F：有段口縁部をもち，筒状の頸部をもつ壺。法量は比較的大きい(195)。
壺G：口縁部を垂下させ加飾を施すものや棒状浮紋を付加したもの(193)。
壺H：口縁端部をわずかに外反させ，紋様帯もしくは端部メントリを施した長頸壺(131)。
壺Ⅰ：直口の口縁部をもつ長頸壺(27)。
壺J：有段口縁部をもつ長頸壺(57)。

Ⅳ．供伴関係と様式細分

1．時期区分と各期の特徴

　編年案の並行関係と，標識となる遺構名を表3・4に示した。また，それら標識遺構の土器組成を表5・6に示す。具体的な説明はそれらの表と編年図(図6～11)にゆずり，ここでは各期の特徴と，供伴する甕の特徴を示すこととしたい。なお，以下で特に説明がない場合は，括弧内の

表3　土器編年の並行関係

北　加　賀			南加賀				越　　中			本　稿
谷内尾 1983	田嶋 1986	楠 1996	栃木 1995	上野 1972	久々 1984	久々 1999	岡本 1999	高橋 2000		
	1群	2期 1/2/3/4	6期	後期前半	後期Ⅰ		Ⅰ期	後期Ⅰ期 / 後期Ⅱ期	第Ⅰ期	1期
法仏Ⅰ	2群	3期 1/2/3/4	7期 1/2/3/4	後期後半	後期Ⅱ / 後期Ⅲ		Ⅱ期	後期Ⅲ期 1/2	古/新	2期
法仏Ⅱ	(+)							後期Ⅳ期 3/+	古/新	3期
月影Ⅰ	3群	4期 1/2/3/4	8期 1/2/3/4	第Ⅰ様式	後期Ⅳ	1/2	Ⅲ期	庄内並行Ⅰ期 1/2	古/新	第Ⅱ期
月影Ⅱ	4群				後期Ⅴ	3/4		庄内並行Ⅱ期 +/+	古/新	4期
	5群		9期 1/2/3/4			5	Ⅳ期	庄内並行Ⅲ期	古/新	第Ⅲ期 5期
古府クルビ	6群	5期 1/2/3/4		第Ⅱ様式		6				6期
	7群		10期 1/2			7		布留併行Ⅰ期	古/新	第Ⅳ期 7期
(+)	8群					8		布留併行Ⅱ期		8期
高畠	9群									

表4　編年案と標式遺構の対照表

時期		越　中　西　部		越　中　中　部		越　中　東　部
		砺　波	氷見・高岡	射　水	婦　負	新　川
第Ⅰ期	1期	(+)	下老子笹川 B5-SI06 下老子笹川 B6-SI22	南太閤山Ⅰ-1号墓 南太閤山Ⅰ-5号墓 布目沢北-SK53 (囲山遺跡)	(+)	辻3次-土器ダマリ 辻1次-穴67
	2期	(+)	下老子笹川 B5-SI04 下老子笹川 B5-SI12 下老子笹川 B6-SI04	南太閤山Ⅰ-6号墓 南太閤山Ⅰ-7号墓 南太閤山Ⅰ-土器棺 布目沢北-SD72	(+)	江上A-SD03 飯坂-3号方形周溝墓 竹内東芦原-SI02 砂林開-SK658
第Ⅱ期	3期	(+)	下老子笹川 B5-SI05 下老子笹川 B6-SI03 下老子笹川 B6-SI05 下老子笹川 A7-SI01 下老子笹川 A7-SI03	南太閤山Ⅰ-3号墓 戸破若宮-SE87 布目沢北-12号墳 二口油免-SK474	富崎-3号墓 鏡坂-2号墳 南部Ⅰ-SK06 (富坂赤坂遺跡)	辻1次-住居1 砂林開-SK64 砂林開-SK117 砂林開-SK592 砂林開-SK914 砂林開-SK1201 砂林開-4号住居 砂林開-5号住居
	4期	平桜川東-1号住居	下佐野-SI01 小久米Ⅰ-E区住居	二口油免-SH403 二口油免-SK12 中山南-2号住居 針原東-SE01	飯野新屋-SK03 千坊山-SI11 杉谷A-1号方形周溝墓 杉谷A-2号方形周溝墓 六治古塚	砂林開-6号住居 湯上B-1号住 湯上B-1号穴む 湯上B-3号穴
第Ⅲ期	5期	平桜川東-2号住居	小久米Ⅰ-D区1号住居 下佐野-SI02 (桜谷1号墳周濠)	串田新-1号住居 串田新-3号住居 針原東-SE201 針原東-SK61 針原東-SK62	飯野新屋-SE03 飯野新屋-P6 飯野新屋-SK01 飯野新屋-SK03 翠尾-東土器溜まり 翠尾-北土器溜まり	仏生寺城下層-SI01 辻1次-土器ダマリ (広野新遺跡)
	6期	(+)	東木津-山崎地区 SX01 石塚-2号墳 石塚-3号墳	針原東-SK206 二口油免-1号墳周溝 二口油免-SK118 二口油免-SK124	勅使塚古墳 飯野新屋-P7 富崎千里9号墳	本江-3号住居 浦田-SD414
第Ⅳ期	7期	関野-1号墳 (竹倉島遺跡)	(+)	二口油免-SK146 二口油免-SK164	南部Ⅰ-SI01 南部Ⅰ-SD02-5群	利田横枕-住居01 利田横枕-住居02 利田横枕-住居03 利田横枕-住居06 利田横枕-土坑03 利田横枕-土坑04 湯ノ上2号住居
	8期	(+)	石塚-SD25	(+)	(+)	利田横枕-住居07

表5 越中西部・東部の土器組成

地区	遺構名	時期	甕形土器	高杯形土器	器台形土器	鉢形土器	蓋	壺形土器	
高岡・氷見	下老子 B6SI22	1	BCI			A			H
高岡・氷見	下老子 B5SI06	1	BCII2					D	
高岡・氷見	下老子 B6SI04	2	BCICIII	AI		A	A		
高岡・氷見	下老子 B5SI12	2	CII3CIII	AI					
高岡・氷見	下老子 B6SI03	3	AIB	AI					I
高岡・氷見	下老子 B6SI05	3	AICIICII	B	D	AI	B		
高岡・氷見	下老子 A7SI01	3	AICIICIII	AIIBII	F	AII	A		I
高岡・氷見	下老子 B5SI05	3		BII	EIIF				
高岡・氷見	下佐野 SI01	4	AICIV	B		A		BC	
砺波	平桜川東1号IE住居	4	CIVCV1	F					
高岡・氷見	小久米1E住居	4	CV1		BIII	C			
砺波	平桜川東2号住居	5	CV2CV2	BII					
高岡・氷見	小久米ID1住居	5	AI3CV2		D		A	F	
高岡・氷見	下佐野 SI02	5	AICVCVI	BIIIBCIIEII	CIIIE	B	A	AI	H
高岡・氷見	東太津 SX01	6	AIIAIII	G		B	A	AI	
高岡・氷見	石塚2号墳	6	AII						F
高岡・氷見	関野1号墳	7			G			CE	F
高岡・氷見	石塚 SD25	8	DIDI3DI4			F		F	
新川	辻3次土器ダマリ	1	AIB	AIB		G			HI
新川	辻1次穴67	1	B			A			
新川	飯坂3号方形周溝墓	2	AIBCIICIII	AI		ABCDEG	A	D	IJ
新川	江上 ASD03	2	AI	AIDEI	AIBICI	ABCDEG		D	HIJ
新川	砂林閣 SK658	2	AI		BI				
新川	竹内東芦原 SI02	2	AICIICIII		BI				
新川	砂林閣 SK117	3	AI						HJ
新川	砂林閣 SK914	3	AI2aCII			B	AI	AI	IJ
新川	砂林閣 SK1201	3	AICII3	AIBICI	BI	BEG	AI	F	IJ
新川	砂林閣5住	3	AICII					CD	
新川	砂林閣 SK592	3	AI2aCII		BI	BG	AI		
新川	砂林閣 SK64	3	CIICIII	BI	AI				
新川	砂林閣6住	4	CII			D		C	IJ
新川	湯上 B3号穴	4	AI2bCIII	D		BE	AI		I
新川	湯上 B1号住	4	AI2bCIII	CII					
新川	仏生寺城下層 SI01	5	AI3CIV2	CII		EG		G	
新川	辻1次土器ダマリ	5	AI3CIVCVCVI	CIII		EG	A	ABICG	FG
新川	本江1号住居	6	AIAIIAIVCVCVI		DD	A	AI	AI	FG
新川	本江1次土器ダマリ	6	AIAIIIAVICVI	GHI	D		AI	AI	
新川	浦田 SD414	6	AIICVI DI1			FG			
新川	利田横枕1号住居	7	AIIICVIDI3	B C		FG	AI	AI	IJ
新川	利田横枕2号住居	7	AIIICVIDI2			F	AI	AIF	I
新川	利田横枕土坑03	7	AIII2aDI2DI3			F	AI	CD	IJ
新川	利田横枕3号住居	7	AIII2bDI2 DII	I		F	AI	AIICF	
新川	利田横枕04	7	AIII2b						
新川	利田横枕6号住居	7	DII						
新川	利田横枕7号住居	8	AIIICVI2 DI1DI2DI3DI4	I		F	AI	F	

表6 越中中部の土器組成

地区	遺構名	時期	甕形土器	高杯形土器	器台土器	鉢形土器	蓋	壺形土器
射水	布目沢北SK53	1	BCⅡ1					
射水	南太閤山ⅠSZ1	1		AⅠ				
射水	南太閤山ⅠSZ5	1		AⅠ				H
射水	南太閤山ⅠSZ6	2	CⅠCⅡ2	AⅠ	AⅠBⅠ	A	AⅠ	I
射水	南太閤山ⅠSD72	2	CⅡ2	AⅠ		D		
射水	南太閤山ⅠSZ7	2	CⅡ	DⅠ				
射水	南太閤山Ⅰ土器棺	2	CⅢ					
婦負	富崎SE87	3	AⅠ2a		AⅠBⅠ		AⅠ	BⅠ·BⅡC
射水	富崎3号墳	3	AⅠ	BCⅡ3CⅥ	AⅡ	D	G	AⅠ CE
射水	南太閤山Ⅲ3号方形周溝墓	3	BCⅡ3CⅥ	BⅠBⅡ	AⅡ		G	AⅠ FG
射水	三口油免SK474	3	CⅡ	CⅡ CⅢ		C		AⅠ E
婦負	鏡坂2号墓	3	CⅡ3	BⅡ F	BⅠ		A	AⅠ BⅠ J
射水	南部ⅠSK06	3		BⅡ	CⅡ		A	F
射水	布目沢北12号墓	3		DⅢ		B	AⅡ	I
婦負	中山南2号住居	4	AⅠ	BⅡCⅡCⅢ	AⅢ CⅢ	CE	AB	C
射水	千坊山SⅡ1	4		BⅡ	BⅢ G	E		
射水	三口油免SH403	4	CⅢ	BⅡ				
婦負	針原東SE01	4	CⅥ1CⅤ				A	
婦負	杉谷1号方形周溝墓	4	CⅥ1					
婦負	杉谷2号方形周溝墓	4	CⅣ	BⅡ CⅢ	AⅢBⅢ	BC	E	BA C
婦負	飯野新野P6	5	CⅣ	CⅣ				
婦負	飯野新野SE03	5	AⅠ3	CⅤ CⅥ		AE	G	
射水	串田新3号住居	5	AⅠ3	CⅤ CⅥ		DE	E	AⅡ C F
射水	串田新1号住居	5	AⅠ3	CⅤ2CⅥ	BⅢ		E	AB AⅡ BⅠ·BⅡC F G
射水	翠尾土器溜まり	5	AⅠ	CⅤ2CⅥ1	BⅡ D	B	E	AB AⅡ C F
射水	翠尾東土器北溜まり	5		CⅤ	BⅡ D			
婦負	飯野新野SE201	5		CⅤ CⅥ	BⅠCⅢ F			
射水	針原東SK61	5		CⅤ CⅥ	CⅡCⅢ	B		
婦負	針原東SK62	5		CⅥ	CⅡ		B	AⅠ EF I
婦負	飯野新野P7	6	AⅠ	DⅡ1		AB	F G	BⅠ C EF
射水	三口油免1号方形周溝墓	6	AⅠAⅡAⅢ2a	DⅡ1			G H	
射水	針原東SK206	6	AⅡAⅢ1	DⅡ1		B	G H	C EF
婦負	三口油免SK124	6	AⅢ		D		G H	C EF
射水	三口油免SK118	6	AⅣ			B	F	C
婦負	勅使塚古墳	6					G	
射水	富崎千里9号墳	6					H	
婦負	南部ⅠSI01	7	AⅢ1AⅢ2a	CⅥ	F	AB	F	AⅠ F
射水	三口油免SK164	7	AⅢ2b	DⅠ2	CⅢ	B	G	AⅠ F
射水	三口油免SK146	7	AⅢ	DⅠ2	F			F
婦負	南部ⅠSD02-5群	7	AⅢ		F			F

番号は図6～11の土器番号と一致している。

1期：弥生時代後期前半に相当する。越中では当該期の良好な一括資料が少なく，具体的な組成は不明瞭である。型式的な操作から，甕や高杯，鉢，壺を抽出可能である。器台も存在するが，ほとんど確認できない。土器形態に地域差が認められない。

甕は底部ⅰ・ⅱ類を主体とする。頸部ア類，内面ケズリ調整を主体とする甕AⅠ（1・2），口縁部外面や胴部に櫛描紋をもつ甕B（3・126・229），甕CⅠ（125・127・228），甕CⅡ1・2（124・227）を確認できる。形態・製作技法に地域差は無い。

高杯AⅠは杯部下半の長さに対する上半の長さの比率がほぼ同じものである（4－6，128，230）。また，高杯6は南新保G1区107号住居出土土器（図3－9）に類例があり，楠正勝氏によって後期前半に編年されている（楠1996）。鉢Gは体部が直線的で，平底をもつ。壺Dは口縁端部を上方に拡張する（134・135）。壺Hは口縁部が外反し断面三角形の口縁帯をもつものと，口縁部がわずかに外反してメントリを施すものがある（14・136・137・238）。なお前者は型式的な検討から抽出したものであり，一括資料中から出土していない。壺Ⅰ（13）は最大径を肩部にもち，逆三角形状の胴部をもつ。

2期：弥生時代後期後半に相当する。甕や高杯，鉢，器台，壺が主な組成であり，器台Bや壺Aなどが出現する。有段口縁や擬凹線紋が定着し，1期と同様に，組成・形態・製作技法に地域的な差異が無い。山陰地方や北近畿，東海地方の影響を示す土器が出土しており，多様な地域との交流を認めることができる（高橋2002）。

甕は底部ⅱ類を主体とする。甕AⅠ（15），甕B（240），甕CⅠ（134・238），甕CⅡ2（133・135），甕CⅡ3（236）を確認でき，甕CⅢ（136・237）が出現する。甕Bは胴部に櫛描紋をもたない。形態・製作技法に地域差は無い。

高杯と器台は脚Ⅰ類を主体とする。高杯AⅠ（18・137・241）は杯部上半と下半の高さがほぼ同じ比率である。高杯DⅠ（139），高杯EⅠ（140）を確認できる。器台は種類が多く，器台AⅠ（21・143・242）・器台BⅠ（20・142）・器台CⅠ（22）を確認できる。器台BⅠは受部上半と下半の比率がほぼ同じである。鉢は，甕の口縁部C2をもつ鉢B・鉢C（26）・鉢E（24）が出現する。壺AⅠ（25・144）が出現する。壺D（28・246）は端部の拡張が弱くなる。壺Ⅰ（27）は体部が長胴のものが出現する。

3期：庄内式初頭に相当する[4]。2期の土器組成を基本としつつ高杯Bや高杯Cが確認できるようになるなど，後の土器組成の萌芽となる変化がある。有段口縁の拡張や擬凹線紋の盛行がみられ，北陸地方の地域性があらわれる。また高杯Fなど東海系土器が高岡・氷見地域では存在しており，2期と同様に地域間交流を認めることができる。

甕は，底部径が縮小したⅱa類を主体とする。甕AⅠ2a（29・145－147・149・249－250），甕CⅠ（253），甕CⅡ3（31・150・251），甕CⅢ（30・32・148・252）を確認できる。越中東部では手順1e類と頸部粘土帯付加技法が出現する。また有紋の甕Cの比率も越中東部では低下しており，甕に地域差があらわれる。

高杯は脚Ⅱ類が出現する。杯部上半の拡張が顕著となり，高杯AⅠ(33)は杯部上半の比率が下半を凌駕する。また高杯AⅡ(257)と高杯BⅠ(34・35・151・254-255)，高杯C(39・155)，高杯F(158・258-260)が出現する。器台も高杯と同様に，杯部上半の拡張が顕著であり，器台BⅠ(38・152・153)は杯部上半の比率が下半を凌駕する。器台AⅠ(36)は紋様帯が若干上下に拡張する。器台AⅡ(154・262)は無紋のものが出現する。鉢B(40)は口縁部が拡張する。鉢Gは体部が緩やかに内湾し，小さな平底をもつ。壺AⅠ(41・42・157)は口縁部が拡張する。壺BⅡ(159)・壺F(160)が出現する。壺Ⅰ(43・266)は口縁部がやや縮小して，荒いハケ調整を残す。

　4期：庄内式前半に相当する。土器組成は3期の様相を引き継ぐが，高杯・器台に脚Ⅱ類をもつものが定着して，法量が小型化する。地域差は甕や高杯・器台の組成を中心に明瞭となる。

　甕は，底径が縮小した底部ⅱb類を主体とする。甕AⅠ2b(46・161-162・267)，甕CⅢ(47)，甕CⅣ1(163-165, 268-269)，甕CⅤ1(49-50)を確認できる。3期に比べ，形態的に肩の張るものが多い。手順2類が出現するが，越中東部では僅少である[5]。

　高杯と器台は，脚Ⅰ類がほぼ確認できなくなる。杯部や脚部の各法量が縮小傾向にあり，高杯AⅡ(166)や，杯部底径が縮小した高杯BⅠ(168・270，BⅡ(167)，CⅢ(53・170)，F(272)などが特徴的な存在となる。器台も従来の器台をそのまま縮小したような，器台AⅢ(174・274)，器台BⅡ(172)，器台CⅡ(171・273)，器台CⅢ(173)が出現する。器台Dもこの段階から出現する可能性がある。ただし越中東部では高杯や器台の出土が少なく，脚Ⅱ類をもつものはあまり出土していない。鉢B(178)が小型化し，丸底化する。胴部が扁平な鉢E(55・182・276・279-280)が盛行する。鉢Gは体部が緩やかに内湾し，小さな平底をもつ。蓋B(179)が出現する。壺AⅠ(54)が残存し，壺AⅡ(180)は凸帯が体部のほぼ中央に位置する。

　5期：庄内式後半に相当する。器台E・Fや高杯H(東海系有段高杯)など東海地方の影響をうかがわせる土器が，畿内や関東地方，中部高地などと連動して越中でも確認できるようになる段階である。なお，すべての遺構に，これらの新たな土器が伴うわけではなく，4期の土器組成を踏襲する遺構も存在する。

　甕は，底部ⅲ類を主体とする。甕AⅠ3(59-60・183-184・186・282)は端部の丸いものが出現し，他に甕CⅣ2(61)，甕CⅤ2(62・187・283-284)，甕CⅥ1(63・185・285)を確認できる。甕AⅠ3は製作技法1e類と非常に強い結びつきがある甕であり，主体は越中東部にあるが，越中中部以西でも点的に確認できる。

　高杯BⅡ(187-188・286)・BⅢ(287)CⅡ(64・190・291)が主体を占め，高杯H(65・290)が出現する。高杯E(288)は緩やかにひらく脚部をもち，底径が大きい。器台も，器台BⅡ(189)，CⅢ(290)，器台D(294)のほかに，器台E(292-293)，F(67)が出現する。鉢E(68・191)はハケ調整が主体の丸い胴部をもつものが盛行する。鉢G(69)は体部が緩やかに内湾し尖底をもつ。壺AⅠ(297)は口縁部が内湾する。壺AⅡ(192・295)は，胴部下半がつぶれて，凸帯の位置がやや下がる。壺BⅡ(70)が残存する。壺F(72・195・298)が盛行し，壺Ⅰ(71・194・299)は口縁部が短小化する。東海地方の壺と類似する壺G(193)が出現する。

6期：布留式前期初頭に相当する。土器組成は5期以来の汎東日本的な東海系土器に加え，甕DⅠや高杯Ⅰなどの，畿内[6]と強い結びつきのある土器が加わる。同時に拡張した有段口縁や擬凹線紋など，北陸的とされる特色が減少するが，一部の高杯や壺などは，4期以来の形態を保持する。一般に土器の地域色は薄れ，類似した様相を示す。

甕は，底部ⅳ類を主体とする。甕AⅡ(74-75・196・300-301)，甕AⅢ1(197)，甕AⅣ(78)，甕CⅥ(76)，甕DⅠ(77・198)を確認できる。体部外面にハケメを残さないもの(78・197)が増加する。この時期に出現する甕は，各地域が類似したものであり，地域差はほとんど認められないが，遺構毎に様相が異なる点は5期と同じである。

高杯は，脚部Ⅲ類を主体とする。また近畿・東海地方の高杯に類似する脚部をもつものが出現している。従来からの高杯CⅢ(80・204)は口縁部と杯部の境界にある段が不明瞭となる。高杯H(82・200-201・303)は杯部が大きくひらくものが主体を占める。高杯G(81・203)，高杯Ⅰ(84)が出現する。器台は器台D(87・207)，器台F(86・202)・器台G(85)を確認できる。丸底の鉢B(206)，鉢F(89・306-309)が出現する。壺は口縁部が大きく開く二重口縁をもつものが主体を占める。壺C(91・205・311)は精製品で丸底をもつ。壺A(92)，壺E(209)，壺F(312)・壺G(93)が存続する。

7期：布留式前期前半に相当する。土器組成は，甕Dを中心に高杯Ⅰ，器台E・F，鉢F，壺Fが存在する。このように当該時期は，畿内と類似する土器組成となるが，高杯Cなど従来から北陸地方にある土器も残る。甕が主体を占め，高杯の比率は高くない。

甕は，底部ⅳ・ⅴ類を中心とする。甕AⅢ2a(95・210)，甕AⅢ2b(96・213・313)，甕DⅠ2(98)，甕DⅠ3(212)，甕DⅡ(97)，甕DⅢ(99)が出現する。ハケ調整は痕跡的なものが多くなる。越中東部では手順3類を用いた有段口縁甕(甕DⅡ)が出現するほかは，大きな地域差は無い。

高杯は高杯B(100)が残存する。高杯CⅢ(102・214)は杯部上半と下半の境界にある段が，痕跡的となる。高杯G(216)は脚Ⅲ類をもつ。高杯Hは消失し，高杯Ⅰ(101・215・315)が増加する。器台は裾が広がり器高が小さな器台E(317)，F(103・217-218・317)が残る。鉢B(107・219)は，ほぼ丸底を呈し，胴部の小さい鉢F(108-109・221-222・318-319)が普遍化する。壺は胴部が球形化した壺A(110・224)，E(320)，F(111・225-226)を確認できる。

8期：布留式前期後半に相当する。資料が少なく土器の組成を明らかにすることはできないが，器台類が減少しており，甕と壺を中心とする土器組成となる。地域的な差は少ないが，新川地域では退化した有段口縁をもつ甕が残る。

甕は，甕AⅢ(113)，甕CⅥ2(114)，甕DⅠ1-3(321-322)に加えてDⅠ4(115-116・323)が出現する。

高杯は高杯C(118)を確認できる。高杯H(119)は脚部に透かし孔をもつものであり，系譜は不明瞭である。器台は確認できない。壺は壺A(122)，壺F(123・325)を確認できる。器壁の厚さが増加傾向にある。

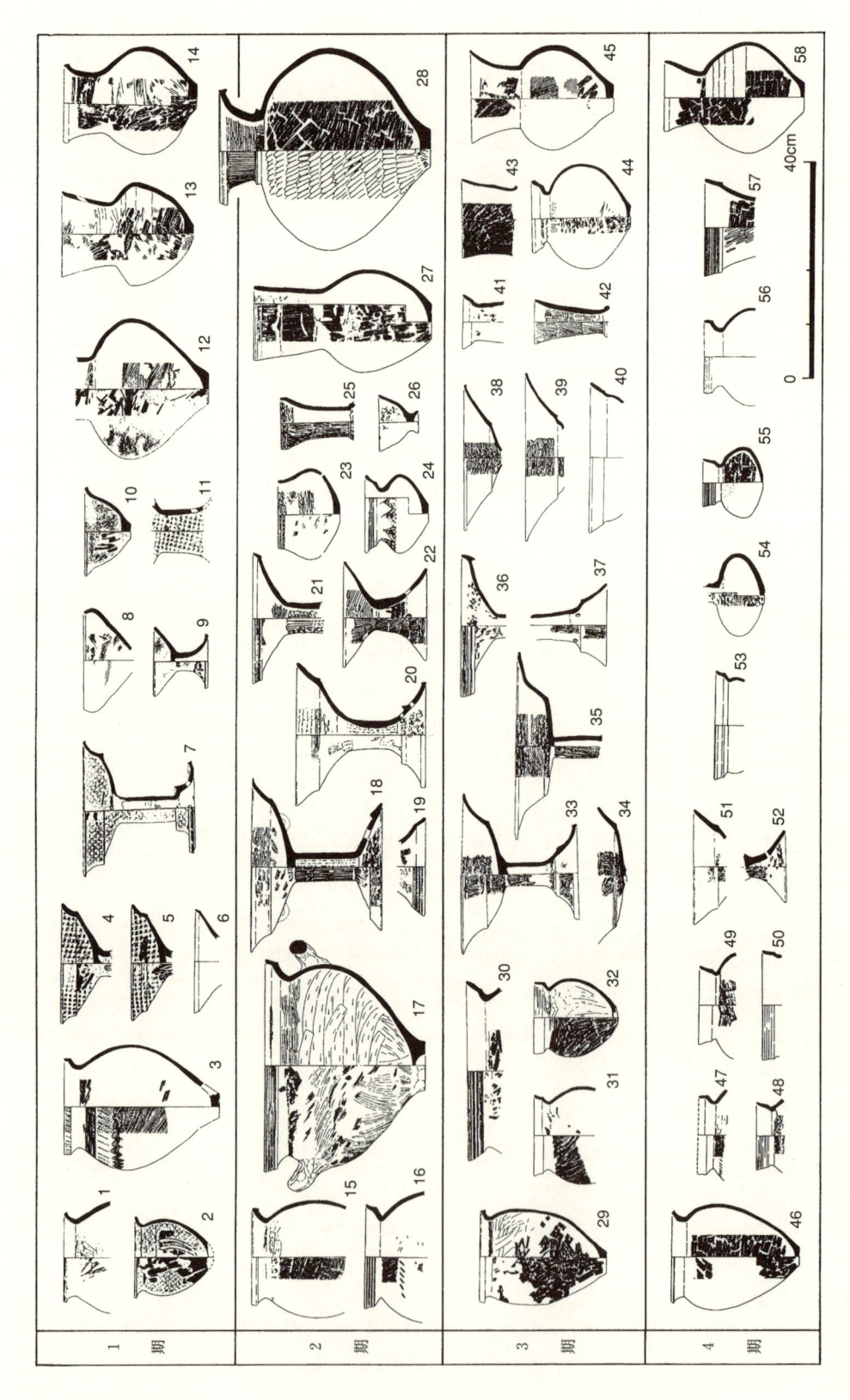

第6図 越中東部 土器編年案 (1)

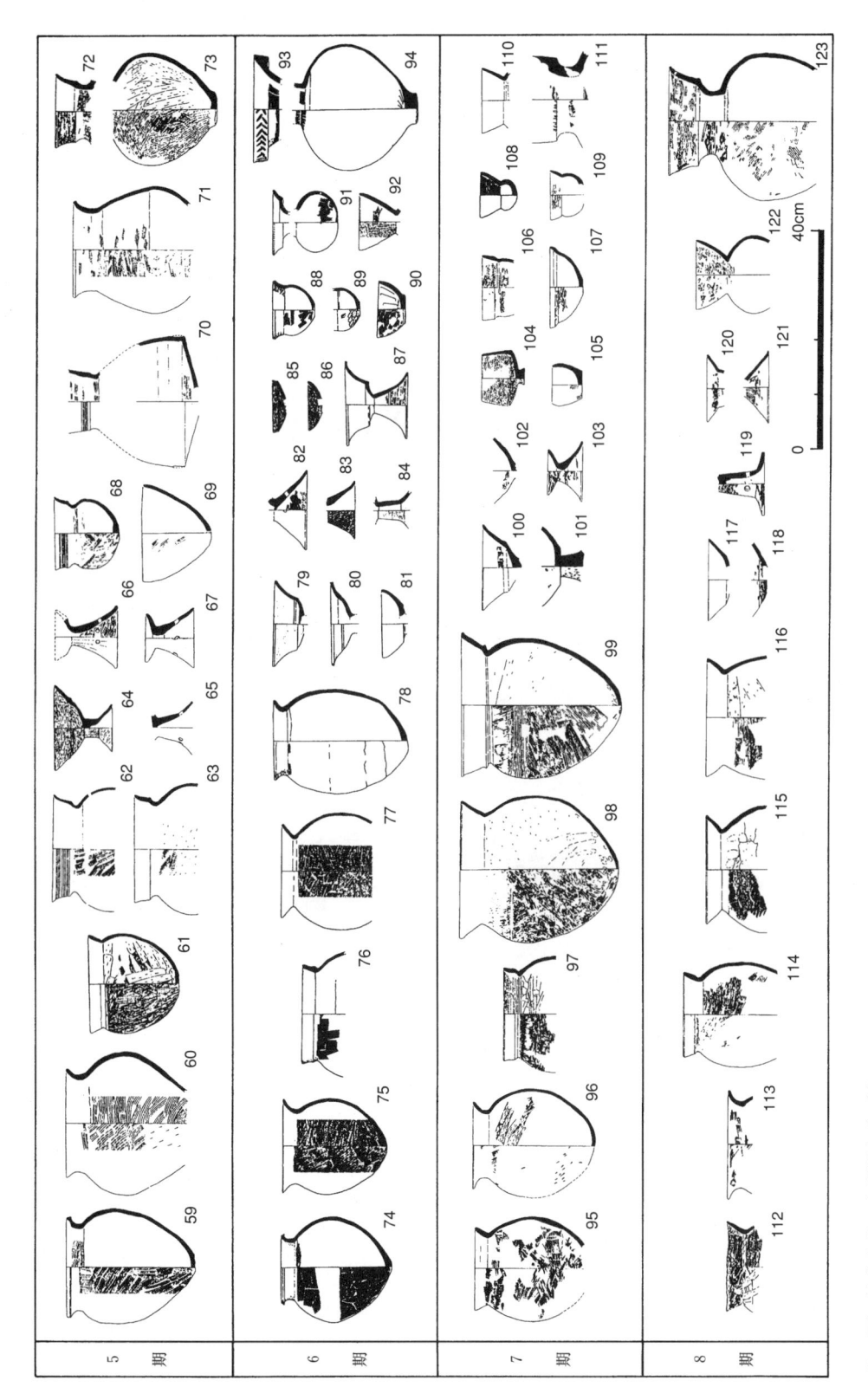

越中における古墳出現前後の地域別土器編年

第7図 越中東部 土器編年案 (2)

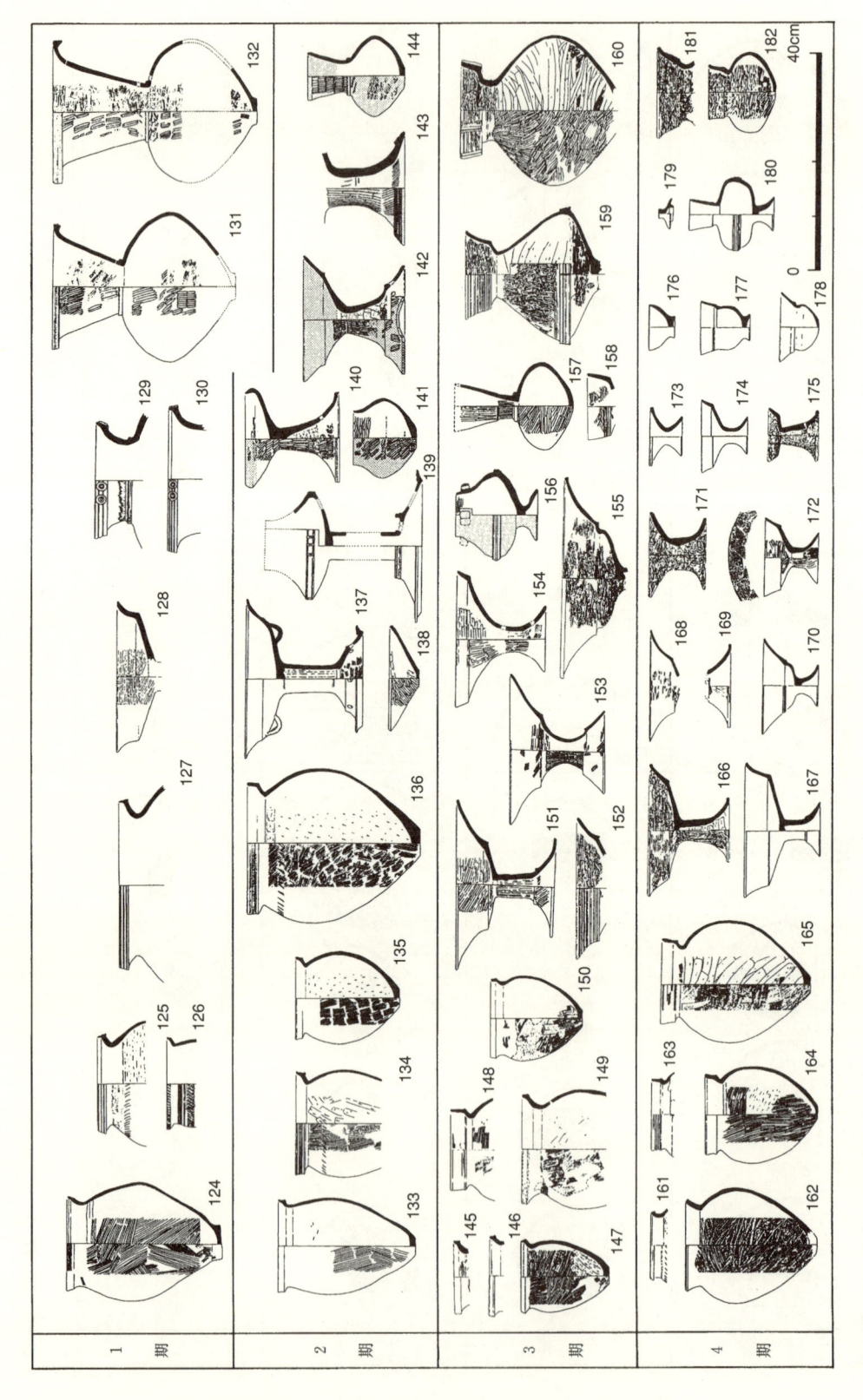

富山大学考古学研究室論集（田中・中谷論文）

第8図　越中中部　土器編年案（1）

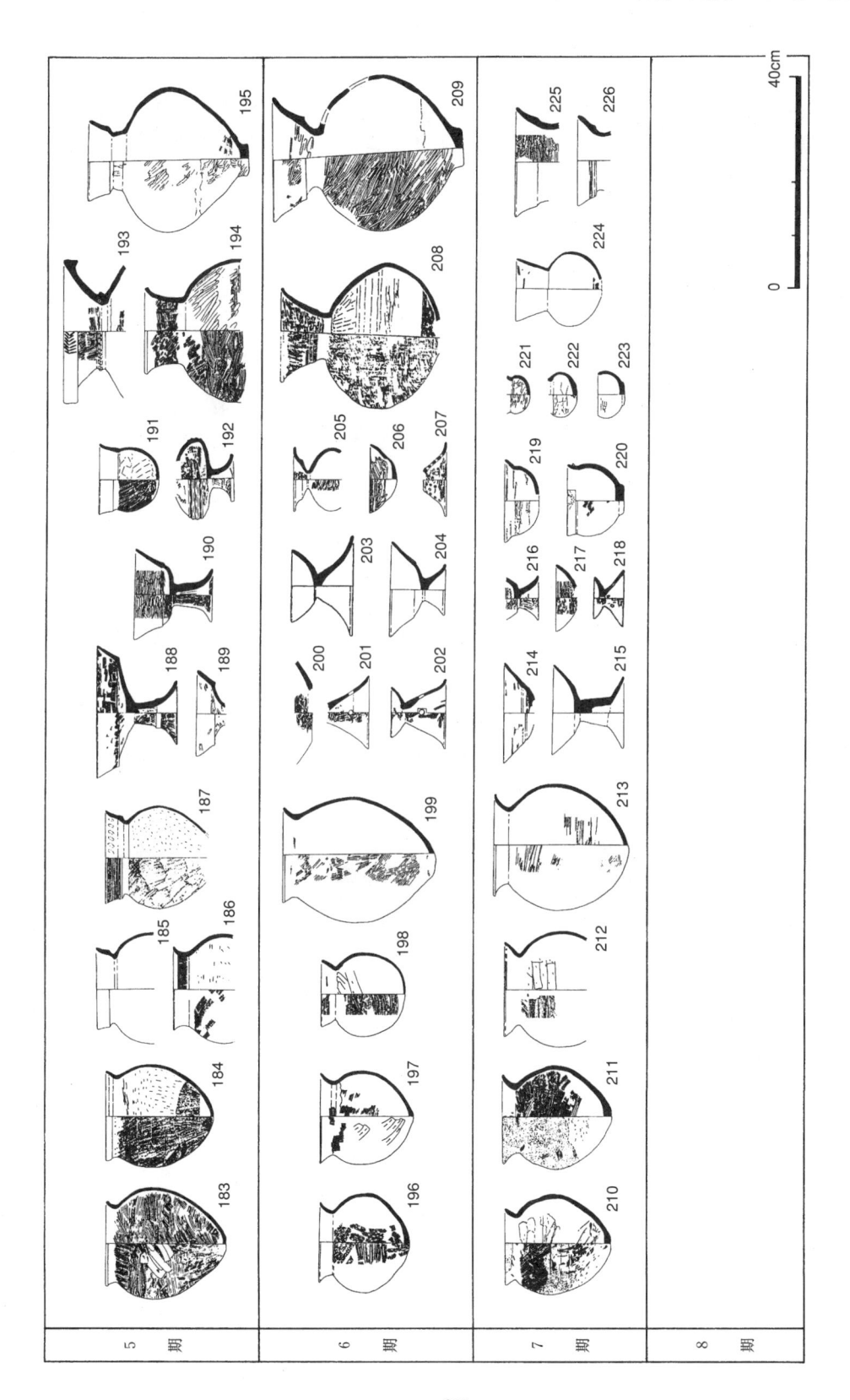

第 9 図 越中中部 土器編年案 (2)

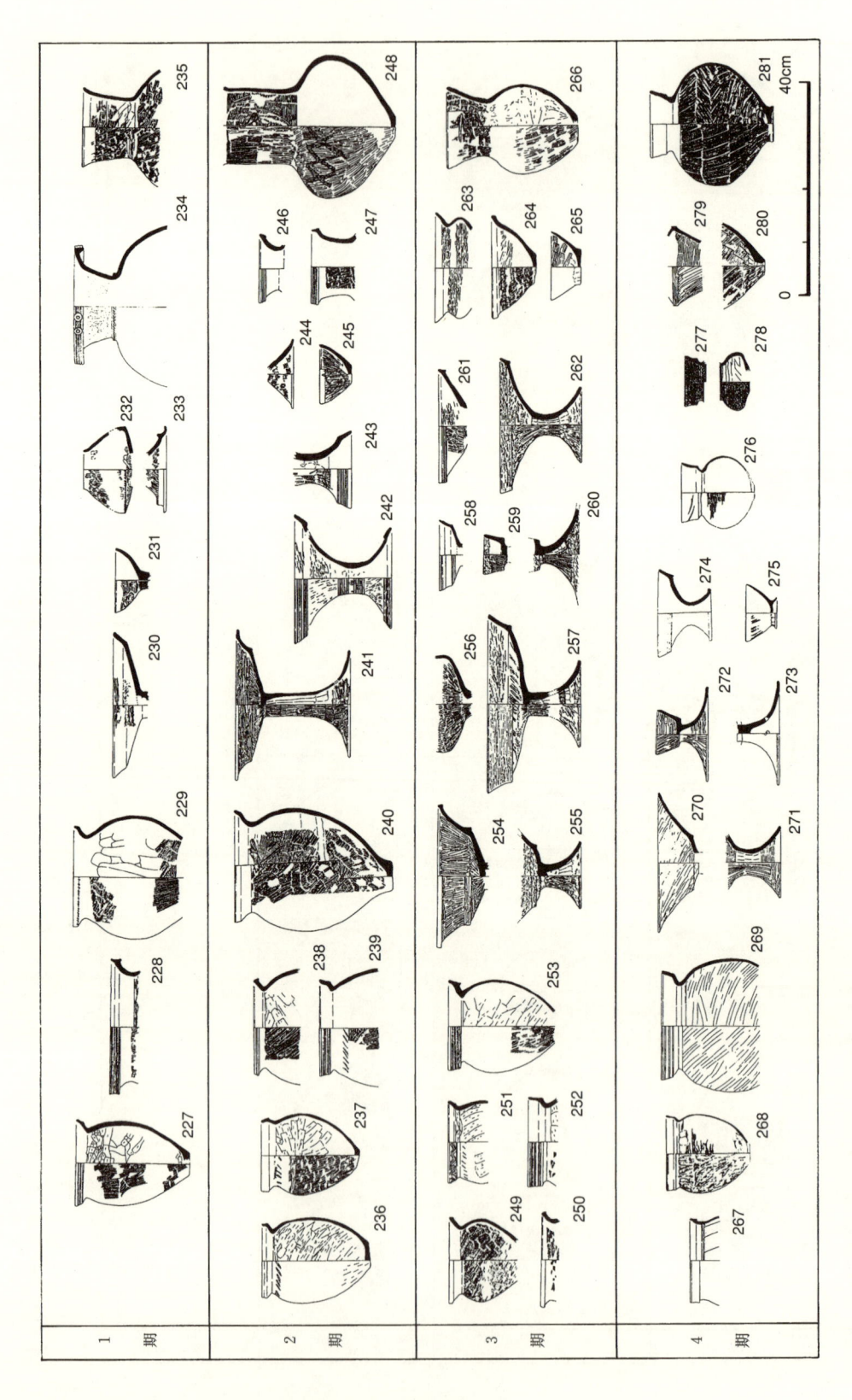

第10図 越中西部 土器編年案（1）

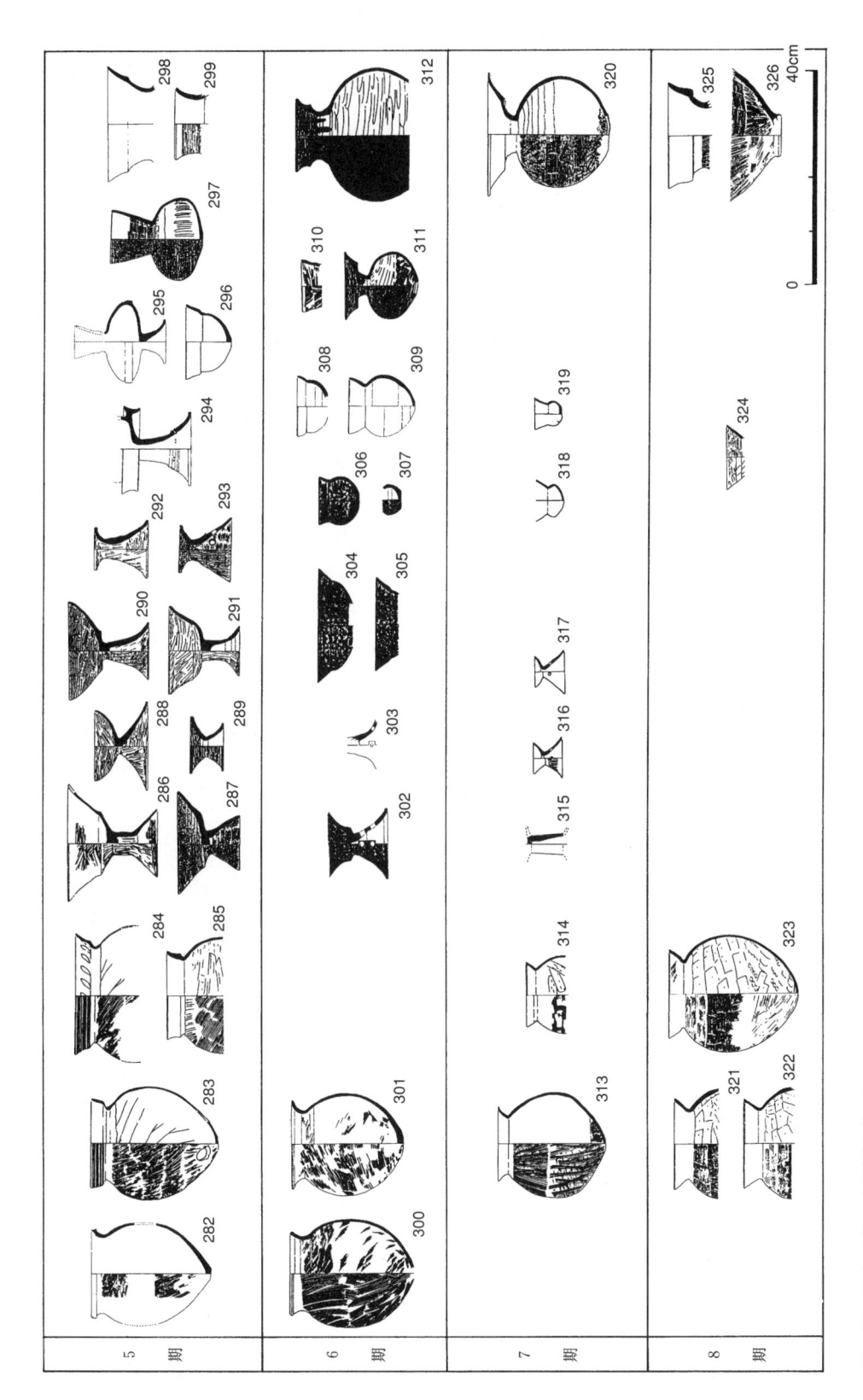

第11図 越中西部 土器編年案 (2)

V. 越中の弥生時代後期から古墳時代前期における4つの段階

　甕の型式変化をもとに，越中における弥生時代後期から古墳時代前期の土器を8期に区分した。本論は編年案の提示を主目的とするため，社会変化を解釈するための手続きは十分ではない。しかし先の見通しと現時点の自らの評価を示すために，ここでは8つに分けた時期を大きく4つにまとめ，先学の成果に拠りつつそれぞれの内容と背景を考察する。

　第Ⅰ期(越中内の各地域の土器が，形態や製作手順に強い類似性を示す時期。1・2期。)：第Ⅰ期以前は，越中内ではほとんど高杯や器台を確認することができなかったが，この時期から北陸西部や山陰・北近畿地方と類似性が強い高杯や器台，鉢が，各地域で出現する(高橋2002)。

　甕Aも，その特徴が口縁A1・手順1w類をもつものが主体を占めることであり，これは越中内の弥生時代中期後半の資料では確認できない性質のものである(図4)。この外部調整α類・内面ケズリ調整という特徴は，タタキ調整を欠くものの，戸水B式などの凹線紋系の甕と類似する(図3-1-3)。つまり甕AⅠ1および甕AⅠ2aは，越中内ではほとんど確認できなかった凹線紋系の甕の影響を強く示す土器として評価できる。同様に他地域との影響を示す甕Bや甕Cが出現することは，この時期の煮炊き具も他地域との強い関係の中で成立するといえる[7]。

　以上の点から，この時期の土器変化は，地域差に関係なく他地域の器種を導入することが，大きな特徴といえる。

　しかし土器の特徴が類似していても，遺跡ごとでは様相が異なる場合が多い。例えば辻遺跡3次調査土器ダマリでは，甕Bが主体を占め，甕Cがほとんど確認できない(立山町教育委員会1991)。だが囲山遺跡は，まったく逆の様相を示す(富山県教育委員会1970)。このような偏りは，遺跡単位に交流する場が異なっていたか，それらの土器を受け入れる場合でも土器様式に付随する情報を取捨選択したかを示すものであり，土器交流では越中内に限って見た場合，遺跡単位の役割が高いと考えられる。

　以上の傾向から，この時期の土器交流は，さまざまな外来系譜の集団が新たな集落を構えるか，分散して各集落に入り込むか，在来集落の集団が積極的に情報を取捨選択して新たな土器様式を選択したかが考えられるのであり，おそらくはどの交流も存在しただろう。しかし在来土器の影響の少なさは，前の二者の役割が強かったものと推察する。

　これは対象とする時期は異なるものの，安英樹氏が設定した「加賀・石川地区(北加賀地域)モデル」に近いものである(安1999)。人的・社会的な編成の原理も，このモデルに近いものであったものと考えられる。

　第Ⅱ期(土器の組成や甕の製作技法に地域差があらわれる時期。3・4期。)：高杯や器台は，越中西部・中部において脚Ⅱ類が一般化して，脚Ⅰ類が減少傾向に入るが，越中東部では脚Ⅱ類がほとんどなく，脚Ⅰ類が残存する。甕の製作手順も，越中東部と越中中部沿岸を中心に手順1e類が主体をなし，頸部粘土帯付加技法は越中東部で確認できる一方，越中西部を中心に，手順2類が

出現している。このように，越中の東西地域では，高杯は脚Ⅱ類の有無，甕は内面ケズリ調整の有無と頸部粘土帯付加技法の有無，手順2類の有無という地域差を認めることができる。

　甕におけるひとつの地域差を示す頸部粘土帯付加技法は，越中全域の第Ⅰ段階では，頸部内面にヨコハケを施し，頸部外面に粘土を付加する手法が存在しないため，この地で成立したとは考えにくい。先に示したように口縁部A1類と外部調整α類は凹線紋系の甕と関係が強く，頸部粘土帯付加技法もこれら凹線紋系土器との関係を予想できる。つまり，この技法が成立した地域として，凹線紋系土器の影響を強く受け，手順1e類の特徴である内面ハケ調整を主体とする甕が存在する地域が有力な候補地であるといえる。そのように考えた際，もっとも蓋然性が高い地域は，北加賀から能登に至る地域であると考えられる。

　北加賀から能登地域の甕は，口縁部形態や製作手順において，凹線紋系統の土器の強い影響を受けつつ，ハケ調整を主体とする甕が存在する（楠2000）。また頸部にキザミ凸帯をもつ個体があり，頸部粘土帯付加技法との関係を類推できる（図3－4－5）。頸部粘土帯付加技法には，それを採用する甕としない甕があり，かつ粘土の量が少なく頸部の強度を上げるという目的をあまり果たしていないところをみると，甕Aの頸部に付加された粘土は，このようなキザミ凸帯の痕跡器官として存在する可能性が高いものと考える。以上のような理由から，手順1e類が成立した地域として，北加賀から能登に至る地域を第一の候補としてあげることができる。

　しかし，北加賀は後期前半において，内面ケズリ調整を施す甕が主体を占めており，手順2類も存在する。この様相は，頸部粘土帯付加技法の存在がひとつの特色をなす越中東部よりも，越中西部～中部の様相に近い。

　この点を考慮すると，頸部粘土帯付加技法は，能登を経由した交流によって，越中東部にもたらされた可能性が高いように思われる。

　そうなると，越中東部の地域性は，このような能登との結びつきが強まったことと関連があると考えられる。逆に越中西部や中部では，北陸地方西部以西とのつながりを示しており，それは土器以外にも四隅突出墳の採用などからも推察できる。

　甘粕健氏は，古墳時代初頭の人々の移動に，海（水）を媒介とした交流の存在を指摘する（甘粕1994）。大きな河川がいくつも北流する越中では，陸路よりも水路の重要性は高いものであった可能性は高く，能登と越中東部の交流も，このような地理的要因が深く関わっていた可能性が高い。越中中部沿岸での手順1e類の存在は，それを示唆する現象である。逆に越中西部は，北加賀と陸路における距離が近く，こうした陸地を媒介とした交流に比重があったものと思われる。

　この土器交流における東西差の構造は，弥生時代中期後半の戸水B式と小松式の展開と類似する。弥生時代中期後半にみられたような，地理的特性に応じた交流が，新たに再編されて活発化したのがこの時期であると考えられる。

　そして，越中の東西の結節点である婦負地域で，この時期から顕著な造墓活動がおこなわれることは重要な現象であろう。詳細な検討を行うべき問題であるが，ここでは，地理的・考古学的に越中の東西の特徴が結びつく婦負地域が，人のさまざまな営みの結節点でもあったと想定され

る。その結果が越中内の社会的な編成と密接につながることとなり，活発な造墓活動につながるものと推測している。

　第Ⅲ期（地域差を保持しつつも，汎畿内～東日本的な器種を導入する時期。5期。）：東西の地域差が残り，特にそれは甕で顕著である。越中西部では甕Cが主体を占め，北陸地方西部の土器に通有な手順2類が採用されている。越中中部でも，西部と同様に手順2類が採用されているが，それは甕Aにも及ぶ。しかし越中東部では手順2類が採用されず，手順1e類が主体となり，形態も甕Aが主体となる。

　しかし，高杯Hや器台E・F・G，壺Gなどの土器が各地域で出現する。この時期に採用されるこれらの土器は，汎東日本というべき広がりの中で様式的に採用される土器でもあり，越中もその動きと連動したと評価できる。

　ただしそれは，遺跡・遺構単位で大きく様相を異にする動きでもある。例えば，汎東日本的な土器が多く出土する辻遺跡1次調査土器ダマリ出土の土器様相と，北陸地方西部の月影式の色彩が強い翠尾遺跡東土器ダマリの土器様相の違いからあきらかである（立山町教育委員会1982，八尾町教育委員会1997）。

　つまり，この時期の土器様相は，地域差が存在するうえに汎東日本的な動向が各地域に及んだが，遺跡・遺構単位でその濃淡が異なっていたと考えられる。その地域内における遺跡・遺構差は，新たな汎東日本的な土器の採用と，赤塚次郎氏や宇野隆夫氏が主張する前方後方墳を軸とする祭祀とが結びつく可能性を考えると，採用した遺跡と採用しなかった遺跡という図式が後の社会的秩序に結びつく可能性は高い（赤塚1996，宇野1995）。

　そして，その新たな祭祀と対立するかのように，以前からの土器と結びつく祭祀の地域性も，さらに強調されたと推察する。前方後方墳を含む大型の墳墓をいくつも営む婦負地域が，墳墓祭祀に用いる土器として，従来からの影響を強く残す土器群を使い続けたことは，この時期の動向を考える上で非常に示唆に富むものと考える。また，それまで造墓活動の中心であった婦負地域だけでなく，高岡・氷見地域や新川地域でも前方後方墳が採用される動きも，この時期から解消に向かう地域差が，地域・遺跡を単位に大きく変質していく動きと連動していると推察する。

　以上のように，遺跡単位の動きと越中における地域単位の動き，北陸における地域単位の動き，そして汎東日本的な動きが重層化した結果が，当該時期における越中の複雑な土器様相を成立させたと考えられる。

　第Ⅳ期（汎日本的な広がりをみせる土器を導入して越中内の地域差が解消していく段階。6～8期。）：畿内との関係が強い高杯Ｉ，鉢Fの出現が示すような，地域を超えた土器様式が成立していく段階。甕も各地域で甕Dが出現する。それまでの地理的関係の深い土器から，それを無視した土器の広がりは，すでに高橋氏の指摘したとおりである（高橋1995ｂ）。

　甕Aは，手順4類を主体とする。手順4類は，全体的な手順が在来の手順1類に類似するものであるが，胴部中央部のハケ調整よりもまえに頸部・底部のハケ調整を優先させる点や，ハケ調整をさほど必要としない素地粘土を使用する点，底部を成形する手順が，甕Dに通有な手順3類

に類似するものである。これは手順4類が，手順1類を基本として手順3類の影響を受けた結果であると考えられ，この両者のつながりを示す。

しかし，甕Aと甕Dの製作手順における交流が存在するものの，遺跡・遺構によって甕Aを主体として甕Dを含まない場合と甕Dを含む場合とがある。前者の遺跡として，南部Ⅰ遺跡があり，後者の遺跡として二口油免遺跡や利田横枕遺跡がある。

南部Ⅰ遺跡は越中中部の婦負地域に所在する。この段階に入ると，婦負地域では規模の大きな墳墓の造営が減少傾向に入り，遺跡数も少なくなる（大野2002，富山考古学会1999）。遺跡の構造も竪穴住居1基を検出したのみで大規模なものではない。

一方，二口油免遺跡は掘立柱建物を主体とする集落であり，利田横枕遺跡は新川地域で最大の円墳である稚児塚古墳の近くに立地するなど，遺跡の性質として注目される要素が多い。つまり甕Dが多く出土する遺跡は，このような遺跡の格と結びつく可能性があるものと推察する（大門町教育委員会1998，立山町教育委員会2001）。

以上の点から，この時期は地理的な関係を超えて地域的に比較的類似したものであり，各地域内において，遺跡間・遺構間の格差によって土器組成や土器系統を異にする傾向がある。こうした交流形態は，拠点的な集落から，それ以外の集落へ伝達する地域構造を示し，安氏が言う「能登地域モデル」に近い[8]（安1999）。つまり，この段階の人的・社会的編成は，それまでの地理的な条件が強い傾向にあった人的・社会的編成を，新たな拠点的集落を軸とした編成に再編したものと推察する。この時期に新たに出現した土器が，畿内と深い結びつきがあること，この時期から前方後円墳が築造されることとふまえると，いわゆる前方後円墳体制（都出1991）とされるような，汎日本的な社会秩序に越中における当時の人々が参画したことを，地域差や土器交流の面からも示していると考えられる（高橋1995ｂ）。

Ⅵ. 結 び

以上，越中内における弥生時代後期から古墳時代前期の土器を大別4期細別8期に区分した。このような土器の変化は単純になされたものではなく，多様な環境と数多くの人の営みが複合した結果である。それは，その時々の人々の営みが紡ぎだした社会の情勢とも密接に関わっており，土器の交流もその一部であったと思われる。簡単な見通しを先に述べたが，今後はこのような地域的な人々の営みを視野に入れた詳細な分析をおこない，それが意味する社会的情勢の把握に心がけていきたい。

最後に，本稿は甕の製作技法と編年の大綱について田中と中谷が協議し，中谷が最終的にまとめたものである。そのため，遺物の観察結果や編年，そしてその時期の解釈について，事実誤認やあやまりがあった場合は，すべて中谷の責任であることを明記する。

謝辞

小稿を作成するにあたって，多くの方々から資料の実見に際して多くの便宜を図っていただき，有益な御教示をいただきました。記して深謝の意を表します。

宇野隆夫　小田木治太郎　尾野寺克実　河合　忍　久々忠義　高慶　学　高橋浩二
田嶋明人　林　大智　三鍋秀典　安　英樹　安中哲徳　谷内尾晋司（50音順，敬称略）

註

（1）本稿は頸部から口縁屈曲部までを1次口縁部，口縁屈曲部から口縁端部に至るまでを2次口縁部と呼称する。
（2）器壁を薄く作る布留甕の技法の中に，素地粘土の固さを調節する工夫が伴っていた可能性がある。固めの素地粘土を使用したため，ハケ調整の痕跡が残りにくく，ケズリ調整が増加するのかもしれない。素地粘土と器壁の薄さの関係については小島俊彰氏らの研究が指摘している（小島ほか1989）。
（3）本稿では「系統」を，時間的な変化とは無関係に抽出できる，形態・文様表現・製作手法における共通性と把握する。例えば近江系統であるなら，近江という空間的属性の中での，時間的な変化とは無関係な形態・文様表現・製作手法における共通性ということを意味する。
（4）時期と画期の認定は，非常に難しい問題である。異論が多いであろうが，本稿は変化のはじまりを重視する立場から，当該期を後の変化を内包する時期と捉えて，弥生時代終末期ではなく庄内式初頭と表記した。
（5）広野新遺跡に近い例があるものの，様式的な影響をあまり与えておらず，点的な存在であると思われる（富山県1972）。
（6）本稿では「畿内」という用語を大和・山城を中心とした狭義の畿内として使用している。
（7）在来形式とのつながりを考慮すべき土器として，越中では口縁部外面にハケ調整を残す「く」字状口縁甕がある。しかし資料数が少なく，今回は分析を見送った。資料の増加をまって検討したい。
（8）この萌芽は第Ⅱ期からおそらくは存在したと推察する。しかし第Ⅱ期以来の動向の到達点がこの段階であると考えている。なお，国家史という視点からこのモデルを考える場合，その時々の情勢に応じた人的・社会的編成があるのであり，このモデルが人的・社会的編成として完成された状態を示すとは考えていない。

参考文献

赤塚　次郎　「前方後方墳の定着―東海系文化の波及と葛藤―」『考古学研究』第43巻第2号，考古学研究会，1996。
甘粕　健　「東日本における古墳の出現―みちのくをめざして―」『東日本の古墳の出現』，山川出版社，1994。
上野　章　「6．弥生時代　附．古式土師器」『富山県史』考古編，1972。
宇野　隆夫　「前方後方墳墓体制から前方後円墳体制へ―東日本からみた日本国家の形成過程―」『西谷眞治先生古稀記念論文集』，1995。
大野　英子　「千坊山遺跡群の変遷と様相」『千坊山遺跡群試掘調査報告書』，婦中町教育委員会，2002。
岡本淳一郎　「佐野台地における古墳出現期の土器について」『富山考古学研究』第2号，(財)越中文化振興財団埋蔵文化財調査事務所，1999。
小田木治太郎　「北陸東部における古墳時代開始期の土器様相」『北陸の考古学』Ⅱ，石川考古学研究会，1989。
金沢市　『金沢市史』資料編，1999。
上市町教育委員会　『北陸自動車道遺跡調査報告―上市町土器・石器編―』，1982。

川村　浩司　「庄内並行期における上野出土の北陸系土器について」『庄内式土器研究』ⅩⅨ，庄内式土器研究会，1999。

楠　正勝　「弥生時代中期後葉から古墳時代前期前半の土器」『西念・南新保遺跡』Ⅳ，金沢市教育委員会，1996。
　　　　　「弥生時代中期後半～後期初頭の土器編年について」『"戸水Ｂ式"を考える』発表要旨集，北陸弥生文化研究会，2000。

北野　博司　「宝達山山麓地帯における"月影式"並行期の土器群」『シンポジウム「月影式」土器について』報告編，石川考古学研究会，1986。

久々　忠義　「Ｂ　弥生時代の時期区分」『北陸自動車道遺跡調査報告』上市町木製品・総括編，上市町教育委員会，1984。
　　　　　「越中における「月影式」土器について」『シンポジウム「月影式」土器について』報告編，石川考古学研究会，1986。
　　　　　「古墳出現期の土器について」『富山平野の出現期古墳』，富山考古学会，1999。

小島　俊彰・久世　建二・原田　実　「縄文土器製作技法の一，二－真脇遺跡出土土器の中から－」『金沢美術工芸大学紀要』33，1989。

坂井　秀弥・川村　浩司　「古墳出現前後における越後の土器様相－越後・会津・能登－」『磐越地方における古墳文化成形過程の研究』，「磐越地方における古墳文化成形過程の研究」研究者グループ，1993。

大門町教育委員会　『二口油免遺跡発掘調査概要－庄川右岸改修関連住宅地事業に関する調査－』，1998。

高橋　浩二　「越中における古墳出現期の様相」『大境』第17号，1995ａ。
　　　　　「北陸における古墳出現期の社会構造－土器の計量的分析と古墳から－」『考古学雑誌』第80巻第3号，日本考古学会，1995ｂ。
　　　　　「古墳出現期における越中の土器様相－弥生時代後期から古墳時代前期前半土器の編年的位置付け－」『庄内式土器研究』22，庄内式土器研究会，2000。
　　　　　「北近畿系統の土器と山陰系統の土器－越中弥生後期・終末期における日本海沿岸交流の諸段階－」『富山大学人文学部紀要』，2002。

田嶋　明人　「土師器よりみた古墳時代土器群の変遷」『漆町遺跡』Ⅰ，石川県埋蔵文化財センター，1986ａ。
　　　　　「古墳出現期の土器群と"月影式"土器」『シンポジウム「月影式」土器について』報告編，石川考古学研究会，1986ｂ。

田中　幸生　「調査成果」『利田横枕遺跡』，立山町教育委員会，2001。

立山町教育委員会　『辻遺跡・浦田遺跡発掘調査概報』，1987。

立山町教育委員会　『辻遺跡―第3次発掘調査報告書―』，1991。

立山町教育委員会　『利田横枕遺跡』，2001。

都出比呂志　「日本古代の国家形成論序説」『日本史研究』343，1991。

栃木　英道　「"月影式"土器の成立」『シンポジウム「月影式」土器について』報告編，石川考古学研究会，1986。
　　　　　「能登地域の庄内式並行期の土器群の変遷－基準資料にかえて－」『庄内式土器研究』Ⅶ，庄内式土器研究会，1994。

富山県　『富山県史』考古編，1972。

富山県教育委員会　『囲山遺跡　小杉町囲山遺跡緊急発掘調査報告』，1970。

富山考古学会　『富山平野の出現期古墳』，1999。

豊岡　卓之　「"纏向"土器資料の基礎的研究」『纏向』第5版補遺篇，橿原考古学研究所付属博物館編，1999。

橋本　正春　「越中の土師器研究史概観」『富山市考古資料館紀要』1，富山市考古資料館，1982。

浜岡賢太郎・吉岡　康暢　　「加賀・能登の古式土師器」『古代学研究』32，古代学協会，1962。
北陸弥生文化研究会　　『"戸水Ｂ式"を考える』発表要旨集，2000。
宮本　哲郎・中島　雄二　　「土器底部の成形と法量の検討－金沢駅西地区における弥生・古墳時代遺跡
　　　　　　　　　　　　　出土の土器底部を中心に－」『北陸の考古学』，石川考古学研究会，1983。
安　　英樹　　「北陸に於ける土器交流拠点」『庄内式土器研究』ⅩⅩ，庄内式土器研究会，1999。
谷内尾晋司　　「北加賀における古墳出現期の土器について」『北陸の考古学』，石川考古学研究会，1983。
八尾町教育委員会　　『翠尾Ⅰ遺跡』，1997。

図6～11掲載土器(実測図は報告書・論文から転載した)
　Ⅰ－14：辻3次調査土器ダマリ，15：砂林開SK658，16・18－27：江上Ａ－SD03，17：竹内東芦原SI02，28：飯坂3号方形周溝墓，29－30・40－41：砂林開SK592，31－32・34・36－37：砂林開SK64，33・43・45：砂林開SK117，35・39：砂林開4号住居，39・42：砂林開SK1201，44：砂林開5号住居，46－47：湯上Ｂ3号穴，48－50：浦田SD411，51－52・56：砂林開6号住居，53・55・58：湯上Ｂ1号住居，54：湯上Ｂ2号住居，57：湯上Ｂ2号穴，59－60・62－63・65－71：辻1次調査土器ダマリ，61・64・72－73：仏生寺城下層SI01，74・76・78－82・84・87－90・93－94：本江広野新3号住居，75・77・83・85－86・92：浦田SD414，91：本江広野新1号住居，95・98・109－111：利田横枕土坑03，96：利田横枕土坑03，97：利田横枕住居06，99・104：利田横枕住居03，100・102・105・107：利田横枕土坑01，102・106：利田横枕住居02，101・108：湯上Ｂ2住居，112－123：利田横枕住居07，124・126：布目沢北SK53，125－127・129－130：囲山，128：南太閤山Ⅰ1号墓，131－132：南太閤山Ⅰ5号墓，133－134・138・143：布目沢北SD72，135・139南太閤山Ⅰ7号墓136：南太閤山Ⅰ土器棺，137・141－142・144：南太閤山Ⅰ6号墓，145－146・152・155・159：富崎墳墓群3号墓，147：戸破若宮SE87，148：二口油免SK474，149：富崎墳墓群3号墓SK02，150：南部ⅠSK06，151・154・157：南太閤山Ⅰ3号墓，153・156：布目沢北12号墓，158・160：鏡坂墳墓群2号墓，161・167・170・173－174・176－180：中山南2号住居，162・164・182：針原東SE01，163：杉谷Ａ第1号方形周溝墓，165・168－169・172：二口油免SH403，166・171・175・181：千坊山SI11，183・189－190・193・194－195：翠尾東土器溜まり，184・186・188：串田新1号住居，185・192：翠尾北土器溜まり，187：串田新3号住居，191：針原東SE201，196・209－207・209：二口油免1号墳，197：針原東SK206，198－199：二口油免SK118，202：二口油免SK124，203：飯野新屋Ｐ7，208：勅使塚古墳，210－211・215・220－224・226：南部ⅠSI01，212・214・217：二口油免SK146，213・216・219・225：二口油免SK164，227・229・230－233：下老子笹川Ｂ5－SI06，228・235：下老子笹川Ｂ6－SI12，234：柳田，236・239・242：下老子笹川Ｂ5－SI12，237－238・240－241・244－246：下老子笹川Ｂ6－SI04，243・247－248：下老子笹川Ｂ5－SI04，249：下老子笹川Ｂ6－SI03，250－252・255・257.259－260・262：下老子笹川Ａ7－SI01，253－254・256・261・263－264・266：下老子笹川Ｂ6－SI05，258・265：下老子笹川Ｂ5－SI05，267・269－270・272－273・275・277－281：下佐野SI01，268・271・276：平桜川東第1号住居，274：小久米Ⅰ－Ｅ区住居，282・294－295・298：小久米Ⅰ－Ｄ区1号住居，283－284・286：平桜川東第2号住居，285・287－293・296－297・299：下佐野SI02，300・310・312：石塚2号墳，301－309：東木津－山崎地区SX01，311：石塚3号墳，313－314・316－319：竹倉島，315・320：関野1号墳，321－326：石塚SD25。

　　　　　　　　　　　　　　(これらの土器については紙数の関係上，参考文献を省略した)

潟湖環境と首長墳

— 古墳時代の日本海交流ルートは存在したのか —

髙 橋 浩 二

【要旨】
　古墳時代の日本海交流を，①潟湖環境の経済性，②交流ルートの性質の一貫性，という観点から再検討した。その結果，①については，海上交易・海上交通に関わる潟港の機能に加えて，潟湖環境資源の偏在性やそこからの資源の調達が重要であることを指摘した。②については，古墳時代の日本海交流ルートが畿内社会と深く結び付き，経済的・文化的交流路としての性質に加えて，中期後半以降軍事的交流としての意義が重層化して成立することを論じた。

は　じ　め　に

　先史時代の日本海沿岸は，物と人が行き交う地域間交流の活発な海域であった。考古資料としては残りにくいが，共通の土器を用いるような近隣集団どうしの交易はもちろん日常的に行われたであろうし，硬玉製品や南海産貝輪のような広域流通の存在も確かめられている。
　古墳時代においても，このような中・長距離を結ぶ交流や交易網は存続し維持されたのであろうか。これに関する重要な提言が森浩一氏によって行われている。すなわち，日本海側にひろく見られる潟湖（ラグーン）に面して弥生時代の大集落や大規模古墳がつくられる傾向に注目し，潟湖が天然の良港，つまり潟港として水上交通および交易活動の拠点となり，その結果，沿岸ルートを統括する有力者が潟湖周辺に出現したとする（森1985・1986）。また，潟は存在しなくとも臨海性の立地を示す大古墳についても，同じく海上交通・交易に関係する首長墳と推定している（森1990）。
　これらの視点は，古墳時代において，①沿岸部のように可耕地が狭く稲作を第一の生業的基盤とする余剰形成が困難であっても，海上交通や海上交易の掌握によっても首長が輩出され地域社会が形成されていくという構想を示したこと，②畿内政権を介しない日本海沿岸における独自の地域間交流ルートの存在を示唆したこと，以上の2点においてその後の日本海文化をめぐる議論に大きな影響を与えていると思われる。

本稿は，このような古墳時代における日本海交流の再検証を試み，その実態に関して考察するものである。本論では第一に，潟湖環境の特質について再検討し，潟湖周辺にどうして首長墳が築かれたのかを考える。第二に，先史時代における日本海ルートの変遷について概観した後，古墳規模の比較検討および埋葬施設や副葬品の共有状況などから，沿岸地域どうしのつながりについて検討する。そして第三に，古墳時代における日本海沿岸交流ルートの存在とその特徴について展望してみたい。

1．潟湖と首長墳

(1) 潟湖の位置について

検討の前に，潟湖の概念と，潟湖周辺に首長墳が形成されるプロセスについての本稿の枠組みを示したい。

潟湖は，海岸の一部が砂嘴状に発達し外海と切り離されてできた淡水性の浅い内海であり，内湾性の穏やかな水域は古代の入港地として絶好の立地を示す。現在でもその名残を留めるものの他に，遺跡の分布や地理学的方法によって推定可能なものがあり，第1図のように日本海側に多く点在する様子は，寄港の間隔としても良好とされる(森1986)。弥生時代後半期の冷涼な気候は3世紀後半頃から温暖化に転じ(横山1986)，それによって4世紀から6世紀にかけての海水準は今よりおよそ0.5m〜1.0m低い程度で，北前船による日本海海運のなお盛んであった江戸後期の海水準曲線と様相が似ている[1]。

寄港や停泊を必要とする古代の航海上の意義や船形埴輪および準構造船の絵画資料，古墳壁画の存在等から，日本海側での港の存在は当然予想されるが，古墳時代の潟港遺構は今のところ検出されていない。

(2) 潟湖環境の経済性

潟湖のもつ潜在的な包蔵力を知るうえで，若狭湾地域にある鳥浜貝塚と桑飼下遺跡の調査は重要である。すなわち，三方湖の旧湖岸に立地する鳥浜貝塚(縄文草創期〜前期)では，淡水産のヤマトシジミやカワニナの採取，コイやフナの漁撈，水辺に集まるシカとイノシシの狩猟，クルミやドングリ類の採集とクリの管理栽培等を生業とし，時にブリやクロダイといった海産大型魚類の捕獲などを行ったことが明らかにされている(家根1992)。若狭湾に注ぐ由良川の下流域にある桑飼下遺跡(縄文後期)でも，シカやイノシシ，ムササビ等の中小型動物遺体に加えて，アユやコイ科，スズキ等の淡水・海水産魚類骨や貝類，そしてクルミやクリ，ヒシ，ドングリ類が数多く検出されており，集落が所在する自然堤防とその周囲にある河川，後背湿地の池沼，山地部における植物質食料の採集と管理栽培を主とし，漁撈と狩猟を従とする経済活動が復元されている(渡辺1975)。

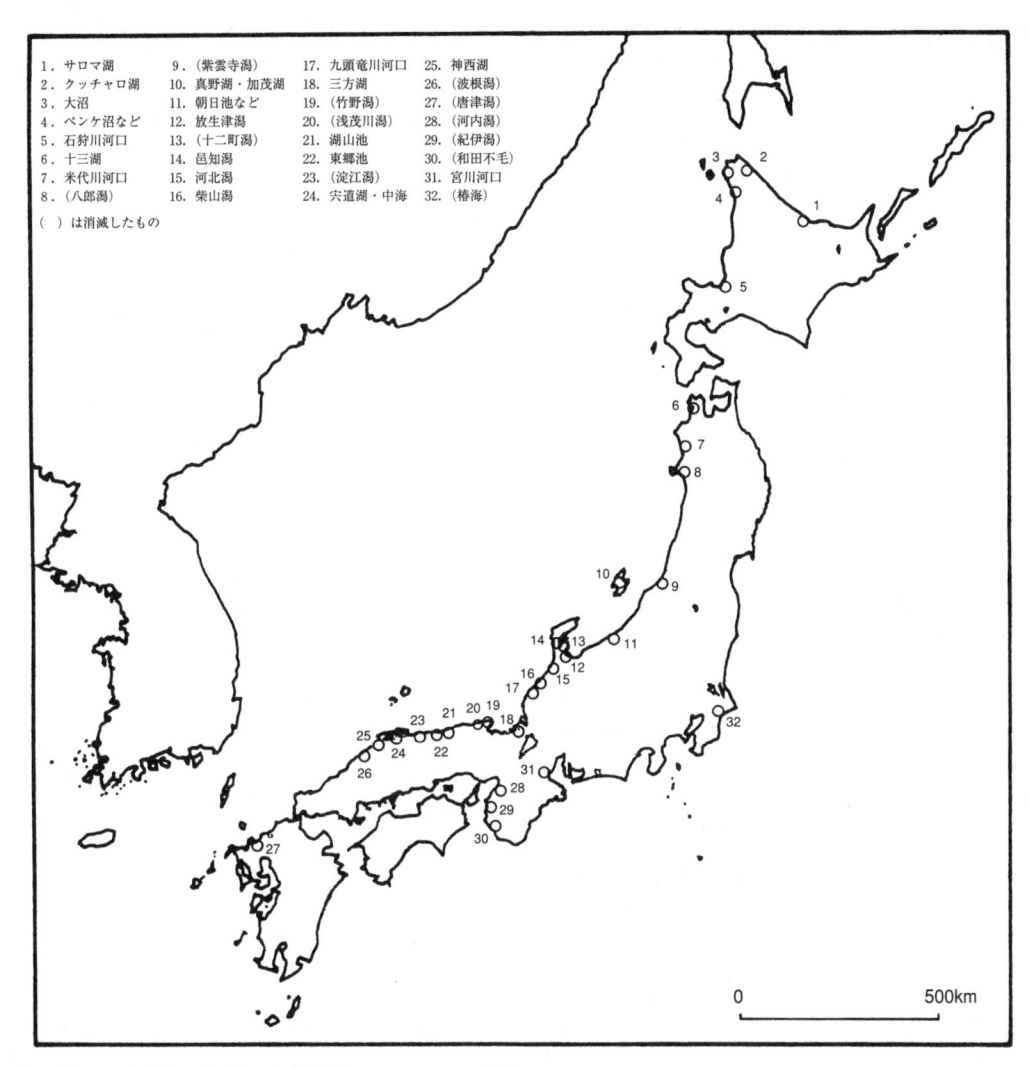

1. サロマ湖	9. (紫雲寺潟)	17. 九頭竜川河口	25. 神西湖
2. クッチャロ湖	10. 真野湖・加茂湖	18. 三方湖	26. (波根潟)
3. 大沼	11. 朝日池など	19. (竹野潟)	27. (唐津潟)
4. ペンケ沼など	12. 放生津潟	20. (浅茂川潟)	28. (河内潟)
5. 石狩川河口	13. (十二町潟)	21. 湖山池	29. (紀伊潟)
6. 十三湖	14. 邑知潟	22. 東郷池	30. (和田不毛)
7. 米代川河口	15. 河北潟	23. (淀江潟)	31. 宮川河口
8. (八郎潟)	16. 柴山潟	24. 宍道湖・中海	32. (椿海)

( ) は消滅したもの

第1図 日本列島における主な潟湖(ラグーン)の分布(額田1995を参考に作成)

　これらはいずれも狩猟採集民の事例ではあるが、さまざまな生業活動の背景に低湿地を取り巻く豊かな自然環境と生態系の広がりを知ることができ、潟湖周辺の環境は、海、河川、湿地帯、山麓部等からなる多様な自然の集合体をなし、資源の偏在性を生んでいたことがわかる。
　このような潟湖環境に依拠しながら、弥生時代以降も自立的な社会を形成したと思われる。鳥取県沿岸部のラグーン地帯に位置する青谷上寺地遺跡(弥生前期後半～古墳前期初頭)は、低湿地における小規模な稲作農耕と漁撈等に基づいた生業を展開(北浦ほか編2001)しながら、それらに支えられて、近隣集団のみならず北部九州さらには朝鮮半島南部との交易によって大量の鉄器を獲得し(高尾2001)、東方や山間部への流通センター的な役割を果たしていた。弥生時代中期後葉頃に日本海沿岸において鉄の流通ルートが開拓されると、西方集団との間では鉄製品を主とした物品を入手するかわりに潟湖周辺の自然資源や玉類などの手工業品を搬出し、獲得した鉄製品の一

部を交換財にあててさらなる交易活動を行った。妻木晩田遺跡(弥生中期後葉～古墳前期初頭)のような丘陵性の大集落でも，安定した鉄器の供給を受けるためには，眼下の淀江潟周辺における自然資源の収容が不可欠であったと思われる。

つまり，広大な水田面積の確保が困難な日本海沿岸部の低湿地帯周辺においては，稲作による余剰の形成が困難であるかわりに，上でみたような潟湖環境からの資源の蓄積を原動力にし，それに沿岸各地域ならびに河川上流域を結ぶ水上交易による流通活動を組み合わせた複合的な経済基盤を成立させた。

(3)潟湖概念の再検討

従来，ともすれば海上交易・交通という側面だけが注視されがちであったが，これらと日常的な水産資源の確保や農耕等による経済活動が一体の複合的システムをなしていたことを理解する必要があるだろう。このような「潟湖環境複合」とも呼ぶべき社会経済システムが日本海沿岸地域の中でも特に，潟湖のような低湿地帯周辺に展開され，潟湖資源や鉄製品などの交換を通じて広域に及ぶ沿岸流通ネットワークを形成した。それにより，潟湖周辺は交易拠点としての重要性をしだいに高めていった。

この「潟湖環境複合」社会にとって，潟港と潟湖周辺資源の維持は，交易活動の活性化と食料確保のために肝要であった。そのため，潟湖環境の管理・存続のために，河川から流入する土砂を公共事業として定期的に土さらえし(森1986)，また農作物等の浸水に備えて共同で排水施設を整えておく必要性から，周辺地域の労働力は常に動員できる状態であり，それによって集落内さらには周辺集落相互の紐帯もより一層深めることが可能になったと推定される。

以上のように，潟湖周辺においては，漁撈や狩猟，農耕，海上交易・交通など多義的な性格を有する社会が形成され，しかも地域社会の結集を生むような状況がその他の地域と比べて成立しやすかった。このことが，大規模首長墳の築造に結び付く大きな要因になったと評価したい。また，政治的な権力機構が成立して以降は，海産資源の所有や航行の規制，軍事的防衛などの領海権に関わる権限(秋道1998)も重視されるようになり，潟湖周辺へのさらなる集中性を生んだと思われる。

それでは，日本海交流ルートについて，その歴史的展開を見ていくことにしよう。

2．古墳時代以前の日本海交流

日本海沿岸地域の交流史は縄文時代まで確実にさかのぼることができる。生産地を特定することができる硬玉製装身具や南海産貝製品がもっとも分かりやすい。すなわち，新潟県糸魚川流域やその河口近くの富山県宮崎海岸で採集され，近傍で集中的に加工された大量の製品は，日本海ルートを通じて，北は礼文島，南は沖縄本島にまで達している(西本編2000・上村1999)。ヒスイ製品の出土は前期末葉の新潟県柏崎市大宮遺跡等が最古例であるが，原産地域で加工が本格化する

のは中期前葉の富山県朝日町馬場山G遺跡や膨大な量の製品と原石が検出された中期中葉にはじまる同町境A遺跡以降(上野1992・藤田2001)であり，この頃には日本海交流・交易が活発化したものと判断される。北日本で後期後半から晩期に盛行するオオツタノハ製貝輪は従来関東地方から太平洋周りで運ばれたとされるが，続縄文期に降る有珠モシリ遺跡のイモガイ製貝輪が示すごとく，日本海ルートを北上した可能性が考えられている(大島1997)。礼文島船泊遺跡で出土した後期のタカラガイ製品等もその可能性が高い(西本編2000)。列島西岸のおよそ2000kmを結ぶこのような交易網は，沿岸の拠点を通じた互恵的交易の存在を示すとされる(宇野1998)。このほか，早期末葉から前期の北陸で盛行する玦状耳飾り(藤田1990)，新潟および秋田産のアスファルト(岡村1997)や隠岐産黒曜石の移動(鎌木ほか1984)，大型建物(橋本1999)等も日本海側に特徴的であり，丸木船の利用も今のところ前期までさかのぼることができる(千田編2002)。

弥生時代にはさらに複雑な様相となる。前期に特徴的な遠賀川式土器は北部九州から山陰へ伝播し，遅くても中期初頭には北陸へ及んでいる。中期には，出雲から佐渡までの日本海沿岸各地において多くの玉作り遺跡が形成され，技術的な交流と製品の交易を行っている。緑色凝灰岩や水晶製の玉作りにおいて施溝技術を用いる布田技法や大中の湖技法，そして新穂技法は山陰から北陸にかけて分布し，施溝を行わず押圧剥離と研磨，輪切りによって製品化する長瀬高浜技法や奈具岡技法は山陰から丹後にかけて主体をなす。中期後半の丹後の奈具岡遺跡で見られる鉄製工具は，後期後半以降，打割・側面調整・穿孔にまで多用されるようになり，沿岸各地で急速に普及していった(河野1997)。完成品や玉素材は当然のことながら日本海経由で各地へ運ばれていった。北陸で生産された細身管玉(緑色凝灰岩製および鉄石英製)およびヒスイ製勾玉は，周辺地域で流通するのみならず，北部九州の王墓，津軽半島の宇鉄Ⅱ遺跡の土壙墓や北海道江別市元江別遺跡でも出土しており，奈具岡遺跡等で大量に生産された水晶製品は遠く朝鮮半島南東部まで運ばれたことが推定されている(野島・河野2001)。

さらに後期以降，山陰や丹後から北陸へ，有段口縁，擬凹線文，スタンプ文などの影響が及びこみ，広域の土器圏を形成するようになる。また，出雲や伯耆，丹後における多量の鉄の存在は，朝鮮半島からの鉄製品および鉄素材の入手経路や畿内・東国への波及経路を探るうえできわめて重要(村上1998・2001)であり，鉄の交易による経済力の向上が日本海沿岸社会における首長層の形成を増長することにつながった。北陸やさらに北方の地域にとっても，鉄の確保が重要な課題であり，製品や素材を求めてさかんに交流がなされた。後期後半から終末期における山陰から北陸への四隅突出墓の波及は，こうした過程で形成された首長間の政治的結合関係を示している。その他，山陰と北陸間の木製高杯や木製農具，布掘基礎の掘立柱建物の共通性(北野1996)，北部九州から北海道への南海産貝輪の移動(木下1992)やアワビオコシの類似性(西本編2000)など多くの資料の存在を指摘することができる。

3．古墳時代の日本海交流ルート

（1）日本海沿岸に特徴的な考古資料

地域を越えて認められる特徴的な遺物，埋葬施設には次のようなものがある。

①丹後型円筒埴輪　　丹後の三大古墳(蛭子山，網野銚子山，神明山)をはじめ，丹後の前期後半から中期前半の古墳に特徴的な上部のすぼまるタイプの埴輪で，日本海側では因幡の六部山3号墳にまで分布が広がる(佐藤1993)。鳥取県地方に存在する円筒に山陰系統壺をのせたようなタイプからの系譜が推定されている(高橋1997)。

②礫床　　棺床に砂利を敷き詰める埋葬形態で，弥生後期から古墳中期にかけて存在する。西日本に広く見られる礫床石棺に対して，礫床木棺は出雲と丹後に集中し，北部九州と畿内北部にも分布が認められる。出雲・丹後から海路を伝って北部九州へ至り，また河川を通じて畿内へと続く経路が示唆されている(川西ほか2001)。

③舟形石棺　　日本海側では出雲と丹後，越前に集中し，主に中期から後期古墳に見られる。いずれも在地の石材で製作され，地域性が認められる。これら3地域の政治的・文化的なつながりは未だ明確でないが，出雲のものが身と蓋を印篭合わせにする比率が高い点，越前のものが四注屋根形を呈することが多い点は，九州阿蘇石製石棺と共通した要素であり，地域間交流の存在をうかがわせる(間壁1994・和田1998)。

④九州系横穴式石室　　北部九州に出現した横穴式石室は，5世紀中葉頃から九州以外にも波及するようになる。日本海側では，TK208型式の須恵器を出土する若狭・向山1号墳(5世紀中葉)への伝播がもっとも古く，さらに西塚古墳(5世紀後半)，十善の森古墳(6世紀初頭)など若狭地域の首長墳に引き続いて採用された。若狭の九州系横穴式石室は，九州の石室構造と比べてみても基本的な形態がほとんど変化していないことが明らかで，工人集団の直接的な移動が指摘できる。これら石室構造の共有の背景には，大和政権による朝鮮半島進出に関与した若狭・吉備・紀伊などの有力氏族間の同盟関係があったと推定されている(柳沢1991)。5世紀後葉から6世紀前半代には，九州系横穴式石室が，出雲から丹後，そして越中，越後，佐渡にまで広がり，MT15型式段階の村上市磐舟浦田山2号墳やTK10型式段階頃の佐渡相川町台ケ鼻古墳が分布の北限である(柳沢1990・小黒1999)。これらの古墳の多くは，潟湖周辺や海岸部に築かれており，海との深い関わりをものがたるとされる(北野1996)。

⑤朝鮮半島系遺物　　北陸の九州系横穴式石室には朝鮮半島製とされる遺物が多く見られる。向山1号墳から金製垂飾付耳飾，西塚古墳から金製垂飾付耳飾と金銅製帯金具，十善の森古墳から金銅製冠が出土し，越中の氷見市朝日長山古墳[2]（6世紀前半）からも金銅製冠が検出されている。また，横穴式石室ではないが，河川を上流へのぼった内陸部でも朝鮮半島系遺物が散見され，垂飾付耳飾は福井市天神山7号墳(5世紀中葉)，金銅製冠は二本松山古墳(5世紀後葉)，銀製帯金

潟湖環境と首長墳

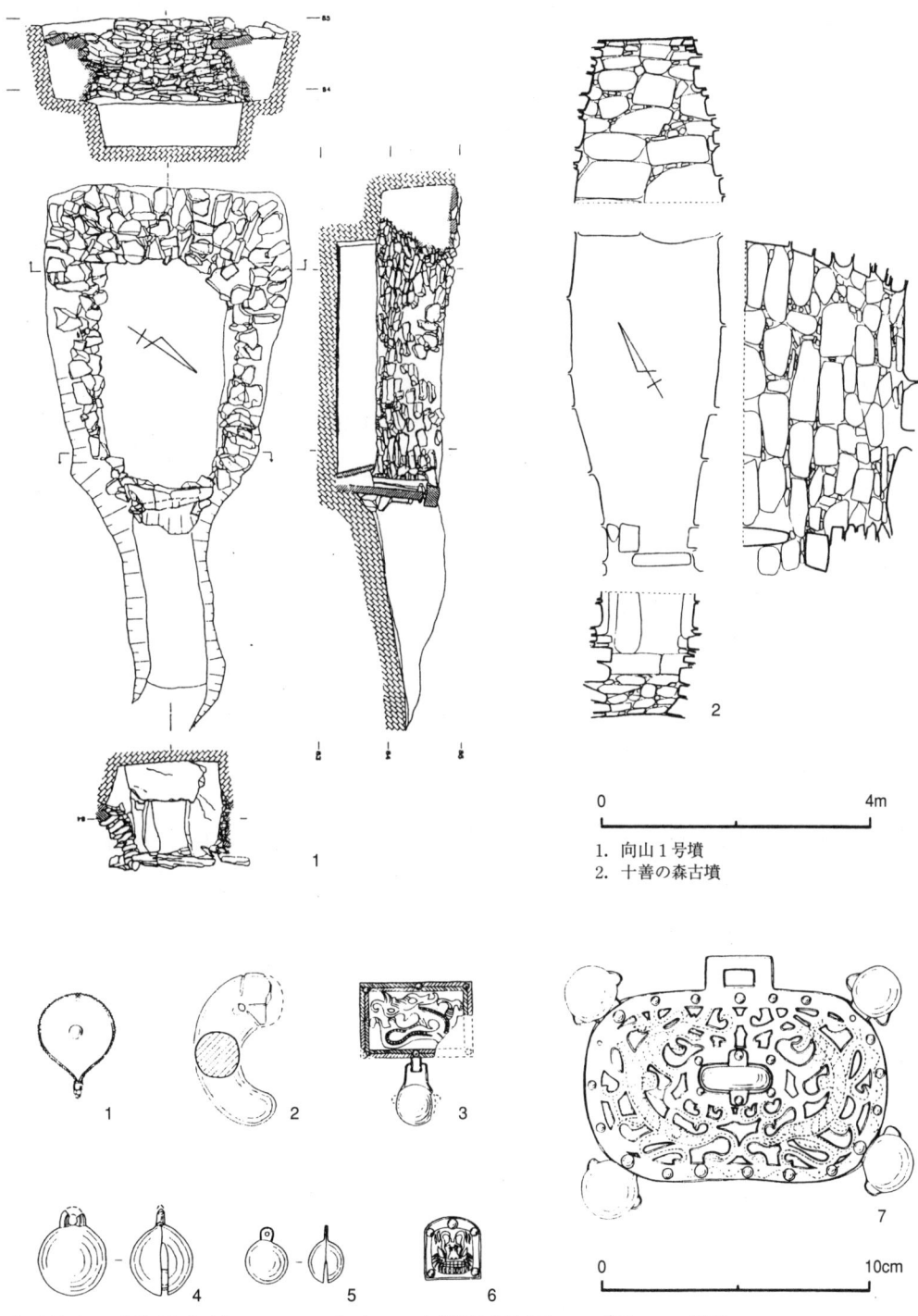

1. 向山1号墳
2. 十善の森古墳

西塚古墳（1：金製垂飾付耳飾　2：ガラス勾玉　3：金銅製鈴付帯金具　4：銅鈴　5：銀鈴）
十善の森古墳（6：金銅製帯金具　7：鉄地金銅装鈴付鏡板）

第2図　若狭の九州系横穴式石室と朝鮮半島系遺物（永江1989・斎藤1970・中司1993より）

-231-

具は加賀市二子塚狐山古墳(5世紀後葉)，蛇行鉄剣ないし蛇行鉄槍は二子塚狐山古墳と和田山5号墳(5世紀末葉)で見つかっている。先述の九州系横穴式石室の受容を考慮すれば，これらは畿内経由というよりも日本海交流によってもたらされたと判断される。中司照世氏は，中期中葉以降において埋葬施設や副葬品に北陸から北部九州へ至る広範な交流がみられることから，若狭の大首長が『日本書紀』に登場する膳臣であることを前提に，これらの遺物を出土した古墳の被葬者を，日本海沿岸へ出て西進し北部九州で集結した後に朝鮮半島へ軍事的に渡海した首長たち，と推定している(中司1993・1999)。また，5世紀後半から6世紀代の北陸では瓦質土器やカマド，須恵器角杯が散見し渡来人の存在が示唆される(小嶋2001)が，集団による本格的移住はオンドル状遺構が検出される6世紀末から7世紀初頭以降である(堅田1999)。

これらのほか，淀江地域の石馬谷古墳(6世紀前半)の石馬のように，九州地方との直接的なつながりを示す資料などがある。

以上にみられる様相のうち，①と②は若狭湾よりも西部にとどまる分布状況を示すが，④と⑤は北部九州から北陸方面にかけての広域に及ぶものである。

(2)交易・交流の実像

上で見てきた考古資料は，いわば分布論的な検討対象であり，政治的・軍事的・文化的交流の解明には都合がよくても，交易という経済活動的な観点からは必ずしも適切ではないと思われる。

そこで，多くの古墳から検出され数量的把握も容易であり，しかも原産地が明確なヒスイ製品の分析を通じて，日本海ルートによる交易の実態を見ていくことにしよう。前期，中期，後期の3つに大別し，勾玉と棗玉，小玉を合わせた数量の変化を地域別に示したのが第3図である。

前期には大和や摂津など畿内の古墳からの出土が圧倒的多数を占めるが，後期に入ると畿内と北部九州の数値が逆転していることがわかる。転換は中期に起こる。この時期，畿内では，滑石製模造品が増加するのにともない，勾玉や小玉も滑石をはじめグリーンタフやガラス等へと材質の変化を遂げる。それに対して，北部九州では，中期以降もヒスイ製品の出土数が減じていない。日本海側でも加賀から伯耆にかけてヒスイ出土古墳が数基存在しているが，沿岸伝いに漸次的に増加するというような傾向ではなく，北部九州への移動がどのようなものであったのかが問題となる。

北部九州中期・後期の高比率については，原産地域からの直接入手を否定し，畿内政権からの分配によったと評価される(宇野1998)。これには次の三つの理由が考えられる。第一に，北陸のヒスイ生産遺跡が中期後半で衰退するのに対し，奈良県曽我遺跡において中期後半から後期前半に，畿内政権主導によるヒスイをはじめとした大規模玉生産の存在が明らかにされたこと(関川1985)。第二に，新羅王陵の金冠に付属する多量のヒスイ勾玉が，地方豪族による外交のみによってもたらされたとは到底考えられないこと。第三に，やや時期が古いが，沖ノ島・岩上祭祀遺構における国家的祭祀に，ヒスイ製品が多数奉献されていること(小田1997)である。配布されたかどうかは明示できないが，これらの諸点は，ヒスイ製品の生産と供給機能が北陸を離れ，この

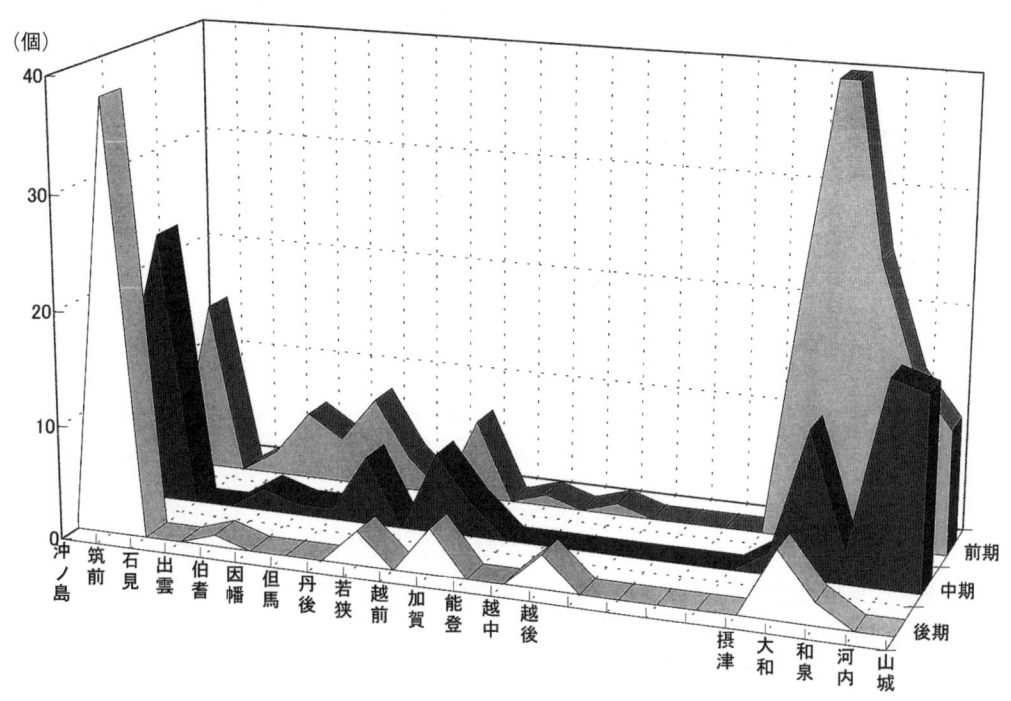

第3図 古墳時代におけるヒスイ製品出土数の変化
（算出については玉城1990・1991、作図にあたっては宇野1998などを参考にした）

時期に畿内政権の管理下にあったことを示している。

　また，このようなヒスイ製品の偏在は，この期間に頻繁になった畿内政権による朝鮮半島政策に深く関係すると思われる。つまり，この頃より金銅製冠や金製垂飾付耳飾等の朝鮮半島からの資源が多数流入し，これらとヒスイ等とを組み合わせた新たな装身文化の流行に対応すべく，生産・供給体制が強化されたことが大きな要因の一つであった可能性が考えられる。

　中期中葉以降に活発化した首長間交流の見返りに北陸から北部九州方面へ運ばれるものもあったと考えられるが，今のところ，前期から後期を通して日本海ルートで若狭湾を越えて運ばれたヒスイ製品は一部にかぎられたといえよう。北陸で製作され畿内を経由して再分配された前期の腕輪形石製品と合わせて，古墳時代の玉類や腕輪類における北陸からの交易ルートは，畿内政権によって基本的に規制されていたと判断される。

4．日本海側の首長墳

(1) 検討の方法

　次に，有力首長墳の築造地域の変動から，日本海沿岸交流と畿内政権との関係について考えてみたい。ここでは，墳丘規模と墳形の変化を長期的かつ広域的に評価することを重視（松木2000）

表1　段階設定

時期	広瀬1992	和田1998	段階	日本海側の最大規模墳
前期	1	1	1段階	筑前・那珂八幡（👤75m？）
前期	2	2	1段階	筑前・端山（👤77.5m？）
前期	3	3	2段階	丹後・蛭子山（👤145m）
前期	3	4	2段階	丹後・蛭子山（👤145m）
中期	4	5	3段階	丹後・網野銚子山（👤198m）
中期	5	6	3段階	但馬・池田（👤136m）
中期	6	7	4段階	但馬・船宮（👤91m）
中期	7	8	4段階	筑前・津屋崎41号（👤97m）
後期	8	9	5段階	若狭・下船塚（👤85m）
後期	9	10	5段階	出雲・山代二子塚（👤94m）
後期	10	11	5段階	

し，前期から後期における首長墳の動態を捉えてみる。

対象とする範囲は，日本海沿岸において前方後円(方)墳の分布が認められる新潟平野から北部九州，対馬および壱岐までとし，比較のために河川流域を20km程度さかのぼった内陸部も扱うことにした。古墳の築造時期や地域区分については，『前方後円墳集成』における各地の編年基準(広瀬1992・近藤編1991・1992・1994)等を参考にした。時期区分および段階設定にあたっては，和田晴吾氏による区分案(和田1987・1998)をもとにして表1のような5段階を設け，各地域における段階ごとの最大規模墳の動向を検討した。有力な前方後円(方)墳等からなる首長墳の変動を把握しやすいものとするために，河川流域ごとの小グループを取りまとめた地域，島環境として一括した地域，省略した小地域がある。以下，首長墳の分布の変化を検討する(第4図)。

(2)日本海沿岸における首長墳の分布と変遷

1段階　方墳や前方後方形周溝墓のような小規模墳までをも含めるとほぼ全域に分布するが，特に50mを越える首長墳に限るならば，70m級の前方後円墳が2基ある北部九州，大型方墳が集中する出雲，前方後方墳が継起的に築かれる北陸北東部から南加賀に特徴的な動きが認められる。

北部九州の状況は，多くの研究者が指摘するように，鉄の入手をめぐる瀬戸内流通網の活発化の結果(襧宜田1998・福永2001)であり，朝鮮半島との交流拠点として，かつての「奴国」や「伊都国」の地が重視されたためと理解できる。北陸北東部については，東方への政治的・軍事的拠点(橋本2000)としての考えがあるが，日本海沿岸の前方後円(方)墳周縁地帯として北部九州とともに整合的に捉えるならば，交易拠点・交流拠点(甘粕1994)としての意義も考慮される。出雲の首長墳は，弥生時代後期・終末期の四隅突出墓からの系譜的連続性として理解できる。

それでは，上記の地方間にある山陰東部から若狭湾周辺にかけての状況はどうであろうか。この時期，これらの地域では23m〜40mの前方後方墳や20m代の方墳が主である。普段寺1号墳や森尾古墳から舶載三角縁神獣鏡が出土し，庄内式期にさかのぼる大田南5号墳でも「青龍三年」銘方格規矩鏡が出土するなど重要拠点が幾つか存在するが，墳形や規模について弥生墳丘墓からの目立った伸長は見られない。特に，弥生後期・終末期に首長墓祭祀が発達した丹後における変動が著しく，また三方地域の松尾谷古墳(全長40m)を除けば敦賀近辺にかけての首長墳も基本的に低調であり，日本海ルートから瀬戸内ルートへの転換にともなう動きと判断される。

2段階　この時期の新たな動きは，第一に，東郷池周辺(馬ノ山4号墳)と野田川流域周辺(蛭

潟湖環境と首長墳

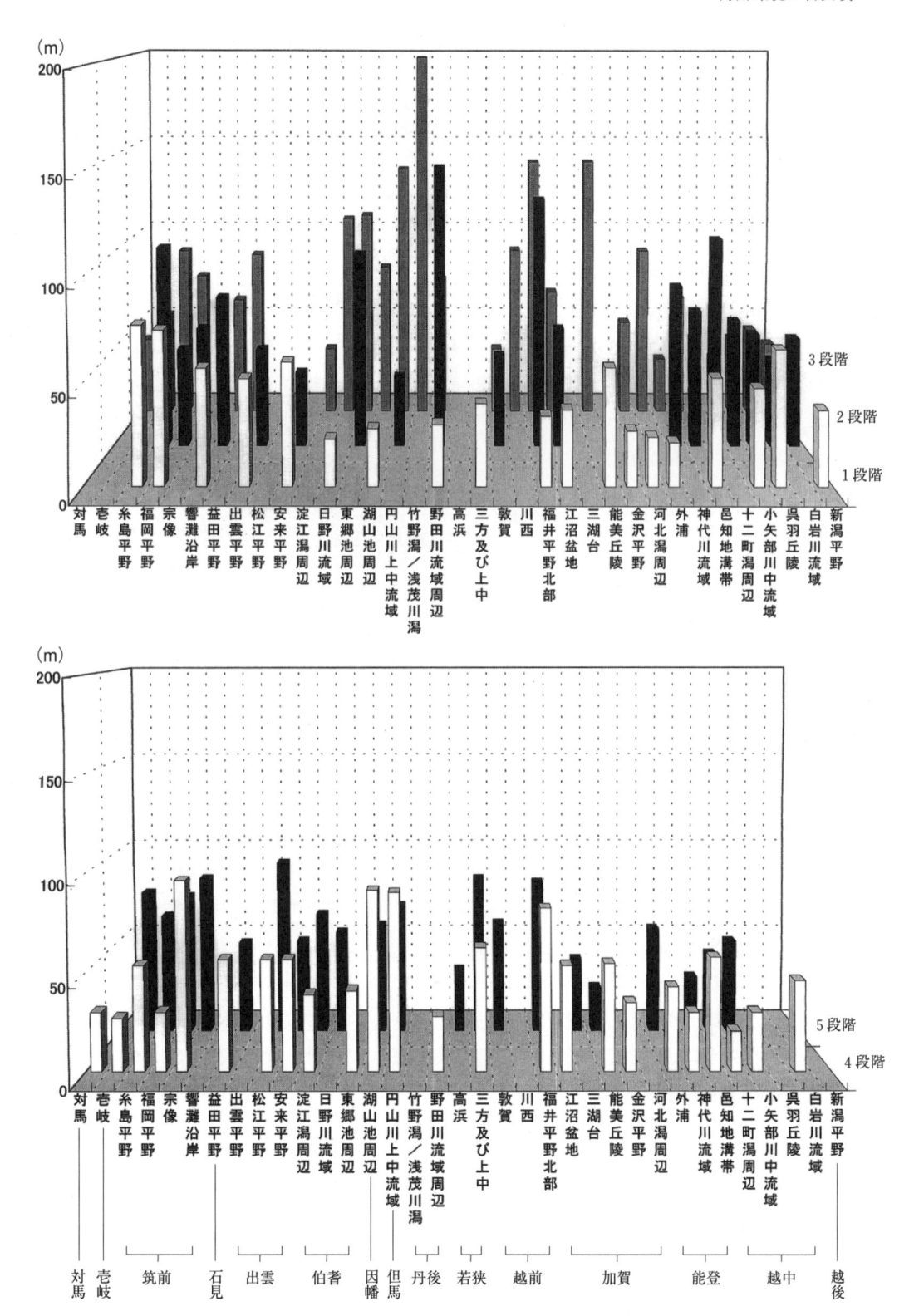

第4図 日本海沿岸各地における最大規模墳の変化（表2と対応　近藤編1991・1992・1994などを参考に作成）

-235-

子山古墳)，そして福井平野北部 (手繰ケ城山古墳)における100mを越す前方後円墳の成立で，畿内から北上し東西へとむかう拠点の重要性が急速に高まったことがうかがえる。周縁地帯とした北部九州や北陸北東部でも100m級の前方後円(方)墳がつくられ，前段階からの連続性がいぜん認められる。第二に，一方で，これらの間に位置する出雲と加賀では古墳規模が縮小している。棒グラフの長短が示すように，日本海側で一つ飛びに中核的まとまりが形成されていくことからすれば，この時期により広いまとまりで結集するような動きのあったことが推定される。

表2　日本海沿岸各地における最大規模の古墳
(単位：m)

旧国名	立地環境	地域名	1段階	2段階	3段階	4段階	5段階
対馬	島	対馬				40	30
壱岐	島	壱岐			54	27	77
筑前	内陸	糸島平野	77.5	103	90	54	64
	内陸	福岡平野	75	50	76	30	75
	沿岸	宗像			61	97	85
	沿岸	響灘沿岸	57	77	62.4		
石見	沿岸	益田平野			88	57	49
出雲	内陸	出雲平野	52	50			
	内陸	松江平野				57	94
	内陸	安来平野	60	38		57	50
伯耆	潟	淀江潟周辺			35	39	65
	内陸	日野川流域	23		108		55
	潟	東郷池周辺		100	110	41	
因幡	潟	湖山池周辺	28		81	92	59
但馬	内陸	円山川上中流域		36	136	91	70
丹後	潟	竹野潟/浅茂川潟			198		
	内陸	野田川流域周辺	30	145	74	28	
若狭	沿岸	高浜					34
	沿岸	三方及び上中	40			63	85
越前	沿岸	敦賀		47	35		60
	沿岸	川西			90.5		
	内陸	福井平野北部	34	128	140	83	83
加賀	内陸	江沼盆地	37	61	67	54	
	潟	三湖台					40
	内陸	能美丘陵	57.4		140	55	24
	内陸	金沢平野	27			35	
	潟	河北潟周辺	24		50		
能登	沿岸	外浦	21.4		90	43	57
	内陸	神代川流域		83	29.5	30	
	潟	邑知地溝帯	52.5	70	64	58.2	30
越中	潟	十二町潟周辺		107.5	47.5	20.5	43
	内陸	小矢部川中流域	47.6	65	30	30	50
	内陸	呉羽丘陵	66	58	41		
	内陸	白岩川流域			45	46	46.2
越後	内陸	新潟平野	37	56	38		

(網かけは臨海性の立地環境を示す)
(ゴシックは前方後円墳，下線付は前方後方墳，それ以外は円墳と方墳)

3段階　基本的な分布パターンは前段階とほぼ同じである。この時期には，対馬と壱岐にまで前方後円(方)墳が広がり，また湖山池周辺，越前臨海部の川西，能美丘陵，能登西岸の外浦等でも中型・大型首長墳が現れる。前段階から大型墳化した丹後では，臨海部にさらに大きな全長200m弱の網野銚子山古墳や神明山古墳が相次いで築かれる。

4段階　首長墳の分布状況が大きく変化する。第一に，傑出した墳丘規模を誇る拠点が形成されず，100mを越える前方後円墳もほぼ消滅するなど，日本海側の首長勢力の権力基盤が低下したような傾向がうかがえる。第二に，前段階まで巨大古墳を築造してきた丹後において首長系譜が途絶し，それにかわって，これまで中型墳以上の空白地であった若狭で向山1号墳などの有力墳からなる首長系譜が成立する。

5段階　首長墳の分布は前段階の傾向をほぼ踏襲する。若狭湾ではいぜんとして上中地域の首長系譜が存続し，敦賀でも中型首長墳が築かれる。出雲ではこの時期，地域最大規模を誇る前方後方墳の山代二子塚古墳とやや遅れて成立した前方後円墳の大念寺古墳との二大首長墳からなる東西首長系譜の地域性が明確化する(大谷1997)。

5．日本海交流ルート変容のプロセス

　ここまでみてきた日本海側における首長墳の変動は，1段階，2～3段階，4～5段階という3つのパターンとしてまとめることができるだろう。先述した日本海交流の諸相と合わせて，以下のように結論付けたい。
　1段階目における変化は，山陰東部から若狭湾周辺にかけての古墳規模の縮小と日本海交流ルートの停滞化である。これは交易網の主体が瀬戸内経路に移行したことに原因する。日本海交流の事例として出雲と丹後に中心域をもち北部九州と畿内北部にも一部見られる礫床木棺があるが，若狭湾より東へは達していない。
　1段階から2～3段階への変化は，山陰東部から若狭湾周辺の特定地域における大型前方後円墳の出現と，これら100m超の首長墳築造地を中心にした地域的まとまりの形成である。中でも丹後の首長は，日本海側の海上交通を掌握した存在と目される。日本海交流ルートも，これにともなって拡大したのであろうか。丹後型埴輪の分布が示すように古墳祭祀における隣接地域程度の地域間交流は確かに存在するが，若狭湾を挟んだ東西における拠点間の交流は未だ明確でない。
　2～3段階から4～5段階への変化は，若狭における首長系譜の成立と日本海交流ルートの広域化である。すなわち，中期中葉における向山1号墳等の成立を起点にして，若狭湾を越えて，九州系横穴式石室と朝鮮半島系遺物が広く波及するようになる。一方で，前段階までの丹後のような傑出した墳丘規模を誇る拠点は姿を消し，日本海海上交通を掌握するような特定地域の存在は日本海側に見られない。
　このように，若狭湾周辺について注目してみるならば，古墳時代の日本海交流の性格が4～5段階に大きく転換していることがわかる。これら埋葬施設や副葬品等にみる交流が，地域間の自立的な動きなのか，それとも畿内政権の枠組みの中での動きなのかは大きな問題である。
　若狭の首長墳を再度点検すると，向山1号墳（2段築成・埴輪・葺石，前方部武器副葬施設），西塚古墳（2～3段築成・埴輪・葺石・盾形周濠），十善の森古墳（2段築成・埴輪・葺石・周濠），城山古墳（5世紀中葉，2段築成・埴輪・葺石），中塚古墳（5世紀末葉，2段築成・埴輪・葺石・周濠）など，いずれも前方後円墳で段築・埴輪・葺石それに周濠を加えた四要素をそろえる古墳が多いが，日本海側ではきわめて異例といえる。また，副葬品では，朝鮮半島製遺物の他に，大量の武器や甲冑の存在が際立っており，この時期の若狭の首長は，他地域との独自の交流をもちながらも，畿内政権とも直結しているとみて間違いないであろう。4～5段階，つまり中期後半以降のこれら首長墳の動向は，中司氏が想定するように，畿内政権による朝鮮半島政策を通じて若狭と北部九州等の首長らが同盟関係にあったこと，さらにいえば，若狭の首長を介して北陸北東部域までをも含む軍事的再編がこの頃になされたことを示す蓋然性が高い。
　だとすれば，日本海交流ルートの性質が，古墳時代を通じて終始一貫して同じだったと考える必要はなくなる。つまり，前期の前半段階までは，鉄製品をはじめとした交易品が流通し，また

潟湖環境資源が日常的に相互交易される経済的・文化的交流路としての意義がもっとも大きかった。交易と資源確保の拠点として発展してきた潟湖周辺社会は，畿内政権による流通経路の掌握をめぐって盛衰した。中期後半以降においては，これら交易と資源確保の拠点的機能，流通ネットワークが維持されながらも，軍事的交流路としての性格がその上に重層化するようになる。この段階に至って，潟港も軍港としての意味が重視されるようになったと推定される。

以上のように古墳時代の日本海交流ルートは，縄文・弥生時代以来の沿岸地域の結び付きが依然存続し隣接地域との日常的交流が行われるかたわら，北部九州から北陸における沿岸地域の首長間交流の舞台ともなった。しかしながら一方で，その時々の中央政権による資源獲得戦略によって政治的に規制され，また朝鮮半島情勢にも左右されるなどの特色をもったと考える[3]。

お わ り に

縄文・弥生時代の日本海ルートは，対馬海流に沿って南北につながり，実にさまざまな物流が展開された。それにともなう多くの人や集団の移動・移住は，海人社会の形成や沿岸地域の紐帯を深める役割を果たしてきた。北陸からの新保・新崎式土器の広がり，そして弥生後期における山陰から北陸北東部までの共通土器圏の成立はそれらを雄弁にものがたる。また，中世の「廻船式目」にあらわれる「七湊」の繁栄や近世北前船の隆盛，珠洲焼や貿易陶磁器の流通等から，日本海側に商業的流通が早くから発達し，出入港が港湾都市として発展したことが明らかである。

古墳時代の日本海交流も，時期によって，また目的によって異なる，多様性をもつあり方をしていた。例えば埋葬施設構築の技術移転や海産資源の交換，北方との交易等にともなって，多くの人々が流動し異なる文化が広がったであろう。一方で，若狭湾周辺の状況が示すように，独自の地域間交流が展開されながらも，基本的には畿内政権との結び付きを越えるものではなかった。日本海沿岸各地における最大規模墳の変化に示されるように，前期後半から中期前半にかけての丹後の首長墳の動向も畿内政権との関係で理解され，これらはおそらく朝鮮半島南部からの鉄の入手をめぐっての同根の背景をもつものと思われる。

このように中・長期的な視点で日本海ルートを理解するならば，古墳時代の様相が中央性をもち，また朝鮮半島と連関する，きわめて特異な存在であることに気付くだろう。今後は，これら日本海交流の歴史的変遷を統一的に捉え，それを踏まえたうえで再度古墳時代の特質について考えることを課題としたい。

寝食を忘れて夢中になる時ってあるんだなあ，と我ながら感心したことがある。秋山先生に直接ご指導いただいたのは，専門課程へあがった1989年度後期の半年間だけですが，この間がまさに私にとっての第1次ピークだった。当時，考古学概説書を読み耽っていた私は，日本と韓国を一応読了したこととし無謀にも先生に，中国考古学の良書を求めた。先生は早熟な私にいやな顔一つせず，講座費で『新中国の考古学』(中国社会科学院考古研究所編著，平凡社)という大書を購入し

数日後手渡してくれた。けれども,あまりの重厚さにこの時は読破できず,そして今もってできていない。本当に申し訳ございません。本棚に置いてあるこの本を見る度に,先生の「ちゃっちゃと,やれ!」という声が響いてくる気がして,いつも気合を入れ直しています。最後になりましたが,先生の末永いご健康をお祈りいたします。

注
(1) ウェアブリッジ氏による海水準曲線を引用している日下1995や石井2002を参考にした。
(2) 古墳はすでに消滅するが,埋葬施設の位置や副葬品の出土状況から横穴式石室と判断される(藤田1983)。
(3) なお,前期後半から中期前半にかけては,丹後の動向が大きな鍵を握ると思われる。蛭子山古墳や網野銚子山古墳の墳丘築造企画が佐紀陵山古墳からの系譜で理解できる(岸本1997)ことからすれば,この時期の日本海ルートも畿内社会と深い結び付きをもったと考えられる。

引用文献

秋道 智彌　「海人の変容論」『海人の世界』,同文舘出版,1998。
甘粕　健　「東日本における古墳の出現-みちのくをめざして-」『東日本の古墳の出現』,山川出版社,1994。
石井　進　『日本の中世』1 中世のかたち,中央公論新社,2002。
宇野 隆夫　「原始・古代の流通」『古代史の論点』3 都市と工業と流通,小学館,1998。
上野　章　「富山県内のヒスイについて」『北陸自動車道遺跡調査報告-朝日町編7-』境A遺跡総括編,富山県教育委員会,1992。
大島 直行　「南島産貝の流通」『ここまでわかった日本の先史時代』,角川書店,1997。
大谷 晃二　「"出雲国"の支配者たち-出雲の後期古墳文化-」『古代出雲文化展』,島根県教育委員会,1997。
岡村 道雄　「接着剤-アスファルトの利用と交易」『ここまでわかった日本の先史時代』,角川書店,1997。
小黒 智久　「横穴式石室」『新潟県の考古学』,高志書院,1999。
小田富士雄　「沖ノ島」『考古学による日本歴史』10 対外交渉,雄山閣出版,1997。
額田 雅裕　「荘園の立地と環境」『古代の環境と考古学』,古今書院,1995。
堅田　誠　「北陸における古墳時代中・後期の様相-南加賀地域における事例を中心として-」『渡来人の受容と展開-5世紀における政治的・社会的変化の具体相(2)-』,埋蔵文化財研究集会実行委員会,1996。
鎌木 義昌・東村　武信・藁科　哲男・三宅　寛　「黒曜石,サヌカイト製石器の産地推定による古文化交流の研究」『古文化財の自然科学的研究』,同朋舎出版,1984。
上村 俊雄　「南の海の道と交流」『海を渡った縄文人-縄文時代の交流と交易-』,小学館,1999。
川西　学・徳永　隆・徳永 桃代・坂上　祐一　『古墳出現』,鹿島町立歴史民俗資料館,2001。
河野 一隆　「玉作と鉄器文化-京都府奈具岡遺跡の遺構・遺物の検討から-」『東日本における鉄器文化の受容と展開』,鉄器文化研究会,1997。
岸本 直文　「三大古墳の古墳築造企画」『徹底検証日本海三大古墳がなぜ丹後につくられたのかその謎に迫る』,加悦町教育委員会,1997。
北浦 弘人・鬼頭 紀子・湯村　功・高尾 浩司・井上 貴央・古川 郁夫編　『青谷上寺地遺跡』3,財団法人鳥取県教育文化財団,2001。
北野 博司　「弥生・古墳時代の山陰・北陸・北方の交流」『考古学ジャーナル』№411,ニュー・サイエンス社,1996。

木下　尚子	「装身具」『図解・日本の人類遺跡』，東京大学出版会，1992。
日下　雅義	「古代の環境と開発」『古代の環境と考古学』，古今書院，1995。
小嶋　芳孝	「加賀・能登における渡来人の足跡」『飛鳥の王権とカガの渡来人』，石川県立歴史博物館，2001。
近藤　義郎編	『前方後円墳集成』東北・関東編，中部編，中国・四国編，九州編，山川出版社，1991・1992・1994。
斎藤　　優	『若狭上中町の古墳』，上中町教育委員会，1970。
佐藤　晃一	「考古学からみた加悦谷の前半期古墳時代」『蛭子山古墳の時代－日本海側における巨大古墳の成立－』，加悦町教育委員会，1993。
関川　尚功	「古墳時代における畿内の玉生産」『末永先生米壽記念　献呈論文集』，1985。
千田　　稔編	『海の古代史－東アジア地中海考』，角川書店，2002。
高尾　浩司	「青谷上寺地遺跡と妻木晩田遺跡－絢爛豪華な鉄器文化－」『日本海（東海）がつなぐ鉄の文化』，鉄器文化研究会・鳥取県教育委員会，2001。
高橋　克壽	「三大古墳と埴輪」『徹底検証日本海三大古墳がなぜ丹後につくられたのかその謎に迫る』，加悦町教育委員会，1997。
玉城　一枝	「弥生・古墳時代の硬玉出土地一覧」『古代翡翠道の謎』，新人物往来社，1990。
玉城　一枝	「弥生・古墳時代の硬玉出土地一覧（補遺）」『古代王権と玉の謎』，新人物往来社，1991。
永江　寿夫	「向山1号墳」『東日本における横穴式石室の受容』第10回三県シンポジウム，1989。
中司　照世	「日本海中部の古墳文化」『新版古代の日本』第7巻中部，角川書店，1993。
中司　照世	「石川県下の古墳と対外交渉」『金沢市史会報』Vol.8，金沢市史編さん委員会，1999。
西本　豊弘編	『北の島の縄文人－海を越えた文化交流－』，国立歴史民俗博物館，2000。
禰宜田佳男	「石器から鉄器へ」『古代国家はこうして生まれた』，角川書店，1998。
野島　　永・河野　一隆	「玉と鉄－弥生時代玉作り技術と交易－」『古代文化』第53巻第4号，古代学協会，2001。
橋本　澄夫	「日本海の海人文化と交流路」『海を渡った縄文人－縄文時代の交流と交易－』，小学館，1999。
橋本　澄夫	「北陸の前期古墳文化」『大塚初重先生頌寿記念考古学論集』，東京堂出版，2000。
広瀬　和雄	「前方後円墳の畿内編年」『前方後円墳集成』近畿編，山川出版社，1992。
福永　伸哉	『邪馬台国から大和政権へ』，大阪大学出版会，2001。
藤田富士夫	『玉』考古学ライブラリー52，ニュー・サイエンス社，1990。
藤田富士夫	『日本の古代遺跡』13富山，保育社，1983。
藤田富士夫	『縄文時代の生産と交流－翡翠とその文化－』，富山県日本海政策課，2001。
間壁　忠彦	『石棺から古墳時代を考える』，同朋舎出版，1994。
松木　武彦	「古墳時代首長系譜の再検討－西日本を対象に－」『考古学研究』第47巻第1号，考古学研究会，2000。
村上　泰通	『倭人と鉄の考古学』，青木書店，1998。
村上　泰通	「日本海沿岸地域における鉄の消費形態－弥生時代後期を中心として－」『古代文化』第53巻第4号，古代学協会，2001。
森　　浩一	「古代日本海文化と仮称〝潟港〟の役割」『古代日本海文化の源流と発達』，大和書房，1985。
森　　浩一	「潟と港を発掘する」『日本の古代』第3巻海をこえての交流，中央公論社，1986。
森　　浩一	『図説日本の古代』第4巻諸王権の造型，中央公論社，1990。
柳沢　一男	「横穴式石室からみた地域間動向・近畿と九州」『横穴式石室を考える』，帝塚山考古学研究所，1990。
柳沢　一男	「若狭の横穴式石室の源流を探る」『躍動する若狭の王者たち－前方後円墳の時代－』，福井県立若狭歴史民俗資料館，1991。

家根　祥多　「定住化と採集活動」『新版古代の日本』第5巻近畿Ⅰ，角川書店，1992。
横山　卓雄　「気候の変動と災害との戦い」『日本の古代』第2巻列島の地域文化，中央公論社，1986。
和田　晴吾　「古墳時代の時期区分をめぐって」『考古学研究』第34巻第2号，考古学研究会，1987。
和田　晴吾　「古墳時代は国家段階か」『古代史の論点』4権力と国家と戦争，小学館，1998。
渡辺　誠　「縄文後期集落の経済基盤」『京都府舞鶴市桑飼下遺跡発掘調査報告書』，平安博物館，1975。

古墳時代の集落内祭祀

— 大阪府阪南市亀川遺跡の事例を中心に —

島 崎 久 恵

【要旨】
　古墳時代中期末〜後期の集落遺跡である阪南市亀川遺跡の事例を中心に集落内の祭祀について考えた。集落内祭祀を1，個別的な祭祀と2，集落全体での祭祀に二分し，亀川遺跡の祭祀は2の集落全体での祭祀であると考えられる。また，祭祀関連遺物の中で，製塩土器，石製臼玉が複数の生産地の物が混在して出土する状況が指摘でき，同様な流通形態をもつ可能性が考えられる。

は じ め に

　今回，阪南市自然田亀川遺跡[1]で古墳時代の集落内の祭祀を考える上で，有効な資料が検出された。古墳時代の祭祀として，大場磐雄は，1，自然を対象とする遺跡(山岳，巌石，樹木，湖沼，池泉，海洋，島)，2，古社の境内地及び関係地，3，墳墓　4，住居址に分けた。1993年，三木弘[2]は大阪府内の祭祀関連遺構の集成を行う中で，立地からの分類より，遺物出土状況などから個別的に祭祀の内容を類推する方が効率的であるかもしれないとして，生産活動に関わる祭祀，地鎮に関わる祭祀，水との関わり，生贄について述べている。また，篠原裕一[3]は祭祀の階層性を考える中で，祭祀遺構を集落の構成要素として捉えられるものが多いとして，(a)集落内及び近接した設営された祭場で執り行われる祭祀跡，(b)境界や辻(岐)で執り行われる祭祀跡，(c)田・畠・山口で執り行われる祭祀跡，(d)住居外占有地で執り行われる祭祀跡，(e)住居内で執り行われる祭祀跡を確認できるとしている。

1. 集落内祭祀

　集落内祭祀について，鈴木敏弘[4]は「日常的な生活の場としての集落や生産活動の場の周辺で施行される神を祭る儀式」と定義している。古墳時代中期〜後期の集落では，祭祀遺物である石製玉類，手づくね土器等の出土が見られる例が多く，集落内での祭祀の痕跡を見ることができる。

第1図　亀山遺跡位置図

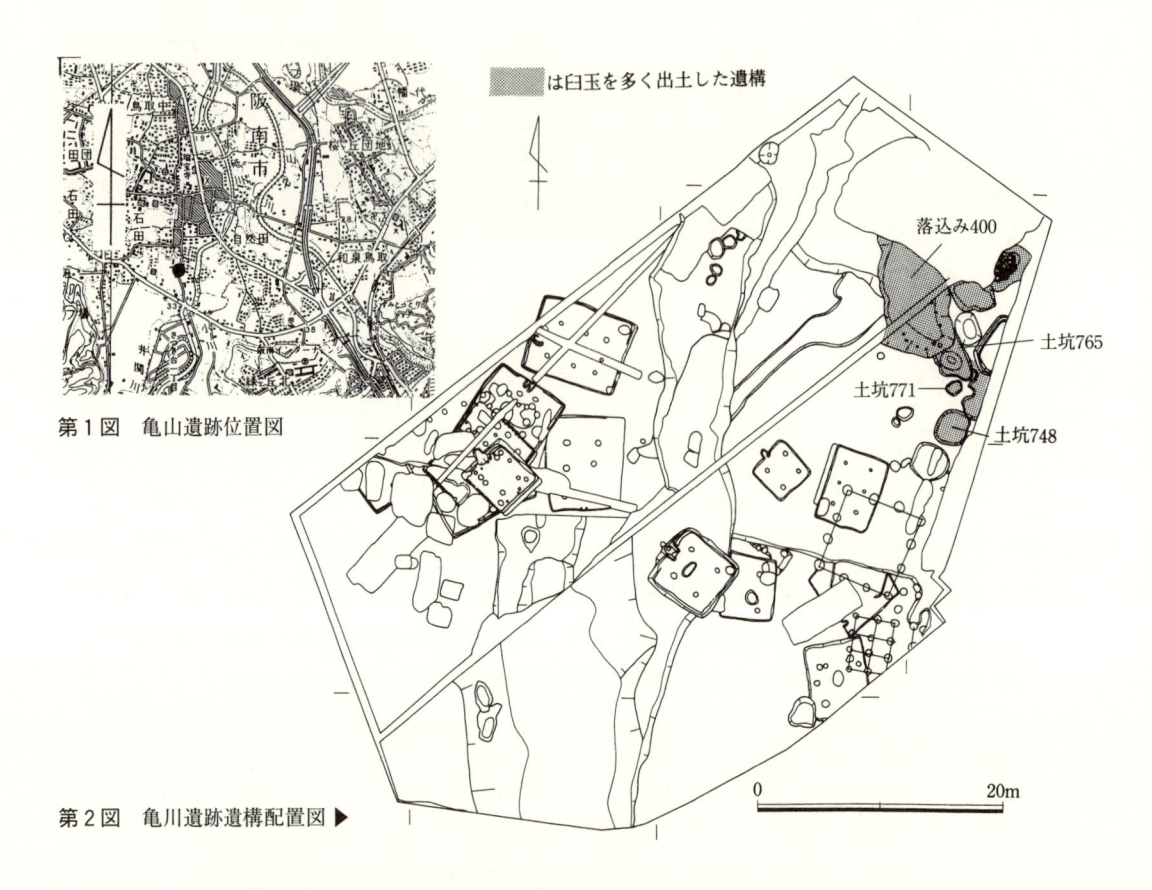

は臼玉を多く出土した遺構

落込み400
土坑765
土坑771
土坑748

第2図　亀川遺跡遺構配置図 ▶

第1表　亀川遺跡出土石製玉類一覧

遺構	臼玉	勾玉	管玉	有孔円盤	剣形	不明穿孔有	計
溝305	1	0	0	0	0	0	1
竪穴住居681	2	0	0	0	0	0	2
竪穴住居404	2	0	0	0	0	0	2
竪穴住居405	3	0	0	0	0	0	3
竪穴住居155	1	0	0	0	0	0	1
竪穴住居151	8	0	0	0	0	0	8
竪穴住居151下層	2	0	0	0	0	0	2
竪穴住居693	2	0	0	0	0	0	2
竪穴住居772	4	0	0	0	0	0	4
竪穴住居694	4	0	0	0	0	0	4
竪穴住居678	3	0	0	0	0	0	3
竪穴住居720	4	0	0	0	0	0	4
落込み400	7411	4	2	3	2	20	7442
落込み766	144	0	0	0	0	1	145
土坑748	529	0	0	2	0	0	531
土坑771	919	3	0	0	0	0	922
土坑765	32	0	0	0	0	0	32
土坑777	8	0	0	0	0	1	9
土坑776		0	0	0	0	1	1
焼土坑778	3	0	0	0	0	0	3
包含層・遺構面	28	0	0	1	0	1	30
不明	50	0	0	0	0	0	50
計	9160	7	2	6	2	24	9201

このことは，集落において一般的に祭祀が執り行われていることを示しており，これらの祭祀は１，個別的な祭祀と，２，集落全体での祭祀に二分することができる。１は住居に伴う祭祀，あるいは住居廃絶後の窪地を利用した祭祀，カマド祭祀等があげられよう。２は集落の中で行うもの，集落のはずれで行うもの，あるいは水辺で行うもの等があげられよう。特に２は集落構成員全体での祭祀であり，その目的，対象は集落全体の生活に大きく関わるものであると考えられ１の祭祀とは目的，対象が異なるものと考えられる。

以下，亀川遺跡の事例を中心に古墳時代の集落内祭祀について考えていきたい。

2．亀川遺跡の集落内祭祀

亀川遺跡は阪南市自然田に所在する古墳時代中期末〜後期の集落である。調査区の北東側は菟砥川が流れ，段丘岸となる。調査では，竪穴住居が14棟検出されており（他に２棟竪穴住居の可能性があるものを検出），大きく２期の変遷が考えられた。また，非常に多くの石製玉類が出土した。それらは主に集落の北東縁辺部にあたる落込み，土坑から集中して出土しており，竪穴住居が分布する地域と玉類が集中する地域が分かれていることが分かる。

石製玉類を多く出土する遺構について見ていくこととする。落込み400からは7400点をこえる臼玉が出土した。また，勾玉，有孔円板，管玉，剣形，不定形な形で穿孔を有するものも出土している（第１表）。石製玉類以外の遺物としては，多くの須恵器，土師器の他，手づくね土器，鉄器，製塩土器の出土が注目できる。落込み400は供伴する須恵器が時期幅を持つことから，複数回にわたる使用が考えられる。一方，土坑748は出土状況から，遺物が配された状況を窺うことができる。土坑の中央に須恵器の甕を，その周辺から，須恵器高坏，手づくね土器，鉄器，有孔円板が出土している。また，土坑内から多くの河原石が出土している。手づくね土器は３個体以上が入れ子状になった状態が確認できた。落込み400も本来，この土坑748と同じような状況であったものが同じ場所で何度も祭祀を行い廃棄を重ね，落込み状になったものと考えられる。土坑771は直径1.7×1.1mの楕円形を呈する小型の土坑であるが約900点の臼玉とともに勾玉が３点出土した。土器等をほとんど含まない点が特徴である。

臼玉を中心とする多量の石製玉類が出土していることから，石製玉類の工房的な性格が考えられたが，調査では未製品や，原石，剥片の出土はなく，祭祀的な出土状況であるといえる。

遺跡では住居廃絶後の窪地で土器が重なるように出土しており，住居廃絶に伴うと考えられる祭祀も見ることができた。しかし，集落の縁辺部で集中して見られる祭祀遺構は，住居群とは別の空間を有しており，集落内に祭祀域と居住域が分かれて存在していることが分かる。

3．祭　祀　遺　物

古墳時代後期の祭祀遺物として亀川例をみると，滑石製玉類，製塩土器，手づくね土器，鉄器が

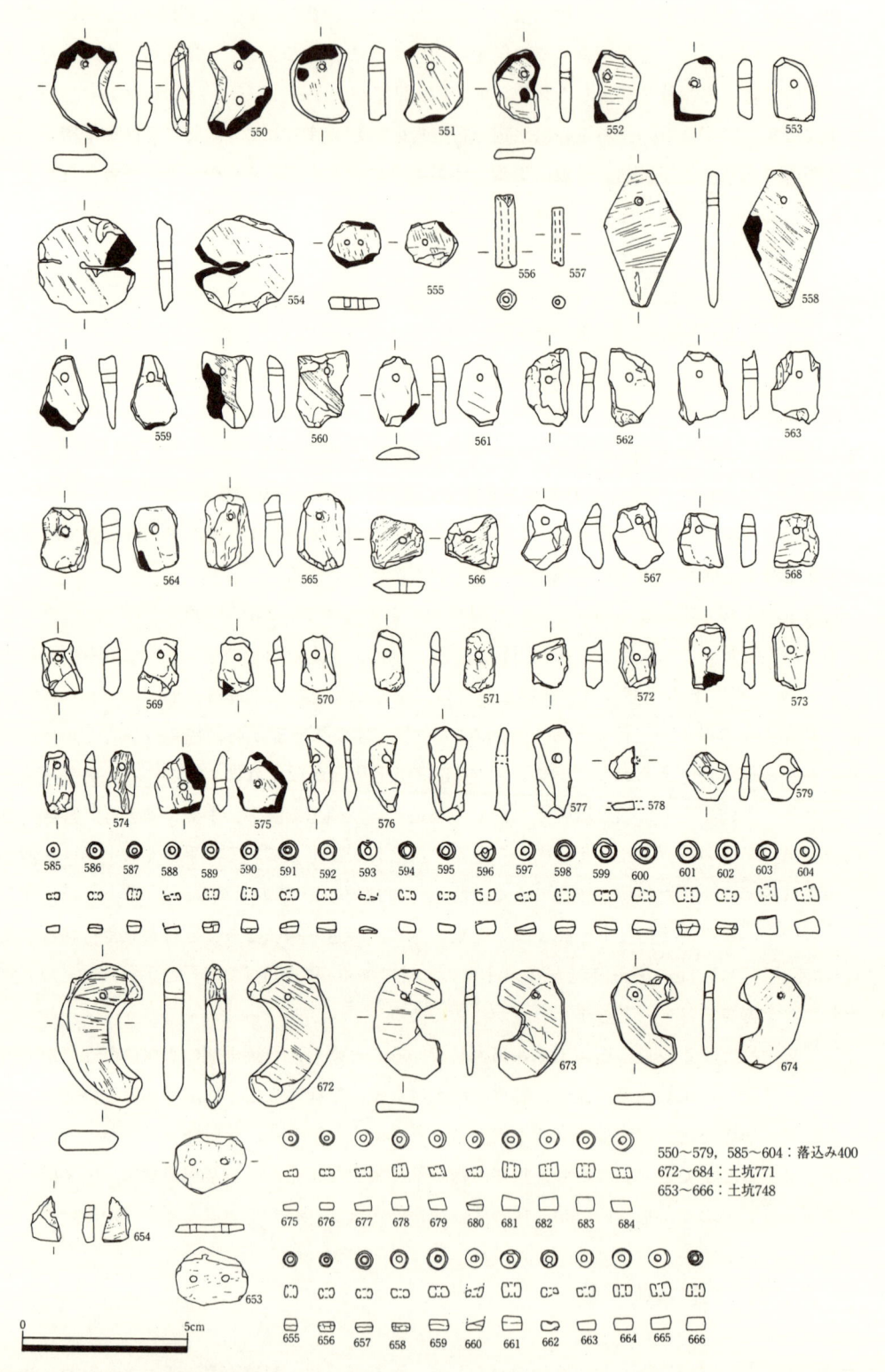

富山大学考古学研究室論集（島崎論文）

550〜579，585〜604：落込み400
672〜684：土坑771
653〜666：土坑748

第3図　亀川遺跡出土石製玉類（註1）

あげられ，古墳時代後期の祭祀遺物として最も基本的な遺物であると考えられる。そこで，これらの祭祀遺物について，見ていくこととする。これらの遺物は滑石製玉類，手づくね土器のように実用品ではなく，いわゆる模造品としての祭祀遺物と製塩土器，鉄器のような実用品とに二分できる。他に多くの須恵器，土師器が出土しているが，これら日常の土器も後者に含まれる。後者はそれ自体では祭祀遺物ではないが，祭祀に使用されたという意味で祭祀遺物としてここでは扱う。

(1)滑石製玉類[5]

滑石製玉類は5世紀後半以降，集落遺跡で多く出土が見られるようになる。このことは滑石製玉類を用いた祭祀が一般集落に浸透した結果と考えることができる。亀川遺跡でも，祭祀遺構から多くの石製玉類が出土した。多く出土した臼玉について，数量的な分析，及び理化学的分析を行った[6]。結果，大きく3つに分類できることが分かった。

タイプ1 色は緑色系(色1)，あるいは灰色(色2)。直径0.46～0.55cm，厚さ0.21～0.40cmに集中する。集中度は非常に高いが，規格から外れる大型，小型品も一定量確認される。

タイプ2 色は白色系(色3)，赤褐色系(色4)。直径0.41～0.45cm，厚さ0.21～0.25cmを測る小型品，直径0.51～0.60cm，厚さ0.25～0.40cmの中型品，直径0.66～0.70cm，厚さ0.41～0.50cmの大型品といった規格がみられる。但し白色系のものは大型品が少ない傾向が見られる。

タイプ3 色は黒に近い緑色(色2)。直径0.51～0.60cm，厚さ0.16～0.45cmの小型，直径0.76cm以上，厚さ0.2～0.25cmの大型の規格が見られる。大型品は臼玉の端面に平行して剥離しやすい特徴をもつ。小型の物とは材質に違いが見られる。

臼玉の色の違いと，臼玉の法量の分布が一致すること，またそれぞれが法量に規格性をもつことから，生産地が違う可能性が考えられる。また，タイプ1～3は全体の臼玉の中でその比率は大きく異なり，圧倒的にタイプ1が多い。

大阪府内では，八尾市池島・福万寺遺跡で，非常に多くの滑石製玉類が出土している。未製品，欠損品が含まれていることから玉製作地であることが考えられている。古墳時代後期の集落は弥生時代後期末葉の洪水堆積による微高地上に位地している。この集落の構造について，江浦洋[7]がまとめられている。その中で，集落は大きく2つのグループに分けられ，それぞれ，住居域と工房域が区別されていた可能性を指摘している。また，小野久隆[8]は，89-2調査区で，竪穴住居，及びその周辺から臼玉(滑石，緑泥石)を中心に150点以上，破片を含めると300点以上出土しており，未製品，住居の方形土坑の設置，赤色顔料や鉄製品も出土していることから，玉類の製作跡の可能性を述べている。

1986年の調査[9]では，Cトレンチで，シルト混粗砂層から多量の滑石製品が出土している。滑石製臼玉が完形品3633点，欠損品約400点，未製品8点，板状滑石製品が欠損品，未製品を含めて132点出土している。報告書では滑石製臼玉について，形態，色調，外径，厚さ，孔径から7形式に分類されている(表5)。ここで，まず，注目できる点は，白色系のものが，その法量の分布をみると，大型(0.6～0.7cm)，小型(0.4cm～0.5cm)の規格がある点であり，緑黒色系は，大型

第2表　亀川遺跡石製臼玉法量散布図

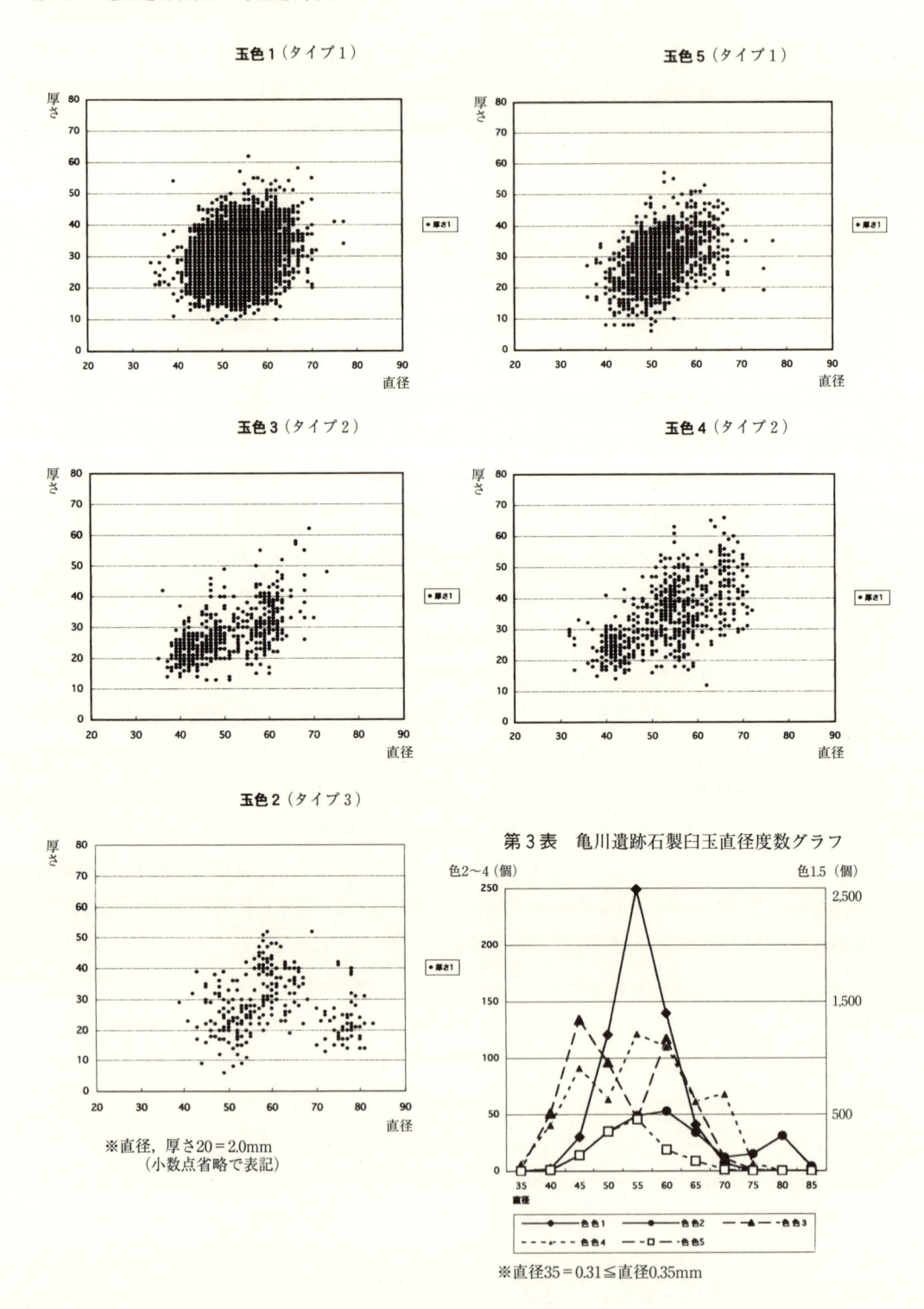

玉色1（タイプ1）

玉色5（タイプ1）

玉色3（タイプ2）

玉色4（タイプ2）

玉色2（タイプ3）

※直径，厚さ20＝2.0mm
（小数点省略で表記）

第3表　亀川遺跡石製臼玉直径度数グラフ

※直径35＝0.31≦直径0.35mm

第4表 池島、福万寺遺跡
滑石製臼玉の厚さと外径

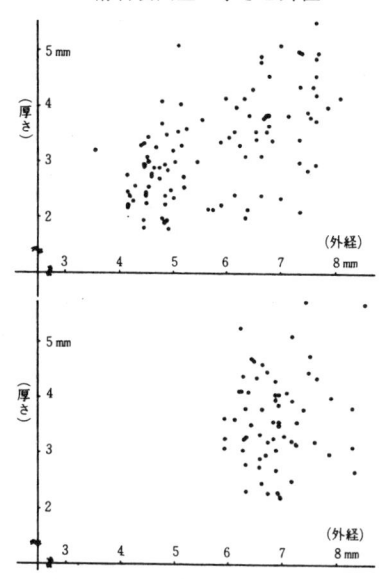

第5表 池島・福万寺遺跡 滑石製臼玉の分類

上：白色系　下：黒緑色系
表4・5（註9）

形態	色調	外径	厚い	孔径	
側面の研磨が上から下まで一方向で筒形をしている。	わずかに褐色がかった灰白色	大きい 6～7㎜	厚い 5～6㎜	普通 3.8～2.2㎜	
	黒色で剥離しやすい	大きい 6～7㎜	剥離により不明	普通 2.0～3.1㎜	
側面の研磨の方向が中央で変わり、中央に稜を成すもしくは、胴がよくふくらむそろばん玉形をしている。	わずかに褐色がかった灰白色	小さい 4～5㎜	普通 2～4㎜	ばらつきがある 1.2～2.2㎜	
		大きい 6～7㎜	普通 2～5㎜	普通 1.8～2.2㎜	
	くすんだ緑色	大きい 6～7㎜	普通 2～5㎜	普通 2.0～2.3㎜	
			薄い 2～3㎜	小さい 0.9～1.1㎜	
端面が楕円形をしている。（2例のみ）	わずかに褐色がかった灰白色	長径 8.5㎜ 短径 6.3㎜	4.3㎜	2.15㎜	
	くすんだ緑色	長径 7.65㎜ 短径 6.1㎜	3.5㎜	2.3㎜	

である点である。また、緑黒色系のうち黒色で剥離しやすい性質のものは、亀川遺跡のタイプ3と非常に似ている。白色系の分布は、亀川遺跡タイプ2では、3つの規格を考えたが、その規格は非常に近く、中形品を捕らえるかどうかの違いである。池島・福万寺遺跡で出土している、緑黒色系のうち、非常に穿孔径の小さなものがあるが、このタイプは亀川遺跡では見られなかった。穿孔径の小さなタイプは、緑黒色系のうちでも、黒に近い色調を呈している。また、未製品は実見したところ[10]、緑黒色系に分類されているものであり、白色系や、緑黒色系の内、剥離しやすい性質をもつものは含まれていない。

　このような状況から、池島・福万寺遺跡の臼玉も、亀川遺跡同様に、色調と法量に規格の違いがみられ、生産地が異なるものが出土している可能性を伺うことができる。また、亀川遺跡と共通する特徴を持つものがあり、両遺跡に共通した生産地からの搬入品があることも考えられる。もちろん、池島・福万寺遺跡では未製品の出土があるので、臼玉の生産を行っていたことは十分に考えられるのだが[11]、他から搬入して使用したものを含んでいる可能性も考えられのではないだろうか。このことは未製品が完形品に比して非常に少ない点からも指摘されよう。以上の点から池島・福万寺遺跡の玉類は祭祀遺物として使用されたものと考えたい。

　他にも、滑石製臼玉が出土している遺跡は多いが、色調（素材の違い）と法量分布の違いについて、今後、検討したい課題である。

　四条畷市中野遺跡では、古墳時代集落の南端に位置すると考えられる調査区[12]で、溝1から須恵器、土師器の土器類の他、手づくね土器、滑石製臼玉(78点)、有孔円板、製塩土器が出土し

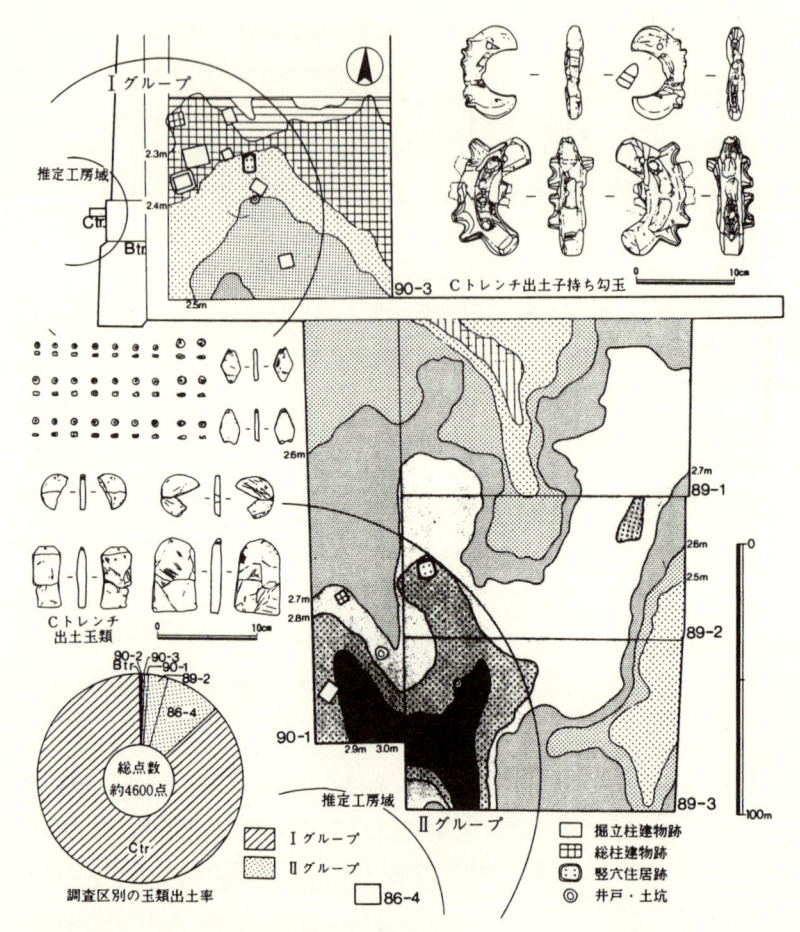

第4図 池島・福万寺遺跡（福万寺Ⅰ期）古墳時代遺構分布（註7）

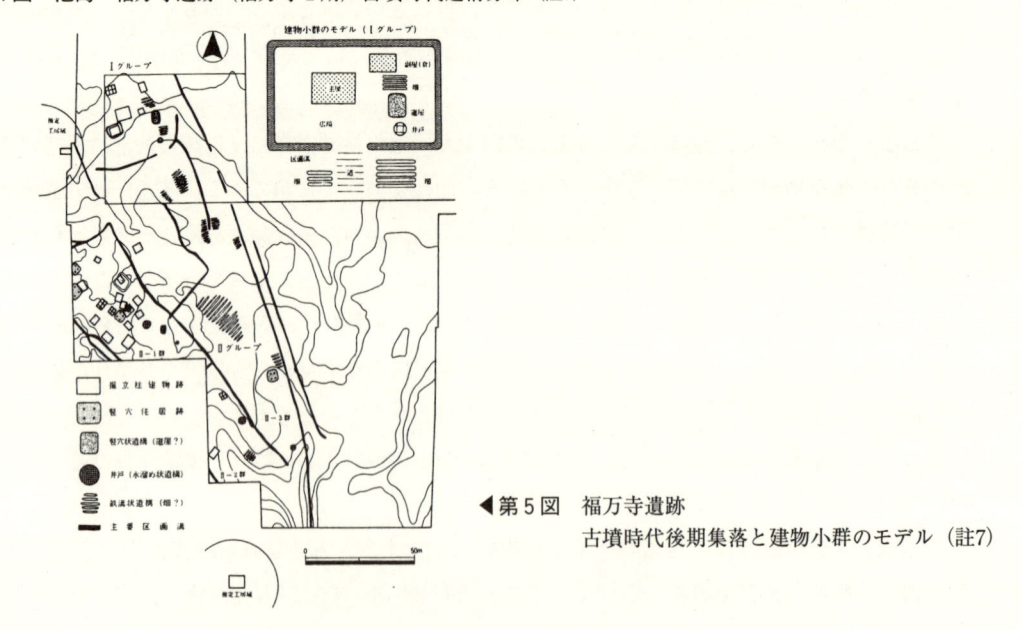

◀第5図 福万寺遺跡
古墳時代後期集落と建物小群のモデル（註7）

ている。同調査区，井戸状遺構は幅3.15m×3.35mの不整形な円形を呈する。深さ1.2m。須恵器，土師器の他に，滑石製臼玉(67点)，ガラス玉2点，紡錘車1点，勾玉1点製塩土器が出土している。下層からも，紡錘車，有孔円板，臼玉，2141点の製塩土器が出土している。また，古墳時代中期～後期の自然河川内[13]から，滑石製石製品(有孔円板，臼玉，剣形，勾玉)，ガラス製小玉，木製模造品，桃核等が出土している。このように河川，あるいは溝から玉類が出土する例は多く，大阪市森小路遺跡[14]では，溝(SD02)から手づくね土器とともに，滑石製の有孔円板，勾玉が出土している。有孔円板が9点と多く出土している点が特徴的である。

(2) 製塩土器

　亀川遺跡では，住居覆土，包含層からの出土も見られるが，祭祀遺構から特に多くの細片が出土している(土壌の水洗を行った結果にもよるが)。遺物は細片で，全体を復元できるものは少なく図化できるものは少ないが，複数の種類が出土している。1，丸底で器高が高いコップ形で外面にタタキ目がみられるもの。2，同じく丸底で器高が高いコップ形で内外面ナデ調整，非常に胎土密なもの多い。3，丸底で器高が低い碗形で内面に貝殻を使用したと考えられる条痕あるもの。4，丸底で器高が低い碗形。内外面ナデ調整を施すもの。5，口縁が開くものがみられた。また出土した製塩土器は二次焼成を受けたものが多くみられた。

　製塩土器自体は塩を作る土器である。製塩遺跡は海岸部に営まれ，内陸部で出土する製塩土器は一般に，二次的な熱処理を行ったもの，あるいは運ぶ為の容器としてもちこまれたものと考えられている。しかし，古墳時代中期～後期の集落で，滑石製品と供に，製塩土器が出土することはこれまで，指摘されており[15]，祭祀関連遺物としての出土がみられる。

　中野遺跡では，先に触れたように，滑石製玉類と供伴して，多くの製塩土器の出土がみられた。井戸状遺構1からは2141点の製塩土器が出土しており，報告書によれば，外面にタタキを施すもの，タタキを施さず貝殻による調整を行うものがある。中野遺跡をはじめ四条畷市では，非常に多くの製塩土器の出土がみられる。中野遺跡の北西に位地する蔀屋北遺跡[16]では長さ約3.8m以上，幅約2.0m，深さ0.7mの土坑から5世紀後半～末の須恵器，土師器，陶質土器，移動式カマド，滑石製双孔円板，臼玉とともに，製塩土器が推定1500個体以上出土している。四条畷市を中心とする生駒西麓地域に馬飼の存在が指摘されており，製塩土器の多数出土は馬の飼育に必要な塩を得ることとの関連も考えられている。

　藤井寺市津堂遺跡[17]では，大土坑A，Bから製塩土器が出土している。大土坑Aは長さ3.5m，幅2.9m，深さ0.95mを測る。上層は須恵器坏を主体にした遺物がみられ，中層(灰層)は製塩土器が多く含まれる。灰層の下は焼土面となり，焼塩との関連が指摘されている。製塩土器は複数のタイプが混在している。また，滑石製勾玉，臼玉が出土している。大土坑Bは長さ6.7m，幅4.4m，深さ1.0mを測る。上層からは須恵器，土師器，製塩土器，中層からは，須恵器，土師器，下層は下駄状木製品が出土している。他に東大阪市，鬼虎川遺跡，神並遺跡でも，滑石製玉類に供伴して製塩土器が出土している。

　ここで注目できる点は，製塩土器が複数のタイプが供伴して出土する点である。茨木市溝咋遺

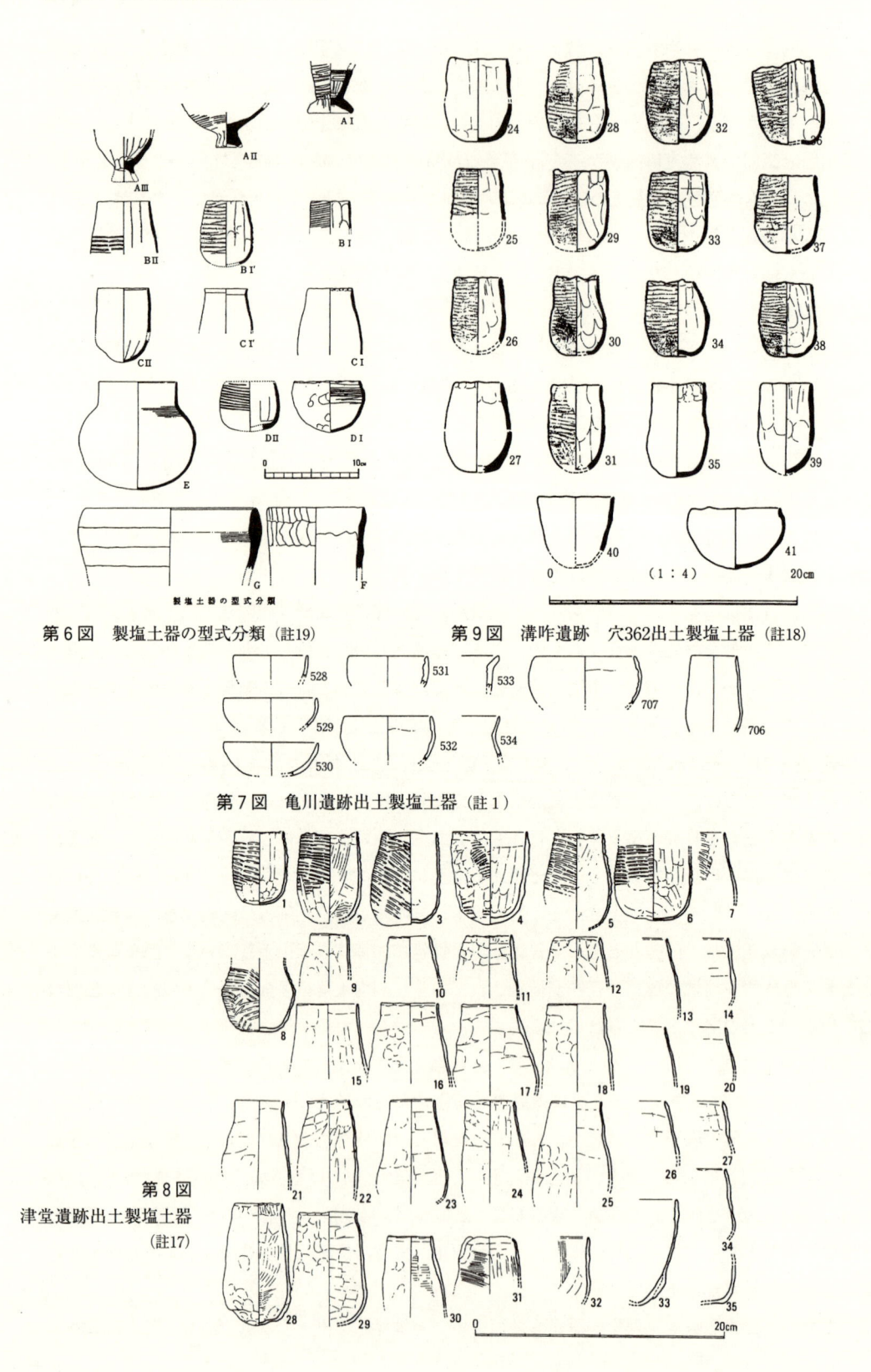

第6図　製塩土器の型式分類（註19）　　　第9図　溝咋遺跡　穴362出土製塩土器（註18）

第7図　亀川遺跡出土製塩土器（註1）

第8図　津堂遺跡出土製塩土器（註17）

跡(18)では，土坑(穴362)から製塩土器がまとまって出土し，完形品が多く含まれることから，故意にいれられたものと考えられている。完形に復元できるこれらの製塩土器も複数のタイプが見られる。

　岡崎晋明は内陸地から出土する製塩土器に注目して，奈良盆地を中心に述べられている(19)。5世紀末葉になると奈良盆地で製塩土器を出土する遺跡が増加し，また，遺跡では複数の産地の製塩土器が出土することを指摘している。この点について，生産地域から直接内陸部の各集落に塩が運ばれるのではなく，いったん，その地域の有力な首長層者のもとに，統括され，そこから流通機構の一端として，分配した可能性を考えられている。大阪府内でも，奈良盆地同様に，複数産地のものが混在している状況が見られる。近年，生産地での調査も進んでおり，生産地，消費地の状況を整理する必要があろう。

(3)鉄器

　亀川遺跡では多くの鉄器が出土した。土坑748では棒状鉄器や鉄鋋など鉄器の素材が出土しており，落込み400からは碗形滓が出土している。集落内で鉄器加工を行っていたことが考えられる。その他，落込み400からは釣針，穂積具，U字鋤先，刀子，鏃，鋲状の鉄器などが出土している。これらの鉄製品は，素材を除けば，漁撈具，農耕具，工具，武器といったように，非常にバラエティーに富んだ実用品である。

(4)手づくね土器

　亀川遺跡では，遺構によって器形が違っており興味深い。落込み400では，粘土塊に指を押し込み，簡単に形を整えたものがほとんどであるが，非常に形の整った底部が平らなものも見られる。土坑748は，指オサエによって整形されているが，底部が平らで，体部，口縁部が大きく開くもの，底部は平らで，体部，口縁部が上へのびるもの，底部に丸みをもつもの，体部下半が膨らみ，口縁部が窄むもの，筒状のものがある。落込み400と同じ器形のものは出土していない。また，落込み400出土手づくね土器に比べて，土坑748出土のものは胎土に砂粒を多く含む特徴がみられた。

　以上，亀川遺跡の祭祀遺構の出土遺物を中心に見てきたが，いくつかの問題があげられる。一つは，製塩土器の流通の問題である。産地での状況を含めて検討しなければならない。また，これと同様なことは，滑石製玉類についてもいえる。亀川遺跡，池島・福万寺遺跡での状況から，素材(主に色)の違いが規格の違いと合致することから，複数の生産地の製品がもちこまれた可能性が考えられる。また，亀川遺跡，池島・福万寺遺跡では非常に多くの臼玉が集中して出土しており，他の遺跡の出土状況と大きく異なる。製塩土器についても出土数が他の遺跡に比べて圧倒的に多い遺跡が見られる。いわゆる滑石製玉類の流通もまた，製塩土器と同様な問題を持っていると言える。製塩土器，滑石製玉類はともに5世紀後半以降集落内において多く見られる点でも一致している。言い換えるならば，滑石製玉類と製塩土器は共通した流通形態を持っているのではないだろうか。

　石製玉類，手づくね土器は祭祀遺物として非常に限られた用途のものであるが，鉄器，製塩土

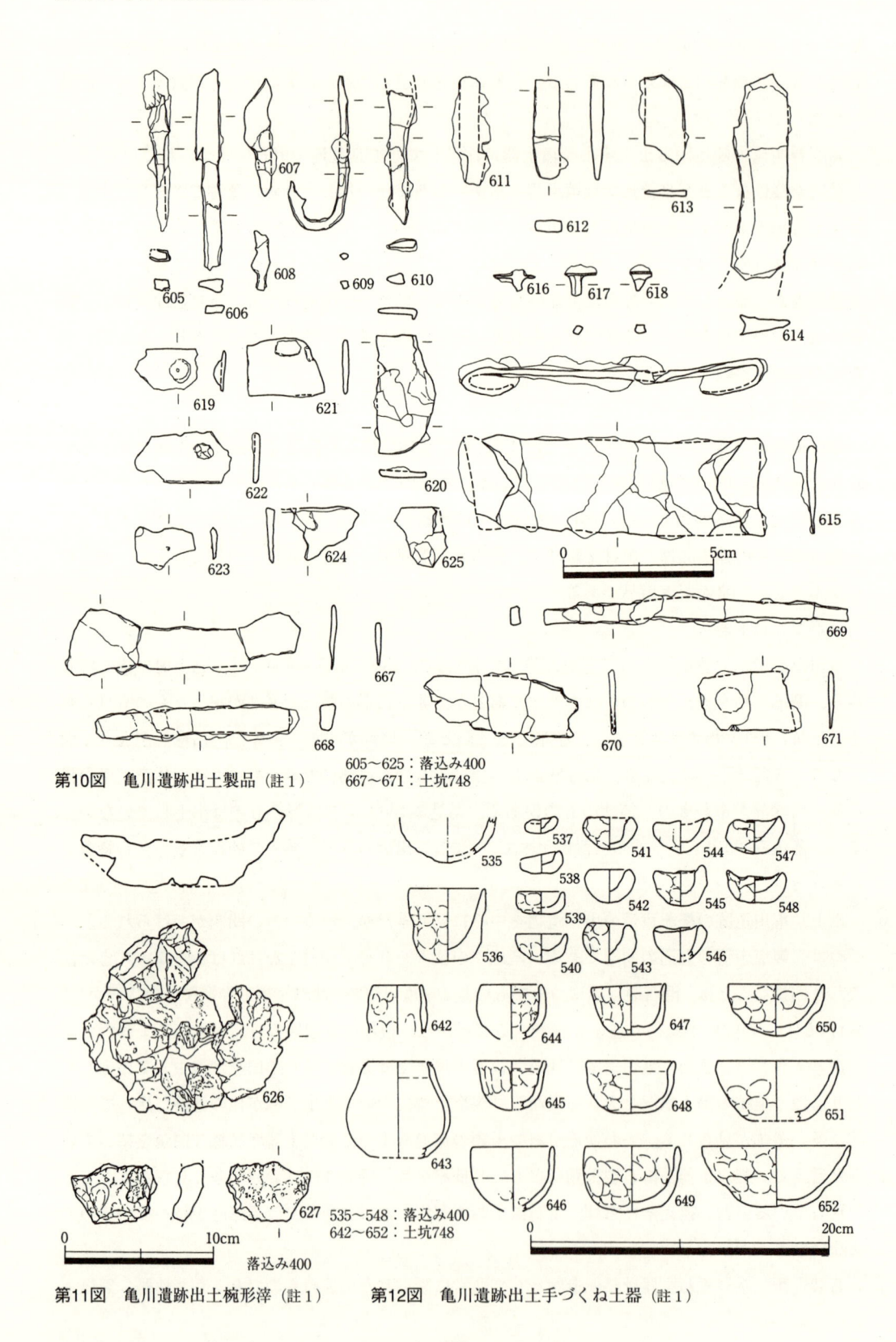

605～625：落込み400
667～671：土坑748

第10図　亀川遺跡出土製品（註1）

535～548：落込み400
642～652：土坑748

第11図　亀川遺跡出土椀形滓（註1）　　第12図　亀川遺跡出土手づくね土器（註1）

器は祭祀に用いられた遺物であると同時に実用品でもある。これらの他に多くの実用品である土器も祭祀遺構から出土している。これらの実用品からは，漁撈，農耕，製塩，鉄加工，工具といった様々な生産活動をみることができる。このことから，亀川遺跡で行われた祭祀は集落内での生産活動に伴うものであったと考えたい。

4．集落内の祭祀空間

　亀川遺跡では，祭祀遺構は居住域と近接しながらも，居住域とは別の空間，祭祀域をもつ。この祭祀域は集落の縁辺に位置している。集落という空間の中で，祭祀域として他と独立して存在している点は重要であり，また，このことは集落全体での祭祀を行っていたことを示唆している。祭祀の対象は非常に難しい問題ではあるが，生産に関わる複数の遺物の出土から生産活動に対する祭祀であると考えたい。これとは別に，居住域内では，住居廃絶後の窪地で祭祀が行われている。これは，個的な祭祀と考えられ，住に関わると考えられる。集落全体に関わる最も大きな問題は生産活動そのものであり，個にとっては住が大きな問題であろう。それぞれが祭祀の対象になることは自然の事であろう。

　池島・福万寺遺跡では，工房域を祭祀域と置き換えるならば，微高地の縁辺部において，居住域に隣接し，独立した祭祀空間を持つものということができる。中野遺跡でも，集落の縁辺部で祭祀遺構を見ることができる。これらの例は祭祀空間が居住空間とは別に存在する例であり，特に集落の縁辺部に見られる。この時期の祭祀を代表する遺物である石製玉類，手づくね土器は溝，河川から出土することが多い。これらの溝，河川は集落内を区画する，あるいは集落の縁辺部にあたるものが多い。溝や河川でこれらの遺物が出土した場合「水」との関わりの祭祀と捉えられがちであるが，それよりも祭祀域としての「場」としての意味が大きいのではないだろうか。ただし，溝，河川は現地性に欠けるため，森小路遺跡例のように，手づくね土器の供伴といった遺物の構成，あるいは出土状況を十分に検討する必要があろう。

お わ り に

　今回は亀川遺跡の事例を中心に古墳時代中期末～後期の集落内の祭祀について考えてみた。非常に限られた資料であり，今後の課題が多く，十分に検討できなかった部分が多い。最後に今後の課題に付いて挙げておわりとしたい。

　集落内祭祀のうち集落全体での祭祀は独立した祭祀域を持つ点で特徴づけられる。集落の空間構造を考える中で，祭祀域は大きな構成要素であり，「場」の位置する空間についての類型化が課題であろう。祭祀関連遺物の流通もまた，非常に興味深い問題である。いわゆる滑石製玉類は原石の産地自体が漠然としており今後の理科学的分析が望まれる。一様に滑石製臼玉と捉えられがちであるが，今回複数の生産地での製品の存在を指摘したように遺跡内，遺跡間での比較を行い，

生産地の相違を検討する必要がある。その上で，流通についての検討ができるものと考える。

　　註
（1）　(財)大阪府文化財調査研究センター　『亀川遺跡』　2002
（2）　三木　　弘　「大阪府の概要」『第2回　東日本埋蔵文化財研究会　古墳時代の祭祀』東日本埋蔵文
　　　　　　　　　化財研究会　1993
（3）　篠原　裕一　「石製模造品の諸問題」『奈良国立文化財研究所埋蔵文化財センター埋蔵文化財技術
　　　　　　　　　者特別研修　信仰関連遺跡調査過程』奈良国立文化財研究所　2000
（4）　鈴木　敏弘編　「集落内祭祀研究の25年」『和考研究Ⅹ』和考研究会　2001
（5）　滑石製と呼んでいるものの中で，純粋な滑石は少ないと考えられ，緑泥石や蛇紋岩等も含まれる。
　　　ここでの滑石製玉類は，これらの石材を含んだものであり，いわゆる滑石製である。
（6）　註（1）「第4章第1節」
（7）　江浦　　洋　「Ⅶ考察　古墳時代集落の変遷と特質」『池島・福万寺遺跡　発掘調査概要Ⅱ』(財)大
　　　　　　　　　阪文化財センター　1991
（8）　小野　久隆　「古墳時代河内に於ける玉生産について」『研究紀要vol 2』(財)大阪文化財センター
　　　　　　　　　1995
（9）　大阪府教育委員会　『池島遺跡発掘調査概要・Ⅰ』　1986
（10）　Cトレンチの資料に付いて，実見することができた。資料の実見については大阪府教育委員会阪田
　　　育功氏，近つ飛鳥博物館山本彰氏にお世話になった。また，池島・福万寺遺跡の滑石製玉類について
　　　は(財)大阪府文化財センター廣瀬時習氏に多くの御教授を得た。
（11）　註（7）では，86-Cトレンチと89-2調査区で，玉製品の製作工程に違いが見られ，また，玉製品
　　　の種類も違うことから遺跡内の工人集団の中で幾つかの分かれていたと指摘している。
（12）　四条畷市教育委員会　『四条畷市埋蔵文化財包蔵地調査概要21　中野遺跡発掘調査概要・Ⅲ』1986
（13）　四条畷市教育委員会　『四条畷市埋蔵文化財包蔵地調査概要23　中野遺跡発掘調査概要・Ⅳ』1987
（14）　(財)大阪市文化財協会　『森小路遺跡発掘調査報告Ⅰ』　2001
（15）　置田　雅昭　「集落と土器」『季刊考古学第24号』　1988
（16）　大阪府教育委員会　『讃良郡条里遺跡(郡屋北遺跡)発掘調査概要・Ⅳ』　2002
（17）　大阪府教育委員会　『津堂遺跡-86-1区の調査-』　1987
（18）　(財)大阪府文化財調査研究センター　『溝咋遺跡(その3・4)』　2000
　　報告書の中で出土製塩土器をA～Cの3つの形態に分類している。Aは器壁は薄く，丸底でコップ形を
呈する。外面にタタキ目を残す。BはAと同様に，器壁は薄く，丸底でコップ形を呈するが，外面はナデ
調整で仕上げる。Cは器壁は薄く，丸底で椀形を呈する。外面はナデ調整で仕上げる。穴362ではA～C
すべての形態の製塩土器が出土している。
（19）　岡崎　晋明　「内陸地における製塩土器-奈良盆地を中心として-」『橿原考古学研究所論集第四
　　　　　　　　　創立40周年記念』　1979
　　奈良県下での出土製塩土器を図6のように形式分類を行っている。このうち，古墳時代時代中期後半～
後期前半の時期を与えられるのは，AⅢ，B～E類である。B類は薄手丸底式土器で外表面にタタキを施
す。器形・タタキ技法によりさらに3分類する。C類は器形はB類と同様であるが，外表面にタタキ技法
が認められない。D類は椀形の丸底土器である。DⅠ類は外表面には粘土紐の貼り合わせ痕，押圧痕，指
掌痕が顕著で内面は貝殻腹縁と推定される条痕が施される。DⅡ類は外表面にタタキを施し，内面には押
圧痕が認められる。E類は壷形土器。さらに生産地について，B類，DⅡ類を備讃瀬戸，C類，DⅠ類，
E類を紀淡海峡に当てている。

鈴鏡の画期

岡 田 一 広

【要旨】
　5世紀後半から6世紀代にかけて，鏡の周縁部に鈴を付着させる「鈴鏡」が出現する。この鈴鏡は，その分布から東日本独自の鏡として認識されてきた。これまでの研究では，主に分布と鈴数に鈴鏡研究の主要な部分を占めており，細かい時期の分布や同時代の仿製鏡との文様比較などの研究はまだ行われていない。本稿ではこれらの問題点から，鈴鏡の役割について考えてみる。

1. は じ め に

　古墳時代の威信財の1つに鏡がある。この鏡は鋳造された産地から中国周辺で鋳造された中国鏡と日本国内で中国鏡を模倣し鋳造された仿製鏡に大別される。仿製鏡の内区文様は中国鏡の文様に加えて，家屋文鏡や勾玉文鏡などの仿製鏡独自の文様を生み出し，仿製鏡は鏡の主流を占めるようになる。こうした仿製鏡の発展の中で，5世紀後半には，鏡に鈴のついた鏡である「鈴鏡」が出現する。鈴鏡の鏡背文様は，通有の仿製鏡とは変わらないが，鈴が鏡縁に付着する特異な形のため，鈴数・内区の分類の研究がされてきた。

　現在，鈴鏡は約150面確認されている。これらの中には，出土地が不明のものや文献にのみ記されているものも含まれている。本稿では，こうした不明品をできるだけ除外した58個の鈴鏡について，内区文様や鈴鏡が副葬された時期を検証し，鈴鏡の役割について考える。

2. 研　究　史

　鈴が付着する鏡を「鈴鏡」という言葉で表記するのは意外に古くからある。安土桃山時代の武将丹羽長秀が領地である小松山王社(現日吉神社)に鈴鏡を寄進したという古文書には「鈴鏡一面　寶奉納小松山王　神社物也　天正十二年二月　丹羽五郎左衛門長秀(花押)」と記されており，鈴鏡という言葉の古い例である[1]。

第1図 鈴鏡を身につける
　　　巫女の埴輪
　　（1/10・石塚他1980）

　戦前の研究は，鈴鏡の生産地と鏡の集成が中心となった。鈴鏡を仿製鏡として最初に認識したのは高橋健自である[2]。その後，富岡謙蔵や後藤守一が鏡を集成し，鈴数で分類をしている[3]。喜田貞吉は，七鈴鏡を百済から伝わった七子鏡とした中島介山の説に賛同し，朝鮮半島にて鈴鏡を鋳造したと考えた[4]。梅原末治は，朝鮮半島で出土した後漢以前の八鈴鈴飾りに注目し，鈴鏡は日本国内で鋳造されたが，鈴鏡の起源はこの鈴飾りにあると考えた[5]。森本六爾は，58面の鈴鏡をとりあげ，東山道・東海道で多く出土し，これらの地域では鈴釧・鈴杏葉・鈴の出土も集中することを指摘した。仿製鏡の比率が東日本に多く西に行くにしたがって減少する傾向を見出し，「鈴鏡は日本内地に於てのみ發見され，東日本に濃密な分布を有してゐる」とした。次に鈴数ごとに，鈴鏡の個数，面径の最大径・最小径・平均値，内区文様の個数を求め，「鈴鏡の小鈴付着数は鏡體の大きさに比例し，背文の精粗また鏡體の面徑に比例する」とした。また共伴遺物から古墳時代の前期と後期の過渡期の短い期間で発生したと推測した。東日本では，武具・馬具が，西日本より多く出土していることから，東日本を『動的文化』，西日本を『静的文化』とし，『動的文化』である鈴が『静的文化』である鏡に結合することは，両文化の影響を受けた遺物と推測した[6]。

　戦中・戦後は，森本の研究を受け，鈴鏡の意義に注目されるようになる。三木文雄は，仿製鏡の鏡背文様には意味がなくなり，単に光り輝けば善いといった変化を遂げるが，音に神秘性や呪術性をもつ鈴と結合することによって，本質的に宗教的色彩を強めた鈴鏡を作ったと推測した。鈴鏡が作られた時代を，斉明期とし東国においては隋唐の文化の流入が多少遅れたため，鈴鏡が多く出土するようになったと推測した[7]。小林行雄は，鈴鏡と普通の仿製鏡との文様の共通性から，鏡作部が鈴の部分を製作するために内型使用する新しい鋳銅技術を取得し，鈴鏡を製作したと考えた。また，巫女埴輪が鈴鏡を剥き出しで腰にさげている点から，「鏡としての神秘性によって人の関心をあつめるものではなくて，巫女の舞踊にリズムをそえる鈴の音によって，かれらの社会の存在の意義を認められた」と考えた[8]。中口裕は，鈴鏡の製作工程に着目した。同笵関係がある鈴鏡が存在し，付着する鈴の厚さが2mmであることから，鏡を焼惣型，鈴を蝋型の組み合わせで鋳造したと想定し，鋳造実験を行った[9]。田中琢は，鈴鏡を製作したのが在来の倭鏡工人とした上で，馬具類等の鏡以外の青銅鋳造品の文様が倭鏡と共通性を持つことから，倭鏡工人が倭鏡の生産を衰退させるとともに，馬具などの新しい器物の生産も行うようになったと指摘した。さらに，鈴鏡の出土した古墳が5世紀代に築造され，また捩文鏡の生産が5世紀前半で終了している点から，鈴鏡の生産を5世紀の間に位置付けた[10]。樋口隆康は，鏡の集成の中で，鈴鏡65面を内区で分類し，さらに鈴数で細分した[11]。山越茂は，鈴鏡と鈴のつかない鏡との供伴関係について，①鈴鏡と仿製鏡の組み合わせ，②鈴鏡・中国鏡・仿製鏡の組み合わせ2種類に

第2図 鈴鏡出土位置図

凡例：
● 乳脚文　▽ 方画規矩文
■ 獣形文　□ 櫛歯文
★ 神獣文　◉ 乳文
☆ 神像文　▼ 重圏文
○ 珠文　　◆ 素文
▲ 内行花文　◇ 不明
△ 捩文

分類した。畿内政権下で下賜された同笵関係のある画文帯神獣鏡と鈴鏡が供伴関係にあるのは関東においてのみ見られることから，画文帯神獣鏡の分有開始期より幾分遅れて鈴鏡が畿内で出現し，東国へ鈴鏡が波及した段階にいっそう発展し独自の位置を確保すると推測した。また，鈴鏡の同形鏡の分有関係が関東地域に多いことから，畿内からは遅れたが関東において鈴鏡製作の基盤が成立し，鈴鏡の保有者については，画文帯神獣鏡を保有している被葬者もいることから，司祭者的な性格にとどまらず政治的な性格もかねそろえ，必ずしも性格が一律ではなかったと考えた[12]。森下章司は，総括的に仿製鏡についての編年を行い，仿製鏡の鋳造における画期として，①4世紀，②4世紀末～5世紀中葉，③5世紀後葉～6世紀の3つに区分した。鈴鏡が鋳造されたのは③の時期にあたり，特徴として外区文様が鋸歯文＋鋸歯文＋波文（鋸鋸波文）から櫛歯文＋櫛歯文＋波文（櫛櫛波文）に変化するという型式変化が見られる。外区文様はほぼ同一の形態変化をとることから，この時期の仿製鏡の製作者は，同一か少なくとも互いに密接な関係を持つことを想定した。この時期の仿製鏡は，広範囲に比較的均一に分布し，鈴の付くものも付かないものも外・内区の文様からみると均一であると指摘した。したがって，生産地を分布から見出すことは困難だが，統一的な外区文様と鋳造技術から，中心的な製作集団が各系列の製作にあたり，畿内に仿製鏡の製作の中心を想定した[13]。国立歴史民俗博物館が近年の発掘調査も含めた日本出土の鏡を各県別に集成した[14]。矢野淳一・山本哲也は，鈴鏡の面径・鈴数・個数をグラフ化し，各鈴鏡の面径の平均値を算出した[15]。大川麿希は，鈴鏡を内区で分類した。鈴鏡が他の仿製鏡

と同じ文様を持つことから,同じ工人たちが鏡を作り分けて製作したと推測している。しかし,鈴鏡の中には,鏡が先に作られ,鈴が後から付けられたものがある可能性を指摘した[16]。西川寿勝は,古墳時代前期後半に鋳造される捩文鏡の系譜と分布から各地を遍歴する鋳造工人を想定し,当該期には王権中枢部でつくられる精緻な紋様を作る工人とその紋様を模倣し各地を移動する工人とを想定した。古墳時代中期には鏡をふくむ鋳造工人が解体し金工工人に再編され,鋳造製品も金工工人による制作と考えた。鈴鏡には精緻な紋様や大型鏡がなく,また紋様にも特定の系譜がみられず,分布も考慮するとヤマト中枢部では盛んに作られなかったと推定した[17]。

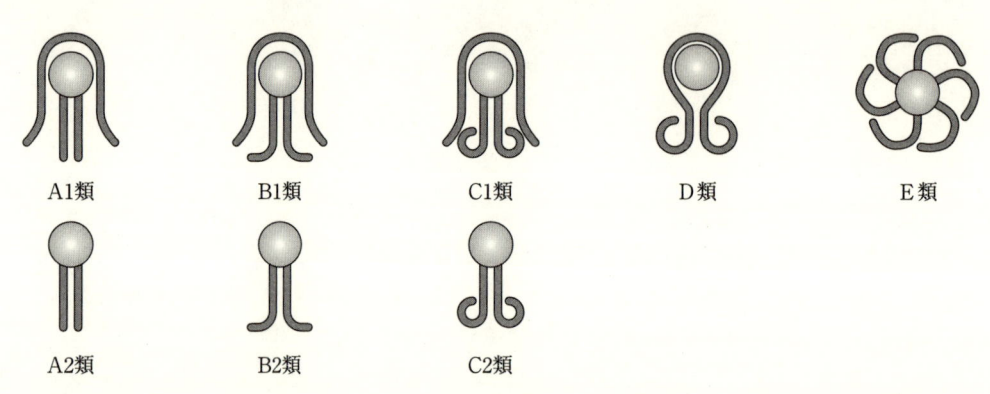

A1類 B1類 C1類 D類 E類

A2類 B2類 C2類

第3図 乳脚文系分類模式図

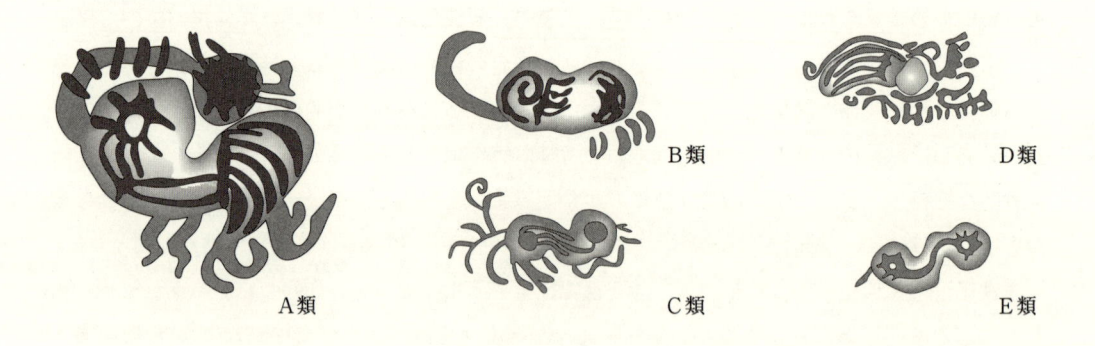

A類 B類 C類 D類 E類

第4図 獣形文系分類図(等倍)

A類=伝 生野山古墳群埋葬施設、B類=天神山5号墳、C類=三倉堂遺跡第2号木棺
D類=雀宮牛塚古墳、E類=久呂保村3号墳

3. 分　　　　類

　前章でふれたとおり，鈴鏡の内区文様は通有の仿製鏡と変わらないため，比較検討できるように分類した。鈴鏡および通有の仿製鏡にて出土数がある乳脚文・獣形文については細分した。なお，個々の鏡の分類は表1～5にまとめ，出土地および年代が判明するもののみ列挙した。

　乳脚文系；乳から伸びる1～4本の脚状の細線による文様を鈕の周りに巡るもの。乳に周りにはΩ状の囲いを持つものもある。四・五・六・八鈴のものがある。

　　A類＝脚が直線的に伸びるもの。Ω状の囲いを持つもの(A1類)と持たないもの(A2類)がある。

　　B類＝脚の先端が渦巻くもの。Ω状の囲いを持つもの(B1類)と持たないもの(B2類)がある。

　　C類＝脚の先端が外反するもの。Ω状の囲いを持つもの(C1類)と持たないもの(C2類)がある。

　　D類＝Ω状の囲いのみのもの。

　　E類＝脚が乳を中心に蕨手状に拡がるもの。

　　　五鈴鏡＝上野・鍛屋地2号墳(C1)・九合村48号墳(C1)，信濃・金鎧塚古墳(C1)
　　　　　　尾張・志段味大塚古墳(E)，志摩・泊古墳(E)，美濃・小山古墳(B1)
　　　　　　美濃・天神ヶ森古墳(E)，近江・山津照神社(B1)，伊予・丸塚古墳(B2)
　　　　　　筑前・夫婦塚古墳(B1)・こうもり塚古墳(1)
　　　六鈴鏡＝常陸・上野古墳(B1)，上野・兵庫塚古墳(A2)，駿河・賤機山古墳(E)
　　　　　　尾張・松ヶ洞8号墳(E)，加賀・和田山1号墳(C2)，甲斐・大塚古墳(E)
　　　　　　信濃・丸塚古墳(A2)・神送塚古墳(B1)
　　　八鈴鏡＝上野・九合村48号墳(C2)

　獣形文系；半肉彫りで長い頸部と嘴をもつ鳥型の獣像を鈕の周りに巡るもの。五・六・七・八・十鈴のものがある。

　　A類＝頭部および嘴を持ち，獣文を明瞭に表現するもの。

　　B類＝頭部および嘴が省略され，頸部および胴部だけ表現するもの。

　　C類＝胴部のみの表現のもの。

　　D類＝旋回する鳥の羽状の表現のもの。森下分類の羽根状文に系譜をもつ。

　　E類＝S字状の表現のもの。

　　　五鈴鏡＝下野・雀宮牛塚古墳(D)，上野・久呂保村3号墳(E)
　　　　　　上野・観音塚古墳(B)
　　　六鈴鏡＝陸奥・狐塚古墳(B)・台町20号墳(B)，武蔵・庚塚古墳(B)
　　　　　　武蔵・西岡28号墳(B)，信濃・観音塚古墳(C)，摂津・勝福寺北古墳(B)
　　　　　　播磨・天神山5号墳(B)・東阿保古墳(B)，淡路・左礼尾古墳(B)

－261－

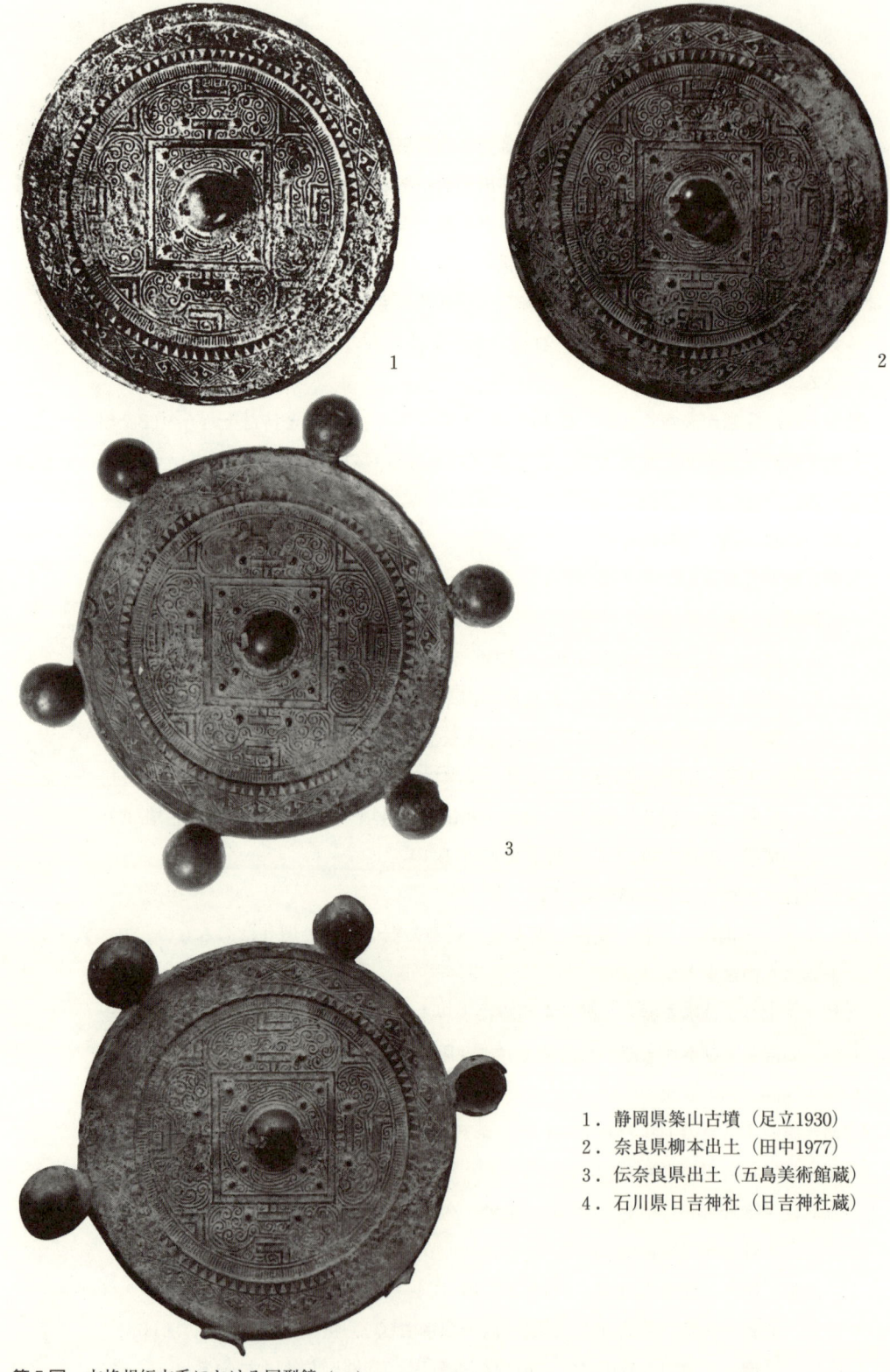

1. 静岡県築山古墳（足立1930）
2. 奈良県柳本出土（田中1977）
3. 伝奈良県出土（五島美術館蔵）
4. 石川県日吉神社（日吉神社蔵）

第5図　方格規矩文系における同型鏡 (1/3)

七鈴鏡＝常陸・神岡上3号墳(B)，安房・嶺岡東上牧天塚古墳(C)
　　　　　　遠江・学園内4号墳(B)，伊勢・愛宕山2号墳(D)
　　　　　　大和・三倉堂遺跡第2号木棺(C)，丹波・宝地山2号墳(A)
　　八鈴鏡＝日向・鈴鏡塚古墳(B)
　神獣文系；神像と獣像を表現するもの。四神四獣・二神二獣・五神一獣のものがある。五・七・八・十鈴のものがある。
　　七鈴鏡＝尾張・志段味羽根古墳
　　八鈴鏡＝丹波・弁財1号墳
　神像文系；神像のみを表現するもの。四神・五神のものがある。五・六鈴のものがある。
　珠文系；内区を珠文で埋めるもの。四・五鈴のものがある。
　　四鈴鏡＝陸奥・横山古墳，伊予・金子山古墳
　　五鈴鏡＝出雲・上島古墳
　内行花文系；花文の間を髭状の紋様のものと珠文で埋めるものがある。五花文と六花文がある。四葉座はいずれも表現する。六鈴と七鈴のものがある。高徳寺東古墳鏡と古海天神塚古墳鏡は同一の鏡であり，本稿では大泉町史に従い高徳寺東古墳出土とした。
　　六鈴鏡＝上野・高徳寺東古墳，駿河・猪谷神社古墳
　　七鈴鏡＝武蔵・御岳山古墳
　捩文系；太縄を縛る結び目状の間隔が広いものがある。
　方画規矩文系；現在3面確認されている。石川県小松市日吉神社鏡は外区は菱雲文二渦＋鋸歯文で，内区は8つの禽獣文からなる[18]。この鏡は五島美術館蔵のものと同型鏡である。また，鈴のつかないものとして奈良県柳本出土のものと静岡県清水市築山古墳のものとも同型鏡となる。奈良県から出土したとされるものは，外区を鋸鋸文で構成し，内区文様は著しく崩れている。
　櫛歯文系；内区を持たず，櫛波文のみで紋様を構成する。複数の同型の鏡を副葬する傾向にある。
　　四鈴鏡＝下野・雀宮牛塚古墳(3面)
　　五鈴鏡＝下野・助戸十二天塚古墳(2面)
　乳文系；乳を中心とした文様構成である。新沢千塚115号墳出土鏡は乳の間を台形状の盛り上がりを持つ。
　　五鈴鏡＝大和・新沢千塚115号墳
　重圏文系；重圏文を主文様とする。
　素文系；文様が刻まれず，大きさは小型のものである。鈕は鼻鈕であり，鈴鏡の中でも特徴的な鈕の形態を呈している。
　　三鈴鏡；下野・別所山古墳
　　四鈴鏡；紀伊・大谷古墳(5面)

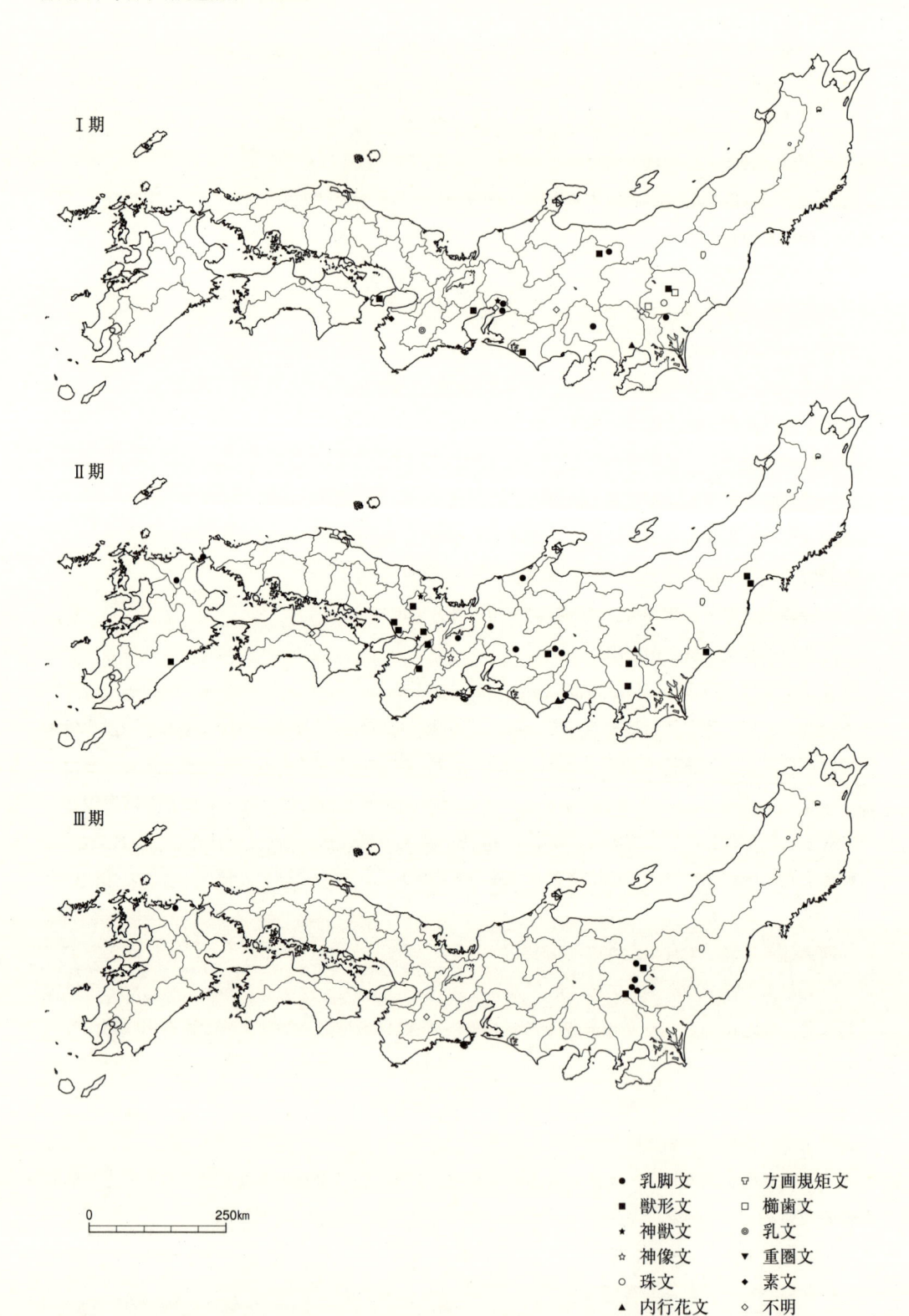

富山大学考古学研究室論集（岡田論文）

Ⅰ期

Ⅱ期

Ⅲ期

0　　　250km

● 乳脚文　　▽ 方画規矩文
■ 獣形文　　□ 櫛歯文
★ 神獣文　　◎ 乳文
☆ 神像文　　▼ 重圏文
○ 珠文　　　◆ 素文
▲ 内行花文　◇ 不明
△ 捩文

第6図　時期別鈴鏡出土位置図

－264－

4. 各時期について

　鈴鏡Ⅰ期；陶邑編年のＴＫ216～ＴＫ47併行期にあたる。25面が出土している。鈴数は四鈴・五鈴・六鈴・七鈴がある。外区文様は鋸鋸波文・鋸波文・櫛櫛波文・櫛文がある。内区文様は乳脚文・獣形文・神獣文・珠文・内行花文・櫛歯文・乳文・素文がある。乳脚文ではＢ１類・Ｃ１類・Ｅ類があり，獣形文ではＢ類・Ｄ類がある。出土地域は常陸・下野・上野・武蔵・甲斐・信濃・遠江・尾張・伊勢・淡路・大和・紀伊・伊予である。雀宮牛塚古墳・助戸十二天塚古墳・大谷古墳では同型の小型鈴鏡を複数副葬することから，この副葬形態は当該期の特徴となるであろう。鈴数は，四・五鈴のものが当該期を占め，四鈴のものは当該期においてのみ用いられる。外区文様は櫛櫛波文・櫛波文が通有の鏡よりも早く用いられる。内区文様は種類は最も多く特定の種類への偏りはそれほど目立たない。獣形文Ｄ類および櫛歯文は当該期においてのみ出土する。分布は東日本に多く出土し，特に伊勢湾周辺と利根川中流域にややまとまって出土する。

　鈴鏡Ⅱ期；陶邑編年のＭＴ15・ＴＫ10併行期にあたる。24面が出土している。鈴数は五鈴・六鈴・七鈴・八鈴がある。外区文様は鋸鋸櫛文，鋸波文・鋸櫛文・鋸文・櫛櫛波文・櫛波文・櫛文がある。内区文様は乳脚文・獣形文・神獣文・珠文・内行花文がある。乳脚文はＡ２類・Ｂ１類・Ｃ１類・Ｃ２類・Ｅ類があり，獣形文はＡ類・Ｂ類・Ｃ類がある。出土地域は陸奥・常陸・上野・武蔵・加賀・信濃・駿河・丹波・摂津・大和・石見・長門・日向である。内区紋様は乳脚文が5面，獣形鏡が11面とこの２鏡種が大半を占め，特に獣形鏡が多い。鈴数は六鈴が最も多く12面で，次いで五鈴が6面，七鈴が3面，八鈴が2面で，鈴の付着が多い傾向にある。分布は最も広く，特に信濃南部・摂津に集中する。

　鈴鏡Ⅲ期；陶邑編年のＭＴ85～ＴＫ209併行期にあたる9面が出土している。鈴数は四鈴・五鈴・八鈴がある。内区紋様は乳脚文・獣形文・素文がある。乳脚文はＢ１類・Ｃ１類・Ｃ２類・Ｅ類があり，獣形文はＢ類がある。出土地域は下野・上野・志摩・大和・筑前である。大きさは小型のものが大半を占める。内区紋様は乳脚文が5面，獣形文が2面，素文1面で乳脚文が半数を占める。鈴数は三鈴が1面，五鈴が6面，八鈴が1面で5鈴のものがほとんどである。泊古墳出土鏡は志段味大塚古墳と同型鏡であり，鋳造時期については鈴鏡Ⅰ期に推定する。分布範囲は上野に集中する。

5. ま と め

　鈴鏡を鋳造する5世紀後半から6世紀代にかけての旧国別に出土数をまとめたものが第12図である。この数には鈴鏡も含まれる。この時期には画文帯神獣鏡や獣帯鏡の同型・同笵鏡が前段階に畿内政権から分配されたとされる三角縁神獣鏡よりも広い範囲で分布しているが，鏡自体の分布は鈴鏡の分布とほぼ同様の分布となり鈴鏡のみをもって東日本に分布が偏るとするのではな

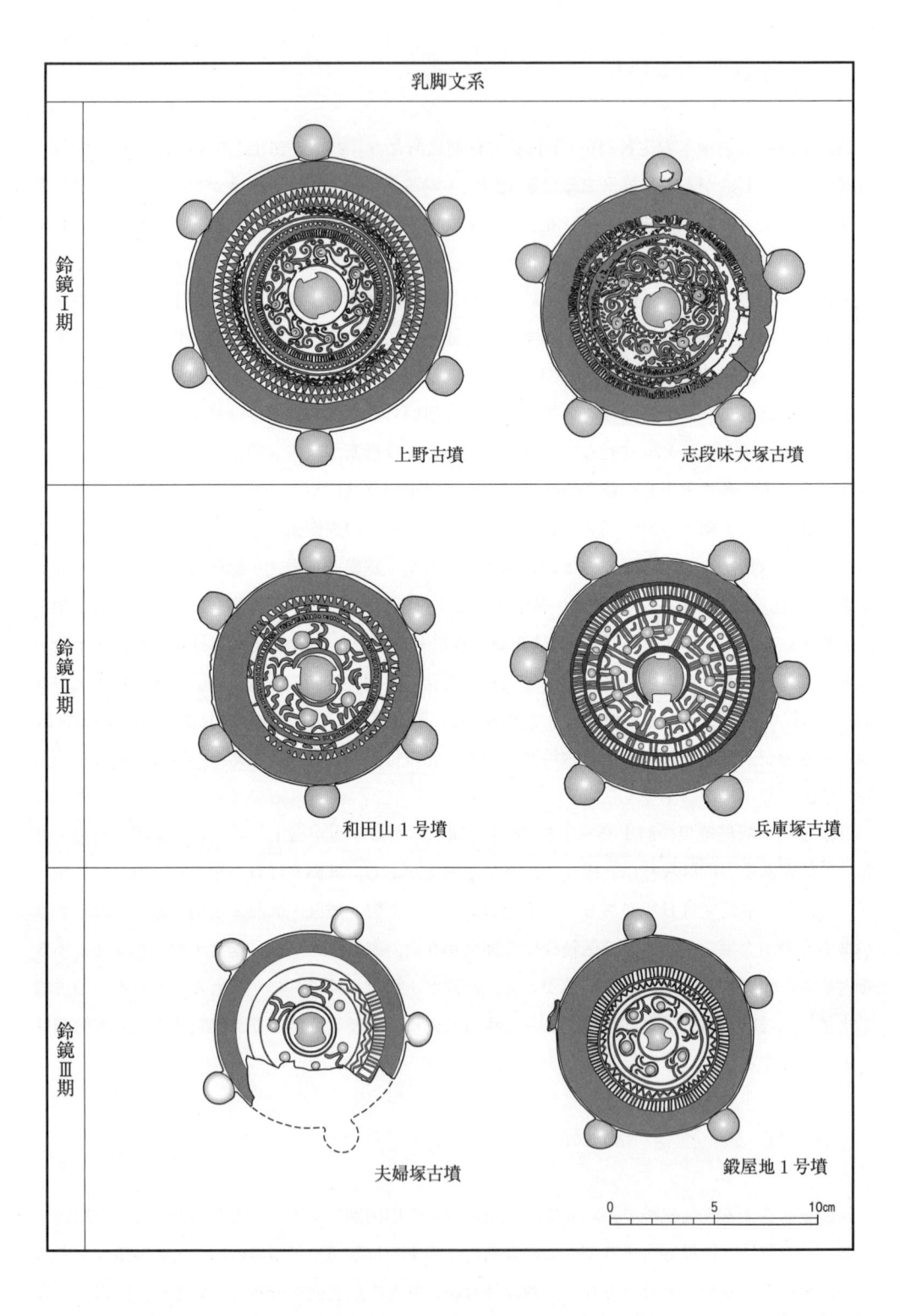

第7図　乳脚文系変遷図（1/3）

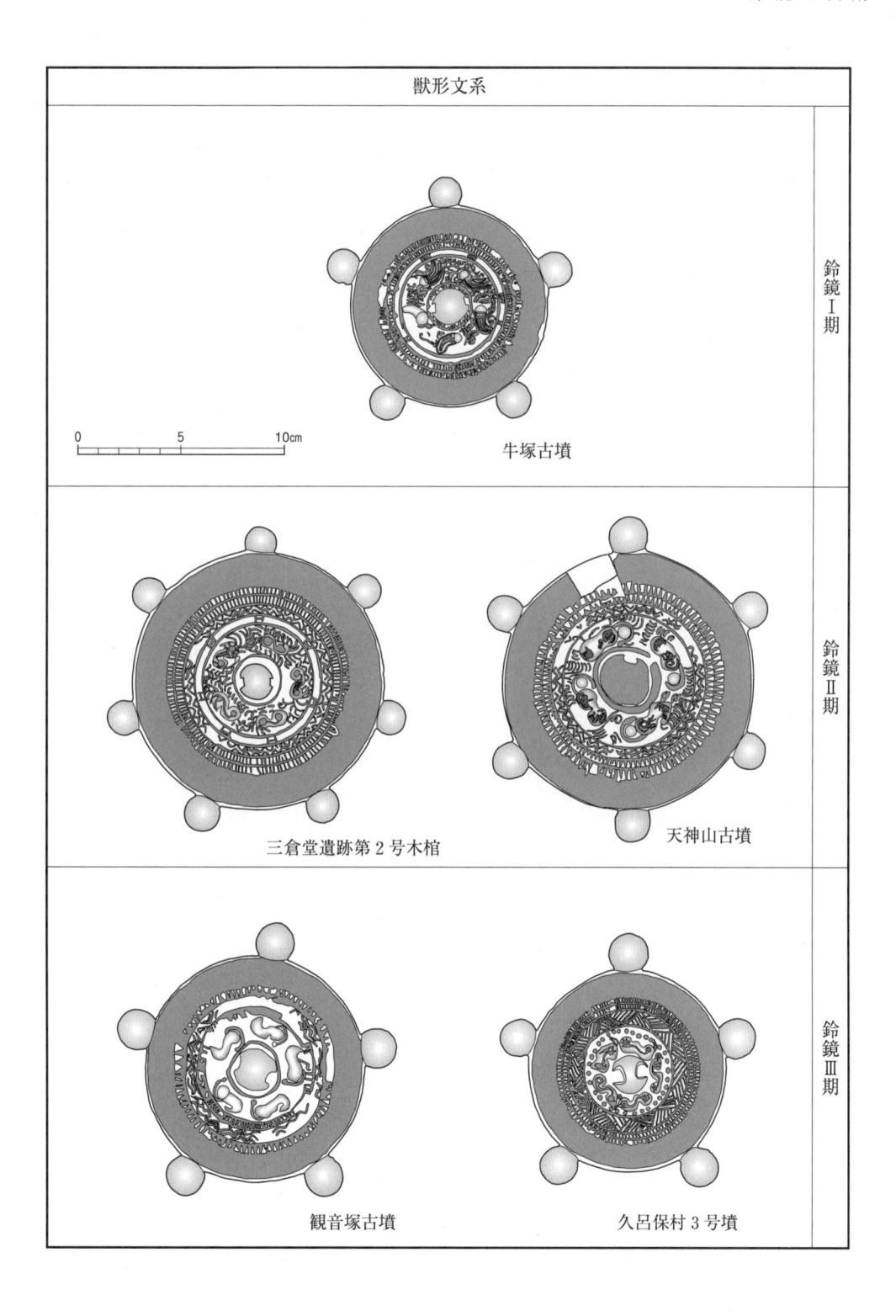

鈴鏡の画期

獣形文系	
牛塚古墳	鈴鏡Ⅰ期
三倉堂遺跡第2号木棺　天神山古墳	鈴鏡Ⅱ期
観音塚古墳　久呂保村3号墳	鈴鏡Ⅲ期

第8図　獣形文系変遷図 (1/3)

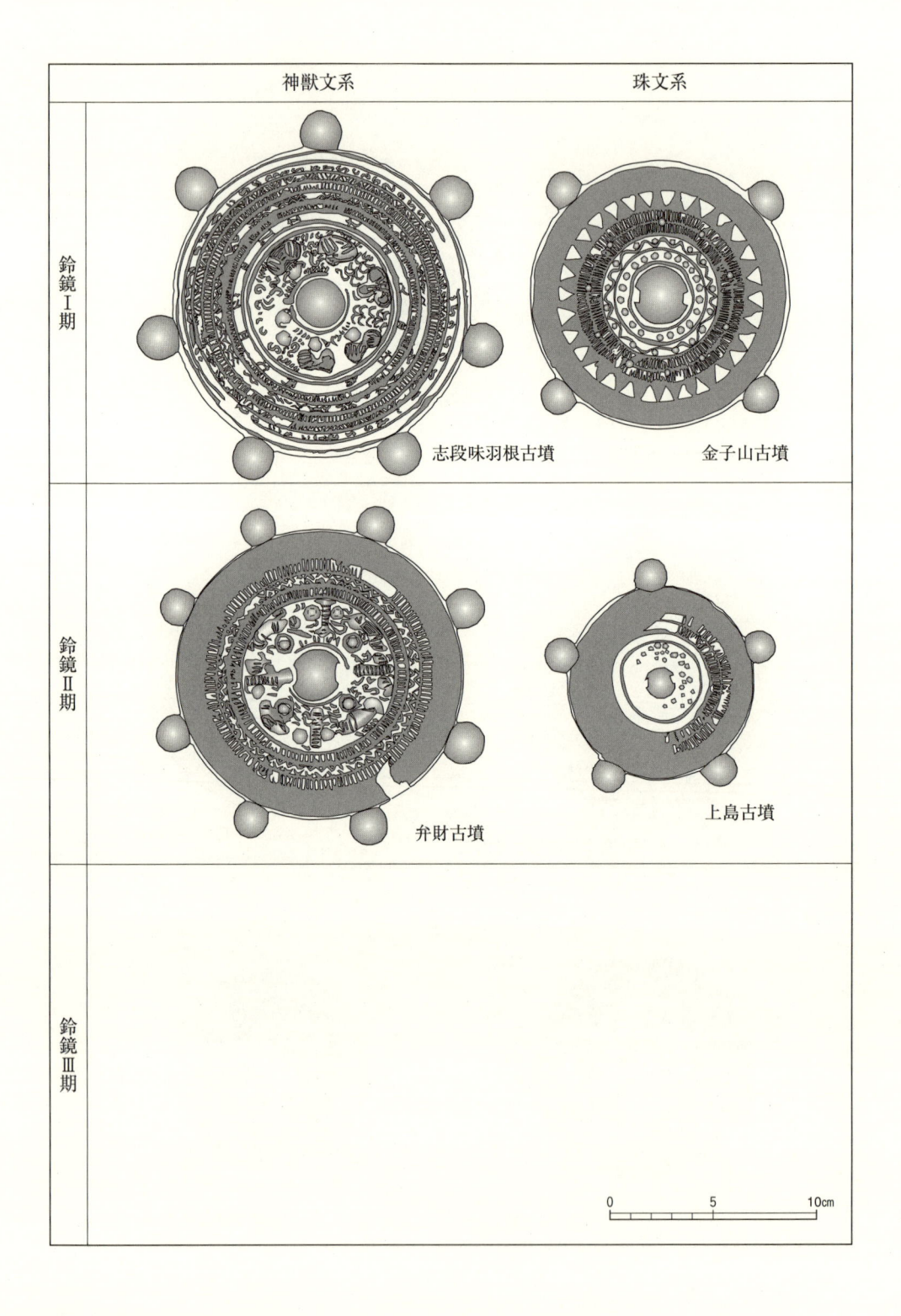

富山大学考古学研究室論集（岡田論文）

	神獣文系	珠文系
鈴鏡Ⅰ期	志段味羽根古墳	金子山古墳
鈴鏡Ⅱ期	弁財古墳	上島古墳
鈴鏡Ⅲ期		

0　　　5　　　10cm

第9図　神獣文・珠文系変遷図（1/3）

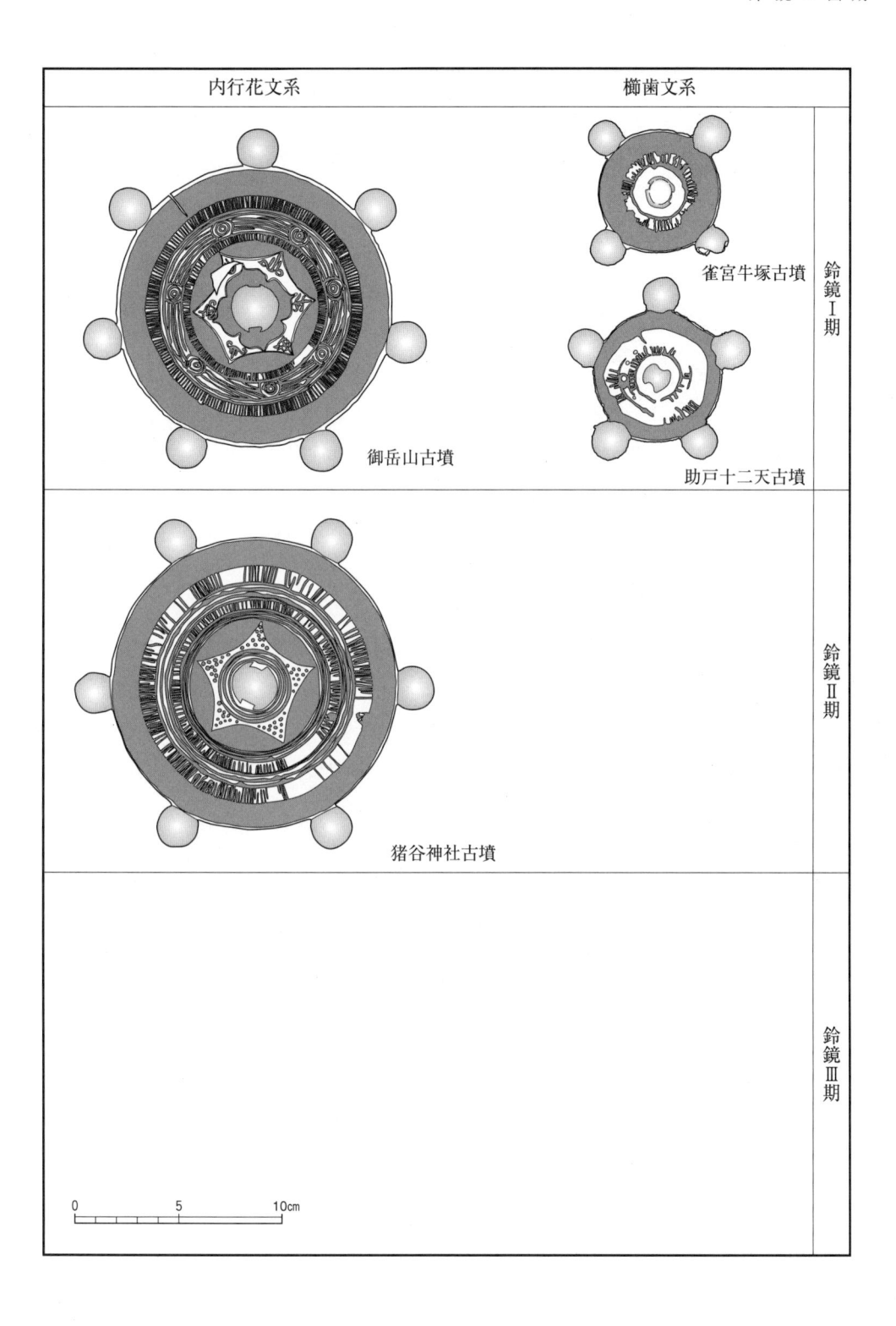

鈴鏡の画期

内行花文系	櫛歯文系	
御岳山古墳	雀宮牛塚古墳 / 助戸十二天古墳	鈴鏡Ⅰ期
猪谷神社古墳		鈴鏡Ⅱ期
		鈴鏡Ⅲ期

第10図　内行花文・櫛歯文系変遷図（1/3）

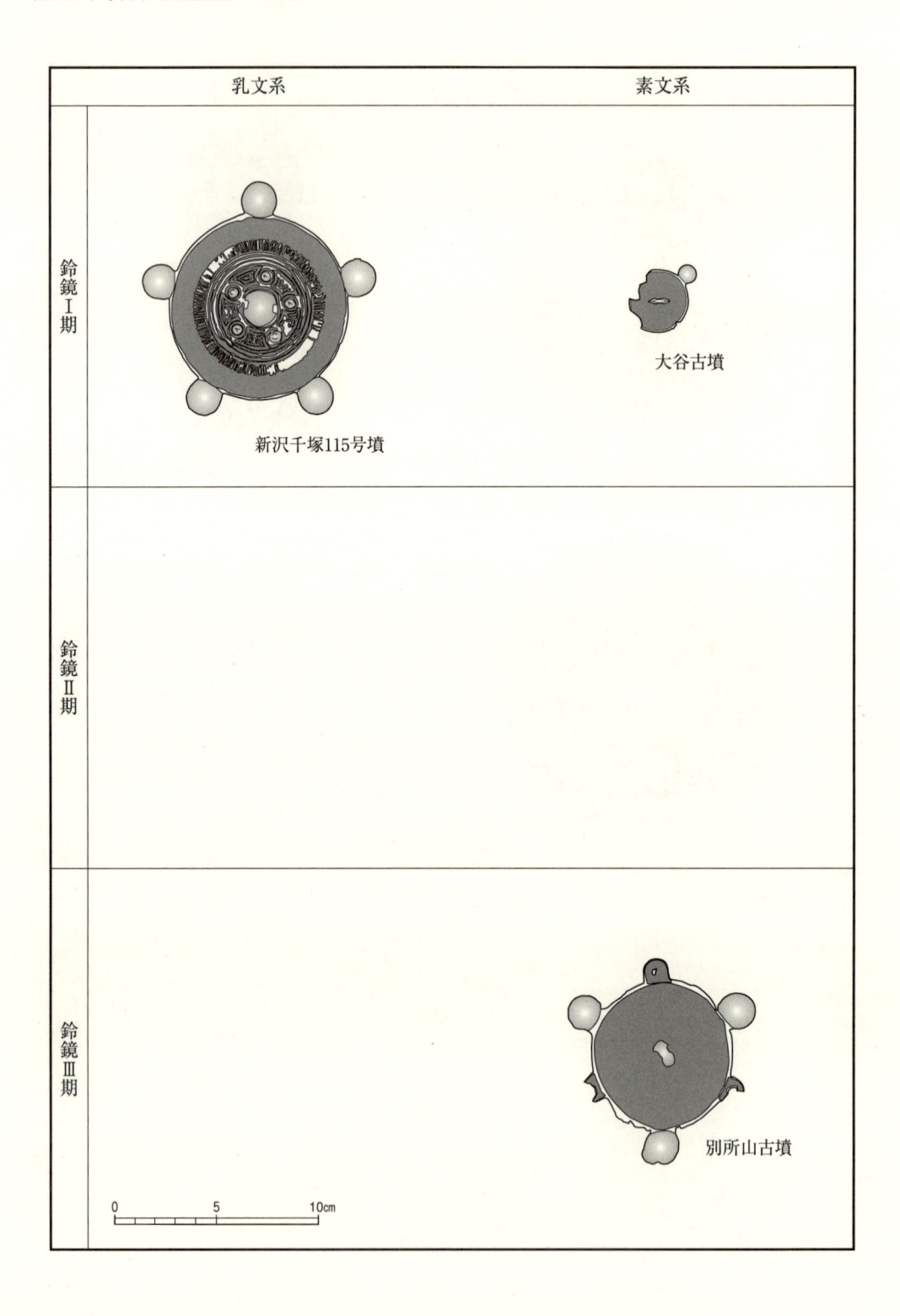

	乳文系	素文系
鈴鏡Ⅰ期	新沢千塚115号墳	大谷古墳
鈴鏡Ⅱ期		
鈴鏡Ⅲ期		別所山古墳

第11図　乳文・素文系変遷図（1/3）

鈴鏡の画期

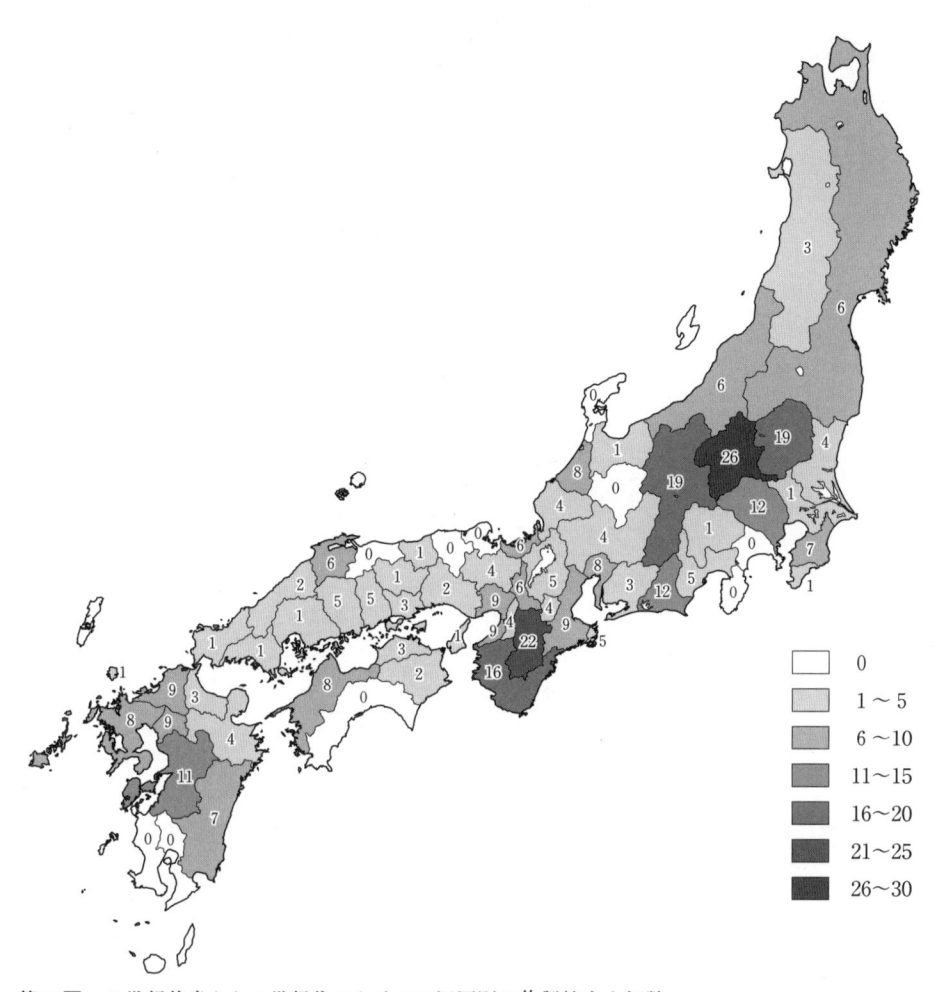

第12図　5世紀後半から6世紀代にかけての旧国別の仿製鏡出土個数

く，鏡の分布自体が東日本に偏っていると考えられる。

　鈴鏡においては同型鏡が多く存在する。伝愛宕山古墳・伝福島県石川町は神像文で，近隣の郡で出土する。雀宮牛塚古墳は櫛歯文で，同一古墳から3面する。助戸十二天塚古墳は櫛歯文で，同一古墳から2面出土する。志段味大塚古墳と泊古墳は乳脚文で，同型鏡では最も距離が離れているが，伊勢湾を挟んで対岸にあたり近隣国からの出土といえる。狐塚古墳と台町20号墳は同一丘陵上の別支群であり，外区文様は違うが内区の獣形文は同様のものであり，同一工房で鋳造された可能性が高い。摂津周辺で出土する鈴鏡および通有の鏡の多くは，獣形文B類であり，これらの鏡は同一工房で鋳造されている可能性がある。また，鈴鏡II期併行期に当たる群馬県三ツ寺I遺跡のフイゴの羽口の付着物から青銅の成分が確認されており，青銅製品の鋳造が確認されている。以上のことより，同一工房で鋳造された鈴鏡の供給圏が非常に狭く，また地方においても青銅製品の生産が確認されていることから，鈴鏡は鋳造される当初から畿内で一元的に鋳造されているわけではなく，畿内及び地方各地で鋳造が分散的に行われたものと推測する。ただし，共

-271-

第1表　鈴鏡一覧表〔1〕

番号	遺跡名	旧国名	所在地	鈴数	外区紋様	内区紋様	年代	面径	備考
001	五郎屋敷古墳群	陸奥	岩手県胆沢郡金ケ崎町			獣形文B類		9.2	
002	孤塚古墳	陸奥	宮城県伊具郡丸森町	6	鋸波	獣形文B類	II期	10.8	
003	台町20号墳	陸奥	宮城県伊具郡丸森町	6	鋸鋸櫛	獣形文B類	II期	10.5	
004	伝 愛宕山古墳	陸奥	福島県安達郡本宮市	5	鋸鋸櫛	神像文		13.0	
005	横山古墳群（B区）	陸奥	福島県いわき市	4	鋸	珠文		6.2	
006	高坂2号墳	陸奥	福島県いわき市						
007	伝 福島県石川町	陸奥	福島県	5	鋸鋸櫛	神像文		13.0	
008	十二社古墳	常陸	茨城県常陸太田市	5					
009	上野古墳	常陸	茨城県真壁郡関城町	6	鋸鋸波	乳脚文B1類	I期	12.9	第7図、東京国立博物館所蔵写真トレース
010	神闘上3号墳	常陸	茨城県北茨城市	7	櫛	獣形文B類	II期	12.7	
011	雀宮牛塚古墳	下野	栃木県宇都宮市	5	櫛櫛波	獣形文D類	I期	9.5	第8図、東京国立博物館所蔵写真トレース
012	雀宮牛塚古墳	下野	栃木県宇都宮市	4	櫛	櫛歯文	I期	5.8	第10図、東京国立博物館所蔵写真トレース
013	雀宮牛塚古墳	下野	栃木県宇都宮市	4	櫛	櫛歯文	I期	6.0	
014	雀宮牛塚古墳	下野	栃木県宇都宮市	4	櫛	櫛歯文	I期	5.9	
015	助戸十二天古墳	下野	栃木県足利市	5	櫛	櫛歯文	I期	6.4	第10図、東京国立博物館所蔵写真トレース
016	助戸十二天古墳	下野	栃木県足利市	5	櫛	櫛歯文	I期	6.3	
017	上大領東原古墳	下野	栃木県賀郡石橋町	5	鋸波	珠文	I期	9.5	第11図、佐藤1995より写真トレース
018	別処山古墳	下野	栃木県河内郡南河内町	3		素文	III期	6.9	
019	鍛屋地2号墳	上野	群馬県利根郡昭和村	5	櫛	乳脚文C1類	III期	9.4	第7図、小村1996より再トレース・加筆
020	観音塚古墳	上野	群馬県高崎市	5	鋸波	獣形文B類	III期	10.7	
021	御堂塚（勧塚）古墳	上野	群馬県高崎市	7	鋸波	獣形文A類		9.6	
022	田中一三氏宅内所在古墳	上野	群馬県高崎市	6	鋸波	乳脚文E類		6.3	
023	高崎市出土	上野	群馬県高崎市	4					
024	地蔵塚古墳	上野	群馬県藤岡市	4					
025	藤岡市出土	上野	群馬県藤岡市	4					
026	伝 藤岡市	上野	群馬県藤岡市	5	鋸波	乳脚文B2類		13.6	
027	笹森稲荷古墳	上野	群馬県甘楽郡甘楽町	5					
028	伝 群馬郡	上野	群馬県群馬郡	4	櫛櫛	乳脚文E類		6.3	
029	伝 大黒塚古墳	上野	群馬県前橋市	6	櫛	乳脚文A1類		10.9	
030	伝 青梨子町	上野	群馬県前橋市	5	鋸波	乳脚文B2類		10.2	

鈴鏡の画期

第2表 鈴鏡一覧表〔2〕

番号	遺跡名	旧国名	所在地	鈴数	外区紋様	内区紋様	年代	面径	備考
031	伝 大字小泉	上野	群馬県佐波郡玉村町	6	鋸波	獣形文C類		10.0	
032	久呂保村3号墳	上野	群馬県利根郡昭和村	5	櫛櫛	獣形文E類	Ⅲ期	9.6	第8図、東京国立博物館所蔵写真トレース
033	九合村48号墳	上野	群馬県太田市	8	櫛波櫛	乳脚文C2類	Ⅲ期	14.5	
034	九合村48号墳	上野	群馬県太田市	5	櫛	乳脚文C1類	Ⅰ期	8.1	
035	焼山北古墳	上野	群馬県太田市	5				5.5	
036	兵庫塚古墳	上野	群馬県新田郡新田町	6	櫛	乳脚文A2類	Ⅱ期	11.2	第7図、東京国立博物館所蔵写真トレース
037	伝 新田郡	上野	群馬県新田郡						
038	伝 群馬県	上野	群馬県						
039	伝 群馬県	上野	群馬県	5				10.5	
040	伝 群馬県	上野	群馬県	7	鋸鋸波	獣形文B類		11.8	
041	高鹿寺東古墳	上野	群馬県邑楽郡大泉町	6	素	内行花文	Ⅱ期	12.7	古海天神山古墳出土ともされる
042	庚塚古墳	武蔵	埼玉県東松山市	6	鋸波	獣形文B類		6.0	
043	三千塚古墳群埋葬施設	武蔵	埼玉県東松山市	5					
044	神川町出土	武蔵	埼玉県児玉郡神川町	5	鋸波	乳脚文E類			
045	船木山下	武蔵	埼玉県大里郡大里町	6					
046	伝 生野山古墳群埋葬施設	武蔵	埼玉県児玉郡児玉町	10	鋸鋸波	獣形文A類		19.5	群馬県玉村町出土ともされる
047	菊岡東上牧天塚古墳	安房	千葉県鴨川市	7	鋸鋸波	獣形文C類		11.8	7C、伝世品
048	伝 戸崎古墳	下総	千葉県君津市	5	櫛	乳脚文B2類		5.5	
049	西岡28号墳	武蔵	東京都大田区	6	鋸櫛	獣形文B類	Ⅱ期		
050	御岳山古墳	武蔵	東京都世田谷区	7	素	内行花文	Ⅰ期	13.3	第10図、田中1977より写真トレース
051	春日山古墳	越後	新潟県上越市						
052	和田山1号墳	加賀	石川県能美郡寺井町	6	鋸波	乳脚文C2類	Ⅱ期	10.2	第7図、田中1977より写真トレース
053	日吉神社	加賀	石川県小松市	6	菱雲文二渦鋸	方画規矩文			第5図、日吉神社所蔵写真
054	中道町右左口出土	甲斐	山梨県東八代郡中道町	5	鋸波鋸	神獣文		12.2	
055	伊勢塚古墳	甲斐	山梨県東八代郡御坂町	6					
056	山梨県伝世	甲斐	山梨県	8	波櫛	神獣文			
057	大塚古墳	甲斐	山梨県三珠町	6	櫛波	乳脚文E類	Ⅰ期	11.5	
058	伝 横倉	信濃	長野県下高井郡山ノ内町	5	櫛	重圏文		5.8	
059	観音塚古墳	信濃	長野県長野市	6	櫛	獣形文C類	Ⅰ期	9.8	
060	金鎧山古墳	信濃	長野県中野市	5	鋸波	乳脚文C1類	Ⅰ期	10.0	

-273-

第3表 鈴鏡一覧表〔3〕

番号	遺跡名	旧国名	所在地	鈴数	外区紋様	内区紋様	年代	面径	備考
061	番神塚古墳	信濃	長野県下伊那郡上郷町	7					
062	伝 坐光寺地区内	信濃	長野県飯田市	5					
063	伝 坐光寺地区内	信濃	長野県飯田市	5					
064	上溝6号古墳	信濃	長野県飯田市	7	櫛	獣形文E類	Ⅱ期	14.5	
065	上溝5号古墳	信濃	長野県飯田市	4			Ⅰ期		
066	丸塚古墳	信濃	長野県飯田市	6	櫛波	乳脚文A2類	Ⅱ期	9.0	
067	神送塚古墳	信濃	長野県飯田市	6	櫛波	乳脚文B1類	Ⅱ期	9.7	
068	伝 塚原地区内	信濃	長野県飯田市						
069	伝 塚原地区内	信濃	長野県飯田市						
070	久保田1号墳	信濃	長野県飯田市	5	櫛櫛	乳脚文E類		8.8	
071	高松7号古墳	信濃	長野県飯田市	5					
072	伝 皇飯1号墳	美濃	岐阜県大垣市	5					
073	小山古墳	美濃	岐阜県揖斐郡揖斐川町	5	櫛波	乳脚文B1類	Ⅱ期	10.6	
074	撫塚古墳	美濃	岐阜県関市						
075	天神ケ糸古墳	美濃	岐阜県可児郡御嵩町	5	鋸櫛	乳脚文E類	Ⅱ期	10.0	
076	伝 薬師平古墳	美濃	岐阜県郡上郡大和村	7	鋸櫛	獣形文B類		11.4	
077	伝 千田古墳群	美濃	岐阜県恵那市	6					
078	学園内古墳群4号墳	遠江	静岡県浜松市	7	鋸波	獣形文B類	Ⅰ期	12.0	
079	御山塚古墳	遠江	静岡県浜松市	5	鋸波			9.7	
080	村上神社古墳	遠江	静岡県磐田郡豊岡村	6	櫛	獣形文B類		15.1	
081	国子塚古墳群(B群) 4号墳	遠江	静岡県磐田郡浅羽町	6					
082	伝 愛野向山(B群) 27号墳	遠江	静岡県袋井市	5	櫛波	乳脚文C1類		8.5	五軒平古墳出土ともされる
083	小笠郡出土	遠江	静岡県小笠郡	6					
084	小笠郡出土	遠江	静岡県小笠郡						
085	曲山古墳群2号墳	遠江	静岡県藤枝市	5					
086	塔谷神社古墳	駿河	静岡県焼津市	6	櫛	内行花文	Ⅱ期	13.8	第10図、森本1928より写真トレース
087	賤機山古墳	駿河	静岡県静岡市	6	櫛	乳脚文E類	Ⅱ期	11.0	
088	東護古墳	駿河	静岡県清水市	7					
089	富士市出土	駿河	静岡県富士市	3					
090	元村山出土	駿河	静岡県富士宮市	5					

第4表 鈴鏡一覧表〔4〕

番号	遺跡名	旧国名	所在地	鈴数	外区紋様	内区紋様	年代	面径	備考
091	静岡県出土	遠江	静岡県			獣形文		19.0	
092	遠江国出土	遠江	静岡県	6	鋸波		I期	9.8	
093	松ケ洞8号墳第1号棺	尾張	愛知県名古屋市守山区	6	櫛	乳脚文E類		9.7	
094	白鳥古墳	尾張	愛知県名古屋市熱田区	6	櫛	乳脚文		11.2	第7図、田中1977より写真トレース
095	志段味大塚古墳	尾張	愛知県名古屋市守山区	5	櫛波	乳脚文E類	I期	14.6	第9図、田中1977より写真トレース
096	志段味羽根古墳	尾張	愛知県名古屋市守山区	7	変形	神獣文	I期	12.7	
097	白塚古墳	伊勢	三重県鈴鹿市	6				9.7	
098	白鳥塚古墳	伊勢	三重県鈴鹿市	6	鋸	獣形文D類	I期	11.8	
099	愛宕山2号墳	伊勢	三重県鈴鹿市	7		神像文		13.1	
100	伝 伊勢市	伊勢	三重県伊勢市	5		神像文		10.9	
101	志島3号墳	志摩	三重県志摩郡阿児町	5	鋸鋸波	乳脚文E類	III期	11.0	
102	泊古墳	志摩	三重県志摩郡大王町	5	櫛波	神像文		14.3	
103	浅間山古墳	伊賀	三重県上野市	6	櫛鋸波			8.5	
104	伝 蒲生郡安土町沙々貴山	近江	滋賀県蒲生郡安土町	7	櫛波	乳脚文D類	II期	13.9	第9図、樋口1979より写真トレース
105	山津照神社古墳	近江	滋賀県坂田郡近江町	5	櫛波	神獣文	II期	12.8	
106	弁財1号墳	丹波	京都府福知山市	8	鋸鋸波	獣形文	II期	10.3	
107	大秦山古墳	河内	大阪府寝屋川市	6	櫛波	神獣文	II期	10.3	
108	伝 駒ケ谷出土	河内		5		獣形文B類	II期	11.0	
109	園田大塚山古墳	摂津	大阪府曳野市	5	櫛波				
110	勝福寺北古墳	摂津	兵庫県尼崎市	6	櫛波	獣形文B類	I期	11.2	第8図、東京国立博物館所蔵写真トレース
111	佐礼尾古墳	淡路	兵庫県川西市	6	鋸鋸波	獣形文B類	II期	12.2	
112	天神山5号墳	播磨	兵庫県三原郡三原町	6	鋸波	獣形文B類	II期	11.4	
113	東阿保古墳	播磨	兵庫県加古川市	6	鋸波	獣形文A類	II期	16.6	
114	宝地山2号墳	丹波	兵庫県姫路市	7	櫛波	乳脚文C1類		11.1	
115	伝 奈良市山村出土	大和	兵庫県多紀郡篠山町	6	鋸波				
116	出 天理市萱生町	大和	奈良県奈良市	5		珠文	III期	7.6	
117	出 天理市萱生町	大和	奈良県天理市	5				10.0	
118	星塚2号墳	大和	奈良県天理市	6		乳文	I期	8.7	第11図、堀田他1981より写真トレース
119	新沢千塚115号墳	大和	奈良県橿原市	5	櫛	獣形文C類	II期	12.2	第8図、東京国立博物館所蔵写真トレース
120	三倉堂遺跡第2号木棺	大和	奈良県大和高田市	7	櫛鋸波				

第5表 鈴鏡一覧表〔5〕

番号	遺跡名	旧国名	所在地	鈴数	外区紋様	内区紋様	年代	面径	備考
121	伝 奈良県	大和	奈良県	7	櫛	神獣文		10.9	
122	伝 奈良県	大和	奈良県	6	蔓雲文二渦鋸	方画規矩文		17.8	第5図、五島美術館所蔵写真
123	伝 奈良県	大和	奈良県	6	鋸鋸波	方画規矩文		11.5	
124	伝 奈良県	大和	奈良県	5	鋸鋸波	獣形文E類		10.3	
125	推定 伝 奈良県	大和	奈良県	10		神獣文		17.8	
126	大谷古墳	紀伊	和歌山県和歌山市	4		素文	I期	2.8	第11図、樋口他1959より再トレース・加筆
127	大谷古墳	紀伊	和歌山県和歌山市	4		素文	I期	2.8	
128	大谷古墳	紀伊	和歌山県和歌山市	4		素文	I期	2.8	
129	大谷古墳	紀伊	和歌山県和歌山市	4		素文	I期	5.5	
130	大谷古墳	紀伊	和歌山県和歌山市	4		素文	I期	6.0	
131	岩崎千塚古墳群内	紀伊	和歌山県和歌山市	5		珠文		8.2	
132	上島古墳	出雲	島根県平田市	5	櫛櫛	珠文	II期	9.1	第9図、島根県教委1963より写真トレース
133	賀陽町出土	備前	岡山県上房郡賀陽町	5		乳脚文E類	II期	10.6	
134	上ノ山古墳	長門	山口県下関市	6	鋸波	乳脚文三島文	II期	10.0	
135	四ツ手山古墳	伊予	愛媛県伊予三島市						
136	金子山古墳	伊予	愛媛県新居浜市	4	鋸櫛櫛	珠文	I期	12.7	第9図、樋口1979より写真トレース
137	弁天山古墳	伊予	愛媛県松山市	5	櫛	珠文		8.4	
138	丸塚古墳	伊予	愛媛県松山市	5	櫛櫛波	乳脚文B2類		9.0	
139	溝辺横谷古墳	伊予	愛媛県松山市	5	櫛櫛波	乳脚文B2類		8.9	
140	堂田池中島古墳	伊予	愛媛県松山市	5	鋸櫛波	乳脚文D類		9.4	
141	伝 温泉郡	伊予	愛媛県松山市	5	櫛	獣形文B類		8.6	
142	平井谷	伊予	愛媛県松山市	5					
143	伝 飯氏	筑前	福岡県福岡市西区	6	鋸櫛	乳脚文C1類	III期	15.0	
144	夫婦塚1号墳	筑前	福岡県福岡市西区	5	櫛波	乳脚文B1類	II期	9.2	第7図、塩屋他1980より再トレース・加筆
145	こうもり塚古墳	筑前	福岡県浮羽郡浮羽町	5	櫛	乳脚文B1類		9.2	
146	伝 唐津市	肥前	佐賀県						
147	鈴鏡塚古墳	日向	宮崎県日向市	8	鋸鋸波	獣形文B類	II期	13.3	
148	伝 宮崎県	日向	宮崎県	6		神獣文		13.5	

通する内区の主題文様を構成することから，これらの工人集団は密接な関係を持ちながらも独自の文様をも構成したと考える。

鈴の有無を問わず同型鏡が存在することから，鈴鏡の製作工人は通有の鏡の製作工人であることが推定でき，他の鈴付き青銅器の製作工人との関係が今後の課題であろう。

Ⅰ期は東日本に分布がまとまる傾向にある。この時期には，画文帯神獣鏡が広く分配され，乳脚文系を中心とした仿製鏡の鋳造が盛んとなる時期に当たる。鈴鏡においても，最も内区文様の種類がある時期であり，盛んに仿製鏡が鋳造されたことが伺える。また，青銅製の鈴付き馬具や鈴付き装身具の鋳造も始まる。金属工人の再編成がこの時期にあると指摘がなされている[19]。この再編成は畿内のみで行われたのではなく地方各地に工人が移り多元的な鋳造体系ができ，鈴鏡が誕生したと考える。

Ⅱ期は日本各地に分布が拡大する時期である。北は現在の宮城県から南は宮崎県に至る範囲で広く分布するが，その中心は兵庫県から群馬・埼玉県に至る範囲にある。特に畿内においては淀川流域に集中がみられる。この時期に継体天皇が淀川流域に宮を構えたとされており，非常に興味深いものがある。

Ⅲ期は上野に分布が集中する時期である。西日本では，大型前方後円墳がほとんど築造されなくなり，また仏教などの流入から古墳文化が希薄化する一方，上野では仏教の流入はしていても大型前方後円墳が多く築造するなど古墳文化が色濃く残っており，上野では前方後円墳が築造れなくなるまで鈴鏡が鋳造され続けたと推定する。

鈴鏡は巫女埴輪に象徴されるように，巫女が身につけその鈴と鏡で神秘性を高めるために必要と考えられてきた。しかしながら，鈴鏡を副葬された人物は，画文帯神獣鏡や多数の武具・馬具等も副葬しており，性格はその地域を治める首長的人物のものである。しかし，この鈴鏡は首長が生前も保有していたものなのか，あるいは巫女等が保有しており首長を埋葬する際に副葬されたものなのかが今後の課題となるだろう。

謝辞

本稿は宇野隆夫・前川要両先生のご指導を受け，平成11年3月に富山大学人文学部へ提出した卒業論文を元に作成したものです。本稿を作成するにあたって，磯村愛子・砂田普司・中谷正和各氏をはじめ富山大学考古学研究室のみなさま，下記のみなさま方から多大なるご教示・ご協力をいただきました。記して感謝の意を表します。

荒井隆，大川麿希，橋本正春，日沖剛志，間宮正光，宮下幸夫，森下章司，山口辰一
湯原勝美，京都大学考古学研究室，五島美術館，東京国立博物館，日吉神社

（順不同・敬称略）

註

註1；北野他1987および註18参照
註2；高橋1908他
註3；富岡1920・後藤1926
註4；喜田1920
註5；梅原1924
註6；森本1928
註7；三木1940
註8；小林1965
註9；中口1974
註10；田中1979
註11；樋口1979
註12；山越1982
註13；森下1991
註14；白石他1994
註15；矢野他1996
註16；大川1997
註17；西川2000
註18；石川県小松市日吉神社に所蔵されていたという鈴鏡は，丹羽長秀が天正12(1584)年に当時の社名である小松山王社に寄進したとされるものである。丹羽長秀は，近江2郡・越前1国を領し，さらに天正11年には加賀2郡を領地に加えている。宮下幸夫氏教示によると，この鏡が出土したのは，領国である越前あるいは新たに領地となった加賀2郡のいずれかの古墳とし，特に能美郡に所在する和田山1号墳から鈴鏡が出土していることから，加賀2郡での出土の可能性が高いとされている。なお，現在鏡は所在不明であり，神社には写真が残されており本稿においてその写真を使用させていただいた。
註19；高橋他1997
註20；鈴鏡の写真トレースにあたっては，Adobe Photoshop 6 で写真を解像度600dpiもしくは1200dpiでグレースケールにて取り込んだ後Photoshop形式(PSD形式)にて保存し，Adobe Illustrator 9 上でトレースおよびサイズ調整を行い作成した。

参考文献

足立鍬太郎　　「第2編　静岡県の遺蹟」『静岡県史』1巻　静岡県　1930
池田　満雄　　「出雲上島古墳群」『古代学研究』第10号　古代学研究会　1954
石塚　久則他　『塚廻り古墳群』　群馬県教育委員会　1980
石野　博信編　『全国古墳編年集成』　雄山閣出版　1995
伊藤　敬行他　『守山の古墳』　守山市教育委員会　1963
揖斐川町　　　『揖斐川町史』　1971
梅原　末治　　「鈴鏡に就いて二三の考察(上)」『歴史と地理』第13巻第2号　史学地理学同攷会　1924
梅原　末治他　「園田村大塚山古墳と其の遺物」『兵庫県史蹟名勝天然記念物調査報告』第15輯　兵庫県　1941
宇野　隆夫　　「多鈕鏡の研究」『史林』60巻1号　史学研究会　1977
愛媛県史編さん委員会　　『愛媛県史資料編』考古　愛媛県　1986
大川　麿希　　「鈴鏡とその性格」『考古学ジャーナル』No.421　ニュー・サイエンス社　1997
大塚　初重　　「三　銅鏡」『静岡県史資料編』3考古三　静岡県　1992
大野延太郎　　「東北旅中散見の遺物」『東京人類学会雑誌』第18巻第206号　東京人類学会　1903
小笠原善治　　『伊予の鏡～鏡に映しだされた古代伊予～』　松山市考古館　2002

岡田　敏彦	「四ツ手山古墳」『四国縦貫自動車道関係埋蔵文化財調査報告書』愛媛県埋蔵文化財調査センター　1984	
小倉　淳一	『東京国立文化財研究所蔵Ｘ線フィルム目録Ⅰ－考古資料編－』　東京国立文化財研究所　1998	
尾崎喜左雄	「上野国八幡観音塚古墳調査報告書」『群馬県埋蔵文化財調査報告書』　群馬県教育委員会　1963	
折原　洋一他	「神岡上古墳群」『北茨城市文化財調査報告』Ⅳ　山武考古学研究所　1995	
笠井　新也	「武蔵国玉川村古墳出土の七鈴鏡」『考古学雑誌』30巻第4号　日本考古学会　1940	
岸　熊吉	「木棺出土の三倉堂遺蹟及遺物調査報告」『奈良県史蹟名勝天然記念物調査報告』第12冊　奈良県　1934	
喜田　貞吉	「七子鏡考」『民族と歴史』第3巻第3号　喜田貞吉　1920	
北野　勝次他	『小松城』　小松市立博物館　1987	
木村　次雄	「摂津の鈴鏡出土の古墳」『考古学雑誌』第19巻第11号　日本考古学会　1929	
群馬県立歴史博物館	『群馬の古鏡』　1980	
高坂　稔積	「法持寺蔵白鳥御陵出土品写生帖模写」『尾張の遺跡と遺物』27号　1982	
小島　利次	「奈良県天理市上之庄　星塚古墳」『奈良県史蹟名勝天然記念物調査抄報』第7輯　奈良県　1955	
後藤　守一	「漢式鏡」『日本考古学大系』第1巻　雄山閣　1926	
後藤　守一他	『静岡県賤機山古墳』　静岡市教育委員会　1953	
小村　正之他	「川額軍原Ⅰ遺跡」『昭和村埋蔵文化財発掘調査報告書』第5集　昭和村教育委員会　1996	
小林　行雄	『古鏡』　学生社　1965	
近藤　義郎編	『前方後円墳集成』　山川出版社　1991～1994	
佐藤　正好	『音の考古学－音具と鳴器の世界－』　茨城県立歴史館　1995	
柴田　常恵	「武蔵の古墳」『東京人類学会雑誌』第18巻第207号　東京人類学会　1903	
志間　泰治	『新町古墳群』　1976	
島田　貞彦	「近江国坂田郡能登瀬の古墳」『歴史と地理』第15巻第3号　史学地理学同攷会　1926	
島根県教育委員会	『島根の文化財』第3集　1963	
清水　久夫他	『武蔵国造の乱』　大田区郷土博物館　1994	
下城　正他	「三ツ寺Ⅰ遺跡」『上越新幹線関係埋蔵文化財調査報告書』第8集　群馬県教育委員会　1988	
塩屋　勝利他	「夫婦塚古墳」『福岡市埋蔵文化財調査報告書』第51集　福岡市教育委員会　1980	
白石太一郎編	「共同研究「日本出土鏡データ集成」2－弥生・古墳時代出土鏡データ集成－」『国立歴史民俗博物館研究編　報告』第56集　国立歴史民俗博物館　1994	
鈴木　敏則他	「静岡県埋蔵文化財発掘調査報告書－小笠町朝日神社古墳・浜松市三方原学園内4号墳－」『静岡県文化財調査報告』第36集　1986	
鈴木　仲秋他	『房総の古鏡－展示図録№8－』　千葉県立房総風土記の丘　1980	
高木　鉱蔵	「法持寺蔵白鳥御陵出土品写生帖」『尾張の遺跡と遺物』27号　1982	
高橋　克壽他	『王者の武装－5世紀の金工技術－』　京都大学総合博物館　1997	
高橋　健自	「本邦鏡鑑沿革考」『考古界』第7篇1号　1908	
高橋　健自	「本邦鏡鑑沿革考」第2回『考古界』第7篇3号　考古学会　1908	
高橋　健自	「本邦鏡鑑沿革考」第3回『考古界』第7篇5号　考古学会　1908	
高橋　健自	「本邦鏡鑑沿革考」第4回『考古界』第7篇9号　考古学会　1908	
高橋　健自	「本邦鏡鑑沿革考」第5回『考古界』第7篇12号　考古学会　1909	
高橋　健自	「本邦鏡鑑沿革考」第6回『考古界』第8篇第3号　考古学会　1909	
高橋　健自	「本邦鏡鑑沿革考」第7回『考古学雑誌』第1巻第1号　考古学会　1910	
田中　琢	「鐸　剣　鏡」『日本原始美術大系』4　講談社　1977	

田中　　琢	「古鏡」『日本の原始美術』8　講談社　1979
富岡　謙蔵	「鈴鏡に就いて」『民族と歴史』第3巻第3号　喜田貞吉　1920
富岡　謙蔵	『古鏡の研究』　丸善　1920
中口　　裕	「鈴鏡の鋳造技術と問題点」『古代文化』第26巻第2号　古代学協会　1974
楢崎　彰一	「天神ヶ森古墳出土品」『岐阜県指定文化財調査報告書』第7巻　岐阜県教育委員会　1964
西川　寿勝	『三角縁神獣鏡と卑弥呼の鏡』　学生社　2000
西川　秀雄	「荏原台地における先史および原始時代の遺跡・遺物」『考古学雑誌』第26巻第5号　日本考古学会　1936
仁科　義男	「東屋代郡右左口村古墳群の調査」『山梨県史蹟名勝天然記念物調査報告』8巻　山梨県　1935
塙　瑞比古	「常陸國關本町上野の古墳及發見遺物」『武蔵野』三月号　武蔵野会　1933
樋口　隆康他	『大谷古墳』　和歌山市教育委員会　1959
樋口　隆康	『古鏡』　新潮社　1979
樋口　隆康	「四　宮崎県の古鏡」『宮崎県史通史編』原始・古代1　宮崎県　1997
兵庫県	『兵庫県史考古資料編』　1992
平沢　一久他	『福島県史資料編』第1巻　福島県　1964
堀田　啓一他	「新沢古墳群」『奈良県史蹟名勝天然記念物調査報告』第39冊　奈良県教育委員会　1981
松尾　昌彦	「上野古墳出土遺物の再検討」『関城町史』　関城町　1988
松岡　文一	「伊予金子山古墳」『古代学研究』17号　古代学研究会　1957
三重県埋蔵文化財センター	『三重の古鏡』　1991
三木　文雄	「鈴鏡考」『考古学雑誌』30巻1号　日本考古学会　1940
宮川　禎一	『考古資料図録』　辰馬考古資料館　1988
宮澤　公雄	「青銅鏡」『山梨県史資料編2』原始・古代2　山梨県　1999
望月　幹夫	「栃木県足利市十二天塚古墳の再検討」『MUSEUM』№361　東京国立博物館　1981
森　栄章他	『大泉町誌』下巻　大泉町　1983
森下　章司	「古墳時代仿製鏡の変遷とその特質」『史林』74巻6号　史学研究会　1991
森本　六爾	『金鎧山古墳の研究』　雄山閣　1926
森本　六爾	「鈴鏡について」『考古学研究』第2巻第3号　考古学研究会　1928
八賀　　晋他	「美濃における古墳出土鏡集成」『土器・墓が語る』　東海考古学フォーラム岐阜大会実行委員会　1998
矢野　純一他	「千葉県君津市戸崎出土の五鈴鏡」『國學院大學考古学資料館紀要』第12輯　國學院大學考古資料館　1996
山越　　茂	「鈴鏡研究緒論－関東地方発見の鈴鏡を中心として－」『栃木県史研究』23　栃木県史編さん専門委員会　1982
山口　辰一	「市内遺跡調査概報Ⅷ」『高岡市埋蔵文化財調査概報』第39冊　高岡市教育委員会　1998
大和久震平	『雀宮牛塚古墳』　宇都宮市教育委員会　1969
吉岡　康暢他	『加賀　能美古墳群』　寺井町教育委員会　1987

越後出土の円筒形土製品・板状土製品について

春 日 真 実

【要旨】
　6世紀前半～7世紀にかけて越後頸城地域には円筒形土製品・板状土製品をカマド構築材やカマド支脚として用いる集団が存在した。この集団のルーツは伊勢地域にあり，東山道を経由し頸城に定着した可能性が高い。そして，7世紀後半には手工業生産の整備などに関連し，近江地域から移住したと考えられる側柱竪穴建物を用いる集団と融合し，その一部は，城柵造営と関連し越後北部に移住したと考えられる。8世紀に入ると頸城地域では，円筒形土製品・板状土製品は確認できなくなるが，移住先の越後北部では円筒形土製品が定着し，9世紀まで定量用いられた。また，越後北部に定着した円筒形土製品を用いる集団の一部は，8世紀後半から9世紀には，更に北方の出羽国へと進出した可能性が高い。

はじめに

円筒形土製品・板状土製品　円筒形土製品は，口縁部・胴部・底部の径に大差が無く，内面に粘土紐の接合痕を残すことが多い粗雑な調整の，断面円形で中空の土製品の総称である。板状土製品は上下端もしくは上下端付近の側面に凹状の窪みを持ち，表面に粗雑なハケメ調整が行われることが多い断面(長)方形で中実の土製品の総称である。

研究小史　円筒形土製品は，「円筒形土器」・「筒形(状)土製品」・「筒型土器」とも呼称されるもので，学史的には「円筒形土器」が古く使用例が多いが，後述するように，小稿では容器でないという立場から，西山克巳氏らの提言［西山1996］に従い「円筒形土製品」を用いる。

　円筒形土製品に関する研究は2つに大別できる。1つは機能・用途に関するものである。1968年の岡田淳子氏により，カマドと関連する遺物としての可能性が指摘されて以後［岡田1968］，信濃・甲斐を対象とした西山克巳氏等の論考［花岡・西山1995，西山前掲］，下野を対象とした山口

耕一氏の論考[山口1998]，陸奥南部(福島県)を対象とした丹治篤嘉氏の論考[丹治2001]などが出土状況の検討から，カマドの構築材(袖芯材・天井部材・煙道など)として主に用いられ(第1・2図)，小型品の一部はカマド支脚としても使用されたことを明らかにした。

　一方，坂井秀弥氏は奈良県飛鳥地域の事例の検討から円筒形土製品の一部が暗渠・土管などの通水管として用いられた事を明らかにした[坂井1998]。

　これに対し関　雅之氏は新潟県潟東村曽根上遺跡出土の円筒型土製品の報告において「袖竃の芯として利用されたか，倒立させてカマドの支脚として利用したと推定している」とし，「県内では明確な用途を示す遺構からの出土例はな」く，「内面の内傾粘土帯の凹凸から通水管には不適切である」[関　2000]とし，すべてが通水管として使用されたものでないと指摘した[1]。また望月精司氏は，①底部を持つものが存在する，②飛鳥寺などの特殊な事例を除き大半が土師質である，③飛鳥寺の土管導入以前の5～6世紀に三重県の事例にカマド構築材として使用されたものがあるなどから，通水管としての使用は一般的でなく，多くはカマド構築材として使用されたとした[望月2002]。

　もう1点は，円筒形土製品の年代・分布・系譜などの検討により，集団の移動やその背景について考察を行ったものである。年代に関しては，信濃では西山氏[西山前掲]，下野では山口氏[山口前掲]，陸奥南部(福島県)では丹治氏[丹治前掲]がそれぞれ検討を行い，下野では6世紀後半から7世紀末，信濃・甲斐・陸奥南部では6世紀末から7世紀を中心に存在することを指摘している。また望月精司氏は，列島規模で検討を行い，「分布する地域は主に東日本で長野県・山梨県および関東と東北の一部，三重県，北陸を中心」とし，最古のものは5世紀末の三重県高茶屋大垣内遺跡出土のものであるとし，北陸地方は越後[2]の一部を除き8世紀後半から9世紀にかけて出土例が多いことを指摘した[望月前掲]。

　系譜や集団の移動に関しては，信濃・甲斐の事例を検討した西山克巳氏は，古墳時代には多く

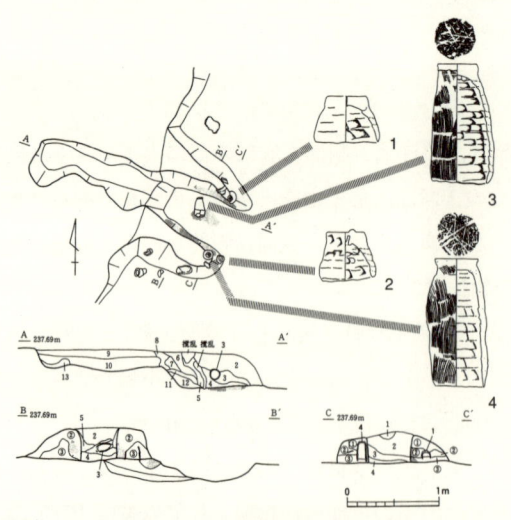

第1図　福島県郡山市大根畑遺跡3号住居のカマド
（丹治2000より転載）

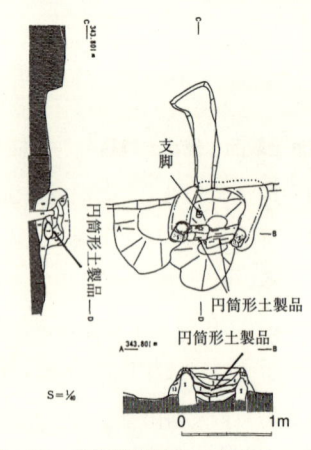

第2図　宮町鞍掛遺跡11号住カマド
（西山1996より転載）

の古墳(群)が築かれ，古代においては国分寺が造営されるなどの地方の中核的な地域に分布の中心が存在することから，円筒形土製品を用いた集団を「同じ地域から同じ目的のために派遣され」，「先進地域における技術や文化を携えてそれぞれの村に定着していった」，「強い地縁的・血縁的関係」を持つ集団とし，「想像を豊かにしてみるならば」と断った上で「大和(飛鳥)朝廷の意図の中で派遣された」集団ではなかったかとしている[西山前掲]。

下野を対象とした山口氏，伊勢を対象とした小山憲一氏も，こうした傾向がそれぞれの地域で当てはまるとした「山口前掲・小山2001」。また，小山氏は明和町南部に集中する大規模な土師器生産遺跡出生産された6世紀後半から7世紀前半の土師器に酷似するものが尾張・美濃だけでなく信濃においても確認されることと関連付け，両地域の円筒形土製品が系譜的に関連する可能性を示唆している[小山前掲]。

望月氏は全国的な規模での検討を行い，円筒形土製品の祖形を陶邑伏尾地区出土の「漏斗型筒形土製品」に求め，これと朝鮮半島の「煙筒式土器」の関連を指摘している。また，在来系か渡来系かで意見の分かれている土師器焼成坑技術を渡来系技術とらえる前提にたった上で，円筒形土製品が土師器焼成坑を検出する遺跡から多く出土していることに着目し，渡来系工人により，土師器焼成坑技術とともにもたらされたものではないかとした[望月前掲]。

研究の蓄積が一定量見られる円筒形土製品に対し，板状土製品の研究例は極めて少ない。これは報告例が少ないことによるものと考えられる。管見では報告例が越後以外には無く，越後においても，包含層から破片が数点出土する程度である。全形が推測できる板状土製品が3点出土した一之口遺跡(東地区)の報告を行った鈴木俊成氏は，「板状土製品」の名称を与え，上端と側面上端付近の凹部を組み合わせ「Π」状とし，カマドの芯材として用いたものとした[鈴木1994]。以後，報告例がいくつか見られるものの[関2000・2001，松島2001など]，機能や分布・系譜について検討を行ったものは現在のところ鈴木氏のもの以外に無い。

以上のように円筒形土製品は，東海・北陸以東の東日本に主に分布し，主にカマド構築材や小型品の一部はカマド支脚として用いられた。また，在地社会の中で自生的に発生したものでなく，先進的な技術をもった特定の集団の移動・移住によって出現したとする考えが有力である。一方板状土製品は，主にカマド構築材として用いられた可能性が高いという点では円筒形土製品と共通するが，現状では分布は越後にほぼ限定され，系譜については不明である。

方法と目的 こうした研究の状況を踏まえ，小稿では，1．越後出土の円筒形土製品・板状土製品について分類を行い，2．越後各地で出土している円筒型土製品・板状土製品と出土遺跡を概観し，3．地域毎の消長と変遷を明らかにし，その背景について考察し，4．円筒型土製品が使用される住居の形態について検討を行い，5．これらと関連して他地域(主に出羽地域)との関係を考えてみたい。

1　分　　　類

円筒形土製品：長さ，形態（口縁部形態・底部形態），調整により分類が可能である。西山氏［西山前掲］，山口氏［山口前掲］，丹治氏［丹治前掲］・望月氏［望月前掲］などの論考を参考に，各属性を表1のように分類し，各分類を組合せ，ⅡA2c類のように表現する。また一部の属性が不明な場合はBc類，1c類，a類のように判る属性の分類のみを表す。

板状土製品：端部の形態・厚さにより表2のように分類した。円筒形土製品同様，分類を組合せA1類のように表し，一方の属性が不明な場合はA類，1類のように判る分類のみで示す。

表1　円筒形土製品の分類

① 長さ

Ⅰ類	30cmを越えるもの
Ⅱ類	20cm前後のもの
Ⅲ類	15cm以下のもの

② 口縁部形態

A類	口縁部にソケット状の段を持つもの
B類	段を持つ部分に鍔をめぐらすもの
C類	胴上部から口縁部に向かって窄まるもの
D類	口縁部が直線的に伸びるもの
E類	口縁部が僅かに外反するもの
F類	口縁部に弧状の抉りが入るもの

③ 底部形態

1類	底部が無く筒状のもののうち，下端部を丸く収めるもの
2類	底部が無く筒状のもののうち，下端部に幅広の面を持ち内面が窄まるもの
3類	胴部径とほぼ同じ大きさの底部を持つもの
4類	胴部径より小さな底部を持つもの

④ 調整

a類	主にハケメ調整を用いるもの
b類	主にヘラケズリ・ヘラナデ調整を用いるもの
c類	叩きやロクロナデ・カキメなど須恵器技法主に用いるもの
d類	粗雑なナデ調整のみで，外面にも接合痕がみられるもの

表2　板状土製品の分類

① 端部形態

A類	上端が「凹」状を呈するもの
B類	側面上端付近が「凹」状を呈するもの

② 厚さ

1類	厚さが幅の1/2以下のもの
2類	厚さが幅の1/2以上のもの

表3　編年対応表

川村編年 ［川村200］	春日編年 ［春日1999］	対応編年， 暦年代など
13段階		MT 15
14段階		TK 10
15段階		MT 85
16段階		TK 43
	Ⅰ1期	600年
	Ⅰ2期	
	Ⅰ3期	
	Ⅱ1期	
	Ⅱ2期	700年
	Ⅲ1期	
	Ⅲ2期	
	Ⅳ1期	
	Ⅳ2期	800年
	Ⅳ3期	
	Ⅴ1期	
	Ⅴ2期	
	Ⅵ1期	
	Ⅵ2期	900年
	Ⅵ3期	
	Ⅶ1期	
	Ⅶ2期	
	Ⅶ3期	1000年
	Ⅷ期	

2 越後出土の円筒形土製品・板状土製品

　越後からは24遺跡から円筒型土製品・板状土製品が出土している(第3図)。年代は，共伴土器により決定した。共伴土器の年代は古墳時代(6世紀)が川村浩司氏の編年案[川村2000]，7世紀以降は筆者の編年案[春日1999]を参考に決定した。編年案と陶邑編年[田辺1981]，7世紀以降の暦年代との対応関係は表3に示したが，混乱や誤解を避けるため各編年案の時期区分で記述し，暦年代については特に必要な場合を除いて示さない。古代の越後は北から石船・沼垂・蒲原・古志・三島・魚沼・頸城の7郡が設置されたが，以下では円筒型土製品・板状土製品の概要を第4～8図，表3に沿って旧郡毎に北から記述する。ただし，三島・魚沼では円筒型土製品・板状土製品の出土例がないため特に記述は行わない。

　石船地域(第4図1～38)：円筒形土製品のみ確認でき板状土製品は確認されていない。荒川左岸では，荒川町坂町宮ノ腰A遺跡2号遺構(竪穴住居)(1)，同町坂町宮ノ腰D遺跡J－D1(竪穴住居)(2)，同町元山2・3号窯灰原(3)，鴨侍遺跡6号建物(周辺)(4～38)で確認できる。最も古いものは坂町宮ノ腰A2号遺構のもの(1)で古代Ⅳ1期，新しいものは鴨侍遺跡の古代Ⅴ期のもの(4～38)である。

　石船潟周辺では，未報告だが神林村砂山Ⅵ遺跡の竪穴住居から円筒形土製品が出土している。年代は古代Ⅳ期を中心とするものと考えられる。板状土製品は確認できない。

　沼垂地域(第4・6・8図39～78・141～159)：北部では中条町船戸桜田遺跡(39・40・157)，同町四ツ持遺跡(41～44)，同町中倉遺跡(45～52)，同町船戸川崎遺跡(141～150)，同町下町・坊城遺跡(151～157)，同町蔵ノ坪遺跡(158・159)で円筒形土製品が確認できる。年代は古代Ⅳ～Ⅴ期を中心

1	砂山Ⅵ遺跡	13	緒立遺跡，的場遺跡，釈迦堂遺跡
2	鴨侍遺跡，坂町宮ノ越B遺跡，坂町宮ノ越D遺跡	14	下稲場遺跡
3	元山窯跡	15	曽根上遺跡，樋切遺跡，土手内遺跡
4	下町・坊城遺跡	16	佐渡山助次郎遺跡
5	船戸川崎遺跡，船戸桜田遺跡，蔵ノ坪遺跡	17	三角田遺跡
6	中倉遺跡	18	八幡林官衙遺跡
7	四ツ持遺跡	19	梯子谷窯跡
8	山三賀Ⅱ遺跡，二本松東山遺跡	20	番場遺跡
9	馬見坂遺跡	21	津倉田遺跡
10	的場遺跡，緒立遺跡，釈迦堂遺跡	22	等仙寺遺跡
11	長沼遺跡，上浦遺跡	23	一之口遺跡
12	寺道上遺跡	24	山畑遺跡

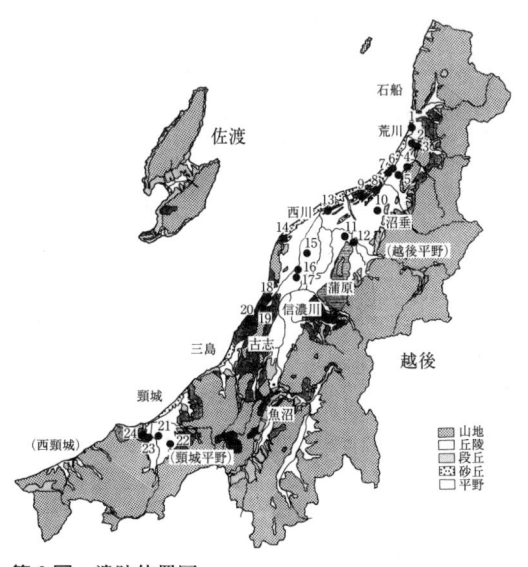

第3図　遺跡位置図

とするが，船戸桜田遺跡のもの(39・40)は，古墳14～16段階に遡る可能性がある[3]。

南部では笹豊栄市馬見坂遺跡で円筒形土製品(55～57)，板状土製品(58～61)が確認でき，笹神村発久遺跡(53・54)，聖籠町山三賀Ⅱ遺跡(62～74)，同町二本松東山遺跡(75～78)では円筒形土製品が確認できる。円筒形土製品・板状土製品とも，馬見坂遺跡(55～61)の古代Ⅱ1期[4]が最も古い。下限は発久遺跡で古代Ⅵ期に下る可能性がある。

蒲原地域(第6図92～111)：東部では新津市長沼遺跡(79・80)，同市寺道上遺跡(81～84)，同市上浦遺跡(85～91)で円筒形土製品が確認でき，板状土製品は確認されていない。長沼遺跡出土の79が最も古く古代Ⅱ1～Ⅲ期，下限は上浦遺跡・寺道上遺跡のもので古代Ⅴ期である。

西部では，円筒形土製品が新潟市的場遺跡(92)，同市緒立遺跡(95)，同市釈迦堂遺跡(93・94)[5]，巻町下稲場遺跡(96)，潟東村根上遺跡(97～99)，同村樋切遺跡(100)，吉田町佐渡山助次郎遺跡(103～105)から，板状土製品は潟東村土手内遺跡(101・102)から出土している。また，燕市三角田遺跡Ⅹ層からは円筒形土製品(106)と板状土製(107～111)の両者が確認できる。円筒形土製品の最も古い例は燕市三角田遺跡のもの(101)で古代Ⅱ2期を中心とする時期，最も新しいものは緒立遺跡(88)・釈迦堂遺跡(89・90)・巻町下稲場遺跡(100)のもので古代Ⅴ期に位置づけられる。板状土製品は三角田遺跡の107～111が上限で，包含層出土のため時期を限定できない。古代Ⅱ1～Ⅲ1期の時間幅が考えられるが，共伴した土器はⅡ2期が主体でⅢ期のものを定量含み，Ⅱ1期のものは少ない。潟東村土手内遺跡の101・102はⅢ期の可能性が高い。

古志地域(第7図112～117)：西部の島崎川流域で円筒形土製品が確認されている。出雲崎町梯子谷窯跡(112～123)，和島村八幡林官衙遺跡(124)，出雲崎町番場遺跡(125・126)から出土している。梯子谷遺跡SI56(112・113)・SK137b(114)が最も古い例で古代Ⅳ2～Ⅴ期，八幡林官衙遺跡Ⅰ地区上層(124)，出雲崎町番場遺跡(125・126)が新しく古代Ⅵ期である。

頸城地域(第7・8図127～140・160・161)：頸城地域では高田平野周辺を中心に円筒形土製品・板状土製品が確認できる。上越市一之口遺跡東地区で円筒形土製品(127～133)と板状土製品(134～136)，同市倉田遺跡においても円筒形土製品(137～139)と板状土製品(140)，清里村等仙寺遺跡では円筒形土製品(160・161)が出土している。また，上越市山畑遺跡でも古代Ⅰ期の土器とともに円筒形土製品が竪穴建物のカマド袖から直立した状況で出土している。円筒形土製品の最も古い例は古墳14段階の一之口遺跡東地区SI113(127・128)であり，新しい例は古代Ⅱ期の津倉田遺跡SI1(139)・102(137)，清里村5号(160)・12号住居跡(161)などのⅡ期である。板状土製品は遺構からの出土が無く時期決定が難しいが，遺跡の存続期間から考えると一之口遺跡東地区のもの(134～135)は古墳14段階から古代Ⅰ期，津倉田遺跡のもの(140)は古代Ⅱ～Ⅲと考えられる。

3 円筒形土製品の変遷

上述の越後出土の円筒形土製品・板状土製品の概要を踏まえ，以下では越後出土の円筒形土製品・板状土製品の変遷について第9・10図に沿って概観する。その際，円筒形土製品・板状土製

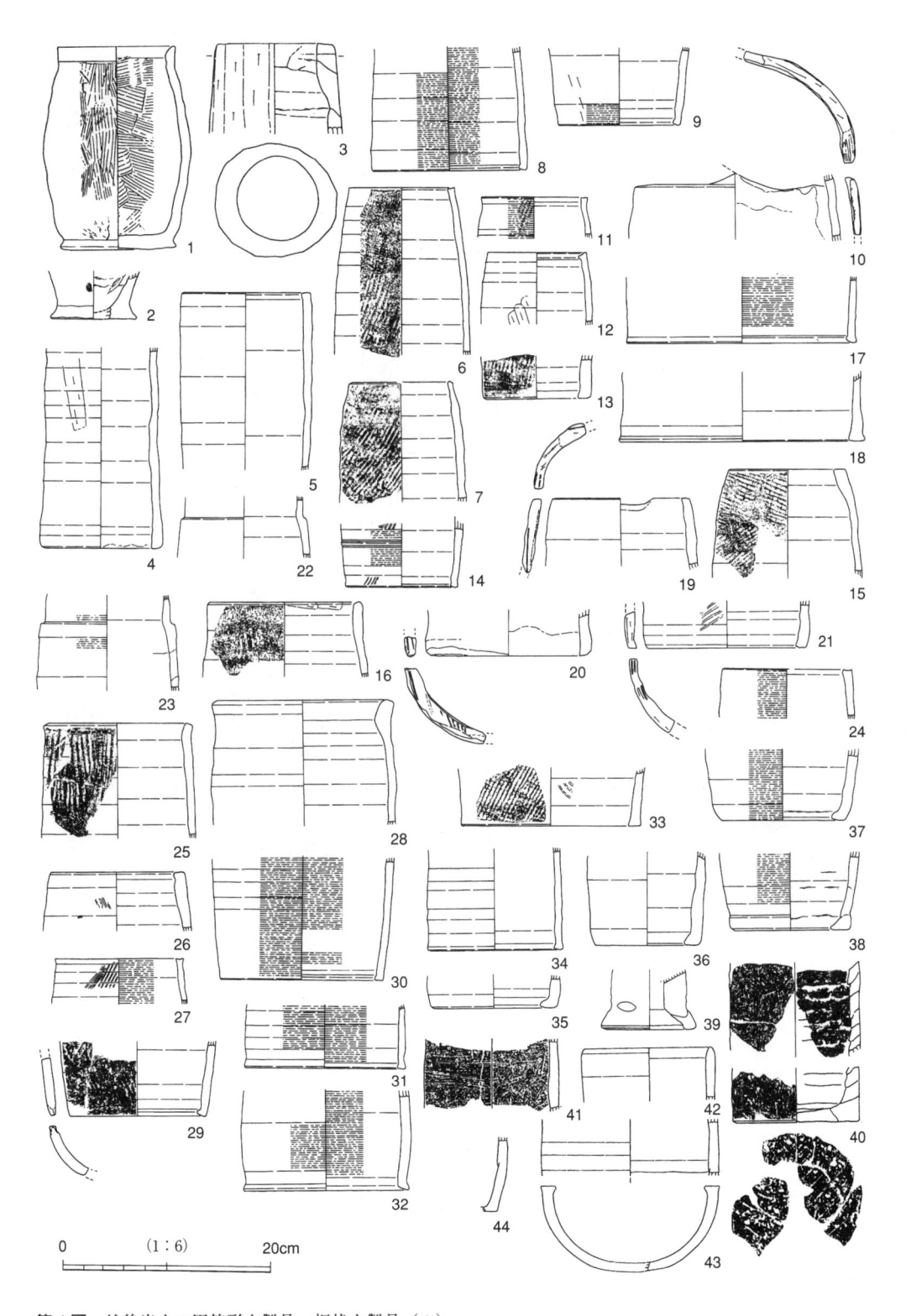

越後出土の円筒形土製品・板状土製品について

第4図　越後出土の円筒形土製品・板状土製品（1）

-287-

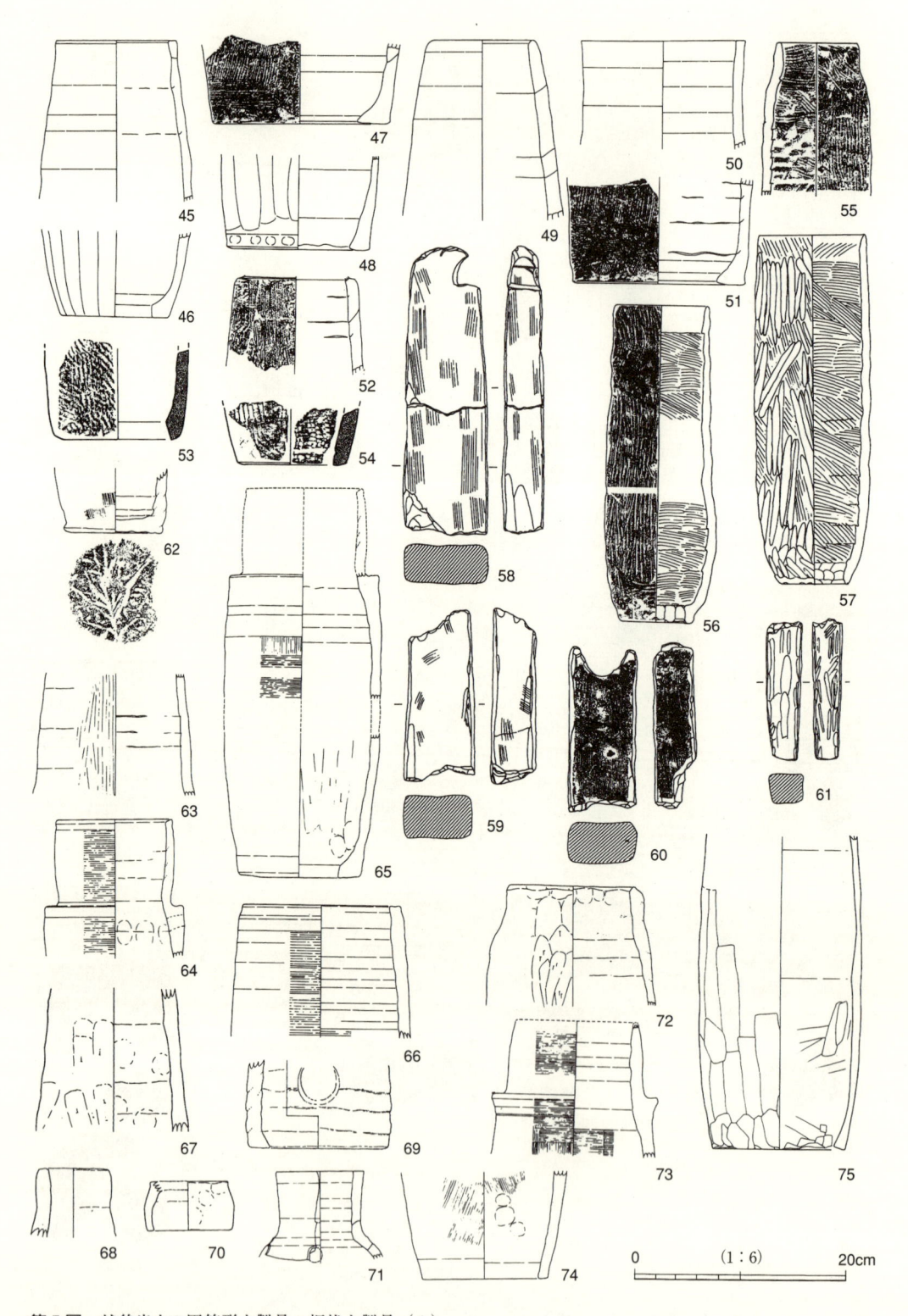

第5図　越後出土の円筒形土製品・板状土製品（2）

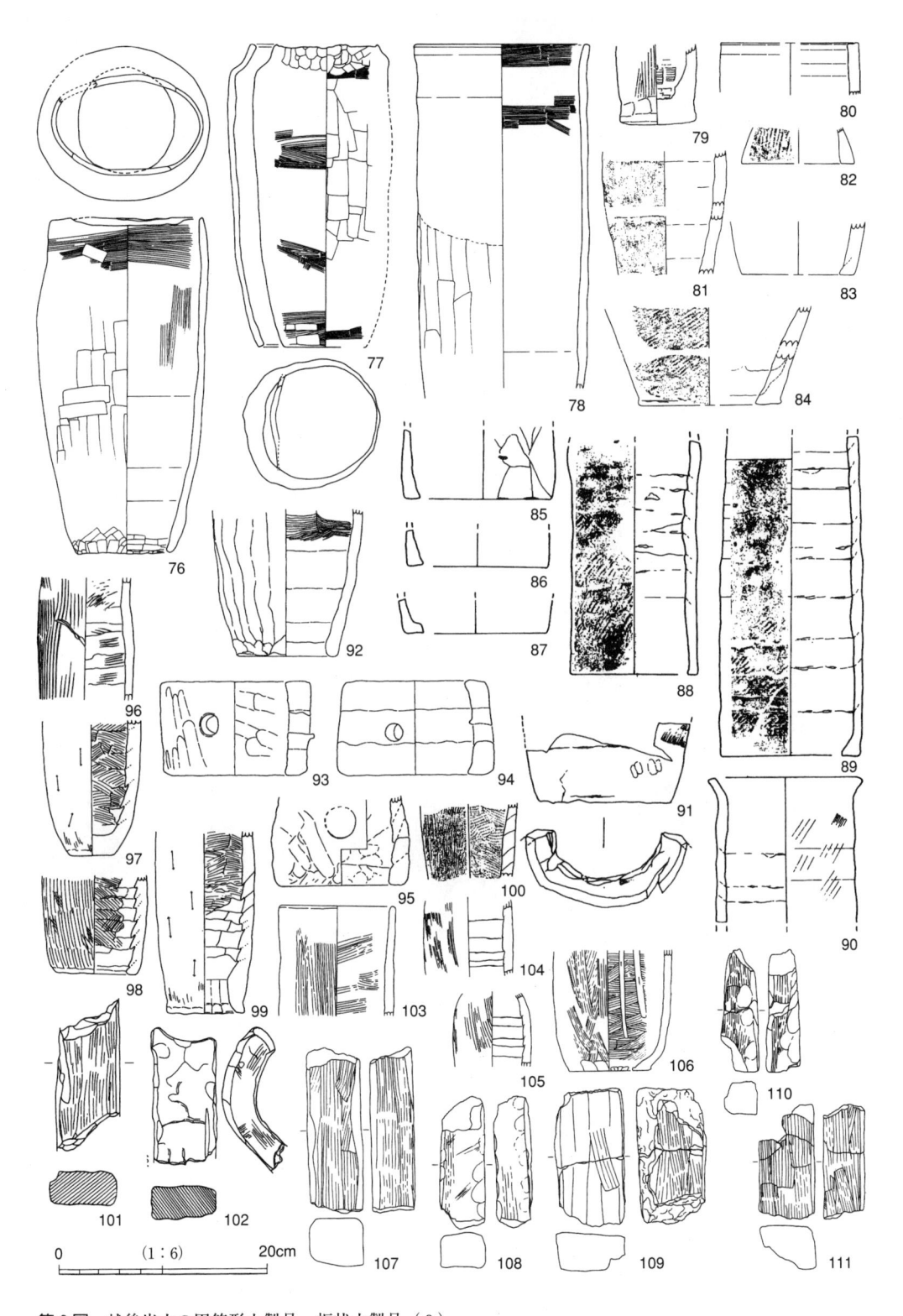

第6図　越後出土の円筒形土製品・板状土製品（3）

品の時間的な形態変化よりも，地域毎の円筒形土製品・板状土製品の消長を中心に記述し，その背景も考えてみたい。以下第9・10図に沿って記述する。

古代Ⅰ期以前（7世紀第2四半期以前）：頸城地域で円筒形土製品・板状土製品で円筒形土製品が確認できる時期。越後の円筒形土製品の最古例は，上越市一之口遺跡東地区SI113出土のもので(127)，古墳14段階と考えられ，これは6世紀末から7世紀にかけて存在したとされる信濃地域

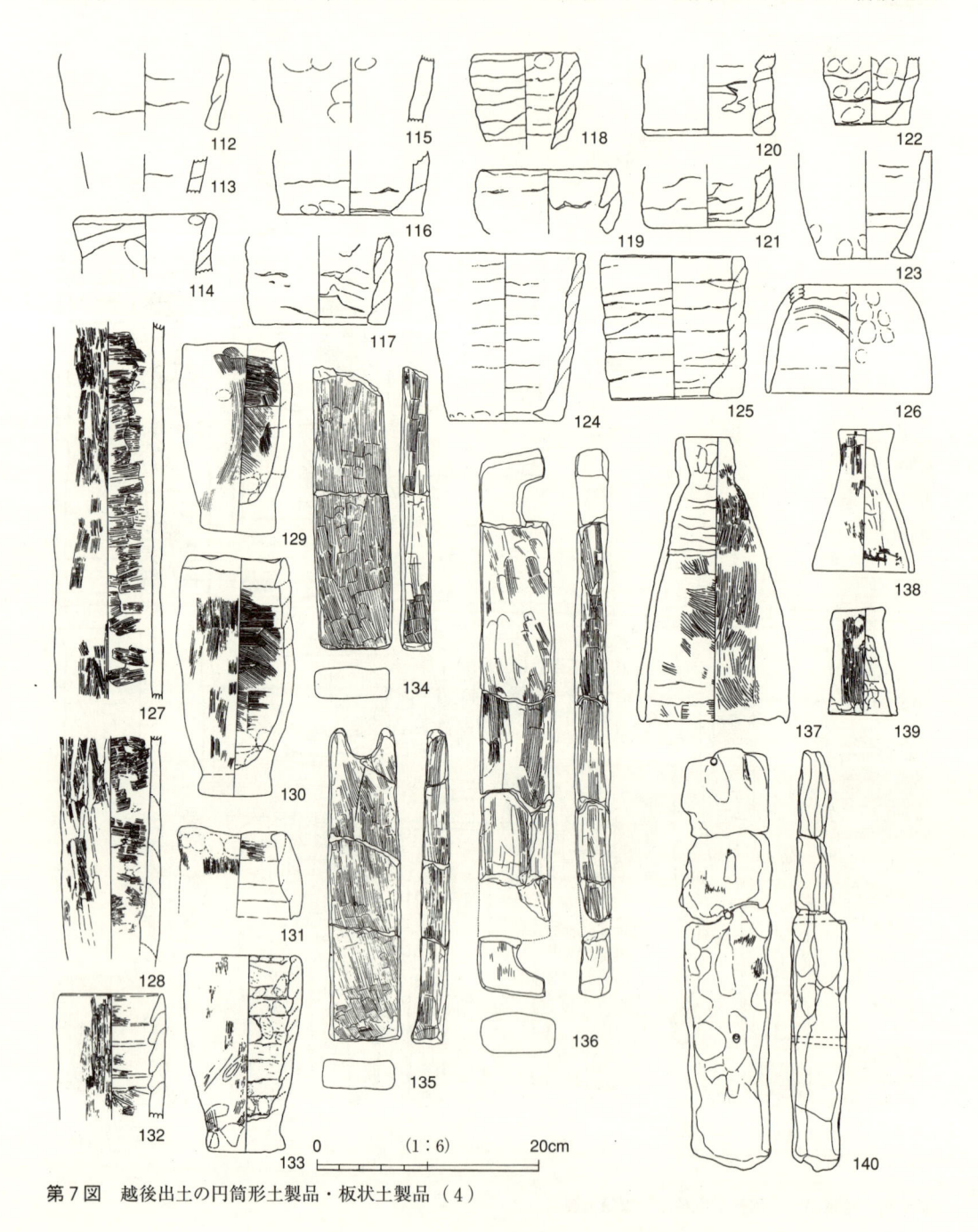

第7図　越後出土の円筒形土製品・板状土製品（4）

越後出土の円筒形土製品・板状土製品について

[西山前掲]よりも古い「川村2001」。中条町船渡桜田遺跡のもの(39・40)も古墳14～16段階に遡る可能性があるが確定的でない。

　既存の資料からは円筒形土製品が伊勢から信濃を介し越後頸城地域に至ったとする解釈は成立しない。しかし，朝鮮半島などからの直接的な波及や伊勢からの飛び石的な波及を前提としなければ，伊勢が最古の事例である以上，東山道を経由し頸城に至ったとするのが最も可能性の高い経路であろう。今後の資料の増加を待ちたい(6)。板状土製品は竪穴住居跡などの遺構からの出土例がないため，正確な時期比定ができないが，一之口遺跡東地区の存続期間から考え古墳14段階から古代Ⅰ期の間に成立した可能性が高い。系譜関係については，前述したように，他地域に類例が報告されていないため不明であり，円筒形土製品の影響下に独自に発生した可能性が考えられる。

　古代Ⅱ期(7世紀第3四半期～第4四半期)：沼垂南部(57・58・60・61)・蒲原西部(106・109・110)でも円筒形土製品・板状土製品が確認できるようになる。蒲原東部でも円筒形土製品(79)が出現した可能性がある。頸城地域でも引き続き円筒形土製品・板状土製品(137～140・161)が確認できる。

　古代Ⅰ期以前に円筒型土製品と板状土製品の両者が確認できる地域は越後では頸城以外に無

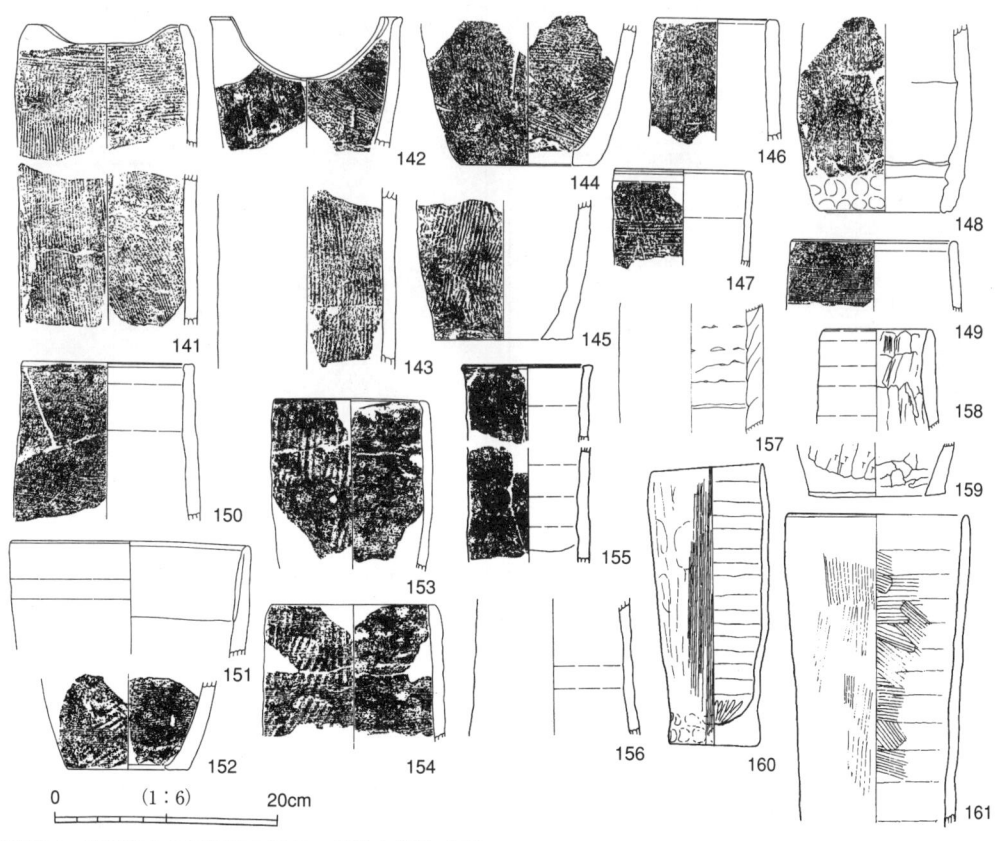

第8図　越後出土の円筒形土製品・板状土製品（5）

表4-1 越後出土の円筒形土製品

市町村名	遺跡名	番号	遺構・層位ほか	年代	分類	文献	備考
荒川町	坂町宮ノ腰B遺跡	1	2号遺構	古代Ⅳ1期	ⅡC3a類	吉井1993	
	坂町宮ノ腰D遺跡	2	J-D1(竪穴建物)	古代Ⅳ2期	4a?類	未報告	
	元山窯跡群	3	2・3号窯灰原	古代Ⅳ2～3期	Cb類	吉井ほか1999	
	鴨侍遺跡	4	23号溝	古代Ⅴ期	1c類	吉井ほか2002	
		5			Dc類		
		6			Cc類		
		7			Cc類		
		8	22号溝(6号建物雨落ち溝?)	古代Ⅴ期	1c類		
		9			1c類		
		10			c類		半截
		11	6号建物ピット	古代Ⅴ期	Cc類		
		12			Cc類		
		13			1c類		
		14			1c類		
		15			Cc類		
		16			Cc類		
		17	6号建物周辺	古代Ⅴ期	1c類		
		18			1c類		
		19			Cc類		
		20			1c類		半截
		21			1c類		半截
		22	ピット172	古代Ⅴ期	Ac類		
		23	ピット158	古代Ⅴ期	Ac類		
		24			Dc類		
		25			Dc類		
		26			Cc類		
		27			Cc類		
		28			Cc類		
		29			2c類		
		30			1c類		
		31	包含層	古代Ⅴ期	1c類		
		32			1c類		
		33			2c類		
		34			1c類		
		35			2c類		
		36			2c類		
		37			2c類		
		38			2c類		
神林村	砂山Ⅵ遺跡	-	SI6	古代Ⅳ2期前後	-	未報告	
		-	SI9		-		
		-	SI10A		-		
中条町	船戸桜田遺跡	39	包含層	古墳14～16段階?	Ea類	水澤2001	
		40			3a類		
	四ツ持遺跡	41	包含層	古代Ⅳ期	a類	水澤1998	同一個体
		42			A??c類		
		43			A??c類		
		44			A??c類		
	中倉遺跡	45	河川跡第2集中区	古代Ⅳ3期	C2c類	水澤1999	同一個体
		46			2b類		
		47			C2c類		
		48			2b類		
		49	河川跡第1集中区	古代Ⅴ期	2c類		
		50			Dc類		
		51			2a類		
		52	河川跡	古代Ⅳ3～Ⅴ期	Ca類		
笹神村	発久遺跡	53	包含層	古代Ⅳ～Ⅵ期	2c類	川上ほか1991	
		54	包含層	古代Ⅳ～Ⅵ期	1c類		
新発田市	馬見坂遺跡	55	表採	古代Ⅱ1期	C1a類	関2001	
		56	表採	古代Ⅱ1期	ⅠC1a類		
		57	表採	古代Ⅱ1期	ⅠC1a類		
聖籠町	山三賀Ⅱ遺跡	62	SI752	古代Ⅲ1期	3a類	坂井ほか1989	
		63			Ac類		
		64	SI1000	古代Ⅴ期	a類		
		65			ⅠA2c類		
		66	SI14	古代Ⅳ1期	Dc類		
		67	SI429	古代Ⅳ期	b類		
		68	SI1307	古代Ⅳ3期	Ca類		
		69	SI1320	古代Ⅴ期	2d類		
		70	SI1167	古代Ⅴ期	ⅢD4a類		
		71	包含層	古代Ⅲ～Ⅳ1期	Ac類		
		72			Cb類		
		73			Bc類		
		74			Ⅰa類		
	二本松東山遺跡	75	1号住居跡	古代Ⅳ1期	Ⅰ1b類		
		76			ⅠDb類		
		77			ⅠC1b類		
		78			ⅠD1b類		
新津市	長沼遺跡	79	包含層	古代Ⅱ2～Ⅲ2期	1a類	渡邊1991	
		80	包含層	古代Ⅴ～Ⅵ?期	1c類		
	寺道上遺跡	81	包含層	古代Ⅴ期	b類	小池ほか1994	
		82			1c類		
		83			1c類		
		84			1c類		

越後出土の円筒形土製品・板状土製品について

表4-2 越後出土の円筒形土製品

市町村名	遺跡名	番号	遺構・層位ほか	年代	分類	文献	備考
新津市	上浦遺跡	85	包含層	古代V期	2c類	川上1997	
		86			2c類		
		87			2c類		
		88			Dc類		
		89			Ⅰ2c類		
		90			Ec類		
		91			c?類		半截
新潟市	的場遺跡	92	包含層	古代Ⅳ～Ⅵ期	1b類	藤塚・小池ほか1993	
	緒立遺跡	93	SX601	古代V期	1d類	渡辺ほか1994	
	釈迦堂遺跡	94	X層	古代V期	ⅢD1d類	江口ほか2000	
		95	X層	古代V期	ⅢD1d類		
巻町	下稲場遺跡	96	表採	古代V期	a類	山口1994	
潟東村	曽根上遺跡	97	表採		4a類	関2000	
		98	表採	古代Ⅲ期?	1a類		
		99	表採		1a類		
	樋切遺跡	100	表採	古代Ⅲ期?	a類		
吉田町	佐渡山助次郎遺跡	103	表採	古代Ⅲ～V期	Da類	本間ほか2000	
		104	包含層		a類		
		105			a類		
燕市	三角田遺跡	106	SK261	古代Ⅱ2～Ⅲ1期?	d類	松島2001	
出雲崎町	梯子谷窯跡	112	SI56	古代Ⅳ～V期	d類	春日2001	
		113			d類		
		114	SK137b		Dd類		
		115	12D-5	古代V期	d類		
		116	SK31	古代V期	1d類		
		117			1d類		
		118	包含層	古代Ⅲ～V期	Dd類		
		119			Dd類		
		120			1d類		
		121			2d類		
		122			2d類		
		123			d類		
	番場遺跡	124	包含層	古代Ⅵ期	ⅢD2d類	坂井ほか1986	
		125			ⅢD4d類		
和島村	八幡林官衙遺跡	126	Ⅰ地区上層	古代Ⅵ期	ⅢD2d類	田中ほか1994	
上越市	一之口遺跡東地区	127	SI113	古墳15期	Ⅰa類	鈴木ほか1994	
		128		古墳15期	a類		
		129		古墳15期	Ca類		
		130	SI168	古墳15期	ⅡC4a類		
		131		古墳15期	ⅡC4a類		
		132	SI616	古代Ⅰ2期	Ca類		
		133	旧河道	古墳15～古代Ⅱ1期	ⅡC4a類		

市町村名	遺跡名	番号	遺構・層位ほか	年代	分類	文献	備考
上越市	津倉田遺跡	137	SI107	古代Ⅱ2期	ⅡC1a類	笹沢・小島2000	
		138	SK447	古代Ⅱ～Ⅲ期	ⅢD4a類		
		139	SI1	古代Ⅱ1期	ⅢD4a類		
中条町	船戸川崎遺跡	141	川跡第1段階	古代Ⅲ～Ⅳ期	Fa類	水澤ほか2002	
		142			Fa類		
		143			a類		
		144			2a類		
		145			2a類		
		146	川跡第2段階	古代V期	Da類		
		147			Da類		
		148	川跡第3段階	古代Ⅵ期	1a類		
		149			Da類		
		150	川跡	古代Ⅲ～Ⅵ期	Da類		
	下町・坊城遺跡	151			Da類	水澤ほか2000	
		152	26号焼土遺構	古代Ⅳ期	2d類		
		153			Dc類		
		154	14号遺構	古代Ⅳ～V期	Dc類		
		155	778号遺構	古代Ⅳ～V期	Dc類	水澤ほか2001	
		156			c類		
	船戸桜田遺跡	157	11号遺構	古代V～Ⅵ期	a?類	水澤・吉村2002	
	蔵ノ坪遺跡	158	包含層	古代Ⅳ～Ⅵ期	Dc類	飯坂2002	
		159			2b類		
清里村	等仙寺遺跡	160	5号住居	古代Ⅱ期	ⅡD3a類	秦・小林ほか1999	
		161	12号住居	古代Ⅱ期	Da類		
上越市	山畑遺跡	-	1号住居跡ほか	古代Ⅰ期	a類	小島ほか1978、小島1979	

表5-1 越後出土の板状土製

市町村名	遺跡名	番号	遺構・層位ほか	年代	分類	文献	備考
新発田市	馬見坂遺跡	58	表採	古代Ⅱ1期	B1類	関2001	
		59			1類		
		60			A1類		
		61			2類		
潟東村	土手内遺跡	101	表採	古代Ⅲ期	1類	関2000	
					A1類?		
燕市	三角田遺跡	107	X層	古代Ⅱ1期～Ⅲ1期	2類	松島2001	
		108			2類		
		109			1類		
		110			2類		
		111			2類		
上越市	一之口遺跡東地区	134	包含層	古墳15期～古代Ⅰ期	1類	鈴木ほか1994	
		135			A1類		
		136			B1類		
	津倉田遺跡	140	包含層	古代Ⅱ期～Ⅲ期	1類	笹沢2000	

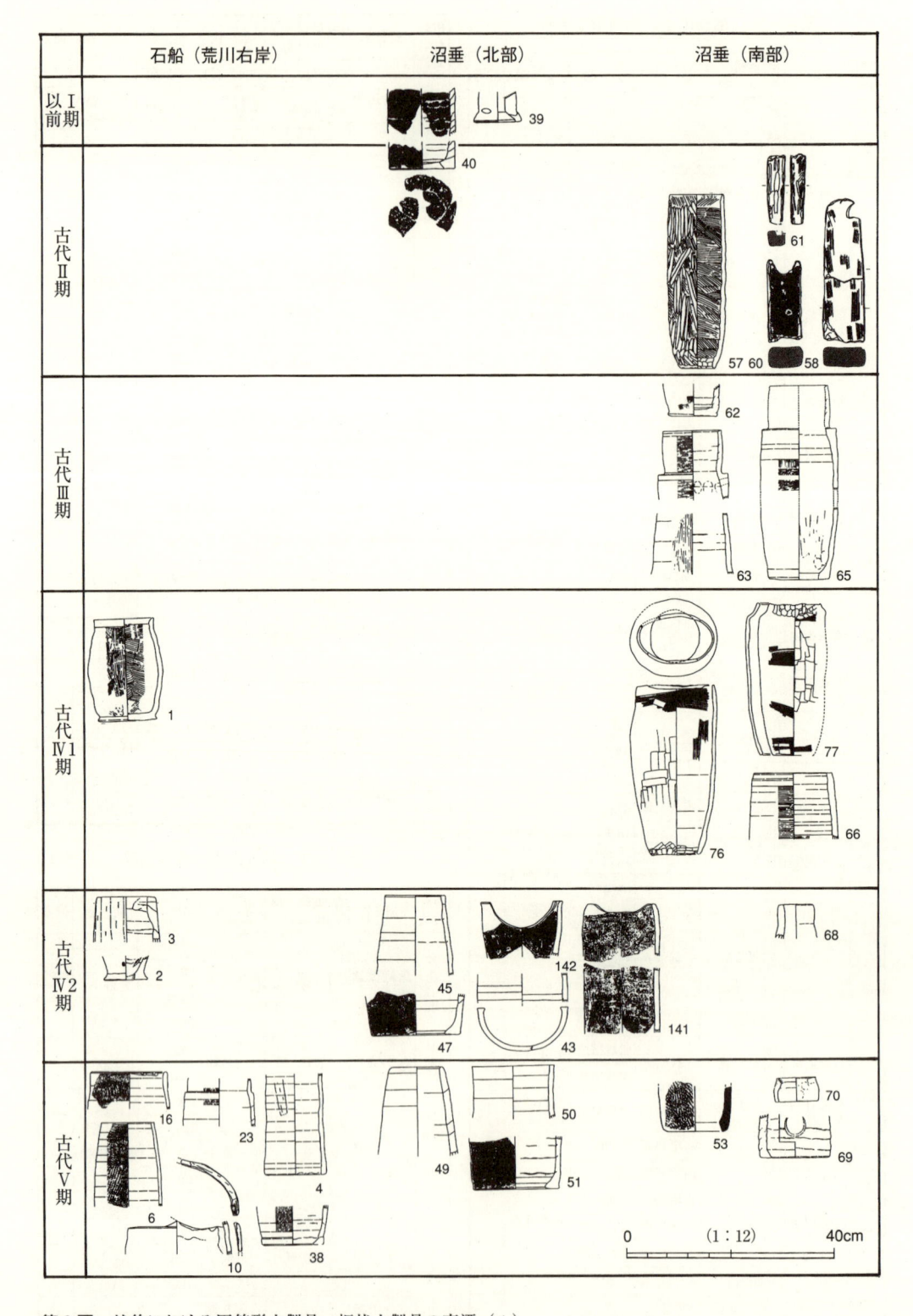

富山大学考古学研究室論集（春日論文）

	石船（荒川右岸）	沼垂（北部）	沼垂（南部）
Ⅰ期以前		39	
古代Ⅱ期		40	57 60 58 61
古代Ⅲ期		62 63	65
古代Ⅳ1期	1	76	77 66
古代Ⅳ2期	3 2	45 142 47 43	68 141
古代Ⅴ期	16 23 4 6 10 38	50 49 51	53 70 69

(1:12) 0 40cm

第9図　越後における円筒形土製品・板状土製品の変遷（1）

－294－

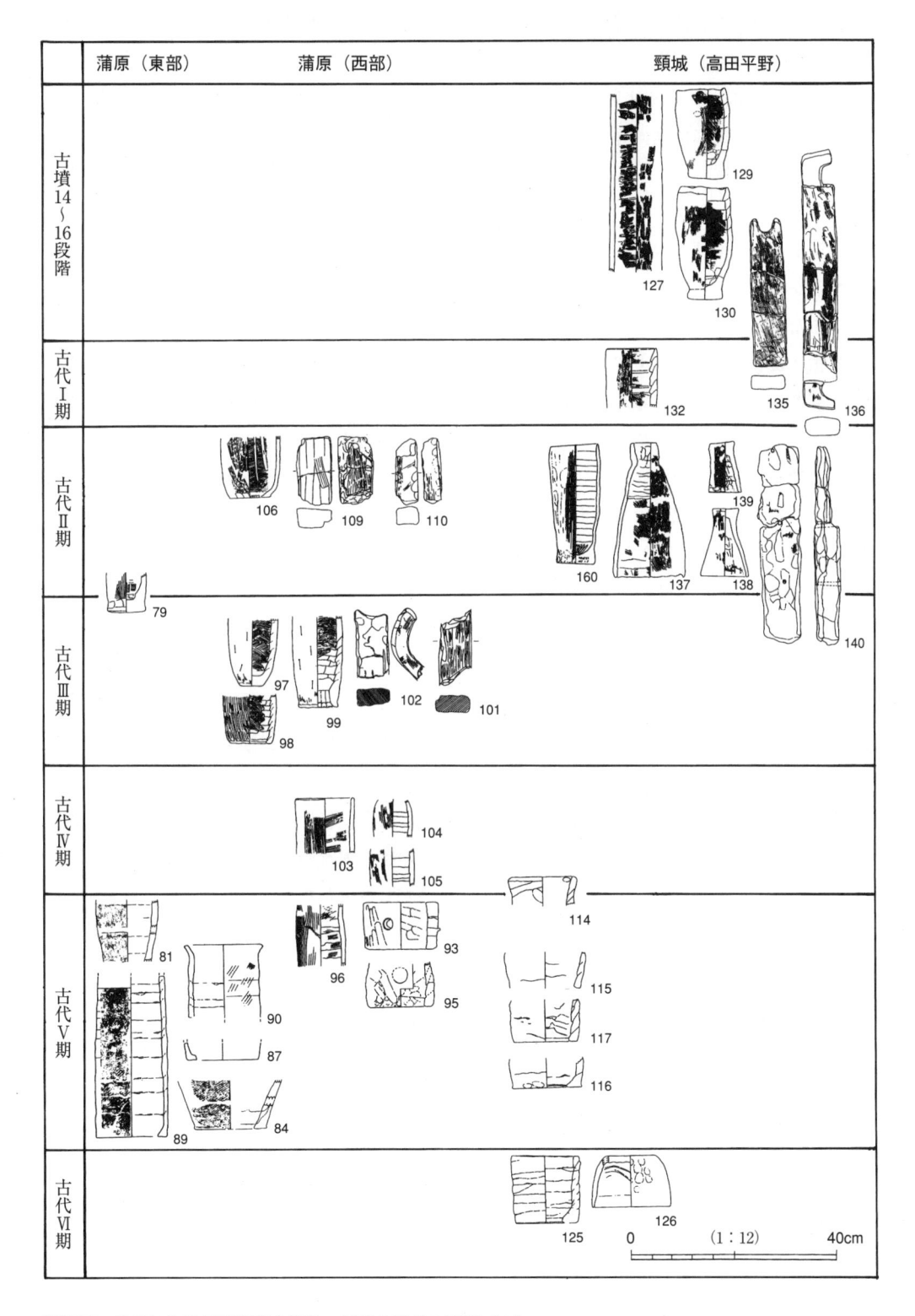

第10図　越後における円筒形土製品・板状土製品の変遷（2）

く，頸城と沼垂南部・蒲原西部の間に位置する三島，古志ではⅡ期の円筒形土製品・板状土製品は確認されていない。沼垂地域では古墳14～16段階にかけて円筒形土製品が存在した可能性があり，頸城地域と同様に円筒形土製品を基に板状土製品が独自に発生した可能性も否定できないが，頸城地域から飛石的に沼垂・蒲原地域に波及したと考えるのが最も理解しやすい。

　また，板状土製品の断面形を見た場合，頸城のものは1類が主体を占め，沼垂南部の馬見坂遺跡出土のものは1類が主体を占め2類は少なく，蒲原西部のものは2類が多い。このことから，頸城地域から沼垂南部へ板状土製品と円筒形土製品がまず波及し，その後あまり時間を置かずに沼垂西部から蒲原西部へ二次的に波及した可能性も考えられる。馬見坂遺跡の共伴土器が採集資料ではあるがⅡ1期にほぼ限定できるのに対し，蒲原西部の三角点下遺跡の共伴土器はⅡ2期のものを主体としⅢ期のものを定量含み，Ⅱ1期まで遡る可能性のある土器は僅かであることや，蒲原西部のⅡ1期の資料と考えられる西川町大島橋遺跡出土土器[山口1984]の中には円筒形土製品・板状土製品が確認されていない点も，前述の推測を補強する。

　古代Ⅲ期(8世紀第1四半期～第2四半期)：頸城地域で円筒形土製品・板状土製品が確認できなくなる。また，沼垂西部では板状土製品が確認できなくなり，板状土製品が確認できる地域は蒲原西部のみとなる(101・102)。円筒形土製品は沼垂南部(62～65)・蒲原西部(97～99)で確認でき，蒲原東部(79)も存在した可能性がある。

　古代Ⅳ期(8世紀第3四半期～9世紀第1四半期)：蒲原西部でも板状土製品が確認できなる。一方，円筒形土製品は沼垂南部(66・68・76・77)・蒲原西部(103～105)で引き続き確認でき，石船(1～3)・沼垂北部(43・45・47・141・142)でも確認できるようになり，古志西部(114)でも出現した可能性が高い。ただし，蒲原東部は当期のものは確認できず，頸城でもⅢ期同様確認できない。円筒形土製品の調整方法では，ハケメやヘラミガキなどを行うもの(a類)の他に沼垂地域でロクロナデなどの須恵器技法を用いるもの(c類)が確認できるようになる。また，古志西部では，指押さえや粗雑なナデ調整を行うだけで内外面とも粘土紐の接合痕を残すもの(d類)が存在する。

　石船・沼垂北部の円筒形土製品は隣接する沼垂地域から波及した可能性が高いが，古志西部に見られるd類は，先行する時期には越後には類例が無く，隣接する蒲原西部の影響を受け独自に発展した可能性のほか，越後以外の地域からの影響により成立した可能性も考えられる[7]。

　古代Ⅴ・Ⅵ期(9世紀第2四半期～9世紀第4四半期)：古代Ⅳ期に引き続き，板状土製品は確認できない。石船・沼垂(南部・北部)・蒲原(東部・西部)・古志(西部)で円筒形土製品が確認できるが，頸城地域では引き続き円筒形土製品も確認できない。

　円筒形土製品の調整は，石船地域(4・6・10・16・23・38)・蒲原東部(84・89・90)ではc類，古志西部(115～117)ではd類が卓越するが，沼垂南部ではa類(70)・c類(53)・d類(69)，蒲原西部ではa類(96)・d類(93・95)が確認でき，複数のタイプが並存する。

　蒲原西部のd類は隣接する古志西部からの影響で出現した可能性が高く，沼垂南部のd類も直接波及したか，蒲原西部を介して波及したかは不明だが古志西部と関連が考えられる。

　また，蒲原東部でもⅤ期には円筒形土製品が定量確認できるようになるが，これについては蒲

原東部でV期以降確認できる土師器焼成坑による土師器生産との関連が指摘されている[望月前掲]。しかし,隣接する沼垂南部ではⅣ期にc類が定量確認でき,沼垂南部から波及した可能性も考えられる(8)。

小結：以上,越後における円筒形土製品・板状土製品の消長・変遷を地域毎にみてきたが,上記の変化のうちⅡ1期における頸城地域から沼垂南部への円筒形土製品・板状土製品の波及は越後の古代史を考える上で非常に重要と考える。古代Ⅱ1期(7世紀第3四半期頃)は沼垂に城柵(渟足柵)が設置され整備が進む時期である。

望月精司や西山克巳らが指摘するように,円筒形土製品を用いる集団を「先進地域における技術や文化を携えてそれぞれの村に定着していった」集団[西山前掲],あるいは渡来系の新来の技術と携えた集団[望月前掲]と考えるならば,上述の円筒形土製品・板状土製品の消長について,①円筒形土製品を用い新来の技術を携えた集団が古墳14段階(6世紀第2四半期)頃に頸城地域へ移住し,②古代Ⅰ期には頸城地域に定着し板状土製品を生み出し,③古代Ⅱ1期(7世紀第3四半期)にはその一部が城柵造営に関連し渟足柵周辺に移住した,とする解釈が考えられる。

4 円筒形土製品が使用された建物の形態

次に県内で円筒形土製品が使用された可能性が考えられる建物の形態について地域毎にみていく。必然的に竪穴建物が中心となるが,竪穴建物の柱穴の位置に特に着目する。なお,板状土製品は建物跡に伴う例が無く検討することができなかった。また,蒲原地域・古志地域は円筒形土製品についても建物跡からの出土が皆無か非常に少なく,ほとんど検討できない。以下第11図に沿って記述する。

石船地域：海岸部の神林村砂山Ⅵ遺跡で円筒形土製品がカマド周辺から出土している。未報告資料のため円筒形土製品・建物跡を図示できないが,建物跡は壁際に柱穴が比較的細かいピッチで並ぶ竪穴建物(以下,側柱竪穴建物とする)であり,年代は古代Ⅳ2期前後と考えられる。

荒川左岸域では,荒川町坂町宮ノ腰B遺跡2号遺,同町坂町宮ノ越D遺跡D－J1遺構,同町鴨侍遺跡6号建物(周辺)からの出土がある。坂町宮ノ越B2号遺構は古代Ⅳ1期頃の竪穴建物と考えられ,カマドと考えられる地点から遺物がまとまって出土したが,遺存状況が悪く建物の構造は不明である。坂町宮ノ腰D遺跡D－J1遺構は未報告のため竪穴建物の形態は不明である。鴨侍遺跡6号建物は一面に庇を持ち身舎が3×7間となる大型の掘立柱建物であり,年代は古代Ⅴ期と考えられる。建物周辺や雨落ち溝から大量の円筒形土製品が出土しており,建物内部か周辺に円筒形土製品を用いた大規模な構築物が存在した可能性が高い。

沼垂地域：聖籠町山三賀Ⅱ遺跡SI752・1000・14・429・1000・1167・1307・1320,同町二本松東山遺跡1号から円筒形土製品が出土している。このうちカマド(周辺)からの出土でないことが確実な山三賀Ⅱ遺跡SI1307は対象としない。ただし,カマド(周辺)からの出土が明確ではないがその可能性も考えられる山三賀Ⅱ遺跡SI752・1167・1320は,カマド(周辺)から円筒形土製品が

出土している山三賀Ⅱ遺跡SI1000・14・429，二本松東山1号住居とともに，とりあえず検討の対象とする。また，中条町船戸川崎遺跡，同町下町・坊城遺跡からも竪穴建物のカマドと思われる遺構（の周辺）から円筒形土製品が出土しているが，遺存状況が悪く建物の構造は不明である。

　古代Ⅲ期の山三賀ⅡSI752は側柱竪穴建物と対角線上に主柱穴が4本配置される竪穴建物（以下，4本柱竪穴建物とする）の折衷，SI1000は側柱竪穴建物と考えられる。古代Ⅳ期の山三賀ⅡSI429・14は側柱建物，二本松東山1号住居跡は無柱穴竪穴建物，古代Ⅴ期の山三賀Ⅱ遺跡SI1320・1167は無柱穴竪穴建物である。

　古志地域：竪穴建物は図示しなかったが，梯子谷遺跡SI56から円筒形土製品が出土している。建物内での出土地点が不明であり，この建物で使用していたものではない可能性が高い。建物の年代は古代Ⅳ2～Ⅴ期で，一角が検出されたのみで詳細は不明だが，4本柱竪穴建物か無柱穴竪穴建物である可能性が高い。

　頸城地域：上越市一之口遺跡東地区SI113・168・616，同市山畑遺跡1号住居跡，同市津倉田遺跡SI1・102，清里村等仙寺5・12号住居跡などから円筒形土製品が出土している。このうち一之口遺跡東地区SI616・津倉田SI1・102，等仙寺遺跡5・12号住居跡は円筒形土製品がカマドに伴うものでない可能性もあるが，とりあえず対象とする。また山畑遺跡1号住居跡は建物跡の詳細な平面図・円筒形土製品が報告されておらず図示できない。

　古墳14～16段階の建物跡には一之口遺跡東地区SI113・168があり，ともに4本柱竪穴建物である。古代Ⅰ期の資料には，一之口遺跡東地区SI616・一之口遺跡山畑遺跡1号住居跡があり，2棟とも4本柱竪穴建物である。古代Ⅱ期の資料には津倉田遺跡SI1・102，清里村等仙寺遺跡5・12号住居跡がある。津倉田遺跡SI1は4本柱竪穴建物であるが，側柱竪穴建物との折衷の可能性も考えられる。津倉田SI102は側柱建物と4本柱竪穴建物との折衷，等仙寺5号住居跡は4本柱建物，同12号住居は側壁のやや内側に柱穴が7基巡り，側柱竪穴建物との関連が推測できる[9]。

　小結：以上のように，古墳14期～古代Ⅰ期（6世紀第2四半期～7世紀第2四半期）の頸城地域では，円筒形土製品を用いる建物は4本柱竪穴建物が主体であった。伊勢［小山前掲］・信濃［西山前掲］・下野［山口前掲］・陸奥南部（福島県）［丹治前掲］においても円筒形土製品を用いる建物には4本柱竪穴建物が多く確認でき，他地域でも，円筒形土製品を用いる建物は4本柱竪穴建物が最も一般的な形態であった可能性が高い。

　これに対し，古代Ⅱ期（7世紀第3四半期～第4四半期）の頸城地域では，円筒形土製品を用いる建物の形態には4本柱竪穴建物以外に側柱竪穴建物が確認できるようになる。また，古代Ⅲ期（8世紀第1四半期～第2四半期）以降の沼垂・石船地域では，多様な建物で円筒形土製品が使用されたが，この中には4本柱竪穴建物との折衷も含め側柱穴竪穴建物が定量確認できる。

　側柱竪穴建物は，近江地域に起源があり，古代Ⅱ期（7世紀第3四半期～第4四半期頃）に近江地域からの移民に伴い越前・加賀地域に波及しものと考えられている［北野1994］。また，筆者はかつて，越後においても古代Ⅲ1期（8世紀第1四半期）には側柱穴竪穴建物が確認できるようになり，これを土器生産などの手工業生産の整備と関連し，北陸地域からの近江系移民の系譜を引く集団

－298－

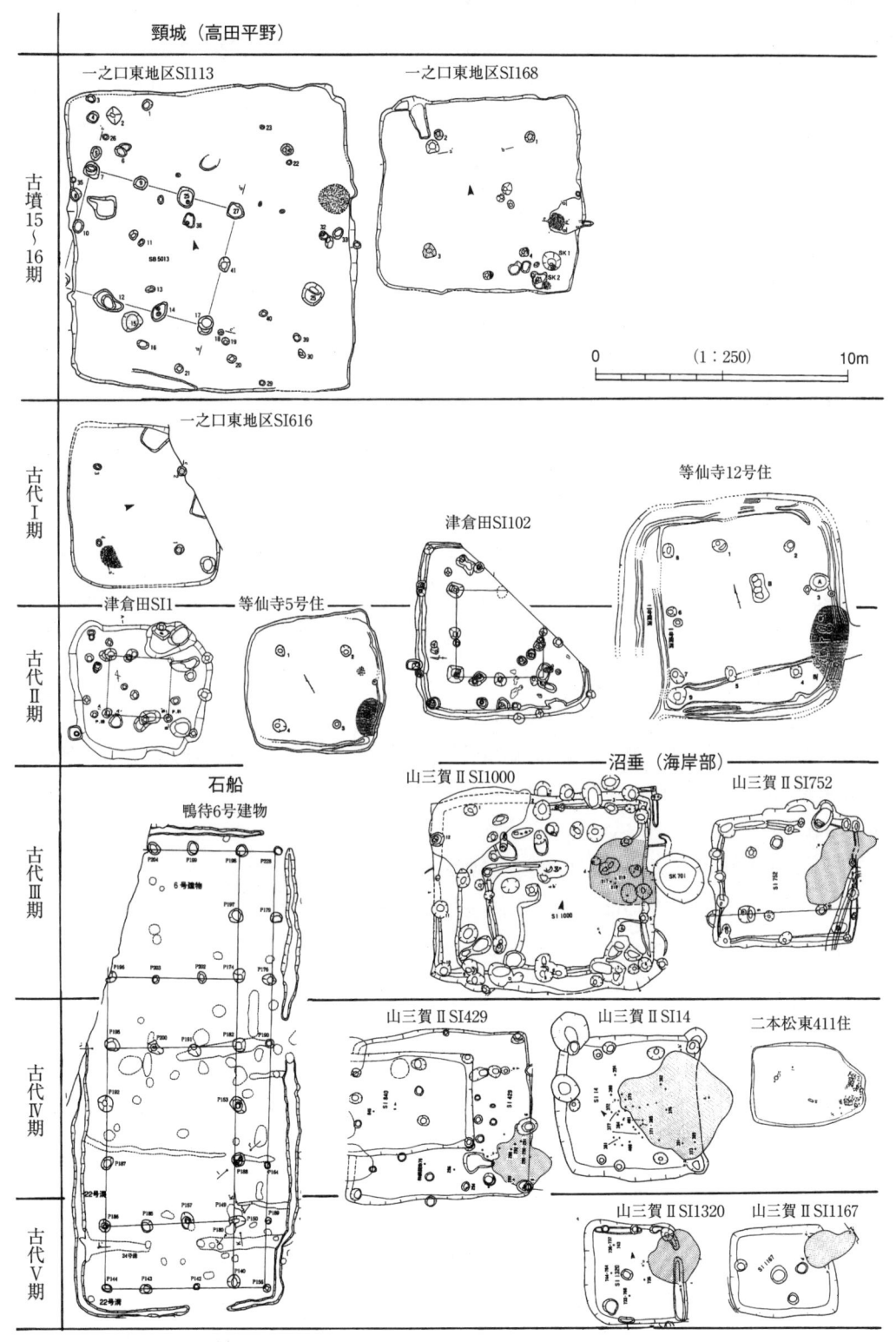

越後出土の円筒形土製品・板状土製品について

頸城（高田平野）

古墳15〜16期： 一之口東地区SI113、一之口東地区SI168

古代Ⅰ期： 一之口東地区SI616、津倉田SI102、等仙寺12号住

古代Ⅱ期： 津倉田SI1、等仙寺5号住

石船　　　　　　　　　　　　　　　　沼垂（海岸部）

古代Ⅲ期： 鴨侍6号建物、山三賀ⅡSI1000、山三賀ⅡSI752

古代Ⅳ期： 山三賀ⅡSI429、山三賀ⅡSI14、二本松東411住

古代Ⅴ期： 山三賀ⅡSI1320、山三賀ⅡSI1167

(1：250)　0　10m

第11図　円筒形土製品が出土した建物

が移動したことにより波及した可能性が高いことを指摘した[春日1996]。

　しかし，津倉田遺跡などの調査により，古代Ⅱ期の頸城で側柱竪穴建物が存在していることが明らかとなった。現状では類例が多いとは言えず，今後の資料の増加を待って判断すべきかも知れないが，古代Ⅱ期における近江地域から越前・加賀地域への移民の波が頸城地域まで及んでいた可能性は考えてよいだろう。また沼垂・石船地域に見られる側柱竪穴建物の系譜についても，頸城地域への波及とあまり時間をおかずに，城柵造営に関連し円筒形土製品・板状土製品とともに，頸城地域から沼垂地域に波及した可能性が考えられる。

5　出羽における側柱竪穴建物と円筒形土製品

　側柱竪穴建物は8世紀後半以降の出羽地域(秋田県)でも確認できることが北野博司氏により指摘されており，また北野氏はこれを「日本海ルートの影響が強いもの」としている[北野1997]。

　ここで注目したいのは，出羽地域で検出される側柱竪穴建物の中には円筒形土製品がカマド支脚やカマド構築材などに用いられている例が定量存在する点である。秋田県下の円筒形土製品(支脚)については，柴田陽一郎氏による集成があり[柴田1993]，これを参考に側柱竪穴建物から円筒形土製品が出土した事例をみると，能代市上ノ山Ⅱ遺跡SI 8・11・1[熊谷・児玉1986]，同市十二木遺跡9号住居[髙橋・小林1989]，同市寒川Ⅱ遺跡7号住居[利部・三嶋・小林1988]など八郎潟の北側，米代川左岸の台地上に位置する遺跡で多く確認できる(第12図)。

　これらの事例の多くは9世紀後半から10世紀と考えられ，大半がカマド支脚として用いられており，内外面とも接合痕を残し，口縁部には「U」字もしくは「V」字の切込みを持つなど，越後の北部(石船・沼垂・蒲原地域)に一般的に見られる円筒形土製品とは年代・形態・使用法などに違いが見られる。

　しかし，米代川左岸においても円筒形土製品をカマド構築材として用いる例が全く無いわけではない。上ノ山Ⅱ遺跡SI 7では煙道から円筒形土製品が出土しており，十二木遺跡8号住居は，建物構造は側柱竪穴建物ではないが，4・5をカマドの芯材として用いており，3もカマド芯材である可能性が高い。口縁部に「U」字もしくは「V」字状の切込みがある円筒形土製品は，数は多くないが越後においても荒川町鴨侍遺跡(第4図10)，中条町船戸川崎遺跡(第7図141・142)などに確認でき，内外面に接合痕を残すものも石船・沼垂・蒲原では少ないが，古志西部には定量存在する[10]。直接的な影響は考えにくいが米代川左岸地域の側柱竪穴建物と円筒形土製品の波及に，越後北部(岩船・沼垂・蒲原・古志)が影響を及ぼしていた可能性は高いと考える。

お わ り に

　以上のように，6世紀前半～7世紀にかけて越後頸城地域に存在した円筒形土製品・板状土製品をカマド構築材やカマド支脚として用いる集団は，7世紀後半に近江地域から移住したと考え

られる側柱竪穴建物を用いる集団と融合し，その一部は，城柵造営と関連し沼垂南部に移住したと考えられる。その後，円筒形土製品は沼垂南部を基点に越後北部各地（石船・沼垂・蒲原・古志地域）に広がり，9世紀まで使用された。また，越後北部に定着した円筒形土製品を用いる集団の一部は，8世紀後半〜9世紀には，更に北方の出羽地域へと進出した可能性が高い（第13図）。

このような集団の移動の背景に古代国家の東北経営が影響を及ぼしていることは否定できない。しかし，頸城は東山道と北陸道の結節点として機能するのは7世紀に限られることではなく，東山道に特徴的な遺構・遺物が越後頸城地方を起点に日本海を介し北上・南下することや，逆に日本海側に特徴的な遺構・遺物が頸城を介し内陸に伝わることはしばしば確認できる[11]。また，越後北部と出羽との交流も城柵設置以前から存在したもことは確実であろう。古代国家の東北経

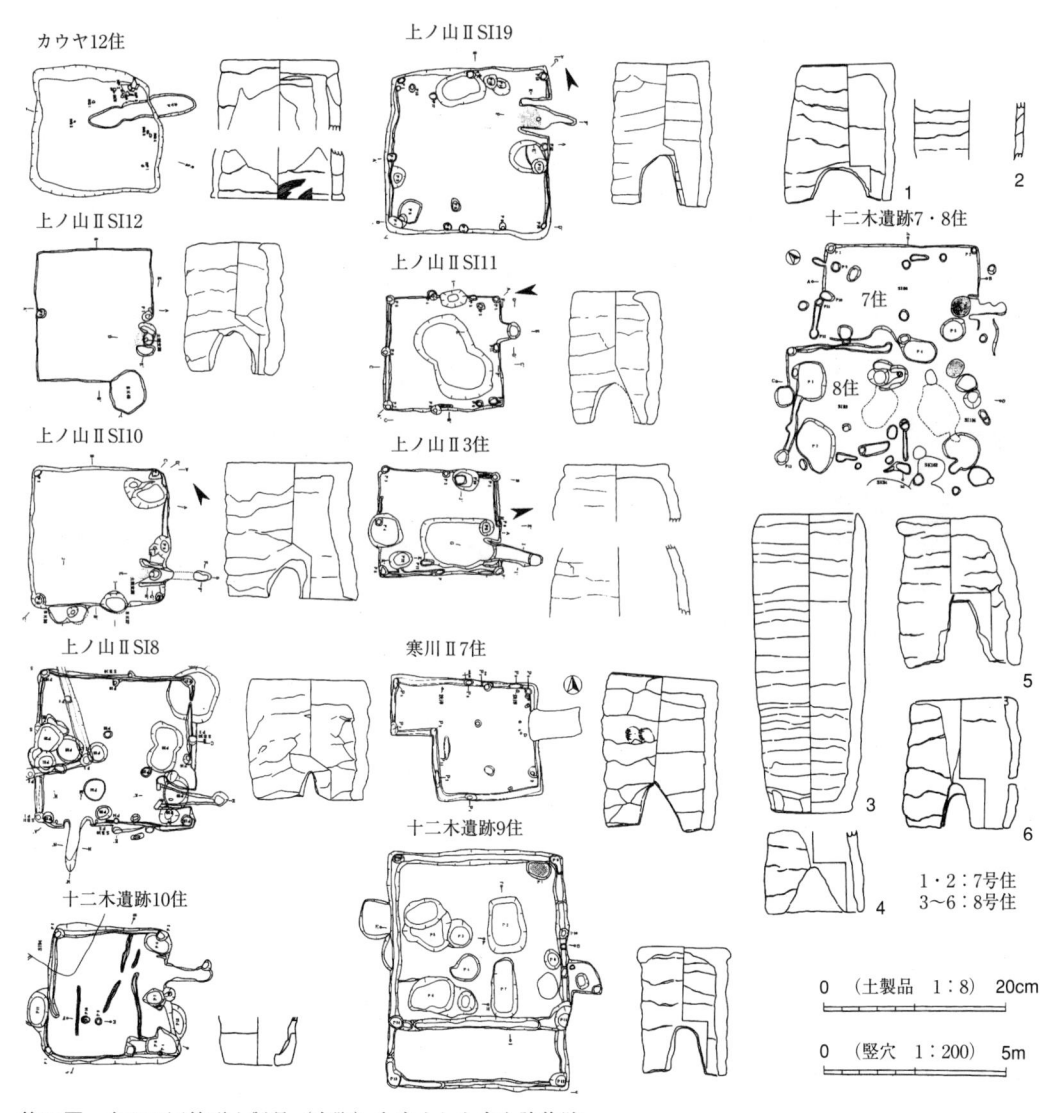

第12図 出羽の円筒形土製品（支脚）を出土した主な建物跡

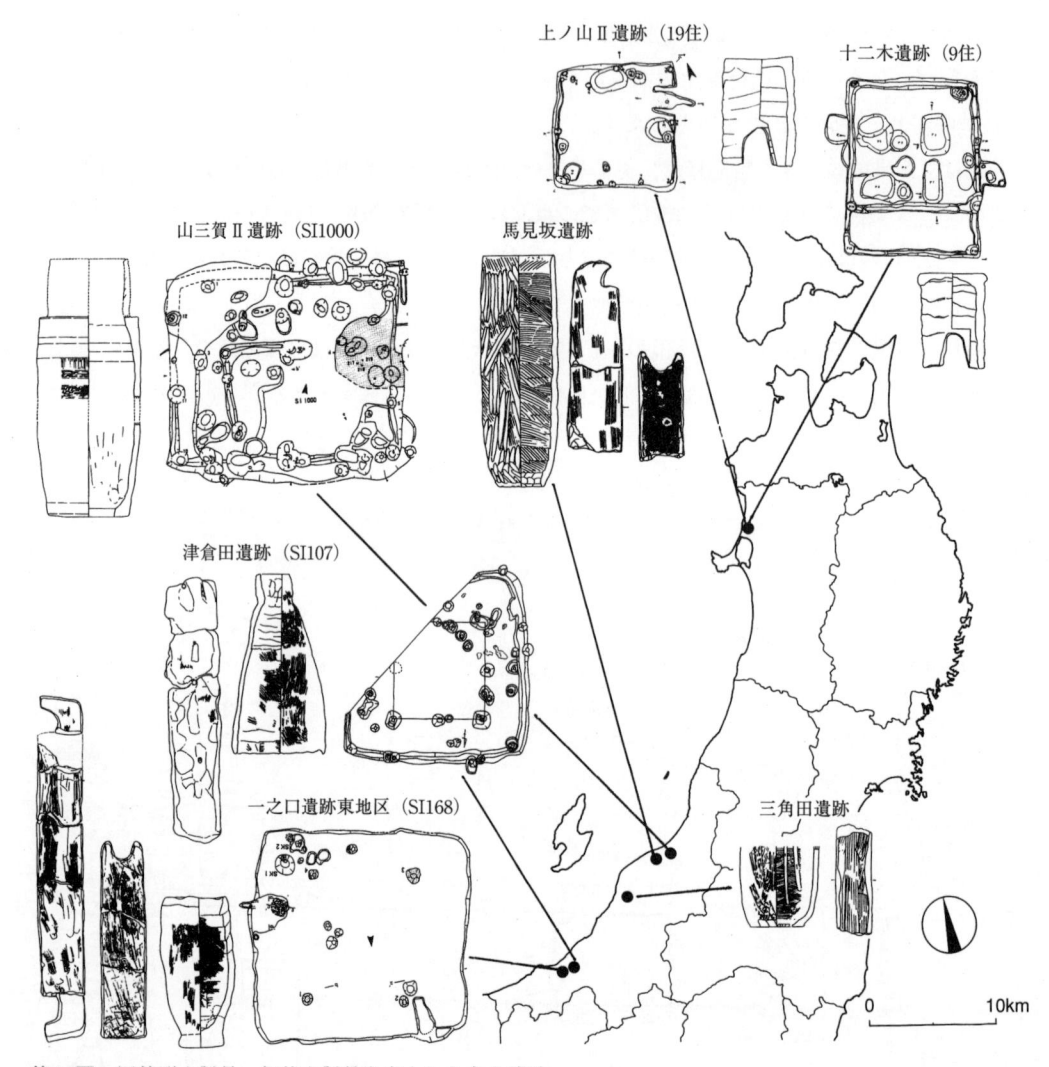

第13図　円筒形土製品・板状土製品を出土した主な遺跡

営が古墳時代(以前)からの地域間交流と無縁とは考えにくく，円筒形土製品や側柱竪穴建物の，一足飛びではない段階的な波及はこのことを端的に表しているとも考えるが，古墳時代(以前)の交流を踏まえた検討はできていない。今後の課題である。

　秋山進午先生の学恩に報いたとは言い難い愚考ではありますが，今後の研鑽を期すことで，古希に際し献呈させていただくことをお許し願う次第です。作成にあたり，関雅之，金子拓男の各先生ほか，寺崎裕助，田辺早苗，本間敏則，宮崎芳春，鈴木俊成，北野博司，澤田　敦，吉井雅勇，水澤幸一，青山博樹，伊藤秀和，笹沢正史，朝岡康政，加藤学，相田泰臣，藤森健太郎，浅井勝利の諸氏に各種のご教示，資料の提供，資料見学に際しての配慮を受けた。文末ながら記して感謝いたします。

註

1 坂井氏の論考[坂井1998]以後，新潟県内では円筒形土製品を「土管」として報告する事例が増えた。「土管」＝通水管とは必ずしもならないが，出土状況などで，確実に通水管と判断できるもの以外の円筒型土製品を「土管」として報告するのは，学史的にも機能面から考えても適切でない。また，坂井氏の論考の意図からも外れる。関氏の指摘はこうした状況を懸念してのもののように思える。

2 小稿では特に断らない限り，佐渡を除く新潟県地方を指す地域名称として「越後」という語を用いる。

3 船戸桜田遺跡からは古墳15・16段階の土器と古代Ⅲ〜Ⅵ期の土器が出土している。円筒形土製品は2点とも包含層から出土しており，出土地点は古墳15・16段階の土器が多く出土しているところではあるが，古代の土器が全く出土していないわけではなく，古墳14〜16段階のものとは断言できない。古墳14〜16段階に遡るとすれば，その意義は大きいが，本稿の主旨を大きく変える必要はないと考えている。

4 緒立遺跡，釈迦堂遺跡は新潟市の旧黒崎町地区に所在する遺跡である。黒崎町は2000年1月に新潟市と市町合併を行った。そのため両遺跡の現在の所在地は新潟市である。

5 旧稿[春日1999]では馬見坂遺跡跡出土の土器をⅠ期に位置づけた。その後馬見坂遺跡の土器が図化され全容が明らかとなり[関2001]，新潟県内のⅠ〜Ⅱ期の資料が増加した[秦・小林1999，笹沢・小島2000，松島2001]。口縁部が屈曲する杯・高杯が確認できない点や，長釜の形態などから，現状では馬見坂遺跡の土器(群)はⅡ1期とするのが適切だと考えている。これに関しては新稿[春日2003]にやや詳しく述べている。

6 文献史学の立場から6世紀代の頸城に東山道経由で物部一族が進出してきたとする説がある[小林1996]

7 古代Ⅳ〜Ⅴ期の円筒形土製品d類を定量出土した梯子谷窯跡では，当期の土師器焼成坑が何検出されている[春日ほか2001]。円筒形土製品が土師器焼成坑技術と関連するという望月の指摘[望月前掲]に従うならば，土師器焼成坑技術の波及に伴い円筒形土製品d類が島崎川流域にもたらされた可能性も考えられる。ただし，島崎川は大河津分水が掘削されるまでは西川の支流，もしくは西川と一連の河川であった。また，古墳の様相や古代の土器様相などにより古墳時代から古代を通じ相互に関連する地域であった可能性が高く[広井1994，春日2000・2001，森下2002]，西川流域から円筒形土製品が波及し，島崎側流域で独自の変化を遂げ，d類が出現した可能性も十分考えられる。

8 古代Ⅳ〜Ⅴ期の蒲原頭部の新津丘陵と沼垂の笹神丘陵・櫛形山脈周辺の須恵器窯では，ともに折縁杯と呼ばれる独特の須恵器が生産されている。この折縁杯は現在のところ新津丘陵と笹神丘陵・櫛形山脈周辺の須恵器窯以外では確認されておらず，須恵器から両地域の交流が指摘できる。もちろん，両地域の交流に伴い，土師器焼成坑技術が沼垂から蒲原東部に波及した可能性が考えられないわけではない。

9 津倉田遺跡SI102，等仙寺遺跡12号住居では，円筒形土製品の出土状況からは，円筒形土製品は使用されなかった可能性も考えられるが，円筒形土製品を用いる人と側柱竪穴建物あるいはこれと関連する竪穴建物に住む人が，同一集落内でほぼ同時に存在したという点が重要であろう。

10 梯子谷窯跡からは側柱竪穴建物となる可能性が高い竪穴建物が検出されている。

11 古くは縄文時代の蛇紋岩製磨製石斧・ヒスイ製玉類があげられる。8・9世紀の世紀須恵器杯類の底部回転糸切り技法は東海地方から信濃を介し頸城平野の西部に定着し，越中東部(立山町上末窯)で一定量見られ，能登や越後北部の須恵器にも散発的に認められる。能登で散見される凸帯付四耳壺や，新潟県北部に存在するリング付長頸瓶も頸城を起点にこれらの地域に波及した可能性が考えられる。

補註　脱稿後青海町須沢角地A遺跡SI112[中村・小池1988]，上越市山畑遺跡34号住居跡[小島1979]，柿崎町大久保遺跡[室岡・関2001]，豊栄市城ノ潟遺跡[豊栄市1988]で円筒形土製品が出土していることを知った。

　　　須沢角地A遺跡は，頸城地域の西端付近に位置する遺跡で，SI112からは，古代Ⅱ2期〜Ⅲ1期の

土器とともにⅢC4d類の円筒形土製品が出土している。上越市山畑遺跡34号住居からは古代Ⅰ期の土器とともにⅢC4a類の円筒形土製品が出土している。柿崎町大久保遺跡は高田平野の東端付近に位置し，古墳14段階から古代Ⅱ1期の土器とともにⅡD1a類の円筒形土製品が出土している。豊栄市城ノ潟遺跡は沼垂南部に位置する遺跡で，古墳14段階から古代Ⅴ期の土器とともにDa類の円筒形土製品が出土している。

引用・参考文献

飯坂　盛泰ほか　2002　『新潟県埋蔵文化財調査報告第114集　蔵ノ坪遺跡』新潟県教育委員会・財団法人新潟県埋蔵文化財調査事業団

江口　友子　2000　『新潟県埋蔵文化財調査報告書第100集　釈迦堂遺跡』新潟県教育委員会・財団法人新潟県埋蔵文化財調査事業団

岡田　淳子ほか　1968　『八王子中田遺跡－古墳時代集落跡の調査』（資料編Ⅲ）　八王子中田遺跡調査会

春日　真実　1996　「越後における5～8世紀の竪穴建物」『新潟考古学談話会』第16号　新潟考古学談話会

春日　真実　1999　「土器編年と地域性」『新潟県の考古学』新潟県考古学会

春日　真実　2000　「まとめ」『吉田町史』資料編1　考古・古代・中世　吉田町

春日　真実　2002　「古代古志郡の考古学的検討」『新潟考古学談話会』第24号　新潟考古学談話会

春日　真実　2003　「越後における古代の多孔座土器について」『新潟考古』第14号　新潟県考古学会

春日　真実ほか　2001　『新潟県埋蔵文化財調査報告第104集　梯子谷窯跡』新潟県教育委員会・財団法人新潟県埋蔵文化財調査事業団

利部　修・三嶋　隆儀・小林　克　1988　『秋田県文化財調査報告書第167集　寒川Ⅰ遺跡・寒川Ⅱ遺跡』秋田県教育委員会

川村　浩司　2000　「上越市の古墳時代の土器様相―関川右岸下流域を中心に」『上越市史研究』第5号　上越市

川上　貞夫　1991　『笹神村文化財調査報告書8　発久遺跡』笹神村教育委員会

川上　貞夫　1997　『上浦A遺跡』新津市教育委員会

北野　博司　1994　「北陸の7世紀後半の社会－総論－」『北陸古代土器研究』第5号北陸古代土器研究会

北野　博司　1997　「古代北陸の地域開発と出羽」『蝦夷・律令国家・日本海』日本考古学協会1997年度秋田大会実行委員会

熊谷　太郎・児玉　準　1986　『秋田県文化財調査報告書第137集　上ノ山Ⅱ遺跡第2次発掘調査報告書』秋田県教育委員会

小池　義人ほか　1994　『新潟県埋蔵文化財調査報告第59集　細池遺跡・寺道前遺跡』新潟県教育委員会

小島　幸雄ほか　1978　『岩木地区遺跡群発掘調査概報』上越市教育委員会

小島　幸雄　1979　『岩木地区遺跡群発掘調査報告書』上越市教育委員会

小林　昌二　1996　「越地域における部民分布の再検討」『越と古代の北陸』古代王権と交流3　名著出版

小山　憲一　2001　「包含層出土の筒形土器について」『発シB遺跡』三重県埋蔵文化財センター

坂井　秀弥　1998　「古代の土管」『新潟考古学談話会会報』第19号　新潟考古学談話会

坂井　秀弥ほか　1986　『新潟県埋蔵文化財調査報告第48集　番場遺跡』新潟県教育委員会

坂井　秀弥ほか　1989　『新潟県埋蔵文化財調査報告第53集　山三賀Ⅱ遺跡』新潟県教育委員会ほか

笹沢　正史・小島　幸雄　2000　『津倉田遺跡』上越市教育委員会

柴田陽一郎　1985　『秋田県文化財調査報告書第123集　カウヤ遺跡第2次発掘調査報告書』秋田県教育委員会

柴田陽一郎　1993　「秋田県における土製支脚について」『研究紀要』秋田県埋蔵文化財センター

関　雅之　2000　『新潟県潟東村所蔵の考古資料整理報告―谷側忠壽美氏採集資料の調査記録』潟東村教育委員会

| 関 雅之 | 2001 | 「新潟県新発田市馬見坂遺跡出土の土師器―阿賀北地域の7世紀代の土器様相とその意義」『北越考古学』第12号　北越考古学研究会 |

| 鈴木 俊成 | 1994 | 「古墳時代後期の竪穴住居について」『新潟県埋蔵文化財調査報告書第60集　一之口遺跡東地区』新潟県教育委員会・財団法人　新潟県埋蔵文化財調査事業団 |

| 鈴木 俊成ほか | 1994 | 『新潟県埋蔵文化財調査報告書第60集　一之口遺跡東地区』新潟県教育委員会・財団法人　新潟県埋蔵文化財調査事業団 |

| 高橋 学・小林 克 | 1989 | 『秋田県文化財調査報告書第178集　福田遺跡・石丁遺跡・蟹子沢遺跡・十二林遺跡』秋田県教育委員会 |

| 田中 靖ほか | 1994 | 『八幡林遺跡』新潟県和島村教育委員会 |

| 田辺 昭三 | 1981 | 『須恵器大成』角川書店 |

| 豊栄市 | 1998 | 『豊栄市史』資料編Ⅰ(考古編) |

| 丹治 篤嘉 | 2001 | 「福島県内の筒型土製品・異形土製品について」『福島考古』第42号　福島県考古学会 |

| 中村恵美子・小池義人 | 1988 | 『須沢角地A遺跡発掘調査報告書』須沢角地A遺跡発掘調査団・青海町教育委員会 |

| 西山 克己 | 1996 | 「7世紀に信濃で用いられた円筒形土器」『長野県考古学会誌　特集　古墳時代の祭祀・土器』79号　長野県考古学会 |

| 秦 繁治・小林 義廣ほか | 1999 | 『等仙寺・梶木・山崎塚遺跡』清里村教育委員会 |

| 花岡 弘・西山 克己 | 1995 | 「信州の6・7世紀の土器様相―現時点での概略として―」『東国土器研究』第4号　東国土器研究会 |

| 広井 造 | 1996 | 「首長と古墳の造営」『長岡市史』通史編 |

| 藤塚 明・小池 邦明ほか | 1993 | 『新潟市的場遺跡』新潟市教育委員会 |

| 本間 敏則ほか | 2000 | 「吉田町の遺跡」『吉田町史』資料編1　考古・古代・中世　吉田町 |

| 松島 悦子ほか | 2001 | 『燕市埋蔵文化財調査報告書第1集　三角田遺跡』燕市教育委員会 |

| 水澤 幸一 | 1998 | 『中条町埋蔵文化財調査報告第15集　兵衛遺跡・四ッ持遺跡』中条町教育委員会 |

| 水澤 幸一 | 1999 | 『中条町埋蔵文化財調査報告第16集　中倉遺跡3次』中条町教育委員会 |

| 水澤 幸一 | 2002 | 『中条町埋蔵文化財調査報告第24集　船戸川崎遺跡4次』中条町教育委員会 |

| 水澤 幸一・吉村 光彦 | 2001 | 『中条町埋蔵文化財調査報告第22集　船戸桜田遺跡2次』中条町教育委員会 |

| 水澤 幸一・吉村 光彦 | 2002 | 『中条町埋蔵文化財調査報告第25集　船戸桜田遺跡4次・5字　船戸川崎遺跡6次』中条町教育委員会 |

| 水澤 幸一ほか | 2000 | 『中条町埋蔵文化財調査報告第20集　下町・坊城遺跡Ⅳ』中条町教育委員会 |

| 水澤 幸一ほか | 2001 | 『中条町埋蔵文化財調査報告第21集　下町・坊城遺跡Ⅴ』中条町教育委員会 |

| 室岡 博・関 雅之 | 2001 | 「新潟県中頸城郡柿崎町大久保遺跡出土の土師器―製作技法と編年的位置について―」『柿崎町の歴史(町史研究)』第1集　柿崎町史編さん室 |

| 望月 精司 | 2002 | 「円筒形土器について」『二ッ梨一貫山窯跡』小松市教育委員会 |

| 森下 章司 | 2002 | 「振文鐸について」『新潟県埋蔵文化財調査報告書第116集　奈良崎遺跡』新潟県教育委員会・財団法人新潟県埋蔵文化財調査事業団 |

| 山口 栄一 | 1984 | 「西川の遺跡」『西川町史考』西川町教育委員会 |

| 山口 栄一 | 1994 | 「下稲場遺跡」『巻町史』資料編1　考古　巻町 |

| 山口 耕一 | 1998 | 「古墳時代後期の円筒形土製品―栃木県下の事例を中心に―」『研究紀要』第6号　栃木県文化振興事業団埋蔵文化財センター |

| 吉井 雅勇 | 1993 | 『荒川町埋蔵文化財発掘調査報告第1集　坂町宮ノ越B遺跡』荒川町教育委員会 |

| 吉井 雅勇ほか | 1999 | 『荒川町埋蔵文化財発掘調査報告第5集　元山窯跡』荒川町教育委員会 |

| 吉井 雅勇ほか | 2002 | 『荒川町埋蔵文化財発掘調査報告第8集　鴨侍遺跡』荒川町教育委員会 |

| 渡邊 朋和 | 1991 | 『長沼遺跡発掘調査報告書』新津市教育委員会 |

富山大学考古学研究室論集（春日論文）

渡辺ますみ　1994　『緒立C遺跡』黒埼町教育委員会

丹波国造の埋葬伝承地とその古墳

三 好 博 喜

> 【要旨】
> 　丹後一宮籠神社に伝わる海部氏の系図に記された丹波国造等の埋葬伝承地11か所を分析した。その結果，丹波国造は少なくとも三つの系列に分かれ，各系列間で族長位を継承していたことが整理できた。また，丹波国造の埋葬地を認定する作業をとおして文献資料と考古資料の融合を目指した。その結果，前方後円墳の築造を早くに止めていたという，丹波国造のありさまが浮かび上がってきた。

1. はじめに

　丹後国一宮の籠神社の宮司家には国宝「籠名神社祝部氏系図」(海部系図)・「籠名神宮祝部丹波国造海部直等氏之本記」(勘注系図)が伝わっている。『海部系図』は平安時代前期の貞観年間に書き写された竪系図である。『勘注系図』はさまざまな注記や故事・古伝が書き込まれている。江戸時代初期に書き写されたものという。
　この『勘注系図』には埋葬地を記した部分があり，多くが古墳時代に活躍したと思われる丹波国造である。江戸時代のものではあるが，古伝の記事を書き込んだ部分も相当数あると思われる。この埋葬伝承地を精査し，考古資料と比較する作業を行うことで，少しでも丹波国造の実像に迫りたい。
　ここでは村田正志氏担当の名義責任による「海部氏系図他」(『神道体系　古典編13』神道大系編纂会1992)に掲載された『勘注系図』を基本資料として参照した。
　また，ここで示す丹波の地域は律令制下の丹波・丹後両国である。両国が分離するのは和銅6年(713)のことである。

2．埋葬伝承地と現行地名

『勘注系図』には始祖彦火明命から三十三世孫までが記されている。そのうち十四世孫から二十三世孫までの11名に埋葬伝承地が記されている。以下では『勘注系図』に記された埋葬伝承地が現行地名に対応するのか、を検証していく。なお、『勘注系図』には十八世孫までは表示されているが、これ以後は児とのみ表示され、世孫次数は明示されていない。19世孫以降は便宜的に算用数字で世孫次数を示した。表記上、21世孫には二人該当するため、竪系譜から外れる方を21'とした。

（1）十四世孫川上眞稚命〔葬于竹野郡将軍山、一云、熊野郡甲山〕

埋葬伝承地が2か所あり、特定できない。京都府北部にある丹後半島北西部が埋葬地なのであろう。なお、「川上」は京都府熊野郡久美浜町にある川上郷に由来し、このあたりに本拠地があったという。

（2）十五世孫丹波大矢田彦命〔葬于熊野郡川上郷尾土見甲山将軍岳〕

川上郷は、京都府熊野郡久美浜町西部を流れる川上谷川流域にあたる。尾土見・将軍岳は不明。標高191.7mの兜山の東麓に字甲山がある。川上谷川の最下流部が埋葬伝承地と思われる。『和名類聚抄』[1]の海部郷の地域である。

（3）十六世孫丹波國造大倉岐命〔葬于加佐郡志樂郷長谷山〕

加佐郡志楽郷は京都府舞鶴市の東部を流れる志楽川流域を含む地域にあたる。長谷山は字溝尻に小字長谷山という丘陵がある。この丘陵が埋葬伝承地である。

（4）十七世孫丹波國造明國彦命〔葬于加佐郡田造郷高野丸子山〕

加佐郡田造郷は、『和名類聚抄』高山寺本には『田邊』、刊本に『田造』とある。京都府舞鶴市の中部を流れる伊佐津川の中・下流域西側一帯の地域にあたる。高野は伊佐津川の支流高野川流域にあたる。丸子山は不明。高野川の流れる谷中が埋葬伝承地である。

（5）十八世孫丹波國造建振熊宿禰〔葬于熊野郡川上郷安田〕

川上郷は、京都府熊野郡久美浜町西部を流れる川上谷川流域にあたる。安田は不明。ただし、中世末の『丹後国御檀家帳』[2]に「あま（海士）のはしつめ（橋爪）　家八拾斗」「屋すだ　家十軒斗」「川かみ（川上）のあま（海士）　家八拾斗」とある。久美浜町字橋爪・字海士付近に安田（屋すだ）という地名がかつてはあったことがわかる。この付近が埋葬伝承地と思われる。『和名類聚抄』の海部郷の地域である。

（6）兒〔19〕丹波國造海部直都比〔葬于熊野郡川上郷海部岳〕

熊野郡川上郷は（2）・（5）でみたように『和名類聚抄』の川上郷と海部郷の両地域、つまり川上谷川流域を指している。海部岳は不明。『勘注系図』の注記文には川上郷海部里の地名がみられ、『和名類聚抄』の海部郷内にあると思われる。

（7）兒〔20〕丹波國造海部直縣〔葬于余社郡眞鈴山〕

-308-

余社郡は『和名類聚抄』の「與謝郡」で，京都府与謝郡および宮津市にあたる。眞鈴山は不明。ただし，宮津市須津にある須津彦神社には雄略天皇に殺された市辺押盤皇子の子，億計王・弘計王がこの地で難を避けたという伝説があるという[3]。『勘注系図』の譜文には「億計王與弘計王來于當國之時、此命等潛造安宮以奉仕、然后奉移之与佐郡眞鈴宮矣、」とある。また，『丹後国風土記残欠』[4]のなかにも大内郷の記載として「所以号大内者　往昔　穴穗天皇御宇　市辺王子等億計王与弘計王来此国　丹波国造稲種命等　潛作安宮以奉仕　故崇其旧地以号大内也　然後亦奉移于与佐郡真鈴宮【以下三行虫食】」とある。宮津市須津付近が埋葬伝承地と思われる。

（8）兒〔21'〕丹波國造海部直稲種〔葬于加佐郡志託之大川邊〕

加佐郡志託は，『和名類聚抄』の志託郷で，京都府舞鶴市の西部を流れる由良川流域の字志高を中心とした地域である。大川邊は「大川のそば」の意味であるが，「大川」が現在の字大川を指すのか由良川を指すかは不明。舞鶴市志高付近が埋葬伝承地と思われる。

（9）兒〔21〕丹波國造海部直阿知〔葬于余社郡謁衣郷龜尾山〕

余社郡謁衣郷は『和名類聚抄』の「與謝郡謁叡郷」である。京都府与謝郡の南西を流れる野田川の上流域にあたる。龜尾山は不明。野田川の上流域が埋葬伝承地である。

（10）兒〔22〕丹波國造海部直力〔葬于丹波郡長尾山〕

丹波郡は京都府中郡にあたる。長尾山は不明。ただし，江戸時代後期に成立した『丹哥府志』[5]によれば，中郡峰山町の字長岡は古くは「長尾」と言った，という。この地が埋葬伝承地か。

（11）兒〔23〕丹波國造海部直勳尼〔葬于余社郡板波波布地山〕

余社郡は『和名類聚抄』の「與謝郡」である。板波（いたなみ）は板浪・板列とも表記され，与謝郡岩滝町字岩滝・字男山に小字として残る。なお，男山の地名の使用は板列八幡神社が勧請されて以降で，古くは板列庄といったようである。波布地（はふち）山は，「ほうじ」山と読むものと考えられる。与謝郡岩滝町字男山にホウジの小字が残る。この付近が埋葬伝承地と思われる。

3．丹波国造の系譜

（1）系譜の整理

以上11か所にわたる埋葬伝承地を確認してきた（第1図・表1）。郡という範囲でしか確認できないところもあれば，字もしくは小字といった単位のかなり限定した地点で押さえられる場所もある。考古学研究上，埋葬地は被葬者が本拠地を置いたところと想定される。ここではその埋葬伝承地が郡単位でどう移動するのかを確かめ，さらに『勘注系図』に記された譜文や注記文・その他の文献（伝承的）から，それぞれの関係を検討することにする。

（2）熊野郡系列の抽出

十四世孫の川上眞稚命の譜文によれば，「亦名建倉五十建命　一云、大難波宿禰　亦名大使主命　稚足彦天皇御宇　乙亥年秋九月、令諸國被立長矣　此時賜楯桙等　爲大縣主　以奉仕矣、葬于竹野郡将軍山、一云、熊野郡甲山」とあり，成務天皇の治世に大県主となったと伝えている。

第1図　丹波国道等の埋葬伝承地分布図（番号は表1の世孫次数）

表1　丹波国造等の埋葬伝承地

世孫次数	本　拠　地				埋　葬　伝　承　地	名　　前
	熊野	丹波	与謝	加佐		
十四世孫	△				竹野郡将軍山、熊野郡甲山	川上眞稚命
十五世孫	○				熊野郡川上郷尾土見甲山将軍岳	丹波大矢田彦命
十六世孫				○	加佐郡志楽郷長谷山	丹波國造大倉岐命
十七世孫				○	加佐郡田造郷高野丸子山	丹波國造明國彦命
十八世孫	○				熊野郡川上郷安田	丹波國造建振熊宿禰
(19)	○				熊野郡川上郷海部岳	丹波國造海部直都比
(20)			○		余社郡眞鈴山	丹波國造海部直縣
(21')				○	加佐郡志託之大川邊	丹波國造海部直稲種
(21)			○		余社郡謁衣郷龜尾山	丹波國造海部直阿知
(22)		○			丹波郡長尾山	丹波國造海部直力
(23)			○		余社郡板波波布地山	丹波國造海部直勳尼

十六世孫の丹波國造大倉岐命の譜文にも同様の内容で，「亦名大楯縫命　稚足彦天皇御宇癸丑年夏五月、桑田郡大枝山邊有大蛇、而人民爲之被害矣、則此命愁之、率群臣將伐之時、大山咋命現形而助之、及與群臣斬之、此時憐撫於孤獨窮口之状、達天聽、故賜楯桙等、而定賜于丹波國造矣、葬于加佐郡志樂郷長谷山、」と記されている。やはり成務天皇の治世に丹波国造となったと伝えているのである。

　十四世孫川上眞稚命と十六世孫丹波國造大倉岐命は，系譜の上では上下に隔てられてはいるが，大差のない時期に，大県主および丹波国造として奉仕していたものと理解できる。

　十五世孫の丹波大矢田彦命についての譜文はない。ただし，『勘注系図』の注記文に同じ人物かは定かではないが，丹波大矢田彦命と同じ熊野郡川上郷尾土見甲山に葬られた人物の記事で，「至稲種命系一云、倭宿禰命　亦名大枝王　亦云、大熊王　大足彦天皇之御子　大枝王、稚足彦天皇御宇辛酉年夏五月、桑田郡大枝山邊有大蛇、而人民爲之被害矣、則宿禰愁之、率郡臣將退治之時、大山咋命現　形而助之、依及與郡(ママ群)臣斬之矣、葬于熊野郡川上郷尾土見甲山云云、大枝王　兒大名方王　亦云、大長田王　兒建振熊宿禰　亦名稲種命云云、」とある。十六世孫の丹波國造大倉岐命の譜文と同じ内容になっているが，重要な点は「而定賜于丹波國造矣」が記されていないことにある。この人物は熊野郡から率いられていった群臣の一人とも受け止められる。少なくともこの時点では丹波国造として奉仕はしていない。

　十八世孫の丹波國造建振熊宿禰になって初めて熊野郡に葬られた人物が丹波国造となり，海部直の姓を賜っている。丹波國造建振熊宿禰の譜文には「息長足姫皇后征伐新羅國之時、率丹波・但馬・若狭之海人三百人、爲水主以奉仕矣、凱施(ママ旋)之后、依勲功、于若狭木津高向宮定賜海部直姓、而賜楯桙等、國造奉仕、品田天皇御宇、故海部直亦云丹波直、亦云但馬直矣、葬于熊野郡川上郷安田、」とある。

　丹波國造建振熊宿禰の兒丹波國造海部直都比も熊野郡川上郷海部岳に葬られていることから，両名ともにこの地を本拠地とし，丹波国造として奉仕したことがわかる。

　以上，十四世孫川上眞稚命から丹波國造海部直都比までについては，十六世孫丹波國造大倉岐命と十七世孫丹波國造明國彦命を省いてみた方が同じ熊野郡川上郷内で系列がたどれ，理解がしやすい。

（2）加佐郡系列の抽出

　さきに，十六世孫の丹波國造大倉岐命と十四世孫の川上眞稚命は大差のない時期だとし，熊野郡での系列を抽出した。ここでは，丹波國造大倉岐命を祖とする加佐郡の系列をみる。

　この系譜全体をとおして最初に丹波国造として奉仕したのは十六世孫丹波國造大倉岐命である。次いで十七世孫明國彦命が丹波国造として奉仕し，加佐郡田造郷高野丸子山に葬られている。その後系譜は熊野郡の十八世孫丹波國造建振熊宿禰へ続いている。

　ここで，竪系譜から外れて記された21'丹波國造海部直稲種についてみる。『勘注系図』には丹波國造海部直稲種を丹波國造海部直縣の兒として記されてはいるが，その譜文には「亦云、稲種命一云、明國彦命之子。穴穂天皇御宇、市邊王子等、億計王與弘計王來于當國之時、此命等潛造

安宮以奉仕、然后奉移之与佐郡眞鈴宮矣、葬于加佐郡志託之大川邊、」とある。本来は十七世孫丹波國造明國彦命の兒として記されるべき人物である。

　善江明子氏は『海部系図』の竪系譜は父子関係を示しているのではなく，族長位の継承関係を示しているという(6)。『海部系図』に譜文を付けたこの『勘注系図』も同種の形態をとると考えられる。十七世孫丹波國造明國彦命（加佐郡）から十八世孫丹波國造建振熊宿禰（熊野郡）への動きがまさに族長位の継承関係を示しているのであろう。先に見たように丹波國造建振熊宿禰は戦時功労により海部直の姓を賜り，丹波国造として奉仕している。これが熊野郡系列へ族長位が移動する大きな要因だったのであろう。

　稲種も丹波國造海部直と記されてはいるが加佐一郡を管轄するのみで，族長である丹波国造とは大きな格差があったようである。それは埋葬伝承地の記し方にも表れている。竪系譜に載り族長位を継承したものは，埋葬伝承地の表記も山であったり岳であったり，ほぼ埋葬した地点を認識できる書き方がなされている。しかし，丹波國造海部直稲種の場合は「大川辺」であり，どこも判然としない。億計王・弘計王に奉仕したという伝承は，海部一族にとって重要な事件であることから，本来は系譜に載っていなかった丹波國造海部直稲種を『勘注系図』編纂にあたり書き込んだ可能性が考えられる。この事件については『丹後国風土記残欽』のなかにも大内郷の記載として「所以号大内者　往昔　穴穗天皇御宇　市辺王子等億計王与弘計王来此国　丹波国造稲種命等潜作安宮以奉仕　故崇其旧地以号大内也　然後亦奉移于与佐郡真鈴宮【以下三行虫食】」とある。丹波國造海部直稲種に所縁の眞鈴宮と丹波國造海部直縣の埋葬伝承地である眞鈴山の近縁関係からこの系譜に丹波國造海部直縣の兒丹波國造海部直稲種として記されたのかもしれない。

　なお，竪系譜には載らない海部直止羅宿禰が『勘注系図』中に「一本云、本記序曰、丹波國造海部直等氏之本記者、元號曰丹波國造本記、豐御食炊屋姫天皇御于、海部直止羅宿禰等所撰也云云、」と記されている。この系図を撰したことで記されたまでで，彼もまた一郡を管轄する国造であったのだろう。

　以上を整理すると，加佐郡では十六世孫丹波國造大倉岐命から十七世孫丹波國造明國彦命へと族長位が継承されるが，次の段階では熊野郡系列へと族長位が移っていく。丹波國造海部直稲種は族長位を継承することなく加佐一郡を管轄するにとどまり，以後系譜上は加佐郡系列に族長位が移ることはない。

（3）与謝郡・丹波郡系列の抽出

　熊野郡系列の丹波國造海部直都比から族長位は与謝郡・丹波郡系列(7)へと移行する。この系列に埋葬伝承地の記載以外の譜文はほとんどなく，淡々と記されていく。丹波國造海部直縣から丹波國造海部直阿知の後，一旦丹波郡の丹波國造海部直力へ族長位が移るが，また与謝郡の丹波國造海部直勳尼へと戻る。

　丹波國造海部直勳尼から後は埋葬地伝承をもたない。古墳を築造する時代が終わったものと思われる。ただし，『勘注系図』の注記文に「一云、丹波國造海部直伍百道祝　從乙巳大化元年至于庚辰年、卅五年奉仕云々、兒丹波國造海部直愛志祝　從辛巳至于養老元年、合卅五年奉仕云々、

二世之間、於熊野郡川上郷海部里奉仕、丹波國國府始之地也云々、」とあり、族長位は再び熊野郡へ戻ったことがわかる。この後、海部直からは丹波國造の文字が消え、大化改新後の新しい時代のもとで再編成されていくことになる。

4．丹波国造の三つの系列

埋葬伝承地の検討から丹波国造海部直の系譜が少なくとも三つにわかれることを確認した（表2）。海部一族の丹波進出・定着について、埋葬伝承地で見る限り、熊野郡・加佐郡の丹後半島の両端地域から始まっている。それは、加佐郡・熊野郡には海部一族の祖先神および自系列の開祖を祭る神社がいくつかあることからもわかる。

加佐郡では式内社である高田神社の祭神に建田背命がおり、『丹後国風土記残欠』にも大内郷の内に「高田社者　祭神　建田勢命也　是丹【以下一行虫食】」とある。同じく『丹後国風土記残欠』の志楽郷の記載には「大倉木社　祭神国造【以下三行虫食】」とある。大倉木と大倉岐は同音であり、丹波國造大倉岐命を祭神とする社が大倉木社と解釈できる。熊野郡では式内社矢田神社で、『勘注系図』の注記文に「矢田神社祭神建田背命　丹波大矢田彦命　亦名建諸隅命　海部直等祖云々、」とある。丹波国造の埋葬伝承地に加え、祖先神や開祖自身を祭る社を構えていることから熊野・加佐両地域には早い段階で進出し、定着していたことが伺える。

一方で、与謝郡・丹波郡・竹野郡地域への進出・定着は若干遅れるようにみえる。竹野郡では族長位継承者が認められなかったし、丹波郡には一時期だけしか族長位が移らない。その時期は6世紀末から7世紀初頭前後と思われ、古墳時代も終わりに近い。系列の続く与謝郡でさえ、6世紀に入らないと族長位が移ってこないと推測される。

表2　族長位の移動

熊　野	与謝・丹波	加　佐	想定される埋葬時期
川上眞稚命			
丹波大矢田彦命	―移動→	丹波國造大倉岐命	5世紀中葉前後？
丹波國造建振熊宿禰	←移動―	丹波國造明國彦命	5世紀後葉前後？
丹波國造海部直都比		丹波國造海部直稲種	6世紀前葉前後？
（熊野郡の丹波国造）	丹波國造海部直縣	（加佐郡の丹波国造）	6世紀中葉前後？
（熊野郡の丹波国造）	丹波國造海部直阿知	（加佐郡の丹波国造）	6世紀後葉前後？
（熊野郡の丹波国造）	丹波國造海部直力	（加佐郡の丹波国造）	7世紀前葉前後？
（熊野郡の丹波国造）	丹波國造海部直勳尼	（加佐郡の丹波国造）	7世紀中葉前後？
丹波國造海部直伍百道祝			8世紀前葉
丹波國造海部直愛志祝			8世紀中葉

太字は族長位継承者（伍百道・愛志の埋葬時期は『海部系図』による）

このように与謝郡・丹波郡・竹野郡という地域は、他の2地域とは様相が異なっている。この丹後半島の中心部を占める地域は古墳時代前半期に大きな勢力を誇っていた。前方後円墳だけで

も竹野郡には，前期の神明山古墳(全長190m)，中期の網野銚子山古墳(全長200m)・黒部銚子山古墳(全長100m)があり，丹波郡には前期から中期の湧田山1号墳(全長100m)，与謝郡には前期の蛭子山1号墳(全長145m)・白米山1号墳(全長90m)，中期の法王寺古墳(全長75m)などの大型の古墳が築造されている。一方で熊野・加佐両郡ではこれほど大きな前方後円墳は確認されていない。丹後半島の中心地域には記紀に見える「丹波道主命」のような勢力をもった豪族が存在していたともいわれている。こうした強大な勢力が海部一族の進出を阻んでいたとも考えられる。『先代旧事本紀』国造本紀(註8)には「丹波国造　志賀高穴穂朝御世尾張同祖建稲種命四世孫大倉岐命定賜国造。」とあり，丹波国造と尾張国造を同族としている。『勘注系図』に見た丹波国造の勢力と「丹波道主命」系の勢力とが同一とは考えにくい。丹後半島中央部では新興勢力で，族長位を継承するまでには成長していなかったのであろう。

5．加佐郡系列の丹波国造埋葬伝承地と古墳の状況

（1）実年代の想定

『勘注系図』の内容から実年代を想定することは難しい。丹波國造海部直稲種の譜文や『丹後国風土記残欠』に記された雄略天皇に関わる事件から推測すると，5世紀後葉が丹波國造海部直稲種の活動した時期と思われる。したがって，5世紀前葉から中葉にかけての時期が加佐郡系列に族長位があった時期と考えたい。

（2）丹波國造大倉岐命の古墳

大倉岐命の埋葬伝承地はその譜文に「加佐郡志樂郷長谷山」とあり，同じ『勘注系図』の注記文にも「一云、宇豆彦命　亦名大倉岐命　稚足彦天皇御宇乙亥年秋九月、令諸國被立國造及郡長矣、此時憐於孤獨窮口之條、達天聽、故賜楯桙等、而定賜于丹波國造矣、加佐郡志樂郷長谷山云云、兒倭宿禰命云云、」と書かれている。『丹後国風土記残欠』の高橋郷の記載には「長谷山之墓　大倉木【以下虫食】」とあり，高橋郷の古跡として長谷山の墓が記載されている。また，先に見たように志楽郷にある大倉木社の祭神は國造大倉岐命と解釈できる。したがって，長谷山の墓とは大倉岐命の埋葬地のことを意味していると考えられる。長谷山は『勘注系図』では志楽郷とあり，『丹後国風土記残欠』では高橋郷とある。志楽郷と高橋郷との境にある長谷山こそが大倉岐命の埋葬伝承地なのである。

こうした地理的条件に合致するのが現在の東舞鶴市街地に倉橋山から北西へのびる丘陵である。舞鶴市溝尻字長谷山・浜字片山ほかにあり，丘陵東側は志楽郷・西側は高橋(椋橋)郷の地域である。この丘陵上にある溝尻古墳群(9)が丹波國造大倉岐命の墓として有力な候補となる。東舞鶴の市街地にあり，丘陵先端部の標高は81m，舞鶴湾を眼下に望む位置にある。丘陵上には中世山城もあり，古墳群に後世の改変が加わっている可能性もある。発掘調査はなく，詳細は不明。1号墳は横穴式石室で，白糸神社に石材の一部がある。銅鏡・金環・人骨が出土したという。2号墳は径20m・高さ2mの円墳。3号墳は径30m・高さ3mの円墳。4号墳から8号墳は径5～

20m・高さ1～2mの円墳で，墳丘自体の規模が小さく，立地も視野角の狭い丘陵の背後の尾根筋にある。この国造の墓は5世紀前葉前後と想定され，横穴式石室導入前であることから，2号墳もしくは3号墳にその可能性がある。調査がないため詳細は不明。

（3）丹波國造明国彦命の古墳

『勘注系図』では丹波國造明国彦命の埋葬伝承地を加佐郡田造郷高野丸子山としている。この候補地としては，舞鶴市字野花寺小字キシガ・下湯谷にある野花寺古墳群[10]が有力と考えられる。西舞鶴の平野の奥まった場所で，西へ入り込む谷部にある。古墳群は北からのびる丘陵先端部に位置する。1号墳は径15m・高さ3mの円墳で，「まるこ山」の別称をもつ。2号墳は径10m・高さ1mの円墳。3号墳は径14m・高さ3mの円墳，石材抜き取り痕があり，全壊した横穴式石室墳である。この国造の墓は5世紀中葉前後で横穴式石室導入前と想定されることから，「まるこ山」の別称をもつ1号墳の可能性が高い。調査がないため詳細は不明。

6．熊野郡系列の丹波国造等埋葬伝承地と古墳の状況

（1）山と岳の違い

熊野郡では丹波国造等の埋葬伝承地が川上谷川流域に集中している。一方で，埋葬伝承地からは古墳を特定するのは難しいように思える。ここで埋葬伝承地の表現をみると，ひとつ特徴があることがわかる。将軍岳・海部岳のように「岳」が用いられている点である。ほかでは長谷山・丸子山・眞鈴山・龜尾山・長尾山・波布地山のように「山」が用いられている。山には塚や墳墓の意味があり[11]，ここでも山は墓として捉えられる。また，岳は「高く大きな山（墓）」の意味ととらえられ，ここでは前方後円墳を指すと解釈できるのではないか。

（2）川上谷川下流域の前方後円墳

確実な前方後円墳は岩ヶ鼻古墳・島茶臼山古墳の2基が知られている[12]。また，前方部を欠いた可能性が指摘される前方後円墳に芦高古墳がある[13]。

岩ヶ鼻古墳は，京都府熊野郡久美浜町字甲山小字岩ヶ鼻にある。標高18mの丘陵端部にある。全長51m，後円部径25m・同高5m，前方部幅18m・同長18m・同高4mを測る。2段築成で，埴輪・葺石などの外表施設はもたない。5世紀中ごろの築造と想定されている。調査がないため詳細は不明。

島茶臼山古墳は，京都府熊野郡久美浜町字島小字川東にある。丘陵尾根端部にあり，標高は60m。全長42m。後円部径25m・同高3.5m，前方部幅14m・同長18m・同高4mを測る。2段築成で，埴輪・葺石などの外表施設はもたない。川上谷川流域付近では最古の前方古円墳に位置付けられている。やはり調査がないため詳細は不明。

芦高古墳は，京都府熊野郡久美浜町字芦原小字池のりにある。芦高神社境内にあり，平地に円丘部だけが残る。径25m・同高4m。前方後円墳であれば全長50mに復元できるという。岩ヶ鼻古墳に後続する時期設定がされている。やはり調査がないため詳細は不明。

（3）川上谷川流域の前方後円墳の被葬者と実年代

　加佐郡系列との対比からこの系列へは5世紀中葉前後に族長位が移動したと考えたい。

　埋葬伝承地を岳で表す者は，「熊野郡川上郷尾土見甲山将軍岳」の丹波大矢田彦命と「熊野郡川上郷海部岳」の丹波國造海部直都比である。甲山将軍岳の表記から丹波大矢田彦命の被葬地が岩ヶ鼻古墳の蓋然性が高くなる。島茶臼山古墳は，川上谷川流域で最古の前方後円墳といわれることから，該当者はいない。川上郷海部岳の表記しかないが，丹波國造海部直都比の被葬地が芦高古墳となる可能性が高くなる。

　なお，7世紀後半に族長位は再び熊野系列に戻ってくる。その間の古墳時代後期においても，川上谷川流域には須田古墳群を始めとし，多くの古墳が築造されている。特に6世紀後半に築造され7世紀前半まで追葬が認められた湯舟坂2号墳[14]からは金銅装双龍環頭柄頭が出土し，権威の高さを証明している。

7．与謝・丹波郡系列の丹波国造埋葬伝承地と古墳の状況

　与謝・丹波郡系列に族長位が移動するのは6世紀前葉前後と考えられる。

　与謝・丹波郡系列の余社郡眞鈴山・余社郡謁衣郷亀尾山・丹波郡長尾山・余社郡板波波布地山のなかで，確実に指摘できる古墳はない。この系列の実年代は6世紀から7世紀中ごろに該当する。いずれも「山」とあることから前方後円墳などの大型古墳ではないことがわかる。

　眞鈴山を想定した宮津市須津では，現在までに前方後円墳は確認されていない。径20mに満たない円墳や方墳が60基余り点在する。5世紀前半の柿ノ木2号墳[15]が長径30m・短径23mの楕円形墳で，この地域では最も大きな古墳ではあるが，時期的にあわない。野田川左岸の岩滝町字弓木，やや上流の野田川町字下山田にある約70基の古墳をみても，径20mを超える古墳は径25m程度の円墳2基だけである。

　亀尾山を想定した野田川上流域では，古墳時代前半期に大型前方後円墳が築かれた。しかし，古墳時代後期になると，墳丘規模の縮小した円墳が主体となる地域である。

　長尾山を想定した峰山町長岡では60基余りの古墳が確認されている。ほとんどが径20m程度の円墳や方墳である。盗人6号墳は前方後円墳と目されるが，後円部径12m程度の小規模な古墳である。円墳の口元連B－5号墳が径41m高6.2mと比較的規模が大きい。いずれも未調査のため詳細は不明。南に接する大宮町字善王寺をみても同じ状況で，円墳や方墳が100基近くあるが，いずれも径20m規模以下の古墳ばかりである。

　余社郡板波波布地山は最後の埋葬伝承地である。ここで古墳への埋葬が終わったものと考えられる。先にみたように，余社郡板波波布地山は現在の与謝郡岩滝町字男山小字ホウジである。この地には古墳時代中期の前方後円墳法王寺古墳[16]があった。全長74m・後円部径55m・前方部幅33mを測る。時期が全く異なり，波布地山を法王寺古墳とすることはできない。背後の丘陵にある塚ヶ谷古墳群中に求めるべきであろうか。径20mまでの円墳や方墳が19基並ぶ。

与謝・丹波郡系列では地域に君臨する前方後円墳の姿は見られない。また，円墳や方墳でも20mを超える規模の古墳は数が少ない(17)。

8．結　　　　び

これまで，丹波国造の系譜とそれに該当する古墳の状況をみてきた。資料的な問題もあり，多少強引な部分もあるが，幾つかの重要な点は把握できたものと思う。

ひとつは，丹波国造は一郡を管轄する程度のまとまりが幾つか存在し，その中で族長位を継承していたことである。ひとつは，その族長の墓が巨大古墳の形態を採らないことである。

今回確認できた3地域をみると，各地の勢力拡大の時期には格差がある。中核をなす地域は熊野郡の川上谷川流域で，古墳時代を通して勢力を保持し続けている。加佐郡域に進出した時期は不明であるが，初期の段階で最初の丹波国造となり，族長位を得ている。与謝郡・丹波郡への進出時期も不明である。勢力が浸透するのは熊野・加佐両郡に比べてかなり遅い段階になっている。この地域には勢力拡大を阻む何かしらの要因があったのであろう。

丹波国造の古墳のほとんどで前方後円墳の形態を採用していない。このことは，「岳」の表記が初期の熊野郡系列にしか見られず，「山」の表記が多いことからわかる。考古資料で見ても，丹後地域では5世紀を過ぎると前方後円墳の築造が激減する。殊に，加佐地域では古墳時代を通して前方後円墳が確認されていない地域である。ところが隣接する何鹿・天田両郡域では逆に5世紀までは前方後円墳をほとんど築造しない地域だが，5世紀後葉以降6世紀にかけて前方後円墳の数が急増する。おそらく，丹波国造は外面的な形状や規模で権威を表現する観念から脱却し，外のものに求めた結果と思われる。

『勘注系図』に記された族長位をもつ丹波国造の墓は，考古学研究者のいうところの地域の首長墳に他ならない。さらに考古学的な検証を進めていく必要がある。

註

1　源順の編纂した辞書。承平年間(931-938)の成立。古写本に高山寺本や真福寺本・伊勢本などがある。江戸時代には古活字版が出回った。丹後国加佐郡の記述には，田邊郷と田造郷・高橋郷と椋橋郷など異同が多い。
2　16世紀前半の伊勢外宮御師の檀那場手控帳。宮津市史編さん委員会『宮津市史』史料編第一巻　1996
3　平凡社　『京都府の地名』(日本歴史地名大系第26巻)　1981
4　京都白川家に残っていた加佐郡の一部を智海僧都が長享2(1488)年書き写したもの。その後，安政3(1856)年六人部是香が校訂補正。偽書とする説もある。
5　丹後の地形・産物・歴史・伝説などを解説。宝暦11(1761)年－天保12(1841)年に成立。(永浜宇平『丹後史料叢書』名著出版1927)
6　義江　明子　『日本古代系譜様式論』吉川弘文館　2000
7　系譜上，丹波郡へは一時的にしか族長位が移動しておらず，独立した系列とするのは難しい。
8　著者・成立年代不明。神代から推古天皇までの編年体を中心とし，國造本紀などが付く。平安時代初めころの編纂とみられるが，偽書とする説もある。

9　京都府教育委員会　　『京都府遺跡地図』第3版第1分冊　2001
10　坂根　清之　　「遺跡地図に載っていない市内の古代遺跡について」(『舞鶴市史編さんだより』No.72　舞鶴市史編さん室)　1978，京都府教育委員会『京都府遺跡地図』第3版第1分冊　2001
11　大修館書店　　『大漢和辞典』巻四　1957
12　山川出版社　　『前方後円墳集成』近畿編　1992
13　同志社大学考古学研究会　　「丹後地域の古式古墳」(『同志社考古』10)　1973
14　久美浜町教育委員会　　『湯舟坂2号墳』　1983
15　宮津市教育委員会　　『柿ノ木2号墳発掘調査報告書』(宮津市文化財調査報告1)　1980
16　京都府教育委員会　　「法王寺・岩滝丸山両古墳発掘調査概要」(『埋蔵文化財発掘調査概報』1970)　1970
17　註9に同じ。

参考文献
村田　正志　　「海部氏系図他」(『神道体系　古典編13』神道大系編纂会)　1992
元伊勢籠神社社務所　　『元伊勢の秘法と国宝海部氏系図』　1988
金久　与市　　『古代海部氏の系図』新版　学生社　1999

謝辞　学生のころから公私にわたり，ご指導・ご鞭撻いただいてきた秋山先生が古稀を迎えられたことを大変喜ばしく思います。気が付けば私も秋山先生が富山大学に赴任して来られたときの年齢と同じ年頃となっており，改めて先生の懐の大きさに感じいる次第です。稚拙ではありますが，先生の古稀をお祝いして本稿を献呈いたします。

扇状地における新興開発領主層の台頭とその後の展開
── 古代(6世紀末〜9世紀中頃)手取川扇状地を中心として ──

横 山 貴 広

【要旨】
　石川県のほぼ中央南側に広がる手取川扇状地は，縄文時代から中世に至るまで県内でも有数の遺跡密集地として知られており，近年蓄積された発掘調査成果により各時代の集落の動向が明らかにされつつある。
　ここではそれらの成果を踏まえ，広大な扇状地の扇央部に焦点を当ててその開発の初現と展開，とりわけ上林新庄遺跡群で確認された大型建物を有する巨大な集落の評価を通して当時の開発勢力の在り方を再考する。

1　は じ め に

　手取川扇状地における開発の動向とその諸要因等については，文献からの成果に考古資料の実証を加えて詳細な検討をおこなった浅香年木氏による既知の論考[1]に詳しい。また，考古学的な立場から，実施された発掘調査の成果より看取される村落遺跡の消長については，河北潟東岸までを含めた広範囲での検証をおこなった川畑誠氏の研究[2]によりほぼその大綱が纏められたといってよく，氏はその中で6世紀末から古代末までに7つの画期を設定し，種々の要素に鑑みながら詳細な分析をおこなっている。その成果は報告後10年を経た現在でも大略首肯されるものであり，近年扇央部を主フィールドとして筆者が担当した一連の発掘調査[3]でも，氏の成果を追認することとなった。両先学に習っての文献をも駆使した遠大な論及や広範囲な視点での検証については，ここでは紙数・時間の制約もあり，もとより筆者にはその力量もないため望むべくもない。したがって，本稿では扇央部においては他に例を見ない面的な調査を実施し，その推定地の全貌をうかがうことのできた上林新庄遺跡群の在り方を検討し，近隣の成果も補足しながら川畑画期a〜d，具体的には7世紀初頭から9世紀中頃のかけての開発の様相を概観していくこととする。

2 扇央部への進出の動態

　本題に入る前に，ここでそれ以前の開発の足跡も確認しておこう。手取川扇状地扇央部については，縄文時代に遡る資料(4)を別にすれば，集落跡として捉えられる初現はほぼ弥生時代後期後半～末に限定される。最近の例として，鶴来町荒屋遺跡では月影式期に改築された竪穴建物跡1棟(延べ2棟)が報告されており，上林新庄遺跡群の中でも最も南側に位置する上新庄ニシウラ遺跡では月影Ⅱ式期～白江式期の竪穴建物跡4棟，掘立柱建物跡2棟，区画溝1条が確認されている。前者については水路部分の調査ということで全貌を知る由もないが，後者については極めて短い時間幅での営みと捉えられ，非常に不安定な状況の上に成立した集落であると考えられる。御経塚遺跡群や松任市旭・一塚遺跡群等の扇端部に見られる集落遺跡が，その後大古墳(墳墓)群(5)を造営し得る集団へと成長していく在り方とは対照的である。

　その後しばらくの空白期を挟み，当地域の開発が本格化するのは本稿が主題とする6世紀末，遅くとも7世紀前半代からである。手取川扇状地については，近年の土地区画整理事業を初めとする開発の増加に伴い実施された発掘調査や，事前の分布確認調査等により地下のデータが徐々に蓄積されており，おぼろげながら旧地形の様相が捉えられるようになった。「七度その流れを変えた」と言われる手取川は，古来暴れ川として有名で，広大な扇状地に網の目のように張り巡らされた本・支流の痕跡により多くの島状微高地を形成しており(第1図)，このことが遺跡の分布に大きな制約をもたらしているものと考えられる。上林新庄遺跡群は，この内の扇状地東辺に近い富

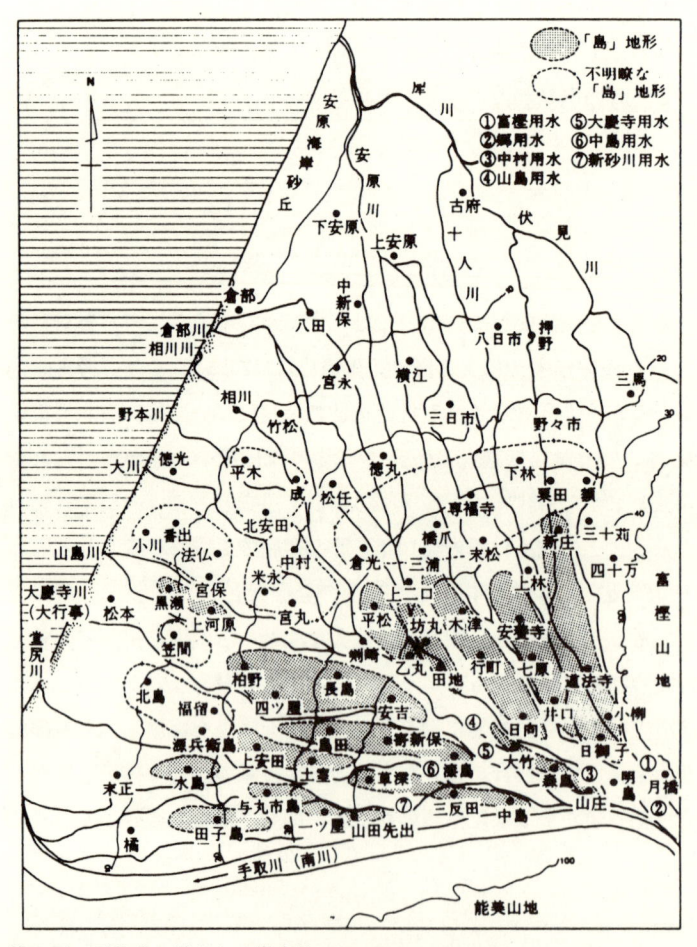

第1図　扇状地に見られる微高地(『栗田遺跡』より転載)

樫用水系に沿って形成された島状微高地上に立地しており，その起点は現在の鶴来町日御子周辺と考えられ，中小の鞍部を挟みながら少なくとも粟田遺跡までは続くものと思われる。既往の調査でこの微高地上に存在すると思われる遺跡としては鶴来町北部遺跡群があげられるが，その初現は9世紀代，早くても8世紀中葉を待たねばならず，上林新庄遺跡群がちょうど成熟期を迎えた頃に当たる。ひるがえって，もうひとつ扇央部で盛んに調査が実施された末松・清金エリアの状況はどうであろうか。末松遺跡群では国道157号線建設を契機とした発掘調査を始めとして，農村活性化住環境整備事業等により石川県が大々的に発掘調査を実施している。この内，前者については未だ報告がなされていないため詳細は掴みようもない[6]が，後者については主に7世紀後半から9世紀後半を中心とした1つの「隆盛期」が捉えられている。また，末松福正寺遺跡では混入品・包含層出土品として極僅かに6世紀末に遡るものも見られるが，集落の存在を裏付けるには至らない。集落の萌芽と時を同じくして，忽然と姿を現す末松廃寺の建立前夜の姿を，我々はどう理解すればよいのであろうか。

3　上林新庄遺跡群

　上林新庄遺跡群は，註3に記したとおり土地区画整理事業に先立ち確認された5遺跡(第2図)の総称であり，その把握にあっては試掘確認調査の段階で旧の鞍部[7]や近世河道跡を遺跡の終焉と見誤った可能性が強い。便宜的な分割ではあるが，次に各遺跡の概要を示す。

a．上新庄ニシウラ遺跡(第3図)

　加賀産業道路の南側，鶴来町と堺を接する野々市町では最も南端に位置する遺跡であり，平成元年度に2,500㎡を調査している。前述のとおり弥生時代末～古墳時代初頭と古代の複合遺跡であり，後者では8世紀初頭から9世紀前半を主体とする。竪穴建物跡6棟，掘立柱建物跡15棟からなり，竪穴建物は順次建て替えられたものと思われる。この内掘立柱建物は南北棟に限定され，ほぼ4期にわたって建て替えられたものと考えられる。それぞれの期は母屋級大型建物1棟(時期により準母屋級建物1棟が付随する。)と付属建物1～3棟で構成され，建物の配置は北群と南群に大別される。特筆すべきは母屋級とした建物すべてが5×2間の大型建物で占められており，準母屋級としたものも規模はやや縮小されるが同一の柱間を持つ。加賀産業道路建設時には発掘調査がおこなわれておらず，間隙に鞍部が存在するものと思われるが，北に隣接する上林新庄遺跡南端と同一のものと考えられる。

b．上林新庄遺跡

　平成2年度から7年度の5次に亘り40,750㎡を調査しており，本遺跡群のなかでは最大の遺跡である。確認された主な遺構は竪穴建物跡85棟，掘立柱建物跡56棟(中世2棟含む)，土坑56基(遺物が出土し遺構№を付したもののみの数)にのぼる。集落の構成は南北に大きく二分され(第4図)，図上南半の大きく膨らんだように見える南ブロックと，そこから細長く括れるように北へ連なる北ブロックよりなる。集落の主体をなす建物群はほとんどがこの南ブロックで検出されており，遺

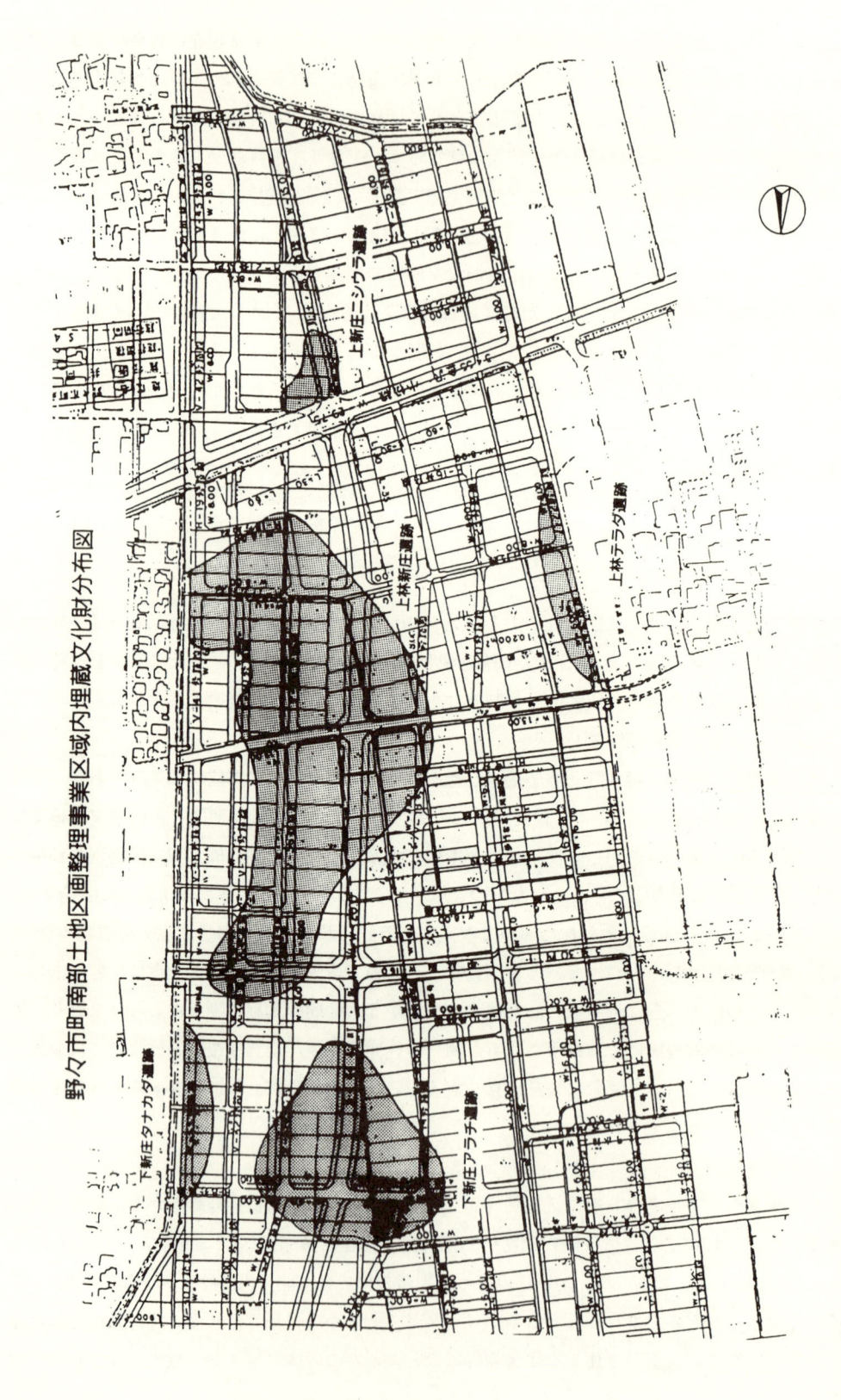

野々市町南部土地区画整理事業区域内埋蔵文化財分布図

第2図　上林新庄遺跡群

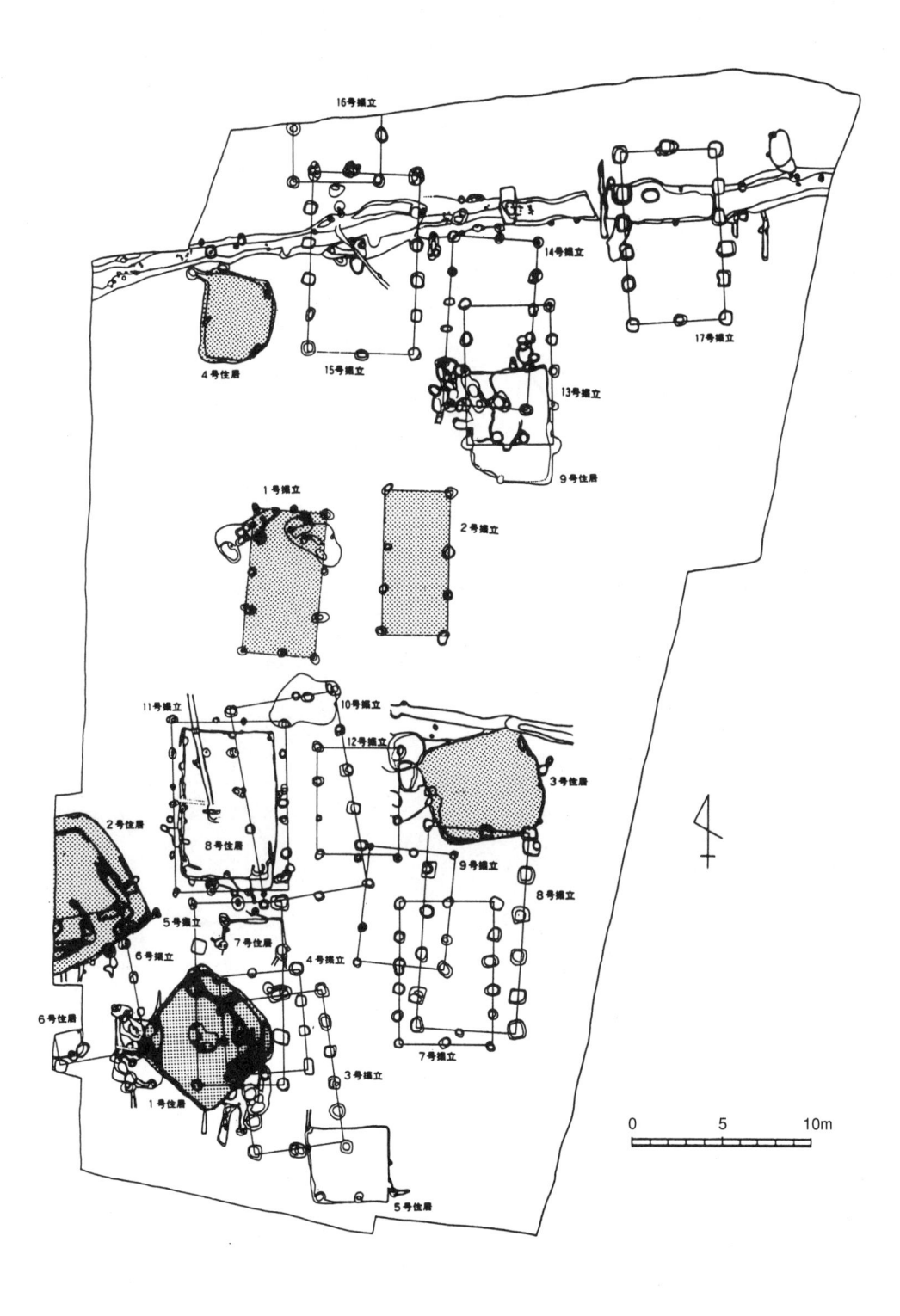

扇状地における新興開発領主層の台頭とその後の展開

第3図　上新庄ニシウラ遺跡主要遺構図　（※アミかけ遺構は弥生末）

富山大学考古学研究室論集（横山論文）

門状遺構

北ブロック

上林古墳

7c初〜中頃

掘立エリア

南ブロック

壁穴エリア

掘立エリア

第4図　上林新庄遺跡概念図

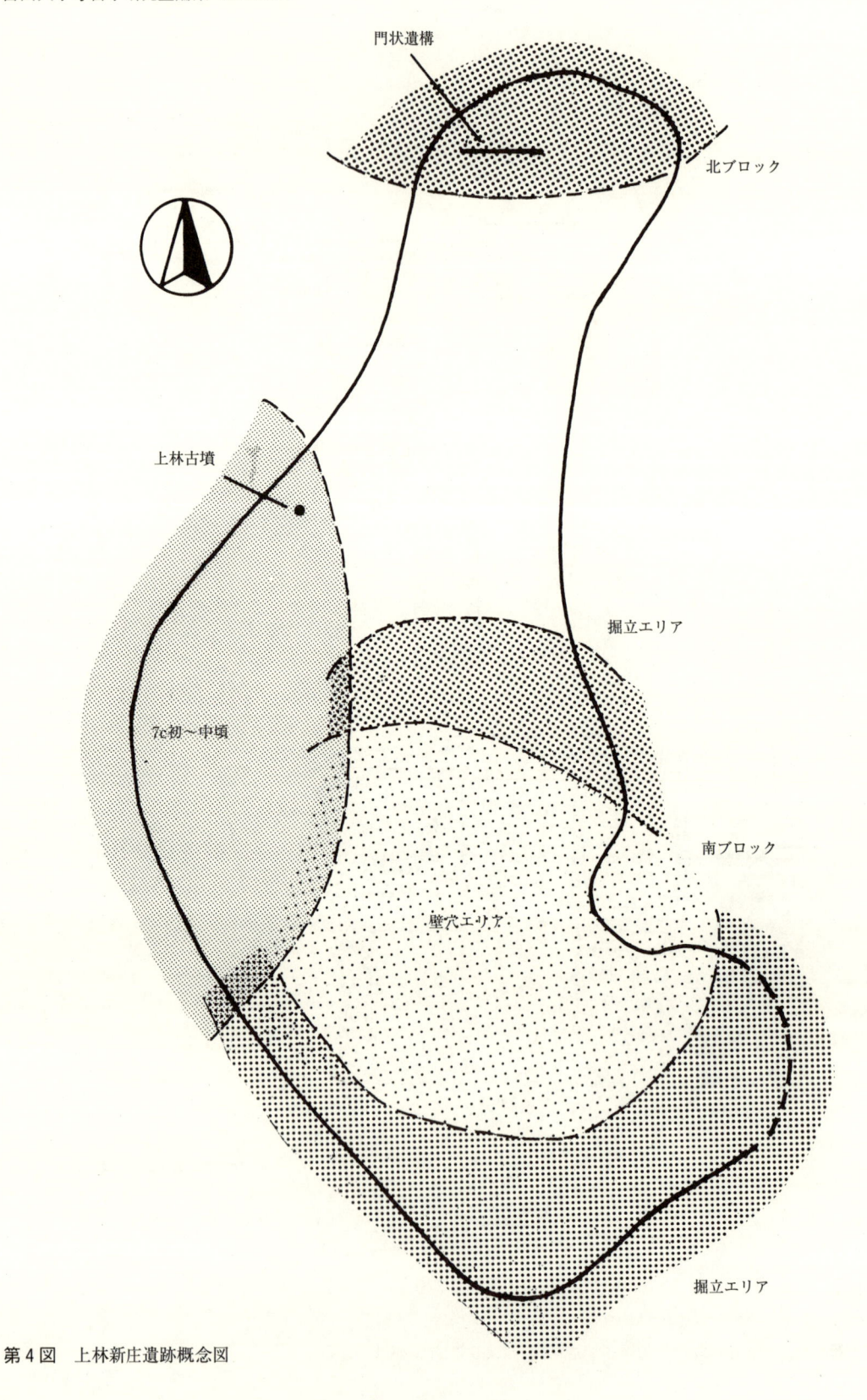

構密度は本遺跡群中で最も高い。集落の初現については後述の上林テラダ遺跡に近い西側縁辺部に求められ、7世紀初頭から前半代に5～6棟の竪穴建物が作られる。このブロックには北端にやはり7世紀前半の築造である横穴式石室を持つ上林古墳(第5図)が確認されており、周辺の松任市田地古墳や末松古墳とともに先駆的な新興開発領主層の存在を裏付けている。その後7世紀中頃から8世紀初頭にかけて、集落の中心は建物の急増と共に中央に移動し、9世紀中頃以降に終焉を迎える。特筆すべきは出土した遺物の内容である。このブロックの竪穴建物跡や土坑からはほぼ例外なく鉄滓や鞴の羽口片が検出されており、大規模な製鉄者集団の居住区であったことをうかがわせる。これに対して北ブロックでは目立った遺構は確認されておらず、北端に至るまで不定形な土坑状の掘り込みや小溝跡、自然河道と共に中世に降る遺構・遺物が散見されるのみであり、古代にあっては集落の空白地帯となっている。ただし、北端部分では12(10)×1間の巨大な門状遺構(第6図)が確認されており、周辺のピットからは8世紀中～後半の鉄鉢が特徴的に出土している。この門状遺構と南ブロック北端は直線距離で約110m離れており、ちょうど古代条里のほぼ1町に相当することも興味深い。

c. 上林テラダ遺跡(第7図)

土地区画整理事業施行区域の西端で確認された遺跡であり、富樫用水沿いに約3,000㎡の広がりを持つ。平成2年度に都市公園予定地2,000㎡を除く1,000㎡について調査を実施しており、性格は不明であるが環状に巡る溝遺構を1条検出している。遺跡の中心部分は現在の上林1丁目へ伸びているため集落としての全体像は把握できなかったが、出土遺物より本遺跡群の中でも最も古い7世紀前半代にその起源を求められる。終焉については不明である。

d. 下新庄アラチ遺跡(第8図)

上林新庄遺跡の北側に位置する本遺跡群で2番目の規模を有する集落跡であり、平成3年度から8年度の4次に亘り18,350㎡を調査している。確認された主な遺構は竪穴建物跡48棟、掘立柱建物跡54棟と面積按分では上林新庄遺跡を上回っており、遺構・遺物の内容でも他を凌駕する。集落は8世紀前半から9世紀後半に及ぶものであるが、主体となる時期は9世紀前半までであり、その後急速に衰退していく。構成は8世紀後半までは中央に掘削された南北溝により東西に区画され、東ブロックに卓越した作り・規模の大型竪穴建物[8]が核として存在する。この住居はその後同一地点で8×3(2)間の大型掘立柱建物(第9図)に建て替えられており、内部に3×1間の二重構造と思われる柱列を伴う。それぞれ本遺跡群では最大[9]のものであり、作りも一見して他の建物とは違うとわかるほど丁寧に整地されている。外郭の柱穴は桁行すべてに抜き取りの痕跡が認められ、8世紀末頃にはさらに南側へ移動して7×2間で南北に庇状の構造を伴う大型建物(第10図)へと発展している。また、この頃には集落の構造も変化しており、前述の区画溝も廃棄され中央やや南に東西に伸びる柵列によって南北に二分されたような景観をなしている。

特徴的な遺物として、前期に見られる区画溝より出土した円面硯と稜碗があげられる。共に8世紀中葉のものであり、上林新庄遺跡の北端門状遺構の周辺で見られた鉄鉢と併せ当地における仏教の浸透と識字層の存在を表している。計画的な集落構造と整然とした建物群の配置、卓越し

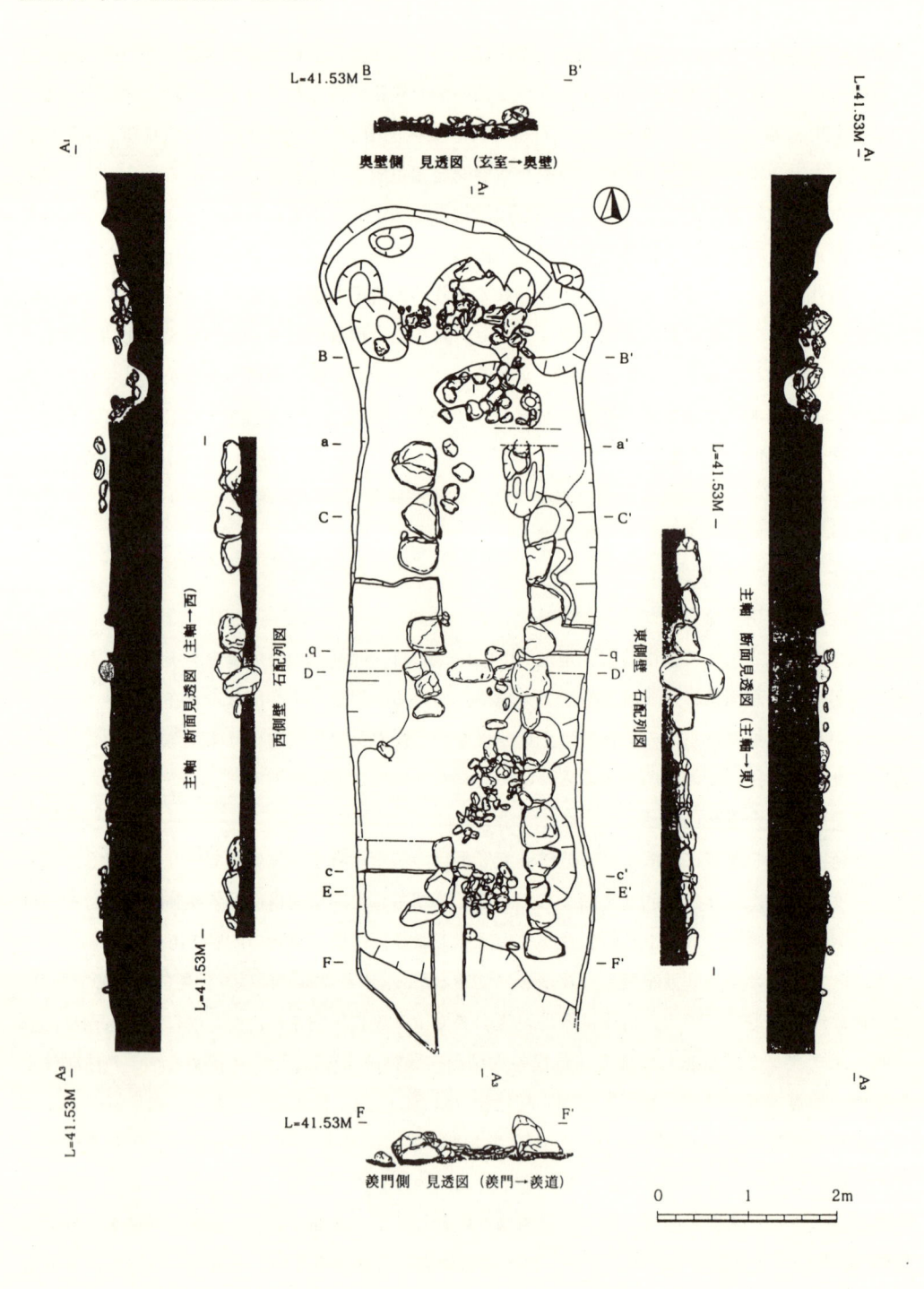

第5図 上林古墳石室実測図

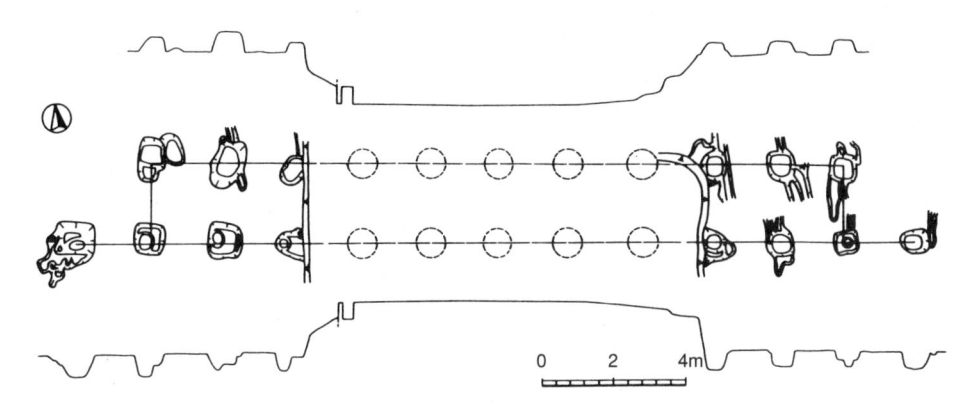

第6図　門状遺構

た規模の建物の存在など，下新庄アラチ遺跡が本遺跡群の中でも中枢的な役割を果たしていたブロックであることを物語っている。

e．下新庄タナカダ遺跡(第11図)

　木呂川沿いの北東端に位置する遺跡であり，下新庄アラチ遺跡とは深い鞍部を挟んで約40mの距離で対峙する。平成7年度に3,000㎡の調査を実施しているが，集落の中心部分は区画整理事業の範囲外である現在の新庄5丁目地内に伸びるため全貌は明らかでない。確認された主な遺構は竪穴建物跡3棟，掘立柱建物跡4棟と僅かであるが，やはり8世紀前半から9世紀中頃の時期幅で捉えられるものである。この内竪穴建物3棟は至近距離での建て替えであり，同一世帯のものであろう。掘立柱建物については竪穴建物と同じ北側ブロックに4×2間，3×2間の南北棟がやや軸を違えて並び，2×2間の倉庫棟と3×1間の道具倉と思われる東西棟が南ブロックに見られる。

4　集落群の再編と評価

　これまで概観した5遺跡の様相を基に，ここでは報告時に若干触れた集落の再編成について，もう少し整理・検討を加えたい。これら5遺跡の掌握については，分布確認調査時の中小の鞍部及び近世河道跡等の制約を受けたものであり，小時期差・移動を伴うものの全体としては同一のものとして捉えられることは先にも述べた。その再編案を現状の遺跡分布の上に重ねたものが第12図である。これによると，まず7世紀前半にエリア南西側において集落の萌芽を見るが，建物の構成と配置からして依然企画性の薄い散居村的様相を呈しており，戸数も竪穴建物3～6棟程度である[10]。しかし，ここで注目すべきは横穴式石室を検出した上林古墳の存在である。その評価については北野博司氏の言われるごとく「群集墳といえるのか単独に近い中小の首長墳的あり方かはわからないが，いずれにしても横穴式石室を採用した新興勢力として登場してきた」[11]階層のモニュメントであり，周辺の田地古墳，末松古墳等と併せ「末松廃寺造営勢力の本拠地を

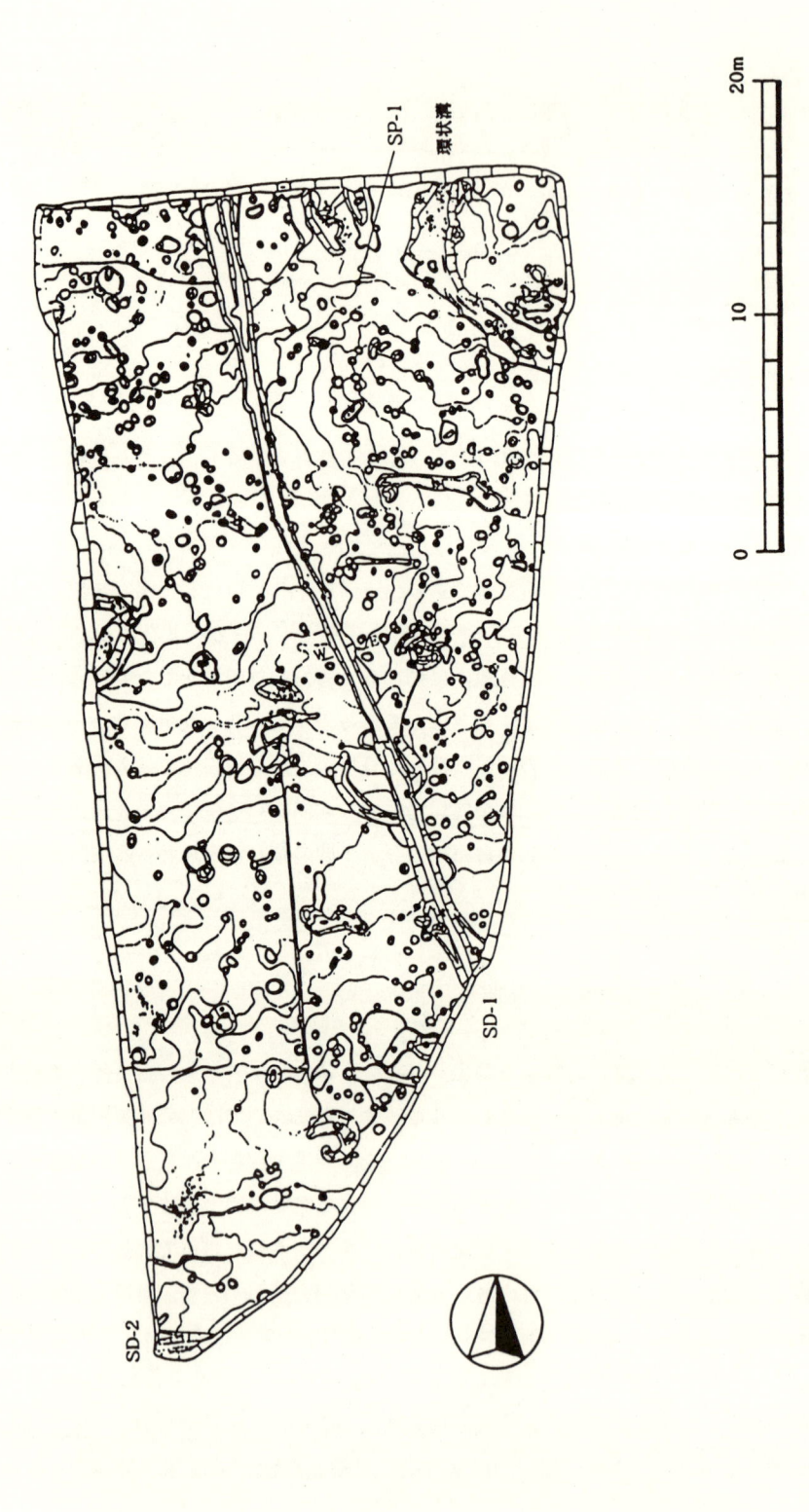

富山大学考古学研究室論集（横山論文）

第7図　上林テラダ遺跡遺構全体図

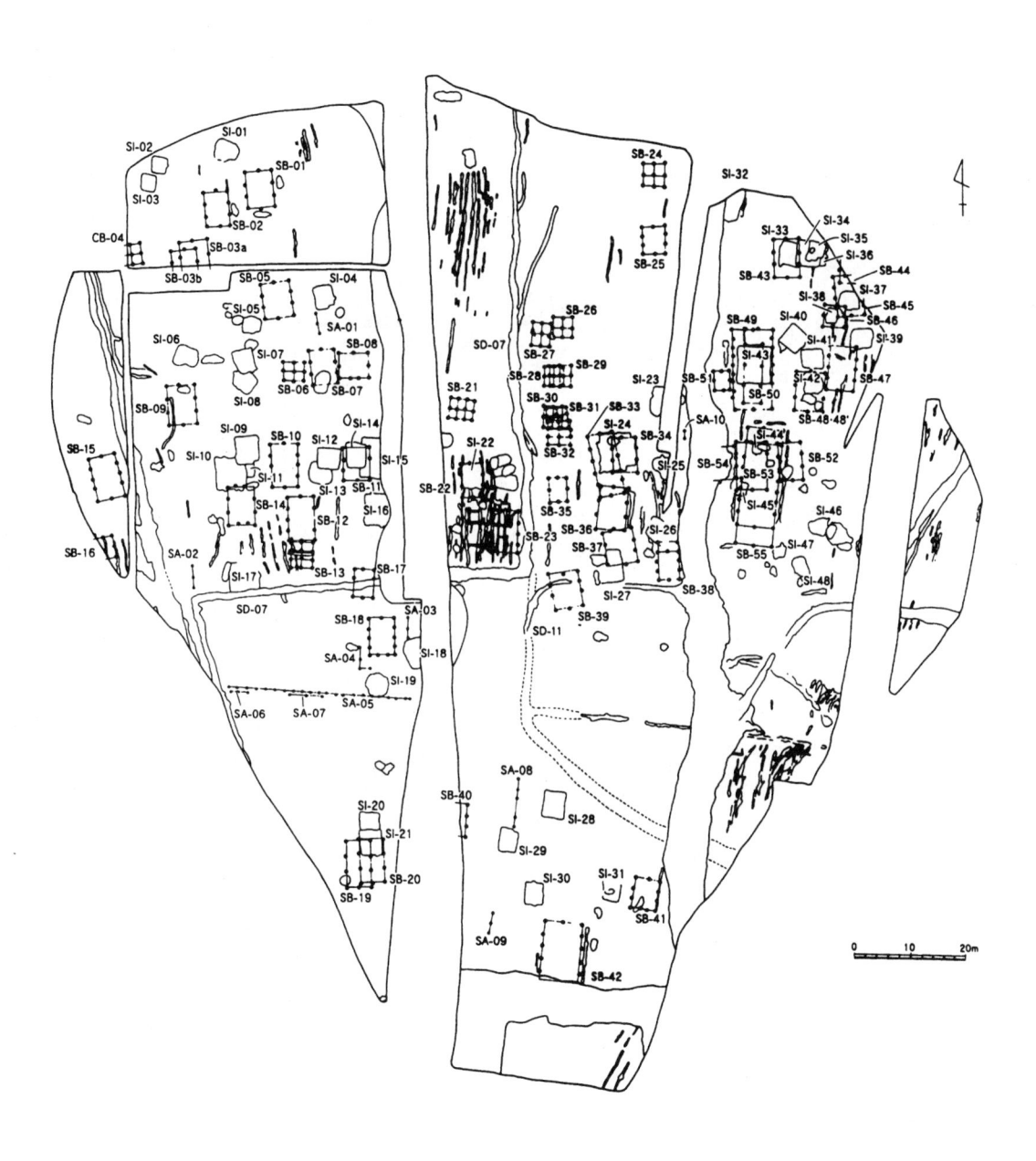

扇状地における新興開発領主層の台頭とその後の展開

第8図　下新庄アラチ遺跡主要遺構配置図

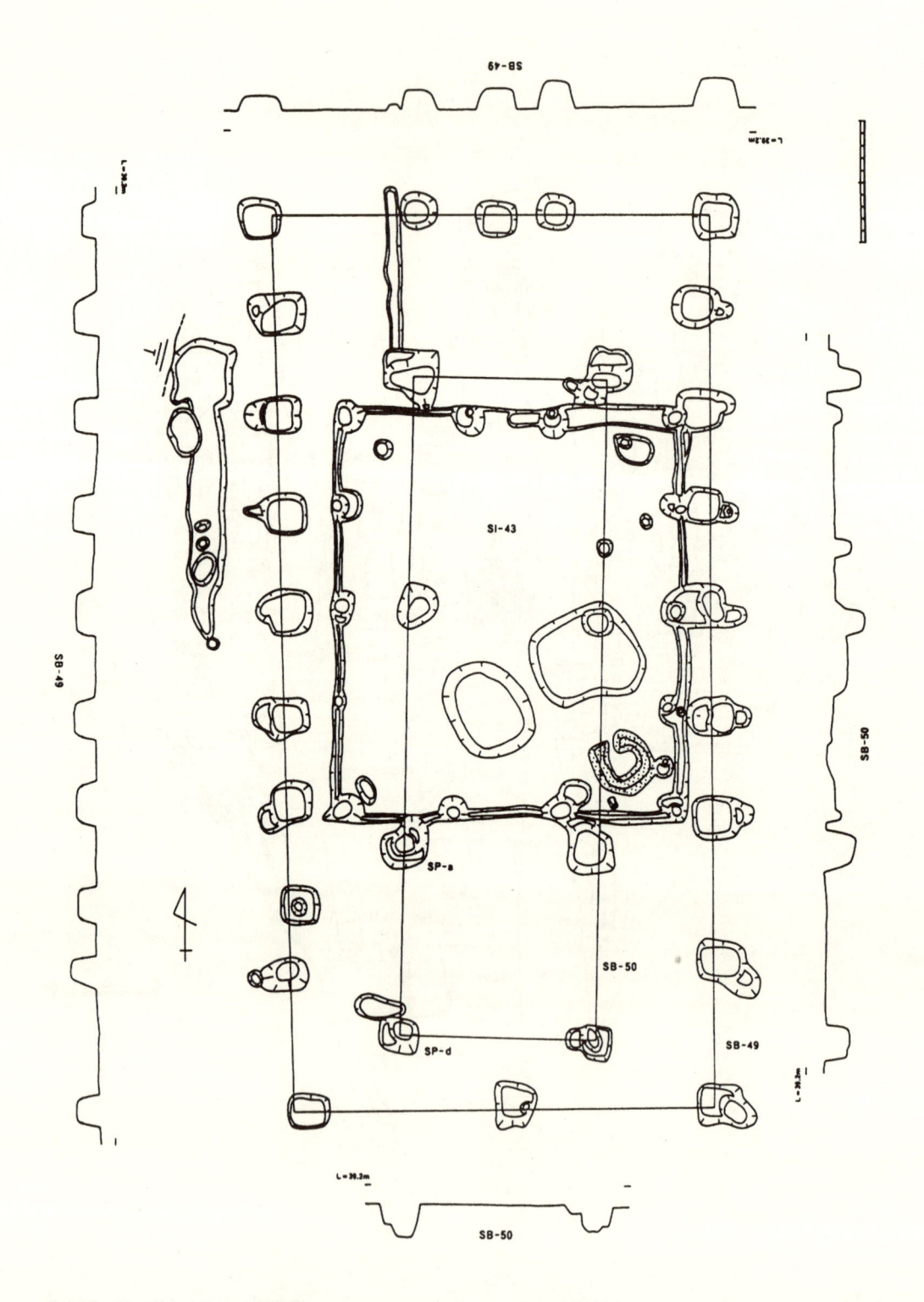

第9図 建て替えられた大型建物

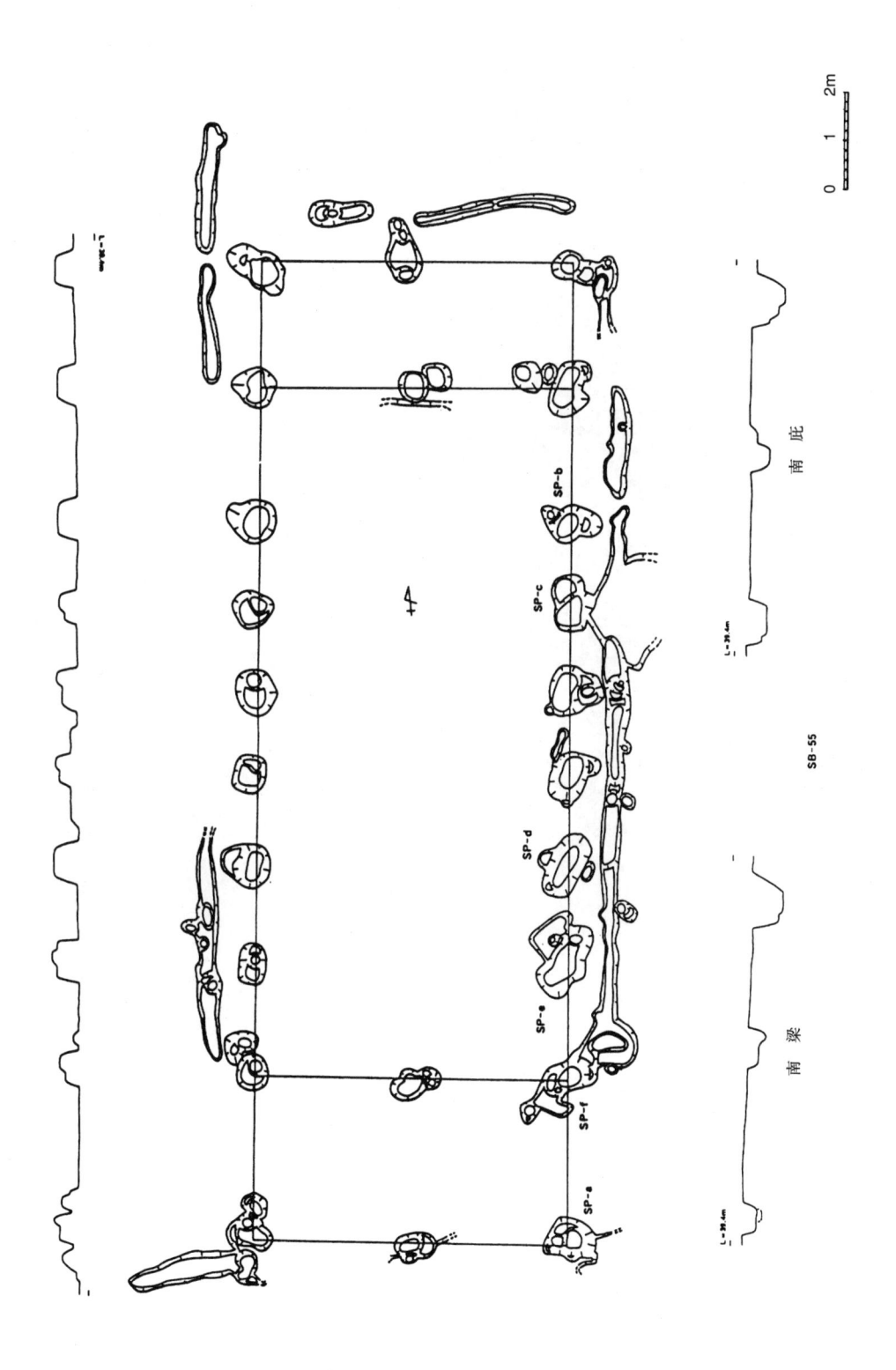

扇状地における新興開発領主層の台頭とその後の展開

第10図 大型建物②

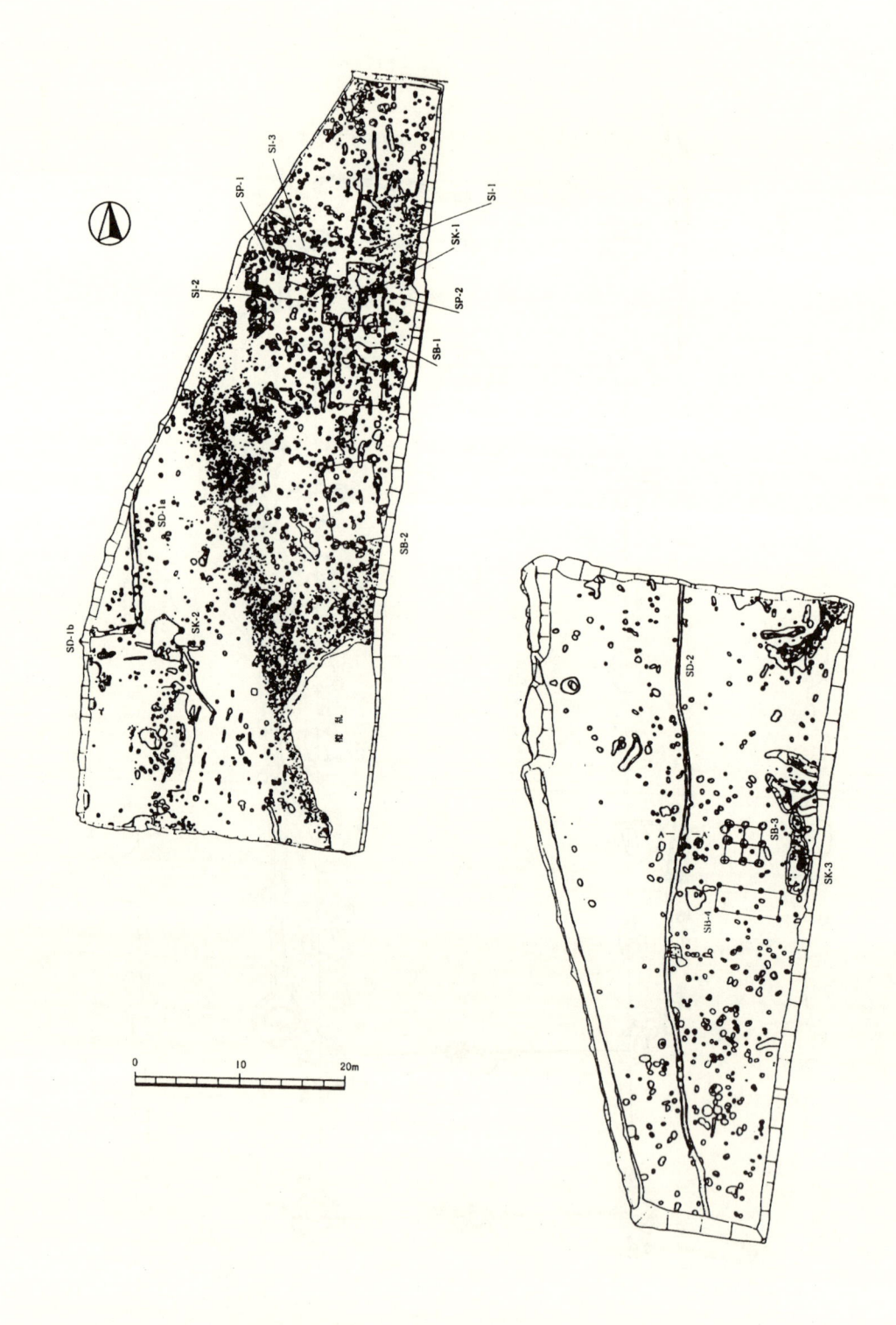

富山大学考古学研究室論集（横山論文）

第11図　下新庄タナカダ遺跡遺構全体図

考える上で重要」[12]なものであることは間違いない。また，この段階では集落としては特別な要素を見出せないものの，古墳の存在によりある一定程度の開発の成果が見込まれ，後に続く基盤をなしたことは疑いようがない。

　続く7世紀半ば以降8世紀にかけて，集落は急速な拡大を見せ，竪穴・掘立柱の建物は爆発的に増加し，南に位置する上林新庄エリアと北の下新庄アラチエリアに二分される。この内，前者においては全体に東南へ移動しながら拡大しており，竪穴建物群についてはほぼ中央部を占め，掘立柱建物群についてはその周囲を囲むような状況で展開する。掘立柱建物の推移については明らかにし得ていないが，竪穴建物群については製鉄・小鍛冶関連の遺物が特に南半において顕著に確認されており，計画的に管理・運営されていたことを物語っている。これに対して，後者は集落出現当初から卓越した竪穴建物を有しており，溝や柵列で区画された範囲に倉庫棟を含めた建物群が整然と建ち並ぶ様相を見せる。この大型竪穴建物の系譜は，以降9世紀前半代にかけて掘立柱建物に建て替わりながら常に集落の中の核として存在し，その機能を継承し続けている。建物の規模は集落の中での階層差を表していると言ってよく，周辺を掌握していた領主層の建物と思われる。また，南端に位置する巨大な門状遺構はこのエリアの南門にあたると考えられ，周辺に多く出土した鉄鉢と区画溝より出土した稜碗の存在より仏教を取り入れていたことは確実であり，同じく区画溝より出土した円面硯と併せ極めて政治色の強い集団であったことを想起させる。

　以上，5つの遺跡を2つのエリアに再編し，その概要を簡単に示した。これまで古代手取川扇状地の開発については，その自然条件の過酷さから「潅漑技術を含む勧農機能の，国家権力による集中的な把握体制に対する，強い依存・従属」[13]によって始めて可能になる難事業であったと理解されており，その画期を7世紀後半代に置くことがほぼ妥当視されてきた。本遺跡群においてもこのことは大方首肯されるものである。すなわち，

①本遺跡群が拡大・充実されるのは7世紀後半代からであり，それ以前の散居村的在り方とは隔世の感がある。これは，単に7世紀前半に萌芽した集落が，開発の成功をもって段階的に発展を遂げたと理解する以上の飛躍的な拡充である。

②2つのエリアは非常に計画的に配置，構成されており，特に下新庄アラチエリアでは区画溝等の施設により条理制の採用を強く意識させる。

③上林新庄エリアに見られる製鉄従事者集団の集中は，あたかも職人のムラを構成しているかのようであり，在地有力首長層が主体となって管理していたと見るにはその限界を超えている。

に要約される。しかし，一方で国家権力の介入に先行しておこなわれる在地有力首長層の存在も軽視できない問題であり，本遺跡群に含まれる上林古墳の存在や周辺の田地古墳・末松古墳の在り方など，7世紀前半代に築造された古墳に代表される勢力が注目される。

　これまで，末松廃寺を中心とした扇央部の開発は，唯一無二の勢力を誇る加賀郡有力郡領層である「道君」を中心に語られることが多かった。その出自についてはほぼ明らかにされたと言って

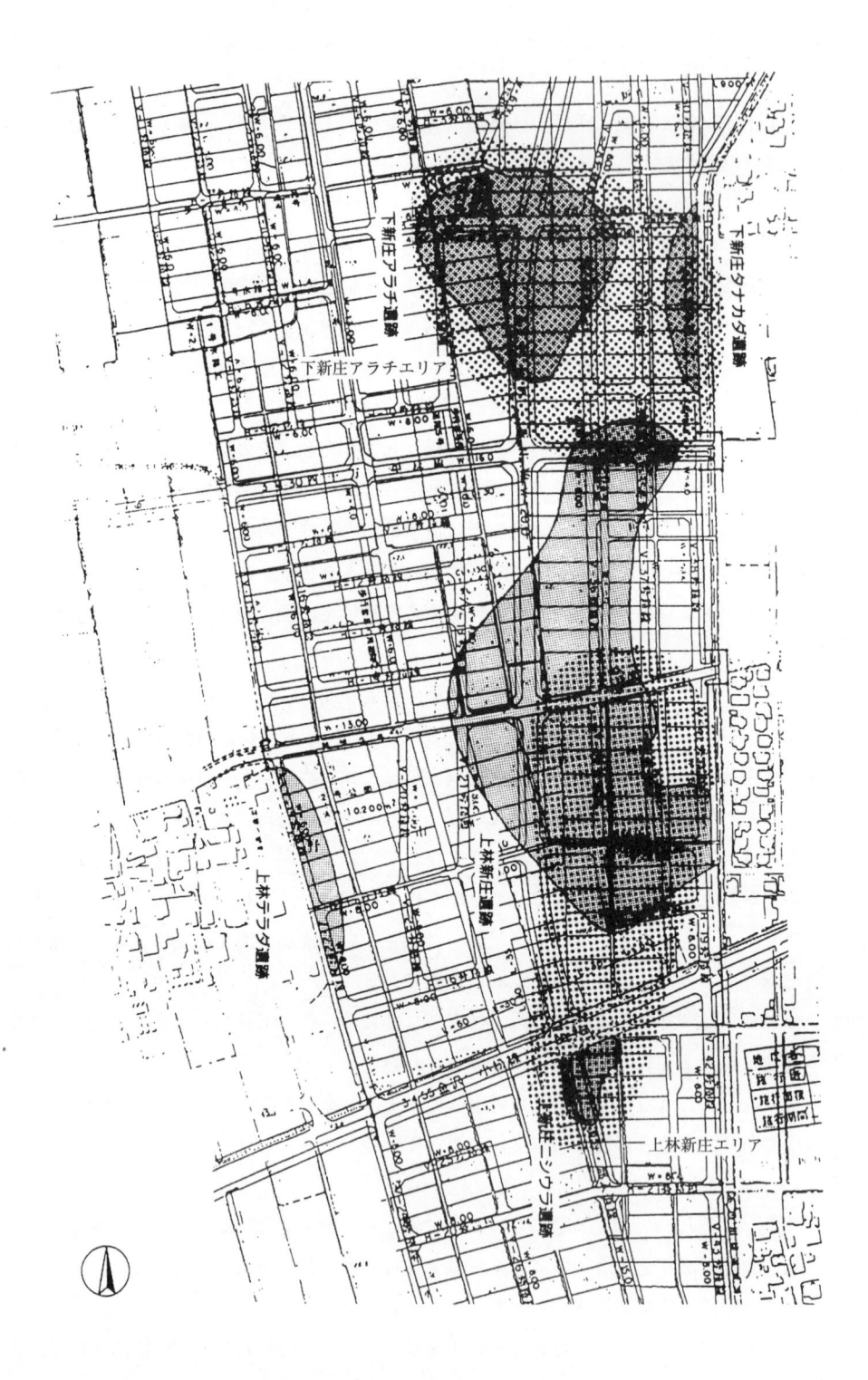

第12図　集落再編概念図（7c後半〜9c前半）

よいが⁽¹⁴⁾，依然7世紀後半から8世紀にかけては「味知郷」の呪縛から解かれることなく，廃寺を道君の氏寺と見る意見が大勢を占める。越前国正税帳等の理解については私見をもたないが，その分析の緻密さから浅香氏の示された状況⁽¹⁵⁾は間違いないものと考える。しかし，前述した7世紀前半代の横穴式石室を持つ古墳の確認や周辺に残る「塚」の付く字名の存在⁽¹⁶⁾，地元に残る伝承等⁽¹⁷⁾，周辺にまだまだ多く存在したであろう古墳群を新興開発領主層のモニュメントとして捉える立場では，道君の影響力の大きさは否定されないものの，主体となり得たかどうかはいささか疑問が残る。詳細は報告されていないが，近年発見された宮都様式の瓦を採用する広坂廃寺の存在や，僅か50年たらずで廃絶された末松廃寺⁽¹⁸⁾の問題などもその傍証と思われ，国家権力を受容し変質を遂げたとしても，その後9世紀中頃まで続く集落の拡大，縮小の過程で，彼の主体性を示す証左は現状では何ひとつ確認されていない。この末松廃寺を巡る問題についてであるが，木立雅朗氏の研究成果⁽¹⁹⁾によりその創建時期については7世紀第3四半期であることはほぼ動かし難い。この時期，周辺ではそれ以前の散発的な集落の在り方から脱却し，急激に拡大・充実していく頃であり，扇央部を基盤とし，これほど大きな建造物を建立することのできる勢力がすでに醸成されていたとは到底考えられず，とすれば，当初より強大な権力を持った勢力の関与は否定できないものと思われる。そうした場合，想定される氏族は道君以外には見出し難く，前述のとおり確証はなくともその関与が妥当視されるのは当然のことであろう。しかし，問題はその関与の仕方・程度である。筆者自身，道君の影響力の大きさは認めながら，主体性までも肯定できない立場であることは前にも述べた。私見ではあるが，私富獲得のため生産性の高い乾田経営に進出した道君が，先行する在地領主層を取り込みながら，人心を掌握する象徴として末松廃寺を建立したとは考えられないであろうか。その取り込み方の強弱・姿勢については不明であるが，天平宝字五年（七六一）二月に見える加賀郡少領道公勝石がおこなった六万束にも及ぶ私出挙に対する懲罰を考える時，没収分三万束を利稲十割による超過分と捉えればかなりの圧政を敷いていたことがわかる⁽²⁰⁾。また，廃寺が一旦廃絶される8世紀前半代には道君の影響力もかなり希薄になっていたものと思われ，周辺の勧農政策は国家権力と郡司層の癒着的補完関係によるものから，前者主導のものへと移行していったことが想像される。約1世紀を隔てて再建される廃寺は，もはや道君の氏寺ではないであろう。

　ここで，本稿の主題である上林新庄遺跡群の評価に立ち返るが，本項中程で述べたとおり，本遺跡群が7世紀後半代をもって爆発的に拡充することについて，その要因は国家権力（郡司層との癒着的補完関係を含む。）による集中的な把握体制への依存・従属であることは間違いない。下新庄アラチエリアに見られる政治色の強い集団が，その国家権力に関わるものか，或いはその主導の下成長した在地領主層としての「拝師郷」の中枢部分であるかは明らかにし得ないが，唯一存在した古墳が築造後僅か50年たらずで「墓」として畏怖の対象ではなくなっていることから，前者の可能性が高いように思われる⁽²¹⁾。この地を政治支配の中枢とし，在地領主層による乾田開発・経営を掌握していたのであろう。

5 おわりに

　本稿は，平成10～12年度にかけてなされた上林新庄遺跡群の一連の調査報告の中で，触れることのできなかった部分を補完する目的で執筆したものであるが，結果，筆を進めるうちに自身の論拠・指針すら揺らぎ，何度も転換を迫られるものとなってしまった。そのため内容については不満が残るが，現状での筆者の私見としてご理解願いたい。最終的には，報文[22]でも若干触れた「拝師郷」との関わりを目指したが，小松市佐々木遺跡に見られる建物配置や墨書土器「野身郷」・「財部寺」等の決定的な確証が得られず，依然推測の域を出ないためここでは敢えて詳細には触れなかった。また，標題で「その後の展開」と勇ましく掲げてみたものの，安養寺遺跡群及び扇口での鶴来町の調査以外資料に乏しく，論及することができなかった。安養寺遺跡については今回の題材とした遺跡群とは別の島状微高地にあると思われ，今後の資料の増加を見守りたい。

　最後に，本遺跡群に携わりながら，吉岡康暢・田嶋明人・戸潤幹夫の各氏より，会話の中で有益なご教示・ご示唆をいただいた。記して謝意を表する。

　2期生としてお世話になった秋山先生が早や古希を迎えられた。学生時代に頂いた大きな学恩を生かせず，卒業後21年目を迎え依然未熟な自身を恥じ，今もって埋蔵文化財行政の一端に携わっている幸いを改めて噛み締めながら，深い感謝の念を表したいと思います。

（註）
1　浅香　年木　「第三章　古代における手取扇状地の開発」『古代地域史の研究』（財）法政大学出版局　1978
2　川畑　誠　「古代の村落遺跡の消長－手取川扇状地・金沢平野を題材として－」　第2回村落遺跡研究会報告レジメ　1992
　　のちに川畑氏は鶴来町柴木D遺跡の調査報告の中で，7世紀（後半）～10世紀の動向を4つの画期で示しているが，本例については遺跡群の展開の実際より旧考の方が適切と考える。（文献：「第3章　柴木D遺跡の調査」『鶴来北部遺跡群調査報告Ⅱ』石川県立埋蔵文化財センター　1995）
3　野々市町町南部土地区画整理事業に伴う発掘調査。45.1haの対象地に上新庄ニシウラ遺跡・上林新庄遺跡・上林テラダ遺跡・下新庄アラチ遺跡・下新庄タナカダ遺跡の5遺跡が確認され，平成元年度～8年度にかけて遺跡推定地67,600㎡の内都市公園用地を除くほぼ全域の調査を実施した。なお，これらの5遺跡については若干の時期的小移動を伴い，間隙に小鞍部を挟むもののほぼ同時期に展開した集落の一群と思われ，必要に応じて本文中では総称して「上林新庄遺跡群」の名称を用いている。
4　扇央部の調査においては，必ずと言ってよいほど単発で出土する縄文土器や打製石斧を主体とする石製品を伴う。この事例について，山本氏は「扇端部遺跡の後背地として，打製石斧による生業生活の舞台」であり，食料資源（根茎・球根等）の採取を目的とした出作り小屋のようなものと評価している。（山本直人　「縄文時代の地域社会論に関する一試論－手取川水系を中心にして－」『古代文化』42-12　1990）なお，扇央部にあっても松任市長竹遺跡，同乾遺跡については晩期下野式段階で遺構に伴いある程度の纏まりを見せる例がある。また，弥生前期に比定される柴山出村式土器についても，その在り方が縄文晩期と酷似した「縄文的」なものであるため，ここではあえて取り上げない。

5 野々市町御経塚シンデン古墳群，松任市一塚遺跡，同横江古屋敷遺跡など。
6 当時の調査担当者の一人である三浦純男氏のご教示によれば，国道157号線に係る調査区についても最初の画期は7世紀後半代に求められるという。
7 調査時の所見から，集落が機能していた頃にはすでに埋まってしまっていたものがかなりあると推測される。
8 長軸6.72m，短軸5.85m，床面積39.3㎡を測る端正な長方形を呈しており，内壁に沿って4×3間の側柱列を有する。
9 後に建て変わる掘立柱建物は庇状の部分を含めれば本遺跡群中最大であるが，身舎に限ってはこの建物に及ばない。
10 上林テラダ遺跡の内容及び上林新庄遺跡との間隙の様相によっては若干増えるものと思われるが，現状では知り得ない。
11 文献　北野　2000
12 註11に同じ。
13 註1に同じ。
14 註1に同じ
15 註1に同じ
16 「塚田」・「石塚」・「塚中」など。
17 末松廃寺跡の調査・保存に尽力された高村誠孝氏によれば，耕地整理以前には小山のような高まりがいくつか残存していたと言う。
18 8世紀代の早い時期に一度廃絶され，平安時代になって金堂のみやや縮小されて再建されている。調査段階では火災の痕跡等は確認されていない。また，塔跡周辺では瓦は僅かしか出土していない。
19 木立　雅朗　「湯屋瓦屋をめぐる問題」『辰口町湯屋古窯跡』　辰口町教育委員会　1985
20 菊地康明氏は私出挙そのものが違法との立場から「私稲出挙の年利率が五割だったことを示す一証」とされているが，宮原武夫氏は私出挙が公出挙と同等の利率五割で黙認されていたとの立場から，三万束は利率十割による超過分として捉えられている。本稲が没収されていないことと，当時の国家権力と郡司層の勧農政策における相互補完の関係を考え合わせ，ここでは宮原説を採る。（浅香文献1978より引用。）
21 この場合，「拝師郷」の中枢部分とすることまでを否定しているのではなく，問題はあくまでその構成要員を示している。
22 文献　横山　2000

(参考文献)

浅香　年木　『古代地域史の研究』　法政大学出版局　1978
伊藤　雅文　「金沢市域を中心とする古墳時代首長の動向について」『市史かなざわ』第5号　1999
岡本　恭一　『松任市乾遺跡発掘調査報告書』　(財)石川県埋蔵文化財センター　2001
川畑　誠他　『鶴来北部遺跡群調査報告Ⅱ』　石川県立埋蔵文化財センター　1995
木立　雅朗　「湯屋瓦屋をめぐる問題」『辰口町湯屋古窯跡』　辰口町教育委員会　1985
木立　雅朗　「北陸における瓦生産」『北陸の古代手工業生産史の研究』　富山大学人文学部考古学研究室・北陸古代手工業生産史研究会　1989
北野　博司　「古代北加賀の政治勢力」『市史かなざわ』第6号　金沢市　20000
小嶋　芳孝他　『粟田遺跡発掘調査報告書』　(社)石川県埋蔵文化財保存協会　1991
小嶋　芳孝他　『鶴来北部遺跡調査報告書Ⅰ』　石川県立埋蔵文化財センター　1995
小松市教育委員会埋蔵文化財調査室　『埋蔵文化財だより』第9号　1999
高橋　由知　『松任市源波遺跡　Ⅱ』　松任市教育委員会　1997
田嶋　明人　「手取扇状地にみる古代遺跡の動態」『東大寺領横江庄遺跡　Ⅱ』　松任市教育委員会

　　　　　　　　　　1996
田嶋　明人他　「松任市田地古墳緊急調査報告」『石川考古学研究会々誌』第14号　石川考古学研究会
　　　　　　　　　　1971
中島　俊一他　『安養寺遺跡群発掘調査概報』　石川県教育委員会　1975
中島　俊一他　『松任市長竹遺跡発掘調査報告書』　石川県教育委員会　1977
野々市町教育委員会　『ののいち町田地俗称地図』　1988
本田　秀生他　『野々市町末松遺跡群』　(財)石川県埋蔵文化財センター　2000
前田　清彦他　『旭遺跡群』　松任市教育委員会　1995
森田喜久男　「加賀立国以前の在地社会の情勢」『古代北陸と出土文字資料』　(社)石川県埋蔵文化財保存協会　1998
横山　貴広　『上新庄ニシウラ遺跡』　野々市町教育委員会　1998
横山　貴広　『下新庄アラチ遺跡』　野々市町教育委員会　1999
横山　貴広　『上林新庄遺跡・上林古墳・上林テラダ遺跡・下新庄タナカダ遺跡』　野々市町教育委員会　2000
吉岡　康暢他　『史跡末松廃寺』　野々市町教育委員会　1971
吉田　淳他　『御経塚シンデン遺跡・御経塚シンデン古墳群』　野々市町教育委員会　2001

中世居館の成立とその居住者像

――金沢市堅田B遺跡の調査から――

向 井 裕 知

【要旨】
　金沢市堅田B遺跡は方一町クラスの規模を持つと考えられる中世前期の居館跡である。その居館と周辺集落との関係，伝承・文献からその成立要因と居住者像を考えた。結果，遺跡は天然の要害に位置し，水陸交通の要を押さえていると指摘した。また，周辺に市の存在を想定し，遺跡と時宗との関連性を指摘した。成立要因は承久の乱後の新補地頭の入部によるものとし，居住者像については関東武士とする仮説を提示した。

1．はじめに

　金沢市堅田B遺跡は方一町クラスの規模を持つと考えられる中世前期の居館跡である。平成8年度から平成11年度まで金沢市教育委員会によって発掘調査が実施されており，その成果の一部が概報や研究会誌等で紹介されている[1]。遺跡周辺は，加賀・越中間を最短ルートで結ぶ脇道が通過しており，また加越国境が近いこともあって中世の城館跡がよく残っている地域である。更に近年は中世前期の遺跡が複数調査されており，金沢市内では中世遺跡の動向が最もよく把握できる地域といえる。本稿では，居館跡である堅田B遺跡と周辺集落遺跡との関係や当地に居館が出現した背景，またその居住者像について考えたい。

2．堅田B遺跡の概要(第1～3図)[2]

　堅田B遺跡は金沢市の北部に所在し，信仰の山・医王山を源とする森下川による河岸段丘上に立地する。遺跡のすぐ南側には，旧北陸道から分岐し，越中方面へ伸びる「小原越(道)」(現国道304号線が一部踏襲)と呼称される脇道が通る。更に，その南西方向には森下川が北流し，河北潟，大野川を経て日本海に至る。遺跡の北側には木曽義仲が居城したと伝わる「堅田城跡(標高133m)」があり，現在は一向衆が造った形態を留めているという[3]。このように遺跡は堅田城を備える山地と小原越(道)，更には森下川に挟まれた箇所に立地する。遺構検出面までは地表面から0.8

第1図 位置図（S=1/100,000）

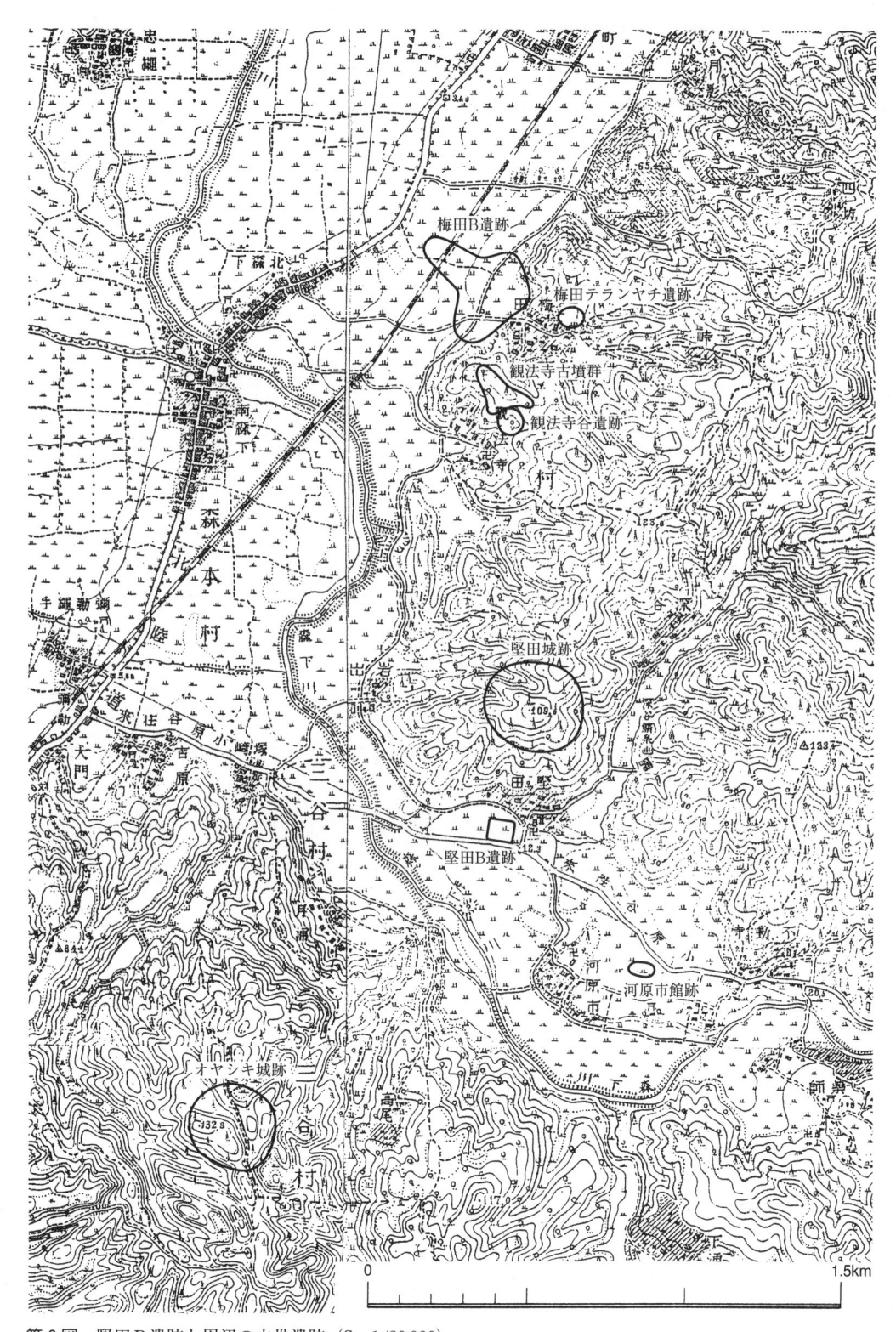

第2図　堅田B遺跡と周辺の中世遺跡（S＝1/20,000）

～1mを測り，堆積土，地山共に非常に強い粘質土である。柱穴を調査すると，礎板は敷いてあるが，それごと沈んでいることがよくあった。遺跡周辺も含めて地盤は非常に粘性が強く，居住にはあまり適さない環境といえる。

遺跡の性格としては，大型掘立総柱建物(最大棟は7間×6間・約210㎡)や堀(幅4～5m，深さ約0.8m)，また中国産高級陶磁器や漆器絵皿，大量の土師器皿，巻数板，乗馬鞍，鏑の出土，その他多くの出土品から有力武士の居館跡と考えられる。堀は北堀で約70m，西堀は約90m(北から約75mで屈曲し，約14m東に延び，再び南に向かう)を確認しており，南は前述の「小原越(道)」まで延びると想定するとほぼ一町(約110m)程度になる。西堀の一部は館の拡張に伴い埋め立てられている(旧西堀)が，そこから「建長三年」(1251年)と「弘長参年」(1263年)の紀年銘をもつ巻数板[4](般若心経を書写した木簡)が出土している。後述するが，このことから西堀の一部改変は13世紀後半のことであり，それ以前，遅くとも建長三年以前，13世紀第2四半期には当初の堀の掘削を行っていた，つまり居館が成立していたと考えられる。また，北堀においても箱堀から薬研堀へのつくり替えを確認しており，出土遺物から13世紀後半頃，つまり巻数板が出土した旧西堀が埋められた頃に北堀も一度埋められ，再掘削された可能性がある。

堀を最終的に廃棄した年代は，北堀の覆土上層で出土した土師器皿や珠洲焼すり鉢から，14世紀後半と考えられるが，詳細はなお検討中である。堀埋没後は，他の遺構，特に東側(現在の堅田町集落側)からは15世紀代の遺物も出土しており，規模は縮小していると考えられるが遺跡は存続している。

なお，堀の内側4～5mの範囲で遺構密度の非常に希薄な空間が存在するが，表面観察，堀の覆土観察共に土塁の痕跡は確認できない。また，西堀内側の北側約30mの範囲と北堀の内側には柵列が存在する。さらにその空間は通路としての機能を有していた可能性も考えられ，土塁の存在は不明といわざるを得ない。しかし，柵列未確認の部分が小原越(道)側，すなわち館の正面と考えられる側にあたるため，堀の内側が無施設とは考えがたく，部分的に土塁のような地下に痕跡を残しにくい施設が存在した可能性は考えられる。

3．堅田B遺跡出土遺物の概要(第4・5図)[5]

以下に出土遺物について概要を述べる。

食膳具としては土師器，陶磁器，漆器，木製品がある。土師器は皿が大量に出土しており，遺物全体の99％以上を占めると思われる。巻数板とともに出土した旧西堀出土の土師器皿(1～17)は口縁部個体数で，約3,000個体出土している[6]。その中には漆器のように墨で絵を描いたもの(1)や，灯明皿として使用したもの(6～9，14～17)がある。土師器皿の灯明皿としての使用が目立ってくるのは14世紀後半以降のことであり[7]，早い事例といえる。また，陶磁器は優品が目立つが，特に旧西堀からは多く出土しており，天目碗(25，森本氏分類のⅤ-①類[8])，白磁花文碗(22，大宰府分類白磁小碗Ⅹ-1類[9])，青白磁梅瓶(26・27)・小壺(30)，青磁魚文鉢(29)・酒会壺(28)

中世居館の成立とその居住者像

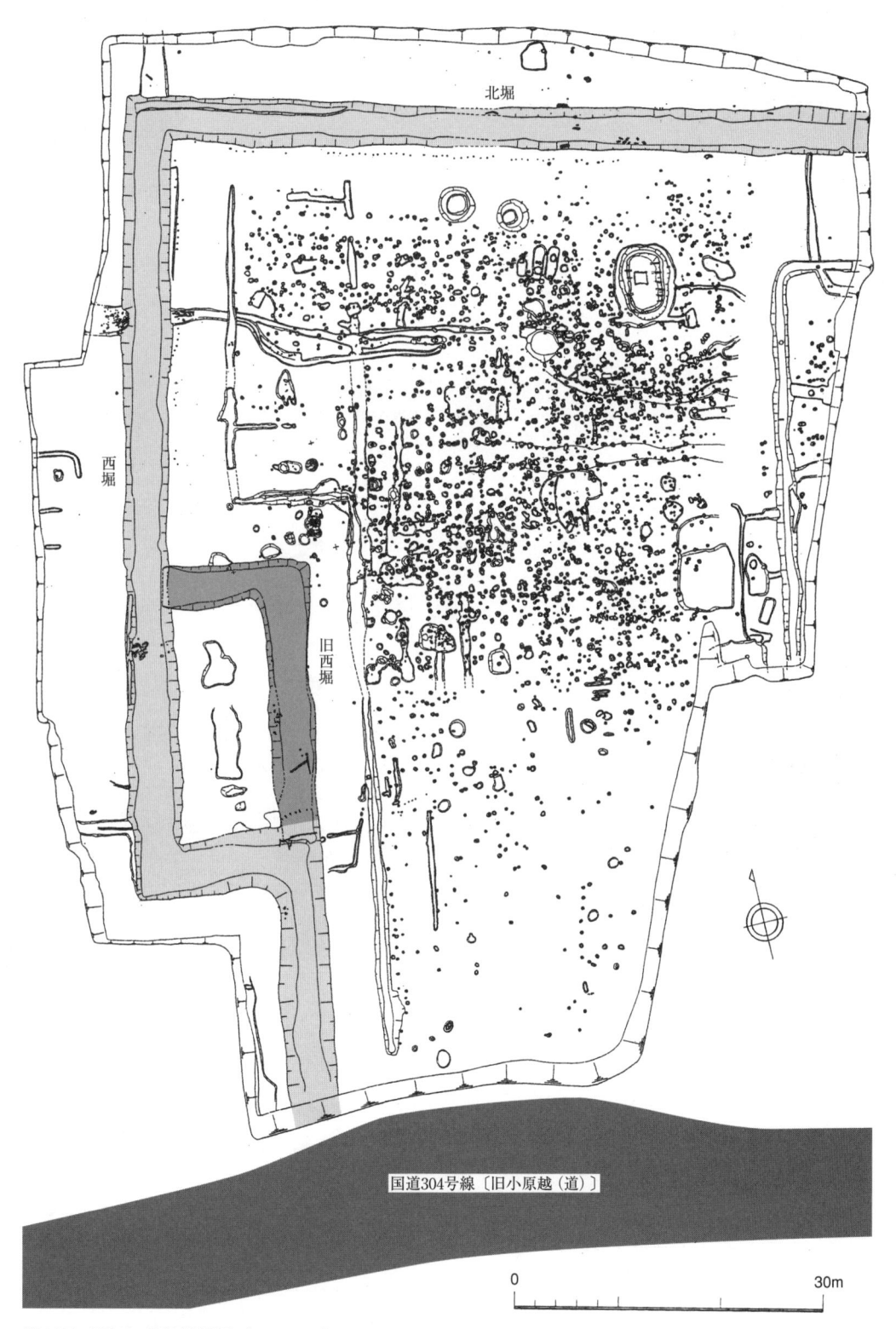

第3図　堅田B遺跡遺構図（S=1/600）

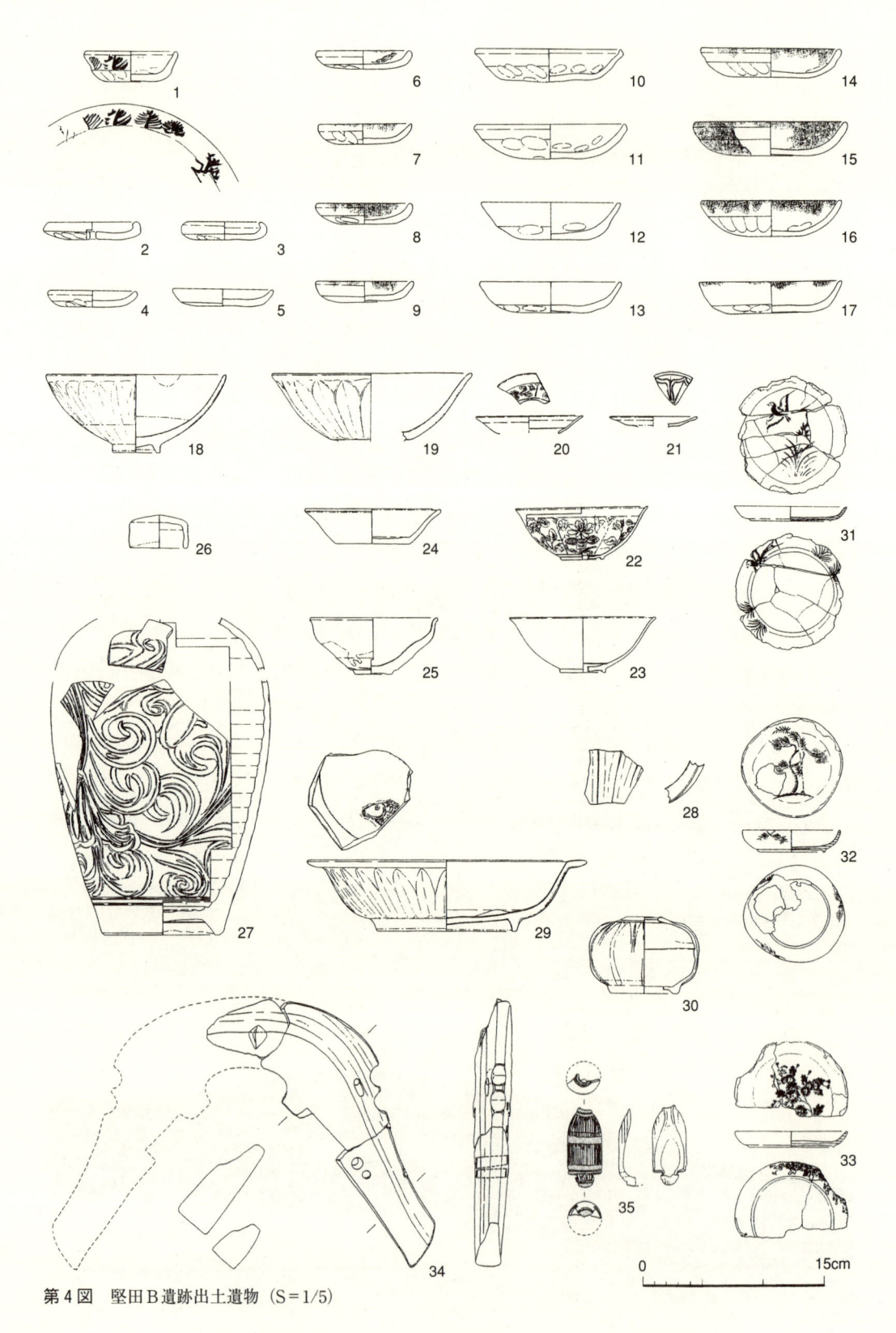

第4図　堅田Ｂ遺跡出土遺物（Ｓ＝1/5）

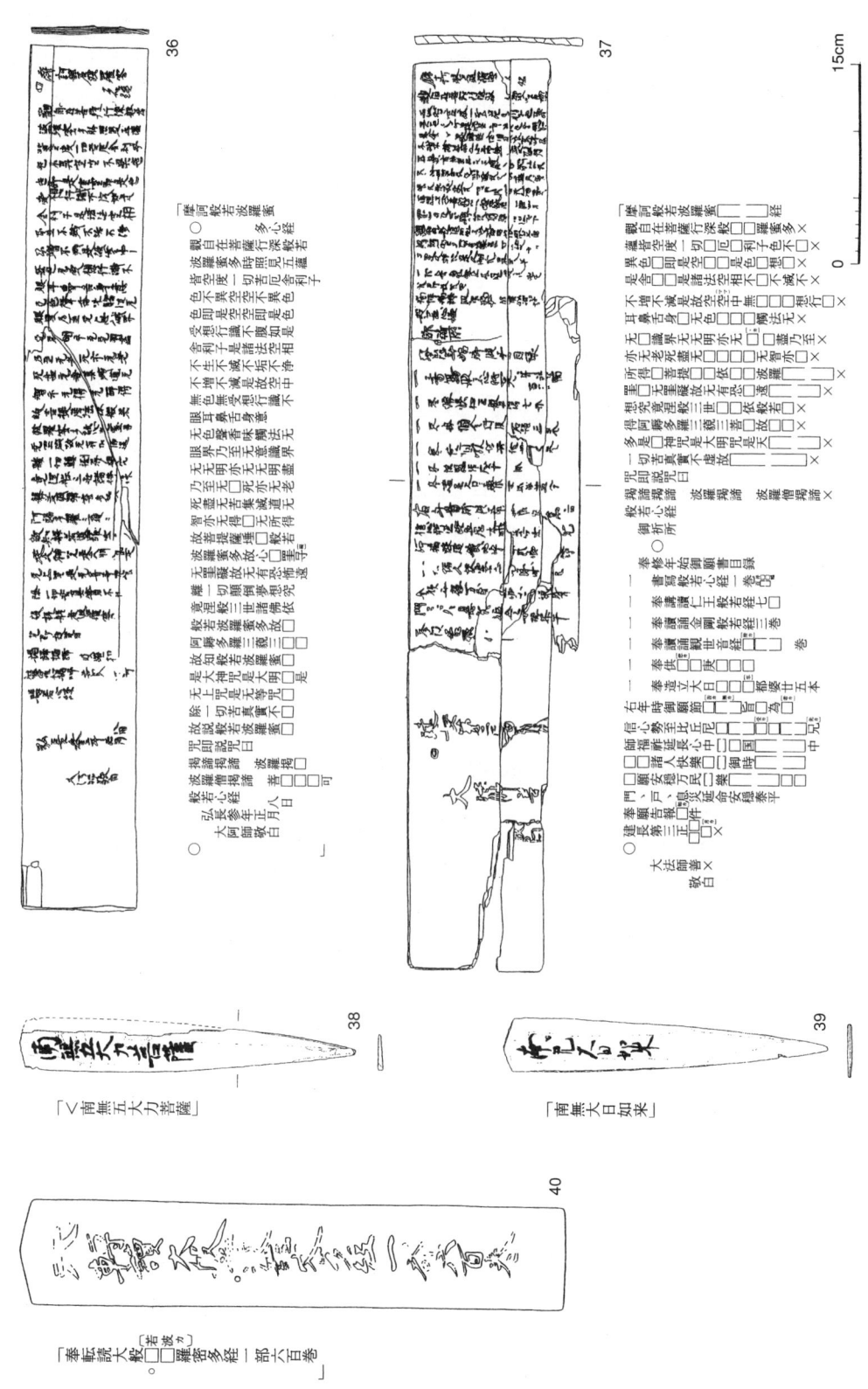

第５図　堅田Ｂ遺跡出土木簡（Ｓ＝1/5）

などが出土している。なお，20・21は白磁花文皿，23は白磁小碗，24は白磁口禿皿である。漆器には椀と皿があり，黒色漆地に赤色漆で，鳥や樹木，草花などが描かれたもの(31~33：旧西堀出土)や，天目写し[10]といった優品がある。木製品では板杓子や折敷，箸，匙，刳物などがある。

調理具としては珠洲焼すり鉢，瀬戸卸皿，瓦質鍋，土製羽釜，鉄鍋などがある。

貯蔵具としては珠洲焼，加賀焼，越前焼，常滑焼の壺・甕がある。

暖房具・照明具としては火鉢，火箸，灯明皿などがある。

武具・馬具としては乗馬鞍[11](34)や鏑[12](35)がある。

履物としては下駄，草履がある。下駄は歯を削りだす無歯下駄や別個体を組み合わす差歯下駄など数タイプある。

祭祀具(木簡を含む)・遊戯具としては巻数板(36：1号・37：2号)，笹塔婆(38・39)，転読札(40)，陽物，人形，舟形，羽子板，独楽，将棋の駒，碁石などがある。

以上，詳細は現在作成中の本報告を参照していただきたいが，土器・陶磁器類のほか多くの漆製品・木製品が出土しており，当時の生活の様子を復元できる好資料である。また，その所有物から具体的な居館の主像は不明だが，一定の地域を統括していたような有力者の居館ということがいえよう。

4．周辺の中世遺跡

上記のように有力者の居館と考えられる堅田B遺跡の周辺では近年発掘調査が増加し，中世の遺跡が多くみつかっている。ここでは居館の周辺にはどのような集落が展開しているのか，それらの遺跡について概観する。

①河原市館跡(第6図)[13]

森下川河岸段丘上に立地し，堅田B遺跡から約600m東南に位置する。堅田B遺跡と同様に小原越に面している。一辺約40m，幅3~3.5m，遺構検出面からの深さ1m前後の堀で囲まれた館と推定され，内部には掘立柱建物が展開する。しかし，建物や遺物からは一般の集落遺跡との差が認められず，確かに堀といえる溝は存在するが，館であるかはなお検討が必要と考えられる。遺物は，土師器皿(1~10)，珠洲焼(13~16)，加賀焼(17)，越前焼，白磁(11・12)，火鉢(18)，石鍋(19)などが出土しており，その中心時期は13~14世紀と考えられる。また，遺跡が所在する河原市町はその地名から市があったとされており，同町にある日蓮宗寺院・円乗寺には日像が乗ってきたとされる船底板が，隣町である薬師町の日蓮宗寺院・本興寺には日像が使ったとされる櫂が伝わっていることから，水運が盛んであったことが伺える。中世の市が河原に多いこと[14]からも当地に市が存在した可能性は高いであろう。そして，市があったという仮説を前提とすれば，遺跡が市と関係していた可能性は十分に考えられる。

②梅田B遺跡(第7図)[15]

森下川右岸の丘陵裾部で低湿な緩傾斜面上に立地し，堅田B遺跡からは約1.5km北に位置す

中世居館の成立とその居住者像

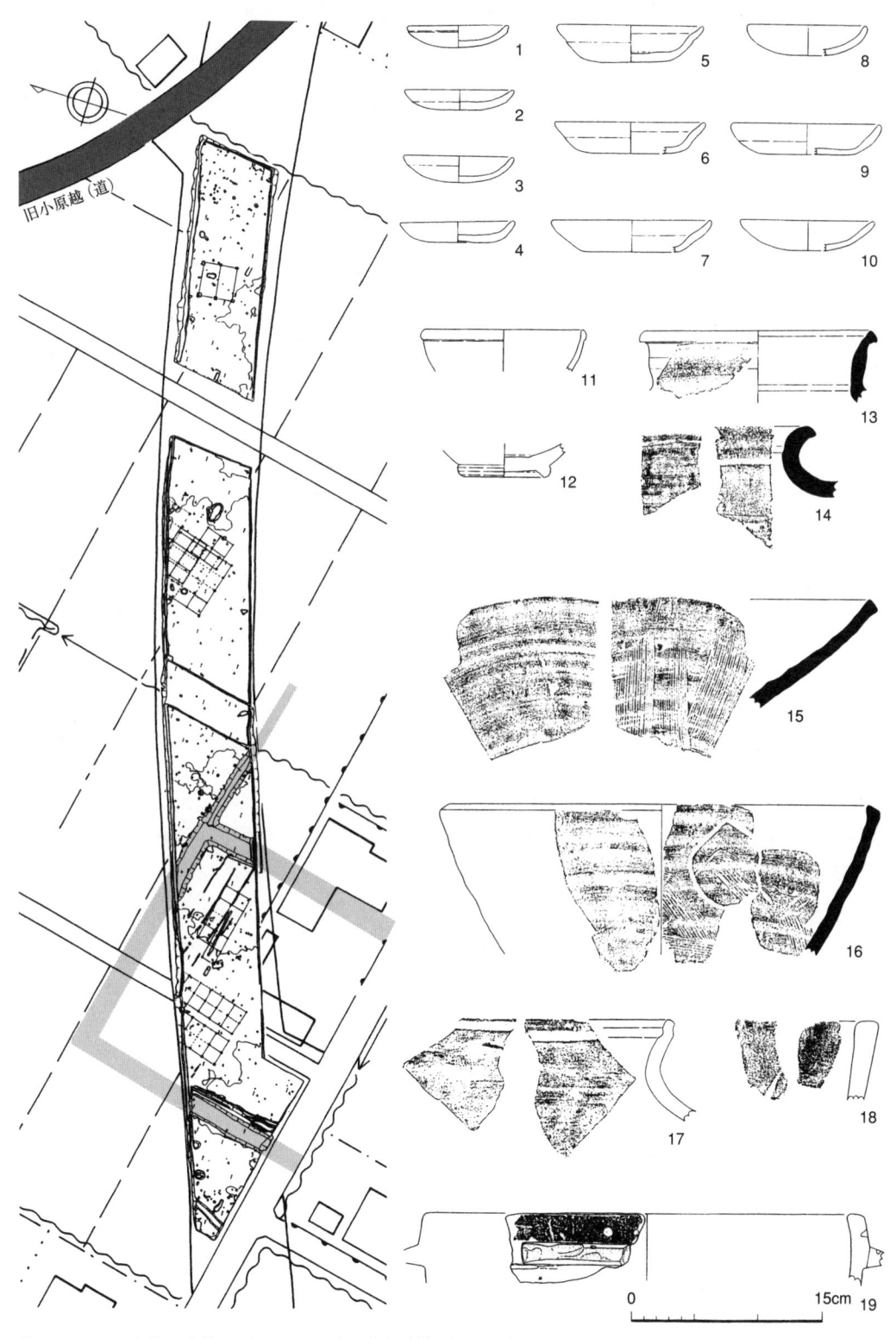

第6図　河原市館跡遺構図（S＝1/1,000）・出土遺物（S＝1/5）

-347-

る。縄文時代～中近世の遺構・遺物が確認されているが，ここでは中世についてのみ紹介する。調査は平成5～11年度までの7次にわたって実施され，全体で約70,000㎡にわたるものである。今回図に示したのはその1次調査の遺構概略図と1・6次調査の出土遺物である。遺構は掘立柱建物，井戸，溝などがあり，集落が展開している。15世紀以降の明確な遺構はみられないが，近世・近代溝に15・16世紀の遺物が散見できることから，その上流である谷奥に集落が移動している可能性が指摘されている。谷奥には「アミダジ」や「テランヤチ」という小字名をもつ畑地があり，14世紀～16世紀代の遺物が採集されている[16]ことからも，その可能性は高いであろう。1～9は土師器皿である。10は青白磁合子蓋，11は白磁口禿皿，12～15は竜泉窯系青磁碗，16は同安窯系青磁皿，17～20は珠洲焼，21は加賀焼，22・23は漆器である。

遺跡周辺には次に述べる観法寺古墳群・観法寺谷遺跡といった宗教色が強い遺跡と隣接することや，梅田町地内にある「アミダジ」や「テランヤチ」という小字名，時宗関係の文献には梅田に光摂寺という寺院があったとされることなどから，宗教施設に関連した集落であった可能性が考えられる。

③観法寺古墳群(第8図)[17]

丘陵の尾根上に位置する古墳群として知られていたが，調査を行うと古墳とともに古代の遺構，中世の遺構も見つかった。中世の遺構は，鎌倉時代頃とされ，掘立柱建物数棟と溝がある。建物は1×1間が2～3棟，溝は幅2m，深さ1m前後で断面U字形を呈し，尾根を切るように掘削されている。これらの遺構とともに土師器が集中して出土していることから，何らかの祭祀・儀礼の空間であった可能性が高いとされている。

④観法寺谷遺跡(第8図)[18]

丘陵の裾部に入り組んだ谷間に立地し，掘立柱建物，溝，土坑のほか平野部へ向けて流れる沢と考えられる溝がみつかっている。時期は鎌倉時代頃とされる。遺物は土師器，陶磁器，木製品，石製品，金属製品，銭貨など多種類出土しているが，とりわけ木製品が豊富であり，箸や漆器のほか下駄，鳥形，板絵などが出土している。遺跡の立地や，遺構・遺物から一般的な集落とは考えにくいとし，地域の水源や山間信仰の場が屋敷地の一角に取り込まれた可能性が指摘されている。

以上，近年調査が実施されており，堅田B遺跡の存続時期に存在した周辺の遺跡について概略を述べたが，それぞれ市や宗教施設との関連性を想定することができた。

5．井家荘について

では，中世前期において[19]堅田B遺跡や上記の周辺の遺跡も含み，更に広範囲に及ぶとされている井家荘(井上荘)について簡単に触れておきたい。

井家荘は河北潟の東岸，森下川・津幡川下流域の低湿地帯を荘域とし，概ね現在の金沢市北部から津幡町南部が該当する。南方・北条・中条によって構成されており，堅田B遺跡は南方に属

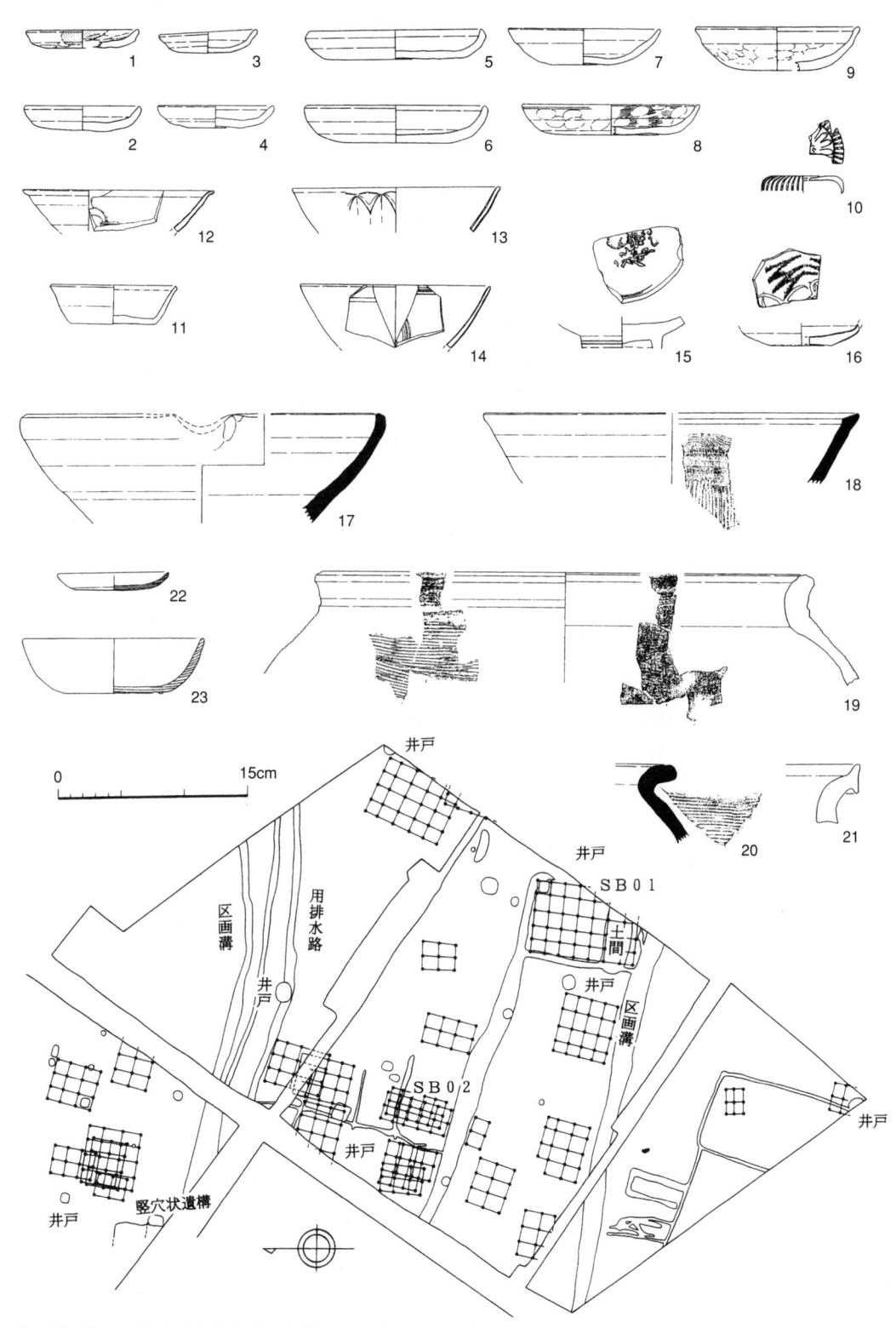

第7図　梅田Ｂ遺跡（１次調査）遺構概略図（S＝1/1,000）・出土遺物（S＝1/5）

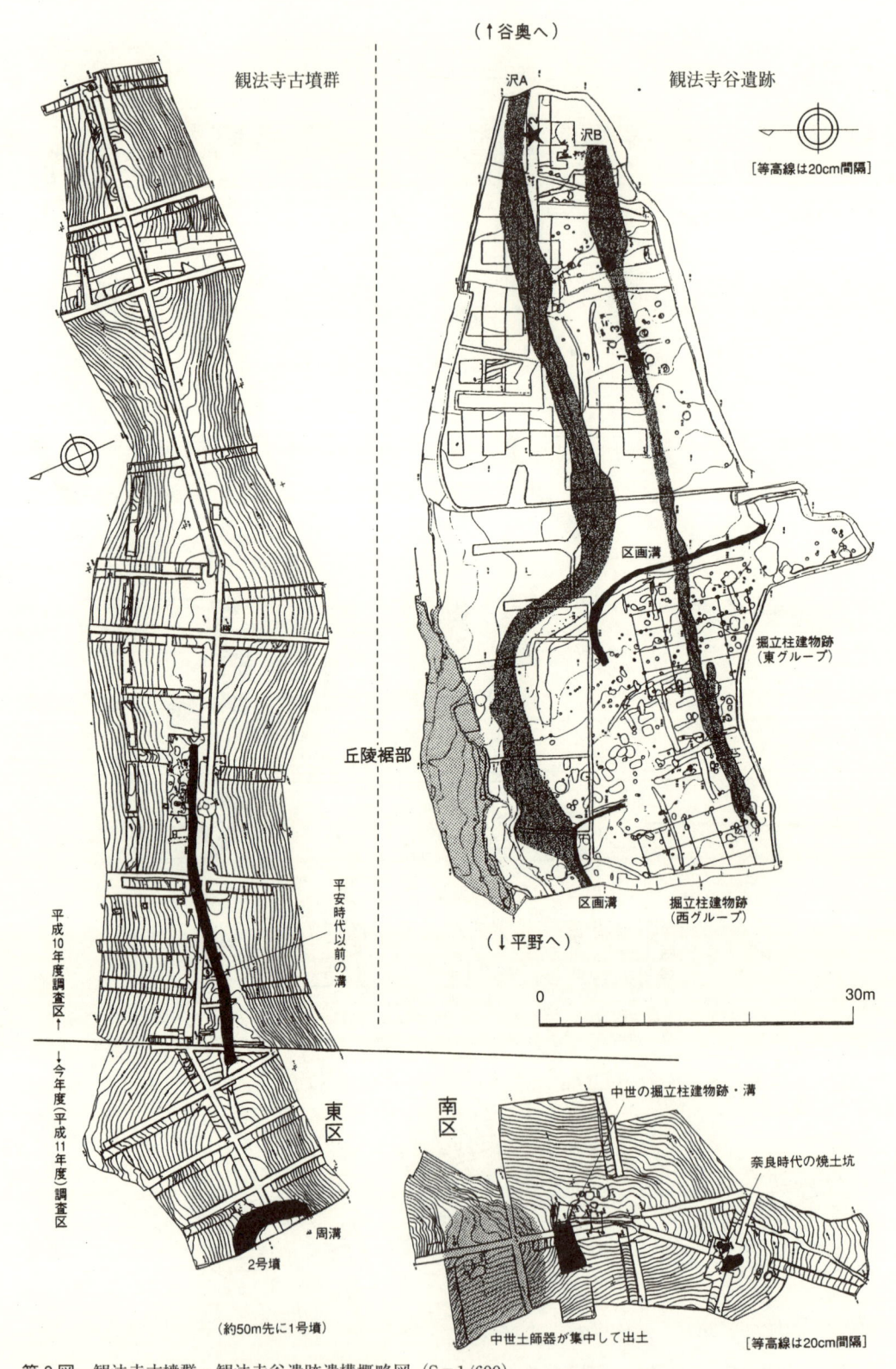

第8図　観法寺古墳群・観法寺谷遺跡遺構概略図（S=1/600）

すると考えられる[20]。浅香氏によると，「『和名抄』の井家の郷名を継承し，建久元年(1190)に初見(『吾妻鏡』建久元・五・一二)。平業兼領が延勝寺に寄進されて長講堂領となり，宣陽門院(後白河天皇皇女)を経て持明院統が伝領(「島田文書」「勧修寺家記録」)。領家職は平業兼・業光・光蓮(勧修寺経俊室)を経て勧修寺家が知行(「勧修寺家記録」)。」とされる[21]。初見時の地頭職に都幡小三郎隆家がみえる。「都幡」は金沢市の北側に位置する「河北郡津幡町」にその名前が残る。このとき隆家は押領により幕府から譴責を受けている。次に元久二(1205)年には幕府から井家荘地頭代官宛に，狼藉の停止，領家の下地に従うべきことを命じられている。ここで，書状の宛先が地頭代官所となっていることから先述の在地領主と考えられる隆家から代官を派遣する東国御家人に地頭が代わっているという説がある[22]。次に，安貞二(1228)年に井家荘上総公子息犬子殿がみえる。上総公ということから当然東国に出自をもつ者と考えられる。承久の乱(1221年)後に入部したのか，前述のとおり乱前に補任し，代官を設置していたかは不明である。また，建治二(1275)年には御家人として津幡弥三郎入道がみえる。ただし，井家荘という記載はない。中世後半については領家職をめぐる記録がほとんどであり，また堅田B遺跡の中心年代が中世前半であるため省略するが，井上荘自体はその荘域を変えながら近世井上荘へとつづいていく。

6. 伝承・文献

では，ここで堅田と井家荘に関する地元の伝承と文献を取り上げる。

まず，堅田町の郷土史家，細川忠蔵氏の記したもの[23]をみると，館やその住人についてのいくつかの伝承が記載してある。以下に関係箇所を転記する。

・「　寿永之頃(1182, 1183年)源平兵乱に大納言の後裔□□親王と申す御方故有りて北国に下り越中之国木船の城主利仁将軍の後胤石黒左衛門尉を新左衛門と改名し堅田村に山廻り役として居住された。

現在の本教寺本堂に向つて左の宅地深谷往来の内側を屋敷跡と言い伝えられる。村の氏神のお告げ有り「我より高位の御方此処に来住し給ふにより吾が座は難儀だから下ろし給へ」との事，これより村の者新左衛門を村の氏神と奉仰し祭礼には新左衛門官服にて床に座り村中より酒肴を奉納拝礼いたした。正月も同じく村中の者打寄り目出度いと挨拶をしたとも聞く。(以下省略)」

・「堅田村居住　石黒新左衛門

寿永の頃…(途中省略，上記と同様の内容が記載)…，其の屋敷は天神屋敷の名が有る。現在の神社の地との説もあるが場所せまいから私は信じかねて居。本教寺左の空地と思ふ。」

上記のとおり，地元の伝承では「石黒新左衛門」という人物が登場する。石黒氏といえば，伝承に越中の木船城とあるように当時越中国の礪波地方に石黒荘があった。石黒氏は石黒荘の在地領主であり，源平合戦の頃から文献に名がみえる。堅田B遺跡の南を通る「小原越」は越中へ抜ける

脇道であり，その到達点は石黒荘に近い位置であることからもなんらかの関係があったのかもしれない。

また，正月に村中のものが挨拶をしに来たという伝承は，新潟県の国人領主色部氏の記録にあるように正月八日に行われる巻数板吊行事[24]を連想させる。

屋敷の名前が天神屋敷とされており，天神信仰との関わりを連想させるが，現在の村社である誉田別神社は元八幡社であり，伝承とは異なり八幡信仰との関わりが伺える。天神屋敷との関係は不明であるが，八幡神は広く武士に信仰されており，また，その位置が館の北東，いわゆる鬼門にあたるため，館成立とともに勧請された可能性が考えられる。

上記のように，越中国の在地領主石黒氏との関係が深く，非常に位の高い人物が堅田町にやってきて屋敷を構えたことや巻数板吊り行事を感じさせる伝承が地元に残っていることがわかった。

次に，文献[25]にみえる井家荘や堅田関係の人物を拾い上げてみると，以下のようになる。

井家荘
・建久元年(1190)井家荘地頭都幡隆家
・安貞二年(1228)井家庄上総公(子息犬子殿)
・貞治六年(1367)没遊行9代上人他阿弥陀仏白木加賀国人井家氏

堅田
・元応二年(1320)没遊行三代上人他阿弥陀仏(智得)生国が加賀国堅田
・正長二年(1429)没量阿弥陀仏「堅田殿」

これらからわかることは，堅田の居館が堀で囲まれていたと考えられる頃に，井家荘には上総公という関東に出自をもった，つまり関東御家人である可能性が高い地頭がいたということである。また，遊行三代上人が堅田から出ていることも興味深い。15世紀ではあるが，『時宗過去帳』に「堅田殿」とある。「殿」と呼称される人は限られているようで，他には当時守護であった富樫氏と関係した人物であろう「富樫殿」をはじめ，「賀州八田成田殿」，「得光信濃入道殿」，「長殿」，「能登河井殿」，「賀州本折殿」などがある。その他，『時衆過去帳』には「堅田」や「カタタ」が複数みられ，時宗との関係の深さがみてとれる。なお，梅田B遺跡のある「梅田」もよくみられる。

ここでは居館の居住者像について，伝承からは越中・石黒荘の在地領主石黒氏と関係のある人物が，また文献からは当時の井家荘には「上総公」という地頭職を得た東国武士といった性格の異なる人物像が浮かび上がった。ただし，文献のほうは井家荘の地頭をさしており，堅田B遺跡の居住者とは直結しない。なお，直接居住者を示すわけではないが，堅田が時宗と非常に関係が深いことも指摘できる。

7. 居館と市

上記のように堅田B遺跡と時宗とは関係が深かったと考えられるが，居館と時宗の関係につい

ては一遍上人絵伝から得るところが多い。そのなかには武士の居館で布教を行う一遍の姿がよく描かれている。一遍自身が元は武士の家系であり，その最期を迎えるときまで，自分は武士だと認識していたという(26)。そのためか武士階級に対してもよく布教を行っていたようで，絵伝にはその様子がよく描かれている。その絵画の中で注目したいのが，巻四の備前の藤井の政所(館)を訪ねた際のものであり，一連の流れの中に備前福岡の市が描かれている。また，同じく巻四の後半では信濃国佐久郡小田切の里でも武士の居館とともに伴野市が描かれている。五味氏はこれらの絵画資料を分析することで，居館と市の密接な関係を指摘している(27)。つまり，居館はそれ自身で成立するものではなく，必ず周辺にそれを支える市なり集落なりが存在するというのである。

また，居館の周辺について考古学的に研究したものに水澤幸一氏のものがある。氏は新潟県中条町江上館跡とその周辺に展開する下町・坊城遺跡の発掘調査から居館は堀の中だけで全てを成し得たわけではなく，その周辺には居館を維持させるための設備が必ずあり，なければ居館は成立しないとする(28)。

そこで，堅田B遺跡をみると，試掘結果から遺跡の南北に関しては遺構の広がりは確認されていない。ただし，遺跡の北東側には現在の堅田町集落があり，調査区内においても東堀は検出していないため，東に向かって確実に遺跡は展開している。そして市については，堅田B遺跡から南東方向約500mに位置する河原市町に注目したい。既述のように河原市町には市が存在した可能性が十分に考えられる。しかも，実際に中世前期の遺跡である河原市館跡がある。名のとおり館跡かは検討を要するが，堅田B遺跡と概ね同時期に存在した遺跡である。河原市館跡と市の直接的な関係は今後の検討課題であるが，そこに集落遺跡があることは，1つの手がかりとなる。つまり，堅田B遺跡の周辺に展開する同時期の遺跡は居館を支える集落という可能性が考えられる。

8．居住者像

ここでは，6・7に加え考古学的な要素を検討し堅田B遺跡の居住者像を考えてみたい。

岡陽一郎氏は中世居館について，文献と地理的環境の分析から武士(関東武士)の居館は川や低湿地，更に山地を備えた自然の要害に立地し，かつ陸・水上交通の要衝に位置しているという。そして，その理由として，任務のための移動，戦のための移動，所領間の移動というように，武士の生活が交通と密接な関係を持っていたこと，また出土遺物の質や多様性から物資の流通に関与していたことをあげる。つまり，居館は交通と富を象徴した空間であり，加えて居館での消費は鎌倉のような都市でのあり方に近いとした(29)。

これらの要素を踏まえて堅田B遺跡をみると，背後には木曽義仲が居城したと伝わり，縄張り調査からは一向衆が築城したとされる堅田城を擁する。前方には加賀・越中間を最短ルートで結ぶ小原越が通り，更に前方には低湿地帯が広がり森下川へ至るという天然の要害に遺跡は立地す

第9図　館堀城跡
（S＝1/2,000）

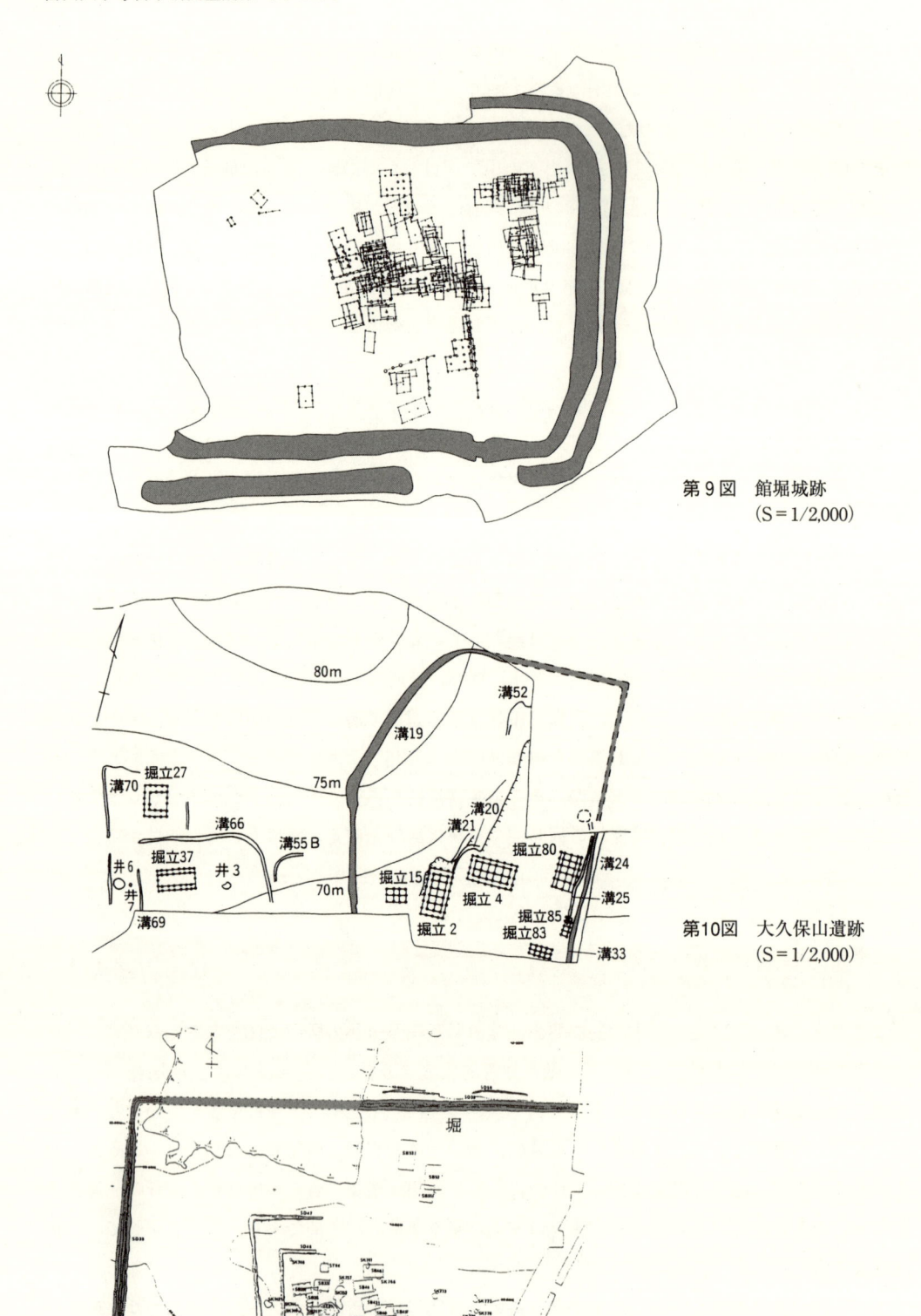

第10図　大久保山遺跡
（S＝1/2,000）

第11図　阿保境館跡
（S＝1/2,000）

る。また，高級陶磁器や漆器，大量の土師器皿など物資の保有量・消費量は他の集落遺跡や居館といわれる遺跡をも凌駕し，また周辺に市を持っている可能性が高い。これらの要素は岡氏が検討した関東武士の居館のあり方に類似し，その居住者は関東武士である可能性が高いといえる。

　では，関東・西国における13世紀代の館の様相はどうかというと，関東では河川や大道に隣接した沖積地や段丘面，谷部に堀というよりも溝や柵で一町もしくは半町程度の規模で区画された居館がみられる。対して，西国では堀で一町もしくは半町程度の規模で整然と区画した居館がみられる[30]。この比較では堅田B遺跡の堀は西国に多くみられるものと合致する。ただし，東北地方に関東御家人が入部し館を築いたとされる館堀城跡[31]（第9図）がある。この遺跡は2重の堀で囲まれ，規模は約1町ある。内堀は13世紀代に堀が掘削されたとされているが，外堀は出土遺物が乏しく不明らしい。また，関東においても，大久保山遺跡[32]（第10図）や阿保境館跡[33]（第11図）では堀が築かれている。

　これらのことから，関東武士(御家人)が築く館であっても防御性の観点から堀を掘削することは十分に考えられ，その有無は地形に左右されるためと考えられる。つまり，周囲が斜面や谷地形，丘陵であるというように防御しやすい地形であればあえて堀を築く必要性はなかったものと考える[34]。堀についても防御性を伴うものであり，関東武士の館は防御性を強く意識したものといえよう。ここで，堅田B遺跡は土塁については不明であるが，堀で囲まれていると考えられ，その内側には一部柵列も確認しており，十分に防御的である。その形態は西国の中世居館でよく見られるものであるが，前述のように関東武士が築いた可能性も十分に考えられる。

　では，居館の形態についての検討がなお不十分ではあるが，東国・西国両者の可能性が考えられることと前述の地理的要因や遺物の質・量から導き出した結果から，堅田B遺跡を関東武士の居館と仮定する。そうした場合にその居住者像はどのようなものかを考える。井家荘で居館が成立していたと考えられる時期にみえる名前は「上総公」のみであり，東国に出自を持つという点では共通する。そこで，遺構・遺物からみた堅田B遺跡の居住者の性格であるが，最初に述べたとおり武士階級と考えられる。そして，約一町の規模を持つ館，7間×6間という大型掘立柱建物やその他複数の建物，鎌倉の上級武家屋敷で見られるような高級陶磁器や漆器，土師器皿の大量消費などから，遺構・遺物の詳細な検討が必要ではあるが現段階では荘官や地頭といった荘園を管理していたような人物を想定したい。このように考えると，井家荘地頭「上総公」の存在は居住者の最有力候補となろう。

9．居館成立の要因

　次にこの居館の成立について考えたい。まず成立年代であるが，現段階では最も早い段階に埋められたと考えられる旧西堀は，出土した1号巻数板から1263年以後の埋没となる。そして，共伴する土師器皿や陶磁器などから13世紀第3四半期中に埋められたものと考えられる。さらに調査区全域で13世紀初頭ころの遺物がほとんどみられないこと，2号巻数板が1251年のものである

といったことから，居館の成立は13世紀第2四半期と考えたい。では，13世紀第2四半期に成立する要因は何であろうか。まず思い起こされるのが1221年の承久の乱である。乱制定後は全国的に新補地頭が設置される。その際にすぐに現地に入部する御家人と複数の地頭をかねているため，自分自身は本拠を他の地に持ち，現地へは代官を置く御家人がいた。しかし，鎌倉時代中期になると，複数の荘園の地頭職をもつ御家人でも，どこか1つの荘園を拠点と定め，そこに根を下ろしてゆくのが普通であった[35]。つまり，承久の乱後，新補地頭職を得た関東御家人たちはすぐに各地に定住したわけではない。ここに堅田B遺跡において居館の成立時期が13世紀の第2四半期に求められ，承久の乱からやや遅れて成立する所以と考えられる。そう考えると，居住者像を関東武士とする仮説とも合致し，その補強ともなろう。

10. お わ り に

本稿では，忽然と姿を現した中世居館について居館の規模や出土遺物，文献，地域の伝承，周辺の遺跡などからその成立要因と居住者像を考察した。結果，居住者像を関東武士の可能性が高いとし，その有力候補に「上総公」を挙げた。また，その成立は承久の乱による新補地頭の入部に起因するものとした。この仮説は両者がともに補完し合い成り立っている。しかしながら，本稿は現段階で揃っている資料を用いたものであり，本報告による遺構・遺物の詳細な検討や，他地域の居館との比較，文献の精査によって今回提示した仮説の問題点が浮き彫りになるであろう。今後の課題はその問題点を1つ1つ解決し，より具体的な居館とその居住者像の実態に迫ることである。また，居館とそれを取り巻く集落との有機的な関係を考古資料より示し，中世荘園について考古学的に解明していきたいと考えている。

註
(1) 金沢市埋蔵文化財センター 『堅田B遺跡発掘調査概報』 1999年，以下堅田B遺跡の内容に触れるもので特に記さない場合は本文献を指す。
　　　谷口宗治　「金沢市堅田B遺跡の発掘調査」『日本歴史　第622号』吉川弘文館　2000年
　　　　　　　「石川・堅田B遺跡」『木簡研究』20号　木簡学会　1998年
　　　出越茂和　「堅田B遺跡発掘調査中間報告－中世館跡と巻数板－」『市史かなざわ』第5号　金沢市　1999年
　　　向井裕知　「石川・堅田B遺跡」『木簡研究』21号　木簡学会　1999年
　　　　　　　「石川・堅田B遺跡」『木簡研究』22号　木簡学会　2000年
　　　　　　　「金沢市堅田B遺跡発掘調査の概要」北陸中世考古学研究会見学会資料　2001年
　　　　　　　「堅田B遺跡」『中世北陸の城館と寺院』　北陸中世考古学研究会　2002年
(2) 第1図は，明治42年測図の1/50,000地形図「津幡」「金澤」を使用，一部改変。図中の網掛け部分は古代河北潟の湖面とそれに関わる主要な水面の推定範囲を示した下記文献から作成した。中世段階の推定図ではないが，河北潟の開拓が進んだ明治42年の図よりは参考になると考え，掲載した。
　　　三浦純夫　「河北潟と周辺の古代遺跡」『加茂遺跡－第1次・第2次調査の概要－』（社）石川県埋蔵文化財保存協会　1993年

第2図は，明治42年測図の1/20,000地形図「大野」「金澤」「竹橋」「二俣」を使用，一部改変。
第3図は，宮本哲郎「堅田B遺跡」『石川県中世城館跡調査報告書Ⅰ(加賀Ⅰ・能登Ⅱ)』 石川県教育委員会 2002年から引用，一部改変。

(3) 佐伯哲也　　「加賀一向一揆の城郭について－縄張図を中心に－」『石川考古学研究会々誌』第40号　石川考古学研究会　1997年
(4) 中野豈任　　『祝儀・吉書・呪符 －中世村落の祈りと呪術－』 吉川弘文館 1988年
　　平川南ほか　「金沢市堅田B遺跡出土木簡の概要と意義」『堅田B遺跡発掘調査概報』 金沢市埋蔵文化財センター1999年
(5) 1～33, 36～39金沢市埋蔵文化財センター 『堅田B遺跡発掘調査概報』 1999年より
　　34, 35は金沢市教育委員会 『金沢市堅田B遺跡出土の鞍及び鏑について』記者発表資料　2000年より
　　40は向井裕知 「石川・堅田B遺跡」『木簡研究』22号　木簡学会　2000年より
(6) 金沢市教育委員会　　『堅田B遺跡現地説明会資料』 1997年
(7) 藤田邦雄　　「加賀における様相－土師器－」『中世前期の遺跡と土器・陶磁器・漆器』 北陸中世土器研究会　1992年
(8) 森本朝子　　「博多遺跡群出土の天目」『唐物天目－福建省建窯出土天目と日本伝世の天目－』 茶道資料館　1994年
(9) 太宰府市教育委員会　『大宰府条坊跡ⅩⅤ－陶磁器分類編－』 2000年
(10) 四柳嘉章氏のご教授による。
(11) 金沢市教育委員会　　『金沢市堅田B遺跡出土の鞍及び鏑について』記者発表資料　2000年
(12) 前掲註11参照
(13) 金沢市教育委員会　　『河原市館跡』 1996年
(14) 石井進　　『中世の村を歩く』 朝日新聞社 2000年
(15) (社)石川県埋蔵文化財保存協会　『社団法人石川県埋蔵文化財保存協会年報5～9』 1993年～1998年，遺構図は『社団法人石川県埋蔵文化財保存協会年報5』より
　　(財)石川県埋蔵文化財センター　『梅田B遺跡Ⅰ』 2002年，遺物図は本文献より
　　(財)石川県埋蔵文化財センター　『石川県埋蔵文化財情報』創刊号～第4号　1999年～2000年
(16) 久田正弘　　「金沢市梅田テランヤチ出土の遺物について－時宗梅田光摂寺跡の検討－」『社団法人石川県埋蔵文化財保存協会年報5』　(社)石川県埋蔵文化財保存協会　1993年
(17) (財)石川県埋蔵文化財センター　『石川県埋蔵文化財情報』第4号　2000年
(18) 前掲註17参照
(19) 戦国期には井家荘に隣接して五箇荘が成立し，堅田村は近世五箇荘に含まれる。
(20) 瀬戸薫　　「加賀国井家荘の領家職相論について」『加賀・能登 歴史の窓』 石川史書刊行会 1999年
(21) 浅香年木　「加賀国」『講座日本荘園史6』 吉川弘文館 1993年
(22) 浅香年木　「第3編・第2章・1北陸道の庄郷地頭」『治承・寿永の内乱論序説　北陸の古代と中世2』 法政大学出版局 1981年
(23) 細川忠蔵　『堅田町と附近旧蹟の史的資料』第一集 1969年
　　　　　　　『堅田町と附近旧蹟の史的資料』第二集 1972年
(24) 前掲註4に詳しいが，この巻数板については越後国(新潟県)の色部氏という国人領主が残した記録にみえる。それによると毎年正月8日の夜に館の門に般若心経を書写した巻数板を吊り下げ，館の主人が家臣や周辺の村人に酒や食事を振る舞う行事を行うとある。
(25) 金沢市　　『金沢市史　資料編1　古代・中世1』 1998年
(26) 五味文彦　『殺生と信仰－武士を探る』 角川書店 1997年
(27) 五味文彦　「『一遍聖絵』の都市の風景－中世の都市と商人・芸能民－」『都市と職人・芸能民－中世から近世へ－』 山川出版社 1993年
(28) 水澤幸一　「越後国奥山荘政所条の都市形成」『都市の求心力－城・館・寺－中世都市研究7』 新人

　　　　　　　　　　　物往来社　2000年
(29) 岡陽一郎　　「中世居館再考－その性格をめぐって－」『中世の空間を読む』　吉川弘文館　1995年
(30) 飯村均　　　「平安期・鎌倉期の城館」『図解・日本の中世遺跡』　東京大学出版会　2001年
(31) 秋田県教育委員会　『館堀城跡』　2001年
(32) 荒川正夫　　『大久保山Ⅳ』　早稲田大学　1998年
(33) 平田重之　　「阿保境の館跡」『季刊自然と文化30中世居館』　(財)観光資源保護財団　1990年
　　　荒川正夫　　「第4章　中世前期の館跡と出土遺物」『大久保山Ⅳ』　早稲田大学　1998年，図は本文献より引用
(34) 居館の立地と防御性については，いまだ検討の余地はあり東国と西国での相違も含めて別稿に譲りたい。
(35) 永原慶二　　『荘園』　吉川弘文館　1998年

註文献のほか参考文献

宇野隆夫　　　『荘園の考古学』　青木書店　2001年
シンポジウム「中世と潅漑」実行委員会　　『中世集落と潅漑』　1999年
鋤柄俊夫　　　「市と館－館の成立とその背景－」『長野県考古学会誌99・100号』　長野県考古学会　2002年
中井均　　　　「中世の居館・寺そして村落－西国を中心として－」『中世の城と考古学』　新人物往来社　1991年
橋口定志　　　「方形館はいかに成立するのか」『争点日本の歴史第4巻中世編』　新人物往来社　1991年
　　　　　　　「中世居館研究の現状と問題点」『考古学と中世史研究帝京大学山梨文化財研究所シンポジウム報告集』　名著出版　1991年
広瀬和雄　　　「中世への胎動」『岩波講座　日本考古学6』　岩波書店　1986年
北陸中世土器研究会　　『中近世の北陸―考古学が語る社会史―』　桂書房　1997年
北陸中世考古学研究会　　『中世北陸の城館と寺院』　2002年
山川均　　　　「居館の出現とその意義」『帝京大学山梨文化財研究所研究報告第9集』　帝京大学山梨文化財研究所　1999年

中世の火葬施設について

―― 越前地域の検出事例を中心に ――

清 水 孝 之

【要旨】
　火葬が主要な葬法として，一般階層に定着するのは中世以降である。文献史料には限られた例だが，葬送儀礼を含めて中世の火葬場の様子が記録されている。一方，考古学に関しては近年に至り中世の火葬場遺構(火葬施設)が各地で検出されている。本論では越前地域で検出された火葬施設を基に，中世の火葬の様相について文献史料・絵画資料も援用して復元を試みた。
　荼毘に付す火葬施設のあり方から，中世前期から後期にかけて，火葬の普及とともに人々の意識の変化を指摘する。

は じ め に

　命あるものは，必ず死を迎える。これは私たちも同じである。そして，滅びゆく肉体とそこに宿る魂の分離を担うのが葬式であり，抜け殻である肉体の処理が葬法である。現在の日本では，遺体の処理のほぼ100％近くが火葬場にて荼毘に付されている。火葬自体は古代より行われてきたが，火葬が主要な葬法として広く普及するのは中世以降である。

　近年の大規模開発による発掘調査は，従来知り得ることができなかった中世の葬法を示す施設の存在を各地で明らかにしている。墓地に伴う火葬場遺構(火葬施設)の検出である。ここでは中世の火葬施設について考古学的な資料を用いて考察したい。あわせて文献史料及び絵画資料も参照して，中世の火葬の様相を探っていきたい。

1．文献史料に記された火葬場

　中世の文献史料をひもといていくと，僅かではあるが火葬場についての記述が認めれられる。残された史料が天皇家・貴族・武士・高僧等の有力者のものが中心ではあるが，火葬用の施設は「貴所」・「山作所」等と称されていたようである。

中世の葬送次第を記した『吉事略儀』には，火葬用の炉を含めた火葬場の諸施設の概略がまとめられている[1]。火葬用の施設は「貴所屋」と記され，四隅に柱を持つ高さ1丈4尺・廣1丈5尺・長さ2丈の建物が設けられる。1丈を10尺，1尺を30.3cmとして単純に計算すると，高さ424.2cm，幅454.5cm，奥行き606.0cmの建物が復元できる。建物内の中央には長さ9尺，高さ2尺5寸，弘3尺の火葬用の炉を設ける[2]。建物と同様に1尺を30.3cmとして換算すると，この炉は長さ272.7cm，高さ75.75cm，幅90.9cmに復元できる。建物の周囲には荒垣が巡り，鳥居も設けられるようである。

永和5年(1379)に没した東寺の高僧頼我の葬送次第を記した『宝護院頼我没後記』にも，火葬用の施設の概要が記録されている[3]。火葬用の施設は「荼毘所」と記され，四隅に柱を持つ建物が設けられていた。建物内には小天蓋を設け，天蓋から絹を垂らし，その内側にキリークを書く。火葬用の炉は天蓋の下に設けられ，長軸を南北方向にした深さ2尺程の穴状の施設であった。建物の周囲には荒垣を巡らし，入り口には鳥居を設けていた。

その他に，『萬松院殿穴太記』には天文19年(1550)に没した将軍足利義晴のために設えた火葬用の施設の概要が記されている[4]。火葬用の施設は「火屋」と記され，一辺が1間半の方形を呈した高さ2間の建物であった。この建物には屋根も設けられ，柱には貫が無く，裾が広がるようにして建てられていた。1間を6尺，1尺を30.3cmとして換算すると，一辺が272.7cm，高さ363.6cmの建物が復元できる。建物の内部には，火葬用の炉として穴状の施設が設けられていた。この炉は八角形を呈し，白壁塗りであった。建物の周囲には荒垣が巡り，東西南北に4基の鳥居が設けられていた。

『宝護院頼我没後記』及び『萬松院殿穴太記』に記された火葬施設は，規模は異なるものの『吉事略儀』に記された内容とほぼ同じであることがうかがえる。

火葬用の施設は基本的には拾骨後，炉は埋め戻され，建物は破却される。墓は荼毘に付した場所にそのまま構築される場合や，他の地点に改めて墓を構築する場合もある。文献史料に記された火葬用の諸施設は恒常的なものではなく，一回限りのしろものであったようである。

文献に残された記録は，前述のように社会的地位の高い階層に限られてしまう。このため，文献史料のみから復元できる火葬場の諸施設の様相は，極めて限られたものとなる。記録に残らない一般階層[5]の火葬用の施設の様相を知る手掛かりとして，考古学的な資料が有用であろう。次節以降では近年の発掘調査で得られた資料から，中世の火葬の様相を明らかにしたい。

2．越前地域の火葬施設

考古学による火葬場遺構(火葬施設)の研究は限られており，いずれも中世墓に付随する形で各遺跡毎に個別に論じられている。体系的に扱った研究では，中世墓との絡みの中で斉藤忠氏が集成し分析を行っている[6]。

斉藤氏によれば遺構として検出された火葬施設は，およそ2種に分けられるとしている。火葬

施設に建物等の構築物が伴うものと伴わないものの2種である。前者は文献史料に記録された火葬場の様相を想起させるものであり，建物等の構築物の存在から燃焼効率の向上のため棺台の存在を想定している。一方，後者は火葬施設の底面もしくは壁面に通風のための溝状の付属施設を持つとしている。

また，長野県内の資料を集成し分析を行った上田典男氏の研究もある[7]。上田氏は検出された火葬施設の規模等から，該期の火葬の様相を導き出そうと試みている。しかし，考古学的資料から火葬の様相を復元するには限界があり，学際的な研究による相互補完によって導き出す必要性を今後の課題として提示している。

両氏の先行研究からうかがえることは，基礎資料である遺構について地域毎に集成され，充分に比較・検討されていないのが実状であり，未だ未解明な部分が多いことである。今後の各地域での資料の集成と分析が必要であろう。

越前地域においても，例は少ないものの鯖江市下河端遺跡・永平寺町諏訪間興行寺遺跡・福井市武者野遺跡で火葬施設が検出されている。これらの遺跡で検出された火葬施設について，簡単に概説しておきたい。

下河端遺跡は鯖江市の中央部に位置し，昭和48年(1973)に北陸自動車道建設に伴って発掘調査が実施された[8]。遺跡は北流する浅水川と穴田川の合流地点東岸の自然堤防上に立地する。発掘調査によって検出された火葬施設は15基であった。検出された火葬施設の大半は耕作による撹乱を受けており，遺構の遺存状況は良好とは言い難かった。火葬施設の完全な形状がうかがえるものは，K-8・K-18の2基のみである。この2基の形状を参照すると，下河端遺跡の火葬施設は長軸120cm弱，短軸110cm前後をはかる不整な方形を呈する土坑であった[9]。この土坑底面の中央には，土坑の長軸に合わせて通風溝と考えられる細長い溝を1条設けている。この溝は，長さ140cm前後，幅25cm前後，深さ15cm前後をはかる。通風溝内からは焼土・炭化物に混じって焼骨片が出土し，溝の壁面は被熱のため赤色化している。火葬施設内から時期を特定する遺物が出土しないため，これらの火葬施設の帰属時期は明らかではない。しかし，火葬施設は平安時代の遺物包含層を切って構築されていた。また，火葬施設内の炭化物から放射性炭素による年代測定が，更に被熱した壁面から熱残留磁気による年代測定が実施された。両者の測定値はかなりばらついて一定ではないが，火葬施設がおおよそながら12～15世紀代に属することを示した。現段階では15世紀代の火葬施設として捉えておくのが無難であろう。

また，火葬炉の近傍からは鉄鍋が出土している。この鉄鍋は五十川伸矢氏分類の鍋Bに相当し，前述の火葬施設の年代観を支持している[10]。

諏訪間興行寺遺跡は，永平寺町と松岡町との境に位置する丘陵の東側山麓部に所在し，永平寺川によって形成された志比谷に面して開口する谷間に立地する。興行寺は中世の浄土真宗の寺院として文献史料にも登場する有力な寺院であり，本願寺第五世綽如上人の第三子である周覚上人玄真を開祖とする。応永13年(1406)に越前門徒衆の招請により志比ノ庄大谷に寺を開き，応永18年(1411)には現在の上志比村市荒川に移転したことが文献史料に記録されている[11]。

第1図　諏訪間興行寺遺跡の火葬施設

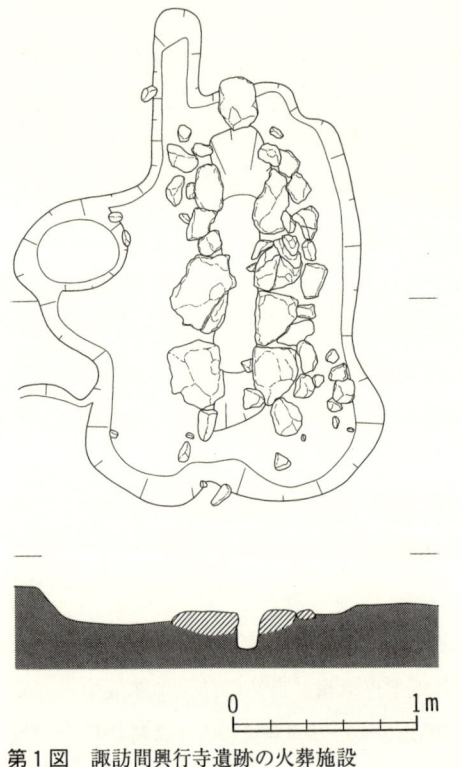

　諏訪間興行寺遺跡は，国道416号線バイパス工事に伴って平成元年(1989)から平成3年(1991)にかけて発掘調査が実施された[12]。発掘調査によって，遺跡は山麓部の裾を削り出すことによって平坦面(遺構面)を形成し，時代を経る毎に改変を加えながらその規模を拡大していったことが明らかとなった。諏訪間興行寺遺跡では，12～15世紀代にかけての遺構面を5面確認した。

　検出された火葬施設は1基のみで，長軸222cm，短軸174cm，深さ18cmをはかる不整な長方形の土坑であった(第1図)。土坑底面中央には，土坑の長軸に沿うように長さ157cm，幅22cm，深さ23cmの通風溝を設ける。この通風溝の東西の両壁には，通風溝を挟むようにして8～45cmはかる礫を列状に並べている。礫の一部は被熱のため赤色化し，更には亀裂が生じていた。通風溝内からは，焼土・炭化物をはじめ焼骨片が出土している。火葬施設からは帰属時期を示す遺物は出土しなかったが，周囲の出土遺物から判断して14世紀代の火葬施設であろうと考えられる。

　武者野遺跡は，福井市東部の足羽川沿いの狭隘な谷間に位置する。昭和58年(1983)から昭和60年(1985)にかけて，国道158号線バイパス工事に伴って発掘調査が実施された[13]。武者野遺跡では，下河端遺跡・諏訪間興行寺遺跡検出の火葬施設とは異なる形態の火葬施設が検出された。検出された火葬施設は1基のみで，長軸100cm，短軸60cm，深さ85cmをはかる長方形の石積施設であった。この石積施設の内部は火を受けており，さらに付近からは焼骨片が多量に出土した。火葬施設の時期は，周囲の出土遺物から判断して16世紀代のものであると考えられる。また，石積の堅固な施設であるため，複数回にわたって使用された可能性がある。

　武者野遺跡は，越前地域を代表する中世遺跡である一乗谷朝倉氏遺跡の近傍に位置する。このことから，この遺跡が一乗谷朝倉氏遺跡に関連する火葬場であったと考えられている。

　越前地域では，以上の3遺跡で火葬施設を検出している。下河端遺跡及び諏訪間興行寺遺跡では火葬施設のみの検出にとどまり，文献史料に記された火葬施設を覆う上屋の痕跡は検出されていない。先の斉藤氏の分類によれば，下河端遺跡及び諏訪間興行寺遺跡検出の火葬施設は建物等の構築物を伴わないタイプに相当する。

　武者野遺跡では火葬施設の近傍において礎石が検出されたが，火葬施設の上屋であるかは定かではない。しかし，何らかの建物が存在していたようである。また，石敷遺構を2基検出しており，これが棺の仮置き場ではないかと考えられている[14]。

3．火葬施設の運用とその背景

　前述した下河端遺跡・諏訪間興行寺遺跡検出の通風溝を持つ火葬施設の類例は，その他の地域においても多数確認されている。類例として奈良県御所市石光山古墳群10号地点(13世紀代)[15]・同県榛原町谷畑中世墓地の火葬施設群(13～15世紀代)[16]・三重県松阪市横尾墳墓群A区SK36(12～13世紀代?)[17]・愛知県西尾市八ッ面山北部遺跡の火葬施設群(16世紀代)[18]等が挙げられる。いずれも火葬施設内より帰属時期を示す遺物の出土が少ないため，帰属年代は周囲から出土した遺物を基に推定せざるを得ない。火葬施設の形態は，基本的には長方形もしくは長楕円形の土坑であり，その長軸方向に土坑を貫く形で通風溝が設けられている。平面形態が縦長の「中」の字状を呈することが基本的に共通する[19]。使用目的が限られたものであるため，遺構の構造は単純である。

　しかし，形態上類似しているもののその規模については大小が認められる。石光山古墳群10号地点の火葬施設は土坑の長軸が160cmをはかり，通風溝の長さは210cmをはかる。横尾墳墓群A区SK36は推定値ではあるが土坑の長軸が約180cm前後をはかり，土坑両端に付属する通風溝を含めた長さが約270cm前後をはかる[20]。谷畑中世墓地の火葬施設群は，個々の大きさについては明らかではないが，土坑の長軸が100～150cmをはかり，通風溝の長さは約180～280cm前後をはかるものと推定される[21]。八ッ面山北部遺跡の火葬施設群は土坑の長軸が92～126cmをはかり，通風溝の長さが128～217cmをはかる。土坑の長軸において，諏訪間興行寺遺跡・石光山古墳群・横尾墳墓群検出の火葬施設は，下河端遺跡・八ッ面山北部遺跡検出の火葬施設よりも大型である。谷畑中世墓地では，不明確ではあるが両者の大きさのものが認められるようである。

　火葬施設の大きさの差異は，茶毘に付された棺の形態差に起因するものと想定される。下河端遺跡の場合，検出された火葬施設の平面プランが一辺100cm前後の方形を示すことから，茶毘に付された棺が座棺である可能性が説かれている。また，火葬施設の形状こそ違えども，福岡県太宰府市篠振遺跡にて検出された火葬施設群(14世紀後半～16世紀初頭)においても，その規模から座棺を茶毘に付していたと想定している[22]。つまり，土坑の大きさが100cm前後のものは座棺を主として茶毘に付していた可能性が高いと考えられる。当時の座棺については，永禄6年(1563)から慶長2年(1597)かけて日本に滞在した宣教師ルイス・フロイスによって，円形で樽の半分程の大きさの棺を用いていたことが記録されている[23]。一方，考古学的資料としては，熊本県城南町尾窪墳墓群(12～15世紀代)で検出された土葬墓において，座棺を用いていた痕跡が確認されている[24]。

　下河端遺跡と同様に，八ッ面山北部遺跡の火葬施設群も，その規模から座棺を茶毘に付していたと考えられる。

　一方，下河端遺跡検出の火葬施設よりも土坑の長軸が長い諏訪間興行寺遺跡検出の火葬施設は，寝棺を茶毘に付した可能性が想定できよう。

寝棺については，遺体を伸展させて納めるものが一般的であるが，膝を曲げて横臥もしくは仰臥させて遺体を納める棺も寝棺の一種として捉えたい。遺体を伸展させる寝棺ついては，12世紀後半に描かれたとされる『餓鬼草子』「第四段疾行餓鬼」の図において具体的に知ることができる[25]。更に，永仁3年(1295)に製作された，親鸞上人の一生を描いた『善信聖人親鸞伝絵』においても，親鸞上人の遺体を納めるための棺が描かれている[26]。二つの絵巻に描かれた棺は，いずれも長方形の箱形木棺である。文献史料においても，箱形木棺の記述が認められる。前述の『吉事略儀』によれば，箱形木棺の規格は長さ6尺3寸，幅1尺8寸，高さ1尺6寸であった。単純に1尺を30.3cmとして計算すると，長さ190.89cm，幅54.54cm，高さ48.48cmの箱形木棺に復元できる[27]。

　膝を曲げ，横臥・仰臥させて遺体を納める寝棺は，前述の尾窪墳墓群の土葬墓で確認されている。尾窪墳墓群の第4号墓では墓壙内に棺の痕跡を示す空洞が確認され，その大きさが長さ90cm，幅45cm，高さ75cmをはかる長方形を呈していた。土圧等による変化も考慮すれば棺の大きさはもう一回り大きかったものと想定され，棺の長さが100cm前後をはかるものと考えられる。この種の寝棺も，長方形の箱形木棺であったと考えられる。

　以上の2種の寝棺の大きさならば，諏訪間興行寺遺跡検出の火葬施設の大きさにうまく適合すると言えよう[28]。同様に，石光山古墳群10号地点・横尾墳墓群A区SK36の火葬施設も土坑の大きさから判断すれば，寝棺が荼毘に付されたと考えることができる。その他，寝棺が荼毘に付されたと想定される例は，火葬施設の形態は異にするが京都府長岡京市西陣町遺跡の焼土壙SX13001(12世紀末〜13世紀初頭)が挙げられる[29]。

　下河端遺跡と諏訪間興行寺遺跡で検出した火葬施設の差異は，その規模の差異のみではない。その検出数も大きく異なる。諏訪間興行寺遺跡では1基のみであるが，下河端遺跡では多数検出されている。この検出数の差異は，いかなる理由に起因するのであろうか。ただ単に偶然の所産や，発掘調査地区による制限のためだけであろうか。石光山古墳群10号地点では1基のみの検出であり，八ッ面山北部遺跡では多数検出されている。これも同様な事由で説明できるであろうか。一つの要因として，墓地もしくは火葬を行う場として利用された期間の長短によるものであろう。

　更にもう一つの推論を提示するならば，時期差と荼毘に付された人々の階層に起因するのではないだろうか。

　北陸地方の中世墓の動向をまとめた島田美佐子氏の研究によれば，北陸地方では14〜15世紀代にかけて火葬墓が増加する傾向が認められるとしている[30]。その理由として火葬が一般階層に普及し始めたからではないかと考えられている。北陸地方以外でも同様な指摘が為されている。吉井敏幸氏は，近畿地方，特に大和地域を中心とした中世墓の様相を通して，15〜16世紀代にかけて火葬が一般階層に普及したことを指摘している[31]。火葬が一般階層に普及した背景として吉井氏は，一般階層の経済的向上及び念仏系仏教の民衆化，そしてそれに伴って進められた三昧聖の組織化と定住化を挙げている。つまり一般階層の経済的向上に伴う厚葬への欲求と，火葬技術に長けた三昧聖の一般階層への進出が重なって一般階層への火葬の普及が生じたのである。一

般階層及び三昧聖の両者の歴史的変化が互いに連結した結果，一般階層への火葬の普及が促進されたと言えよう[32]。

以上の点を踏まえると，下河端遺跡と諏訪間興行寺遺跡の火葬施設の基数の差異も説明がつきそうである。つまり，諏訪間興行寺遺跡ひいては石光山古墳群10号地点・横尾墳墓群A区SK36の火葬施設は，一般階層に火葬が普及する以前のものであり規模の大きさから判断すれば，比較的階層の高い人物が寝棺によって荼毘に付されたと考えることができる。

一方，下河端遺跡や八ッ面山北部遺跡の火葬施設は中世後期に属するものと考えられ，一般階層に火葬が普及した段階の火葬施設であろうと想定できよう。このため，火葬施設は狭い範囲に点在し，しかも棺は主として座棺を用いていたと想定できる[33]。このような例は，前述の篠振遺跡にも当てはまるであろう。

谷畑中世墓地では個々の火葬施設については帰属時期が明らかでないが，13世紀代より在地の上位階層によって火葬施設が構築され，以後15世紀代まで連綿と同一箇所に火葬施設が設けられたうえに，それが火葬墓として利用された貴重な例である[34]。火葬施設の規模から想定すれば谷畑中世墓地でも，寝棺から座棺へと転換した可能性あるのではないだろうか。

更に下河端遺跡の火葬施設群は，その位置関係から火葬施設であるK-16付近を境に東西二つのグループに分けることができそうである。八ッ面山北部遺跡の火葬施設群においても，その位置関係から四つのグループに分けられる。八ッ面山北部遺跡では，火葬施設の主軸方位がほぼ同一方向にまとまることから，一定の小集団が一定の場所に繰り返し火葬施設を築き，野辺の送りを行っていたと考えられている。つまり，八ッ面山北部遺跡では，四つの小集団，恐らく血縁的紐帯に基づく集団が火葬を行う場において棲み分けを行っていたと考えられるのである[35]。この点を考慮すると下河端遺跡でも同様に少なくとも二つの小集団が，火葬を行う場において棲み分けを行っていたと考えられるのである。

このように，中世前期と後期では，同一の形態を採用しつつも火葬施設の様相は異なると指摘できよう。この背景には，火葬に直接携わる人々のあり方が変化したためではないだろうか。中世前期では，葬送に直接携わる者は特別な階層及び事例を除いて血縁者に限られたようである。これは血縁者以外の者が，死穢への接触を恐れたために直接葬送に携わることを嫌悪したためである。一方，中世後期になると前述のように一般階層の経済的向上に加え念仏系仏教が広く普及し始める。またこの時期は集落の再編期にあたり，各地で新たな地域共同体が形成され始めた時期でもあった。このような中で，葬送に対する意識が大きく変化した可能性がある。以前は血縁的紐帯によってのみ葬送が執り行われていたが，中世後期以降は前述の社会的変化によって地域共同体内に「念仏講」のような互助組織が形成され，血縁的紐帯に加え地縁的紐帯によっても葬送が執り行われるようになったと考えられる[36]。この互助組織の形成が葬送にかかる個人の経済的負担の軽減につながり，更に三昧聖等の活動によって一般階層への火葬の普及に拍車がかかったのではないかと考えられるのである[37]。

以上の点から推察するならば，下河端遺跡・八ッ面山北部遺跡例のように火葬施設が群在する

あり方は，地縁的紐帯の中での共同の火葬場，いわゆる「三昧場」として維持・機能していたことを示すものであろう。

同様なことは，武者野遺跡の事例でも指摘できよう。武者野遺跡の場合は中世都市「一乗谷」の中に組み込まれた火葬場であり，都市住民の衛生管理のための施設であると言える。下河端遺跡例と異なる点は，都市の人口圧に対応するために強固な石積施設となり，施設自体が恒常的なものであった可能性が高いことである[38]。武者野遺跡の火葬施設も，その規格から座棺が用いられたと想定できる。

ただし，火葬の普及に関しては各地域毎に若干の時間差，および普及の度合いに差異が認められると思われ，今後の各地域毎の研究の進展に期待したい。

4．火葬場の景観

中世において火葬施設が所在した空間，つまり火葬場の景観は，如何なるものであったのであろうか。諏訪間興行寺遺跡では，火葬施設の近傍に墓地も認められている。山麓部に墓地と火葬場が併設されているのである。この様な景観は，各地の中世墓においても認められる景観と言えよう。このような景観を視覚的に表している資料がある。前述の『善信聖人親鸞伝絵』である。この絵巻には，親鸞上人を鳥辺野の延仁寺境内で野焼きにて荼毘に付している様子が描かれている。荼毘に付された場所は，五輪塔・石仏が認められることから寺院に付随する墓地の一角であり，周囲は小さな丘に囲まれている。更に遠景の森の背後には，近隣の塔の九輪が描かれていることから，寺院の境内と称するものの墓地及び火葬場が山間部に所在していたことを窺わせる。この絵に示された景観は，諏訪間興行寺遺跡の景観と類似すると言えよう。更に，火葬に従事した三昧聖が「谷之者」と称されたことは，彼らが活動していた場所を暗示するものと言えよう[39]。

一方，下河端遺跡は平野部に所在し，しかも河川の近傍に位置する。河川の近傍に所在する火葬施設は，富山県福光町梅原安丸遺跡（15～16世紀代）[40]においても検出されており，山麓部以外に河川の近傍においても火葬場が設けられていたようである。武者野遺跡は足羽川沿いの狭隘な谷間に設けられていることから，山麓部とも河川脇とも捉えることができよう。

このように，墓地も含めて火葬場が山麓部や河川の近傍に設けられることは，網野善彦氏が明らかにした「無縁」の地に他ならないからであろう[41]。「無縁」の地であるが故に現世での縁を断つ意味で，山麓部や河川の近傍に火葬場，ひいては墓地が設けられたと考えられるのである。

武者野遺跡は，その立地状況から一乗谷朝倉氏遺跡の都市構造の中に組み込まれており，一乗谷の城戸の外は「無縁」の場として機能していたことがすでに指摘されている[42]。城戸の内が既存の価値観に基づく空間であるならば，「無縁」の場である武者野遺跡は既存の価値観超えた場であり，不浄なる遺体を祭祀の対象へと転化させる場であると言えよう。

お わ り に

 以上，中世の火葬施設を中心に火葬について考察を試みてきた。しかし，葬法を含めた葬送儀礼は，宗教及び各地域の風習が色濃く反映する事象であるため，火葬と言う葬法を一つとってもその背景等を含めた葬送儀礼および文化は多種多様であろうと思われる。今回，本論では火葬のおける基本的な部分とも言える荼毘に付す棺や，人々の意識の変化を読み解こうと試みた。限られた資料からの考察であり，また浅学故の誤解や間違いがあるものと思われる。よって批判や助言を賜れば幸いである。

 本論をまとめるにあたり，火葬場遺構である火葬施設をめぐる課題が幾つか浮かびあがってきたと言えよう。火葬施設の機能は限られたものであるが，本論で主として取り上げた通風溝を持つ特徴的な土坑や石積の火葬施設以外に，単純な小型土坑タイプのものや不整形な大型土坑タイプ等，その形態のバリエーションは豊富である。この形態差が地域差もしくは運用差に起因するのかどうかを更に検討しなければならない。また，火葬施設自体をそのまま墓にする例や，改めて別の地点に墓を設ける例が存在する等，墓地との関わり方も無視することができない課題である。両者の差異も単純に階層間の格差に帰結できる課題ではないようである。墓地との関わりについては，墓地および火葬場の管理する者の存在も念頭におかなければならないだろう[43]。更に，荼毘に付された棺についても，検出された火葬施設の規模から推定せざるを得ず，寝棺と座棺の使用が単純に階層間の格差を表出しているとは一概には言えないだろう[44]。その背景には階層間格差による経済的要因や，各階層の葬送儀礼に対する遵守制が存在するものと考えられるからである。よって，火葬についてはどのような場所で，どのような施設で荼毘に付されたが問題となってくるのではないだろうか。

 今後の資料の蓄積と分析を通して火葬場の様相，ひいては火葬という葬法がどのように普及していったかについて再吟味をはかっていかなけらばならない。今後，各地域での葬法ひいては葬送儀礼のあり方について，研究の深化が図られることを望んで止まない次第である。

 最後に，この小論が今後の中世考古学の進展の一助になることを期待したい。

註
（1）「吉事略儀」『群書類従』第29輯雑部　塙保己一編　続群書類従完成会　1932
（2）「吉事略儀」に記された火葬用の炉については，簡単な内容のため炉の構造を充分にうかがい知ることはできない。ただし，後段において荼毘に際しての点火の手順や，炉の壁を壊した後に拾骨を行う手順を記していることから推察すれば，覆いのあるカマド状の構造ではなく，単純に壁のみを巡らした箱状の構造を持つ炉を想定していたものと考えられる。
（3）「宝護院頼我没後記」については，高田陽介氏の論考に依拠している。
　　高田　陽介　「中世の火葬場から」『中世の空間を読む』　五味文彦編　吉川弘文館　1995
（4）「礼式部二十二　葬礼四　葬場」『古事類苑』礼式部第二冊　細川潤次郎ほか編　神宮司庁　1900
（5）一般階層とはどのような人々であったかを，現時点で明確に定義することは困難ではあるが，大略，

農・漁村民及び都市住民，更に下級武士等を念頭に置いている。
(6) 斎藤　忠　『斎藤忠著作選集』第4巻墳墓の考古学　雄山閣　1996
(7) 上田　典男　「長野県における中世の「火葬施設」をめぐって」『帝京大学山梨文化財研究所報』第16号　帝京大学山梨文化財研究所　1992
(8) 青木　豊昭編　『下河端遺跡』北陸自動車道関係遺跡調査報告書第5集　福井県教育委員会　1975
(9) その他の火葬施設については，遺存状況が悪いものの焼土・炭化物・焼骨片の広がりからおおよその規模が推定することができる。不確実だが，K－8・K－18の火葬施設よりも大きな広がりも示す火葬施設も存在するため，長軸が160cm前後をはかる大型の火葬施設が存在した可能性も否定することはできない。
(10) 五十川伸矢　「古代・中世の鋳鉄鋳物」『国立歴史民俗博物館研究報告』第46集　国立歴史民俗博物館　1992
(11) 「興行寺文書」『越前・若狭一向一揆関係資料集成』　越前・若狭一向一揆関係文書資料調査団編　福井県教育委員会　1980
(12) 冨山　正明　「第1章第1節　14　諏訪間興行寺遺跡」『中・近世の北陸　考古学が語る社会史』北陸中世土器研究会編　桂書房　1997
(13) 水野　和雄　『武者野遺跡』　福井県立朝倉氏遺跡資料館　1986
(14) 月輪　泰　「骨と火葬場」『よみがえる中世6　実像の戦国城下町越前一乗谷』小野正敏・水藤真編　平凡社　1990
(15) 奈良県立橿原考古学研究所編　『葛城・石光山古墳群』奈良県史跡名勝天然記念物調査報告第31冊　奈良県教育委員会　1976
(16) a．白石太一郎・田坂　正昭　「榛原町萩原・谷畑中世墓地の調査」『青陵』№24　奈良県立橿原考古学研究所　1974
b．白石太一郎　「奈良県宇陀地方の中世墓地」『国立歴史民俗博物館研究報告』第49集　国立歴史民俗博物館　1993
(17) a．宮田　勝功・田阪　仁　「三重県・横尾墳墓群」『歴史手帖』14巻11号　名著出版　1986
b．宮田　勝功・田阪　仁　「横尾墳墓群」『佛教藝術』182号　佛教藝術学会　1989
(18) 松井　直樹編　『愛知県西尾市八ッ面山北部遺跡Ⅱ　中原町地区』　西尾市教育委員会　1992
(19) 通風溝を持つ火葬施設でも，通風溝が土坑底面に納まるタイプ(諏訪間興行寺遺跡例)や土坑を突き抜けるタイプ(石光山古墳群10号地点例)がある。両者の形態差が地域性を表出している可能性も指摘できるが，現時点では資料が僅少であるため地域性等を言及することはできない。このため本論では，両者を一括して通風溝を持つ火葬施設として扱い，以下の考察を進めたい。
　　今後，類例の増加に伴い，火葬施設の形態差から考古学的な地域性が見いだされるものと考えられる。しかし，火葬施設の形態の類似性から地域性を指摘することができても，考古学的な資料からは火葬行為を伴う共通の葬送儀礼ひいては共通の葬送文化圏を形成していたと導くことは困難であろう。
(20) 前掲註17文献aに記載された遺構実測図から計測した。
(21) 通風溝の長さについては，前掲註16文献aに記載された遺構配置図から計測した。
(22) 狭川　真一　『篠振遺跡』太宰府市の文化財第11集　太宰府市教育委員会　1987
(23) ルイス・フロイス　岡田　章雄訳注『ヨーロッパ文化と日本文化』　岩波書店　1991
(24) 隈　昭志・野田　拓治編　『尾窪』熊本県文化財調査報告第12集　熊本県教育委員会　1973
(25) 小松　茂美編　『コンパクト版日本の絵巻7　餓鬼草子　地獄草子　病草子　九相詩絵巻』　中央公論社　1994
(26) 小松　茂美　『続々日本絵巻大成　伝記・縁起篇1　善信聖人親鸞伝絵』　中央公論社　1994
(27) 「吉事略儀」でも記されているように，この規格は一つの例であり，実際には荼毘に付す人物の体躯にあわせて作られるようである。

(28)火葬施設で荼毘に付す際には，燃焼材を充填する空間や燃焼効率の促進を図るための若干の空間が必要と考えられる。このため火葬施設の土坑は，棺よりも一回り大きくしなけらばならないだろう。尾窪墳墓群では，膝を曲げて遺体を納めた寝棺を埋葬した方形の土葬墓が多数検出されており，これらの土葬墓の墓壙の長軸がおよそ150cm前後に集中する。この値を援用して推察すれば，火葬施設の土坑の長軸が150cm前後をはかるものは，膝を曲げて遺体を納めた寝棺を，150cmを超えるものは遺体を伸展させた寝棺を荼毘に付したと考えることができる。しかし，遺構として検出された火葬施設のみから2種の寝棺の使い分けを導くことは困難であり，現時点では長軸150cm以上をはかる土坑を持つ火葬施設は，2種の区別なく単純に寝棺を荼毘に付していたと考えたい。

(29)木村　泰彦・中井　正幸・北村　大輔　「第1部第2章　長岡京跡右京第130次(7ANKNC地区)調査概要　右京五条三坊十四町・西陣町遺跡」『長岡京市埋蔵文化財調査報告』第2集　木村泰彦編　財団法人長岡京市埋蔵文化財センター　1985

(30)島田美佐子　「第Ⅳ章5　墓」『梅原胡摩堂遺跡発掘調査報告(遺構編)』富山県文化振興財団埋蔵文化財発掘調査報告第5集　宮田進一ほか編　財団法人富山県文化振興財団埋蔵文化財調査事務所　1994

(31) a．吉井　敏幸　「中世群集墓遺跡からみた惣墓の成立」『国立歴史民俗博物館研究報告』第49集　国立歴史民俗博物館　1993
　　　b．吉井　敏幸　「三昧聖と墓制の変遷」『国立歴史民俗博物館研究報告』第68集　国立歴史民俗博物館　1996

(32)三昧聖等の葬送に携わる人々に関しては，文献史料の精査が進む近畿地方を中心に近年研究の深化が図られている。福井県に関しては史料精査が進んでいないため，その様相は明らかではないが，14世紀後半に三昧聖が存在したことを示す文献史料が確認されている。
　　　貞治4年(1365) 4月5日付けの「明通寺羅漢堂幷食堂供養料足注文」に，若狭国小浜の明通寺の羅漢堂及び食堂の落慶供養に際して，三昧聖に300文の施行を行ったことが記録に残されている。
　　　「明通寺文書40　明通寺羅漢堂幷食堂供養料足注文」『小浜市史』社寺文書編　小浜市史編纂委員会編　小浜市　1976

(33)この段階に至り，荼毘に付される棺が必ずしも全て座棺であったとは考えられず，一部には寝棺も併用されていたであろう。その要因として，経済的要因や階層内の格差によって寝棺と座棺の選択が行われたと考えられる。

(34)前掲註16文献b

(35)前掲註18

(36) a．前掲註16文献b
　　　b．勝田　至　「村落の墓制と家族」『中世を考える　家族と女性』　峰岸純夫編　吉川弘文館　1992

(37)互助組織の影響が火葬にのみ顕現するものではなく，土葬にも反映されたものと考えられる。つまり，火葬もしくは土葬の採用は個人もしくは共同体レベルの選択であり，互助組織の形成は火葬という葬法が新たに選択肢として組み込まれたことを意味するのである。

(38)石を用いることが都市的な要素であるとは，一概には言えない。石を用いた火葬施設の例として，神奈川県秦野市下大槻遺跡群内の二子塚古墳で検出された火葬施設群(15～16世紀代)が挙げられる。ここで検出された火葬施設群は，河原石を方形或いは楕円形に敷き詰めた施設であり，狭い範囲に5基の火葬施設がまとまって構築されていた。その様相からこの火葬施設群も，下河端遺跡・八ッ面山北部遺跡のように一般階層の共同の火葬場であったと考えられる。
　　　都市的な要素としては，武者野遺跡に見られるように火葬施設以外の付属施設の存在，及び複数回使用に伴う火葬施設の管理体制の存在が最低限指摘できよう。
　　　下大槻遺跡調査団編　『秦野下大槻』秦野の文化財第9・10集　秦野市教育委員会　1974

(39)渡辺　広　『未解放部落の史的研究　－紀州を中心として－』　吉川弘文館　1963

(40) a．佐藤　聖子　「梅原安丸遺跡の土壙について」『埋蔵文化財年報(3)　平成3年度』　財団法人富山県文化振興財団　1992
　　　b．越前　慎子　「第Ⅳ章 梅原安丸遺跡」『梅原加賀坊遺跡・久戸遺跡・梅原安丸遺跡・田尻遺跡発掘調査報告』富山県文化振興財団埋蔵文化財発掘調査報告第8集　山本正敏ほか編　財団法人富山県文化振興財団埋蔵文化財調査事務所　1996
(41) 網野　善彦　『増補　無縁・公界・楽　日本中世の自由と平和』　平凡社　1996
(42) a．小野　正敏　「一乗谷朝倉氏遺跡」『福井県史』資料編13考古　福井県　1986
　　　b．小野　正敏　『戦国城下町の考古学　一乗谷からのメッセージ』　講談社　1997
(43) 前掲註34でも述べたように，武者野遺跡では階段状遺構や石敷遺構の付属施設の存在から火葬施設が恒常施設として存在したと考えられ，更に火葬施設の複数回使用の可能性から施設の管理者の存在が指摘できよう。火葬場の管理者の主体はどのような集団であったのであろうか。
　　　前述の『善信聖人親鸞伝絵』では鳥辺野の延仁寺の境内で荼毘に付されたことが描かれている。また，文明13年(1481)に没した一条兼良は大和国東福寺の普門寺にて荼毘に付されたようで，兼良の子息である尋尊が文明16年(1484)3月20日に普門寺内の亡父の「御葬火所穴」を訪れている。
　　　以上の2例からうかがえることは，上位階層については火葬場をはじめ墓地も含めて有力寺院によって運営・管理されていたことが見て取れるのである。
　　　一方，一般階層の火葬場でも同一区域内で複数回の利用の行っていることから，一般階層の火葬場及び墓地も地縁的紐帯に基づく共同体，あるいはその共同体から委託を受けた三昧聖等によって恒常的とは言えないまでも一定の管理・運営がなされていたと考えられる。
　　　辻　善之助編　　『大乗院寺社雑事記』8巻　角川書店　1964
(44) 本論では火葬施設において棺を荼毘に付していたことを前提にして考察をすすめ，火葬施設の規模から単純に寝棺・座棺の区分を試みた。しかし，棺を用いない火葬も当然存在したであろうし，また荼毘に付された人物が全て成人とは限らないのである。この点を如何に見分けていくかも今後の課題であると言えよう。

参考文献

浅香　勝輔・八木澤壮一　『火葬場』　大明堂　1983
浅香　勝輔　「火葬場」『講座考古地理学』第4巻村落と開発　藤岡謙二郎編　学生社　1985
稲垣　晋也ほか編　『新版仏教考古学講座』第7巻墳墓　雄山閣　1984
石井　進・萩原　三雄編　『帝京大学山梨文化財研究所シンポジウム報告集　中世社会と墳墓　－考古学と中世史研究3－』　名著出版　1993
恵美　昌之　「中世の葬場」『季刊考古学』第39号　雄山閣　1992
細川　涼一編　『三昧聖の研究』　碩文社　2000
水藤　真　『中世の葬制・墓制　－石塔を造立すること－』　吉川弘文館　1991

能登七尾城下町の空間構造とその変遷

前 川 　 要

【要旨】
　能登七尾・府中の周辺における中世の地域空間構造の変遷を見ると，戦国期城下町成立の時期が最重要である。この時期には，平地の守護城下町が機能分化して戦国城下町の成立とともに，特に平地居館部分の機能の一部が山上御殿として山上に上がることが大きな特徴である。山腹の高屋敷と山上御殿とでハレの表と奥をそれぞれ機能分担していく。城山の山上には，中世前期から石動山に関連する山岳修験道場があったことが想定され，そうした聖地を支配することにより領域支配のための精神的効果があった。さらに，公権力を平地から山上に上げることにより，領主と家臣の間のヒエラルヒーを立体的に顕現化させ，領民が平地から山上御殿を見上げることによる視覚的効果もあったことが推定される。

は じ め に

　石川県は，古代より北部の能登国と南部の加賀国の二つに分かれている。そして，能登国の中心が七尾である。七尾は，能登の中で有数の穀倉地帯である邑知地溝帯に存在し，奈良時代には，国府や国分寺がおかれ，そののち南北朝時代には，府中が海岸沿いに位置し，そして室町時代には守護所が置かれ，畠山氏が守護に任命される。そして，畠山氏が滅亡の後は，上杉謙信が越後から攻め，前田氏が入城して，城下町を小丸山に移動させた。いわば，古代から近世までの政治拠点の「博覧会」のような様相を示す(**第1図**)。
　七尾城下町の研究は，既に考古学的発掘調査を中心にした善端　直氏のもの(善端1997)や七尾市教育委員会のもの(七尾市教育委員会1992・1997・2002ａ・ｂ)，さらに文献史料を中心にした東四柳史明氏のもの(東四柳1988)などがある。さらに，2002年8月22日，羽咋市で中世史サマーセミナーが開催され，七尾城下町について討議された。
　本稿では，以上の先行研究を踏まえながら，畠山氏の七尾城下町を中心にして，従来あまり注

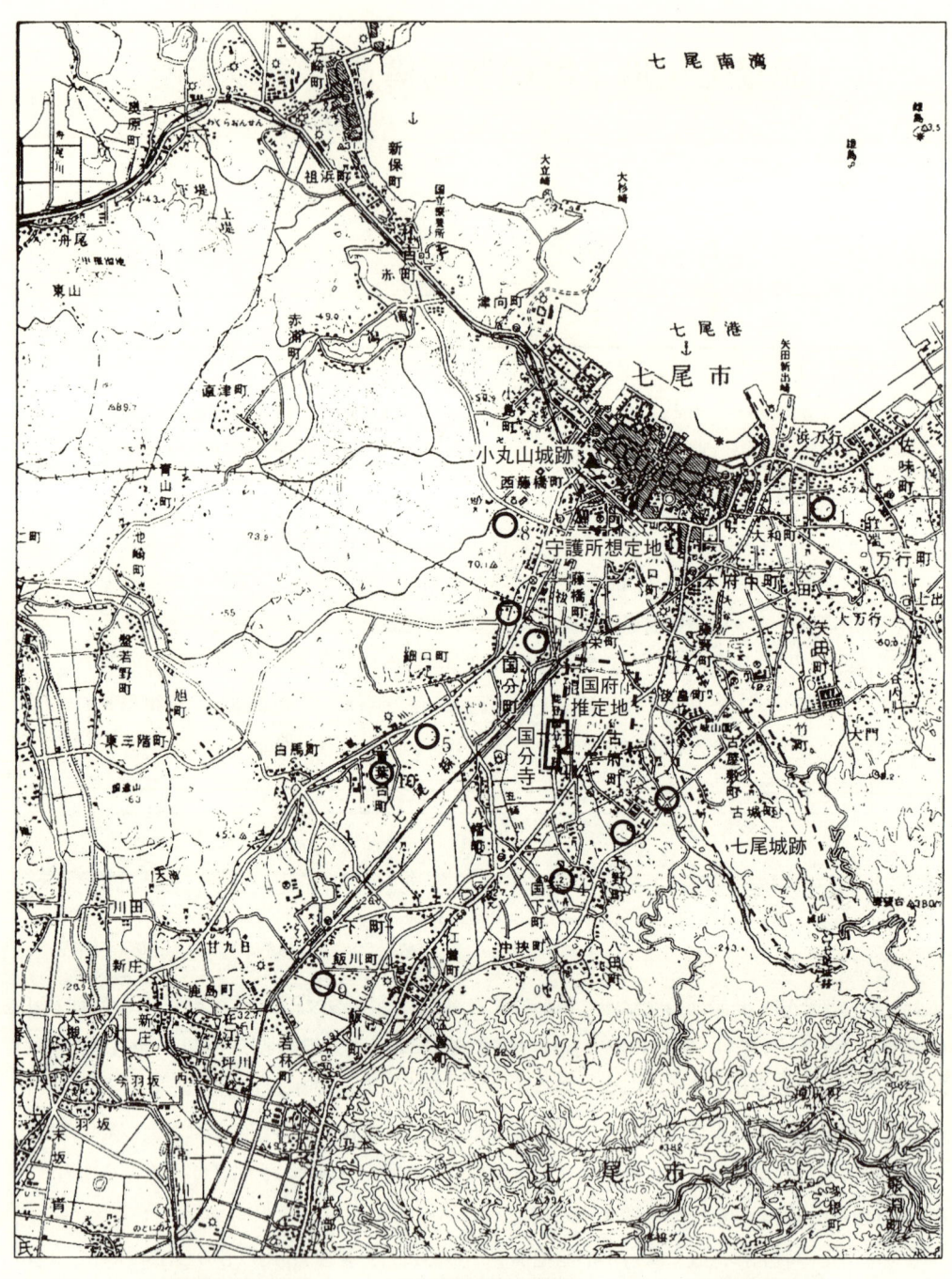

富山大学考古学研究室論集（前川論文）

1. 矢田高木森古墳
2. 小池川原地区遺跡
3. 古府タブノキダ遺跡
4. 千野廃寺跡
5. 細口源田山遺跡
6. 国分高井山遺跡
7. 国分尼塚古墳群
8. 国分岩屋山古墳群
9. 院内勅使塚古墳
10. 八幡昔谷遺跡
11. 能登国分寺跡

第1図　主要遺跡分布図　S＝1：75,000（七尾市教育委員会2002a）

目されていない移動していく「廃拠点」の空間構造を研究することにより，能登七尾・府中周辺の社会構造・地域構造の変化について考古学的成果を中心にして，地籍図・文献史料等を総合的に検討することを目的としている。

1．畠山氏の歴史

　能登国守護畠山氏は，応永15(1408)年から天正5(1577)年までの約170年間にわたり能登の守護として支配し，永正から大永年間頃に南北朝期以来の守護所であった府中から七尾城へ自分の城を移している(1)。能登畠山氏による守護支配が固められるのは，応仁の乱後の文明9年(1477)に下向・在国した第3代義統の頃と思われ，府中(現在の七尾市府中町付近)に守護館を構え拠点としていた。

　その後，家督相続をめぐった永正の内乱を経て，永正12年(1515)に義総が第7代守護となり，天文14年(1545)に没するまでの30年間は能登畠山氏の隆盛期で，最も安定した支配がなされた。この義総の治世には，京都から多くの文化人が下向し，文芸活動も盛んに繰り広げられ，その伝統は現在にまで受け継がれていると言われている。大永5・6年(1525・26)には，七尾城で歌が詠まれていることから，この頃には七尾城下町が建設され移動していると想定される。この点については後述する。

　義総の没後，政権が不安定化して，遊佐氏や温井氏を中心とした重臣の権力抗争から内乱が繰り返され，そのことにより守護である能登畠山氏の実権は衰退していき，年寄「畠山七人衆」が実権を掌握することになる。永禄初年頃(1560年頃)，第9代義綱は，一端政権をとりもどすが長続きせず，再び内乱が繰り返され，七尾城も戦乱の舞台となる。おそらく，この頃から弘治3年(1557)の書状「当城，弥堅固候」の記述のごとく，七尾城は，要害として補強・整備されていったものと想定される。

　こうした状況に乗じた越後の上杉謙信は，天正4年(1576)に能登へ攻め入り，七尾城を包囲する。天正5年(1577)，七尾城を攻略した謙信は，本丸に立ち，「聞きしに及び候より名地，賀・越・能の金目の地形といい，要害山海に相応し，海頼島々の体までも，絵像に写し難き景勝までに候」(「上杉謙信書状写」歴代古案)と書き伝えている。能登畠山氏が滅亡・上杉氏撤退ののちは，織田方の前田利家が支配拠点とし，利家は天正15年(1587)頃に海岸に近い小丸山に城を築き近世城下町を建設した。

2．城下町の構成

(1)概況

　この遺跡の重要性は，室町幕府守護家の居館及び山城と城下がセットとして，全国的に珍しく極めて良好に保存されていることである。城郭部分は，全国屈指の中世から近世にかけての典型

-373-

的な山城である。昭和9年12月には，その重要性が高く評価され，国史跡に指定されている。指定範囲は，本丸・二の丸・三の丸など城郭の主要部分のみであり，近年の「七尾城跡シッケ遺跡」や「伝・サイコウジ跡」などの発掘調査により，往時を物語る貴重な資料が豊富に検出され，木落川と大谷川に挟まれた山麓一帯に展開した城下もまた極めて良好に保存されていることが明確になった。

（2）城郭部分

城の構造は，大きく見て稜線に数段の削平段を持つ土の城から，本丸・二の丸式の求心的な石垣の城へと変化したといわれている。どの部分が畠山段階でどの部分が前田段階のものかそれが問題となる。近年，千田嘉博氏は，縄張図を作成して総合的に位置づけを行った（千田2002 a，第2図）。

それによると以下の点が示されている。主尾根筋南側の尾根筋に展開する土づくりの曲輪群は，畠山氏段階に成立したきわめて高度なプランの曲輪群と評価できる。七尾城の基礎構造が畠山氏段階にほぼ完成していたことを示すもので，畠山氏の歴史的再評価の手がかりになる。特徴的な外桝形の出入り口は，安土城を手本として前田利家による改修でできたと思われ，七尾城の最終段階の歴史は再検討の余地がある。石垣は天正期の特徴を備えており，桜馬場南斜面と温井屋敷西側の内桝形の石垣は築造時の状況をよく残すことから歴史的価値が特に高い。また一部には廃城時の破却の様相も示す。

（3）城下部分—地籍図による町割り復元と発掘調査

次に，城下部分も検討する。

先ず，地籍図の復元によって都市計画が推定され，七尾市教育委員会による発掘調査によって多くの地点で，現在の道路や畦道に示されるような地割りは城下当時のものにほぼ近いということが証明されてきた（第3図）。

発掘調査では，城下町の北端のシッケ地区（第3図中1）では，町屋らしい遺構が検出された。道路に沿って間口が狭く奥行が長い，三区画の「短冊形地割」が検出され，遺物は戦国期の陶磁器を中心に，漆器や下駄等の木製品類，土錘や土鈴などの土製品類，硯や臼などの石製品類，そのほか金属製品が多数出土している。興味深いのが，漆塗り職人の存在を示す漆塗り容器3点，鏡師の存在を示す和鏡の鋳型・坩堝，石工の存在を示すつるはしといったような遺物が出土していることである。2では，1995年度調査において，染物屋や油屋などの大型貯蔵用具を必要とする職業を推定できる埋甕遺構を検出している。3では，土師器焼成窯の窯体の一部が粘土を採る穴から出土しており，土師器工人の存在が想定される。4では，堀跡と土塁の痕跡を検出している。堀は，東西方向に延びる底幅3メートル以上を測る断面形箱形の箱堀で，出土遺物から16世紀の末頃に掘られたと考えられる。5では，1977年度の調査で，現在の道路の下から畠山時代の道路と側溝が検出され，武家屋敷と推定される礎石建物と池状遺構が検出されている（第4・5図）。

地籍図を見ると，一辺80メートル前後の正方形を基本とする街区（ブロック）が形成されており，字名にも当時の構成要素を想起させる地名が見られる。主なものとしては，武家屋敷を示すとさ

能登七尾城下町の空間構造とその変遷

第2図　七尾城郭主要部平面図（縮尺1：4,000）（七尾市教育委員会2002a）

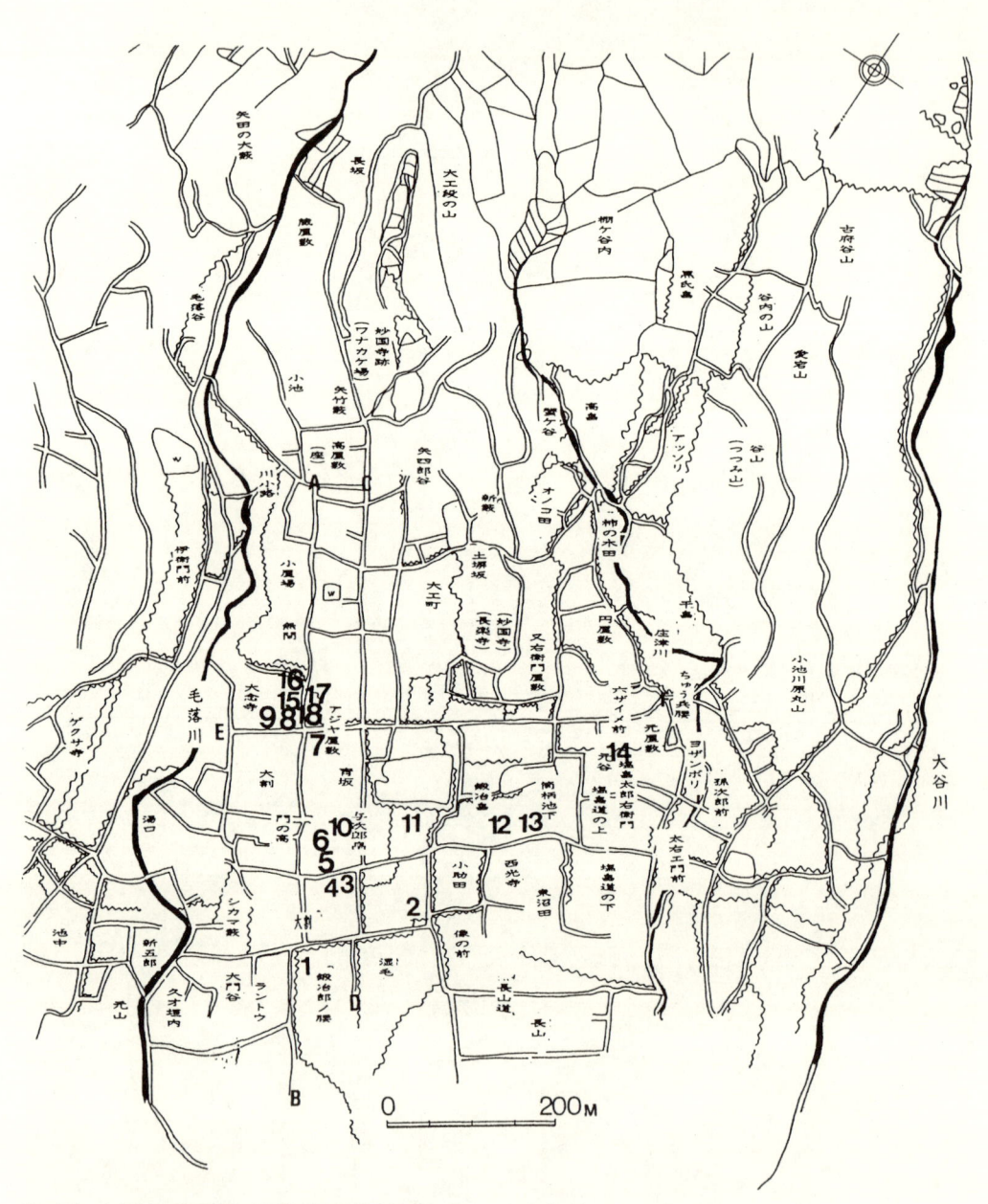

富山大学考古学研究室論集（前川論文）

第3図　七尾城下町要図（善端 直の原図を再トレースしたもの）

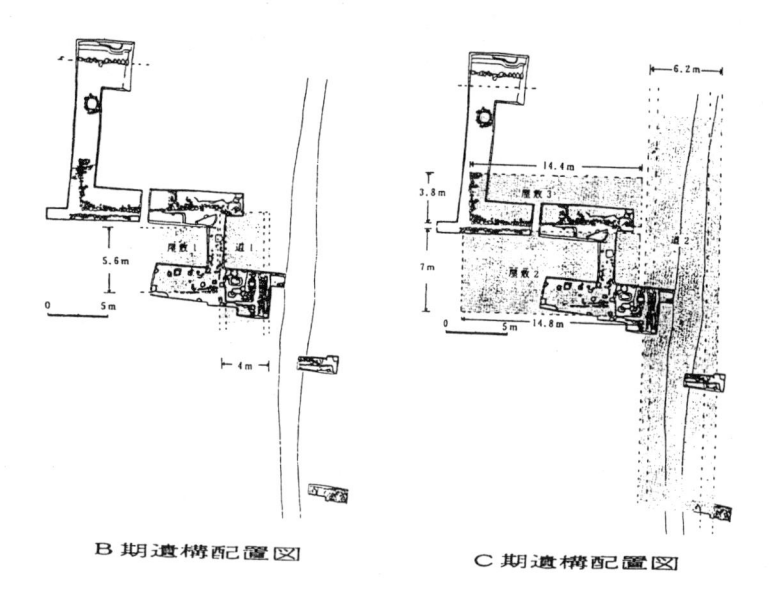

能登七尾城下町の空間構造とその変遷

第4図　七尾城下町道路遺構変遷図（七尾市教育委員会1997）

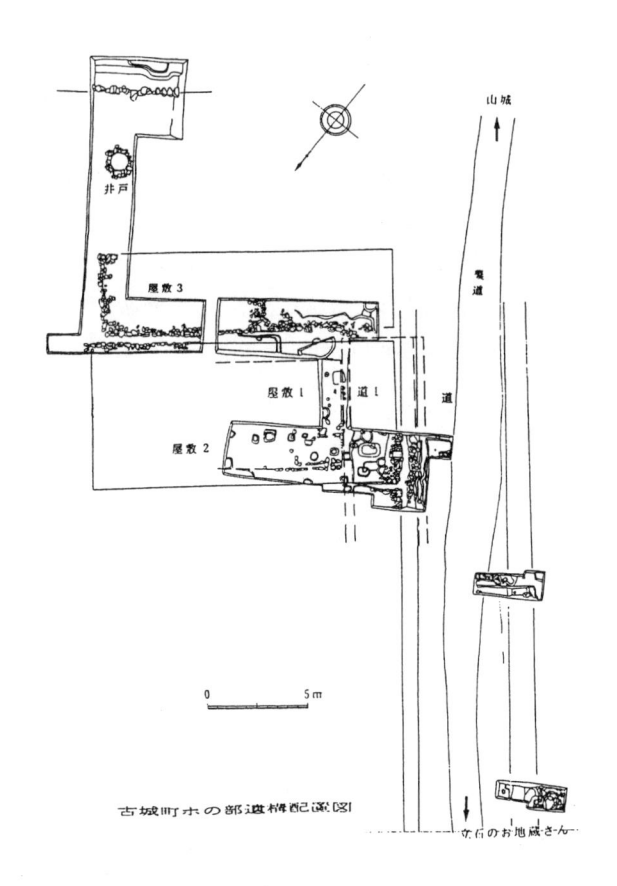

第5図　七尾城下町の道路と発掘された道路の関係図（七尾市教育委員会1997）

-377-

れる高屋敷・又衛門屋敷・円屋敷，町屋を示すとされる大工町・鍛冶畠，寺院関係を示すとされる大念寺・西光寺などがある。こうした地割りや字名の状況から，街区が見られる地域が少なくとも七尾城下町の範囲と推察できる。

3．移転する七尾城下町

(1)七尾・府中周辺の時期区分

それでは，こうした城下町の空間構造は，七尾・府中の地域構造の変化の中でどのように位置づけられるのであろうか。古代から近世初頭までをモデル化しながら論じてみたい(第6図参照)。

古代：能登国分寺とその東側国府推定地(古府)を中心に条里制が広がる。藤川の下流に推定では国府津が存在する。

中世Ⅰ期：この時期になると条里が再開発される。守護所の出現以前と以後でⅠa期とⅠb期に区分できる可能性がある。能登国分寺の発掘調査から古代の遺構のみにほぼ限定されることが判明しているが，Ⅰa期は本府中町周辺にあったことも推測されている(木立1999)。Ⅰb期には，方二町の方形館が成立する。周辺には，方一町や半町の館も散在する。この段階で山上が城郭としてどの程度使用されていたのかは不明である。矢田俊文によると藤橋がこの段階で成立していて，港町がこの周辺に存在する可能性が指摘されている(矢田2002b)。

中世Ⅱa期(16世紀第2四半期頃から天正10年頃まで)：この時期は，七尾の地域構造の変化としては最も重要である。まず，守護所としての機能をもった二町四方の平地居館が移動して山の上の城郭と麓の城下をセットにした七尾城下町が成立することである。麓の城下は，80m四方の土塁囲みの屋敷である高屋敷を中心に先述したように80m四方の正方形街区を形成して，その中に短冊形地割を形成している。シッケ地区のような金属器製作工人・漆塗工人・土師器製作工人・石工なども存在した。特に，和鏡の鋳造関連製品が出土しており，京都系の技術であることが判明している。この時期の土師器も京都系のものが多く顕著であり，大きさが3法量に分化していることが判明した(七尾市教育委員会1992)。この段階では，惣構えは存在していない。城郭部分は，Ⅱb期の改変が著しく，全貌は不明瞭であるが，稜線上を削平して平坦な段を主郭を中心に構成していくものであり，求心性は低いことが判明する。但し，畠山段階と想定される石垣も近年発見されている。港町のほうに目を転ずると，小島遺跡が興味深い(橋本1968)。残念ながら遺物を実見することができなかったが，図面から判断すると，16世紀第2四半期頃が想定できる。これらは，手づくね成形で明確に3法量に分化していることが判明している。遺構は，上場で3.3mから4.3mを測る堀が検出されている。方形館に伴う堀に関連する可能性がある。

中世Ⅱb期(天正10年頃から同15年頃まで)：この時期は，Ⅱa期の遺構を再利用しながら，大きく改変していく時期である。まず，城郭は，石垣を多用するものへと変化する。現存する石垣は，かなりの部分が近現代に積みなおされておりどこまで当時の石積み技術を示すかは不明である。しかしながら，温井屋敷西側の内枡形(第7図1，2)や二の丸西側の外枡形は，織豊系城郭の築

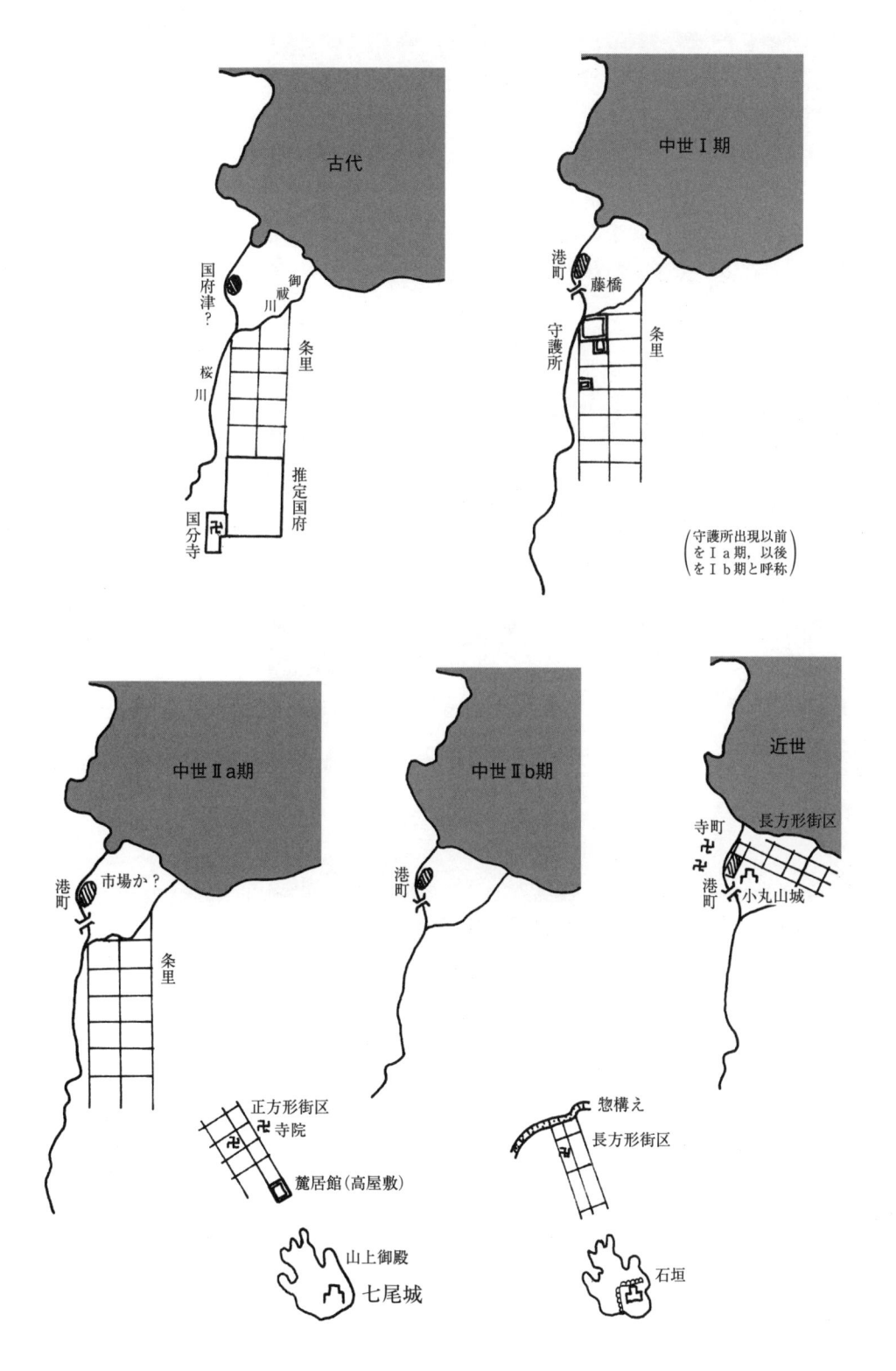

能登七尾城下町の空間構造とその変遷

第6図　七尾・府中周辺変遷模式図

-379-

第7図　七尾城跡主要部写真（1, 2. 九尺石, 3. 寺屋敷跡）

第8図　七尾・府中周辺写真（1. 小丸山城跡西より，2. 藤橋附近，3. 七尾城跡三の丸より七尾・府中の遠景）

城技術を典型的に示すものである(2)。また,温井屋敷に見られるような塁線の土塁囲みの平坦で広い郭を見れば,織豊系城郭の築城技術である可能性は高い。城下では,多くの発掘調査が実施されているが,いずれも2時期存在し,興味深いことに,石組みの道路側溝や石組井戸が出現して,道路幅が大きくなっていることが判明する(第4図)。そして,町割りの基準は正方形街区から長方形街区へと変化している。惣構えは,全体を堀と土塁で囲むものではなく庄津川と毛落川および切岸で囲まれて形成されているものである。但し,平成8年度SD01に見られるように,幅4mの箱掘であり,底面から越中瀬戸焼と酷似しているが異なる「七尾焼」と呼ばれる鉄釉皿が出土しており,堀掘削年代が天正10年前後であることが推測できる(3)。

　近世(天正15年頃から金沢移転まで):石垣と惣構えをもった山城から天正15年頃に,平地の小丸山城に城下町全体を移動させる(第8図)。町割の形は,長方形街区と短冊形地割のセットを基本としており,桜川沿いの港町も取り込む。寺町は桜川の西に形成される。その後,金沢城下町へと移動していく。

(2)他地域との比較検討

　それでは,次にこうした地域的展開が全国規模のものなのか否かを考察したい。

　まず,越後の事例であるが,筆者の研究(前川他1992)と矢田俊文の研究がある(矢田2002a・b)。矢田2002bによると,府内は経済面から考えると,港湾都市直江津を抱えた地域である。春日は府内長尾氏の城下町であり,そして府内長尾氏の城下町春日の港湾都市が府内地域である。春日と府内は経済的に統合されていない。この構造は,色部氏の経済圏の構造と同様である。さらに,城下町のなかに港湾の機能が組み込まれておらず,城郭・城下と港湾がひとつの地域のなかに組み込まれていないとしている。それと対照的なものが,福島城とその城下町である。城郭・城下が港湾都市直江津(府内地域)のそばに移動することによって,城郭・城下・港湾の機能を一地域にまとめあげられたことを読み取ることができる。福島城とその城下は善光寺地域・府内地域の町人を城下町に移動させて春日・善光寺の機能を消滅させ,経済の一元化を完成させた。高田城とその城下も,同じ構造である。高田地域には,福島にあった城・城下・港湾の機能がそっくりそのまま移された。福島城下町は,港湾都市のそばに春日山城と城下が移動してできた地域であったが,高田地域には,港湾都市が持っていた権限も移された。直江の名も高田地域に移された。そしてオウゲ橋は落とされ高田城のそばにあらたに橋が設置され,その横に直江町が置かれた。これらの様相は,七尾の動向とほぼ同様であったとしている。

　次に,美濃の研究は,先駆的な内堀信雄の研究が挙げられ,皮手―大桑―岐阜という守護所の移転の中で,近世化への動きを除外してほぼ同様の動向が見られる(内堀ほか1994)。

　以上の点から,七尾・府中周辺に見た動向は,全国的に同じ傾向のものであると考えられる。これらにそって歴史的背景を説明すると,中世Ⅰ期は,国府の外港国府津から発達した港町を守護所が押さえようとして比較的近隣の河川堤防上に条里再開発のための灌漑用水をも目論んで設置され,被官階層も周辺に屋敷を構える段階である。以前,筆者が「田村型」と呼称した景観である(前川1994)。この時期の景観つまり「田村型」と府中の町部分の二元的空間構成を「守護城下町」

と呼称したい。それに対して中世Ⅱa期は，まさしく戦国期城下町の時代である。守護所の機能が山麓居館と山上御殿とに分離する段階である。港町は前代から存続しており，商工業者の居住区は，港町と正方形街区城下町とに二元的に存在する時期である。後述するが，独楽亭記を見ると町割りの外部に市場が存在した可能性がある。なお，当該期には上杉が七尾を攻略して，都市政策を実施しようとしているが（天正5年10月25日上杉謙信制札），城郭部分や城下部分に上杉氏の特徴的な遺構はあまり顕著ではない。中世Ⅱb期になると，石垣造りの天主と惣構えを建設して，さらに都市計画は長方形街区を採用するが，未だに港町は二元的に存在していた。近世城下町化を目指すが，階級間矛盾をはらんだ不徹底な段階である。それが，近世の小丸山城下町になると，長方形街区と短冊形地割のセットが採用され港町まで取り込むようになる。寺院も前段階まで，城下と港町周辺に散在的に存在していたものが西側の地区に集められ寺町が形成された。七尾・府中にとって，地域構造の一元化＝近世化の完成ということができよう。

　上述のように移動するごとに，領主の政治的意図が貫徹するような都市計画を採用していることが明白である。都市移転の意義は，小島道裕が以前論じたように，領主と家臣団間，領主と商工業者間における矛盾の解消という役割が大きかったと考えたい（小島1985）。

4．結　　　語

（1）守護城下町の機能分化と戦国期城下町の成立―天文画期論再論

　次に，Ⅱ期に守護所の機能の一部が，何故山上に上がるのかを考察したい。以前，全国的視野から見て麓から山上への御殿の移動をおおよそ天文年間と考え，「城郭史における天文画期論」を提唱したことがある（前川1994）。しかしながら，城郭機能のどういった部分が山上に上がったかについては不明瞭であった。また，千田嘉博も戦国期拠点城郭の意義を述べ，山上に居所を移すことの評価を論じた（千田2002b・c）。

　従来，一乗谷朝倉氏遺跡当主の館で小野正敏が建築史学の川上貢の説を援用して想定した，ハレとケ，ハレの中の表と奥という京都型館における中世的儀礼観念（小野1997）は，Ⅰ期の守護館でも存在したことが想定できる。連歌師が訪問する居館が，守護や有力国人階層に限定されることは，矢田俊文によって指摘されている（矢田1998）。連歌師宗長は，はじめに甲斐武田氏居館を訪問したのち，春から夏まで信濃高梨氏居館に逗留して，その後，飛騨東氏館へと移動している。そして最後に越前朝倉氏館を訪問している。庭園は文化のシンボルであるのみならず，戦国時代のみならず室町時代全般の政治的権力表象のためのものであったということが可能である。

　具体的には，ハレの表の部分つまり京都系土師器を使った式三献の儀礼を高屋敷で行い，ハレの奥の会所で行う部分を山の上で移動して実施した。山麓の居館と山上御殿はこのように使い分けがなされた。同様に東京都八王子城でも，近年公刊された報告書によると龍泉窯青磁酒会壷や香炉・盤などの会所の飾り道具における威信財とされるものは，御主殿ではなく山上から表面採集されている（八王子市教育委員会2002）。これらのことから，山上御殿の中心は会所であり，その

部分で貴賎同座の儀礼＝連歌会や和歌会，さらには茶の湯が主催されるのである。これが「天文画期論」の実態である(4)。

また，冷泉為広・為和父子や岩山道堅・月村斉宗碩など，当代の歌人・連歌師たちが相ついで七尾にやってきて，七尾城の義総亭を中心に，和歌や連歌の会をたびたび催し，能登国を素材とした作品を多く残している。大永5年(1525)元旦，七尾城内にいた宗碩が，眼下に広がる七尾湾とその彼方に霞む富山湾・奥能登を遠望して「鈴の海や春や神代の朝ひらき」と独吟連歌の発句をしている。また，冷泉為和は同六年五月，七尾城の義総亭での和歌の会で「庭ひろみ苔のみとりはかたよりてあつき日影に白きまさこち」と，縁先から望むことのできる庭園の光景を詠んでいる(東四柳1988)。これらのことから，連歌会・和歌会が遠望のきく高い場所でしかも庭園で実施されていることが判明する。

さらに，戦国時代中ごろの能登に，畠山氏の重臣温井総貞の招きでたびたび下向した禅僧の膨叔守仙が，天文13年(1544)3月に筆録した『猶如昨夢集』所収の「独楽亭記」に城下町に関連する記載があり，それを下に抜書きする(三田1993)。

1．独楽亭は，七尾山大石渓の中腹にある。
2．総貞は，公務が退いてから暇を見て，この亭に登られる。
3．太守の御殿があたかも山の峰の上から鳥が翼を張り広げたように建っている。
4．七尾山(城)の山麓には，多くの人びとが移り住み，家並は一里程にわたって続いている。
5．その町中を色々な行商人たちが行き交い，道ばたには常設店舗も多く立ち並んでいる。
6．七尾山の麓に開かれた市場町は，まさに活況を呈している。
7．夕暮どきになるとこの町では，大寧・安国両寺の鐘声が，互いに応えあうようにして鳴りひびき，その情景は，幻想的でもある。
8．また，七尾山から前峯の石動山へは，一筋の尾根通が通じており，朝な夕なに多くの人馬が，途絶えることなく行き来している。

1は，山の中腹に膨叔守仙の屋敷がある。2は，温井総貞の公務は城下で，独楽亭は，山の高いところにある可能性がある。3は，山上御殿を中心に稜線上に郭が形成されていたことが判明する。4は，家並が一里程も続くとあるのは，新城下町七尾と旧来からの守護町であった府中が，ほぼ連続していたことを示している。5は，常設店舗の存在を示す。6は，七尾山の麓に市場があった。7．城下に大寧寺・安国寺がある。8．七尾山から石動山へは尾根道があって往来が頻繁である。おそらく街道的なものが城下を通っていたと推測できる。1から8の記載から城下町の様子がかなり判明する。

そしてこれらのことから，天文13年には，畠山氏は山上に居住していたことが判明する。さらに，大永5年には連歌会で既に山上に上がっているので，従来の知見の中では最も早い例である。庭園についても，今後発見される可能性が高い。山上に居住していた年代は若干天文よりも遡上しそうである。天文画期論もここで，16世紀前半に修正する必要があるかもしれない。今後検討したい。

（２）山上御殿成立の歴史的前提

　さて，山上御殿が石動山信仰の聖地の上に建設され，そこでハレの奥の儀礼が実施されるためには地域公権力としての地位が上昇していなければならない。勿論，Ⅰ期の守護所における公権力としての質の差が歴然としてある。その結果，山上御殿が形成されると矢田が指摘するように，戦国大名の判物（はんもつ）発給が頻繁に実施されるようになる（矢田2002ｂ）。

　以上のように，能登七尾・府中周辺における中世の地域空間構造の変遷を見ると，戦国期城下町の成立の中世Ⅱａ期が最も重要である。この時期には，以前「天文画期論」で論じたように平地の守護所の機能の一部が戦国城下町の成立とともに，山上御殿として山の上に上がることが大きな特徴である。山腹の高屋敷と山上御殿でハレの奥と表をそれぞれが機能分担していく。ハレの奥の部分である山頂で連歌会や和歌会を開催したことは間違いなかろう。さらに，城山は，中世前期から石動山に関連する修験道場があったことが想定され（東四柳1988），そうした聖地を支配することによって領域支配の精神的効果があったと想定される（飯村1994）。さらに，平地から領民が，山の上の領主と家臣の間のヒエラルヒーを立体的かつ可視的に山の斜面に見上げることによる視覚的効果もあったことが推測される。

　以上，中世城郭縄張りの認知論的理解から試論を試みた。

お わ り に

　埋蔵文化財は貴重な国民の共有財産であり，一度壊したら元には戻せない。七尾城下町遺跡は，山上の史跡である城郭部分と城下部分を一体として考えなければならない。全国的にみて学術研究上は勿論，歴史教育や生涯教育上においても，極めて重要な遺跡である。七尾城下町遺跡の保存を図るために，城下内での道路建設は避け，何とか路線変更をしていただけるよう行政当局に強く望みたい。

　さらに，上述したように，もし，それが現実的に不可能であるならば，山城と城下を統合した総合的調査を実施すべきであり，それはひとり七尾市のみでは成し得ない。佐賀県肥前名護屋城跡，広島県草戸千軒町遺跡，滋賀県安土城跡，福井県一乗谷朝倉氏遺跡などのように文化庁の強い支持を得た県レヴェルでの調査体制が不可欠であろう。

〈註〉
（１）この節での記述は，七尾市教育委員会1992に基づくものである。
（２）石垣も全てが前田氏段階Ⅱｂ期とは限らない。本丸北側にはⅡａ期の可能性があるものも存在する（千田嘉博氏教示）。
（３）越中瀬戸成立の年代については，越中では天正10年前後とされている（前川1991）が，「七尾焼」の開窯も生産技術の系譜から見て，それとほぼ同時期の年代が与えられる可能性が高い。
（４）このように，考えれば従来不明とされてきた一乗谷朝倉氏遺跡の山城部分の機能も整合的に理解できるかもしれない。つまり，当主の館内の土塁で区画された邸内は約5800㎡の広さがあって，十数棟の

建物礎石群や庭園・溝などが整然と配されている。建物群は，その方位と基準柱間寸法から大きく二つに分けられる。一つは一間を1.88m(6.2尺)とするもので，これは西土塁とほぼ方位をそろえており，西方に分布する。他は一間を1.89m(6.25尺)とし，先のものと1度19分のずれが見られるもので，主として東半に分布する。前者が先行し，これに後者が加わったものと考えられる。吉岡泰英氏は，この後者の加わった邸内改造時を義景の家督相続時(1548年)，あるいは，義昭の御成を得たとき(1567年)と考えている(吉岡1990)。もしそうであれば，それ以前の段階においては，七尾や他の戦国期城下町同様ハレの表と奥の儀礼がそれぞれ当主の館と山城部分とにおいて行われていた可能性が高い。

〈引用・参考文献一覧〉(50音順)

飯村　均　1994　「山城と聖地のスケッチ」『帝京大学山梨文化財研究所研究報告』5号。

内堀信雄・高田徹　1994　「美濃における15・16世紀代の守護所の変遷」『守護所から戦国城下へ』名著出版。

小野正敏　1997　『戦国城下町の考古学　一乗谷からのメッセージ』講談社。

木立雅朗　1998　「能登国衙はどこに？」『図説七尾の歴史と文化』七尾市。

金子拓男・前川要編　1994　『守護所から戦国城下へ－地方政治都市論の試み－』。

小島道裕　1985　「織豊期の都市法と都市遺構」『国立歴史民俗博物館研究報告　共同研究「中世の地方政治都市」』第8集。

千田嘉博　2002a　「七尾城の遺構と現状」『史跡七尾城跡保存管理計画書』七尾市教育委員会。

千田嘉博　2002b　「七尾城と戦国期城下町」『第40回中世史サマーセミナー「プチシンポ中世都市の空間と流通」』。

千田嘉博　2002c　「城郭研究の新展開」『考古学ジャーナル』No.493。

善端直　1997　「能登　七尾城の調査」『日本歴史』第594号，吉川弘文館。

七尾市教育委員会　1992　『七尾城下町遺跡七尾城跡シッケ地区発掘調査報告書』。

七尾市教育委員会　1997　『七尾城跡の発掘調査　平成9年度発掘調査現地説明会資料』。

七尾市教育委員会　2002a　『史跡七尾城跡保存管理計画書』。

七尾市教育委員会　2002b　『七尾市内遺跡発掘調査報告書Ⅱ－七尾城下範囲確認および開発に伴う事前調査等の発掘調査報告書－』。

橋本澄夫　1968　「石川県七尾市小島遺跡の遺構と遺物－中世遺構と想われる遺構の発見－」『古代学研究』第53号。

八王子市教育委員会　2002　『八王子城御主殿－八王子城ⅩⅢ　八王子城御主殿発掘調査－』。

東四柳史明　1988　「内乱と守護の時代」「七尾城の光芒と落日」高澤裕一編『図説石川県の歴史』河出書房新社。

東四柳史明　2000　「武家と争乱の世界」高澤裕一他編『石川県の歴史』山川出版社。

前川要　1991　『都市考古学の研究－中世から近世への展開－』柏書房。

前川要　1994　「守護所から戦国大名城下町への展開－都市空間構造論からみた視点－」『守護所から戦国城下へ』名著出版。

前川要　2002　「天主の成立と中世的儀礼観念の崩壊」『天下統一と城』塙書房。

前川要・千田嘉博・小島道裕　1992　「戦国期城下町研究ノート」『国立歴史民俗博物館研究報告』第32集。

松浦五郎　1994　「小丸山城築城年代考」『七尾の地方史』第29号。

三田良信　1993　「独楽亭記註釈」『七尾の地方史』第28号。

矢田俊文　2002a　『日本中世戦国期の地域と民衆』清文堂。

矢田俊文　2002b　「戦国期能登府中の権力と文化」『第40回中世史サマーセミナー「プチシンポ中世都市の空間と流通」』。

吉岡泰英　1990　「朝倉館と武家住宅」『よみがえる中世』6，平凡社。

〈付記・謝辞〉
（1）本稿は,「七尾城と城下町を考えるシンポジウム『七尾城と城下町』－能登畠山氏の町作り－を開く」『石川考古』246号,1998年(善端 直,前川 要,伊藤克江,小野正敏)の前川発表部分を第40回中世史サマーセミナー(2002年8月22日,石川県羽咋市にて開催)の内容を加味して大幅に改稿したものである。現地において遺構・遺物実見に際して,さらに成稿に際しては,善端 直・千田嘉博・矢田俊文・仁木 宏の各氏より配意とご教示を頂戴した。記して感謝する次第である。

（2）秋山先生と私の出会いは,多分先生は覚えておられないであろうが,私が21歳のとき名古屋大学文学部考古学専攻3年生の頃であった。当時名古屋大学文学部3年生であった私は元気のいい生意気な学生だった。講義題目は,中国先史土器の研究で,先生は毎日朝,徹夜のために目を腫らしていたのにもかかわらず,すごい勢いで朝から夕方まで講義をされていた。元気な私でも疲れて,居眠りを何度もしてしまった。秋山先生はこちらをじろっと向いて大きな声で授業を続けられ恥ずかしい思いをしたことを今でも鮮明に覚えている。その折のノートも私のファイリングキャビネットにしまっている。末筆ながら先生の古希を心よりお祝い申し上げ,さらなるご研究の発展およびご健康を祈念したい。

(まえかわかなめ・kaname@tamacc.chuo-u.ac.jp)

史跡整備へのマスタープラン

―― 上市町黒川上山古墳群から『歴史未来博物館』構想へ ――

戸簾　暢　宏・橋　本　正　春

【要旨】
　上市町黒川地区周辺では，立山の修験道もしくは密教を基盤とする一大宗教集落として成立したことを示唆する黒川上山古墳群と円念寺山遺跡(経塚群)が発見された。遺跡群を残した集団の系譜・消長・修験のルートなどの解明のため，遺跡周辺の自然環境の保存・知的文化的遺産としての有効利用・住環境保全の両立を図ることを基本として，各種の事柄を提案した。本稿では，地域住民の生涯教育の場・知的財産の集積拠点として，考古学を調査・研究するための博物館を考えた。また，富山県内の経塚遺跡を中心として史料の集成を行い，簡単な分析を加えた。

は じ め に

　富山県の約100年におよぶ考古学研究の成果に大きな遺産が加わろうとしている。黒川上山古墳群をはじめとする遺跡群は，14ヵ所におよぶ調査の結果，立山町芦峅寺，上市町大岩とならぶ立山信仰の一大拠点である可能性を指摘されるに至った。
　同遺跡群からの出土品は，上市町黒川・護摩堂地区から北アルプス一帯に，壮大な活動の跡を残した人々の息吹を感じさせるものが多い。しかし，その経緯，経塚・墓群とその周辺遺跡との関連，遺跡を形成した集団の出自などは未解明な部分も多い。これら難問の解明の途上には，各分野の智の結集を必要とする。研究成果は，生涯学習をベースとして，地域住民ひいては県民の知的文化的財産となることを期待したい。本稿は，人々が自らの地域社会を探求し，未来を創造するための総合的な博物館構想－すなわち，エコミュージアム(eco-museum)構想である。

I　調　査　報　告

　富山県中新川郡上市町は，富山県の東南部に位置し，北アルプスに源を発する早月川，上市川，

白岩川が町内を流下し,農業を主幹産業とする町である。上市町東部は,標高2998mの剣岳をはじめとする北アルプスの峰々が連なり,西は富山市,南は立山町,北は滑川市に接する。黒川上山古墓群とその周辺遺跡群は,上市町の北東部に位置する黒川地区周辺に所在し,上市川の支流で山間を流れる,郷川の右岸を見下ろす東福寺野台地の南側斜面をはじめとする山中に点在する。付近には,開谷(かいだん)や護摩堂(ごまんどう)といった宗教集落として発達したといわれる集落がある。山中には,穴の谷霊場があり,現在も人々の信仰を集めている。また,上市町市街地南東部には,真言宗寺院「大岩山日石寺」がある。この寺院の開基は,奈良時代といわれ,国指定文化財「日石寺磨崖仏」を本尊としている。黒川から護摩堂を経て尾根伝いに早乙女岳,大日岳,室堂を通り,雄山(立山)に至ることができる。これらのことから,黒川地区一帯は,中世において密教の一大霊場であり,霊山立山への入場口の一つであった可能性が大きいと考えられている。

　上市町の古代から中世にかけて文献に現れる荘園は,堀江保,小森保,堀江荘があり,これらに関連すると考えられている遺跡も多い。城館跡は,南北朝時代から戦国時代にかけて中新川一帯を勢力圏とした土肥氏ら各豪族の拠点が散在しており,黒川上山古墓群もこれらの荘園,城館などとの関わりの中でその消長があったと考えられている。

　黒川上山古墓群とその周辺遺跡は,上市町教育委員会によって考古学の方面から調査がなされている。発掘調査報告書は,同教育委員会によって鋭意執筆されている。これまでの調査成果の概略は,次の通りである。

　黒川上山古墓群では,70基の埋葬施設などが確認され,珠洲や白磁の蔵骨器,土師質皿,五輪塔などが出土している。12世紀末から百数十年あまりの間に築かれた古代末期から中世初期の墓群であると考えられている。埋葬施設は,おおむね尾根の高い場所から低い場所へと築かれている。埋葬施設は,各々が墳丘をもつこと。方形を意識した敷石をもつものがあることが判明している。墓群そのものの遺存度は,非常に高く,規模とともに全国的にも数少ない遺跡といえる。

　黒川塚跡東遺跡では,6基の埋葬施設が確認され,須恵器,縄紋土器,硬玉製品などが出土している。須恵器は,8世紀から12世紀頃までのものであり,この頃から黒川塚跡東遺跡周辺が利用されていたことを示唆している。埋葬施設は,墳丘をもつ。平坦面では,掘立柱建物や礎石,石垣が検出されていることから,なんらかの施設が設けられていた可能性がある。

　伝承真興寺跡では,本堂・塔・堂などの基壇・礎石,池・石敷などを配した庭園跡,石段・石垣を用いた山門跡が確認され,越中瀬戸,唐津,珠洲,土師質土器,須恵器などが出土している。9世紀から18世紀頃までの間に建てられた寺院跡と考えられている。

　日枝神社裏遺跡では,集石,礎石,土壙,石列,石垣状遺構などが確認され,越中瀬戸,珠洲甕,土師器皿,須恵器などが出土している。本遺跡は,全体に後世の削平を受けているが,室町時代初期に建てられた神社との伝承が裏付けられた。

　円念寺山遺跡では,経塚23基,石槨,壇状集石などが確認され,珠洲(経筒外容器・四耳壺・壺・片口鉢),青白磁(小壺・合子・稜花皿),金銅製独鈷杵,銅磬,銅鏡,短刀,石硯,火打石などが出土している。経筒には,経典などの内容物は残っていない。しかし,金銅製独鈷杵,銅磬といっ

た密教法具が出土していること。それらの出土状況から，本遺跡が経塚である可能性が極めて高いと考えられ，12世紀後半代に築かれた平安時代後期の経塚群となった。経塚と推定されている石槨を含め，おおむね尾根の先端から高い場所へ計画的に築かれている。経塚そのものの遺存度は，良好で，うち6基は埋納当時の状況をとどめている。本遺跡は，全国的にも数少ない整然とした大規模経塚群である。

　黒川地区，開谷地区，穴の谷霊場周辺，護摩堂地区周辺の山中を踏査した結果，大小様々の平坦面が確認されている。これらの平坦面は，付近一帯に遺跡が広がっていることを示唆している。

　調査成果から明らかになったことは，遺跡群の形成は，平安時代後期までさかのぼる可能性があり，室町時代初期まで続くこと。遺跡群は，密教を中心とした，信仰の一大拠点であった可能性があること。遺跡群は，剣岳，立山，大日岳に点在する山岳宗教・山岳信仰遺跡群[1]との関わりが指摘されていること。経塚，古墓群，寺院などの存在は，国内の山岳宗教・山岳信仰成立の様相と同一であることなどである。しかし，これらを造った集団の出自は，いまだ判然としない。また，いつ，何をきっかけとして黒川の地に現れ，消えたのか不明であることも明らかになっている。

第1表　黒川上山古墓群発掘調査・分布調査　調査略歴

面積単位（㎡）

調査次数	遺跡名・地区名	調査年次	面積	主要遺構
第 1 次 調 査	黒川上山古墓群	平成6年5月13日～7月27日	1500	13世紀代の墓群19基
平成6年度試掘調査	黒川上山古墓群東側山林	平成6年9月9日～9月22日	5000	
第 2 次 調 査	黒川上山古墓群	平成8年11月7日～12月17日	1500	45ヵ所の埋葬施設（墳丘墓・集石墓・五輪塔）
第 3 次 調 査	黒川塚跡東遺跡	平成9年8月21日～10月7日	5500	墳丘墓6基，掘立柱建物，礎石跡，石列，参道，平坦面
第 4 次 調 査	伝承真興寺跡	平成10年10月8日～12月28日	3200	基壇・礎石・盛土（本堂跡・堂跡・塔跡），池，石敷，石段・石垣（山門），湧水地，横穴
分 布 調 査	黒川地区山中			大小平坦面の確認，簡易測量実施
第 5 次 調 査	伝承真興寺跡	平成11年9月27日～12年3月31日	1500	本堂跡とその周辺を再調査
分 布 調 査	伝承真興寺跡周辺開谷地区山中			大小平坦面の確認，簡易測量実施
第 6 次 調 査	日枝神社裏遺跡	平成12年6月12日～13年3月31日	2500	集石・礎石・土壙・石垣状遺構
試 掘 調 査	円念寺山遺跡			経塚，集石，行者窟
分 布 調 査	穴の谷霊場周辺			大小平坦面の確認，簡易測量実施
第 7 次 調 査	円念寺山遺跡	平成13年6月12日～14年3月31日	1100	12世紀後半代の経塚群23基，石槨，壇状集石，集石
分 布 調 査	護摩堂地区周辺			大小平坦面の確認，簡易測量実施

Ⅱ 史跡整備プランの目標

　黒川上山古墓群とその周辺遺跡，これにともなう自然環境の保存と有効利用及び住環境保全の両立を目指し，次の目標を掲げる。

　『北アルプス研究』　　　北アルプスの山岳宗教と山岳登山の世界
　『経塚・セメタリー研究』　経塚・セメタリー[(2)]研究の一大拠点としての研究活動
　『温故知新』　　　　　　先人に学び，未来に活かす歴史の学び舎
　『環日本海時代』　　　　異文化交流の場として，県民一体の博物館建設

Ⅲ 史跡整備へのプラン

　黒川上山古墓群は，周囲の山中に遺跡や遺構が点在することも明らかになり，その全容を現わしつつある。問題の解明のためには，計画的かつ意欲的な方針を定める必要がある。そのために，現在ある疑問を解決の方向へ導きつつ，かつ，これらの遺跡群を知的文化的遺産として有効利用するために着実なプロセスの策定を図る。

・研究プロジェクトチームの結成と研究会の開催
・積極的な交流事業の展開
・成果の発表とＰＲの場の構築－博物館－

Ⅲ－① 研究プロジェクトチームの結成と研究会の開催

　現在，黒川上山古墓群は，上市町指定史跡の認定を受けている。今後は，これまでの考古学的な調査成果に加えて，多方面からの検討を行うことがさらなる問題解明へとつながる時期に来ていると考える。

　経塚の築造と法具などの埋納行為は，地域へのあらたな信仰の流入，寺院の開基，地鎮などを縁として行われる儀式である。埋葬行為のみならず冠婚葬祭は，葬制を含めて，時代，社会，宗教，民俗，慣例，自然環境などを色濃く反映する一面がある。これらの行為とともに，本遺跡群を白日のもとに明らかにすることは，歴史上のエアポケットである古代末から中世への変革期に光を当てる一助となるだろう。

　このことを踏まえた上で，本研究プロジェクトは，次の点に留意しつつ進めていく。

〈研究プロジェクトの留意点〉

①基本方針
・総合的な研究プロジェクトチームの発足を図り，本遺跡群のもつ意義を広く周知し，様々な分野からの重層的な理解と支持を得るよう努める。

・研究プロジェクトは，本遺跡群の保存，周辺環境の保全などを目的とした法整備を含め，県民への啓蒙活動の原点となるように広く検討を重ねる。

②第1期

・研究プロジェクトは，考古学研究者数人による同好会的研究会からスタートし，地に足のついた長続きする研究会を目指す。

・研究プロジェクトは，円滑に研究を進められるよう，主要テーマと各々の主要テーマに基づく小テーマを定め，計画的に活動する。

・主要テーマは，3年。小テーマは，1年ないし半年を目安として研究を行う。各回ごとの成果は，会報を作成し発表する。

・研究プロジェクトは，富山県内の当該期の研究者に遺跡群と研究成果を紹介，問題解明へむけて積極的なサポートと参加を求め，必要に応じてプロジェクトの拡大を図る。

③第2期

・拡大版研究プロジェクトは，分科会を設ける。分科会は，考古学，史学，仏教美術，民俗学，宗教，理学などの各専門分野を設ける。

・各専門分野は，お互いに補完関係にあることを条件として，緊密な連携をとりつつ調査，研究をすすめる。

・考古学分科会は，研究プロジェクトチームの主導的立場に立ち，各分科会とは強い補完関係の構築を図る。

〈各専門分野ごとの調査領域〉

・考古学分科会は，考古史料を調査する。土器，陶磁器，金属器は，経塚あるいは古墓群のために作られた特注品と思しきものもあるため，時期，生産地，類例，性格を調査する。また，遺物同士，遺構と遺物とのセット関係を調査する。遺跡，遺構，遺物をデジタル情報として記録し，データベース化して一般に公開する。

・史学分科会は，文字史料，絵画史料，文書などを調査する。この調査は，本遺跡群と周辺地域との交流，当時の社会情勢などを確認するために行う。絵画には，当時の黒川上山古墓群周辺の図会が残されているかもしれない。また，総本山クラスの寺院が保管している文書を調査する。この調査は，黒川上山古墓群が僧侶階級の墓地の可能性を指摘されていることから，その真偽のほどを確認するために行う。往時の宗教勢力としては，真言宗や律宗などの旧仏教，浄土宗や臨済宗などの新仏教がある。真言宗の総本山・本山クラスの寺院は，金剛峰寺，東寺，仁和寺，醍醐寺，高雄寺，高野寺がある。

・仏教美術分科会は，仏像の様式を調査する。この調査は，日本国内のみならず，海外の仏像と比較研究し仏師の系譜解明を図る目的で行う。上市町には，国指定文化財として大岩日石寺磨崖仏，大岩日石寺石仏がある。これ以外にも，近年判明した伝大日岳出土仏や各山頂の祠など宗教遺物と建築物も数多い。これらは，黒川上山古墓群には直接関わりはないかもしれないが，

調査する価値は十分あると思われる。
・民俗学分科会は，黒川地区周辺に伝わる民俗学的調査を行う。無形文化財としては，伝承，民話，習俗，祭り，踊り，民謡，宗教行事などがある。生業としては，農業，林業など野山との関わりや，市など他地域とのヒトの交流，モノの流れを探る。この調査は，黒川地区周辺の性格をつかむとともに，他地域の山岳宗教・山岳信仰に関わる集落とを比較するために行う。調査成果を集成し，古来の祭りの復活など，地域の活性化のために活用する。
・宗教分科会は，埋経や宗教的儀式などを調査する。この調査は，仏具や経典などの組み合わせなど経塚への埋納方法を通じて，その意味や目的を探るために行う。また，行者や地元の登山家らとともに修験の道を調査，復元を行う。なお，復元した修験の道は，剣岳から立山へ至るトレッキングコースとして開放する。
・理学分科会は，花粉分析や土壌分析，岩石などを調査する。また，経筒の付着物の検出，金属製品の産地同定などを行う。この調査は，黒川地区周辺の古環境を復元し，集落や耕地の開発，墓群造営の初現期を探るために行う。調査成果を集成し，3Ｄ画像を含めたデジタルマップ化を行う。

Ⅲ-②　積極的な交流事業の展開

　埋葬すること，弔うこと，祖先を崇拝することは，方法や考え方の違いはあっても人類が共通して行う儀礼である。研究プロジェクトは，黒川上山古墳群とその周辺遺跡群の専門的研究の場として位置づけた。交流事業は，古今東西の葬祭に関する史料や事柄を集大成し，研究者のみならず，地域住民までが参加できるコミュニティを構築する場として位置づける。
　交流事業の一環として，史料の交流と人的交流を展開する。
　史料の交流は，世界各地の博物館や美術館と提携し，積極的に史料の貸借を行い，定期的な企画展を催すことによって博物館の利用者増加と，アマチュア考古学者や考古学ファンの定着を図る。人的交流の場としては，公演会やシンポジウムの開催等が挙げられる。
　これらの交流事業は，専門家のみならず，人種・宗教・社会をこえて，一般人も含めた多種多様な人々の参加を得るまでに成長することを期待したいが，その際には，次の点に留意する必要があると思われる。この交流会の基本理念は，お互いの宗教や道徳観，社会の違いを踏まえた上で，民族間の相互理解につなげる平和目的の事業である。よって，欧米の正義感や科学を強制する場でもなければ，互いの思想，信条，宗教を批判し，強制しあう場でもない。

Ⅲ-③　成果の発表とＰＲの場の構築－博物館－

　研究会・交流事業で得た成果は，より多くの人に伝えるため，博物館や郷土史料館において公開する機会を設ける必要がある。来場者にとっては，国内外の有名な史料と郷土の文化財に同時に触れることのできる貴重な場である。発表の方法としては，定期的なシンポジウムの開催，史料の一般公開などがあると思われる。また，発表の場としては，現在ある施設の有効利用や，新

たな博物館建設などがあると思われる。

Ⅲ-③-1　魅力的なシンポジウム

　定期的なシンポジウムでは，交流事業の一環として提携先の博物館員や研究者を招いて公演会を行う。同時に，黒川上山古墳群の研究成果を発表する場としても有効である。シンポジウムは，自分の研究成果を発表する場だが，一過性のイベントとして終わらないよう，地域への智の還元を第一の目標としなければならない。研究者が市民と共に，お互いに学習しながらおこなう姿勢が大切であると考える。シンポジウムの形態として次のものを考えてみた。

　①体験学習　普段，目にすることのない発掘調査現場や遺物の整理作業に参加することができる。その反面，一度に見学できる人数に限りがある。指導や安全面などを含め，受け入れ側の作業日程に支障をきたす場合があり，主催者側の負担は，非常に大きくなると思われる。

　②企画旅行　旅行会社とタイアップし，国内外の史跡・遺跡を訪ねるシンポジウム・ツアーの企画。現地で実際に史跡や遺跡，遺物に触れながら研究成果を体感できる。その反面，旅行会社との契約事務，事故への対応など主催者側の負担は，非常に大きくなると思われる。

　③公開講座　施設内での公開講座は，机や座席，冷暖房が整えられた，静かな環境の中で講座に参加することができる。その反面，講義形式は，研究者側の一方的な発表になりやすい。施設は，大学，市民センター，公民館など，今ある施設の積極的な利用が望ましい。

Ⅲ-③-2　観客参加型の史料展示

　史料の一般公開では，遺跡そのものや遺物，文書，図会などを展示し見学者へ紹介する。展示方法としては，来場者が容易に遺跡の全体像をつかみ，理解する方法として次のものを考えてみた。

〈実物やレプリカによる観客参加型の展示〉

・遺跡の1／1スケール模型は，実際の雰囲気が伝わるメリットがある。その反面，膨大な費用，広大なスペースを必要とするため，実現は困難である。これを解消するために広島県立歴史博物館では，草戸千軒遺跡の一部を切り取り民家などを詳細に復元している。ここでは，生活感の漂う復元を目指して夕食の膳をならべる，片付けられていない独楽をおくなどの工夫をしている。また，観客を主役にするために，蝋人形は置いていない。観客は，町の中を自由に歩くことができるウォークスルー・ジオラマである。

・ジオラマは，全体を俯瞰できるミニチュア遺跡である。展示にスペースをとらないため，他の遺跡と並べて比較できる。その反面，実際の質感が伝わりにくいこと，収蔵スペースの確保などが課題となると思われる。現在，多くの博物館で用いられている展示方法である。

・触れる史料は，手のひらを通じて遺物の質感，重量，大きさを感じ取ることのできる，視覚障害者も参加できる展示である。展示物の汚損，破損対策，車椅子利用者のために展示ケースの

高さを調節するなど解決すべき問題も多い。

〈マルチメディアによる擬似体験型の展示〉

・ＣＧ映像は，自分の視線で遺跡を俯瞰できる。その反面，ディスプレイがテレビの場合，一度に見学できる人数が限られる。ディスプレイがスクリーンの場合，ビデオの代替手段であるかのように思われる。複数人での鑑賞は，個々人が見たい部分を見学することは束縛されやすい。
・携帯用ゴーグルは，自分の視線で遺跡を俯瞰できる。携帯用ゴーグルは，音声と映像を交えて解説を行う方法である。来館者は，専用スペースでゴーグルを着用し，自由に歩くことができる。このとき，ゴーグル内のディスプレイには，周囲の風景や遺跡が映しだされている。映像は，来館者の歩みに合わせて自由に動くようにしておけば，まるで実際に遺跡内を歩いているかのような感覚を抱くだろう。メディアアートの体験型ミュージアムとして開館した，ＮＴＴインターコミュニティーセンターでは，「ＣＡＶＥの共同(形)成」というジェフリー・ショー氏の作品を展示している。この作品は，壁に向けてビデオ映像を投影し，特殊なゴーグルをかけて見ると立体的な形，模様，風景が体のまわりを通りぬけてゆくというものである[3]。ただし，ゴーグルにより視界が遮られるため，周囲の安全性は確保しなければならない。
・音声ガイドは，視覚障害者や外国人にも広く遺跡を紹介することができる。携帯用受信機とイヤホンを用いた史料解説方法としては，大阪府「近つ飛鳥博物館」などで実用化されている。富山県では，県内の外国人割合の観点から，ロシア語が，友好姉妹都市や環日本海時代の観点から，中国語・韓国語が，話者人口の観点から，英語・スペイン語・日本語がそれぞれ必要であると思われる。ただし，音声ガイドは，音波である以上，音の干渉作用があり，乱れることも予想できる。よって，音源の位置，もしくは伝達の方法など，工夫を凝らす必要がある。

　　ＣＧ映像や携帯用ゴーグルなどマルチメディアを用いた展示方法は，データの管理面，利用者にとっての使い勝手などから見ると手軽である。その反面，コンピューターの多用による消費電力のコスト増は，京都議定書における温室効果ガス排出量の削減や，森林資源の保全など国際的な風潮に反する可能性もあり，なんらかのクリーンエネルギーの利用を図らなければならない。

〈青空博物館(史跡公園)による実体験型の展示〉

・青空博物館は，黒川上山古墳群をはじめとする遺跡群と，周辺の自然環境保護を含めた史跡公園である。調査研究成果に基づき，遺跡見学や修験の道を復元し体験登山を行うこともできる。上市町の郷土博物館(考古学研究)，立山町の立山博物館(立山信仰研究)，長野県の大町市立山岳博物館(山岳・自然研究)を結ぶ１市２町の合同プロジェクトに発展することも可能である。その反面，安全確保のための登山道整備，ガイドの育成が必要である。また，安易な自動車道整備やアスファルト敷設などは，自然環境，住環境に大きな被害を与えることも予想できるため，可能な限り避けなければならない。

Ⅳ 行政が打ち出す総合計画

　希望ある21世紀。現在の日本は，先進国の宿命ともいうべき超高齢化社会と少子化の道を確実に歩んでいる。富山県も例外ではない。ここ30年間の人口動態をみてみると，1970年当時の富山市は，26.9万人，高岡市の人口は，15.9万人とその差は，約11万人である。しかし，2000年10月1日現在では，富山市が32.6万人，高岡市が17.2万人と富山市の人口増加に比べ，高岡市の人口は横ばい傾向が目立つ。この原因としては，富山市と高岡市の都市構造・産業構造・施策の差異，県庁所在地の地の利などさまざまな違いが挙げられるだろう。その結果は，呉東地区では，富山市とその周辺都市への集住，呉西地区では，高岡市から他経済圏への人口流出，砺波市経済圏の形成などに現れている。その直接的な原因としては，デフレスパイラルともいわれる最悪の経済状況を反映した倒産や事業縮小，後継者不在による農業人口の減少など，産業の空洞化が少なからず影響していると思われる。

Ⅳ－① 富山県総合計画

　このような困難な情勢の中，富山県では，「富山県民新世紀計画前期2001～2005年度」として総合計画が示された。その一節，「人材立県　Ⅳ　科学と文化の振興　4　特色ある文化のふるさとづくり」として，以下の基本理念を明らかにした。

　　　『県民が文化を自由に「鑑賞」し，自主的に参加し，あらゆる場を通じて活動
　　　　の成果を「発表」できる機会に恵まれることが大切です。(本文抜粋)』

　この理念に基づき，富山県は，前期事業計画として文化財分野では，以下の計画を打ち出した。

（1）文化遺産の保存

　富山県は，2005年度までに県・国指定の史跡の公園化件数を現在の18件から21件にする方針を打ち出した。これを実現し，維持するために次の施策を挙げている。
・文化財調査の推進－中世城館遺跡総合調査の実施
・文化財に対する理解の促進と普及啓発，文化財ボランティアの養成と保護活動の推進

（2）文化遺産を活かした地域づくり

　富山県は，文化遺産を地域づくりに活かすための具体的な施策を挙げている。
・地域の文化財や埋蔵文化財の保護と活用，世界遺産「五箇山の合掌造り集落」等の景観整備
・桜町遺跡等に対する支援，桜町遺跡縄文パーク，謎解き桜町事業
・柳田布尾山古墳の保存整備，保存調査等支援事業，国史跡指定記念シンポジウムの開催，史跡柳田布尾山古墳の整備

Ⅳ-② 上市町総合計画

　上市町が現在ホームページ上に公表している総合計画は，具体的な方針を挙げていないため，理念先行のあいまいな総合計画との印象は否めない。しかし，ここで見られるあいまいさは，現在，行政改革の一環として全国的に進みつつある「平成の大合併」を睨んでのものとも考えられ，同町の方針は未確認だが，市町村合併後(平成17年頃迄)の文化遺産に対する姿勢を注視する必要がある。

Ⅴ　問　題　点

　ここまで黒川上山古墳群とその周辺遺跡を，文化遺産として保存・活用し，地域づくりに活かすための私見を述べてきたが，解決するべき課題も多いと思われる。現在，考えうる限りの課題をここにまとめて述べておきたい。

Ⅴ-① 研究会のもつイメージ

　本研究プロジェクトの研究対象は，黒川上山古墳群をはじめとして大日岳，剣岳，立山を結ぶ広大な地域に及ぶ。信仰をあつかうことから，いきおい経典の埋納や埋葬，弔いなどが主要な研究テーマになってくる。経典の埋納は，日常接する機会はほとんどない宗教的な儀式である。また，埋葬や弔うことは，人間である以上およそほとんどの人が経験する厳粛な場であり，死と直結しているため，近隣住民は，地元のマイナスイメージにつながるものとして受け取りかねない大きな障害である。

　その対策としては，交流事業や企画展を催す際には，出土遺物の国指定認定などとあわせて公開し，記念講演やシンポジウムの開催，研究会発足などを同時に行うことで近隣住民の受入れ体制を醸成する必要があると思われる。また，研究プロジェクトの成果発表と併せ，大英博物館やカブール博物館の史料，兵馬俑の史料等広く一般に知られている海外の博物館史料や遺跡を第1回目に紹介し，研究フィールドを海外にもつ研究者に公演依頼するなど，文化財保護に対する理解を深め，観光客を含めた人的交流を積極的に行うことのできる環境・雰囲気づくりを図る必要がある。

Ⅴ-② 研究会・交流事業の財源

　研究会・交流事業を定期的に安定して続けるには，財源の確保が必要であるが，現状では望むことはできない。行財政改革，特殊法人の統廃合などの国家的施策のながれのなかで，地方行政にも市民の厳しい眼差しと期待が向けられている。こういった社会状況の中で，文化財関係費は，まっさきに削られる項目でもある。その対策としては，既存施設を利用するなどの工夫，計画的かつ継続的な研究活動を通じて実績を積む必要がある。その上で，富山県と上市町の首長・議会・

官公庁・民間・地元の理解と協力を得ることが，活動の拡大を図ることにつながると思われる。

V－③ 研究会を開くにあたって

　研究会を開くためには，多くの人々の尽力が不可欠となる。中でも，行政サイドの協力は大きな比重を占めてくることになる。しかし，多くの市町村では，埋蔵文化財担当職員が1～2人というのが現状のようで，公には個人の研究は認められていないし，また，時間的・財政的にも限られている。したがって，発掘調査を円滑かつ迅速に進めるための行政内研究であっても，各々の向上心と熱意によって労働時間外に行うことで支えられているのが現状である。その結果，担当職員は，自分が掘った遺跡を研究するか，研究をあきらめるかの二極化が進むといわれている。

　また，担当職員は，動植物・建造物・民具・芸能・展覧会など，およそ文化財と名のつく文物全てに対応が求められることも多いため，極めて多忙である。こうした状況を打開するために，埋蔵文化財行政の指導的立場にある県埋蔵文化財センターは，積極的な指針を定め，県庁上層部への具申，他官庁への行政指導を行う必要があると思われる。ある人々にとっては，発掘調査は，時間と資金を浪費する無駄な存在である。こうした一部の政治家や官僚，デベロッパー，民間人らによって，文化財行政そのものが消滅に追いやられることも危惧できることである。

V－④ 研究会・交流事業を開催する施設

　現在，富山県内では，発掘調査・考古学研究の拠点として「富山県埋蔵文化財センター」が置かれている。また，専門的な研究会としては，「富山考古学会」や北陸を活動拠点とする各土器研究会などが活動している。研究会の研究成果の発表場所は，各々で確保しているのが現状である。

　富山県埋蔵文化財センターでは，「考古学体験広場」や「ふるさと考古学教室」など県民への普及・啓蒙活動を行っている。しかし，設立当初の基本構想－発掘調査・考古学研究の拠点－の精神は，財団法人富山県文化振興財団のほうが，研究会の開催，論文の発表件数の点において，富山県埋蔵文化財センターを凌駕しているように見うけられる。

V－⑤ シンポジウム，企画展を催すとき

　富山県のウイークポイントは，大都市圏から離れすぎていることである。よって，シンポジウムや企画展を企画・開催したとき，集客力，採算性は非常に脆弱と言わざるをえないだろう。こういったイベントは，地方の一小都市で開催するよりも，人口50万人以上を擁する政令指定都市を含む地域でおこなう方が，より効率的な運営を図ることができるのではないだろうか。その反面，小都市であっても地域と密接な連携を持つならば，地元の史跡見学などの体験学習も含めた，よりキメの細かな活動を行うことができる。地方の時代といわれる21世紀に則した，地域のカラーやアイデンティティーを発揮する場として捉えることも可能であろう。

　ところで，高橋隆博氏は，博物館がどんなに優れた古美術品を収集しようと，館長の交代や売名目的などで，新聞社の持ち込む収益性のよい企画展ばかりを行うならば，当該博物館の設立の

精神と目的を放棄したことと等しいと述べており，この点を十分に留意して活動しなければならない。

V－⑥　条例の制定による保護・保全対策

研究会の活動や発掘調査成果による，黒川上山古墳群の知名度向上から遺跡を訪れる機会が増えることが予想される。黒川上山古墳群一帯は，里山一体の遺跡群でもあり，カモシカやニホンザルをはじめとする貴重な動植物も多い。自然環境に配慮しない安易な遺跡の開放は，日本各地の湖沼・山林・市街地などで問題となっている外来種による固有種の淘汰を引き起こす危険性がある。山中では，迷子や事故の可能性もある。自然・文化遺産の保護，人身の安全の観点から，罰則を含む条例等の法整備と来訪者への広報・啓蒙活動が必要である。

V－⑦　学芸員の役割

日本の博物館では，博物館法によって，一人の係官が調査，史料の管理，史料公開の立案，展示室のレイアウト，パンフレット作成などの煩雑な業務を一手に引き受けている。そのため，博物館の設立当初から展示室のレイアウトを外注することも多い。元立山博物館館長の木本秀樹氏は，その結果として展示内容が薄いものになりやすいと指摘していた。このことは，日本における学芸員の社会的地位の低さ，ひいては文化財や伝統文化継承に対する国民意識の低さをあらわす象徴ともいえよう。

アメリカ合衆国をはじめとする西欧諸国では，博物館業務を調査・研究部門，史料の整理・保存処理部門，史料の公開・啓蒙活動部門などに分離・独立，それぞれの部門に専門の係官を配置し，おのおのの職掌を尊重しつつ，相互に連携を図りながら博物館を運営する体制を確立している。今後，日本国においても，博物館の運営方法を西洋に倣い，抜本的な改革を行う必要がある。特に，専門職員である学芸員を個々の部門に配属するための大幅な増員は急務である。加えて，千地万造氏は，日本の学芸員は，自分の研究や論文執筆といった個人の実績づくりには熱心だが，普及活動や展示に一切関わろうとしない。この体質は，研究者は教師よりも偉いといった，研究至上主義・権威主義に根ざすところが大きいと指摘している。よって，こういった意識改革も含めた体制作りを図る必要がある。

V－⑧　ボランティア解説員の役割

高橋隆博氏は，日本の博物館は，ボランティア解説員を単なる無償奉仕者として考えており，博物館が集積・習得したものを社会に還元する意味をほとんど理解していないことを指摘している。その結果，観客の質問に答えられない，専門職員を紹介しないといった弊害が生じている。こうした対応は，観客の博物館離れを促進し，ひいては理科・数学離れ，文化財・自然保護への不理解を引き起こしている一因であると思われる。

欧米の博物館は，生涯学習を担う場としての役割を担っている。例えば，アメリカ合衆国ボス

トン美術館では，何倍もの競争をくぐり抜けたボランティア解説員が活躍している。作品の知識，話術などの訓練コースを修了したボランティア解説員は，高校生から高齢者までの幅広い年齢層で構成されている。日本でも市民参加型の博物館が増えている昨今，ボランティア訓練コースの設立やＮＰＯ組織の活用などを図ることが，息の長い博物館活動につながるのではないだろうか。

Ⅴ-⑨　富山県内の博物館

富山県内の各市町村には，それぞれの地域の特色を活かした大小様々な博物館・資料館の充実が見られる。「ほたるいかミュージアム」や「砂防博物館」，「県立中央植物園」などもそれらの博物館・資料館のひとつである。これらの博物館・資料館に関しては，「富山市立科学文化センター」などが中核的な役割を担ってきたと考えられる。しかし，歴史学や考古学，民俗学などのカテゴリーについては，県内各地の史料の集積・保存を行い，歴史の中の富山県を俯瞰する視点に立って，史料を公開・展示できるほど強力な求心力を持つ博物館はまだ設置されていない。

現在，富山県埋蔵文化財センターが中心的役割を負うべく設置されているが，解決すべき課題も多い。史料の展示については，国指定文化財の一部は展示可能であり，解説員不在，保存・修理処理の専門家不在などの点から問題が残るようである。人員や設備の不備は，今後，海外や日本全国からの史料の交流を行う上で，極めて大きな障害として立ちはだかる。ひいては，人とひとの交流を行う上でのマイナス要因となることが予想できる。セキュリティー，史料の管理・保管などの問題を解決するために，最新鋭設備を備えた，中核的博物館を建設する必要があるのではないだろうか。

Ⅴ-⑩　博物館ネットワーク

富山県内の博物館は，各都市圏に分散している。また，放射線状に配置したバス路線，駅と駅の間隔が長い鉄道，山がちで移動には自動車が必須の地形などとあいまって，博物館の利用者にとっては，アクセスの観点から大変不便である。このことは，交通手段をもたない小中高校生にとっては大きな問題である。加えて，新学習指導要領のもと，総合学習がカリキュラムに加わり，完全週休二日制が実施された。その結果，学習のあり方や，土曜日の過ごし方などが議論の的となっている。小中高校生が学校帰りに訪れ，常に最新の情報，科学，文化を体験でき，かつ，身近な資料を通じ疑問を喚起するような，魅力あふれる展示を揃えた博物館の存在が必要になると思われる。

Ⅵ　古墳群の今後

黒川上山古墳群及び周辺遺跡群は，全国的にも貴重な遺跡であり，国指定史跡となることのできる要素を十分に保持していると思われるが，残念ながら町指定史跡レベルにとどまる憂き目に遭っている。しかし，黒川上山古墳群を含む周辺遺跡群は，地域住民の生涯教育の場として，知

識の集積拠点として，交流の場となる可能性は大きいと思われる。そこで，本遺跡群を有効利用するためのプロセスを考えてみた。

　第一段階として，黒川上山古墳群の研究プロジェクトチームの活動拠点として，上市町教育委員会内に事務局を設置，定期的な研究会を行い実績をつくる。少なくとも年1回のペースで会報等を発行する。活動報告を行う施設としては，「北アルプス文化センター」が適当である。というのは，今次の上市町総合計画は，北アルプス文化センターの一層の利用促進を指摘しているためである。ところで，北アルプス文化センターは，本来，山岳研究の場として構想されているが，修験の道として山岳を捉えるとき，登山愛好家や自然保護団体と一体となった文化財への活用も可能であると考えた。しかし，北アルプス文化センターでは，遺物等の定期的な展示は難しいと思われることから，考古学史料をはじめとする歴史的遺産を常時展示・公開できる施設の確保が望まれる。

　第二段階として，「富山県埋蔵文化財センター」を頂点として，各市町村の博物館ネットワークを構築し緊密な連携をとる体制をつくる。その際，各博物館の史料は，富山県埋蔵文化財センターにおいて一元管理を行い，改めて各博物館に貸し出すシステムを確立する。史料の一元管理システムは，これまで公開されずに埋れていた史料の再発掘や，史料リストをインターネット上に公開することにより，史料の保管場所・管理者を容易に検索できる効果も期待できる。

　各博物館は，統一テーマの下，巡回展を行い博物館の利用促進を図ると共に，祖先の足跡をたどる身近なテキストとして位置づけ，生涯学習の一環として，考古学の富山県民への定着を図る。また，各博物館は，それぞれ代表する遺跡・史跡を1ヵ所挙げて，氷見市から朝日町に至る歴史の道構想を利用しつつ，県内の他市町村へ積極的にＰＲ活動を展開してゆく。

　ところで，交流事業や大規模な企画展は，市町村立の博物館で行うには手狭であることが予想される。

　第三段階として，富山県の歴史・文化・民俗の中核施設として県立（国立）博物館の設立を目指してはどうだろうか。県立博物館は，県内の各博物館の主導的立場として位置づける。対外的な展望としては，友好姉妹都市との文化交流の場として，中国・朝鮮（韓国・北朝鮮）・ロシア沿海州との文化交流の場として，日本海側各県との文化交流の場として，「環日本海時代」の一翼を担う存在となるだろう。

Ⅶ 『歴史未来博物館』構想

Ⅶ-① 基本構想

　現在の資本主義経済にとっては，もはや政治的イデオロギーによって形成された国境は障壁ではない。巨大な資本は，自らの意思を持つかのように世界を飛翔する時代となった。しかし，その反面，牧歌的な農村や活気あふれる商店や露店も軒を連ねている。

国家としては，アメリカ合衆国の指導力低下によって，グローバリズムからリージョナリズムへの転換が急速に進みつつある。ヨーロッパ統合の結果としてのEU成立，アジアではASEANプラス3による東アジア貿易圏構想など，かつての植民地支配を基盤にもつ，排他的経済圏（ブロック経済）とは一線を画する経済協力体制が整いつつある。

　こうした新たな時代を担う，求心力のある博物館として総合博物館「歴史未来博物館」の設立を図りたい。本博物館は，「温故知新」と「環日本海時代」をテーマに，先人の足跡＝「歴史」と科学技術の発展・文化の啓蒙＝「未来」を博物館と市民が両輪となり，運営する施設である。

　本博物館の立地，屋外施設は，

　立地　　富山県の主要交通手段は，自家用車である。本博物館は，交通手段を持たない人にも気軽に利用できる施設として位置づけたい。すなわち，①小中高校生が学校帰りに立ち寄れる博物館，②地域住民の朝夕の散歩コース，③市民の憩いの場として利用できる施設である。よって，本博物館は，JR（在来線）駅から徒歩10分程度の距離に設置することが望ましい。

　屋外施設　　博物館の敷地内は，自然公園化する。自然公園は，地域住民の散歩コースとして，障害者のリハビリコースとしても利用できるように設計段階において，福祉の参画を図る。自然公園は，富山の植生をつめこみ次の各ゾーンに分割する。

・芝生中心の青空ゾーン－周囲を木々に囲まれた開放的な空間
・花壇中心のアロマゾーン－四季折々に花の色や香りを楽しむ空間
・樹木中心の森林ゾーン－小鳥のさえずり，リスなどの小動物のあふれる森林空間

　自然公園には，池を配し小川を流すことで，小川のせせらぎ，ホタルやゲンゴロウなどの水棲昆虫，メダカなどの水棲動物を楽しむことができる環境を整える。公園内は，アスファルトやコンクリートブロック，電線などの人工物を極力廃する。

の見て，触れて，感じることのできる施設である。

　なお，屋外施設についてのアイデアは，埼玉県「彩の国音かおりの里」，大阪府「大泉緑地ふれあいの庭」におけるユニバーサル・デザイン（universaldesign＝五感で感じる公園）にヒントを得た。また，1980年代以降の欧米の公園設計センサリー・ガーデン（sensorygarden＝たとえ障害者でも残った機能によって自然を十分に楽しむことができる公園）の精神を基本構想とした。

　本博物館のフロアの構造は，

　B1F作業広場（博物館資料専用フロア）　　科学資料・文化財を整理，保管するための収蔵庫，保存・修復処理室，遺物整理室をおく。外に開かれた博物館を目指し，外来用史料閲覧・検索室を併設する。また，館内に電力を供給する施設として，FCEV[4]などの最先端技術を取り入れるなど，環境保全にも取り組む。

　1F常設展示場（考古学・史学・民俗学フロア）　　富山県内の歴史史料を展示するフロア。学習の場として，発掘調査報告書，論文集，図録などを揃えた図書室，憩いの場としての託児室，ミュージアムショップ，カフェテリアなどを併設する。

　2F企画展示場（文化・世代交流フロア）　　国内外の博物館との交流によって得た史料を展示する

フロア。ここでは，当該史料との比較ができるように，当該史料と同じ時代の富山県内や国内の史料を展示する。温故知新の場として，企画展とリンクして，国内外の考古学者を併せて紹介し，遺品や業績を展示する。また，草の根交流の場として，室内楽やダンス，演劇などにも対応可能なミニ劇場を併設する。

3F 歴史未来館(科学フロア)　　2Fの企画展示場とリンクした，現代・近未来の資料を展示するフロア。ここでは，歴史とのリンクとして，2Fにあわせた科学，建築，水利，造船，医学，生活，農業，気象などの各技術を紹介し，触ることのできる展示を目指す。未来とのリンクとして，遊びを通じた科学，ITなどの実際に触れることのできる展示を目指す。加えて，誰でも気軽に利用できる実験室を併設し，科学教室などを定期的に開催する。また，国際シンポジウムや研究会，公演会を行う会議場を設ける。

屋上　　省エネルギーゾーン。太陽光発電や雨水の利用などを行う設備を整える。

の五層構造である。

「歴史未来博物館」の最大の目的は，「温故知新」と「環日本海時代」をベースにおいて，資源のない国日本が生き残るために，技術立国でありつづけることを啓発することである。日本の輸出品目は，先端技術と高度な職人技，そして，優れた技術者である。「歴史未来博物館」がそのような施設となるよう創意工夫を図りたい。

Ⅶ－② 実例「九州国立博物館」と「愛知万博」

福岡県太宰府市に日本で4番目の国立博物館，「九州国立博物館」の建設が始まった。「九州国立博物館」は，約17万平方メートルの敷地に，アジアとの交流拠点となるよう企画された，国民参加型の博物館である。具体的な運営システムは，

(ア)国「九州国立博物館(仮称)」は，アジア文明博物館を意図する

(イ)福岡県「アジア学術・文化交流センター(仮称)」は，関連施設として福岡県が設置する

(ウ)財団「財団法人九州国立博物館設置促進財団」は，民間から資金を募り，博物館運営を支援する

国，福岡県，財団法人が協同して運営する新しいシステムを採っている。

愛知万博は，「自然との共生」をうたう万博会場の跡地が，大規模な住宅団地になることが明かになったため，博覧会国際事務局(BIE本部)から「愛知万博は，国際博覧会を利用した土地開発事業にすぎない」と断定され，計画の全面的修正を求められた。これこそは，箱もの行政と私利私欲の絡んだ政治家・土建屋の陰謀と解されても仕方のない事件である。「愛知万博」関係者は，国際的にも糾弾されるべき愚行である。

お わ り に

黒川上山古墳群及び周辺遺構群の調査成果は，北アルプス一帯を含む遺跡群である可能性を示

唆するに至った。このことから，黒川上山古墳群は，里山一体の遺跡群として，遺跡のみならず，自然，住環境をふくめた総合的な保存・保全が必要であると思われる。今後の研究成果を期待したい。

本プランは，黒川上山古墳群の研究をきっかけとして，人々の交流の場となり，ひいては生涯学習の拠点となるようにとの願いを込めて作成した。

総合博物館『歴史未来博物館』構想は，その延長線上であり，文化間・世代間の異文化交流の拠点として，人間の智識の拠点として考えた。

日本は，先進国中ただ一国，理科・数学離れが著しい国でもある。未来を担う青年のみならず人々は，歴史と科学を通じて，身近な文物の仕組みに感動し，興味を示し，疑問を解決できるチャンスが必要である。総合博物館『歴史未来博物館』は，人々の知的欲求に応えることのできる施設として考えた。

掘る考古学から未来を考える考古学へ。これは，筆者が考える21世紀型の考古学の姿である。現在では，かつてのような大規模開発は少なくなり，市街地の再開発など小規模開発が主体となる時代へと転換しつつある。

そのような流れの中で，日本史のなかの中世は，旧石器時代・縄紋時代・弥生時代のもつ原始時代に対する，人間の本能的ともいえるロマンを掻きたてる時代ではない。また，強大な大王権力を背景に造営した，壮麗な大古墳群を擁する古墳時代，華やかな王朝文化を謳歌した奈良平安時代とも異なる時代である。中世は，近世城郭のような巨大な建造物も少なく，日本最古の某という称号も少ない。

経済史上でいえば，中近世は，貨幣経済の浸透と物流網の発達，商人を中心とする被支配者階級が台頭した時代であり，いうなれば，現代の根幹をなす時代といえるかもしれない。だから，自分たちの身近なところにある分，生臭いのである。そういったイメージもあいまって，為政者にとっては，政治的なアピールにつながりにくいこともあり，中世の遺跡の整備や活用に二の足を踏む根本的な原因となってしまうのかもしれない。

旧石器時代・縄紋時代・弥生時代は，日本人としてのルーツを探る時代。古墳時代・奈良平安時代は，日本の政治のルーツを探る時代。中近世は，現代の日本のルーツを探る時代。このように時代を捉えてみても，歴史から学ぶことは多い。歴史を学ぶことは，世界の未来を切り拓くための道具を手に入れることであると筆者は考えている。

最後に，拙稿を掲載する場を提供していただいた秋山進午先生，多大なご指導をいただいた上市町教育委員会高慶孝氏，大山町教育委員会小松博幸氏，立山町教育委員会三鍋秀典氏，松澤那々子氏，さらに戸簾が学生時代に御鞭撻頂いた国際日本文化研究センター教授宇野隆夫氏，富山大学人文学部教授前川要氏，同助教授高橋浩二氏へここに記して感謝の意を表したい。

注
1 山岳信仰…山に超自然的な威力を認め，あるいは霊的存在とみなす信仰。日本では古来の土俗信仰としてあったものが民間信仰として生き続け，また，のちに仏教とも習合して修験道などを生んだ。
山岳仏教…山中に入って修行する仏教の一類型。仏教と日本の山岳信仰との融合したもの。平安時代の天台宗・真言宗や修験道の類。広辞苑より抜粋
2 寺院の墓地としては，graveyard(英)があるが，現時点では黒川上古墳群の被葬者が誰であるのか，判明していないため，あえて共同墓地cemetery(英)を用いた。
3 専用メガネを用いて立体映像を楽しむシステムは，1970年に大阪万博で公開された，アイマックス社の大型映像システムによる立体映画ＩＭＡＸ(MaximumImage)がある。この作品は，ＩＭＡＸと一線を画する，より実験的な技術である。
4 ＦＣＥＶとは，現在環境省，経済産業省，国土交通省が開発を進める，燃料電池自動車である。水と太陽電池から電気分解で水素を作り，燃料電池の直接の燃料とする。水素は，燃焼によって水になるため，完全なクリーンエネルギーとして注目されている。この技術を応用することで，冷暖房にも利用できると考えた。

富山県の経塚

戸簾暢宏・橋本正春

はじめに

　ここでは,前文の「史跡整備へのマスタープラン－上市町黒川上山古墓群から『歴史未来博物館』構想へ－」に関連する経塚など基礎的及び主な文献・事項などを集成した。

　これは,先にも触れているが,上市町黒川上山古墓群及び円念寺山経塚遺跡が,墓群や経塚であること。遺跡の性格解明のためには,そこから想定される山岳宗教などの関係を有機的に考える必要があるためである。そして,それらを研究し,調査するための博物館を考える上で,これまで判明している事柄などをここで,一度整理し,集成するものである。

　今日まで,県内の経塚などについては,個別報告などがあるものの,体系的にまとめられたものはなかった。本集成が,今後,増補・訂正され,富山県の宗教関係遺跡研究の一助になれば幸いである。

I 経塚分布状況

I-1 富山県内経塚の総数

60遺跡　84経塚　参考14遺跡　経石一字一石11遺跡　経石多字一石1遺跡　瓦経1遺跡
7市　9町　2村　1不明

I-2 地域別総数一覧

　　新川郡　34遺跡　58経塚　参考8遺跡　経石一字一石8遺跡　経石多字一石1遺跡
　　婦負郡　 0遺跡　 0経塚　参考0遺跡
　　射水郡　 8遺跡　 8経塚　参考2遺跡　経石一字一石1遺跡　瓦経1遺跡
　　砺波郡　17遺跡　17経塚　参考4遺跡　経石一字一石2遺跡

急峻な山岳地帯が控える富山県は，かつて山岳宗教が盛んな土地柄であった。新川郡に含まれる立山町周辺には立山信仰，射水郡に含まれる氷見市から石川県七尾市へつながる宝達丘陵は石動山，砺波郡に含まれる福光町から石川県金沢市へつながる山地には医王山がそれぞれ知られている。とくに新川郡には全経塚遺跡の57％が集中している。

経塚の分布については，郡を単位とした。

なお，各郡の境界は，現在の行政境と多少異なる。現在の富山市は，新川郡と婦負郡の両郡にまたがるが，全市域を新川郡に含めた。同様に現在の高岡市は，射水郡と砺波郡の両郡にまたがるが，全市域を射水郡に含めた。

Ⅰ－3　市町村別総数一覧

新川郡	魚津市	3遺跡	3経塚		経石一字一石2遺跡	
	滑川市	2遺跡	2経塚	参考2遺跡		
	上市町	2遺跡	26経塚	参考2遺跡		
	立山町	9遺跡	9経塚	参考3遺跡	経石一字一石3遺跡	
	大山町	2遺跡	2経塚		経石一字一石2遺跡	
	富山市	16遺跡	16経塚	参考1遺跡	経石一字一石1遺跡	多字一石1遺跡
射水郡	大島町			参考1遺跡		
	高岡市	3遺跡	3経塚	参考1遺跡		
	氷見市	5遺跡	5経塚		経石一字一石1遺跡	瓦経1遺跡
砺波郡	礪波市	2遺跡	2経塚		経石一字一石1遺跡	
	福岡町	1遺跡	1経塚			
	小矢部市	2遺跡	2経塚		経石一字一石1遺跡	
	庄川町	1遺跡	1経塚			
	福野町	0遺跡	0経塚	参考1遺跡		
	城端町	1遺跡	1経塚			
	福光町	7遺跡	7経塚	参考3遺跡		
	平村	1遺跡	1経塚			
	上平村	2遺跡	2経塚			
	不明	1遺跡	1経塚			

新川郡の経塚は，郡内でも西部の3市3町に集中している。中でも，黒川上山古墳群の調査成果から立山信仰との関連が指摘されている地域は，富山市以外の魚津市，滑川市，上市町，立山町，大山町の2市3町であり，計18遺跡が分布している(表1)。また，遺跡数は，今後増加する可能性があると思われる。射水郡の経塚は，郡内でも北西部の氷見市・高岡市に分布している。砺波郡の経塚は，郡内のほぼ全域で確認されているが，各市町村につき1ないし2遺跡が点在する傾向にある。古代の経塚は，各3郡に一経塚が存在している。

Ⅱ 経 塚 一 覧

Ⅱ-1 市町村別経塚一覧

経塚一覧表記は,次の順である。経塚総数番号－市町村内番号・遺跡名・所在地・時代・種別・遺物及び銘他・地形・標高・参考文献：参考文献は,現時点で確認しうる文献中,最も古い文献を挙げた。

第1表 市町村別経塚一覧

魚津市　3遺跡　3経塚　経石一字一石2遺跡

標高単位(m)

番号	遺跡名	所在地	時代	種別	遺物・銘他	地形	標高	参考文献
1-1	天神野新経塚	天神野新	中世	経塚	経石一字一石	6-2	52	奈良博1977
2-2	宮津遺跡	宮津	中世	経塚		2	50	定塚1980
3-3	早月上野遺跡	早月上野	中世	経塚	経石一字一石咒符	6-2	75	金子1975

滑川市　2遺跡　2経塚　参考2遺跡

番号	遺跡名	所在地	時代	種別	遺物・銘他	地形	標高	参考文献
4-1	大島新経塚	大島新	中世	経塚	銅経筒銘	5	40	京田1972
5-2	二塚経塚	二塚	中世	経塚		5	53	奈良博1977
参考1	小森塚	小森	不明			不明	—	奈良博1977
参考2	小森経塚	小森(小森塚と同一か)				不明	—	奈良博1977

上市町　2遺跡　26経塚　参考2遺跡

番号	遺跡名	所在地	時代	種別	遺物・銘他	地形	標高	参考文献
6-1	大岩京ヶ峰経塚	大岩京ヶ峰	古代	経塚	銅経筒銘他	2	292	石田1957
7-2〜31-26	円念寺山遺跡	黒川	中世	経塚・祭祀	独鈷杵・銘他	2	85	上市町教委2001
参考1	大日岳山頂	大日岳山頂	古代	祭祀	錫丈頭他	3	2501	県史委1958
参考2	剣岳山頂	剣岳山頂	古代	祭祀・埋納	錫丈頭他	3	2998	K・K1908

立山町　9遺跡　9経塚　参考3遺跡　経石一字一石3遺跡

番号	遺跡名	所在地	時代	種別	遺物・銘他	地形	標高	参考文献
32-1	釈迦堂経塚	小林字釈迦堂	近世	経塚	越中瀬戸片	不明	—	奈良博1977
33-2	若林経塚	若林字経塚	中世	経塚		5	19	—
34-3	松倉経塚	松倉字経塚	中世	経塚	銅経箱銘	2	170	奈良博1977
35-4	前田経塚	浦田字前田	中世	経塚	経石一字一石	5	18	—
36-5	大明神経塚	浦田字新貝	中世	経塚		7	14	—
37-6	大薮塚	浦田字高木石田	中世	経塚	経石一字一石	5	17	森1986
38-7	二ツ塚経塚	二ツ塚字西中ノ島	中世	経塚	経石一字一石	5	21	—
39-8	日中玉橋経塚	日中字玉橋	中世	経塚	銅経筒銘	6-2	77	京田1972
40-9	日中東経塚	日中字松原	中世			6-2	79	奈良博1977
参考1	浦田新経塚	浦田				5	16	奈良博1977
参考2	石田経塚	浦田新(37-6大薮塚が該当か)				不明	—	関1984
参考3	芦峅寺経机銘	芦峅寺	中世		納札納経机銘	不明	—	京田1972

大山町　2遺跡　2経塚　経石一字一石2遺跡

41-1	東黒牧上野西塚	東黒牧字前山	中・近世	経塚	経石一字一石	6-1	160	—	
42-2	東黒牧上野東塚	東黒牧字前山	中・近世	経塚	経石一字一石	6-1	160	—	

富山市　16遺跡　16経塚　参考1遺跡　経石一字一石1遺跡　多字一石1遺跡

43-1	吉作1号経塚	吉作	中世	経塚		6-2	5	—	
44-2	境松塚	西長江	中世	経塚		不明	—	—	
45-3	栗山塚	栗山字楮原割	古代 中世	経塚	人骨	5	34	県埋文センター1990	
46-4	景清塚	町村	中世	経塚		5	31	—	
47-5	江本経塚	江本字三ツ塚割	中世	経塚		5	65	中村1963	
48-6	三熊中山1号経塚	三熊字中山	中世	経塚	珠洲壺他	1-2	85	古川1989	
49-7	三熊北塚群	三熊	中世	経塚		1-2	80	—	
50-8	西ノ森経塚	西番	中世	経塚		5	98	奈良博1977	
51-9	法華経塚	西番	中世	経塚		5	93	奈良博1977	
52-10	千人塚	石田字安国寺割	中世	経塚		5	46	—	
53-11	禅塚	石田字安国寺割	中世	経塚		5	46	—	
54-12	足立塚	西長江				不明	—	—	
55-13	塚根経塚	上千俵字三ツ屋割	中・近世	経塚	経石一石一字他	5	70	藤田1978	
56-14	富士塚	月岡字野田割		経塚		不明	—	—	
57-15	墓ノ段塚	池多	中世？	経塚		6-2	36	—	
58-16	海岸寺経塚	梅沢町	近世	経塚	経石多字一石	不明	—	関1984	
参考1	三塚経塚	江本（47-5江本経塚が該当）				不明	—	中村1963	

大島町　参考1遺跡

参考1	大島村経机	大島村	中世		経机銘	不明	—	県民会館1964b	

高岡市　3遺跡　3経塚　参考1遺跡

59-1	山川経塚	山川	中世	経塚	経筒・鏡他	1-2	170	奈良博1977	
60-2	二上経塚	二上西反田	中世？			1-1	160	奈良博1977	
61-3	白山経塚	伏木古国府	古代	経塚	経筒・経典他	6-1	20	林1932	
参考1	撲館塚遺跡	上牧野				10	2	奈良博1977	

氷見市　5遺跡　5経塚　経石一字一石1遺跡　瓦経1遺跡

62-1	加納中程経塚	加納字中程		経塚		不明	—	奈良博1977	
63-2	久目経塚	久目		経塚		不明	—	奈良博1977	
64-3	窪経塚	窪		経塚	経石一字一石	不明	—	奈良博1977	
65-4	鉾根経塚	鉾根		経塚		不明	—	奈良博1977	
66-5	論田経塚	論田		経塚	瓦経銘	不明	—	橋本1967	

砺波市　2遺跡　2経塚　経石一字一石1遺跡

67-1	宮森新経塚	宮森新	近世	経塚	経石一字一石	不明	—	三宅1984	
68-2	光明真言塚	宮森	中世	経塚		不明	—	奈良博1977	

福岡町　1遺跡　1経塚

69-1	上向田経塚1号塚	上向田	中世	経塚	経筒他	1-2	65	西井1967	

富山県の経塚

小矢部市　2遺跡　2経塚　経石一字一石1遺跡

70-1	藤森経塚遺跡	藤森字本堂島	中世	経塚	経石一字一石	6-2	48	奈良博1977
71-2	北一小谷山遺跡	北一	中世	経塚		1-2	60	定塚1980

庄川町　1遺跡　1経塚

72-1	三谷鉾塚	三谷	中世	経塚		1-2	110	—

福野町　参考1遺跡

参考1	安居寺所蔵鏡	安居		経塚か	鏡	不明	—	京田1972b

城端町　1遺跡　1経塚

73-1	金戸経塚	金戸	中世	経塚		6-2	136	奈良博1977

福光町　7遺跡　7経塚　参考3遺跡

74-1	岩木経塚	岩木	中世	経塚		7	76	奈良博1977
75-2	志留志塚	岩木	古代	経塚	銅経筒他	2	140	京田1972b
76-3	京塚	京塚大西	中世	経塚		6-2	130	奈良博1977
77-4	広谷経塚	広谷	中世	経塚		6-2	150	林1932b
78-5	香城寺塚	香城寺字塚	中世	経塚		2	180	—
79-6	山本経塚遺構群	山本	中世	経塚		2	200	小林1993
80-7	土生新経塚	土生新字経塚	中世	経塚		6-2	139	福光町, 医王山文委1992
参考1	宗森城跡	宗森	中世	経塚		不明	—	千秋1987
参考2	わん塚	大塚				不明	—	奈良博1977
参考3	八木の経塚	八木（八木は岩木の誤りか）				不明	—	—

平村　1遺跡　1経塚

81-1	下出経塚	下出字経塚田	中世	経塚		6-1	360	奈良博1977

上平村　2遺跡　2経塚

82-1	真木経塚	真木	中世	経塚		6-1	355	奈良博1977
83-2	赤尾経塚	西赤尾	中世	経塚		2	370	奈良博1977

出土地不明　富山県　1遺跡　1経塚

84-1		出土地不明		経塚	経筒銘	不明	—	県民会館1964a

表2　経塚築造地形別遺跡数

地形分類	1-1	1-2	2	3	5	6-1	6-2	7	10	不明	計
新川郡	0	2	4	2	15	2	6	1	0	10	42
婦負郡	0	0	0	0	0	0	0	0	0	0	0
射水郡	1	1	0	0	0	1	0	0	1	6	10
礪波郡	0	3	4	0	0	2	5	1	0	6	21
計	1	6	8	2	15	5	11	2	1	22	73

富山県における経塚の築造地は，丘陵や山地，洪積台地といった地形に求める傾向がある（表2）。これらの地形の特徴は，水害を受けにくい安定した土地であること，見晴らしがよいことなどを挙げることができる。洪積台地における築造地は，河川沿いの河成段丘よりも，広い開析扇状地を選好する傾向が見られる。

しかし，新川郡内の経塚は，約36％にあたる15遺跡が扇状地に築造している。立山町大明神経塚や福光町岩木経塚のように，河川の氾濫原に築造する例もある。また，高岡市撲館塚遺跡は，後背湿地に築造した例である。これらの例のように，経塚築造者が水害に遭う可能性のある土地を選定した理由は現在のところ不明である。

地形については，富山地理学会編『富山県の地形・地質』1986をもとに分類を行い，富山県埋蔵文化財センター編『富山県埋蔵文化財包蔵地地図』1993と重ねあわせ判別した。なお，同地図に未掲載の遺跡・経塚は，地形不明としている。地形分類は，次の通りである。

表3　富山県の地形分類

	地形分類		細分類	定義
1	丘　　陵	1-1	丘陵	平野部に突出した丘陵
		1-2	丘陵性山地	飛騨山地や両白山地などから派生する丘陵
2	山　　地	2		飛騨山地，両白山地など
3	山　　岳	3		標高1000mを越える山地
4	地 す べ り	4		山地，丘陵だがケスタ地形など地すべりの多い地
5	扇　状　地	5		沖積平野を構成する地形
6	洪 積 台 地	6-1	河成段丘	河岸に見られる階段地形
		6-2	開析扇状地	立野ケ原台地など
		6-3	隆起扇状地	地殻変動を受けた扇状地
7	氾　濫　原	7		洪水時に浸水を受けたことのある範囲の低地
8	谷 底 平 野	8		谷部にできた平坦地
9	海 成 段 丘	9		海岸に見られる階段地形
10	後 背 湿 地	10		潟が土砂の堆積により陸地化した地形
11	砂　　丘	11-1	砂丘	砂が風に運ばれてできた丘
		11-2	砂洲	砂嘴が長く伸びて，その先が対岸の陸地につながったもの
		11-3	礫浜	礫によって形成された海岸
12	V字谷・峡谷	12		河川による浸食を受けた深い谷。または，険しい山に挟まれた，幅の狭い谷
13	島　嶼　部	13		離島など

Ⅲ　経塚の築造年代について

Ⅲ-1　経塚の築造時代

古代の経塚　3経塚　参考2遺跡
　上市町大岩京ケ峰経塚　上市町大日岳山頂(参考遺跡)　上市町剣岳山頂(参考遺跡)

高岡市白山経塚　福光町志留志塚

古代・中世の経塚1経塚

富山市栗山塚

Ⅲ-2　経塚の銘判明時代順一覧

1167年	仁安2年	上市町	京ヶ峰経塚	銅板製経筒銘
1176年	安元2年	富山県内		経筒銘
1186年	文治2年	上市町	円念寺山3号経塚	陶製経筒外容器銘
1191年	建久2年	大島村		経机銘
1524年	大永4年	立山町	芦峅寺大仙坊	納経机銘
1525年	大永5年	立山町	日中経塚	銅製経筒銘
1531年	享禄4年	立山町	松倉経塚	銅経箱銘
		富山市	江本経塚	板石塔婆銘
1563年	永禄6年	滑川市	大島新経塚	銅経筒銘
無記年		福岡町	上向田経塚	陶製経筒円筒形外容器銘

県外参考遺物

1475年	文明7年	高岡市	中川旧摂津多田院	経櫃銘（兵庫県）

　記年銘のある経塚は，現時点で10例を数える。年代の分布状況は，事例が少ないため判然としないが，12世紀後半と15世紀第4四半期から16世紀中ごろまでの2時期に大別できるようである。地域的な分布状況は，立山信仰の拠点である新川郡に偏る。しかし，年代と地域的分布状況を鑑みた場合，12世紀後半は上市町，15世紀第4四半期から16世紀中ごろは立山町に集中する傾向がみられた。

Ⅳ　参考遺跡・塚・中世墓・古墓・蔵骨器

（参考遺跡一覧表記は，次の順である。参考遺跡表示：S－参考遺跡総数番号・遺跡名・所在地・時代・種別・遺物他・参考文献：参考文献は，現時点で確認しうる文献中，最も古い文献を挙げた）（参考遺跡の中には，文献の文章のみで掲載したものがある。）

第4表　参考遺跡他一覧

朝日町　遺跡4　塚等4

No.	遺跡名	所在地	時代	種別	遺物他	参考文献
S-1	柳田古墓	柳田	中世	古墓	珠洲甕他	埋文研究会1983
S-2	臼ヶ谷遺跡	笹川臼ケ角	中世	塚	蔵骨器　珠洲大甕他	吉岡1976
S-3	殿塚状遺構		中世	塚	珠洲大甕	定塚1980
S-4	馬場山D遺跡	境字馬場	中世	墓	石櫃他	富山県教委1987

黒部市　遺跡2　塚等2

S-5	神谷堅田遺跡	神谷字堅田	中世	塚	蔵骨器　蔵骨器他	定塚1980
S-6	阿古屋野中世墓	阿古屋野	中世		珠洲壷	埋文研究会1983

魚津市　遺跡4　塚等8

S-7	石　垣　遺　跡	石垣字西福寺	中近世	塚	蔵骨器　蔵骨器他	富山県教委1972
S-8	印　田　大　塚	印田	中世	塚		斉藤1981
S-9〜13	印田近世墓	印田	近世	墓	蔵骨器　蔵骨器他	魚津市教委1981
S-14	吉野中世墓	吉野	中世	塚	蔵骨器　蔵骨器他	麻柄1981

上市町　遺跡1　塚等25

S-15〜44	黒川上山古墓群	黒川字上山	中世	墓	蔵骨器　蔵骨器他	上市町教委1995

富山市　遺跡5　塚等6

S-45	北　代　遺　跡	北代	近世		蔵骨器他	藤田1979
S-46・47	住　吉　古　墓	住吉	中世	墓	蔵骨器　蔵骨器他	古川1987
S-48	県営公害No.7	南中田字土居野割	近世	墓	蔵骨器　蔵骨器他	古川1987
S-49	杉谷群集塚	杉谷字御前野	中世	塚	珠洲甕	古川1984
S-50	大村天満宮出土大甕		中世		珠洲甕	埋文研究会1983

八尾町　遺跡1　塚等1

S-51	高　熊　出　土　甕		中世		甕人骨他	埋文研究会1983

高岡市　遺跡2　塚等2

S-52	江　道　2　号　墳	江道字高宮				高瀬1957
S-53	麻生谷新生園遺跡	麻生谷堤			呪符木簡	高岡市教委2001

氷見市　遺跡8　塚等8

S-54	長坂・ソウト中世墓群	長坂字山田ソウト	中世	墓	蔵骨器　珠洲甕他	氷見市教委1984
S-55	朝日長山古墳					氷見高校1952
S-56	伊勢玉神社境内	下伊勢	古中世	墓	蔵骨器　蔵骨器他	定塚1980
S-57	阿尾城西麓出土壷	阿尾字城山	中世	墓	蔵骨器	吉岡1989c
S-58	藪田薬師中世墓	藪田薬師	中世	墓		定塚1980
S-59	荒舘ソモギ	荒舘	中世	墓	珠洲壷他	定塚1980
S-60	上日寺中世墓群	朝日本町	中世	墓	珠洲壷	吉岡1989c
S-61	脇方谷内中世墓		中世	墓	珠洲壷	定塚1980

砺波市　遺跡2　塚等2

S-62	増山長念寺塚	増山				礪波市教委1978
S-63	増山妙蓮寺塚	増山				礪波市教委1978

小矢部市　遺跡2　塚等2

S-64	八講田八伏		中世		珠洲他	定塚1980
S-65	埴生銅製仏	埴生医王院			伝仏	―

井波町　遺跡1　塚等1

| S-66 | 銭甕山遺跡 | 清玄寺 | 中世 | 墓 | 珠洲壺他 | 橋本1978 |

福野町　遺跡1　塚等1

| S-67 | 高堀善証寺小銅仏 | | | | 伝仏 | ― |

福光町　遺跡2　塚等2

| S-68 | 香城寺惣堂 | 香城寺 | 中世 | 墓 | 蔵骨器他 | 林1932b |
| S-69 | 梅原安丸遺跡 | 梅原字安丸 | 中世 | 墓 | 人骨他 | 大野1998 |

利賀村　遺跡1　塚等1

| S-70 | 北豆谷出土四耳壺 | 北豆谷 | | | 四耳壺 | 定塚1980 |

おわりに

　今回の集成では，次の点を述べ現時点のまとめとする。
　経塚の分布は，郡単位で捉えた場合，経塚が郡内に偏在する新川郡と射水郡，郡内に点在する砺波郡とに分けることができた。
　経塚の築造地は，今回はあえて地形を細分した。地形は，高台である山地・丘陵と低地である扇状地の二大別ができたにすぎない。しかしながら，扇状地などの低地にも築造していることは，築造地を丘陵などの安定した高台のみに必ずしも求めていないことを示している。
　上市町円念寺山遺跡の例は，丘陵地に造られた経塚群である。
　富山平野は，遺跡北西を他の丘陵がさえぎるため望むことはできないが，山あいの平地部から遺跡を見上げると，遺跡を通して剣岳を遠望することができる。これらのことから今後，築造地としての風土と眺望，中世村落における経塚の地理的位置などの観点から調査する必要があると考えられる。
　また，地鎮・壇鎮など宗教的な意味，何らかの境界としての意味などに加え，経塚を築造していない地域の特性についても考察を行うことで，経塚築造者の遺志に迫ることができるものと考える。
　経塚の築造年代は，2時期に分けることができた。しかし，時期分類は，史料数が乏しいため，史料の増加を待ち再考を図りたい。ところで，12世紀後半は，黒川上山古墓群が形成された時期とも重なることから，記年銘のある経塚の分布地の移動は，信仰集落・拠点の盛衰とも関連する可能性があると思われる。
　本稿で集成した経塚遺跡は，全てを網羅しているわけではない。今後も継続して集成し，加筆・訂正を行うことで史料の充実を図りたい。

富山県内経塚関係紀年銘・銘文他一覧

一一六七年　仁安二年丁亥　上市町大岩経ガ峰
　　　仁安二年　八月十日甲辰
　　　　　　　亥
　　　　願主相存

一一七六年　安元二年　富山県
　安元二丙申正月廿三日奉施入是似

一一八六年　文治二年　経筒銘　上市町円念寺山遺跡三号経塚
　ふちこね
　ふちわらの
　国公
　有近
　八月十四日

一一九一年　建久二年　大島村
　建久二年四月十一日
　西大寺

一五二四年　大永四年　立山町芦峅寺
　　　　十羅刹女井開士
　梵字奉納大乗妙典
　　　千杵神大永四一
　　　十羅刹女井開
　梵字奉納大乗妙典六〇以之埃
　　　三十番神　大永四甲

一五二五年　大永五年　中新川郡上段村日中上野
（弥勒）
　梵字　旦那田部氏女　逆修
　十羅刹女　本願越中国新
　　　　　川郡　住賢海
　奉納　法華妙典陸拾六部之内一部
　　　臂三十番神
　　　　　　　　　　　巳
　　　　　　大永五　五月吉日
　　　　　　　　　　　酉
　　　　為二親成仏也　小仏宗見

参考　無記年　日石寺磨崖仏　上市町大岩
越中国大岩山
　日石寺内〔　〕
宗俊七日参籠
南智坊　祇薗房
　　　　玄勝房
　来〔王〕合
　大日坊

参考　県外品
一四七五年　文明七年　高岡市中川旧摂津多田院
　　　　　　　　　開結
　奉寄進法華経一部
　　　　　　　　心阿
　摂津国河辺郡多田院常住本願忌
　御八講御本也
　　　　　　己
　　文明七年　六月　住持沙也仙恵
　　　　　　未
　　　　　　　　　　　　　（花押）

銘文中の文字の一部は、原文のままとならなかったものがある。出土地・所蔵・所在地などは、
出来るだけ当時の表記市町村名を用いた。

—417—

第1図 富山県内経塚位置図

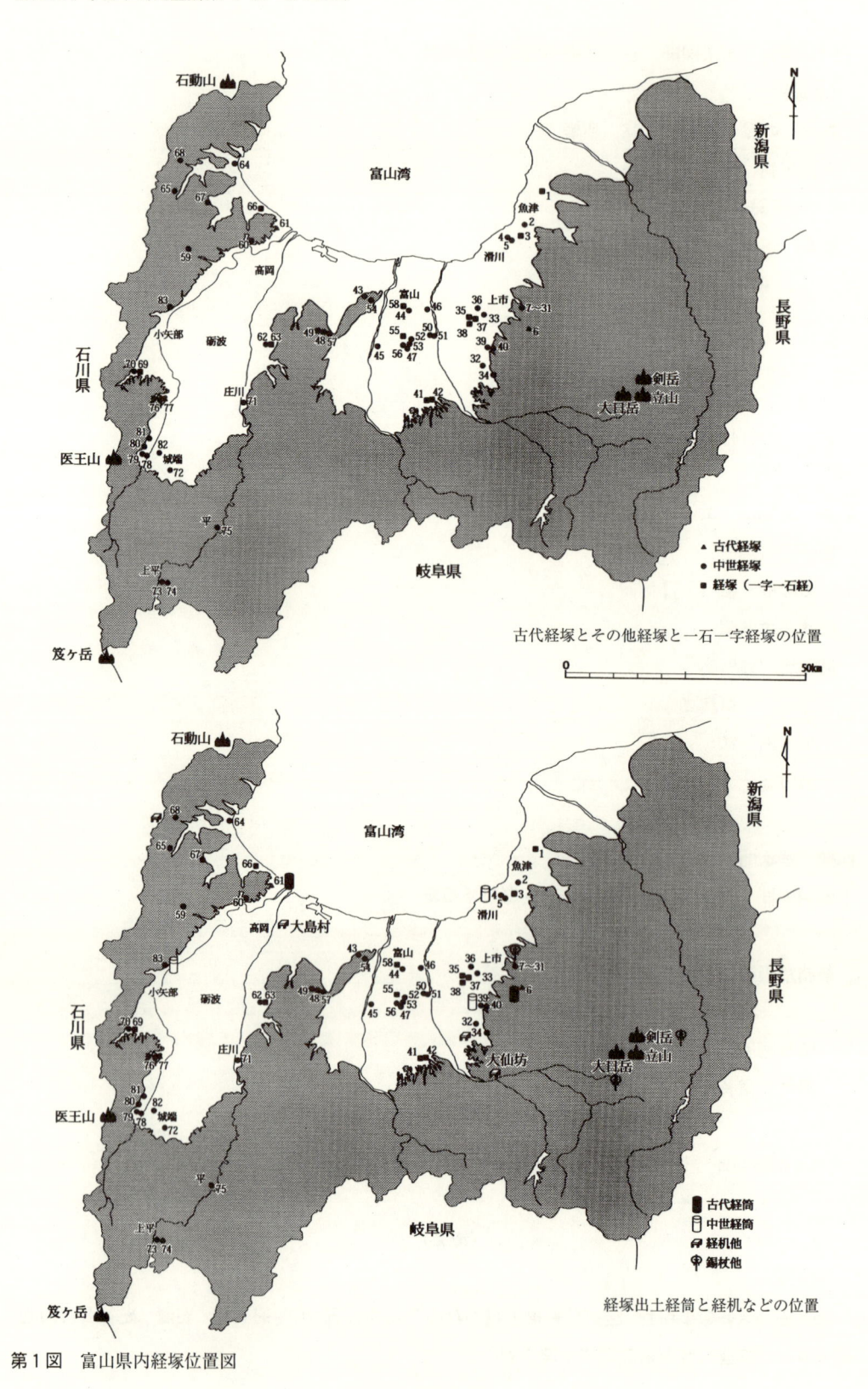

引用・参考文献

文献の表記は，次の順とした。
著者・「論文名等」・『所収雑誌名・単行本名等』号数等・発行機関名等・刊行年。

K・K 「雑録剣ケ峰の最初登山者」『山岳』第三年第参号山岳会 1908
吉澤 庄作ほか 『富山県史蹟名勝天然記念物調査報告』第五号立山富山県 1923
林 喜太郎 「報告示野石器時代の遺蹟」『富山県史蹟名勝天然記念物調査会報告』第七号富山県内務部 1926
吉澤 庄作 「報告名勝としての黒部峡谷」『富山県史蹟名勝天然記念物調査会報告』第七号富山県内務部 1926
大村 正之 「大岩日石寺磨崖佛」『富山県史蹟名勝天然記念物調査会報告』第八号富山県学務部 1927
吉澤 庄作 「立山と黒部」『富山県史蹟名勝天然記念物調査会報告』第九号記念物富山県学務部 1927
小柴 直矩 「雑録富山県の国宝」『富山県史蹟名勝天然記念物調査報告』第十号富山県学務部 1930
林 喜太郎 「雑録伏木一宮気多大社につきて」『富山県史蹟名勝天然記念物調査報告』第十号富山県学務部 1930a
林 喜太郎 「雑録立山権現創建につきて」『富山県史蹟名勝天然記念物調査報告』第十号富山県学務部 1930b
林 喜太郎 「史蹟古府白山経塚」『富山県史蹟名勝天然記念物調査報告』第拾弐輯富山県学務部 1932a
林 喜太郎 「附録石黒荘園内圓宗寺領の史蹟につきて」『富山県史蹟名勝天然記念物調査報告』第拾弐輯富山県学務部 1932b
富山県立氷見高等学校歴史クラブ 『朝日長山古墳発掘調査報告書－昭和27年－』氷高歴史クラブ報告書 No.4 1952
藤原 良志 「日石寺磨崖仏群像の成立磨崖仏の追刻の問題」『史蹟と美術』第270号スズカケ出版部 1957
石田 茂作 「越中日石寺裏山経塚」『考古学雑誌』第42巻第4号吉川弘文館 1957
高瀬 重雄 『高岡市江道横穴群調査報告書』高岡市史料編纂委員会高岡市 1957
藤原 良志 「大岩不動の系譜－日石寺磨崖仏中尊像のイコノグラフィー－」『越中史壇』第14号越中史壇会 1958
富山県史編纂委員会編 『富山県の歴史と文化』 1958
京田 良志 「日石寺磨崖仏の追刻像について」『史迹と美術』第298号スズカケ出版部 1959
UNESCO 『博物館をあらゆる人に開放する最も有効な方法に関する勧告』 1960
立山史蹟調査会 『立山文化遺跡調査』第1編(昭和36年度) 1962
中村 太一路 『富南の歴史』富南の歴史刊行会 1963
富山県民会館 『富山県名陶展』 1964a
富山県民会館 『富山県時代漆芸展』 1964b
黒部市役所 『黒部市誌』 1964
立山町教育委員会・立山町文化財保護調査委員会 『立山の文化』第3号 1965a
立山町教育委員会・立山町文化財保護調査委員会 『立山の文化』第4号 1965b
立山町教育委員会・立山町文化財保護調査委員会 『立山の文化』第5号 1966
佐和 隆研 「日本密教その展開と美術」『NHKブックス』48日本放送出版協会 1966
橋本 芳雄 「瓦経の発見(予報)」『大境』第3号富山考古学会 1967
蔵田 蔵 「仏具」『日本の美術』No.16文化庁監修至文堂 1967
西井 龍儀 「10福岡町上向田経塚について」『オジャラ』2高岡工芸高校地歴クラブOB会 1967
東京国立博物館 「経塚略年表」『東京国立博物館図版目録・経塚遺物編』 1967
関根 大仙 『埋納経の研究』隆文館 1968
藤原 良志 「炎上以前の日石寺磨崖仏とその周辺」『大境』第4号富山考古学会 1968

高瀬　重雄　　　『古代山岳信仰の史的考察』角川書店　1969
保坂　三郎　　　「越後の経塚」『月刊文化財』12／69文化庁文化財保護部監修　1969
上市町　　　　　『上市町誌』上市町誌編纂委員会　1970
富山県教育委員会　　『立山文化遺跡調査報告書』　1970
京田　良志　　　「九寺跡・経塚・磨崖仏・建物跡など」『富山県史』考古編富山県　1972 a
富山県　　　　　『富山県史』考古編富山県　1972
富山県教育委員会　　『魚津市石垣遺跡発掘調査概報』　1972
京田　良志　　　「越中における六十六部納経の資料」『史迹と美術』第429号スズカケ出版部　1972 b
奈良国立博物館　　『経塚遺宝展』目録新館落成記念　1973
橋本　　正　　　「小杉上野遺跡－記録写真編－」『高速自動車国道北陸自動車道関係埋蔵文化財緊急発掘調
　　　　　　　　査報告書』富山県教育委員会　1974
富山県教育委員会　　『富山県魚津市早月上野遺跡第1次緊急発掘調査概報』　1975
和歌森 太郎編集　　「山岳宗教の成立と展開」『山岳宗教史研究叢書』1名著出版　1975
桜井 徳太郎編集　　「山岳宗教と民間信仰の研究」『山岳宗教史研究叢書』6名著出版　1975
金子　拓男　　　「新潟県青海町天神山経塚出土の陶製経筒と珠洲焼の成立について」『信濃』第27巻第1号信
　　　　　　　　濃史学会　1975
富山県教育委員会　　『富山県魚津市早月上野遺跡第2次緊急発掘調査概報』　1976
吉岡　康暢　　　「加賀・珠洲」『日本陶磁全集』7中央公論社　1976
長島　勝正　　　「第七節学芸と美術経塚」『富山県史』通史編Ⅰ原始・古代富山県　1976
富山県　　　　　『富山県史』通史編Ⅰ原始・古代富山県　1976
石田　茂作　　　「越中日石寺裏山経塚」『佛教考古学論考』三経典編思文閣出版　1977
高瀬 重雄編　　　「白山・立山と北陸修験道」『山岳宗教史研究叢書』10名著出版　1977
立山町　　　　　『立山町史』上巻　1977
奈良国立博物館　　『経塚遺宝』東京美術　1977
吉岡　康暢　　　「加賀・珠洲」『世界陶磁全集』3日本中世小学館　1977
橋本　正春　　　「14－15京塚」・「15－2銭甕山遺跡」『昭和52年度富山県埋蔵文化財調査一覧』富山県教育委
　　　　　　　　員会　1978
富山県教育委員会　　「Ⅲ発見届」『昭和52年度富山県埋蔵文化財調査一覧』　1978
礪波市教育委員会　　『富山県礪波市梅檀野遺跡群予備調査概要』　1978
藤田　富士夫　　『富山市塚根経塚発掘調査報告書』富山市教育委員会　1978
桜井　甚一　　　「経塚の地域的分布北陸」『考古学ジャーナル』153ニューサイエンス社　1978
藤田　富士夫　　『北代遺跡試掘調査報告書』富山市教育委員会　1979
岸本　雅敏　　　「銭甕山遺跡の調査－井波町青玄寺所在中世墳墓発掘調査概報－」富山県教育委員会　1979
大場　磐雄　　　「神道垂迹遺跡」『新版考古学講座』8特論(上)祭祀・信仰雄山閣出版　1979
定塚　武敏　　　「越中における珠洲古陶の展開」『越中珠洲』高岡市立美術館「睦」会　1980
桜井　隆夫　　　「5－1神谷堅田遺跡」『昭和54年度富山県埋蔵文化財調査一覧』富山県教育委員会　1980
帝室博物館編集　　『天平地寶』　1981
斉藤　　隆　　　「Ⅳ遺物3．寛永通宝」・「Ⅴまとめ2．死者に銭を持たせる風習について」
　　　　　　　　『富山県魚津市印田近世墓－発掘調査報告書－』魚津市埋蔵文化財調査報告書第8集魚津市
　　　　　　　　教育委員会　1981
麻柄　一志　　　「Ⅰ～Ⅴ」・「附録魚津市吉野発見の古瀬戸骨蔵器」『富山県魚津市印田近世墓－発掘調査報
　　　　　　　　告書－』魚津市埋蔵文化財調査報告書第8集魚津市教育委員会　1981
魚津市教育委員会　　「富山県魚津市印田近世墓－発掘調査報告書－」『魚津市埋蔵文化財調査報告書第8
　　　　　　　　集』　1981
山本　正敏　　　『魚津市史』資料編考古編魚津市　1982

小野　真一　「祭祀遺跡地名総覧」『考古学ライブラリー』11ニュー・サイエンス社　1982
埋蔵文化財研究会　『古代・中世の墳墓について』　1983
麻柄　一志　「7．天神野新経塚」・「11．印田大塚」・「15．印田近世墓」・「17．丸塚」・「18．灰塚」『魚津市埋蔵文化財調査報告第10集遺跡分布調査概要Ⅰ』魚津市教育委員会　1983
富山県教育委員会　『富山県の文化財』(県指定編)　1983
小矢部市教育委員会・小矢部市埋蔵文化財分布調査団　『小矢部市埋蔵文化財調査報告書第12冊小矢部市埋蔵文化財分布調査概報Ⅳ1982年度』　1983
遮那　藤麻呂　「中部・北陸」『新版仏教考古学講座』第七巻墳墓石田茂作監修雄山閣出版　1984
藤田　富士夫　「海女の呪符と線刻壁画」『富山市考古資料館報』№11富山市考古資料館　1984 a
古川　知明　「(伝)杉谷塚山出土の珠洲焼」『富山市考古資料館報』№11富山市考古資料館　1984
藤田　富士夫　「10, 杉谷群集塚」『富山市呉羽山丘陵古墳分布調査報告書』富山市教育委員会　1984 b
氷見市教育委員会　『富山県石動山信仰遺跡遺物調査報告書』　1984
関　秀夫　「経塚地名総覧」『考古学ライブラリー』24ニュー・サイエンス社　1984
三宅　敏之　「経塚の遺物」・「経塚の分布」・「主要文献解題」『新版仏教考古学講座』第六巻経典・経塚石田茂作監修雄山閣出版　1984
石田　茂作監修『新版仏教考古学講座』第六巻経典・経塚雄山閣出版　1984
富山県教育委員会　『富山県の文化財』　1984
吉岡　康暢　「珠洲系陶器の暦年代基準資料」『北陸の考古学』石川考古学研究会々誌第26号石川考古学研究会　1984
富山県　『富山県史』通史編Ⅱ中世　1984 a
富山県　『富山県史』通史編Ⅰ中世　1984 b
古岡　英明　「越中仏教の創始期について－御亭角廃寺を中心に－」『富山史壇』第八六・八七合併号富山史壇会　1985
吉岡　康暢　「経外容器からみた初期中世陶器の地域相－須恵器系中世陶器を中心に－」『石川県立郷土資料館紀要』第14号石川県立郷土資料館　1985
京田　良志　「特集山岳信仰と石造物立山山中の石造物と立山信仰」『日本の石仏』№34日本石仏協会　1985
東京国立博物館編集『那智経塚遺宝』東京美術　1985
関　秀夫編集『経塚遺文』東京堂出版　1985
総務庁統計局　『昭和55年10月1日の境界による各回国勢調査時の市区町村別人口(大正9年～昭和55年)』財団法人日本統計協会　1985
矢部　良明　「陶磁(中世編)」『日本の美術』№236文化庁監修至文堂　1986
麻柄　一志　『魚津市埋蔵文化財調査報告第14集富山県魚津市本江地内埋蔵文化財発掘調査報告書本江B遺跡・丸塚・灰塚』魚津市教育委員会　1986
富山市考古資料館　「富山市海岸寺内経塚出土の経石」『富山市考古資料館報』№14　1986
森　秀典　「8－2大やぶ塚遺跡・8－6釈迦堂経塚」『昭和60年度富山県埋蔵文化財調査一覧』富山県教育委員会　1986
富山県教育委員会　『北陸自動車道遺跡調査報告－朝日町編3－馬場山D遺跡・馬場山G遺跡・馬場山H遺跡』　1987
古川　知明　『昭和61年度富山市埋蔵文化財発掘調査概要』富山市教育委員会　1987
千秋　謙治　「とやまの塚三題経塚・十三塚・入定塚」『埋文とやま』富山県埋蔵文化財センター所報第18号富山県埋蔵文化財センター　1987
鷲塚　泰光　「金銅仏」『日本の美術』№251文化庁監修至文堂　1987
関　秀夫　「六十六部聖による納経の経塚」『経塚－関東とその周辺－』東京国立博物館　1988
石動山文化財調査団・氷見市教育委員会　『国指定史跡石動山文化財調査報告書－八代仙ダム計画関連－』　1989

古川　知明　　「A三熊中山1号塚」『昭和63年度富山市埋蔵文化財発掘調査概要』富山市教育委員会　1989
吉岡　康暢　　「北東日本海域における中世陶磁の流通」『国立歴史民俗博物館研究報告』第19集　1989a
高瀬　重雄　　「古代山岳信仰の史的考察」『高瀬重雄文化史論集』Ⅲ　1989
吉岡　康暢　　「日本海域の土器・陶磁中世編」『人類史叢書』10六興出版　1989b
吉岡　康暢　　『珠洲の名陶』珠洲市立珠洲焼資料館　1989c
櫻井　甚一　　「能登加賀の中世文化」『石川県銘文集成』第6巻研究編　1990
富山県埋蔵文化財センター　　『富山県総合運動公園内遺跡群発掘調査概要Ⅰ栗山楮原遺跡・南中田A遺跡・任海鎌倉遺跡・南中田C遺跡』　1990a
大和久　震平　　『古代山岳信仰遺跡の研究－日光山地を中心とする山頂遺跡の一考察－』名著出版　1990
関　秀夫　　「経塚とその遺物」『日本の美術』№292文化庁監修至文堂　1990
富山県埋蔵文化財センター　　『平成2年度特別企画展祈りの世界－埋葬遺構にみる人々の想い－』　1990
福光町・医王山文化調査委員会　　『医王は語る－医王山文化調査報告書－』　1992
時枝　務　　「信仰の世界中世修験の世界」『季刊考古学』第39号雄山閣出版　1992
富山県埋蔵文化財センター　　『富山県埋蔵文化財包蔵地地図』　1993
小林　昌二　　「15中部山岳信仰と諏訪の神立山信仰の形成」『新版古代の日本』第七巻中部角川書店　1993
石川県立歴史博物館　　『写経と版経奉納された中世史』　1993
吉岡　康暢　　『中世須恵器の研究』吉川弘文館　1994
立山町教育委員会　　「芦峅寺室堂遺跡－立山信仰の考古学的研究－」『立山町文化財調査報告書』第18冊　1994
千地　万造　　「博物館の楽しみ方」『講談社現代新書』1207講談社　1994
北陸中世土器研究会　　『中世北陸の寺院と墓地』第7回北陸中世土器研究会資料　1994
国立歴史民俗博物館　　『「非文献資料の基礎的研究(棟札)」報告書社寺の国宝・重文建造物等棟札銘文集成－中部編－』　1995
上市町教育委員会　　『富山県上市町黒川上山古墓群発掘調査概報』　1995
福光町教育委員会　　『宗森寺屋敷遺跡(宗森城跡)発掘調査概要』　1995
愛知県陶磁資料館　　『企画展経塚出土陶磁展関東・北陸地方に埋納されたやきもの』　1997
小杉町役場　　『小杉町史』通史編　1997
上市町教育委員会　　『富山県上市町黒川上山古墓群発掘調査第2次調査概報』　1997
松本　栄寿　　『遥かなるスミソニアン－博物館と大学とアーカイブスと－』玉川大学出版部　1997
大野　究　　「古代・中世の墓地・火葬場」『来世への旅立ち』氷見市立博物館　1998
上市町教育委員会　　『富山県上市町黒川上山古墓群発掘調査第3次調査概報』　1998
財団法人自治体国際化協会　　『日本の姉妹自治体一覧1998』　1998
石黒　敦彦　　『ウィークエンドナビ体験型おもしろミュージアム』フレーベル館　1999
中屋　克彦　　「16富山県・石川県」『考古学論究』第5号〈特集出土仏具の世界〉　1999
上市町教育委員会　　『富山県上市町黒川上山古墓群発掘調査第4次調査概報伝承真興寺跡』　1999
上市町教育委員会　　『富山県上市町黒川上山古墓群発掘調査第5次調査概報伝承真興寺跡』　2000
小杉町教育委員会　　『小杉町の文化財』　2000
氷見市教育委員会　　『氷見市埋蔵文化財調査報告第31冊脇方谷内中世墓』　2000
富山県[立山博物館]　　『石崎光瑤の山』　2000
網干　善教・高橋　隆博　　『博物館学概説《改訂版》』関西大学出版部　2001
上市町教育委員会　　『富山県上市町黒川上山古墓群発掘調査第6次調査概報日枝神社裏遺跡円念寺山遺跡』　2001
財団法人矢野恒太記念会　　『データで見る県勢2002年版第11版』日本国勢図会地域統計版　2001
高岡市教育委員会・高岡市立博物館　　『第2回高岡市埋蔵文化財展高岡における中世の考古資料展示解説シート』　2001

富山県	『富山県民新世紀計画前期2001～2005年度』 2001
考古学研究会	「座談会・これからの埋蔵文化財行政を考える （3）考古学研究と埋蔵文化財行政」『考古学研究』第48巻第4号 2002
時枝　務	「1－2近世修験の考古学」『江戸遺跡研究会第15回大会江戸の祈り〔発表要旨〕』 2002
上市町教育委員会	『富山県上市町黒川上山古墓群発掘調査第7次調査概報円念寺山遺跡』 2002
杉澤　貞子	『富山県入善町入善浄化センター用地内じょうべのま東遺跡発掘調査報告書』入善町教育委員会 2002
高慶　孝	「黒川円念寺山経塚群」『発掘された日本列島2002新発見考古速報』朝日新聞社 2002
文化庁編集	『発掘された日本列島2002新発見考古速報』朝日新聞社 2002

引用・参考文献について

　文献は，経塚を主にとりあげ，考古学関係の調査結果や報告がなされたものを中心とした。歴史学・立山・万葉関係の文献は，多数あるが，ここでは，管見に触れたものを中心としたため，僅かしか取り上げることができなかった。

秋山進午先生の略歴

昭和 8 年(1933) 2月20日	京都市に生まれる
昭和26年(1951) 3月	京都府立桃山高等学校卒業
昭和26年(1951) 4月	京都大学文学部入学
昭和31年(1956) 3月	京都大学文学部史学科考古学専攻卒業
昭和31年(1956) 4月	京都女子高等学校教諭
昭和33年(1958) 4月	大阪市経済局大阪城天守閣学芸員
昭和43年(1968) 4月	大阪市経済局大阪城天守閣主任
昭和48年(1973) 4月	大阪市教育委員会大阪市立美術館学芸課長
昭和54年(1979) 4月	富山大学人文学部教授(考古学専攻コース担当)
昭和57年(1982) 6月	財団法人富山美術館評議員(平成3年退任)
昭和61年(1986) 4月	富山大学大学院文学研究科教授(考古学専攻担当)
昭和63年(1988) 8月	財団法人黒川古文化研究所評議員
平成 2 年(1990) 4月	大手前女子大学文学部教授(平成12年4月大手前大学人文科学部)
平成 2 年(1990) 6月	財団法人黒川古文化研究所常務理事
平成 2 年(1990) 9月	日本中国考古学会会長(平成10年退任)
平成 4 年(1992) 6月	財団法人サンリツ服部美術館評議員(平成13年退任)
平成 6 年(1994) 3月	北方文化国際研究中心特邀研究員
平成 7 年(1995) 6月	財団法人黒川古文化研究所所長兼務(平成13年退任)
平成 8 年(1996) 4月	大手前女子大学大学院文学研究科教授
平成12年(2000) 11月24日	京都大学博士(文学) 学位論文『東北アジア民族文化研究』(2000年2月20日、同朋舎刊)
平成12年(2000)12月	中国社会科学院古代文明研究中心専家委員会委員
平成13年(2001) 6月	大手前大学史学研究所所員(兼任)
平成15年(2003) 4月	大手前大学史学研究所所長
現 住 所	京都市上京区今出川通大宮西入元北小路町160シャリエ西陣401

執 筆 者 一 覧

執筆者	ふりがな	問合せ先	
浅野　良治	あさの　よしはる	福井県教育庁 　　埋蔵文化財調査センター	福井県福井市安波賀町4－10
宇野　隆夫	うの　たかお	国際日本文化研究センター	京都市西京区御陵大枝山町3－2
岡田　一広	おかだ　かずひろ	利賀村教育委員会	富山県東砺波郡利賀村利賀184
岡本淳一郎	おかもと　じゅんいちろう	富山県埋蔵文化財センター	富山県富山市茶屋町206－3
小田木治太郎	おだぎ　はるたろう	天理大学附属天理参考館	奈良県天理市守目堂町250
春日　真実	かすが　もとみ	㈶新潟県埋蔵文化財調査事業団	新潟県新津市金津93－1
河合　忍	かわい　しのぶ	岡山県古代吉備文化財センター	岡山県岡山市西花尻1325－3
後藤　信祐	ごとう　しんすけ	㈶とちぎ生涯学習文化財団 　　埋蔵文化財センター	栃木県下都賀郡国分寺町国分乙474
島崎　久恵	しまさき　ひさえ	㈶大阪府文化財センター	大阪府堺市竹城台3－21－4
清水　孝之	しみず　たかゆき	福井県教育庁 　　埋蔵文化財調査センター	福井県福井市安波賀町4－10
高橋　浩二	たかはし　こうじ	富山大学人文学部	富山県富山市五福3190
田中　幸生	たなか　ゆきお	立山町教育委員会	富山県中新川郡立山町前沢2440
戸簾　暢宏	とみす　のぶひろ		東京都在住
中谷　正和	なかたに　まさかず	総合研究大学院大学 　　国際日本研究専攻	京都市西京区御陵大枝山町3－2
橋本　正春	はしもと　まさはる	富山県埋蔵文化財センター	富山県富山市茶屋町206－3
前川　要	まえかわ　かなめ	中央大学文学部	東京都八王子市東中野742－1
松本　茂	まつもと　しげる	宮崎県埋蔵文化財センター	宮崎県宮崎郡佐土原町下那珂4019
三好　博喜	みよし　ひろき	綾部市教育委員会	京都府綾部市里町久田21－20 　　　　　　　　綾部市資料館
向井　裕知	むかい　ひろとも	金沢市埋蔵文化財センター	石川県金沢市上安原南60
安　英樹	やす　ひでき	㈶石川県埋蔵文化財センター	石川県金沢市中戸町18
横山　貴広	よこやま　たかひろ	野々市町教育委員会	石川県石川郡野々市町本町 　　　　　　　　5丁目4－1

2003年2月現在

秋山進午先生の古稀をお祝いする会

　　発起人　和田晴吾　宇野隆夫　前川　要
　　　　　　北野博司　贄　元洋　高橋浩二
　　世話人　（事務局）三好博喜　荒川　史
　　　　　　吉田秀則　楠　正勝　三鍋秀典
　　　　　　中川　渉　小田木治太郎

富山大学考古学研究室論集
蜃 気 楼
－秋山進午先生古稀記念－

2003年5月3日 初版発行

編　　　集　　秋山進午先生古稀記念論集刊行会
刊行会事務局　秋山進午先生の古稀をお祝いする会
　　　　　　　〒623-0008　京都府綾部市桜が丘1－3－24　三好博喜方
発　行　者　　八木環一
発　行　所　　有限会社　六一書房
　　　　　　　〒101-0051　東京都千代田区神田神保町3－17－11　一ツ橋KIビル1階
　　　　　　　http://www.book61.co.jp/　E-mail　info@book61.co.jp
　　　　　　　振替　00160－7－35346
印　　　刷　　有限会社　平電子印刷所

ISBN 4－947743－14－X　C3021